Studien zum ausländischen, vergleichenden und internationalen Arbeitsrecht
Institut für Arbeitsrecht und Arbeitsbeziehungen in der Europäischen Gemeinschaft, Trier

Herausgeber:
Prof. Dr. jur. Dres. h.c. Rolf Birk
Prof. Dr. rer. pol. Dieter Sadowski

Band 12

Gunther Mävers

Die Mitbestimmung der Arbeitnehmer in der Europäischen Aktiengesellschaft

 Nomos Verlagsgesellschaft
Baden-Baden

Die Deutsche Bibliothek – CIP-Einheitsaufnahme

Ein Titeldatensatz für diese Publikation ist bei der
Deutschen Bibliothek erhältlich.

Zugl.: Köln, Univ., Diss., 2000

ISBN 3-7890-7710-0

1. Auflage 2002
© Nomos Verlagsgesellschaft, Baden-Baden 2002. Printed in Germany. Alle Rechte, auch die des Nachdrucks von Auszügen, der photomechanischen Wiedergabe und der Übersetzung, vorbehalten. Gedruckt auf alterungsbeständigem Papier.

Meinen Eltern

Vorwort

Die vorliegende Arbeit wurde im Wintersemester 2000/2001 von der Rechtswissenschaftlichen Fakultät der Universität zu Köln als Dissertation angenommen. Sie wurde im August 2000 eingereicht und für die Drucklegung um einen Anhang zu den Beschlüssen von Nizza ergänzt, der auf dem Stand von März 2002 ist.

Mein Dank gilt an erster Stelle meinem Doktorvater und Lehrer, Herrn Prof. Dr. Dres. h. c. Peter Hanau, der diese Arbeit angeregt und in vorbildlicher Weise betreut hat, indem er stets ein offenes Ohr sowie die passenden Antworten für die sich ergebenden Fragen hatte. Besonders danken möchte ich ihm für die ausgesprochen zügige Erstellung des Erstgutachtens sowie die Unterstützung bei der Vermittlung eines Verlages.

Herrn Prof. Dr. Dr. h. c. Rolf Birk und dem Nomos-Verlag danke ich für die Aufnahme der Arbeit in diese Schriftenreihe, insbesondere Frau Claudia Palazzo für ihre unendliche Geduld bei den abschließenden Formatierungsarbeiten. Bedanken möchte ich mich in diesem Zusammenhang auch bei Herrn Dr. Roland Köstler von der Hans-Böckler-Stiftung, der mich nicht nur mit umfangreichen und wertvollen Materialien versorgt hat, sondern sich darüber hinaus auch dafür eingesetzt hat, daß die Hans-Böckler-Stiftung einen Großteil der Finanzierung der Druckkosten übernommen hat.

Zu Dank verpflichtet bin ich insbesondere auch Herrn Rechtsanwalt Dr. Marcus Michels, ohne dessen ständige Motivation die Arbeit sicherlich erst zu einem sehr viel späteren Zeitpunkt fertiggestellt worden wäre.

Mein ganz besonderer Dank gilt den Mitarbeiterinnen und Mitarbeitern des Dekanats der Rechtswissenschaftlichen Fakultät der Universität zu Köln, die mich wegen meines Promotionsvorhabens weit über meine Dienststunden ertragen mußten, mich hierbei immer ermutigten und mir kurz vor der Fertigstellung den Rücken frei hielten.

Dank gebührt in besonderem Maße schließlich meinen Eltern, deren Unterstützung mir erst das Studium der Rechtswissenschaften und die Erstellung dieser Arbeit ermöglicht hat. Sie waren es auch, die die Entstehung der Arbeit durch unermüdliches Korrekturlesen vom Anfang bis zum Ende mit stets kritischem Auge begleitet haben. Ihnen widme ich daher diese Arbeit.

Inhaltsverzeichnis

Vorwort — 7

Abkürzungsverzeichnis — 25

Einleitung — 29

Teil I: Mitbestimmung in Europa und europäische Gesellschaftsformen — 33

§ 1 Modelle der unternehmerischen Mitbestimmung in Europa — 33
A. Begrifflichkeiten — 34
B. Die Organisationsverfassung der Kapitalgesellschaften — 35
C. Die unternehmerische Mitbestimmung in Deutschland — 36
    I. Grundstrukturen der Mitbestimmung in Deutschland — 36
    II. Organisationsverfassung der Kapitalgesellschaften — 37
    III. Mitbestimmung der Arbeitnehmer — 37
        1. Montan-Mitbestimmungsgesetz — 37
            a. Anwendungsbereich — 37
            b. Zusammensetzung und Wahl des Aufsichtsrats — 39
            c. Aufgaben und Befugnisse des Aufsichtsrats — 41
            d. Rechtsstellung der Aufsichtsratsmitglieder — 41
            e. Arbeitsdirektor — 42
        2. Das Montan-Mitbestimmungsergänzungsgesetz — 43
            a. Anwendungsbereich — 44
            b. Zusammensetzung und Wahl des Aufsichtsrats — 48
            c. Aufgaben und Befugnisse des Aufsichtsrats — 49
            d. Rechtsstellung der Aufsichtsratsmitglieder — 49
            e. Arbeitsdirektor — 49
        3. Mitbestimmungsgesetz 1976 — 49
            a. Anwendungsbereich — 50
            b. Zusammensetzung und Wahl des Aufsichtsrats — 51

			c. Aufgaben und Befugnisse des Aufsichtsrats	53
			d. Rechtsstellung der Aufsichtsratsmitglieder	54
			e. Arbeitsdirektor	54
		4.	Betriebsverfassungsgesetz 1952	54
			a. Anwendungsbereich	55
			b. Zusammensetzung und Wahl des Aufsichtsrats	56
			c. Aufgaben und Befugnisse des Aufsichtsrats	57
			d. Rechtsstellung der Aufsichtsratsmitglieder	57
			e. Arbeitsdirektor	57
	IV.	Stellungnahme		58
D.	Die unternehmerische Mitbestimmung in den Niederlanden			58
	I.	Grundstrukturen der Mitbestimmung in den Niederlanden		58
	II.	Organisationsverfassung der Kapitalgesellschaften		59
	III.	Mitbestimmung der Arbeitnehmer		59
	IV.	Stellungnahme		63
E.	Die unternehmerische Mitbestimmung in Frankreich			64
	I.	Grundstrukturen der Mitbestimmung in Frankreich		64
	II.	Organisationsverfassung der Kapitalgesellschaften		65
	III.	Mitbestimmung der Arbeitnehmer		65
	IV.	Stellungnahme		66
F.	Die unternehmerische Mitbestimmung in Großbritannien			67
	I.	Grundstrukturen der Mitbestimmung in Großbritannien		67
	II.	Organisationsverfassung der Kapitalgesellschaften		68
	III.	Mitbestimmung der Arbeitnehmer		69
	IV.	Stellungnahme		72
G.	Die unternehmerische Mitbestimmung in Schweden			73
	I.	Grundstrukturen der Mitbestimmung in Schweden		73
	II.	Organisationsverfassung der Kapitalgesellschaften		73
	III.	Mitbestimmung der Arbeitnehmer		73
	IV.	Stellungnahme		75

H.	Stellungnahme		75
§ 2	**Europäische Gesellschaftsformen und die Mitbestimmung**		76
A.	"Gesellschaftsrechtliche" Rechtsgrundlagen des EWG-Vertrages		76
	I.	Art. 235 EWG-Vertrag	76
	II.	Art. 220 Abs. 3 EWG-Vertrag	76
	III.	Art. 100 EWG-Vertrag	77
	IV.	Art. 100 a EWG-Vertrag	77
B.	Die Schaffung supranationaler Gesellschaftsformen in Europa		78
	I.	Überblick	78
	II.	Die Europäische Wirtschaftliche Interessenvereinigung (EWIV)	78
		1. Konzeption	79
		2. Mitbestimmung der Arbeitnehmer	80
		3. Stand der Arbeiten	80
	III.	Die Europäische Genossenschaft (EUGEN)	81
		1. Konzeption	81
		2. Mitbestimmung der Arbeitnehmer	82
		3. Stand der Arbeiten	82
	IV.	Die Europäische Gegenseitigkeitsgesellschaft (EUGGES)	83
		1. Konzeption	83
		2. Mitbestimmung der Arbeitnehmer	83
		3. Stand der Arbeiten	84
	V.	Der Europäische Verein (EUV)	84
		1. Konzeption	84
		2. Mitbestimmung der Arbeitnehmer	84
		3. Stand der Arbeiten	84
	VI.	Die Europäische Privatgesellschaft (EPG)	85
		1. Konzeption	85
		2. Mitbestimmung der Arbeitnehmer	86
		3. Stand der Arbeiten	86
C.	Stellungnahme		86

Teil II: Die Ursprünge der Idee einer Europäischen Aktiengesellschaft 87

§ 3 Das Aufkommen der Idee einer Aktiengesellschaft europäischen Rechts 87

A. Erste Bemühungen des Europarates 87
B. Erste Vorschläge aus Wissenschaft und Praxis: Sanders und Thibièrge 88
C. Erste Diskussionen zu einer Europäischen Aktiengesellschaft 90
    I. Der Kongreß der Pariser Anwaltschaft (Juni 1960) 90
    II. Die Tagung der Gesellschaft für Rechtsvergleichung (Juli 1961) 92
    III. Weitere Vorstöße von französischer Seite 92
D. Erfahrungen der Praxis und ihr Einfluß auf die weiteren Arbeiten 94

§ 4 Die ersten Vorarbeiten auf europäischer Ebene 95

A. Die Denkschrift der Kommission vom 22.04.1966 95
B. Der Sandersche Vorentwurf zur Europäischen Aktiengesellschaft 95
    I. Entstehung des Vorentwurfs 95
    II. Konzeption des Vorentwurfs 96
    III. Mitbestimmung der Arbeitnehmer 97
        1. Begriffsverständnis und Lösungsmethode 97
        2. Die Mitbestimmungsmodelle im einzelnen 98
            a. Erstes Modell 98
            b. Zweites Modell 98
            c. Drittes Modell 98
            d. Viertes Modell 99
    IV. Stellungnahme 101
        1. Methodische Kritikpunkte 101
        2. Begriff der Mitbestimmung 102
        3. Weitere Kritikpunkte an den Mitbestimmungsmodellen 103
        4. Abschließende Bewertung der Vorschläge 104
C. Gang der weiteren Arbeiten 106

§ 5 Der Vorschlag zur Europäischen Aktiengesellschaft von 1970 107

A. Konzeption des Vorschlags 107

B.	Rechtsgrundlage		108
C.	Organisationsverfassung		109
D.	Mitbestimmung der Arbeitnehmer		109
	I.	Europäischer Betriebsrat und Konzernbetriebsrat	110
		1. Anwendungsbereich	110
		2. Zusammensetzung und Wahl des Europäischen Betriebsrats	110
		3. Aufgaben und Befugnisse des Europäischen Betriebsrats	110
		4. Rechtsstellung der Mitglieder des Europäischen Betriebsrats	112
		5. Schiedsstelle	113
		6. Konzernbetriebsrat	113
	II.	Vertretung der Arbeitnehmer im Aufsichtsrat	114
		1. Zusammensetzung und Wahl der Aufsichtsratsmitglieder	114
		2. Aufgaben und Befugnisse des Aufsichtsrats	115
		3. Rechtsstellung der Arbeitnehmervertreter	116
		4. Vorstandsmitglied für Personalangelegenheiten	116
	III.	Europäische Tarifverträge	116
E.	Resonanz der Mitgliedstaaten und Sozialpartner		117
	I.	Wirtschafts- und Sozialausschuß	117
	II.	Europäisches Parlament	120
	III.	Sonstige Stellungnahmen	123
		1. Stellungnahmen im Inland	123
		a. Deutsche Wirtschaft	123
		b. Deutscher Gewerkschaftsbund	125
		2. Stellungnahmen auf europäischer Ebene	127
		a. Staats- und Regierungschefs	127
		b. Sozialpartner	127
F.	Stellungnahme		129
	I.	Rechtsgrundlage	129
	II.	Organisationsverfassung	130
	III.	Mitbestimmung der Arbeitnehmer	130

G.	Gang der weiteren Arbeiten			131
§ 6	**Der Vorschlag zur Europäischen Aktiengesellschaft von 1975**			**132**
A.	Konzeption des Vorschlags			132
B.	Rechtsgrundlage			134
C.	Organisationsverfassung			134
D.	Mitbestimmung der Arbeitnehmer			135
	I.	Europäischer Betriebsrat und Konzernbetriebsrat		135
		1.	Anwendungsbereich	135
		2.	Zusammensetzung und Wahl des Europäischen Betriebsrats	136
		3.	Aufgaben und Befugnisse des Europäischen Betriebsrats	136
		4.	Rechtsstellung der Mitglieder des Europäischen Betriebsrats	137
		5.	Schiedsverfahren	137
		6.	Konzernunternehmensrat	138
	II.	Vertretung der Arbeitnehmer im Aufsichtsrat		138
		1.	Zusammensetzung und Wahl der Aufsichtsratsmitglieder	138
		2.	Aufgaben und Befugnisse des Aufsichtsrats	140
		3.	Rechtsstellung der Arbeitnehmervertreter im Aufsichtsrat	140
		4.	Vorstandsmitglied für Personalangelegenheiten	140
	III.	Europäische Tarifverträge		141
	IV.	Sonstige mitbestimmungsrelevante Änderungen		141
E.	Resonanz der Mitgliedstaaten und Sozialpartner			141
	I.	Europäisches Parlament		142
	II.	Wirtschafts- und Sozialausschuß		142
	III.	Sonstige Stellungnahmen		142
		1.	Stellungnahmen im Inland	142
			a. Deutscher Bundesrat	142
			b. Deutsche Wirtschaft	143
		2.	Stellungnahmen auf europäischer Ebene	143
F.	Stellungnahme			144
	I.	Rechtsgrundlage		144

	II.	Organisationsverfassung		144
	III.	Mitbestimmung der Arbeitnehmer		144
G.	Gang der weiteren Arbeiten			146

§ 7 Andere europäische Vorhaben mit Mitbestimmungsbezug 147

- A. Umorientierung der Vorgehensweise der Kommission — 147
- B. Der ursprüngliche Vorschlag der sog. Strukturrichtlinie von 1972 — 147
  - I. Konzeption des Vorschlags — 148
  - II. Organisationsverfassung — 148
  - III. Mitbestimmung der Arbeitnehmer — 149
    1. Anwendungsbereich — 149
    2. Zusammensetzung und Wahl — 150
       - a. Grundsatz der Wahlfreiheit zwischen gleichwertigen Modellen — 150
       - b. Sog. deutsches Modell — 150
       - c. Sog. niederländisches Modell — 151
    3. Aufgaben und Befugnisse der Arbeitnehmervertreter — 152
    4. Rechtsstellung der Arbeitnehmervertreter — 153
    5. Arbeitsdirektor — 154
  - IV. Reaktionen auf den Richtlinienvorschlag — 154
    1. Wirtschafts- und Sozialausschuß — 154
    2. Mitgliedstaaten — 155
  - V. Stellungnahme — 156
    1. Organisationsverfassung — 156
    2. Mitbestimmung der Arbeitnehmer — 156
    3. Zusammenfassung — 157
- C. Das Grünbuch der Kommission von 1975 — 157
  - I. Inhalt und Zweck des Grünbuchs — 158
  - II. Organisationsverfassung — 158
  - III. Mitbestimmung der Arbeitnehmer — 160
    1. Tarifvertragliche Beteiligung — 161
    2. Beteiligung über Arbeitnehmeraktien — 161

		3. Beteiligung in Arbeitnehmervertretungsorganen	161
		4. Beteiligung der Arbeitnehmer in den Gesellschaftsorganen	162
		5. Übergangsregelung	163
	IV.	Reaktionen auf das Grünbuch der Kommission	165
		1. Wirtschafts- und Sozialausschuß	165
		2. Europäisches Parlament	166
		3. Sonstige Stellungnahmen	167
	V.	Stellungnahme	168
		1. Organisationsverfassung	168
		2. Mitbestimmung der Arbeitnehmer	168
		3. Zusammenfassung	169
D.	Der geänderte Vorschlag der sog. Strukturrichtlinie von 1983		169
	I.	Überblick über den Regelungsgegenstand	169
	II.	Organisationsverfassung der Kapitalgesellschaften	170
	III.	Mitbestimmung der Arbeitnehmer	171
		1. Anwendungsbereich	171
		2. Zusammensetzung und Wahl	172
		a. Grundsatz der Wahlfreiheit zwischen gleichwertigen Modellen	172
		b. Sog. deutsches Modell	173
		c. Sog. niederländisches Modell	174
		d. Arbeitnehmervertretungsorgan	174
		e. Tarifvertrag	175
		3. Aufgaben und Befugnisse der Arbeitnehmervertretung	175
		4. Rechtsstellung der Arbeitnehmervertreter	176
		5. Arbeitsdirektor	176
	IV.	Reaktionen und Stellungnahmen	176
	V.	Stellungnahme	178
		1. Organisationsverfassung	178
		2. Mitbestimmung der Arbeitnehmer	178
E.	Weitere gesellschaftsrechtliche Richtlinien bzw. Richtlinienvorschläge		179

	I.	Zehnte gesellschaftsrechtliche Richtlinie	179
		1. Regelungsgegenstand	180
		2. Mitbestimmung der Arbeitnehmer	180
	II.	Vierzehnte gesellschaftsrechtliche Richtlinie	181
		1. Regelungsgegenstand	182
		2. Mitbestimmung der Arbeitnehmer	182
F.	Stellungnahme		182
	I.	Organisationsverfassung	183
	II.	Mitbestimmung der Arbeitnehmer	183

§ 8 Die vorübergehende Aufgabe des Projekts 184

A.	Scheitern der Strukturrichtlinie	184
B.	Schicksal des Projekts der Europäischen Aktiengesellschaft	184
C.	Stellungnahme	185

Teil III: Die Entwürfe zur Europäischen Aktiengesellschaft von 1989 und 1991 186

§ 9 Die Vorgeschichte der Entwürfe von 1989 und 1991 186

A.	Wiederbelebung der Diskussion		186
	I.	Weißbuch zur Vollendung des Binnenmarktes	186
	II.	Einheitliche Europäische Akte	187
	III.	Ministerrat in Brüssel vom 29. und 30. Juni 1987	188
	IV.	Sonstige Erwähnungen des Projekts	189
	V.	Stellungnahme	189
B.	Memorandum der Kommission vom 15.07.1988		190
	I.	Konzeption des Memorandums	190
	II.	Inhalt des Memorandums	191
	III.	Organisationsverfassung	192
	IV.	Mitbestimmung der Arbeitnehmer	193
C.	Resonanz der Mitgliedstaaten und Sozialpartner		195
	I.	Wirtschafts- und Sozialausschuß	195
	II.	Europäisches Parlament	197

	III.	Sonstige Stellungnahmen	199
		1. Stellungnahmen im Inland	199
		a. Deutscher Bundesrat	199
		b. Deutsche Wirtschaft	200
		c. Deutscher Gewerkschaftsbund	201
		2. Stellungnahmen auf europäischer Ebene	202
		a. Staats- und Regierungschefs	202
		b. Sozialpartner	202
D.	Stellungnahme		205
E.	Gang der weiteren Arbeiten		206

§ 10 Die Vorschläge zur Europäischen Aktiengesellschaft von 1989   207

A.	Konzeption der Vorschläge		207
B.	Rechtsgrundlage		210
C.	Organisationsverfassung		212
D.	Mitbestimmung der Arbeitnehmer		213
	I.	Konzeption des Richtlinienvorschlags	214
	II.	Wahl des Mitbestimmungsmodells und Zusammensetzung	215
		1. Grundsatz der Wahlfreiheit zwischen gleichwertigen Modellen	215
		2. Sog. deutsches Modell	216
		3. Sog. niederländisches Modell	217
		4. Sog. französisches Modell	217
		5. Sog. skandinavisches Modell	218
	III.	Aufgaben und Befugnisse der Arbeitnehmervertretung	219
		1. Sog. deutsches Modell	219
		2. Sog. niederländisches Modell	221
		3. Sog. französisches Modell	221
		4. Sog. skandinavisches Modell	222
	IV.	Rechtsstellung der Arbeitnehmervertreter	222
E.	Resonanz der Mitgliedstaaten und Sozialpartner		223
	I.	Wirtschafts- und Sozialausschuß	224

	II.	Europäisches Parlament		227
	III.	Sonstige Stellungnahmen		230
		1.	Stellungnahmen im Inland	231
			a. Deutscher Bundesrat	231
			b. Deutsche Wirtschaft	233
			c. Deutscher Gewerkschaftsbund	237
		2.	Stellungnahmen auf europäischer Ebene	238
			a. Staats- und Regierungschefs	238
			b. Sozialpartner	238
F.	Stellungnahme			240
	I.	Rechtsgrundlage		240
	II.	Organisationsverfassung		244
	III.	Mitbestimmung der Arbeitnehmer		245
	IV.	Zusammenfassung		250
G.	Gang der weiteren Arbeiten			251

§ 11 Die Vorschläge zur Europäischen Aktiengesellschaft von 1991   252

A.	Konzeption der Vorschläge			252
B.	Rechtsgrundlage			253
C.	Organisationsverfassung			253
D.	Mitbestimmung der Arbeitnehmer			254
	I.	Konzeption des Richtlinienvorschlags		254
	II.	Wahl des Mitbestimmungsmodells und Zusammensetzung		254
		1.	Grundsatz der Wahlfreiheit zwischen gleichwertigen Modellen	254
		2.	Sog. deutsches Modell	256
		3.	Sog. niederländisches Modell	257
		4.	Sog. französisches Modell	258
		5.	Sog. skandinavisches Modell	258
	III.	Aufgaben und Befugnisse der Arbeitnehmervertretung		258
		1.	Sog. deutsches Modell	258
		2.	Sog. niederländisches Modell	260

		3. Sog. französisches Modell	260
		4. Sog. skandinavisches Modell	261
	IV.	Rechtsstellung der Arbeitnehmervertreter	262
E.	Resonanz der Mitgliedstaaten und Sozialpartner		262
	I.	Wirtschafts- und Sozialausschuß	263
	II.	Europäisches Parlament	263
	III.	Sonstige Stellungnahmen	263
		1. Stellungnahmen im Inland	263
		a. Stellungnahme des Deutschen Bundesrats	263
		b. Stellungnahme der deutschen Wirtschaft	263
		c. Stellungnahme der deutschen Gewerkschaften	263
		2. Stellungnahmen auf europäischer Ebene	265
		a. Stellungnahme der Staats- und Regierungschefs	265
		b. Stellungnahmen der Sozialpartner	265
F.	Stellungnahme		266
	I.	Rechtsgrundlage	267
	II.	Organisationsverfassung	267
	III.	Mitbestimmung der Arbeitnehmer	267
	IV.	Zusammenfassung	270
G.	Gang der weiteren Arbeiten		271

§ 12 Das erneute Scheitern der SE 272

A. Entwicklung im Anschluß an die Vorlage der geänderten Vorschläge 272
B. Entwicklung in den Jahren 1991-1995 272

Teil IV: Neuer Schwung für die Europäische Aktiengesellschaft 273

§ 13 Die Richtlinie über die Europäischen Betriebsräte 273

A. Vorgeschichte der Richtlinie 273
B. Inhalt der Richtlinie 277
    I. Konzeption der Richtlinie 277
    II. Anwendungsbereich 278

	III.	Mitbestimmung der Arbeitnehmer	278
		1. Besonderes Verhandlungsgremium	279
		2. Europäischer Betriebsrat kraft Vereinbarung	281
		3. Verfahren der Unterrichtung und Anhörung	281
		4. Europäischer Betriebsrat kraft Gesetzes	282
		5. Fortbestand freiwilliger Vereinbarungen	285
	IV.	Rechtsstellung der Arbeitnehmervertreter	285
C.	Stellungnahme		286
D.	Gang der weiteren Arbeiten		291

§ 14 Erneuter Anlauf der Kommission: der sog. Davignon-Bericht — 294

A.	Vorgeschichte		294
B.	Inhalt		296
	I.	Konzeption	296
	II.	Kontext, Mandat und Arbeitsablauf	297
	III.	Mitbestimmung der Arbeitnehmer	299
		1. Ansatz der Sachverständigengruppe	299
		2. Klares Votum für Verhandlungen	301
		3. Verhandlungsverfahren	301
		4. Auffangregelung	304
		5. Sonstige Empfehlungen	307
	IV.	Schlußfolgerungen	307
C.	Resonanz der Mitgliedstaaten und Sozialpartner		308
	I.	Stellungnahmen auf europäischer Ebene	308
	II.	Stellungnahmen im Inland	310
D.	Stellungnahme		311
E.	Gang der weiteren Arbeiten		312

§ 15 Die jüngsten Vorschläge der Ratspräsidentschaften — 313

A.	Kompromißvorschlag der luxemburgischen Präsidentschaft		313
	I.	Konzeption der Vorschläge	313

			Inhaltsverzeichnis	
	II.	Rechtsgrundlage		313
	III.	Organisationsverfassung		314
	IV.	Mitbestimmung der Arbeitnehmer		314
	V.	Resonanz der Mitgliedstaaten und Sozialpartner		315
		1.	Stellungnahme des Europäischen Parlaments	315
		2.	Stellungnahme des Wirtschafts- und Sozialausschusses	317
		3.	Stellungnahme des Ministerrates	319
		4.	Stellungnahme des Europäischen Gewerkschaftsbundes	319
	VI.	Stellungnahme		320
B.	Kompromißvorschlag der britischen Präsidentschaft			320
	I.	Konzeption der Vorschläge		321
	II.	Rechtsgrundlage		323
	III.	Organisationsverfassung		323
	IV.	Mitbestimmung der Arbeitnehmer		323
		1.	Anwendungsbereich	324
		2.	Besonderes Verhandlungsgremium	325
		3.	Vereinbarung über die Beteiligung der Arbeitnehmer	329
		4.	Auffangregelung zur Beteiligung der Arbeitnehmer	331
	V.	Rechtsstellung der Arbeitnehmervertreter		336
	VI.	Resonanz der Mitgliedstaaten und Sozialpartner		337
		1.	Ministerrat	338
		2.	Europäische Sozialpartner	338
		3.	Deutscher Bundesrat	339
		4.	Deutsche Sozialpartner	340
		5.	Bundesregierung	342
	VII.	Stellungnahme		343
C.	Kompromißvorschlag der österreichischen Präsidentschaft			344
	I.	Konzeption der Vorschläge		344
	II.	Rechtsgrundlage		345
	III.	Organisationsverfassung		345

	IV.	Mitbestimmung der Arbeitnehmer	345
		1. Anwendungsbereich	346
		2. Besonderes Verhandlungsgremium	347
		3. Vereinbarung über die Beteiligung der Arbeitnehmer	351
		4. Auffangregelung zur Beteiligung der Arbeitnehmer	352
	V.	Rechtsstellung der Arbeitnehmervertreter	355
	VI.	Resonanz der Mitgliedstaaten und Sozialpartner	355
	VII.	Stellungnahme	356
D.	Kompromißvorschlag der deutschen Präsidentschaft		357
	I.	Konzeption der Vorschläge	357
	II.	Rechtsgrundlage	358
	III.	Organisationsverfassung	358
	IV.	Mitbestimmung der Arbeitnehmer	358
		1. Anwendungsbereich	358
		2. Besonderes Verhandlungsgremium	359
		3. Vereinbarung über die Beteiligung der Arbeitnehmer	360
		4. Auffangregelung zur Beteiligung der Arbeitnehmer	360
	V.	Rechtsstellung der Arbeitnehmervertreter	362
	VI.	Resonanz der Mitgliedstaaten und Sozialpartner	362
		1. Europäischer Gewerkschaftsbund	362
		2. Europäische Industrie	364
	VII. Stellungnahme		364
E.	Stellungnahme		365
	I.	Rechtsgrundlage	365
	II.	Organisationsverfassung	366
	III.	Mitbestimmung der Arbeitnehmer	368

Teil V: Lösungsvorschlag   375

§ 16 Die Zukunft der Mitbestimmung der Arbeitnehmer in der SE   375

A. Verzicht auf die Europäische Aktiengesellschaft ?   375

B.	Fortentwicklung der Vorschläge der Ratspräsidentschaften	379
	I. Rechtsgrundlage	379
	II. Organisationsverfassung	381
	III. Mitbestimmung der Arbeitnehmer	382
	1. Konzeption des Lösungsvorschlags	382
	2. Anwendungsbereich	384
	3. Besonderes Verhandlungsgremium	386
	4. Vereinbarung über die Beteiligung der Arbeitnehmer	391
	5. Auffangregelung zur Beteiligung der Arbeitnehmer	394
	IV. Rechtsstellung der Arbeitnehmervertreter	400
C.	Zusammenfassung	401

Ausblick 403

Anhang: Die Beschlüsse von Nizza 405

A.	Der Gipfel von Nizza	405
	I. Die Entwicklung im Vorfeld des Gipfels	405
	II. Die Ergebnisse des Gipfels	407
	1. Institutionelle Reformen	408
	2. Europäische Grundrechtscharta	411
	3. Stellungnahme	412
B.	Die Beschlüsse zur Europäischen Aktiengesellschaft	412
	I. Konzeption der Vorschläge	414
	II. Rechtsgrundlage	416
	III. Organisationsverfassung	417
	IV. Mitbestimmung der Arbeitnehmer	418
	1. Anwendungsbereich	418
	2. Besonderes Verhandlungsgremium	419
	3. Vereinbarung über die Beteiligung der Arbeitnehmer	420
	4. Auffangregelung zur Beteiligung der Arbeitnehmer	421
	V. Rechtsstellung der Arbeitnehmervertreter	424

Nachwort 426

Literaturverzeichnis 427

Anhang: Verzeichnis der EU-Publikationen 444

I.	Europäische Aktiengesellschaft	444
II.	Gesellschaftsrechtliche Richtlinien mit Mitbestimmungsbezug	448
III.	Europäische Betriebsräte	450
IV.	Europäische Wirtschaftliche Interessenvereinigung	451
V.	Europäische Genossenschaft	451
VI.	Europäische Gegenseitigkeitsgesellschaft	452
VII.	Europäischer Verein	452
VIII.	Sonstige Dokumente	453

Abkürzungsverzeichnis

a. A.	anderer Auffassung
a. F.	alte Fassung
AblEG	Amtsblatt der Europäischen Gemeinschaften
Abs.	Absatz
AcP	Archiv für civilistische Praxis (Zeitschrift)
AG	Aktiengesellschaft
AG	Die Aktiengesellschaft (Zeitschrift)
AHK	Alliierte Hohe Kommission
AktG	Aktiengesetz
Amtl. Begr.	Amtliche Begründung
Anh.	Anhang
Anl.	Anlage
ArbGG	Arbeitsgerichtsgesetz
ArbuR	Arbeit und Recht (Zeitschrift)
Art.	Artikel
AUS	Austria
AWD	Außenwirtschaftsdienst (Zeitschrift, Vorläufer der RIW)
Az.	Aktenzeichen
BB	Der Betriebsberater (Zeitschrift)
BDA	Bundesvereinigung der Deutschen Arbeitgeberverbände
BetrVG	Betriebsverfassungsgesetz
BGBl.	Bundesgesetzblatt
BGH	Bundesgerichtshof
BiRiLiG	Bilanzrichtliniengesetz
BMA	Bundesministerium für Arbeit und Sozialordnung
BR-Drucks.	Bundesrats-Drucksache
bspw.	beispielsweise
BT-Drucks.	Bundestags-Drucksache

BV	Besloten Vennootschap met beperkte annsprakelijkheid
BVerfG	Bundesverfassungsgericht
BVerfGE	Entscheidungen des BverfG (Amtliche Sammlung)
BW	Burgerlijk Wetbock
bzw.	beziehungsweise
ca.	circa
d. h.	das heißt
DB	Der Betrieb (Zeitschrift)
ders.	derselbe
DGB	Deutscher Gewerkschaftsbund
EBFG	Bund der Freien Gewerkschaften in der Gemeinschaft
EBR	Europäischer Betriebsrat
EBRG	Gesetz über die Europäischen Betriebsräte
EG	Europäische Gemeinschaft
EGB	Europäischer Gewerkschaftsbund
EG-Bulletin	Bulletin der Europäischen Gemeinschaften
Einl.	Einleitung
endg.	endgültig
EP	Europäisches Parlament
EPG	Europäische Privatgesellschaft
EU	Europäische Union
EUGEN	Europäische Genossenschaft
EUGES	Europäische Gegenseitigkeitsgesellschaft
EURATOM	Vertrag zur Gründung der Europäischen Atomgemeinschaft
EUV	Europäischer Verein
EUV	EU-Vertrag
EuZW	Zeitschrift für Europäisches Wirtschaftsrecht
EWG	Europäische Wirtschaftsgemeinschaft
EWIV	Europäische Wirtschaftliche Interessenvereinigung
f.	folgend

F.A.Z.	Frankfurter Allgemeine Zeitung
ff.	folgende
FoR	Forum Recht (Zeitschrift)
FS	Festschrift
GB	Great Britain
GER	Germany
ggf.	gegebenenfalls
GmbH	Gesellschaft mit beschränkter Haftung
GmbHR	GmbH-Rundschau
Hrsg.	Herausgeber
i. V. m.	in Verbindung mit
JA	Juristische Arbeitsblätter (Zeitschrift)
JZ	Juristenzeitung (Zeitschrift)
KJ	Kritische Justiz (Zeitschrift)
KOM	Dokument der Europäischen Kommission
lit.	litera
m. w. Nachw.	mit weiteren Nachweisen
MitbestG	Mitbestimmungsgesetz
MitbestErgG	Montan-Mitbestimmungsergänzungsgesetz
Montan-MitbestG	Montan-Mitbestimmungsgesetz
NJW	Neue Juristische Wochenschrift (Zeitschrift)
Nr.	Nummer
NV	Naamloze Vennootschap
NZA	Neue Zeitschrift für Arbeitsrecht
OLG	Oberlandesgericht
RabelsZ	Rabelszeitschrift für ausländische und internationales Privatrecht (Zeitschrift)
RdA	Recht der Arbeit (Zeitschrift)
RiLi	Richtlinie
RIW	Recht der Internationalen Wirtschaft (Zeitschrift)

Rn.	Randnummer
SE	Societas Europaea
sog.	sogenannte, sogenannter, sogenanntes
TVG	Tarifvertragsgesetz
UNICE	Union of Industrial and Employer's Confederations of Europe
v.	vom
vgl.	vergleiche
VO	Verordnung
Vorb.	Vorbemerkung
WM	Wertpapiermitteilungen (Zeitschrift)
WSA	Wirtschafts- und Sozialausschuß
WSI-Mitteilungen	WSI-Mitteilungen (Periodikum)
ZfA	Zeitschrift für Arbeitsrecht
ZGR	Zeitschrift für Unternehmens- und Gesellschaftsrecht
ZHR	Zeitschrift für das gesamte Handels- und Wirtschaftsrecht
Ziff.	Ziffer
ZIP	Zeitschrift für Wirtschaftsrecht
ZVglRWiss	Zeitschrift für Vergleichende Rechtswissenschaft

Einleitung

Seit einigen Jahren ist "Europa" in aller Munde. Es vergeht kein Tag, ohne daß man als politisch interessierter Bürger in den Medien mit Themen mit Europabezug konfrontiert wird. Seit der Diskussion um die Einführung des Euro als der dritten Stufe der Wirtschafts- und Währungsunion, welche zum 01.01.1999 in Kraft getreten ist, hat sich dies noch verstärkt.

Im rechtlichen Bereich zeigt die zunehmende Integration der Europäischen Gemeinschaften schon seit langem teilweise sehr einschneidende Auswirkungen. Es gibt wohl kaum ein Rechtsgebiet, welches nicht von Verordnungen oder Richtlinien des Rates durchdrungen wird oder von der Rechtsprechung des Europäischen Gerichtshofes beeinflußt ist. Nach einer Einschätzung von *Jacques Delors* aus dem Jahre 1988 werden im Jahr 2000 ca. 80 % aller innerstaatlichen zivilrechtlichen Rechtsnormen in den Mitgliedstaaten der Gemeinschaft direkt oder indirekt auf EG-Recht beruhen.[1] Diese Einschätzung wird heute von Politikern und Wirtschaftsverbänden für den wirtschaftsrechtlichen Bereich bestätigt.[2] Ferner ist davon auszugehen, daß es sich um eine Tendenz handelt, die voraussichtlich weiter anhalten wird.

Auch vor dem Gesellschaftsrecht haben derartige Einflüsse nicht haltgemacht. Bereits sehr früh wurde die Diskussion um eine Vereinheitlichung bestimmter gesellschaftsrechtlicher Bereiche aufgenommen. Mittlerweile sind bereits einige gesellschaftsrechtliche Richtlinien zur Rechtsangleichung erlassen worden.[3] Von einem Europäischen Gesellschaftsrecht ist man jedoch noch weit entfernt. Zwar ist man in einigen Bereichen zu durchaus konsensfähigen Lösungen gelangt.[4] Zu groß sind indes in vielen Bereichen die Unterschiede zwischen den Rechtsordnungen der einzelnen Mitgliedstaaten, zu festgefahren die Positionen der Sozialpartner. Die Arbeiten schreiten zum großen Teil nur schleppend voran[5], obwohl die meisten Angleichungsvorhaben im Grundsatz oft von

---

[1] So *Delors* in einer Rede vor dem Europäischen Parlament v. 07.07.1988, EG-Bulletin 1988, 7/8, S. 124.

[2] Vgl. F.A.Z. v. 11.09.1998, S. 26: *"Die deutsche Wirtschaft erkennt die Bedeutung der Brüsseler Präsenz"*.

[3] Einen Gesamtüberblick zum gegenwärtigen Stand der Rechtsangleichung im Gesellschaftsrecht geben *Finken / Weitbrecht*, ZIP 1990, 959 ff., und *Großfeld*, WM 1992, 2121 ff.; vgl. aus neuerer Zeit auch *Lutter,* Europäisches Unternehmensrecht, und *Habersack,* Europäisches Gesellschaftsrecht.

[4] In diesem Zusammenhang ist bspw. die alle Kapitalgesellschaften betreffende und in der Praxis sehr wichtige Vierte Richtlinie über den Jahresabschluß v. 25.07.1978 - AblEG Nr. L 222 v. 14.08.1978, S. 11 ff. - sowie die Siebte Richtlinie über die Rechnungslegung im Konzern v. 13.06.1983 - AblEG Nr. L 193 v. 18.07.1983, S. 1 ff. - zu nennen, welche in Deutschland durch das sog. Bilanzrichtliniengesetz (BiRiLiG v. 19.12.1985, BGBl. 1985 I, S. 2355) umgesetzt worden sind.

[5] Vgl. beispielhaft die Bemühungen zum Vorschlag einer Zehnten Richtlinie über die grenzüberschreitende Verschmelzung von Aktiengesellschaften (sog. Verschmelzungsrichtlinie,

fast allen Beteiligten - Politikern, Gewerkschaften, Unternehmern wie Wirtschaftsverbänden gleichermaßen - gutgeheißen, ja teilweise sogar als notwendig angesehen werden.

Diese Ambivalenz läßt sich auch im Bereich der Schaffung einer einheitlichen europäischen Rechtsform in Gestalt einer Europäischen Aktiengesellschaft - oder auf lateinisch: *Societas Europaea (SE)* - beobachten. Obwohl bereits Ende der 50er Jahre erste Vorschläge als Diskussionsgrundlage auf den Tisch gelegt wurden, sind die Arbeiten - nach nunmehr über vierzig Jahren (!) - trotz zahlreicher Bemühungen immer noch nicht zum Abschluß gebracht worden. Dies hat *Wißmann* 1992 in einem Beitrag über die Europäische Aktiengesellschaft veranlaßt, die Darstellung der bisherigen Bemühungen treffend mit *"Die SE - eine unendliche Geschichte"* zu überschreiben.[6]

Die Gründe hierfür sind vielfältig; sie umfassen sowohl politische als auch rechtliche Gesichtspunkte. Eine der wesentlichen Ursachen für das bisherige Scheitern des Projekts der Europäischen Aktiengesellschaft ist vor allen Dingen die unterschiedliche Vorstellung der einzelnen Mitgliedstaaten hinsichtlich einer Beteiligung der Arbeitnehmer in den Unternehmensorganen dieser Gesellschaft.[7] Die Bandbreite reicht hierbei von bloßen Anhörungs- oder Widerspruchsrechten bis zu einer gesetzlich normierten "echten" Mitbestimmung im Aufsichts- oder Verwaltungsorgan. Während in manchen Mitgliedstaaten eine solche Arbeitnehmerbeteiligung sehr weit vorangeschritten ist, müssen andere - wie *Semler* anläßlich eines Vortrages zugespitzt formulierte - *"erst noch lernen, wie das Wort Aufsichtsrat zu buchstabieren ist"*[8].

Dennoch besteht mittlerweile Aussicht auf eine baldige Einigung. Nachdem die Verhandlungen lange Jahre festgefahren waren und auch die neuen Entwürfe von 1989 und 1991 keine Einigung herbeigeführt haben, hat das Projekt im Anschluß an die erfolgreiche Verabschiedung der Richtlinie über die Europäischen Betriebsräte - durch einen neuen Vorstoß der Kommission in Gestalt des 1997 vorgelegten sog. Davignon-Berichts neuen Schwung bekommen. Aus jüngster Zeit liegen weitere Vorschläge der luxemburgischen, britischen, österreichischen und deutschen Ratspräsidentschaften vor.

Diese neuere Entwicklung gibt Anlaß genug, sich noch einmal umfassend mit dem Projekt der *Societas Europaea* zu beschäftigen und die bisherigen Bemühungen einschließlich der ergangenen Stellungnahmen aller Beteiligten nachzuzeichnen, zu bewerten und abschließend einen eigenen Lösungsvorschlag zu formulieren. Hierdurch soll ein kleiner Beitrag zum Abschluß dieses - um dies vorwegzunehmen - für die Europäische Union

---

AblEG Nr. C 23 v. 25.01.1985, S. 11 ff.); vgl. zu diesem Richtlinienvorschlag im einzelnen ausführlich unten Teil III § 7 E. I. (S. 179 ff.).

[6] *Wißmann*, RdA 1992, 320 ff., 320.

[7] Vgl. *Blank*, ArbuR 1993, 229 ff., 229.

[8] Vortrag von *Semler* anläßlich einer Veranstaltung des Europäischen Ministeriums des Landes Nordrhein-Westfalen in Bonn am 15.05.1998: *"Die Europäische Aktiengesellschaft - Gefährdung deutscher Mitbestimmung?"*.

wirtschaftlich wie auch politisch sehr bedeutsamen und nach Meinung des Verfassers auf lange Zeit unverzichtbaren Projekts geleistet werden, indem ein realistischer Lösungsweg aufgezeigt werden soll.

Unter einer *Europäischen Aktiengesellschaft* ist im folgenden eine Handelsgesellschaft des Privatrechts in Gestalt einer Aktiengesellschaft zu verstehen, die auf der Grundlage des europäischen Rechts geschaffen werden soll. Es handelt sich somit um eine supplementäre, d. h. eine neue Form einer Aktiengesellschaft, welche der Wirtschaft neben den bestehenden Rechtsformen nationalen Rechts zur Verfügung gestellt werden soll.[9] Der Begriff des *Statuts der Europäischen Aktiengesellschaft* bezeichnet nach dem Sprachgebrauch, der sich eingebürgert hat, nicht etwa die Statuten im Sinne einer Satzung der Gesellschaft, sondern ein Gesetz, das die rechtliche Ordnung der Europäischen Aktiengesellschaft enthält.[10] Die *Mitbestimmung* in einer solchen Aktiengesellschaft europäischen Rechts umfaßt im folgenden in erster Linie die - nach deutschem Verständnis - unternehmerische Mitbestimmung der Arbeitnehmer, wenngleich die Vorschläge zum Teil auch Elemente einer betrieblichen Mitbestimmung enthalten.

In einem ersten Teil der folgenden Darstellung wird zunächst ein Überblick über die Modelle zur unternehmerischen Mitbestimmung in der Europäischen Gemeinschaft anhand einiger ausgewählter Mitgliedstaaten gegeben und auf die existierenden Bemühungen der Gemeinschaftsorgane zur Schaffung europäischer Gesellschaftsformen eingegangen (Teil I).

Sodann folgt in einem ersten, kürzeren Hauptteil der Darstellung eine ausführliche Betrachtung der ersten Vorschläge zur Schaffung einer Europäischen Aktiengesellschaft aus den Jahren 1970 und 1975 sowie anderer unternehmensrechtlicher Vorhaben mit Bezug zur Mitbestimmungsproblematik in den 70er und 80er Jahren (Teil II). Chronologisch werden hierbei die einzelnen Entwürfe vorgestellt und bewertet, wobei der Schwerpunkt auf den Vorschlägen zur Mitbestimmungsproblematik liegt. Auch wenn die diesen frühen Vorschlägen zugrundeliegenden Ideen heute teilweise politisch überholt sind, ist ihre ausführliche Darstellung dennoch geboten, da erst hierdurch der Inhalt der aktuellen Vorschläge verständlich wird. In diesem Zusammenhang ist *Pipkorn* zuzustimmen, wenn er den früheren Kommissionsentwurf von 1975 als immerhin interessant bezeichnet, *"weil er als 'Steinbruch' diente, aus dem spätere Vorschläge der Kommission Material entnahmen"*[11].

---

[9] So schon *Sanders*, AG 1967, 344 ff., 344.

[10] Vgl. *von Caemmerer*, S. 54 ff., S. 54. *Merkt* kritisiert diesen Begriff wegen der Verwechslungsgefahr zwischen der Verordnung und den Statuten der Gesellschaft, zu der es besonders im französischen Recht leicht kommen könne (*"le statut"* und *"les statuts"*), vgl. BB 1992, 652, Fn. 6.

[11] *Pipkorn*, RdA 1992, 120 ff., 123.

Der Schwerpunkt der Darstellung befaßt sich in einem zweiten Hauptteil der Darstellung mit der Vorstellung und Bewertung der neueren Vorschläge zur Europäischen Aktiengesellschaft. Zunächst werden die Wiederbelebung des Vorhabens der Europäischen Aktiengesellschaft durch das Memorandum *"Binnenmarkt und industrielle Zusammenarbeit"* und die sich hieran anschließenden, 1989 und 1991 vorgelegten, Kommissionsvorschläge geschildert, die einer eingehenden rechtlichen Untersuchung unterzogen werden (Teil III). Der sich hieran anschließende Teil IV der Darstellung befaßt sich schließlich mit den neuesten Vorschlägen der Ratspräsidentschaften seit 1998, wobei auch die Richtlinie über die Europäischen Betriebsräte von 1994 und der Davignon-Bericht von 1997 in die Erwägungen einbezogen werden. Hierbei soll eine eingehende Auseinandersetzung mit den Inhalten dieser Vorschläge stattfinden, die in erster Linie dem Thema der vorliegenden Arbeit, der *"Mitbestimmung der Arbeitnehmer in der Europäischen Aktiengesellschaft"*, gilt. Teilweise werden darüber hinaus aber auch Fragen behandelt, welche die Mitbestimmungsproblematik nur mittelbar beeinflussen, wie bspw. die Problematik des Zugangs zur Europäischen Aktiengesellschaft. Die Ausführungen sollen hier über eine bloße Darstellung insofern hinausgehen, als auch jeweils eine umfassende Bewertung und Kritik der vorgelegten Lösungsvorschläge vorgenommen wird.

In einem abschließenden Teil der Darstellung sollen diese Bewertungen einem konsensfähigen - und damit vor allen Dingen realisierbaren - Vorschlag zur Lösung der Mitbestimmungsproblematik in der Europäischen Aktiengesellschaft zugeführt werden (Teil V).

Die Darstellung schließt mit einem kurzen Ausblick, bevor sodann in einem Anhang die Beschlüsse von Nizza, welche die Verabschiedung der Vorschläge zur Europäischen Aktiengesellschaft vorbereiteten, dargestellt werden; die Arbeit ist auf dem Stand von Oktober 2001.

Teil I: Mitbestimmung in Europa und europäische Gesellschaftsformen

§ 1 Modelle der unternehmerischen Mitbestimmung in Europa

Die Frage der Mitbestimmung der Arbeitnehmer ist ein Bereich, in dem sich in den einzelnen Mitgliedstaaten der Gemeinschaft - ungeachtet einer im übrigen immer weiter voranschreitenden Integration - sehr unterschiedliche Strukturen herausgebildet haben.[12] Dies erklärt sich zum einen dadurch, daß in den Mitgliedstaaten aufgrund der historischen Entwicklung ganz unterschiedliche Auffassungen über die die Notwendigkeit und die Rolle einer solchen Mitbestimmung der Arbeitnehmer bestehen.[13] So existieren bspw. in der Bundesrepublik Deutschland sehr weitreichende gesetzliche Bestimmungen, während in Großbritannien Mitbestimmungsnormen kaum bestehen bzw. gänzlich fehlen[14]. Zum anderen ist aber auch zu berücksichtigen, daß selbst bei der Verwendung vergleichbarer Begrifflichkeiten eine Mitbestimmung der Arbeitnehmer von ganz unterschiedlicher Intensität vorliegen kann. Der Betriebsrat nach deutschem Verständnis ist zum Beispiel mit dem französischen Betriebsrat nicht vergleichbar.[15]

Ein weiteres Erschwernis einer Harmonisierung der Mitbestimmungsrechte auf der Ebene der Europäischen Gemeinschaft resultiert daraus, daß auch der gesellschaftsrechtliche Rahmen in den einzelnen Staaten verschieden ist. Man unterscheidet hier zwischen der monistischen und der dualistischen Unternehmensverfassung; dies ist zumindest für die Umsetzung und die konkrete Ausgestaltung der Rechte der Arbeitnehmer auf Unternehmensebene von Bedeutung.[16]

Da die Problematik der Mitbestimmung ein wesentlicher Grund dafür ist, daß sich die Entwicklung eines Statuts einer Europäischen Aktiengesellschaft sehr schwierig gestaltet, sollen im folgenden zunächst einige grundlegende Gemeinsamkeiten sowie die beiden Modelle der Unternehmensverfassung dargestellt werden, bevor sodann einige der nationalen Mitbestimmungssysteme beispielhaft behandelt werden.[17]

---

[12] Im - noch näher zu behandelnden, vgl. Teil IV § 14 B. (S. 296 ff.) - Abschlußbericht der Davignon-Sachverständigengruppe von Mai 1997 heißt es bspw. unter Ziff. 94 (S. 12), die Gruppe sei *"von der Tatsache beeindruckt, daß sich die nationalen Systeme der Information, Anhörung und Mitwirkung der Arbeitnehmer derart stark voneinander unterscheiden".*

[13] Vgl. *Klinkhammer / Welslau*, Rn. 2 (S. 33).

[14] Vgl. dazu im einzelnen unten Teil I § 1 C. (S. 36 ff.) und F. (S. 67 ff.).

[15] Vgl. *Niedenhoff*, Mitbestimmung in den EU-Staaten, S. 9.

[16] So auch *Klinkhammer / Welslau*, Rn. 3 (S. 33).

[17] Eine ausführliche Darstellung unter Berücksichtigung aller Mitgliedstaaten findet sich bei *Niedenhoff*, Mitbestimmung in den Staaten der Europäischen Union, und *Klinkhammer / Welslau*, Die Mitbestimmung in Deutschland und Europa. Übersichtliche Schaubilder und Synopsen enthalten der Anhang III zum Davignon-Bericht von Mai 1997 sowie der Anhang zum Vorschlag für eine Richtlinie des Rates zur Festlegung eines allgemeinen Rahmens für die Information und

A. Begrifflichkeiten

Ungeachtet der sehr unterschiedlichen Auffassungen zur Mitbestimmung der Arbeitnehmer lassen sich einige grundlegende gemeinsame Feststellungen treffen, die in nahezu allen Mitgliedstaaten Bestand haben.[18]

So wird insbesondere die aus dem deutschen Recht bekannte Differenzierung zwischen einer Mitbestimmung auf der Ebene des Betriebs und einer unternehmerischen Mitbestimmung auch in vielen anderen Staaten der Gemeinschaft vorgenommen. Soweit in einigen Mitgliedstaaten von dieser Unterscheidung abgewichen wird - bspw. weil eine unternehmerische Mitbestimmung der Arbeitnehmer kaum existent ist -, soll sie dennoch für die folgende Darstellung aus Gründen der Übersichtlichkeit zugrunde gelegt werden. Mitbestimmung der Arbeitnehmer ist hiernach die gesetzliche Teilnahme der Arbeitnehmer bzw. ihrer Vertretungen am Willensbildungsprozeß im Betrieb und im Unternehmen. Die Arbeitnehmerbeteiligung kennt damit zwei Ebenen: den Betrieb als Stätte zur Verfolgung arbeitstechnischer Zwecke und das Unternehmen als rechtsfähige organisatorische Einheit zur Verfolgung wirtschaftlicher oder ideeller Ziele.

Die betriebliche Mitbestimmung bezweckt die Mitwirkung der Arbeitnehmer an den personellen, sozialen und wirtschaftlichen Folgeproblemen, die sich aus unternehmerischen Planungs-, Leitungs- und Organisationsentscheidungen ergeben.[19] Die Befugnisse einer solchen betrieblichen Vertretung gliedern sich - je nach Mitgliedstaat unterschiedlich - in Mitbestimmungs-, Mitwirkungs-, Informations- und Anhörungsrechte. Hierbei versteht man herkömmlicherweise unter Mitwirkung der Arbeitnehmer, daß der Arbeitgeber die Arbeitnehmer oder deren Vertretung vor der Durchführung bestimmter Maßnahmen zu informieren, zu unterrichten und anzuhören oder eine Beratung zu ermöglichen hat.[20] Mitbestimmung der Arbeitnehmer bedeutet hingegen, daß der Arbeitgeber bestimmte Maßnahmen grundsätzlich nur mit Zustimmung der Arbeitnehmervertretung durchführen kann.[21] Inhaltlich geht es bei der betrieblichen Mitbestimmung vor allen Dingen um Fragen, welche die Arbeitnehmer an ihrem Arbeitsplatz unmittelbar betreffen. Die betriebsverfassungsrechtlichen Rechte greifen daher grundsätzlich nicht in den unternehmerischen Entscheidungsprozeß ein.[22]

Anhörung der Arbeitnehmer in der Europäischen Gemeinschaft v. 17.11.1998, KOM (98) 612 endg.

[18] Vgl. auch die hiermit im wesentlichen übereinstimmenden Begriffsbestimmungen des Anhangs II zum Davignon-Bericht von Mai 1997 zu den Begriffen *"Beteiligung"*, *"Information"*, *"Anhörung"* und *"Mitbestimmung"* der Arbeitnehmer; dazu im einzelnen noch ausführlich unten Teil IV § 14 B. (S. 296 ff.).

[19] *Klinkhammer / Welslau*, Rn. 12 (S. 37), die - besonders plastisch - davon sprechen, daß *"die betriebliche Mitbestimmung insoweit im 'Vorhof' der 'eigentlichen' unternehmerischen Mitbestimmung"* verbleibt.

[20] Vgl. *Niedenhoff*, Mitbestimmung in den EU-Staaten, S. 8.

[21] Vgl. *Niedenhoff*, Mitbestimmung in den EU-Staaten, S. 8.

[22] Vgl. *Fitting / Wlotzke / Wißmann*, Vorbem. Rn. 14.

Von unternehmerischer Mitbestimmung spricht man hingegen, wenn es um die unmittelbare Einflußnahme auf die zentralen unternehmerischen Planungs-, Leitungs- und Organisationsentscheidungen geht.[23] Ihr Anknüpfungspunkt ist somit die im Kern unternehmerische Entscheidung. Hierdurch sollen neben den Interessen der Anteilseigner auch die der Arbeitnehmer berücksichtigt werden. Im Rahmen der Kontrolle der Unternehmensleitung und bei der Mitgestaltung der Grundsätze der Unternehmenspolitik ist hierdurch eine frühzeitige Einbeziehung sozialer Belange in wirtschaftliche Entscheidungen möglich. Rechtlich stehen die betriebliche und die unternehmerische Mitbestimmung selbständig nebeneinander[24], es bestehen jedoch vielfache funktionelle Zusammenhänge und Interdependenzen, aus denen sich auch Überschneidungen ergeben können.[25]

Im folgenden beschränkt sich die Darstellung im Hinblick auf das Thema der vorliegenden Arbeit auf die Mitbestimmung der Arbeitnehmer in den Unternehmensorganen.

B. Organisationsverfassung der Kapitalgesellschaften

In den Mitgliedstaaten der Gemeinschaft sind zwei verschiedene Modelle der Organisationsverfassung der Kapitalgesellschaften existent: das *sog. monistische System* und das *sog. dualistische System*.[26] Es geht hierbei um den Gegensatz zwischen einem Verwaltungsratssystem, das neben der Hauptversammlung lediglich ein Führungsorgan kennt (sog. Board-system), und dem dualistischen oder Aufsichtsratssystem, nach dem die Unternehmensleitung auf zwei Organe, nämlich Vorstand und Aufsichtsrat, verteilt ist.[27] Kennzeichnend für das anglo-amerikanische Board-System ist die Vereinigung der Funktionen der Geschäftsführung und der Überwachung in einem Gesellschaftsorgan, dem *"board of directors"*. Beim dualistischen Aufsichtsratssystem hingegen wird eine strikte organisatorische Trennung von eigentlichem Leitungsorgan (Vorstand) und einem korrespondierenden Kontrollorgan (Aufsichtsrat) durchgehalten.[28] Dem Aufsichtsrat obliegt die Bestellung und Abberufung der Vorstandsmitglieder sowie die Überprüfung der Tätigkeit seiner Mitglieder. An diesem Kontrollorgan setzt die Mitbestimmung auf der Unternehmensebene im Kern an.

Wenngleich der Ansatzpunkt der Mitbestimmung bei beiden Systemen ein anderer ist, kann man feststellen, daß gewisse Ähnlichkeiten zwischen dem monistischen und dem

---

23   Vgl. *Fitting / Wlotzke / Wißmann*, Vorbem. Rn. 14.
24   Vgl. *Fitting / Wlotzke / Wißmann*, Vorbem. Rn. 15.
25   Ein Beispiel ergibt sich im deutschen Recht aus den Berührungspunkten zwischen den unternehmerischen Mitbestimmungsrechten und der betrieblichen Mitbestimmung in wirtschaftlichen Angelegenheiten nach §§ 106 ff. BetrVG 1972, vgl. *Hanau / Ulmer*, Einl. Rn. 51, *von Hoyningen-Huene*, Betriebsverfassungsrecht, § 1 III. 3. *Raiser*, Einl Rn. 56 f., sowie *Wiedemann*, § 11 IV. 2. a. (S. 635).
26   Zur grundsätzlichen Unterscheidung vgl. *Wiedemann*, § 6 IV. vor 1. (S. 341 ff.)
27   *Raiser*, FS Steindorff, S. 201 ff., S. 203 f.
28   *Klinkhammer / Welslau*, Rn. 37 (S. 47).

dualistischen System bestehen.[29] Zum einen ist beim dualistischen System eine zunehmend enge Zusammenarbeit zwischen Vorstand und Aufsichtsrat zu beobachten, in deren Rahmen der Aufsichtsrat nicht selten Beratungsfunktionen wahrnimmt. Hierdurch kommt es zu einer gewissen Annäherung zum anglo-amerikanischen board-System, wenngleich die rechtliche klare personelle und funktionelle Trennung beider Organe hiervon unberührt bleibt.[30] Zum anderen ist beim monistischen System bezüglich Geschäftsführung und Kontrolle zwar keine Trennung in verschiedene Organe vorgesehen. Dies bewog Vertreter des dualistischen Systems bspw. dazu, eine Verwischung von Kompetenzen und Verantwortlichkeiten als Kritikpunkt dieses Systems auszumachen. Dennoch ist in der Praxis auch hier zunehmend eine Aufteilung der Funktionen innerhalb des einen Organs zu beobachten, so daß die theoretischen Unterschiede sich relativieren.[31] Eine in den 70er Jahren intensiv geführte Diskussion, bei welchem System die Vorteile überwiegen[32], ist somit heute auch mehr oder weniger eingeschlafen.

Hinsichtlich der Verbreitung dieser beiden Systeme lassen sich in Europa im wesentlichen zwei Blöcke unterscheiden: einerseits die Bundesrepublik Deutschland, die Niederlande, Italien und Dänemark als Vertreter des dualistischen Systems, andererseits England, Irland, Frankreich, Luxemburg, Belgien, Griechenland, Spanien und Portugal, die dem anglo-amerikanischen Board-System mit einem Verwaltungsrat als einheitlichem Leitungs- und Überwachungsorgan folgen.[33]

C. Die unternehmerische Mitbestimmung in Deutschland

I. Grundstrukturen der Mitbestimmung in Deutschland

Die Bundesrepublik Deutschland ist im internationalen Vergleich das Land mit den meisten Mitbestimmungsgesetzen und Mitbestimmungsregelungen.[34] Die heutige Rechtslage im Bereich der Unternehmensmitbestimmung ist das Ergebnis einer langen,

---

[29] Vgl. *Raiser*, FS Steindorff, S. 201 ff., S. 209, und *Wiedemann*, § 6 IV. (S. 342).

[30] Vgl. *Hueck*, § 23 I. 5. (S. 204).

[31] Vgl. *Raiser*, FS Semler, S. 277 ff., 289. So auch *Leupold*, S. 74 f. m. w. Nachw., der davon ausgeht, daß es *"nahezu allgemeiner Ansicht entspricht, daß die Systeme konvergieren und auch in den monistischen Systemen ein Trend zu einer dualistischen Ausdifferenzierung von Führung und Überwachung sich abzuzeichnen beginnt"*. In diesem Sinne ferner auch *Ficker*, FS Bärmann, S. 299 ff., S. 305, der von einer *"Gegenüberstellung [...] nur formaler Art"* spricht.

[32] Zu dieser Diskussion vgl. *Leupold*, S. 74 m. w. Nachw., und *Raiser*, FS Steindorff, S. 201 ff., S. 206 ff.

[33] Auf weitere Einzelheiten kann hier nicht eingegangen werden, vgl. dazu bspw. *Leupold*, S. 73 f., der Frankreich und Italien als Sonderfälle einstuft. Im übrigen wird hier auf die Spezialliteratur zu den jeweiligen nationalen Aktienrechten verwiesen; Nachweise finden sich bei *Klinkhammer / Welslau* am Ende der jeweiligen Kapitel.

[34] *Niedenhoff*, Mitbestimmung in den EU-Staaten, S. 8; vgl. auch *Klinkhammer / Welslau*, Rn. 2 (S. 33), die - etwas überspitzt, aber in der Sache durchaus zutreffend formuliert - von *"einer fast perfektionistisch anmutenden gesetzlichen Regelungsdichte"* sprechen.

auf weiten Strecken durch erhebliche Kontroversen gekennzeichneten Entwicklung.[35] Die Mitbestimmung der Arbeitnehmer auf der Unternehmensebene wird durch das Montan-Mitbestimmungsgesetz (1951), das Montan-Mitbestimmungsergänzungsgesetz (1956), das Mitbestimmungsgesetz 1976 und das Betriebsverfassungsgesetz 1952 geregelt. Welche Form der Arbeitnehmermitbestimmung auf ein bestimmtes Unternehmen anzuwenden ist, hängt insbesondere von drei Kriterien ab: Rechtsform des Unternehmens, Unternehmensgröße und Wirtschaftsbereich. Je nach gesetzlicher Grundlage ist der Grad des Arbeitnehmereinflusses sehr verschieden.

II. Organisationsverfassung der Kapitalgesellschaften

Die Organisationsverfassung von Kapitalgesellschaften richtet sich in der Bundesrepublik Deutschland nach dem dualistischen System. Neben dem geschäftsführenden Leitungsorgan - bei der Aktiengesellschaft ist dies der Vorstand - gibt es ein zweites, in erster Linie mit Kontrollkompetenzen ausgestattetes Organ: den Aufsichtsrat. Charakteristisch für dieses System - so *Wiedemann* - ist die strikte personelle und grobmaschige sachliche Verteilung zwischen Vorstand und Aufsichtsrat.[36]

III. Mitbestimmung der Arbeitnehmer

Die Regelungen über die unternehmerische Mitbestimmung der Arbeitnehmer in der Bundesrepublik Deutschland finden sich in vier verschiedenen Gesetzen: Montan-Mitbestimmungsgesetz, Montan-Mitbestimmungsergänzungsgesetz, Mitbestimmungsgesetz 1976, Betriebsverfassungsgesetz 1952.

1. Montan-Mitbestimmungsgesetz

Die Beteiligung der Arbeitnehmer auf der Unternehmensebene wurde in der Bundesrepublik Deutschland erstmals im Montan-Mitbestimmungsgesetz vom 21.05.1951 (Montan-MitbestG) geregelt.[37] Es gilt für Kapitalgesellschaften der Montanindustrie, d. h. des Bergbaus und der Eisen und Stahl erzeugenden Industrie; ergänzt wird es durch das Montan-Mitbestimmungsergänzungsgesetz vom 07.08.1956 (MitBestErgG)[38].

a. Anwendungsbereich

Das Montan-Mitbestimmungsgesetz findet nach § 1 Abs. 1 und 2 Montan-MitbestG grundsätzlich Anwendung auf Unternehmen des Bergbaus und der Eisen und Stahl erzeugenden Industrie, wenn sie als Aktiengesellschaften, Gesellschaften mit beschränkter

---

35 Vgl. *Hueck*, § 24 II. 1. (S. 222).
36 *Wiedemann*, § 6 IV (S. 342), vgl. dazu im einzelnen unten.
37 Gesetz über die Mitbestimmung der Arbeitnehmer in den Aufsichtsräten und Vorständen der Unternehmen des Bergbaus, und der Eisen und Stahl erzeugenden Industrie, BGBl. 1951 I, S. 347, zuletzt geändert durch Gesetz v. 09.06.1998, BGBl. 1998 I, S. 1242.
38 Dazu sogleich unten Teil I § 1 C. IV. (S. 43 ff.)

§ 1 Modelle der unternehmerischen Mitbestimmung in Europa

Haftung oder bergrechtliche Gewerkschaften[39] geführt werden und in der Regel mehr als 1000 Beschäftigte haben oder Einheitsgesellschaften[40] sind. Aus dem Anwendungsbereich fallen somit von Einzelpersonen oder Personengesellschaften betriebene Unternehmen heraus.[41]

Aufgrund zunehmender Umstrukturierungsprozesse in der Montanindustrie wurde dieser Anwendungsbereich durch den Gesetzgeber allerdings mehrfach erweitert. Die weitere Entwicklung war nämlich dadurch gekennzeichnet, daß im Bereich der Eisen- und Stahlindustrie durch Rückgang der Produktion und Diversifikation immer mehr Unternehmen deswegen aus dem Geltungsbereich der genannten Gesetze herauszufallen drohten, weil der Anteil der Produktion von Eisen und Stahl unter die 50%-Grenze sank.[42] Um diesem Prozeß des Wegfalls der Mitbestimmung entgegenzuwirken, wurde das Gesetz mehrfach geändert bzw. ergänzt.

Zunächst bestimmte das sog. Mitbestimmungsfortgeltungsgesetz vom 29.11.1971[43] in § 1 die Fortgeltung der §§ 6, 8 bis 13 Montan-MitbestG, wenn die Voraussetzungen des § 1 Abs. 1 Montan-MitbestG nicht vorliegen oder wegfallen. Dieses Gesetz war allerdings befristet; es ist mit Ablauf des 31.12.1975 außer Kraft getreten. Die heutige Fassung erhielt das Montan-Mitbestimmungsgesetz im wesentlichen durch das Gesetz zur Änderung des Montan-Mitbestimmungsgesetzes und des Mitbestimmungsergänzungsgesetzes vom 21.05.1981[44]. Durch Art. 1 dieses Gesetzes wurde die Bestimmung des § 1 Abs. 3 Montan-MitbestG eingefügt: Hiernach gelten trotz Wegfalls der die Mitbestimmungspflichtigkeit konstituierenden Voraussetzungen die Regelungen des Gesetzes fort und sind erst dann nicht mehr anzuwenden, wenn in sechs aufeinanderfolgenden Ge-

---

[39] Diese Gesellschaftsform, welche durch das Bundesberggesetz v. 13.08.1990 (BGBl. 1980 I, S. 1310) geregelt wurde, existiert heute nicht mehr; der Gesetzgeber hat sie mit Wirkung zum 31.12.1985 abgeschafft, vgl. die Vorschriften der §§ 163 ff. BBergG über die Auflösung und Abwicklung der bergrechtlichen Gewerkschaft.

[40] Der in diesem Zusammenhang verwendete Begriff der *"Einheitsgesellschaft"* geht auf ein Gesetz der Alliierten Hohen Kommission v. 16.05.1959 (AHK-Gesetz Nr. 27, Amtsblatt der Alliierten Hohen Kommission für Deutschland, S. 299) zurück und bezeichnet die damals bei der Konzernentflechtung im Montanbereich gebildeten Gesellschaften.

[41] Auf weitere Einzelheiten kann hier nur hingewiesen werden: So war insbesondere der Unternehmensbegriff lange streitig; die Einfügung der sog. Walzwerkklausel des § 1 Abs. 1 Satz 2 Montan-MitbestG hat hier Klarheit geschaffen. Auch geklärt ist von der Rechtsprechung mittlerweile, daß von § 1 Abs. Satz 1 lit. b Montan-MitbestG alle - und somit auch später gegründete - Unternehmen erfaßt werden, die die genannten Strukturmerkmale erfüllen, BGH v. 28.02.1983, DB 1983, 1087. Vgl. im einzelnen zu diesen Fragen *Klinkhammer / Welslau*, Rn. 44 ff. (S. 50 f.), und *Wlotzke / Wißmann*, DB 1981, 623 ff., 628 f.

[42] *Lieb*, § 9 I. 1., Rn. 899.

[43] Gesetz über die befristete Fortgeltung der Mitbestimmung in den bisher den Mitbestimmungsgesetzen unterliegenden Unternehmen, BGBl. 1971 I, S. 1857.

[44] Gesetz zur Ergänzung des Gesetzes über die Mitbestimmung der Arbeitnehmer in den Aufsichtsräten und Vorständen der Unternehmen des Bergbaus und der Eisen und Stahl erzeugenden Industrie, BGBl. 1981 I, S. 441. Eine sehr ausführliche Diskussion dieses Gesetzes auf der Grundlage des Gesetzesentwurfs findet sich bei *Wlotzke / Wißmann*, DB 1981, 623 ff.

schäftsjahren eine dieser Voraussetzungen nicht mehr gegeben ist (sog. Fortgeltungsklausel).[45] Durch Gesetz vom 23.07.1987 - sog. Auslaufzeitenverlängerungsgesetz[46] - wurde diese Ausflauffrist noch einmal bis zum 31.12.1988 verlängert.

Doch auch diese Mitbestimmungssicherungsgesetze konnten längerfristig nicht verhindern, daß die Zahl der Unternehmen, auf welche die Voraussetzungen des Montan-MitbestG zutrafen, immer geringer wurden. Unterfielen im Zeitpunkt des Erlasses des Gesetzes noch über 100 Unternehmen dem Anwendungsbereich des Gesetzes, so waren es 1969 noch 56 und 1981 bereits lediglich 36 Unternehmen.[47] 1987 gab es nur noch vier Konzernobergesellschaften, die von der Montan-Mitbestimmung betroffen waren: die *Mannesmann AG*, die *Thyssen AG*, die *Klöckner-Werke AG* und die *Hoesch AG*.[48] Heute unterfallen dem Anwendungsbereich des Montanmitbestimmungsgesetzes - laut Auskunft des Bundesministeriums für Arbeit und Sozialordnung insgesamt 42 Unternehmen, die eine Belegschaft von ca. 160.000 Arbeitnehmer in den Unternehmen bzw. ca. 270.000 in den Konzernen haben.[49]

b. Zusammensetzung und Wahl des Aufsichtsrats

Die Mitbestimmung der Arbeitnehmer nach dem Montan-Mitbestimmungsgesetz setzt beim Aufsichtsrat an, wo eine paritätische Besetzung aus Vertretern der Anteilseigner und der Arbeitnehmer vorgesehen ist.

§ 4 Abs. 1 Montan-MitbestG bestimmt, daß der Aufsichtsrat grundsätzlich aus elf Mitgliedern besteht, die sich aus (a) vier Vertretern der Anteilseigner und einem weiteren Mitglied, (b) vier Vertretern der Arbeitnehmer und einem weiteren Mitglied und (c) einem weiteren Mitglied (sog. neutraler oder "elfter" Mann) zusammensetzen. Durch die Aufnahme dieser weiteren Mitglieder und insbesondere eines zusätzlichen, vom Vertrauen beider Seiten getragenen neutralen elften Mitglieds soll eine mögliche Pattsituation aufgelöst werden. Für sie gelten nach § 4 Abs. 2 Montan-MitbestG besondere Wählbarkeitsvoraussetzungen: sie dürfen weder Repräsentant einer Gewerkschaft oder Arbeitgebervereinigung noch Beschäftigter des Unternehmens, noch sonstwie wirtschaftlich wesentlich an diesem interessiert sein; auch Personen, die im letzten Jahr vor

---

[45] Anlaß dieser erneuten Änderung des Montan-MitbestG war die Neustrukturierung der *Mannesmann AG*, bei welcher aufgrund einer Verlagerung der Stahlproduktion auf die Tochter Mannesmannröhrenwerke AG das Ausscheiden aus dem Montan-MitbestG drohte, vgl. *Raiser*, Einl. Rn. 22, sowie *Wißmann*, DB 1989, 426 ff., 426.

[46] Gesetz zur Verlängerung von Auslaufzeiten in der Montan-Mitbestimmung, BGBl. 1987 I, S. 1676.

[47] Vgl. *Wlotzke / Wißmann*, DB 1981, 623 ff., 625.

[48] So das Bundesverfassungsgericht in einem Urteil v. 02.03.1999 - Az.: 1 BvL 2/91 -, BVerfGE 99, 367 ff. = BB 1999, 598 ff., 599 = NZA 1999, 435 ff. Diese vier Unternehmen hatten seinerzeit ca. 250.000 Arbeitnehmer, vgl. *Hanau / Adomeit*, D. IV. 1.

[49] Vgl. die Statistik des Bundesministeriums für Arbeit und Sozialordnung (Stand: August 1999), die im einzelnen weiter nach den vertretenen Gesellschaftsformen aufgeschlüsselt ist: 17 Aktiengesellschaften, 25 Gesellschaften mit beschränkter Haftung.

der Wahl dem Aufsichtsrat angehört haben, scheiden aus. Hierdurch soll erreicht werden, daß diese weiteren Aufsichtsratsmitglieder aufgrund ihrer Persönlichkeit sicherstellen oder zumindest Gewähr dafür bieten können, *"daß sie potentielles Konfliktpotential der beiden 'Bänke' vermindern helfen und zugleich übergeordnete Interessen einzubringen in der Lage sind"*[50]. Dem Stimmverhalten des neutralen Mannes kann zudem bei Beschlüssen des Aufsichtsrats die entscheidende Rolle zukommen, wenn sich Arbeitnehmer und Anteilseigner nicht einigen können. Erfahrungsgemäß wird diese Schlichterrolle allerdings nur selten in Anspruch genommen, da es in der Praxis häufig zu im Wege des Konsenses gefundenen Kompromißregelungen kommt.[51] Bei Gesellschaften mit einem Nennkapital von mehr als zwanzig bzw. fünfzig Millionen DM kann die Anzahl der Aufsichtsratsmitglieder durch die Satzung oder den Gesellschaftsvertrag auf 15 bzw. 21 erhöht werden, § 9 Montan-MitbestG. Bei einem Aufsichtsrat mit 21 Mitgliedern sieht das Gesetz ferner eine Erhöhung der in § 4 Abs. 1 lit. a und b Montan-MitbestG bezeichneten weiteren Mitglieder auf zwei vor, vgl. § 9 Abs. 2 Satz 2 Montan-MitbestG.

Die Vertreter der Anteilseigner im Aufsichtsrat werden gemäß § 5 Montan-MitbestG durch das per Gesetz, Satzung oder Gesellschaftsvertrag zur Wahl von Aufsichtsratsmitgliedern berufene (Wahl-)Organ nach Maßgabe der Satzung oder des Gesellschaftsvertrages gewählt.

Bei der Wahl der Vertreter der Arbeitnehmer ist nach § 6 Abs. 1 Satz 2 Montan-MitbestG ein Vorschlagsverfahren vorgeschaltet. Wahlorgan ist auch insoweit die Anteilseignerversammlung, die jedoch an bestimmte Vorschläge gebunden ist: § 6 Abs. 1 Satz 1 Montan-MitbestG bestimmt, daß unter den Vertretern der Arbeitnehmer mindestens ein Arbeiter und ein Angestellter sein müssen, die in einem Betrieb des Unternehmens beschäftigt sind. Diese werden nach Satz 2 dem Wahlorgan durch die Betriebsräte der Betriebe des Unternehmens nach Beratung mit den in den Betrieben des Unternehmens vertretenen Gewerkschaften und deren Spitzenorganisationen vorgeschlagen. Letzteren steht gemäß § 6 Abs. 3 Satz 1 Montan-MitbestG - nach vorheriger Beratung mit den im Betrieb vertretenen Gewerkschaften - ein Vorschlagsrecht hinsichtlich zwei der Aufsichtsratsmitglieder der Arbeitnehmerseite zu. Bei einem Aufsichtsrat mit 15 bzw. 21 Mitgliedern erhöhen sich diese Zahlen nach Maßgabe des § 9 Abs. 1 und 2 Montan-MitbestG: die Zahl der gemäß § 6 Abs. 1 und 2 Montan-MitbestG vorzuschlagenden Mitglieder des Aufsichtsrats beträgt dann zwei bzw. drei, während die Zahl der in § 6 Abs. 3 Montan-MitbestG bezeichneten Vertreter der Arbeitnehmer sich auf drei bzw. vier erhöht.

Der neutrale Mann im Aufsichtsrat ist nach § 8 Abs. 1 Satz 1 Montan-MitbestG auf Vorschlag der übrigen Aufsichtsratsmitglieder durch das Wahlorgan zu wählen. Dieser Vorschlag wird mit der Mehrheit aller Stimmen der Aufsichtsratsmitglieder beschlos-

---

[50] *Klinkhammer / Welslau*, Rn. 52 (S. 53).
[51] Vgl. *Wiedemann*, § 11 I. 3. a. cc. (S. 602).

sen; er bedarf der Zustimmung von mindestens je drei Mitgliedern der Anteilseigner und der Vertreter der Arbeitnehmer, vgl. § 8 Abs. 1 Satz 2 und 3 Montan-MitbestG. Durch dieses Wahlverfahren soll sichergestellt werden, daß das neutrale Aufsichtsratsmitglied vom Vertrauen möglichst vieler, mindestens aber der Mehrheit der Aufsichtsratsmitglieder getragen wird.[1] Kommt ein Vorschlag nicht zustande oder wird eine vorgeschlagene Person nicht gewählt, wird ein Vermittlungsausschuß nach Maßgabe des § 8 Abs. 2 Montan-MitbestG gebildet. Wenn es auch in dem für den Vermittlungsausschuß maßgeblichen Verfahren nicht zu einer Einigung über das neutrale Mitglied des Aufsichtsrats kommt, sieht § 8 Abs. 3 Montan-MitbestG schließlich als *ultima ratio* auf Antrag des Vermittlungsausschusses die Überprüfung des Ablehnungsschlusses durch das für das Unternehmen zuständige Oberlandesgericht vor, an deren Ende sogar die Bestellung durch das Gericht stehen kann.

c. Aufgaben und Befugnisse des Aufsichtsrats

Die beiden zentralen Aufgaben des Aufsichtsrats eines montanmitbestimmten Unternehmens sind zum einen die Bestellung und Abberufung des gesetzlichen Vertretungsorgans des Unternehmens, die nach Maßgabe der §§ 76 Abs. 3, 84 AktG erfolgen, vgl. § 12 Montan-MitbestG. Damit ist er für die wichtigsten Personalentscheidungen des Unternehmens verantwortlich.[2] Zum anderen obliegt dem Aufsichtsrat die Überwachung der Geschäftsführung dieses Organs, §§ 2, 3 Abs. 2 Montan-MitbestG i. V. m. § 111 AktG. Diese Kontrolle beschränkt sich hierbei nicht auf die Überwachung der Ordnungs- und Rechtmäßigkeit der Geschäftsführung, sondern erfaßt auch die Wirtschaftlichkeit und die Zweckmäßigkeit der Tätigkeit des gesetzlichen Vertretungsorgans.[3] Um sie ausüben zu können, steht den Aufsichtsratsmitgliedern ein umfassendes Informationsrecht zur Seite, vgl. im einzelnen den Katalog des § 90 AktG. Wichtig ist in diesem Zusammenhang, daß das Letztentscheidungsrecht aufgrund der Vorschriften des § 3 Abs. 2 Montan-MitbestG i. V. m. § 111 Abs. 4 Satz 3 und 4 AktG bei der Hauptversammlung liegt; im Konfliktfall entscheiden also letztlich die Anteilseigner.

d. Rechtsstellung der Aufsichtsratsmitglieder

Nach § 4 Abs. 3 Satz 1 Montan-MitbestG haben alle Aufsichtsratsmitglieder die gleichen Rechte und Pflichten. Ihre Pflichten folgen aus ihrer Organstellung, d. h. sowohl die Anteilseigner- als auch die Arbeitnehmervertreter unterliegen der gesellschaftsrechtlichen Treuepflicht; beide sind zudem gemeinsam auf das Unternehmensinteresse verpflichtet.[4] Hierbei ist jedoch nicht zu verkennen, daß in der Praxis die jeweiligen Sonderinteressen der vertretenen Gruppen eine nicht unbedeutende Rolle spielen, wo-

---

52   *Klinkhammer / Welslau*, Rn. 59 (S. 58).
53   *Nagel*, S. 52.
54   *Kittner / Fuchs / Zachert / Köstler*, Rn. 526; *Klinkhammer / Welslau*, Rn. 62 (S. 59).
55   *Klinkhammer / Welslau*, Rn. 66 (S. 60).

durch die Bedeutung von § 4 Abs. 3 Satz 2 Montan-MitbestG, nach dem die Aufsichtsratsmitglieder nicht an Aufträge und Weisungen gebunden sind, relativiert wird. Die Aufsichtsratsmitglieder sind ferner hinsichtlich der ihnen durch ihre Tätigkeit bekanntgewordenen vertraulichen oder geheimen Tatsachen zur Verschwiegenheit verpflichtet; dies ergibt sich aus § 3 Abs. 2 Montan-MitbestG i. V. m. §§ 116, 93 AktG. Aus diesen Bestimmungen ergibt sich auch, daß alle Aufsichtsratsmitglieder bei ihrer Tätigkeit die Sorgfalt einer ordentlich und gewissenhaft handelnden Person in vergleichbarer Stellung zu beachten haben, widrigenfalls sie der Gesellschaft zum Ersatz des daraus entstehenden Schadens als Gesamtschuldner verpflichtet sind. In § 93 Abs. 3 AktG sind Beispiele für solche Handlungen angegeben; hierdurch soll vor allem verhindert werden, daß der Gesellschaft Finanzmittel entzogen werden.[56]

e. Arbeitsdirektor

Im Montanmitbestimmungsgesetz fand sich erstmals eine gesetzliche Regelung über den sog. Arbeitsdirektor. Die Einrichtung des Arbeitsdirektors geht zurück auf die Anfänge der Montanmitbestimmung in der unter alliierter Treuhandverwaltung stehenden deutschen Eisen- und Stahlindustrie in der Nachkriegszeit.[57] Nach § 13 Abs. 1 Satz 1 Montan-MitbestG wird ein Arbeitsdirektor als gleichberechtigtes Mitglied des zur gesetzlichen Vertretung berufenen Organs bestellt. Der Arbeitsdirektor muß aufgrund der Verfahrensvorschrift des § 13 Abs. 1 Satz 2 Montan-MitbestG vom besonderen Vertrauen der Arbeitnehmervertreter im Aufsichtsrat getragen sein, da er nicht gegen die Stimmen der Mehrheit der nach § 6 Montan-MitbestG gewählten Aufsichtsratsmitglieder bestellt werden kann. Neben der paritätischen Mitbestimmung stellt die Installation eines Arbeitsdirektors *"das wohl wichtigste Strukturprinzip der Montan-Mitbestimmung"*[58] dar. Der Arbeitsdirektor ist in den Vorstand als gleichberechtigtes Organ eingebunden; er ist Ressortchef des Personal- und Sozialwesens[59]. Hierbei handelt es sich nach allgemeiner Meinung um ein gesetzliches Mindestressort, welches ihm nicht entzogen werden darf.[60] Seine Aufgabe in dieser Managementfunktion ist es, die auftretenden Sozialprobleme schon in die Unternehmensplanung einzubringen; die Sozialplanung tritt somit gleichberechtigt neben die technische, finanzielle und kaufmännische Planung. Hierbei hat er seine Aufgaben nach § 13 Abs. 2 Satz 1 Montan-MitbestG wie die übrigen Aufsichtsratsmitglieder im engsten Einvernehmen mit dem Gesamtorgan auszuüben.

---

56 Vgl. *Nagel*, S. 50.
57 Vgl. *Hanau / Ulmer*, § 33 Rn. 8, wo sich auch nähere Ausführungen zur Entstehungsgeschichte der Norm finden.
58 *Klinkhammer / Welslau*, Rn. 73 (S. 62).
59 Vgl. zur näheren Begriffsbestimmung der Personal- und Sozialangelegenheiten *Hanau / Ulmer*, § 33 Rn. 42 ff.
60 Vgl. statt aller *Raiser*, § 33 Rn. 16 m. w. Nachw. Ob der Aufgabenkreis des Arbeitsdirektors hingegen durch Übertragung zusätzlicher Aufgaben erweitert werden kann, ist streitig, vgl. im einzelnen *Fitting / Wlotzke / Wißmann*, § 33 Rn. 35 f.

2. Das Montan-Mitbestimmungsergänzungsgesetz

Das Montan-Mitbestimmungsgesetz erfaßt nur Unternehmen, die selbst im Bereich der Montanindustrie tätig sind. Um dem Umstand gerecht werden zu können, daß diese Unternehmen aufgrund von Umstrukturierungen zunehmend juristisch selbständige konzernleitende Obergesellschaften bildeten, die nicht dem Anwendungsbereich des Montan-Mitbestimmungsgesetzes unterfielen, reagierte der Gesetzgeber einige Jahre nach Inkrafttreten des Montan-MitbestG. Mit dem Montan-Mitbestimmungsergänzungsgesetz vom 07.08.1956 (MitBestErgG)[61] wurde die Mitbestimmung der Arbeitnehmer auch in diesen herrschenden Obergesellschaften, in denen oft die eigentlichen Entscheidungen fallen, sichergestellt (sog. Holdingnovelle). Wegen des sich in der Folgezeit beschleunigenden Rekonzentrations- und Neuordnungsprozesses in der Montanindustrie mußte auch das Montan-Mitbestimmungsergänzungsgesetz, um seinem Zweck der Sicherung der Mitbestimmung gerecht zu werden, mehrfach geändert werden. Erst mit dem Sicherungsgesetz vom 20.12.1988[62] fand das Montan-Mitbestimmungsergänzungsgesetz seine gegenwärtig gültige Fassung. *Wißmann* merkte hierzu zutreffend an, daß *"die Geschichte der Gesetzgebung zur Montan-Mitbestimmung (...) somit zugleich die Geschichte immer neuer Bemühungen um ihre Sicherung"*[63] sei.

Bereits 1967 erweiterte der Gesetzgeber den Anwendungsbereich durch die sog. *lex Rheinstahl I* vom 27.04.1967[64] dahingehend, daß nach dem neugefaßten § 16 MitbestErgG ein Unternehmen erst dann aus dem Anwendungsbereich des Gesetzes herausfiel, wenn die Voraussetzungen des § 3 MitbestErgG in fünf aufeinanderfolgenden Jahren nicht mehr vorlagen. Das bereits erwähnte Mitbestimmungsfortgeltungsgesetz vom 29.11.1971 (sog. *lex Rheinstahl II*)[65] ging noch darüber hinaus, indem es vorschrieb, daß die wesentlichen Vorschriften des MitBestErgG solange weiter anzuwenden waren, bis die Umsätze der unter das Montan-MitbestG fallenden Konzernunternehmen und ab-

---

[61] Gesetz zur Ergänzung des Gesetzes über die Mitbestimmung der Arbeitnehmer in den Aufsichtsräten und Vorständen der Unternehmen des Bergbaus, und der Eisen und Stahl erzeugenden Industrie, BGBl. 1956 I, S. 707, zuletzt geändert durch Gesetz v. 09.06.1998, BGBl. 1998 I, S. 1242.

[62] Gesetz zur Änderung des Betriebsverfassungsgesetzes, über Sprecherausschüsse für leitende Angestellte und zur Sicherung der Montan-Mitbestimmung, BGBl. 1988 I, S. 2312. Ein kurzer Überblick über die wesentlichen Änderungen findet sich bei *Buchner*, NZA Beilage 1/1989, S. 2 ff.

[63] *Wißmann*, DB 1989, 426 ff., 426.

[64] Gesetz zur Änderung des Gesetzes zur Ergänzung des Gesetzes über die Mitbestimmung der Arbeitnehmer in den Aufsichtsräten und Vorständen der Unternehmen des Bergbaus und der Eisen und Stahl erzeugenden Industrie, BGBl. 1967 I, S. 505. Die in der Literatur verwandte Bezeichnung *lex Rheinstahl I* - vgl. statt aller *Lieb*, § 9 I. 1., Rn. 899 - beruht darauf, daß die Mitbestimmung bei den Konzernobergesellschaften der *Rheinstahl AG* und der *Salzgitter AG* in Gefahr geriet, vgl. *Wlotzke / Wißmann*, DB 1981, 623 ff., 625. Diese besonders auf den Fall Rheinstahl bezogene Gesetzesmaßnahme hat der 2. Senat des Bundesverfassungsgerichts mit Urteil v. 07.05.1969 für verfassungsgemäß erachtet, Az.: 2 BvL 15/67, BVerfGE 25, 371 ff.

[65] BGBl. 1971 I, S. 1857.

hängigen Unternehmen in fünf aufeinanderfolgenden Jahren nicht mehr als 40 % der Umsätze sämtlicher Konzernunternehmen und abhängigen Unternehmen erreichen. Das Mitbestimmungsfortgeltungsgesetz verfolgte die Sicherung der Mitbestimmung somit in der Weise, daß es bis zum 31.12.1975 ein Ausscheiden aus der Montan-Mitbestimmung überaus erschwerte.[66] Schließlich wurde durch Art. 2 des Gesetzes zur Änderung des Montan-Mitbestimmungsgesetzes und des Mitbestimmungsergänzungsgesetzes vom 21.05.1981[67] das MitBestErgG den bereits erwähnten Änderungen des Montan-MitbestG angepaßt. Auch im Geltungsbereich des MitBestErgG wurde die Auslauffrist durch das ebenfalls bereits erwähnte Auslaufzeitenverlängerungsgesetz vom 23.07.1987[68] noch einmal bis zum 31.12.1988 verlängert[69], bevor es dann durch eine weitere Initiative des Gesetzgebers[70] im wesentlichen seine heute gültige Fassung erhielt.

a. Anwendungsbereich

Der infolge dieser zahlreichen Änderungen sehr komplizierte Anwendungsbereich des Montan-Mitbestimmungsergänzungsgesetzes ergibt sich aus den §§ 1-3 und 16 MitBestErgG. Nach § 1 MitBestErgG sind die Vorschriften des MitBestErgG auf Unternehmen in der Rechtsform einer Aktiengesellschaft, einer Gesellschaft mit beschränkter Haftung oder einer bergrechtlichen Gewerkschaft mit eigener Rechtspersönlichkeit[71] anwendbar, die ein Unternehmen beherrschen, für welches das Montan-MitbestG gilt. Liegen die Voraussetzungen des Montan-MitbestG bei dem herrschenden Unternehmen vor, so findet nach § 2 MitBestErgG ausschließlich dieses Anwendung. Liegen die Voraussetzungen dieser Bestimmung bei dem herrschenden Unternehmen nicht vor, wird jedoch der Unternehmenszweck des Konzerns durch Konzernunternehmen und abhängige Unternehmen gekennzeichnet, die unter das Montan-MitbestG fallen, so unterfällt dieses Unternehmen gemäß § 3 Abs. 1 MitBestErgG dem Mitbestimmungsergänzungsgesetz. Der Unternehmenszweck des Konzerns wird hierbei nach § 3 Abs. 2 Satz 1 MitBestErgG durch die unter das Montan-Mitbestimmungsgesetz fallenden Konzernunternehmen und abhängigen Unternehmen gekennzeichnet, wenn diese Konzernunternehmen und abhängigen Unternehmen insgesamt mindestens ein Fünftel der Umsätze sämt-

---

66 Vgl. *Wlotzke / Wißmann*, DB 1981, 623 ff., 625.
67 BGBl. 1981 I, S. 441.
68 Gesetz zur Verlängerung von Auslaufzeiten in der Montan-Mitbestimmung, BGBl. 1987 I, S. 1676.
69 Dieses Gesetz wurde wegen der für die Änderung des MitbestErgG erforderlichen Zeit und wegen der Belastung des Bundestags mit anderen dringenden sozialpolitischen Vorhaben beschlossen, um so Zeit zu gewinnen für die damals in der Koalitionsvereinbarung vorgesehene Überarbeitung der Regelungen über die Montanmitbestimmung, vgl. *Wißmann*, DB 1989, 426 ff., 426.
70 Gesetz zur Änderung des Betriebsverfassungsgesetzes, über Sprecherausschüsse für leitende Angestellte und zur Sicherung der Montan-Mitbestimmung, BGBl. 1988 I, S. 2312.
71 Diese Rechtsform existiert heute nicht mehr, vgl. dazu bereits oben Teil I § 1 III. 1. (S. 37).

licher Konzernunternehmen erzielen oder in der Regel[72] mehr als 2000 Arbeitnehmer[73] beschäftigen.

Zusammenfassend lassen sich für die Bestimmung des Anwendungsbereiches folgende drei Fallgruppen unterscheiden:

Das Montanmitbestimmungs-Ergänzungsgesetz ist zunächst auf herrschende Unternehmen anwendbar, die bei Inkrafttreten des Gesetzes die Voraussetzungen des Montan-MitbestG selbst nicht erfüllen, aber mindestens ein abhängiges oder konzernverbundenes Unternehmen beherrschen, welches unter das Montan-MitbestG fällt und in dem entweder in der Regel mehr als 2000 Arbeitnehmer beschäftigt werden oder das eine Montanquote von 20 % bezogen auf die Wertschöpfung aller Konzernunternehmen und abhängigen Unternehmen erzielt, §§ 1-3 und 16 Abs. 2 MitBestErgG.

Unter den Anwendungsbereich des Gesetzes fallen ferner die herrschenden Unternehmen, die infolge des Ablaufs der sechsjährigen Auslauffrist die Voraussetzungen für die Anwendbarkeit des Montan-MitbestG selbst nicht mehr erfüllen, aber bei Inkrafttreten des MitbestErgG mindestens ein abhängiges oder konzernverbundenes Unternehmen beherrschen, das unter das Montan-MitbestG fällt, §§ 1-3 und 16 Abs. 1 Nr. 2 MitBestErgG.

Schließlich ist das Gesetz anzuwenden auf diejenigen herrschenden Unternehmen, auf die das Montan-MitbestG bisher keine Anwendung fand, die jedoch montanmitbestimmte Unternehmen beherrschen, die in sechs aufeinanderfolgenden Geschäftsjahren eine Montanquote von 50 % bezogen auf die Wertschöpfung aller Konzernunternehmen und abhängigen Unternehmen erzielen, §§ 1-3 und 16 Abs. 1 Nr. 1 MitBestErgG.

Von besonderer Bedeutung hinsichtlich des Anwendungsbereichs des Montan-Mitbestimmungsergänzungsgesetzes ist ein neues Urteil des Bundesverfassungsgerichts[74], in welchem der 1. Senat des Gerichts Teile der vorgenannten Regelung für verfassungswidrig erklärte.

Anlaß für dieses Urteil war ein Vorlagebeschluß des OLG Düsseldorf[75]. Hintergrund dieses Beschlusses war der Umstand, daß der Vorstand der Mannesmann AG 1989 nach § 97 AktG bekanntgemacht hatte, daß der Aufsichtsrat nicht mehr wie bisher nach den Vorschriften des Gesetzes zur Sicherung der Montan-Mitbestimmung vom 20.12.1988 zusammenzusetzen sei. Hiergegen wandte sich die Deutsche Schutzvereinigung für

---

72 Durch die Verwendung dieses unbestimmten Rechtsbegriffes soll verhindert werden, daß kurzfristige Schwankungen in der Zahl der tatsächlich beschäftigten Arbeitnehmer nicht einen ständigen Wechsel der Unternehmensverfassung nach sich ziehen, vgl. *Wester / Schlüpers-Oehmen*, S. 117.
73 Diese zweite Voraussetzung wurde vom Bundesverfassungsgericht in einem Urteil v. 02.03.1999 für verfassungswidrig erachtet; dazu sogleich ausführlich unten Teil I § 1 C. IV. 1. (S. 45 ff.).
74 Urteil des Bundesverfassungsgerichts v. 02.03.1999 - Az.: 1 BvL 2/91 -, BVerFGE 99, 367 ff. = BB 1999, 598 ff., 599 = NZA 1999, 435 ff.
75 OLG Düsseldorf v. 08.01.1991 - Az.: 19 W 3/90 -, AG 1991, 153 ff.

Wertpapierbesitz, eine Aktionärin der Mannesmann AG, im Wege des aktienrechtlichen Statusverfahrens nach § 98 Abs. 1 und 2 AktG mit der Begründung, die Regelung des § 3 Abs. 2 Satz 1 MitBestErgG sei verfassungswidrig; der Aufsichtsrat sei vielmehr nach dem MitbestG 1976 zusammenzusetzen. Das Landgericht folgte dieser Auffassung nicht und stellte fest, der Aufsichtsrat der Mannesmann AG sei stattdessen nach dem MitBestErgG in seiner geänderten Fassung zusammenzusetzen. Auf die hiergegen gerichtete Beschwerde legte das OLG Düsseldorf schließlich die Sache dem Bundesverfassungsgericht vor.

Mit Urteil vom 02.03.1999 entschied der Erste Senat des Bundesverfassungsgerichts, daß die Regelung des § 3 Abs. 2 Satz 1 Nr. 2 MitBestErgG gegen den verfassungsrechtlichen Gleichheitssatz verstößt und insofern verfassungswidrig ist. Die Regelung des § 3 Abs. 2 Satz 1 Nr. 1 MitBestErgG wurde hingegen als verfassungsgemäß erachtet; gleiches gilt für den Umstand, daß in § 3 i. V. m. § 16 MitBestErgG unterschiedliche Umsatzquoten für den Verbleib in der und den Eintritt in die Montan-Mitbestimmung festgelegt sind. Im einzelnen:

Zunächst einmal stellte der Senat fest, daß der Gesetzgeber mit der Novellierung des MitBestErgG und dem damit verbundenen Bestreben, die Montan-Mitbestimmung angesichts veränderter Verhältnisse zu sichern, ein Ziel verfolgt hat, welches keinen verfassungsrechtlichen Bedenken begegne.[76] Anders sah dies der Senat hinsichtlich der Differenzierungsmerkmale des § 3 Abs. 2 Satz 1 MitBestErgG, die der Gesetzgeber zur Erreichung dieses Ziel gewählt hat; diese seien nicht durchweg mit Art. 3 Abs. 1 GG vereinbar. Zwar gestand das Bundesverfassungsgericht dem Gesetzgeber sowohl für die Wahl des Kriteriums als auch für seine zahlenmäßige Fixierung einen weiten Einschätzungsspielraum zu. Grundbedingung für die Verfassungsmäßigkeit der Fortgeltung der Regelungen über die Montanmitbestimmung sei jedoch, *"daß nur Unternehmen von der Regelung erfaßt werden, die einen ausreichenden Montan-Bezug aufweisen"*[77]. Der Einschätzungsspielraum des Gesetzgebers endet nach Auffassung des Senats somit dort, wo das gewählte Kriterium keine Aussagekraft über den Montan-Bezug besitzt oder derart niedrig angesetzt wird, daß von einem den Unternehmenscharakter mitprägenden Faktor nicht mehr die Rede sein könne.

Auf der Grundlage dieser Ausführungen erklärte der Senat die vom Gesetzgeber in § 3 Abs. 2 Satz 1 Nr. 1 MitBestErgG als Kriterium gewählte Montan-Wertschöpfungsquote für mit dem verfassungsrechtlichen Gleichheitsgrundsatz vereinbar. Obwohl der gewählte Prozentsatz von 20 % sehr niedrig sei, sei diese Quote in Anbetracht der Bedeutung, die der Gesetzgeber dem Anliegen der Sicherung der Montan-Mitbestimmung beimessen durfte, *"als Beleg eines hinreichenden Montan-Bezugs noch vertretbar"*[78]. Gleiches gelte nach Auffassung des Senats für die Auslauffrist von sechs Jahren des §

---

[76] BVerfG v. 02.03.1999, NZA 1999, 435 ff., 438.
[77] BVerfG v. 02.03.1999, NZA 1999, 435 ff., 439.
[78] BVerfG v. 02.03.1999, NZA 1999, 435 ff., 439.

16 MitBestErgG, die nicht derart außer Verhältnis stünde, daß hieraus ein Gleichheitsverstoß abgeleitet werden könnte.

Dagegen hielt das Kriterium des § 3 Abs. 2 Satz 1 Nr. 2 MitBestErgG, das bei Nichterfüllen der vorgenannten Wertschöpfungsquote auf die Beschäftigtenzahl bei den montan-mitbestimmten Konzernunternehmen und abhängigen Unternehmen abstellt, einer verfassungsgerichtlichen Prüfung am Gleichheitsgrundsatz nicht stand. In der vom Gesetzgeber gewählten Form sei die Belegschaftsstärke ungeeignet, einen ausreichenden, die Fortgeltung der Montan-Mitbestimmung rechtfertigenden Montan-Bezug zu gewährleisten. Die Wahl einer absoluten Zahl könne im Unterschied zu einer Prozentzahl wie beim Wertschöpfungskriterium den Grad des Montan-Bezugs nicht hinreichend zum Ausdruck bringen.[79] Insbesondere sei - so der Senat weiter- kein Anhaltspunkt für die Annahme ersichtlich, daß die absolute Zahl von 2000 Mitarbeitern in montan-mitbestimmten Unternehmen regelmäßig auf einen entsprechend hohen Anteil der Montan-Produktion im Konzern hindeute.[80]

Schließlich entschied der Senat, daß die Differenzierung zwischen Konzernobergesellschaften mit Montan-Bezug, je nachdem, ob sie bisher schon der Montan-Mitbestimmung unterlagen oder nicht, ebenfalls nicht mit Art. 3 Abs. 1 GG vereinbar sei.[81] Zwar ließe sich der vom Gesetzgeber mit der Regelung verfolgte Zweck der Sicherung der Mitbestimmung auch hier verfassungsrechtlich nicht beanstanden; insbesondere sei unter diesem Gesichtspunkt auch die Festsetzung unterschiedlicher Montan-Wertschöpfungsquoten für den Austritt aus und den Eintritt in die Montan-Mitbestimmung mit Art. 3 Abs. 1 GG vereinbar. Das Austrittskriterium der Beschäftigtenzahl sei jedoch nach Auffassung des Bundesverfassungsgerichts von dem allein an Wertschöpfungsquoten gemessenen Eintrittskriterium derart weit entfernt, daß dies keinen eine Ungleichbehandlung rechtfertigenden Grund darstelle.[82]

Zusammenfassend läßt sich festhalten, daß das Bundesverfassungsgericht durch dieses Urteil den noch der Montan-Mitbestimmung unterfallenden Unternehmen bzw. ihren Konzernobergesellschaften den Ausstieg aus dieser Mitbestimmungsform wesentlich erleichtert. Dies gründet sich vor allen Dingen darauf, daß das Bundesverfassungsgericht für die Fortgeltung der Montan-Mitbestimmung einen ausreichenden Montan-Bezug als Anknüpfungspunkt fordert. Insgesamt läßt sich im Bereich des Montanmitbestimmungs-Ergänzungsgesetzes eine ähnliche Entwicklung beobachten wie beim Montanmitbestimmungsgesetz. Auch die Zahl der Unternehmen, deren Konzernobergesellschaften dem Anwendungsbereich des MitBestErgG unterfallen, verringerte sich stetig. Waren es 1956 noch 8 Obergesellschaften[83], so ist diese Zahl innerhalb weniger

---

[79] BVerfG v. 02.03.1999, NZA 1999, 435 ff., 439.
[80] BVerfG v. 02.03.1999, NZA 1999, 435 ff., 439.
[81] BVerfG v. 02.03.1999, NZA 1999, 435 ff., 439.
[82] BVerfG v. 02.03.1999, NZA 1999, 435 ff., 440.
[83] Vgl. *Nagel*, S. 33.

Jahre aufgrund zahlreicher Umstrukturierungen sowie Betriebsstillegungen bis 1981 auf 3 Obergesellschaften zurückgegangen.[84] 1987 unterfiel nur noch die Konzernobergesellschaft der *Salzgitter AG* dem Anwendungsbereich des MitBestErgG.[85]

b. Zusammensetzung und Wahl des Aufsichtsrats

Der nach den Bestimmungen des MitBestErgG zu bildende Aufsichtsrat besteht nach § 5 Abs. 1 Satz 1 MitBestErgG aus mindestens 15 Mitgliedern: je 7 Vertretern der Anteilseigner und der Arbeitnehmer und einem weiteren Mitglied, dem dieselbe Funktion zukommt wie dem elften Aufsichtsratsmitglied im Sinne von § 4 Montan-MitbestG. Für ihn gelten somit auch die besonderen Wählbarkeitsvoraussetzungen dieses Gesetzes, § 5 Abs. 3 Satz 1 i. V. m. § 4 Abs. 2 Montan-MitbestG. Bei Unternehmen mit einem Gesellschaftskapital von mehr als fünfzig Millionen DM kann gemäß § 5 Abs. 1 Satz 2 MitBestErgG durch Satzung oder Gesellschaftsvertrag bestimmt werden, daß der Aufsichtsrat aus 21 Mitgliedern besteht. Nach § 6 Abs. 1 MitBestErgG müssen sich unter den fünfzehn (einundzwanzig) Aufsichtsratsmitgliedern der Arbeitnehmer fünf (sieben) Arbeitnehmer von Konzernunternehmen und zwei (drei) Vertreter von Gewerkschaften befinden. Die Bestellung der Vertreter der Arbeitnehmer erfolgt in gleicher Weise wie nach dem Montan-Mitbestimmungsgesetz - vgl. § 5 Abs. 2 MitBestErgG -, so daß auf die obigen Ausführungen verwiesen werden kann. Allerdings gibt es kein Aufsichtsratsmandat für die leitenden Angestellten.

Das Mitbestimmungsergänzungsgesetz enthält zudem in den §§ 7 - 10 l MitBestErgG ein sehr detailliert ausgestaltetes Wahlverfahren, welches durch die Wahlordnung zum Mitbestimmungsergänzungsgesetz vom 23.01.1989[86] ergänzt wird. Auf Einzelheiten kann hier nicht eingegangen werden. Zusammenfassend läßt sich jedoch folgendes festhalten: Je nach der Zahl der im Unternehmen beschäftigten Arbeitnehmer erfolgt die Wahl der Arbeitnehmervertreter durch ein unmittelbares Wahlverfahren (bis 8000 Arbeitnehmer) oder durch Wahlmännerwahl (ab 8000 Arbeitnehmer), § 7 Abs. 1 und 2 MitBestErgG. Bei diesen Wahlmodi handelt es sich allerdings nicht um zwingende Regelungen: unter in § 7 Abs. 3 MitBestErgG näher bestimmten Voraussetzungen kann eine Abstimmung über das anzuwendende Wahlverfahren durchgeführt werden. Das weitere Mitglied des Aufsichtsrats wird gemäß § 5 Abs. 3 MitBestErgG i. V. m. § 8 Montan-MitbestG durch das Wahlorgan der Konzernobergesellschaft auf Vorschlag der übrigen Aufsichtsratsmitglieder gewählt; insoweit kann auf obige Ausführungen verwiesen werden.

---

[84]   Vgl. *Wlotzke / Wißmann*, DB 1983, 623 ff., 625.
[85]   So das BVerfG in seinem Urteil v. 02.03.1999, BB 1999, 598 ff., 599.
[86]   BGBl. 1989 I, S. 147.

c. Aufgaben und Befugnisse des Aufsichtsrats

Hinsichtlich der Aufgaben und Befugnisse des Aufsichtsrats liegen im Anwendungsbereich des MitBestErgG keine Besonderheiten vor, so daß hier grundsätzlich auf obige Ausführungen verwiesen werden kann. Zu beachten sind jedoch zwei Besonderheiten: Zum einen ist auf die Vorschrift des § 13 Satz 1 MitBestErgG hinzuweisen, die § 3 Abs. 1 Satz 2 Montan-MitbestG durch die ausdrückliche Regelung ergänzt, daß auch bei der Gesellschaft mit beschränkter Haftung die Bestellung und Abberufung der Mitglieder des Vertretungsorgans dem Aufsichtsrat obliegt. Zum anderen enthält die Regelung des § 15 MitBestErgG eine Erweiterung der Zuständigkeit des Aufsichtsrats für den Fall einer Beteiligung an einem anderen Unternehmen von mehr als einem Viertel.[87]

d. Rechtsstellung der Aufsichtsratsmitglieder

Aufgrund der Verweisung des § 5 Abs. 4 MitBestErgG auf § 4 Abs. 3 Montan-MitbestG haben alle Aufsichtsratsmitglieder die gleichen Rechte und Pflichten; sie sind an Aufträge und Weisungen nicht gebunden. Im übrigen kann wiederum auf obige Ausführungen zum Montan-MitbestG verwiesen werden.

e. Arbeitsdirektor

Ebenso wie unter dem Geltungsbereich des Montan-Mitbestimmungsgesetzes sieht auch das Montan-Mitbestimmungsergänzungsgesetz einen mit Personal- und Sozialangelegenheiten betrauten Arbeitsdirektor als gleichberechtigtes Mitglied des Vorstands vor, vgl. § 13 MitBestErgG i. V. m. § 13 Abs. 1 Satz 1 Montan-MitbestG. Es besteht jedoch insoweit ein entscheidender Unterschied, als dieser sog. Konzernarbeitsdirektor nicht vom besonderen Vertrauen der Arbeitnehmervertreter im Aufsichtsrat getragen sein muß.[88] Dies ergibt sich aus der eingeschränkten Verweisung des § 13 MitBestErgG, der nicht auf § 13 Abs. 1 Satz 2 und 3 Montan-MitbestG verweist. Ein Vetorecht der Arbeitnehmervertreter im Aufsichtsrat bei Bestellung und Abberufung des Arbeitsdirektors existiert somit nicht. Diese Regelung bildet einen Kompromiß zwischen den Vorstellungen der Gewerkschaft, welche die Regelung des Montanmitbestimmungsgesetzes komplett übernehmen wollten, und den Arbeitgebern, die dies ablehnten.[89]

3. Mitbestimmungsgesetz 1976

Das Mitbestimmungsgesetz vom 04.05.1976 (MitbestG 1976)[90] modifiziert in seinem Kern die Zusammensetzung des Aufsichtsrats und zum Teil auch des Vorstands abweichend vom geltenden Gesellschafts- und Unternehmensrecht und überträgt eine Reihe

---

[87] Vgl. dazu im einzelnen *Klinkhammer / Welslau*, Rn. 93 (S. 76).
[88] Vgl. *Hanau / Ulmer*, § 33, Rn. 10; *Lieb*, § 9 I. 6., Rn. 916.
[89] Vgl. *Fitting / Wlotzke / Wißmann*, § 33 Rn. 6.
[90] Gesetz über die Mitbestimmung der Arbeitnehmer, BGBl. 1976 I, S. 1153, zuletzt geändert durch Gesetz v. 28.10.1994, BGBl. 1994 I, S. 3210.

zwingender Vorschriften des Aktiengesetzes über den Aufsichtsrat auf die übrigen Gesellschaftsformen. Schon im Vorfeld des Mitbestimmungsgesetzes kam es zu einer sehr lebhaften Diskussion um die Inhalte und Reichweite der Mitbestimmungsrechte der Arbeitnehmer, in deren Verlauf zahlreiche Entwürfe der parlamentarischen Parteien sowie der Sozialpartner vorgelegt wurden.[91] Doch auch nach seinem Erlaß riß die Debatte nicht ab.[92] Erst das berühmte Mitbestimmungsurteil des Bundesverfassungsgerichts vom 01.03.1979, in welchem der Erste Senat auf eine Verfassungsbeschwerde zahlreicher Unternehmen und Arbeitgebervereinigungen das Gesetz für verfassungsgemäß erklärte[93], brachte Ruhe in die Diskussion.

a. Anwendungsbereich

Das Mitbestimmungsgesetz gilt nach § 1 Abs. 1 und 2 MitbestG grundsätzlich für alle Unternehmen, die in der Rechtsform einer Aktiengesellschaft, Kommanditgesellschaft auf Aktien, Gesellschaft mit beschränkter Haftung oder als eingetragene Genossenschaft betrieben werden und in der Regel mehr als 2000 Arbeitnehmer beschäftigen, soweit diese Unternehmen nicht unter das Montanmitbestimmungsgesetz oder das Mitbestimmungsergänzungsgesetz fallen. Aus dem Anwendungsbereich fallen somit - wie auch beim Montan-MitbestG - von Einzelpersonen oder Personengesellschaften betriebene Unternehmen heraus. Eine Ausnahme besteht jedoch unter in § 4 MitbestG näher bestimmten Voraussetzungen für die Kommanditgesellschaft.[94] Eine weitere Sonderregelung enthält § 5 MitbestG für herrschende Unternehmen eines Konzerns, wodurch eine Beteiligung der Arbeitnehmer konzernabhängiger Gesellschaften auch in den Konzernobergesellschaften sichergestellt werden soll.[95] Die Regelungen der §§ 4, 5 MitbestG führen somit zu einer Erweiterung des Anwendungsbereichs des Mitbestimmungsgesetzes.[96] Vom Anwendungsbereich des Gesetzes ausdrücklich ausgenommen sind Tendenzunternehmen, Religionsgemeinschaften und ihre karitativen und erzieherischen Einrichtungen, vgl. § 1 Abs. 4 MitbestG.

---

[91] Vgl. im einzelnen zur Vorgeschichte des Mitbestimmungsgesetzes 1976 *Hanau / Ulmer*, Einl. Rn. 15 ff., *Nagel*, S. 20 ff., und *Raiser*, Einl. Rn. 24 ff.

[92] Vgl. zu den von den Gewerkschaften und den Unternehmensverbänden vertretenen Positionen ausführlich *Nagel*, S. 39 ff.

[93] Urteil des Bundesverfassungsgerichts v. 01.03.1979 - Az.: 1 BvR 532/77, 533/77, 419/78, 1 BvL 21/78 - BVerfGE 50, 290 ff. = NJW 1979, 699 ff.; kritisch zu diesem Urteil *Hanau*, ZGR 1979, 525 ff.

[94] Dazu im einzelnen *Hanau / Ulmer*, § 4 Rn. 1 ff., und *Raiser*, § 4 Rn. 5 ff.

[95] Vgl. zu den sich aus dieser Bestimmung ergebenden Problemen die entsprechenden Kommentierungen sowie *Klinkhammer / Welslau*, Rn. 101 ff. (S. 80 ff.), die insbesondere die Problematik der konzerndimensionalen Mitbestimmung und des Gemeinschaftsunternehmens ausführlich behandeln.

[96] Vgl. *Wester / Schlüpers-Oehmen*, S. 119.

Die Zahl der unter das Mitbestimmungsgesetz fallenden Unternehmen betrug zum Zeitpunkt des Inkrafttretens des Gesetzes 478[97] und ist bis 1997 auf etwa 740[98] angewachsen. Nach dem Stand vom 31.12.1989 hatten 522 Unternehmen einen nach dem MitbestG besetzten Aufsichtsrat, nämlich 303 Aktiengesellschaften, 200 Gesellschaften mit beschränkter Haftung, 6 Kommanditgesellschaften auf Aktien, 9 GmbH & Co. KG sowie 4 Genossenschaften.[99] Heute unterfallen dem Anwendungsbereich des MitbestG 1976 - laut Auskunft des Bundesministeriums für Arbeit und Sozialordnung - 392 Aktiengesellschaften, 3 Genossenschaften, 297 Gesellschaften mit beschränkter Haftung und 6 Kommanditgesellschaften auf Aktien, d. h. insgesamt 698 Unternehmen, die eine Belegschaft von ca. 3,4 Millionen in den Unternehmen bzw. 6 Millionen in den Konzernen haben.[100]

b. Zusammensetzung und Wahl des Aufsichtsrats

Ansatzpunkt der Mitbestimmung der Arbeitnehmer ist wiederum der Aufsichtsrat. § 6 MitbestG bestimmt, daß bei den in § 1 Abs. 1 MitbestG bezeichneten Unternehmen ein Aufsichtsrat zu bilden ist, soweit sich dies nicht schon aus anderen gesetzlichen Vorschriften ergibt.

Die Zusammensetzung des Aufsichtsrats richtet sich hierbei - anders als bei der Montanmitbestimmung - nach Maßgabe des § 7 MitbestG zwingend nach der Zahl der im Unternehmen in der Regel beschäftigten Arbeitnehmer. Es handelt sich um eine durchgehend paritätische Aufteilung der Sitze zwischen Vertretern der Anteilseigner und Vertretern der Arbeitnehmer; ein neutrales Mitglied gehört dem Aufsichtsrat nicht an. So hat der Aufsichtsrat bei bis zu 10.000 Arbeitnehmern je sechs Mitglieder von jeder Seite, bei bis zu 20.000 Arbeitnehmern je acht und bei Unternehmen mit mehr als 20.000 Beschäftigten sieht das Gesetz jeweils 10 Mitglieder von jeder Seite vor, § 7 Abs. 1 Satz 1 MitbestG. Aufgrund der Satzung, des Gesellschaftsvertrages oder des Statuts kann jedoch ein Aufsichtsrat mit 12 Mitgliedern auf 16 oder 20 Mitglieder bzw. mit 16 Mitgliedern auf 20 Mitglieder erweitert werden, § 7 Abs. 1 Satz 2 MitbestG. Nach Maßgabe des § 7 Abs. 2 MitbestG sind die Sitze der Vertreter der Arbeitnehmer näher aufgeschlüsselt. Unter ihnen müssen sich bei einem Aufsichtsrat von 12 (bzw. 16 oder 20) Mitgliedern 4 (bzw. 6 oder 7) Arbeitnehmer des Unternehmens und 2 (bzw. 2 oder 3) Vertreter von Gewerkschaften befinden; letztere müssen in dem Unternehmen selbst oder in einem anderen Unternehmen vertreten sein, dessen Arbeitnehmer nach dem MitbestG an der Wahl von Aufsichtsratsmitgliedern des Unternehmens teilnehmen, vgl. § 7 Abs. 4 MitbestG. Garantiert ist dabei sowohl Arbeitern und Angestellten als

---

[97] Vgl. *Wiedemeyer*, S. 79 ff., S. 83
[98] Vgl. *Raiser*, Einl. Rn. 72 unter Berufung auf eine Auskunft der Bundesvereinigung der Arbeitgeber.
[99] Vgl. WSI-Mitteilungen 1990, 468 ff.
[100] Vgl. Statistik des Bundesministeriums für Arbeit und Sozialordnung (Stand: August 1999).

auch den leitenden Angestellten[101] ein Sitz; die übrigen Sitze werden entsprechend dem Anteil dieser Gruppen an der Gesamtbeschäftigtenzahl besetzt, §§ 7, 15 Abs. 2 Satz 1 und 2 MitbestG. In jedem Fall muß sich unter den Vertretern der Arbeitnehmer mindestens ein Arbeiter, ein Angestellter und ein leitender Angestellter befinden, § 15 Abs. 2 Satz 3 MitbestG.

Da dem Aufsichtsrat kein neutrales Mitglied angehört, wird eine mögliche Pattsituation zwischen der Anteilseigner- und Arbeitnehmerbank dadurch aufgelöst, daß aufgrund von Verfahrensvorschriften, die dem Aufsichtsratsvorsitzenden in gewissen Konstellationen ein Zweitstimmrecht einräumen, im Ergebnis ein *"leichtes Übergewicht der Anteilseignerseite"*[102] sichergestellt wird: Ergibt eine Abstimmung, die gemäß § 29 Abs. 1 MitbestG der Mehrheit der abgegebenen Stimmen bedarf, Stimmengleichheit, so hat bei einer erneuten Abstimmung über denselben Gegenstand und erneuter Stimmengleichheit der Aufsichtsratsvorsitzende zwei Stimmen, § 29 Abs. 2 Satz 1 MitbestG. Das Übergewicht der Anteilseignerseite gründet sich nun darauf, daß der Aufsichtsratsvorsitzende aufgrund der Vorschrift des § 27 MitbestG regelmäßig ein Vertreter der Anteilseigner ist. Kommt nämlich bei seiner Wahl in einem ersten Wahlgang die gemäß § 27 Abs. 1 MitbestG erforderliche Mehrheit von zwei Dritteln nicht zustande, so bestimmt § 27 Abs. 2 MitbestG, daß die Vertreter der Anteilseigner den Aufsichtsratsvorsitzenden wählen, während die Vertreter der Arbeitnehmer seinen Stellvertreter mit der Mehrheit der abgegebenen Stimmen wählen. Hinzu kommt ferner noch, daß Mitglied des Aufsichtsrats - anders als bei montanmitbestimmten Unternehmen - auch ein leitender Angestellter ist, §§ 7 Abs. 2, 15 Abs. 2 MitbestG. Im Ergebnis handelt es sich somit im Regelfall um eine unterparitätische Besetzung, weil der der Arbeitnehmerbank angehörende leitende Angestellte nicht unbedingt die Interessen der übrigen Arbeitnehmer vertritt und daher von seinem Stimmverhalten eher der Anteilseignerseite zuzurechnen ist.[103]

Die Aufsichtsratsmitglieder der Anteilseigner werden gemäß § 8 MitbestG durch das je nach Rechtsform zur Wahl von Mitgliedern des Aufsichtsrats befugte Organ nach Maßgabe der Satzung, des Gesellschaftsvertrags oder des Statuts bestellt, soweit gesetzliche Vorschriften nicht entgegenstehen. Wahlorgan ist demnach die Hauptversammlung, die Gesellschafterversammlung oder die Generalversammlung. Die Aufsichtsratsmitglieder der Arbeitnehmer hingegen werden je nach der Zahl der im Unternehmen Beschäftigten durch ein unmittelbares (sog. Urwahl) oder mittelbares Wahlverfahren (sog. Wahlmännerwahl) gewählt; die wahlberechtigten Arbeitnehmer können jedoch unter bestimmten Voraussetzungen das jeweils andere Wahlverfahren beschließen, § 9 MitbestG. Die

---

[101] Zu den Begriffsbestimmungen vgl. § 3 MitbestG, der auf die Regelungen der §§ 5, 6 BetrVG 1972 verweist.

[102] So der Erste Senat des BVerfG in seinem bereits erwähnten Urteil v. 01.03.1979 - BVerfGE 50, 290 ff. -, in dem er die Vereinbarkeit des Mitbestimmungsgesetzes mit der Verfassung nicht zuletzt mit Blick auf diesen Umstand festgestellt hat.

[103] Vgl. *Klinkhammer / Welslau*, Rn. 33/110 (S. 46/83).

Wahlvorschriften des MitbestG regeln die einzelnen Wahlverfahren in den Bestimmungen der §§ 15-24 MitbestG nur unvollständig. Sie werden ergänzt durch drei sehr umfangreiche Wahlordnungen mit jeweils über 100 Vorschriften, die zum 26.07.1977 in Kraft getreten sind.[104]

c. Aufgaben und Befugnisse des Aufsichtsrats

Entsprechend dem bereits oben Ausgeführten sind die beiden zentralen Aufgaben des Aufsichtsrats zum einen die Bestellung und Abberufung des gesetzlichen Vertretungsorgans des Unternehmens und zum anderen die Überwachung der Geschäftsführung dieses Organs.

Gemäß § 31 MitbestG richten sich Bestellung und Widerruf der Mitglieder des zur gesetzlichen Vertretung des Unternehmens befugten Organs nach den §§ 84, 85 AktG, soweit sich nicht aus § 31 Abs. 2-5 MitbestG etwas anderes ergibt. Die Mitglieder des Aufsichtsrats bestellen gemäß § 31 Abs. 2 Satz 2 MitbestG die Vorstandsmitglieder mit einer Mehrheit von mindestens zwei Dritteln; hierbei ist zu beachten, daß der Aufsichtsrat nach § 28 MitbestG nur bei Teilnahme mindestens der Hälfte seiner Mitglieder beschlußfähig ist. Bei der Bestellung der Aufsichtsratsmitglieder hat der Aufsichtsratsvorsitzende gemäß § 31 Abs. 4 MitbestG im dritten Wahlgang - d. h. nach erfolgloser Durchführung eines ersten Wahlgangs nach § 31 Abs. 2 MitbestG sowie eines Vermittlungsverfahrens und eines zweiten Wahlgangs gemäß § 31 Abs. 3 MitbestG - zwei Stimmen und kann somit bei entsprechendem Abstimmungsverhalten über die Person des zu bestellenden Vorstandsmitglieds entscheiden. Auch hierdurch wird die dem Grundsatz nach vorgesehene paritätische Struktur des Aufsichtsrats zugunsten der Anteilseigner relativiert. Gemäß § 31 Abs. 5 MitbestG sind die Vorschriften für den Widerruf der Bestellung eines Vorstandsmitglieds entsprechend anzuwenden.

Hinsichtlich der Überwachung und Kontrolle des gesetzlichen Vertretungsorgans durch den Aufsichtsrat liegen keine Besonderheiten vor; insoweit kann auf obige Ausführungen verwiesen werden.

---

[104] Von ihnen regelt die 1. Wahlordnung die Wahlen in einem Unternehmen mit nur einem Betrieb (BGBl. 1977 I, S. 861), die 2. Wahlordnung betrifft die Wahlen in einem Unternehmen mit mehreren Betrieben (BGBl. 1977 I, S. 893) und die 3. Wahlordnung befaßt sich schließlich mit den Wahlen in einem Konzern oder einer GmbH & Co. KG (BGBl. 1977 I, S. 934); ein Abdruck dieser Regelungen findet sich bei *Fitting / Wlotzke / Wißmann*. Wenngleich es sich hierbei nicht nur um technische Einzelregelungen handelt, sondern - so völlig zutreffend *Lieb*, § 9 I. 5. (Rn. 914) - *"sich dahinter deswegen Fragen von erheblichem politischen Gewicht [verbergen], weil von der Ausgestaltung des Wahlverfahrens die Wahlchancen bestimmter Gruppen entscheidend abhängen"*, muß auf eine Darstellung verzichtet werden. Insoweit sei verwiesen auf *Säcker*, Die Wahlordnungen zum Mitbestimmungsgesetz (1978), sowie die ausführliche Kommentierung von *Fitting / Wlotzke / Wißmann*, Übersicht vor § 9 Rn. 1 ff.

d. Rechtsstellung der Aufsichtsratsmitglieder

Alle Aufsichtsratsmitglieder haben die gleichen Rechte und Pflichten und sind an Aufträge und Weisungen nicht gebunden; insoweit kann auf obige Ausführungen verwiesen werden. § 26 MitbestG enthält darüber hinaus die ausdrückliche Bestimmung, daß Aufsichtsratsmitglieder in der Ausübung ihrer Tätigkeit weder gestört oder behindert noch wegen dieser Tätigkeit benachteiligt werden dürfen; dies gilt auch für ihre berufliche Entwicklung.

e. Arbeitsdirektor

Wie auch unter dem Anwendungsbereich des Montanmitbestimmungs- und des Montanmitbestimmungs-Ergänzungsgesetzes ist gemäß § 33 Abs. 1 MitbestG die Installation eines Arbeitsdirektors als gleichberechtigtes Vorstandsmitglied vorgesehen; dies gilt allerdings nicht für Kommanditgesellschaften auf Aktien. Hinsichtlich seiner Aufgaben und Befugnisse kann daher grundsätzlich auf obige Ausführungen verwiesen werden. Ein entscheidender Unterschied zum Arbeitsdirektor nach dem Montan-MitbestG besteht jedoch insofern, als der Arbeitsdirektor eines nach dem MitbestG mitbestimmten Unternehmens nicht vom Vertrauen der Arbeitnehmervertreter getragen sein muß. Dies ergibt sich aus dem Fehlen einer dem § 13 Abs. 1 Satz 2 Montan-MitbestG entsprechenden Regelung, dem die Norm ansonsten nachgebildet ist. Der Arbeitsdirektor wird somit wie jedes andere Vorstandsmitglied bestellt; aufgrund des bereits erwähnten Wahlverfahrens des § 31 MitbestG führt dies dazu, daß er auch gegen den Willen der Arbeitnehmervertreter berufen werden kann. Diese Möglichkeit sollte jedoch - so zutreffend *Klinkhammer / Welslau* - nicht überbewertet werden, da ohne eine entsprechende Akzeptanz des Arbeitsdirektors durch die Arbeitnehmervertreter ein gedeihliches Zusammenwirken zwischen beiden nicht möglich ist und damit Sinn und Zweck der Stellung des Arbeitsdirektors unterlaufen würde.[105]

4. Betriebsverfassungsgesetz 1952

Die große Mehrzahl der mitbestimmten Unternehmen unterfällt den Regelungen des Betriebsverfassungsgesetzes vom 11.10.1952 *(BetrVG 1952)*[106]. Laut einer Statistik des Bundesministeriums für Arbeit und Sozialordnung unterfielen im August 1999 ca. 2.600 Unternehmen dem Anwendungsbereich des BetrVG 1952, die eine Belegschaft von ca. 800.000 Arbeitnehmern in den Unternehmen bzw. ca. 500.000 in den Konzernen haben.[107] Die Vorschriften der §§ 76-77a, 81, 85 und 87 BetrVG 1952 haben somit auch

---

[105] *Klinkhammer / Welslau*, Rn. 133 (S. 91); in diesem Sinne auch *Fitting / Wlotzke / Wißmann*, § 33 Rn. 15.

[106] Betriebsverfassungsgesetz 1952, BGBl. 1952 I, S. 681, zuletzt geändert durch das Gesetz für kleine Aktiengesellschaften und zur Deregulierung des Aktienrechts v. 02.08.1994, BGBl. 1994 I, S. 1961.

[107] Vgl. Statistik des Bundesministeriums für Arbeit und Sozialordnung (Stand: August 1999), die im einzelnen weiter nach den vertretenen Gesellschaftsformen aufgeschlüsselt ist: 1.580

nach Inkrafttreten des BetrVG 1972[108] ihre Bedeutung keineswegs verloren; ihre Fortgeltung ist in § 129 Abs. 1 BetrVG 1972 niedergelegt. Nach 129 Abs. 2 BetrVG 1972 treten an die Stelle aufgehobener Bestimmungen des BetrVG 1952, auf die in den §§ 76 - 77 a, 81, 85 und 87 BetrVG 1952 verwiesen wird, die entsprechenden Vorschriften des BetrVG 1972.[109]

a. Anwendungsbereich

Das BetrVG 1952 findet nur Anwendung, soweit die Unternehmen nicht unter den Anwendungsbereich des § 1 Montan-MibestG und der §§ 1 und 3 Abs. 1 MitBestErgG fallen, § 85 Abs. 2 BetrVG 1952. Hieraus ergibt sich folgender Anwendungsbereich:

Die Vorschriften des BetrVG 1952 über die Vertretung der Arbeitnehmer im Aufsichtsrat finden Anwendung auf Aktiengesellschaften und Kommanditgesellschaften auf Aktien mit in der Regel nicht mehr als 2000 Arbeitnehmern (§§ 76 Abs. 6 Satz 1, 85 Abs. 2 BetrVG 1952), auf Familiengesellschaften in der Gestalt von Aktiengesellschaften und Kommanditgesellschaften, die mehr als 500[110], aber nicht mehr als 2000 Arbeitnehmer beschäftigen (§§ 76 Abs. 6 Satz 2 und 3, 85 Abs. 2 BetrVG 1952) und auf Gesellschaften mit beschränkter Haftung und Erwerbs- und Wirtschaftsgenossenschaften mit mehr als 500, aber nicht mehr als 2000 Beschäftigten (§§ 77 Abs. 1 und 3, 85 Abs. 2 BetrVG 1952). Schließlich unterfallen dem Geltungsbereich des Gesetzes Versicherungsvereine auf Gegenseitigkeit mit mehr als 500 Arbeitnehmern, soweit bei diesen ein Aufsichtsrat besteht (§ 77 Abs. 2 BetrVG 1952); die sich aus § 85 Abs. 2 BetrVG 1952 ergebende Beschränkung gilt insoweit nicht.

Keine Anwendung findet das BetrVG 1952 hingegen auf Tendenzbetriebe nach näherer Kennzeichnung des Gesetzes sowie auf Religionsgemeinschaften und ihre karitativen und erzieherischen Einrichtungen unbeschadet deren Rechtsform, § 81 BetrVG 1952.

Aktiengesellschaften, 13 Genossenschaften, 1.016 Gesellschaften mit beschränkter Haftung, 21 Kommanditgesellschaften auf Aktien und 42 Versicherungsvereine auf Gegenseitigkeit.

[108] Betriebsverfassungsgesetz v. 15.01.1972, BGBl. 1972 I, S. 13, in der Fassung der Bekanntmachung v. 23.12.1988, BGBl. 1989 I, S. 1, ber. S. 902, zuletzt geändert durch Gesetz v. 19.12.1998, BGBl. 1998 I, S. 3843.

[109] Vgl. zu Einzelheiten *Fitting / Kaiser / Heither / Engels*, § 76 BetrVG 1952 Vorbem. Rn. 7.

[110] Diese Ausgrenzung kleiner Gesellschaften ist durch Art. 2 des - bereits erwähnten - Gesetzes für kleine Aktiengesellschaften eingeführt worden. Nach § 76 BetrVG 1952 war in allen Aktiengesellschaften ohne Rücksicht auf eine bestimmte Mindestarbeitnehmerzahl der Aufsichtsrat mit Vertretern der Arbeitnehmer zu besetzen. Somit ist zwischen den vor dem 10.08.1994 und den ab diesem Stichtag in das Handelsregister eingetragenen Gesellschaften zu unterscheiden, vgl. im einzelnen *Fitting / Kaiser / Heither / Engels*, § 76 BetrVG 1952 Rn. 11.

b. Zusammensetzung und Wahl des Aufsichtsrats

Die Regelungen des BetrVG 1952 sehen eine drittelparitätische Beteiligung der Arbeitnehmer in den Aufsichtsräten der dem Anwendungsbereich unterfallenden Gesellschaften vor, § 76 Abs. 1 i. V. m. §§ 77 Abs. 1 Satz 2, 77 Abs. 3 Satz 1 BetrVG 1952.

Die Aufsichtsräte werden hiernach zu einem Drittel mit Vertretern der Arbeitnehmer und zu zwei Dritteln mit Vertretern der Anteilseigner besetzt. Die Größe des Aufsichtsrats hängt in dem vom Aktiengesetz vorgegebenen Rahmen von der Satzung ab, d. h. ihm gehören mindestens 3 und höchstens 21 Mitglieder bei einer durch drei teilbaren Gesamtzahl an, § 77 BetrVG 1952 i. V. m. § 95 AktG. Bei einem oder zwei Arbeitnehmermandaten müssen die Arbeitnehmervertreter gemäß § 76 Abs. 2 Satz 2 BetrVG 1952 aus dem Unternehmen stammen; bei zwei oder mehr Arbeitnehmervertretern muß unter diesen ein Arbeiter und ein Angestellter sein, § 76 Abs. 2 Satz 3 BetrVG 1952. Ab drei Arbeitnehmervertretern können somit auch externe Personen, also bspw. Vertreter der Gewerkschaften, von den Arbeitnehmern in den Aufsichtsrat gewählt werden. Diese Vertretung der Gruppen ist zwingend und kann auch durch übereinstimmende Beschlüsse beider Gruppen nicht abbedungen werden.[111] Werden im Unternehmen mehr als die Hälfte Frauen beschäftigt, soll mindestens eine von ihnen Arbeitnehmervertreter sein, § 76 Abs. 2 Satz 3 BetrVG 1952.

Die Wahl der Anteilseigner erfolgt durch das nach der jeweiligen Rechtsform des Unternehmens befugte Organ, d. h. durch die Hauptversammlung, die Gesellschafterversammlung oder die Generalversammlung. Die Arbeitnehmervertreter werden gemäß § 76 Abs. 2 Satz 2 BetrVG 1952 durch alle zur Betriebsratswahl wahlberechtigten Arbeitnehmer[112] in allgemeiner, geheimer, gleicher und unmittelbarer Wahl gewählt. Die Wahl der Arbeitnehmervertreter erfolgt für die Zeit, die nach Gesetz bzw. Satzung für die durch die Hauptversammlung zu wählenden Aufsichtsratsmitglieder gilt, vgl. § 76 Abs. 2 Satz 1 BetrVG 1952. Grundlage der Wahl sind gemäß § 76 Abs. 3 BetrVG 1952 Wahlvorschläge der Betriebsräte und der Arbeitnehmer, für die bestimmte Mindestvoraussetzungen gelten[113]; es gilt der Grundsatz der Mehrheitswahl, wobei bei der Wahl mehrerer Aufsichtsratsmitglieder das Gruppenprinzip zu berücksichtigen ist. Eine detaillierte Regelung des Wahlverfahrens findet sich in der Wahlordnung zum BetrVG 1952 vom 18.03.1953[114], die aufgrund der Ermächtigung des § 87 BetrVG 1952 erlas-

---

[111] Vgl. *Fitting / Kaiser / Heither / Engels*, § 76 BetrVG 1952 Rn. 69.
[112] Nach § 129 Abs. 2 BetrVG 1952 i. V. m. § 7 BetrVG 1972 sind dies alle Arbeitnehmer, die das 18. Lebensjahr vollendet haben.
[113] Vgl. im einzelnen *Richardi / Dietz* (6. Auflage), § 76 BetrVG 1976, Rn. 87 ff.
[114] Erste Rechtsverordnung zur Durchführung des Betriebsverfassungsgesetzes (Wahlordnung 1953) v. 18.03.1953, BGBl. 1953 I, S. 58 ff., in der Fassung der Verordnung zur Änderung der Ersten Rechtsverordnung zur Durchführung des Betriebsverfassungsgesetzes v. 07.02.1962, BGBl. 1962 I, S. 64 ff. Diese Wahlordnung ist abgedruckt bei *Richardi / Dietz*, Bd. II (6. Auflage), Anhang 4.

sen wurde.[115] Besonderheiten gelten schließlich in Unternehmen mit mehreren Betrieben und bei Wahlen zum Aufsichtsrat des herrschenden Unternehmens.[116] Die Kosten der Wahl hat der Arbeitgeber zu tragen.[117]

c. Aufgaben und Befugnisse des Aufsichtsrats

Hinsichtlich der Aufgaben und Befugnisse des Aufsichtsrats kann wiederum weitgehend auf obige Ausführungen verwiesen werden, da auf die entsprechenden Vorschriften des Aktiengesetzes verwiesen wird, was grundsätzlich auch für Gesellschaften mit beschränkter Haftung gilt, vgl. § 77 Abs. 1 Satz 2 BetrVG 1952. Eine wichtige Ausnahme besteht jedoch insofern, als dem Aufsichtsrat einer Gesellschaft mit beschränkter Haftung nicht die Befugnis zur Bestellung der Vorstandsmitglieder zukommt, da ein entsprechender Verweis in § 77 BetrVG 1952 nicht enthalten ist.[118] Folglich verbleibt dieses Recht weiterhin ausschließlich bei der Gesellschafterversammlung; dasselbe gilt für die Abberufung des Vorstands.

d. Rechtsstellung der Aufsichtsratsmitglieder

Auch hinsichtlich der Rechte und Pflichten der Aufsichtsratsmitglieder gelten keine Besonderheiten, so daß uneingeschränkt auf die obigen Ausführungen verwiesen werden kann.

e. Arbeitsdirektor

Anders als das Montan-MitbestG, das MitBestErgG und das MitbestG sieht das BetrVG 1952 keinen Arbeitsdirektor als gleichberechtigtes Vorstandsmitglied vor. Neben der Minderheitsbeteiligung der Arbeitnehmer im Aufsichtsrat, dem Fehlen von unternehmensfremden Mandatsträgern sowie der unveränderten Weitergeltung der gesellschaftsrechtlichen Zuständigkeitsordnung ist dies ein wesentliches Charakteristikum der unternehmerischen Mitbestimmung nach dem BetrVG 1952.[119] Der Aufsichtsrat kann allerdings aufgrund eines freiwilligen Beschlusses einen Sozialdirektor bestellen, der zwar auch "Arbeitsdirektor" genannt werden kann, aber nicht Arbeitsdirektor im Sinne der Mitbestimmungsgesetze ist.[120]

115	Vgl. im einzelnen zum Wahlrecht und zum Wahlverfahren auch *Fitting / Kaiser / Heither / Engels*, § 76 BetrVG 1952 Rn. 63 ff.
116	Vgl. dazu im einzelnen *Fitting / Kaiser / Heither / Engels*, § 76 BetrVG 1952 Rn. 90 ff. und 102 ff.
117	Vgl. *Richardi / Dietz* (6. Auflage), § 76 BetrVG 1976, Rn. 120.
118	Vgl. zu der Rechtsstellung des Aufsichtsrats einer GmbH die Zusammenstellung der Befugnisse bei *Fitting / Kaiser / Heither / Engels*, § 77 BetrVG 1952 Rn. 18 ff.
119	Vgl. *Wiedemann*, Gesellschaftsrecht I, § 11 I 3. a. aa. (S. 599).
120	Zur Streitfrage, ob dieser nach dem BetrVG 1952 bestellte Sozialdirektor automatisch Arbeitsdirektor ist, wenn das Unternehmen später dem MitbestG unterfällt, vgl. *Fitting / Kaiser / Heither / Engels*, § 76 BetrVG 1952 Rn. 10, und *Hoffmann / Lehmann / Weinmann*, § 33 Rn. 44.

IV. Stellungnahme

Die Bundesrepublik Deutschland ist - wie bereits eingangs erwähnt - im internationalen Vergleich das Land mit den meisten Mitbestimmungsgesetzen und Mitbestimmungsregelungen. Das deutsche System der unternehmerischen Mitbestimmung zeichnet sich dadurch aus, daß es den Regelungen vier verschiedener Gesetze und ihrer Wahlordnungen unterworfen ist. Hierdurch unterscheidet es sich in deutlicher Weise von der Mehrheit der in anderen Mitgliedstaaten geltenden Rechtsordnungen, die entweder nur zum Teil gesetzliche Regelungen der Mitbestimmung der Arbeitnehmer kennen oder denen derartige Regelungen völlig wesensfremd sind.

D. Die unternehmerische Mitbestimmung in den Niederlanden

I. Grundstrukturen der Mitbestimmung in den Niederlanden

Bis zur Unternehmensrechtsrefom von 1971[121] gab es in den Niederlanden keine gesetzlichen Bestimmungen, die Unternehmen in der Form einer Aktiengesellschaft *(Naamloze Vennootschap, NV)* oder einer Gesellschaft mit beschränkter Haftung *(Besloten Vennootschap met beperkte annsprakelijkheid, BV)* zur Errichtung eines Aufsichtsrats *(Raad van Commissarissen)* verpflichteten. Erst mit dem Gesetz über die Struktur der Aktiengesellschaft und der geschlossenen Gesellschaft vom 06.05.1971[122] wurde für bestimmte Gesellschaften ein Aufsichtsrat zwingend vorgeschrieben. Diese Bestimmungen wurden zunächst in das niederländische Handelsgesetzbuch *(Wetboek van Koophandel)* übernommen und sind heute im zweiten Buch des am 26.07.1976 in Kraft getretenen neuen Zivilgesetzbuches *(Burgerlijk Wetbock, BW)*[123] enthalten. Das System der Beteiligung der Arbeitnehmer im Betrieb und im Unternehmen in den Niederlanden ist geprägt von der starken Rolle des Betriebsrats *(Ondernemingsraad)*[124], dem bei der Vergabe von Aufsichtsratsmandaten gewisse Vorschlags- und Vetorechte zustehen.[125]

---

[121] Ein Überblick über die Reform findet sich bei *Sanders*, AG 1971, 389 ff. Grundlage dieser Reform waren der Bericht der - im April 1960 eingesetzten nach ihrem Vorsitzenden benannten - Verdam-Kommission, die im Jahr 1965 ihren Abschlußbericht vorlegte; vgl. im einzelnen zu diesem Bericht *Maeijer*, ZGR 1974, 104 ff, 113 ff.

[122] *Wet houdende voorzieningen met betrekking tot de struktur de naamloz en besloten vennootschap*, Staatsblad Nr. 289/1971; dieses Gesetz ist am 01.07.1971 in Kraft getreten.

[123] *Burgerlijk Wetbock*, deutsche Übersetzung in: Deutsch-Niederländische Verlags-GmbH, Das Handels- und Gesellschaftsrecht der Niederlande, S. 177 ff. Soweit im folgenden Vorschriften dieses Gesetzes zitiert werden, werden sie mit dem Zusatz *BW* versehen.

[124] Vgl. ausführlich zu der Rolle und Bedeutung des niederländischen Betriebsrats im Unternehmen *Maeijer*, ZfA 1979, 69 ff.

[125] *Klinkhammer / Welslau*, Rn. 640 (S. 76); vgl. ausführlich zum System der unternehmerischen Mitbestimmung in den Niederlanden *Isler*, Mitbestimmung und Unternehmensrecht unter besonderer Berücksichtigung der niederländischen Regelungen.

II. Organisationsverfassung der Kapitalgesellschaften

Die Organisationsverfassung von Kapitalgesellschaften ist in den Niederlanden grundsätzlich nicht vorgegeben; die Errichtung eines Aufsichtsrats ist nach Art. 140 Abs. 1 Satz 1 BW fakultativ, wenngleich in der Praxis häufig das dualistische System in die Satzung aufgenommen wird.[126] Ab einer gewissen Größe schreibt das Gesetz jedoch eine dualistisch strukturierte Organisationsverfassung vor mit der Folge, daß die ansonsten fakultative Errichtung eines Aufsichtsrats obligatorisch wird. In den Niederlanden ist somit für die großen Aktiengesellschaften und Gesellschaften mit beschränkter Haftung neben dem geschäftsführenden Vorstand ein Kontrollorgan in Gestalt eines Aufsichtsrats vorgesehen; vgl. Art. 158, 268 BW.

III. Mitbestimmung der Arbeitnehmer

Die Mitbestimmung in den Leitungsorganen der Kapitalgesellschaften richtet sich in den Niederlanden nach den Vorschriften der Art. 153 ff. BW.

Unter den sich aus Art. 153-165 BW ergebenden Anwendungsbereich der durch die Unternehmensrechtsreform eingeführten Strukturvorschriften fallen ausschließlich die sog. großen Aktiengesellschaften. Dies sind nach Art. 153 Abs. 2 BW diejenigen Aktiengesellschaften, deren gezeichnetes Kapital einschließlich ihrer Reserven wenigstens zehn Millionen Gulden beträgt, die entweder selbst oder in einer juristischen Person, an der sie die Mehrheit der Anteile halten, aufgrund gesetzlicher Verpflichtung einen Betriebsrat gebildet haben und die allein oder mit der von ihr abhängigen Gesellschaft regelmäßig mehr als 100 Arbeitnehmer in den Niederlanden beschäftigen. Zur Errichtung eines Aufsichtsrats sind diese Unternehmen nach einer gemäß Art. 153 Abs. 1 BW obligatorischen Mitteilung an das Handelsregister erst dann verpflichtet, wenn die oben erwähnten Merkmale drei Jahre lang ohne Unterbrechung vorliegen, vgl. Art. 154 Abs. 1 BW. Entsprechendes gilt nach Art. 154 Abs. 2 BW für den Verlust dieser Eigenschaften. Hierdurch wollte der niederländische Gesetzgeber vermeiden, daß Schwankungen in der Beschäftigtenzahl oder im Gesellschaftskapital sich unmittelbar auf die Struktur der Gesellschaft auswirken und somit deren Kontinuität beeinträchtigen können.[127]

Für drei Gruppen von Fällen sieht das Gesetz eine Freistellung von der Anmeldepflicht und damit eine Befreiung von der Sonderregelung für Aufsichtsräte vor:

Vom Anwendungsbereich der Strukturvorschriften ausgenommen sind gemäß Art. 153 Abs. 3 lit. a BW Tochtergesellschaften, wenn mindestens die Hälfte ihrer Anteile direkt oder mittelbar einer dem Anwendungsbereich der Strukturvorschriften unterfallenden Gesellschaft oder von mehreren solchen Gesellschaften aufgrund einer gegenseitigen Vereinbarung zur Zusammenarbeit *(joint venture)* gehalten wird. Der Grund für diese

---

[126] Vgl. *Sanders*, AG 1977, 173 ff., 173.
[127] Vgl. *Maeijer*, ZGR 1974, 104 ff., 109.

Befreiung ist unter anderem darin zu sehen, daß die Mitbestimmung bei der Muttergesellschaft sich in der Tochtergesellschaft fortsetzt.[128] Art. 153 Abs. 3 lit. b BW stellt ferner Gesellschaften frei, deren Tätigkeit sich ausschließlich oder fast ausschließlich auf die Verwaltung und die Finanzierung juristischer Personen, mit denen sie in einer Gruppe verbunden ist, sowie ihrer eigenen und deren Beteiligungen an anderen juristischen Personen beschränkt. Diese Freistellung gilt jedoch nur unter der Voraussetzung, daß die derart beschäftigten Arbeitnehmer in ihrer Mehrheit außerhalb der Niederlande beschäftigt sind. In aller Regel wird es sich bei diesen Gesellschaften um niederländische Muttergesellschaften internationaler Konzerne handeln (sog. Holdinggesellschaften). Schließlich sind gemäß Art. 153 Abs. 1 lit. c BW solche Gesellschaften freigestellt, die ausschließlich oder fast ausschließlich für die unter Art. 153 Abs. 1 lit. b BW genannten Gesellschaften bzw. juristischen Personen Dienstleistungen im Hinblick auf die Verwaltung und die Finanzierung dieser Gesellschaften erbringen. Mit dieser Regelung wollte der niederländische Gesetzgeber der Sorge Rechnung tragen, daß andernfalls Investitionen ausländischer Unternehmen in den Niederlanden unterbleiben könnten.[129]

Neben der vollständigen Befreiung ist für bestimmte Gesellschaften gemäß Art. 155 BW eine teilweise Freistellung von den Strukturvorschriften vorgesehen, die dazu führt, daß man von einem abgeschwächtem System spricht.[130] Zwar ist auch bei diesen Gesellschaften die Errichtung eines Aufsichtsrats im Wege des - sogleich darzustellenden - Kooptationsverfahrens vorgesehen; der wesentliche Unterschied zu den dem Anwendungsbereich vollumfänglich unterfallenden Gesellschaften besteht jedoch darin, daß der Aufsichtsrat weder das Recht zur Bestellung und Abberufung der Vorstandsmitglieder noch zur Feststellung des Jahresabschlusses hat. Mit dieser Regelung - so *Honée* - *"wird erreicht, daß die erforderliche Einheit in der Führung des internationalen Konzerns erhalten bleibt und nicht von den Aufsichtsratsmitgliedern ihrer Töchter durchkreuzt werden kann, während andererseits eine von der niederländischen Rechtsordnung bestimmte Aufsicht über die Leitung der in den Niederlanden ansässigen 'großen' Tochtergesellschaften erzielt wird"*[131]. Es handelt sich somit um eine Kompromißlösung für transnationale Gesellschaften zur Schonung der internationalen Geschäftsbeziehungen, da zur damaligen Zeit ausländische Muttergesellschaften auf eine Gefährdung der Kontrolle über ihre niederländische Tochter mit Stop von Investitionen und Neuansiedlungen in den Niederlanden reagiert hatten.[132]

---

[128] *Van Heyningen*, S. 43 ff., S. 44.

[129] *Sanders*, AG 1977, 173 ff., 177; *Lill*, RabelsZ, 163 (1972), 173.

[130] So *Maeijer*, ZGR 1974, 104 ff., 110. Dort finden sich auch weitere Ausführungen zu den kumulativ zu erfüllenden Voraussetzungen einer solchen Freistellung (Abhängigkeit von einer anderen juristischen Person; mehrheitliche Beschäftigung der Arbeitnehmer im Ausland), die hier nicht im einzelnen dargelegt werden können.

[131] *Maeijer*, ZGR 1974, 104 ff. 111.

[132] *Hopt*, ZfA 1982, 207 ff., 232.

Abschließend ist noch auf die Möglichkeit einer beschränkten oder vollständigen Befreiung von der Sonderregelung für den Aufsichtsrat gemäß Art. 156 BW hinzuweisen. Nach dieser Bestimmung kann der Justizminister - nach vorheriger Anhörung des Sozial- und Wirtschaftsrats *(sociaaleconomische raad[133])* - die Gesellschaft von einem oder mehreren der Artikel 158-164 befreien. Diese Befreiung kann allerdings unter Beschränkungen oder Auflagen erteilt werden; auch eine Änderung oder Rücknahme ist möglich.

Der Aufsichtsrat der dem Anwendungsbereich der Strukturvorschriften unterfallenden Gesellschaften setzt sich gemäß Art. 158 Abs. 3 BW aus mindestens drei natürlichen Personen zusammen. Bei der Errichtung der Gesellschaft wird der Aufsichtsrat nach Art. 132 BW in der Gründungsurkunde bestellt, ohne daß dabei die im folgenden beschriebenen Vorschriften über die Bestellung von Aufsichtsratsmitgliedern unter Mitwirkung der Arbeitnehmer berücksichtigt zu werden brauchen. Eine Beteiligung der Arbeitnehmer ist erst bei der Bestellung neuer Mitglieder vorgesehen. Die Besetzung des Aufsichtsrats erfolgt hierbei im Wege der Kooptation, d. h. neue Mitglieder werden durch den Aufsichtsrat selbst ernannt. Die Beteiligung der Arbeitnehmer in den Unternehmensorganen der Gesellschaften ist somit lediglich mittelbarer Natur. Sie sind zwar nicht direkt in den Gesellschaftsorganen vertreten; Art. 160 BW enthält sogar die ausdrückliche Bestimmung, daß Gewerkschaftsvertreter und Arbeitnehmer des jeweiligen Unternehmens nicht Mitglied des Aufsichtsrats sein dürfen. Die Interessen der Arbeitnehmer werden jedoch dadurch gewahrt, daß ihnen über die betriebliche Vertretung des Betriebsrats - neben der Gesellschafterversammlung und dem Vorstand - ein Vorschlagsrecht hinsichtlich der zu wählenden Aufsichtsratsmitglieder zusteht, Art. 158 Abs. 4 BW. Insoweit haben sie einen mittelbaren Einfluß auf die Zusammensetzung des Aufsichtsrats. Ob der Aufsichtsrat den ihm unterbreiteten Vorschlägen Folge leistet, ist allerdings ihm überlassen, vgl. Art. 158 Abs. 5 BW. Diese Machtposition des Aufsichtsrats wird jedoch dadurch relativiert, daß gemäß Art. 158 Abs. 6 BW sowohl die Gesellschafterversammlung als auch der Betriebsrat - nicht aber der Vorstand - über ein Einspruchsrecht verfügen. Dieser Einspruch kann darauf gegründet werden, daß die vorgeschlagene Person zur Erfüllung der Aufgaben eines Aufsichtsratsmitglieds ungeeignet sei oder daß der Rat bei der beabsichtigten Bestellung nicht ordnungsgemäß zusammengesetzt sein werde, Art. 158 Abs. 6 BW. Hierdurch soll zum einen sichergestellt werden, daß die zu kooptierende Person persönlich und fachlich geeignet ist.[134] Zum anderen soll dieses Verfahren dazu beitragen, daß die Vertretung der Interessengruppen im Aufsichtsrat ausgewogen bleibt. Der Aufsichtsrat kann dann veranlassen, daß der Einspruch vom Sozial- und Wirtschaftsrat für unbegründet erklärt wird, Art. 158 Abs. 9 BW. Vor

---

[133] Der *sociaaleconomische raad* ist die Spitzenorganisation des niederländischen Wirtschaftslebens und setzt sich paritätisch aus Vertretern der Arbeitnehmer- und Arbeitgeberorganisationen und aus Personen zusammen, die von der niederländischen Krone wegen ihrer besonderen Sachkunde gewählt werden, vgl. *Wagner*, S. 78 f.

[134] Vgl. zu diesen Kriterien *Maeijer*, ZGR 1974, 104 ff., 117, unter Bezugnahme auf die Entstehungsgeschichte des Gesetzes.

seiner Entscheidung, gegen die ein Rechtsmittel nicht vorgesehen ist, hat der Sozial- und Wirtschaftsrat allerdings gemäß Art. 158 Abs. 10 BW den Aufsichtsrat, die Anteilseigner und den Betriebsrat zu hören. In der Praxis kommt es nur selten zu einem solchen Verfahren.[135] Die Beteiligung der Arbeitnehmer hat vielmehr eine Verschiebung der Herkunft der Aufsichtsratsmitglieder von einem Übergewicht der Repräsentanten der gewerblichen Wirtschaft zu einer größeren Anzahl von Personen aus Universität, öffentlichem Dienst oder der Politik bewirkt.[136]

Die Amtszeit der Aufsichtsratsmitglieder beträgt gemäß Art. 161 Abs. 1 BW regelmäßig vier Jahre; eine Wiederwahl ist möglich. Die Abberufung von Aufsichtsratsmitgliedern kann nur auf Antrag des Aufsichtsrats, von einem Vertreter der Hauptversammlung *(algemene vergadering van aandeelhouders)* oder von einem Vertreter des Betriebsrats von der Unternehmenskammer des Amsterdamer Gerichtshofes vorgenommen werden. Eine solche Abberufung kommt in Betracht, wenn das Aufsichtsratsmitglied seine Aufgaben vernachlässigt hat, andere wichtige Gründe vorliegen oder sich die Umstände seit der Berufung in einschneidender Weise verändert haben, vgl. Art. 161 Abs. 2 Satz 1 BW.

Aufgaben und Befugnisse des Aufsichtsrats entsprechen im niederländischen Recht im wesentlichen denen des deutschen Aufsichtsrats bzw. der deutschen Aufsichtsratsmitglieder. So hat der Aufsichtsrat insbesondere die Aufgabe, die Vorstandsmitglieder zu bestellen und abzuberufen (Art. 162 BW), und die - von der Hauptversammlung zu genehmigende - Jahresbilanz und die Gewinn- und Verlustrechnung festzustellen (Art. 163 BW); beides Aufgaben, die bei der "kleinen" Aktiengesellschaft der Hauptversammlung zustehen, vgl. Art. 132, 137 BW. Seine Hauptaufgabe besteht in der Kontrolle des Vorstands, d. h. der Aufsichtsrat hat gemäß Art. 140 Abs. 2 BW die Aufgabe, die Geschäftsführung des Vorstands und den allgemeinen Geschäftsgang in der Gesellschaft und in den mit ihr verbundenen Unternehmen zu beaufsichtigen. Hierbei soll er dem Vorstand beratend zur Seite stehen. Des weiteren besteht eine Verpflichtung auf das Interesse der Gesellschaft und der ihr verbundenen Unternehmen, vgl. Art. 140 Abs. 2 Satz 2 und 3 BW. Um diese Kontrolle effektiv zu ermöglichen, ist eine Vielzahl von Entscheidungen des Vorstands gemäß Art. 164 Abs. 1 BW der Genehmigung durch den Aufsichtsrat unterstellt. Dies gilt allerdings nur im Innenverhältnis, so daß Vereinbarungen mit Dritten in ihrer Rechtswirksamkeit hiervon unberührt bleiben, Art. 164 Abs. 3 BW. Der Aufsichtsrat hat somit bspw. seine Zustimmung zu erteilen bei der Ausgabe und dem Erwerb von Aktien, Beschlüssen zu einer langfristigen Zusammenarbeit mit

---

[135] Vgl. *Leupold*, S. 192, der berichtet, daß *"in den allermeisten Fällen bereits die Ankündigung genügte [...], um eine informelle Verhandlung in Gang zu bringen, die regelmäßig auch zu einer Einigung führten"*. Er bezeichnet das Einspruchsverfahren somit als geeignetes Instrument der Konfliktvermeidung. In diesem Sinne äußern sich auch *Honée*, ZGR 1982, 87 ff., 98, und *Hopt*, ZfA 1982, 207 ff., 218 f.

[136] Vgl. - unter Berufung auf eine wissenschaftliche Untersuchung unter der Leitung des Sozial- und Wirtschaftsrats von 1977 - *van Heyningen*, S. 43 ff., S. 45.

einer anderen Gesellschaft oder bei der Beteiligung am Kapital einer anderen Gesellschaft sowie bei Massenentlassungen und der Errichtung und Schließung von Unternehmen. Die Liste der Kontrollbefugnisse kann in der Satzung der Gesellschaft noch erweitert werden.[137]

IV. Stellungnahme

Das niederländische System der unternehmerischen Mitbestimmung stellt in Europa eine einzigartige Lösung der Beteiligung von Arbeitnehmern in den Unternehmensorganen von Kapitalgesellschaften dar.[138] Darüber hinaus verdient es im Kontext der vorliegenden Arbeit besondere Beachtung, weil es sowohl in die Vorschläge zur Strukturrichtlinie[139] Eingang fand als auch in dem Vorschlag einer Richtlinie zur Ergänzung des SE-Statuts hinsichtlich der Stellung der Arbeitnehmer[140] berücksichtigt wurde. Im Vergleich zu den Regelungen der unternehmerischen Mitbestimmung nach deutschem Recht ist festzuhalten, daß das niederländische Recht dem deutschen aufgrund ähnlicher Strukturen zwar sehr nahekommt. In der Intensität der Einflußnahme der Arbeitnehmer auf die Zusammensetzung des Aufsichtsrats bleibt es jedoch aufgrund des Kooptationsverfahrens hinter dem deutschen System etwas zurück.[141] Kennzeichnend für das Kooptationssystem ist nämlich, daß der Aufsichtsrat für die Durchführung seiner Ernennungen auf die Mitwirkung des Betriebsrats und der Hauptversammlung angewiesen ist, d. h. erst wenn beide keine Bedenken gegen eine vorgenommene Ernennung erheben, kann diese stattfinden.[142] Dennoch kann man das niederländische System im Ergebnis wohl als eine durchaus gleichwertige Alternative zum deutschen System bezeichnen.[143]

---

137 Vgl. *Sanders*, AG 1971, 389 ff., 396.
138 Vgl. *Sanders*, AG 1971, 389 ff., 395, und *Maeijer*, ZGR 1974, 104 ff., 115; dieser Befund trifft auch heute noch zu.
139 Vgl. Art 4 c des geänderten Vorschlags einer fünften Richtlinie des Rates über die Struktur der Aktiengesellschaft sowie die Befugnisse und Verpflichtungen ihrer Organe, AblEG Nr. C 240 v. 09.09.1983, S. 2 f. Vgl. hierzu im einzelnen unten Teil II § 7 D. III. 2. c. (S. 174).
140 AblEG Nr. C 138 v. 29.05.1991, S. 8 f; vgl. auch zu diesem Vorschlag im einzelnen unten Teil III § 11 (S. 252 ff.).
141 In diesem Sinne auch *Westermann*, RabelsZ 48 (1984), 123 ff., 152. Vgl. auch *Hopt*, ZfA 1982, 207 ff., 218 f., der zwar konzediert, daß sich die Besetzung des Aufsichtsrats seit Einführung dieses Verfahrens zugunsten der Arbeitnehmerseite verschoben hat. Weiter führt er unter Berufung auf eine vom Sozial- und Wirtschaftsrat von 1973-1977 durchgeführte empirische Untersuchung jedoch an, daß im Berichtszeitraum von den 456 in der Untersuchungsperiode besetzten Stellen nur 78 mit formell vom Betriebsrat vorgeschlagenen Kandidaten besetzt wurden. Vgl. wegen weiterer Einzelheiten zu dieser Untersuchung auch *Honée*, ZGR 1982, 87 ff., 94 ff.
142 Vgl. *Honée*, ZGR 1982, 87 ff., 106 f.
143 So auch *Abeltshauser*, S. 203, und *Leupold*, S. 193.

E. Die unternehmerische Mitbestimmung in Frankreich

I. Grundstrukturen der Mitbestimmung in Frankreich

Das System der Mitbestimmung in Frankreich stellt sich für den deutschen Betrachter zweigeteilt dar. Während im Bereich der betrieblichen Mitbestimmung nicht weniger als fünf verschiedene Vertretungseinrichtungen der Arbeitnehmer[144] bestehen, ist die unternehmerische Mitbestimmung einfach strukturiert und zudem nicht sonderlich stark ausgeprägt.[145] Seit jeher stand man hier - nicht zuletzt aufgrund einer ablehnenden Haltung der Gewerkschaften[146] - einer Mitbestimmung der Arbeitnehmer in den Unternehmensorganen reserviert gegenüber. Dies beruht insbesondere darauf, daß man die nach französischem Gesellschaftsrecht existierende strenge gesamtschuldnerische Haftung der Verwaltungsratsmitglieder nicht undifferenziert auf die Arbeitnehmervertreter erstrecken wollte.[147]

Die mittlerweile bestehende Mitbestimmung der Arbeitnehmer wurde zunächst im öffentlichen Sektor durch das Gesetz zur Demokratisierung der staatlichen Wirtschaft vom 26.07.1986[148] eingeführt, bevor sie dann auch für private Unternehmen vorgesehen wurde. Dieses Gesetz ist anwendbar auf alle Unternehmen, die sich im Staatseigentum befinden oder an denen der Staat mehr als die Hälfte des Kapitals hält sowie auf Tochtergesellschaften anderer staatlicher Unternehmen. Ferner unterfallen dem Anwendungsbereich des Gesetzes eine Reihe von in einem Anhang ausdrücklich angeführten Unternehmen. Die Beteiligung der Arbeitnehmer in den Unternehmensorganen erfolgt nach diesem Gesetz über Vertreter der Arbeitnehmer im Verwaltungs- bzw. Aufsichtsrat. Ihre Zahl wird per Dekret festgesetzt und beträgt mindestens ein Drittel der Gesamtmitgliederzahl. In Unternehmen mit 200 bis 1000 Beschäftigten sind zwei Vertreter des Betriebsrats im Aufsichts- oder Verwaltungsrat vorgesehen; in Unternehmen mit mehr als 1000 Beschäftigten sind sie zu einem Drittel vertreten.[149] Sie werden in einer geheimen Verhältniswahl nach Liste gewählt und haben grundsätzlich die gleichen Rechte und Pflichten wie die Vertreter der Anteilseigner. Ein wesentlicher Unterschied besteht jedoch insofern, als sie von der strengen Haftung entbunden sind, sie mithin also

---

[144] Dies sind die Belegschaftsdelegierten *(délégués du personnel)*, der Betriebsrat *(comité d'entreprise)*, die Gewerkschaftsdelegierten *(délégués syndicaux)*, der Rat für gesundheitliche Sicherung und Arbeitsbedingungen *(comité d'hygiène de sécurité et des conditions des travails)* und die Gruppe für freie Meinungsäußerung *(groupe d'expression directe)*. Vgl. zu diesem Bereich der betrieblichen Mitbestimmung im einzelnen *Klinkhammer / Welslau*, Rn. 430 ff. (S. 169 ff.), und *Pichot*, S. 82 ff. Hinzuweisen ist ferner noch auf den Umstand, daß die Begriffe Betrieb und Unternehmen nach französischem und deutschem Verständnis nicht deckungsgleich sind.

[145] *Klinkhammer / Welslau*, Rn. 427 f. (S. 168).

[146] Vgl. *Gravenstein*, S. 30, und *Leupold*, S. 152.

[147] *Retournard*, S. 33 ff., S. 33 f.; vgl. auch *Leupold*, S. 152.

[148] Loi n° 83-675 relative à la démocratisation du secteur public, Juris Classeur 2/1990, S. 7 f.

[149] Vgl. *Klinkhammer / Welslau*, Rn. 479 f. (S. 179).

keinesfalls gemeinsam mit den Vertretern der Anteilseigner haften. Ihre wesentliche Aufgabe besteht in der ständigen Kontrolle und Überwachung der Unternehmensleitung.

II. Organisationsverfassung der Kapitalgesellschaften

Hinsichtlich der Organisationsverfassung französischer Kapitalgesellschaften ist darauf hinzuweisen, daß diese traditionell monistisch strukturiert sind; die meisten Unternehmen sind somit nach dem Verwaltungsratsmodell mit einem *conseil d'administration* organisiert. Im Rahmen einer umfangreichen Handels- und Gesellschaftsrechtsreform schuf der französische Gesetzgeber aufgrund des Gesetzes über Handelsgesellschaften vom 24.06.1966[150] jedoch zwei alternative Organisationsformen für die Verwaltung der Aktiengesellschaft. Seither besteht neben der klassischen Organisationsform mit Verwaltungsrat nach Art. 89 ff. auch die Möglichkeit einer nach dem dualistischen Modell organisierten Gesellschaft nach Art. 118 ff., dessen Organe Vorstand *(directoire)* und Aufsichtsrat *(conseil de surveillance)* sind. Die Praxis zeigte jedoch, daß französische Großunternehmen hiervon so gut wie keinen Gebrauch machen.[151] Lediglich die Großbank *Paribas* und der Versorger *Suez-Lyonnaise des Eaux* haben sich für die Einführung des deutschen Modells entschieden.[152] *Sonnenberger* führt hierfür zwei Gründe an.[153] Zum einen weist er darauf hin, daß dies zum Teil offenbar an der Struktur der Unternehmen liege, da es in Frankreich noch sehr viele Familiengesellschaften gebe. Zum anderen komme hinzu, daß die Gewerkschaften, die anders als in Deutschland nicht unter einem gemeinsamen Dach organisiert seien, keine einheitliche Linie verfolgten und ihre Politik zum Teil eher von Vorstellungen des Klassenkampfes als Kooperation geprägt sei.

III. Mitbestimmung der Arbeitnehmer

Die Einführung der unternehmerischen Mitbestimmung in öffentlichen Unternehmen blieb auch nicht ohne Einfluß auf den privaten Sektor: Nach zunehmenden Diskussionen wurde schließlich durch die Verordnung Nr. 86-1135 vom 21.10.1986[154] auch eine

---

[150] Loi n° 66-537 du 24 juillet 1966 sur les sociétés commerciales, Journal Officiel de la République Française, Lois et Décrets, vom 25. und 26. Juli 1966, S. 6402-6440. Dieses Gesetz findet sich - sowohl in französischer als auch in deutscher Fassung - abgedruckt in: *Gesellschaft für Rechtsvergleichung* (Hrsg.), Französisches Gesellschaftsrecht; soweit im folgenden Artikel benannt werden, beziehen sich diese auf dieses Gesetz, soweit nichts anderes angegeben ist.

[151] Vgl. *Mestre*, Rn. 448 (S. 278 f.), und *Raiser*, FS Steindorff, S. 201 ff., S. 206.

[152] Vgl. den Artikel von *Braunberger* in der F.A.Z v. 23.07.1999 *("Frankreichs Patrons wehren sich gegen Gehaltsangaben")*, S. 18.

[153] *Sonnenberger*, S. 132 f.

[154] Ordonnance n° 86-1135 du 21 octobre 1986 modifiant la loi n° 66-537 du 24 juillet 1966 sur les sociétés commerciales afin d'offrir aux sociétés anonymes la faculté d'intoduire dans leurs statuts des dispositions prévoyant que des représentants du personnel salarié siégeront avec voix délibérative au sein du conseil d'administration ou du conseil de surveillance, Journal Officiel de

Beteiligung der Arbeitnehmervertreter im Aufsichts- oder Verwaltungsrat privater Unternehmen eingeführt.

Unter den Anwendungsbereich dieses Gesetzes fallen private Unternehmen in der Rechtsform einer Aktiengesellschaft französischen Rechts *(société anonyme)*. Art. 97 Abs. 1 sieht eine Beteiligung der Arbeitnehmer im Verwaltungsrat der Gesellschaft vor; das Gleiche gilt für den Aufsichtsrat dualistisch strukturierter Gesellschaften nach Art. 137. Anders als bei den öffentlichen Unternehmen ist diese Beteiligung aber rein fakultativ ausgestaltet. In neugegründeten Gesellschaften müssen die Gründer eine von den Aktionären zu billigende Änderung der Satzung herbeiführen. In schon vorhandenen Gesellschaften können die Aktionäre entsprechendes beantragen.

Der Verwaltungsrat besteht gemäß Art. 89 Abs. 1 aus mindestens drei und höchstens 12 Mitgliedern; ist die Aktiengesellschaft an der Wertpapierbörse zugelassen, erhöht sich diese Höchstmitgliedszahl auf 15. Hinsichtlich der Anzahl der Vertreter der Arbeitnehmer in diesen Organen sieht das Gesetz lediglich vor, daß diese nicht mehr als vier Vertreter umfassen und ein Drittel der jeweiligen Gesamtmitgliederzahl nicht übersteigen darf, wobei diese Sitze den übrigen Sitzen hinzugerechnet werden, vgl. Art. 97 Abs. 1 bzw. Art. 137. Werden für die Vertreter der Arbeitnehmer zwei oder mehr Sitze vorgesehen, so muß unter diesen mindestens ein Vertreter der Gruppe der Ingenieure, leitenden Angestellten und der ihnen gleichgestellten sein; die Wahl der Arbeitnehmervertreter erfolgt dann in zwei Wahlkollegien, welche sich aus dieser Gruppe und den sonstigen Arbeitnehmern zusammensetzen. Es besteht ein Vorschlagsrecht der im Betrieb vertretenen Gewerkschaften oder von 5 % der Arbeitnehmer. Ist hingegen nur ein Vertreter der Arbeitnehmer zu wählen, so wird dieser in einer Mehrheitswahl in zwei Wahlgängen gewählt, wobei im zweiten Wahlgang die einfache Mehrheit der abgegebenen Stimmen ausreicht. Das Mandat für den Verwaltungs- oder Aufsichtsrat ist unvereinbar mit Mandaten des Gewerkschaftsdelegierten, des Belegschaftsdelegierten oder des Betriebsrats.

Den Vertretern der Arbeitnehmer im Verwaltungs- oder Aufsichtsrat obliegt als gleichberechtigten Mitgliedern dieser Organe die ständige Kontrolle und Überwachung der Unternehmensleitung.

IV. Stellungnahme

Die zunächst in den öffentlichen Unternehmen und dann auch im privaten Sektor eingeführte unternehmerische Mitbestimmung ist zwar ein bedeutender Fortschritt auf dem Weg zur Gewährleistung einer effektiven Beteiligung der Arbeitnehmer in den Unternehmensorganen. Dennoch bleibt sie weit hinter dem Mitbestimmungssystem nach

---

la République Française v. 23.10.1985, S. 12775. Die Vorschriften dieser Ordonnance wurden in das Gesetz v. 24.07.1966 eingefügt.

deutschem Verständnis zurück.¹⁵⁵ Dies hängt in erster Linie mit den Regelungen in privaten Unternehmen zusammen, nach denen lediglich die Option zur Einführung einer Arbeitnehmermitbestimmung besteht. Die Anteilseigner stehen jedoch traditionell einer Mitbestimmung der Arbeitnehmer auf gesetzlicher Grundlage sehr reserviert gegenüber; sie vertreten seit jeher die Auffassung, eine gesetzliche Regelung könne nur den Rahmen vorgeben, während es den Sozialpartnern überlassen bleiben müsse, diesen auf der Grundlage freiwilliger Vereinbarungen auszufüllen.¹⁵⁶ Aber auch die Gewerkschaften lehnten die neue Wahlmöglichkeit überwiegend ab, was insbesondere damit zusammenhängt, daß die Haftungsverfassung monistisch strukturierter Gesellschaften Vertreter der Anteilseigner und Vertreter der Arbeitnehmer gleich behandelt und - anders als bei öffentlichen Unternehmen - die Arbeitnehmervertreter nicht von der strengen Haftung entbindet.¹⁵⁷ Diese Ausgestaltung zwingt zudem die Unternehmen, die sich für die Beteiligung der Arbeitnehmer entscheiden, faktisch zu einer Umstrukturierung ihrer Gesellschaft nach dem dualistischen Modell.¹⁵⁸ Dieses ist aber weiterhin wenig verbreitet, so daß die Bereitschaft zur Einführung der Arbeitnehmermitbestimmung - auch zukünftig noch - eher gering sein dürfte.¹⁵⁹ Schließlich fehlt es zu einer effektiven Mitbestimmung der Arbeitnehmer an Vorschriften, die die Beteiligung der Arbeitnehmer auch in konzernleitenden Obergesellschaften zulassen.¹⁶⁰

F. Die unternehmerische Mitbestimmung in Großbritannien

I. Grundstrukturen der Mitbestimmung in Großbritannien

Seit jeher waren die kollektiven Beziehungen zwischen Arbeitgebern und Arbeitnehmern in Großbritannien nicht verrechtlicht; der Gesetzgeber schuf im wesentlichen immer nur Freiräume oder bestätigte diese, räumte aber keine positiven Rechte ein.¹⁶¹ Arbeitnehmer- und Arbeitgebervertreter regelten ihre Beziehungen zueinander in aller Regel selbst im Wege freiwilliger Vereinbarungen *(collective bargaining¹⁶²)*. Erst durch den zum 01.01.1973 erfolgten Beitritt zur Europäischen Wirtschaftsgemeinschaft kam

---

155 So bereits *Simon / Wieczorek* RIW/AWD 1975, 409 ff., 412; zwar befand sich die Regelung über die unternehmerische Mitbestimmung in der Bundesrepublik zu diesem Zeitpunkt noch im Gesetzgebungsstadium, ihr Inhalt war in Frankreich dennoch weitläufig bekannt und wurde in die Erwägungen mit einbezogen. Vgl. aus neuerer Zeit auch *Figge*, S. 83, und *Klinkhammer / Welslau*, Rn. 427 (S. 168).

156 *Retournard*, S. 33 ff., S. 34 f.

157 Vgl. *Gravenstein*, S. 30, und *Retournard*, S. 33 ff., S. 34 f.

158 *Gravenstein*, S. 34.

159 Vgl. *Leupold*, S. 165, und *Raiser*, FS Steindorff, S. 206.

160 *Leupold*, S. 165 f.

161 *Altenstaedt*, S. 23 f und S. 41.

162 Vgl. zur Bedeutung dieser freien Kollektivverhandlungen im kollektiven Arbeitsrecht Großbritanniens *Altenstaedt*, S. 27 ff., *Staehelin*, S. 228 ff., und *Wagner*, S. 90 ff.

§ 1 Modelle der unternehmerischen Mitbestimmung in Europa

es zu ersten Diskussionen[163] über eine gesetzliche Regelung der Mitbestimmung der Arbeitnehmer in den Verwaltungsräten der Kapitalgesellschaften. Konkreter Anlaß hierfür waren insbesondere die Vorschläge der Kommission für eine Strukturrichtlinie[164] und für ein Statut der Europäischen Aktiengesellschaft[165] sowie die Erkenntnis, daß das seit jeher in Großbritannien bevorzugte System einer Mitbestimmung auf der Grundlage von freiwilligen Vereinbarungen die damalige Strukturkrise der britischen Wirtschaft nicht zu lösen vermochte.[166]

Die unternehmerische Mitbestimmung in den Unternehmen ist in Großbritannien nicht besonders ausgeprägt. Lediglich in einigen staatseigenen Unternehmen unternahm man den Versuch, die Bestellung von Vertretern der Arbeitnehmer als Mitglieder des Verwaltungsrats vorzusehen.[167] Hierdurch wollte man anhand staatlicher Unternehmen gleichsam testen, inwieweit eine Beteiligung der Arbeitnehmer im *Board of directors* der Gesellschaften in der Praxis überhaupt möglich ist.[168] Solche Vereinbarungen wurden bspw. bei *British Railways*, *British Airways*, *British Aerospace*, der *Harland & Wolff Limited*, der *British Steel Corporation* und der *Post Office Corporation* - in unterschiedlicher Intensität und Ausgestaltung[169] - getroffen. Dieser Versuch wurde jedoch nach kurzer Zeit größtenteils wieder aufgegeben, da die staatlichen Unternehmen nicht besonders erfolgreich waren und zudem die - der tradierten Vorstellung in Großbritannien widersprechende - Idee einer Beteiligung der Arbeitnehmer sich nicht durchsetzen konnte.[170]

II. Organisationsverfassung der Kapitalgesellschaften

Die Organisationsverfassung der Kapitalgesellschaften ist in Großbritannien traditionell monistisch ausgestaltet, d. h. die Funktionen der Geschäftsführung und der Überwachung sind in einem Gesellschaftsorgan vereinigt, dem *board of directors*. Dies schließt jedoch nicht aus, daß die Rechtswirklichkeit oft insofern anders aussieht, als in der Praxis auch innerhalb des Verwaltungsrats eine Aufgabenteilung zwischen geschäftsfüh-

---

[163] Vgl. *Staehelin*, S. 256, sowie *Kolvenbach* in: Kolvenbach / Hanau, United Kingdom, S. 19 m. w. Nachw. in Fn. 3.

[164] Vorschlag einer fünften Richtlinie über die Struktur der Aktiengesellschaft, EG-Bulletin, Beilage 10/1972; vgl. dazu im einzelnen unten Teil II § 7 B. (S. 147 ff.).

[165] Vorschlag einer Verordnung (EWG) des Rates über das Statut für europäische Aktiengesellschaften v. 30.06.1970, AblEG Nr. C 124 v. 10.10.1970, S.1 ff.; vgl. dazu im einzelnen unten Teil II § 5 (S. 107 ff.).

[166] So *Leupold*, S. 171; vgl. auch *Altenstaedt*, S. 19 f. und S. 54 f.

[167] Vgl. *Hofmann*, RIW 1977, 630 ff. 632.

[168] Vgl. *Kolvenbach* in: Kolvenbach / Hanau, United Kingdom, S. 13.

[169] Eine Kurzdarstellung dieser einzelnen Mitbestimmungsmodelle, auf die hier nicht näher eingegangen werden kann, findet sich bei *Kolvenbach* in: Kolvenbach / Hanau, United Kingdom, S. 13 ff.; vgl. auch ausführlich zu einigen dieser Mitbestimmungsvereinbarungen *Altenstaedt*, S. 168 ff., sowie *Roberts*, S. 26 ff., S. 27.

[170] Vgl. *Kolvenbach* in: Kolvenbach / Hanau, United Kingdom, S. 18.

renden *(managing director)* und nichtgeschäftsführenden Mitgliedern *(non-executive directors)* vorgenommen wird.[171]

III. Mitbestimmung der Arbeitnehmer

Auf der Ebene der Unternehmensmitbestimmung kann in Großbritannien von einer Beteiligung der Arbeitnehmer in den Leitungsorganen[172] einer Gesellschaft nicht gesprochen werden. Noch immer erfolgt die Berücksichtigung und Durchsetzung der Interessen der Belegschaft praktisch nur im Wege von Kollektivvereinbarungen *(collective bargaining)*. Zwar gab es in den 70er Jahren aufgrund des Beitritts zur Europäischen Wirtschaftsgemeinschaft Ansätze zur Normierung einer unternehmerischen Mitbestimmung der Arbeitnehmer, die unter anderem zum - *Bullock-Report* und zum *White-Paper* führten. Die in diesen Berichten präsentierten Vorschläge wurden jedoch - abgesehen von einigen wenigen probeweisen Vereinbarungen - nicht in die Tat umgesetzt.[173] Da sie die Diskussion um die Mitbestimmung der Arbeitnehmer in den Leitungsorganen von Kapitalgesellschaften nicht nur in Großbritannien, sondern generell in Europa neu entfachten und ferner - auch heute noch - damit zu rechnen ist, daß sie auch neuen Anläufen zu einer Lösung der Problematik in Großbritannien zugrunde gelegt werden, sollen ihre wesentlichen Inhalte im folgenden dennoch kurz vorgestellt werden.

Der *Bullock-Report* ist der Abschlußbericht eines von der Regierung beauftragten Untersuchungsausschusses, der in Form eines Gutachtens die Möglichkeiten zur Beteiligung der Arbeitnehmer auf der Unternehmensebene erarbeiten sollte; er wurde am 14.12.1976 vorgelegt.[174] Zu beachten ist hierbei, daß die Empfehlungen der Bullock-Kommission nicht einstimmig waren; der *Bullock-Report* enthält sowohl einen Mehrheits- als auch einen Minderheitsbericht.

Der vom Vorsitzenden *Lord Bullock* und sechs weiteren Mitgliedern[175] unterzeichnete Mehrheitsbericht[176] sprach sich für die Beibehaltung des traditionellen Systems des

---

[171] So bereits *Ficker*, FS Bärmann, S. 299 ff., S. 313 f., der auch darauf hinweist, daß diese unterschiedlichen Funktionen sich auch in Honorierung niederschlagen.

[172] Vgl. ausführlich zur Beteiligung der Arbeitnehmer in privaten Kapitalgesellschaften die Dissertation von *Altenstaedt*, Mitbestimmung der Arbeitnehmer im Board britischer Kapitalgesellschaften.

[173] Vgl. *Klinkhammer / Welslau*, Rn. 537 (S. 192).

[174] *"Report of the Committee of Inquiry on Industrial Democracy"*, Her Majesty's Stationary Office (HMSO), London 1977; dieser Bericht wurde am 26.01.1977 veröffentlicht und der Presse vorgestellt. Vertiefende Literaturhinweise zu diesem ca. 200 Seiten umfassenden Bericht finden sich bei *Leupold*, S. 172 in Fn. 110, sowie bei *Kolvenbach* in: Kolvenbach / Hanau, United Kingdom, S. 19 in Fn. 4. Eine kurze Zusammenfassung des Berichts findet sich bei *Klein*, RIW 1977, 415 ff., und - ausführlicher - bei *Kolvenbach*, a.a.o., S. 20 ff. Vgl. ferner zu diesem Bericht auch *Altenstaedt*, S. 124 ff., und *Staehelin*, S. 268 ff.

[175] Darunter auch das Kommissionsmitglied *Wilson*, der in einer *note of dissent* für gewisse Modifizierungen des Vorschlags des Mehrheitsberichts eintrat, jedoch die wesentlichen

§ 1 Modelle der unternehmerischen Mitbestimmung in Europa

company board aus und lehnt die Schaffung eines Aufsichtsrats *(supervisory board)* nach deutschem Vorbild ab.[177] Er sah jedoch die Einführung von Mitbestimmungselementen im Verwaltungsrat der Gesellschaften vor, die von einem einfachen Mehrheitsbeschluß aller in Vollzeit Beschäftigten der Gesellschaft abhängig gemacht werden sollten. Hinsichtlich der Einführung der Mitbestimmung ist zum einen noch zu beachten, daß die Vertretung der Arbeitnehmer allein durch die im Unternehmen vertretenen Gewerkschaften erfolgen sollte, d. h. durch die Gewerkschaften, bei denen mindestens 20 % der Beschäftigten organisiert sind.[178] Zum anderen sollten sich an der Abstimmung mindestens ein Drittel aller Beschäftigten für die Mitbestimmung aussprechen müssen.[179]

Wird diese Mehrheit erreicht, so sollten nach den Vorstellungen des Berichts die im Unternehmen anerkannten Gewerkschaften und die Gesellschaft verpflichtet sein, über die Mitbestimmung Verhandlungen aufzunehmen.[180] Eine gesetzliche Definition der Aufgaben des Verwaltungsrats sollte hierbei für eine zureichende Gewährleistung der Mitbestimmung der Arbeitnehmer sorgen, wenngleich es den einzelnen Unternehmen freistehen sollte, die Kompetenzen zwischen Board und Management beliebig auszugestalten.[181] Diese Regelungen sollten jedoch erst ab einer bestimmten Größe der Gesellschaft Anwendung finden. Erst in Unternehmen mit 2000 und mehr Beschäftigten sollten Arbeitnehmer und Anteilseigner eine gleiche Anzahl von Vertretern - mit gleichen Rechten und Pflichten - in den Verwaltungsrat entsenden. Nach den Vorstellungen des Mehrheitsberichts sollte es sodann diesen *directors* obliegen, eine dritte, kleinere Gruppe mit einer ungeraden Zahl von weiteren Mitgliedern zu kooptieren (sog. "2 X + Y - Formel").[182] Für dieses Verfahren sollte sowohl die Mehrheit der Vertreter der Anteilseigner als auch die der Vertreter der Arbeitnehmer erforderlich sein. Durch diese dritte Gruppe sollte - ähnlich wie durch das neutrale Aufsichtsratsmitglied nach dem MitbestG 1976 - eine sonst mögliche Pattsituation verbunden mit einer eventuellen Blockbildung vermieden werden.[183] Das Letztentscheidungsrecht in Form eines Vetos sollte nach den Vorstellungen des Mehrheitsberichts jedoch bei den Anteilseignern verbleiben.

Entscheidungen mittrug, Bullock-Report, S. 163 ff.; vgl. *Kolvenbach* in: Kolvenbach / Hanau, United Kingdom, S. 24.

[176] *Main Report*, Bullock-Report, S. 1-166.

[177] Vgl. *Roberts*, S. 26 ff.; vgl. zu den Gründen für die Ablehnung des dualistischen Systems *Kolvenbach* in: Kolvenbach / Hanau, United Kingdom, S. 21, und *Altenstaedt*, S. 126.

[178] Vgl. *Altenstaedt*, S. 128.

[179] Vgl. zum Wahlverfahren, zur Verteilung der Sitze sowie zur Rolle der *Industrial Democracy Commission* als Schlichtungsstelle *Altenstaedt*, S. 128, und *Staehelin*, S. 271 ff.

[180] Vgl. *Kolvenbach* in: Kolvenbach / Hanau, United Kingdom, S. 23.

[181] Bullock-Report, S. 71 ff.; vgl. *Staehelin*, S. 270.

[182] Bullock-Report, S. 83 ff. und S. 92 ff.

[183] Vgl. *Davies* in: Gamillscheg u.a., S. 79, *Kolvenbach* in: Kolvenbach / Hanau, United Kingdom, S. 22, und *Leupold*, S. 173.

Der von den drei übrigen Mitgliedern der Kommission getragene Minderheitsbericht[184] favorisierte hingegen ein dem deutschen Betriebsverfassungsgesetz von 1952 zumindest ähnliches[185] Mitbestimmungssystem: die Einführung des dualistischen Systems nach deutschem Vorbild und die Wahl von Arbeitnehmervertretern in den Aufsichtsrat. Er sprach sich für die Schaffung eines drittelparitätisch besetzten Aufsichtsrats aus, der sich - unter dem Vorsitz eines Anteilseigners - zu je einem Drittel aus Vertretern der Anteilseigner und der Arbeitnehmer und zu einem weiteren Drittel aus "unabhängigen" Mitgliedern zusammensetzen sollte. Hierbei sollten die Vertreter der Arbeitnehmer nicht nur - wie im Mehrheitsbericht vorgeschlagen - allein von den Gewerkschaften, sondern von allen Arbeitnehmern gewählt werden. Ferner ist zu berücksichtigen, daß nach den Vorstellungen des Minderheitsberichts ein Sitz den leitenden Angestellten vorbehalten bleiben sollte; auch dies war im Mehrheitsbericht nicht vorgesehen. Übereinstimmung bestand jedoch insoweit, als die Regelungen über die Mitbestimmung erst in Unternehmen mit mehr als 2000 Beschäftigten Anwendung finden sollen.

Das - nach zahlreichen Stellungnahmen[186] - im Mai 1978 von der Labour-Regierung vorgelegte *White-Paper*[187] vom 23.05.1978 enthielt im wesentlichen eine Modifizierung des *Bullock-Reports*.[188] So war neben dem traditionellen *board system* in diesem Weißbuch auch die Möglichkeit einer dualistisch organisierten Gesellschaft mit einem *management board* und einem *policy board* vorgesehen. Hinsichtlich der Mitbestimmung der Arbeitnehmer sollte es den Sozialpartnern freistehen, Kollektivverhandlungen über die Art der Vertretung sowie die Anzahl und die Auswahl der Arbeitnehmer abzuschließen. Sollte es in dieser Frage zu keiner Einigung kommen, so sollten die Arbeitnehmer - nach einer subsidiären Regelung - unter bestimmten Voraussetzungen die Möglichkeit haben, eine Abstimmung hierüber herbeizuführen, an der alle Beschäftigten teilzunehmen und darüber zu entscheiden haben sollten, ob eine Mitbestimmungsregelung eingeführt werden sollte. Für den Fall, daß sich die Mehrheit der Wahlberechtigten für die Einführung der Mitbestimmung aussprechen sollte, sollte die Gesellschaft zwischen den beiden Organisationsformen wählen können.[189] Im Ergebnis stand daher die damalige Regierung den Vorschlägen des Minderheitsberichts näher als denen des Mehrheitsberichts des *Bullock-Reports*.[190] Eine weitere Modifizierung gegenüber dem *Bullock-*

184	*Minority Report,* Bullock-Report, S. 167-195; dazu im einzelnen *Altenstaedt*, S. 130 ff., und *Staehelin*, S. 273 ff. Dieser Minderheitsbericht wurde von der Arbeitgeberseite nahestehenden Mitgliedern der Kommission verfaßt, die eine zu starke Beteiligung von Arbeitnehmervertretern am einheitlichen Verwaltungsrat befürchteten. vgl. *Altenstaedt*, S. 125, *Hofmann*, RIW 1977, 630 ff., 632, *Raiser*, FS Steindorff, S. 201 ff., S. 207.
185	Vgl. *Altenstaedt*, S. 132.
186	Vgl. zu diesen umfassend *Altenstaedt*, S. 135 ff.
187	Industrial Democracy, Her Majesty's Stationary Office (HMSO), London 1978; vgl. dazu im einzelnen *Altenstaedt*, S. 145 ff., und *Staehelin*, S. 276 ff.
188	Vgl. *Kolvenbach* in: Kolvenbach / Hanau, United Kingdom, S. 26 und *Leupold*, S. 174.
189	Vgl. *Kolvenbach* in: Kolvenbach / Hanau, United Kingdom, S. 28.
190	*Staehelin*, S. 276.

Report bestand hinsichtlich des Anwendungsbereichs: Bereits bei Unternehmen mit mehr als 500 Beschäftigten sollten Mitbestimmungsrechte der Arbeitnehmer vorgesehen werden. Nach den Vorstellungen des *White-Papers* sollten diese Unternehmen gesetzlich verpflichtet sein, mit den Vertretern der Arbeitnehmer alle Fragen, die für die Beschäftigten von besonderer Bedeutung sind, in einem gemeinsamen Vertretungsausschuß *(Joint Representation Committee)* zu diskutieren, bevor eine Entscheidung im *board of directors* getroffen wird. Die Aufgaben und Befugnisse der Mitglieder des Verwaltungs- bzw. Aufsichtsrats sollen nach den Vorstellungen des *White-Papers* durch ein Gesetz geregelt werden, dessen Grundzüge in einem Anhang umrissen wurden. Im wesentlichen haben hiernach alle Mitglieder die gleichen Rechte und Pflichten.[191] Auch hinsichtlich der "2 x + y - Formel" enthielt das *White-Paper* eine Modifizierung: Den Arbeitnehmern sollte zunächst das Recht eingeräumt werden, bis zu einem Drittel der Mitglieder des Aufsichtsrats zu bestellen. Hierbei ließ die Regierung aber keinen Zweifel daran, daß dies nur ein erster Schritt in Richtung auf eine später herzustellende volle Parität sein sollte.[192]

IV. Stellungnahme

Vergleicht man die Regelungen über die Mitbestimmung der Arbeitnehmer in den Leitungsorganen der Kapitalgesellschaft, wie sie in der Bundesrepublik Deutschland existieren, mit dem Mitbestimmungssystem in Großbritannien, so wird folgendes deutlich: In beiden Staaten bestanden und bestehen aufgrund einer anderen sozial-historischen Entwicklung völlig unterschiedliche Auffassungen über die Rolle und Bedeutung der unternehmerischen Mitbestimmung. Begann man in der Bundesrepublik Deutschland sehr früh, die Mitbestimmungsrechte der Arbeitnehmer auch gesetzlich zu verankern, so kam es in Großbritannien - wenn überhaupt - nur zu meist viel weniger weit reichenden Mitbestimmungsvereinbarungen im Wege des *collective bargaining*. Auch wenn man seit Anfang der 70er Jahre auch in Großbritannien begann, über eine Erweiterung der unternehmerischen Mitbestimmungsrechte der Arbeitnehmer zu diskutieren, so steht man ihrer Einführung immer noch sehr reserviert gegenüber. Bis heute kann somit nicht von einer Mitbestimmung der Arbeitnehmer in den Leitungsorganen eines Unternehmens gesprochen werden.[193]

---

[191] Vgl. *Kolvenbach* in: Kolvenbach / Hanau, United Kingdom, S. 28
[192] *Altenstaedt*, S. 151.
[193] So völlig zutreffend *Klinkhammer / Welslau*, Rn. 537 (S. 188).

G. Die unternehmerische Mitbestimmung in Schweden

I. Grundstrukturen der Mitbestimmung in Schweden

Spätestens seit den 70er Jahren existiert in Schweden ein gut entwickeltes System der Mitbestimmung der Arbeitnehmer.[194] Wichtigstes Kennzeichen des schwedischen Systems sowohl der betrieblichen[195] als auch der unternehmerischen Mitbestimmung ist die herausragende Stellung der Gewerkschaften.[196] Diesen kommt in der Regel die Aufgabe zu, die vom Gesetzgeber oft lediglich als Rahmenregelung ausgestalteten Vorschriften in Gestalt von Mitbestimmungsvereinbarungen auszufüllen.[197]

II. Die Organisationsverfassung der Kapitalgesellschaften

Die Organisationsverfassung der Kapitalgesellschaften ist in Schweden monistisch strukturiert, d. h. im Verwaltungsrat sitzen neben den geschäftsführenden Mitgliedern auch solche, denen eine Kontrollfunktion zukommt.

III. Mitbestimmung der Arbeitnehmer

Die Mitbestimmung der Arbeitnehmer in den Leitungsorganen der privaten Unternehmen wird heute durch das Gesetz vom 17.12.1987 über die Mitbestimmung der Arbeitnehmer im privaten Sektor[198] geregelt, welches die Fortentwicklung zweier Gesetze aus den 70er Jahren darstellt. Bereits am 01.04.1973 trat - zunächst probeweise und auf drei Jahre befristet[199] - in Schweden ein Gesetz in Kraft[200], nach dem je zwei Arbeitnehmervertreter als stimmberechtigte Mitglieder in die Verwaltungsräte von Aktiengesellschaften und Kooperationsvereinigungen aufzunehmen waren. Dieses Gesetz wurde schließlich durch das Gesetz über die Vertretung der Arbeitnehmer in den Verwaltungsräten der Aktiengesellschaften und wirtschaftlichen Vereinigungen vom 03.06.1976[201] ersetzt; es blieb bis zum vorgenannten Gesetz von 1987 in Kraft.

Dem Anwendungsbereich des Gesetzes vom 17.12.1987 unterfallen Aktiengesellschaften *(aktiebolag, AB)* und Genossenschaften schwedischen Rechts, soweit sie mehr als 25

194	Vgl. zur Arbeitnehmervertretung in schwedischen Unternehmen insgesamt *Pichot*, S. 108 ff.
195	Hierzu umfassend *Hanau* in: Gamillscheg u.a., S. 89 ff., und *ders.* in: Kolvenbach / Hanau, Sweden, S. 8 ff.
196	Vgl. *Klinkhammer / Welslau*, Rn. 762 (S 244).
197	Vgl. *Hanau* in: Kolvenbach / Hanau, Sweden, S. 8.
198	Svensk Författningssamling (SFS) 1987:1234; dieses Gesetz ist am 01.01.1988 in Kraft getreten.
199	Vgl. *Hanau* in: Gamillscheg u.a., S. 89 ff., S. 96
200	Svensk Författningssamling (SFS); englischer Text abgedruckt in National Swedish Industrial Board Representation of Employees in Sweden, Stockholm, Januar 1976, S. 41 ff.
201	*Lag om styrelserepresentation för de anställda i aktiebolag och ekonomiska föreningar*, Svensk Författningssamling (SFS); dieses Gesetz ist am 01.07.1976 in Kraft getreten.

Arbeitnehmer[202] beschäftigen. Für Banken und Versicherungsgesellschaften ist das Gesetz nicht anwendbar; für sie bestehen Sonderregelungen. Für einige Unternehmenskategorien wie insbesondere Konzernobergesellschaften existieren dem deutschen Betriebsverfassungsgesetz von 1952 vergleichbare Regelungen.[203]

In Gesellschaften, die dem Anwendungsbereich des Gesetzes unterfallen, haben die Arbeitnehmer das Recht, zwei Mitglieder und zwei stellvertretende Mitglieder in den Verwaltungsrat *(styrelse[204])* zu bestellen, falls dies von den zuständigen Gewerkschaftsvertretern verlangt wird. Sowohl die Mitglieder als auch ihre Vertreter werden nämlich von der Gewerkschaft delegiert, wobei die Zahl der von dieser zu entsendenden Mitglieder von der Größe der Gewerkschaft abhängt.[205] Die Gewerkschaften haben darüber hinaus das Recht, zwei Vertreter zu benennen, die an den Verwaltungsratssitzungen teilnehmen dürfen und im Grundsatz dieselben Befugnisse wie die ordentlichen Mitglieder haben. Hierbei ist zu beachten, daß es den Anteilseignern im wesentlichen freisteht, die Mitgliederzahl des Verwaltungsrats - und damit den prozentualen Anteil der Arbeitnehmervertreter - zu bestimmen. Sieht die Satzung der Gesellschaft vor, daß der Verwaltungsrat nur aus einer Person besteht, reduziert sich die Vertretung der Arbeitnehmer allerdings auch auf ein Mitglied und ein stellvertretendes Mitglied.

Die Vertreter der Arbeitnehmer im Aufsichtsrat der dem Anwendungsbereich des Gesetzes unterfallenden Gesellschaften haben eine Amtszeit von vier Jahren. Sie haben die gleiche Rechtsstellung wie sonstige Verwaltungsratsmitglieder; eine Einschränkung besteht lediglich insoweit, daß ihnen die Teilnahme an Kollektivverhandlungen nicht gestattet ist. Hierdurch sollen potentielle Konflikte vermieden werden, die aufgrund ihrer infolge der Delegation durch die Gewerkschaften regelmäßig gewerkschaftsnahen Stellung sonst wohl unvermeidbar wären.[206]

Der Verwaltungsrat der schwedischen Aktiengesellschaft ist grundsätzlich wie der Vorstand einer deutschen Aktiengesellschaft für die Organisation der Gesellschaft und die Verwaltung ihrer Angelegenheiten zuständig.[207] Vergleicht man die jeweilige Rechtsstellung jedoch näher, so ergeben sich bedeutende Unterschiede. So besteht nach schwedischem Recht die Möglichkeit, einen geschäftsführenden Direktor *(verkställande direktör)* einzusetzen und ihm die Führung der laufenden Geschäfte zu übertragen. Dies

---

[202] Unter dem Geltungsbereich des am 01.04.1973 in Kraft getretenen Gesetzes lag die Grenze zunächst bei mehr als 100 Beschäftigten, bevor sie mit Inkrafttreten des Gesetzes v. 03.06.1976 auf mehr als 25 Beschäftigte herabgesenkt wurde.

[203] *Hanau* in: Gamillscheg u.a., S. 89 ff., S. 95.

[204] Vgl. zur wörtlichen Übersetzung dieses Begriffs als *"Aufsichtsrat" Hanau* in: Gamillscheg u.a., S. 89 ff., S. 95 f., der davon ausgeht, daß aufgrund der diesem Organ zustehenden Aufgaben und Befugnisse die Übersetzung mit *"Verwaltungsrat"* vorzuziehen ist.

[205] Vgl. im einzelnen zu diesem die starke Stellung der Gewerkschaften unterstreichenden Verfahren *Klinkhammer / Welslau*, Rn. 782 (S. 248)

[206] Vgl. *Hofmann*, RIW 1977, 630 ff., 634.

[207] Vgl. *Hanau* in: Gamillscheg u.a., S. 89 ff., S. 96.

geschieht nicht nur in der Praxis sehr häufig[208], sondern entspricht auch dem schwedischen Verständnis von unternehmerischer Mitbestimmung in Kapitalgesellschaften, nach dem die Beteiligung der Arbeitnehmer nie einer echten Mitbestimmung gleichkommen sollte. Dies läßt sich auch anhand von Verfahrensregeln zur Bestellung der Mitglieder belegen, die dazu führen, daß die Vertreter der Arbeitnehmer im Verwaltungsrat immer eine Minderheit darstellen. Der Hauptzweck der unternehmerischen Mitbestimmung nach schwedischem Verständnis besteht somit darin, den Vertretern der Arbeitnehmer einen umfassenden Einblick zu gewähren und ihre betrieblichen Beteiligungsrechte zu komplettieren.[209] Entscheidungs-, Mitwirkungs- und Aufsichtsrechte stehen ihnen aufgrund ihrer minoritären Beteiligung im Verwaltungsrat nur in einem relativ begrenzten Umfang zu.

IV. Stellungnahme

Die in Schweden aufgrund der Gesetze aus den 70er Jahren eingeführte Mitbestimmung in den Leitungsorganen privater Kapitalgesellschaften ist im europäischen Vergleich sehr stark ausgeprägt. Im großen und ganzen - so *Hanau*[210] - kann die Arbeitnehmervertretung im Verwaltungsrat einer schwedischen Aktiengesellschaft mit der Mitbestimmung nach §§ 76, 77 BetrVG 1972 verglichen werden.

H. Stellungnahme

Vergleicht man die in den verschiedenen Mitgliedstaaten der Europäischen Gemeinschaft bestehenden Regelungen über die Mitbestimmung der Arbeitnehmer in den Leitungsorganen von Kapitalgesellschaften, so wird deutlich, daß sie in ihrer Reichweite eine ganz unterschiedliche Qualität aufweisen. Das Spektrum reicht hier von einer gesetzlich durchnormierten, sehr weitreichenden Regelung wie sie in der Bundesrepublik Deutschland besteht bis hin zu einer praktisch kaum existenten Regelung der unternehmerischen Mitbestimmung in Großbritannien, wo sich Mitbestimmung - wenn überhaupt - nur auf freiwillige Vereinbarungen gründet. Im Hinblick auf die Einführung einer einheitlichen europäischen Regelung bedeutet dies - dies kann schon jetzt festgehalten werden -, daß man zu Kompromissen bereit sein müssen wird, wenn man das Zustandekommen einer europaweit geltenden Regelung über die unternehmerische Mitbestimmung nicht von Anfang an gefährden will. Das unbedingte Festhaltenwollen eines Mitgliedstaats an der von ihm favorisierten Ausgestaltung der unternehmerischen Mitbestimmung würde somit auch das Projekt einer Europäischen Aktiengesellschaft von vornherein zum Scheitern verurteilen.

---

208 Vgl. *Hanau* in: Gamillscheg u.a., S. 89 ff., S. 96
209 So insbesondere *Hanau* in: Kolvenbach / Hanau, Sweden, S. 22.
210 *Hanau* in: Gamillscheg u.a., S. 89 ff. S. 96.

§ 2 Europäische Gesellschaftsformen und die Mitbestimmung

A. "Gesellschaftsrechtliche" Rechtsgrundlagen des EWG-Vertrages

Für die Schaffung europäischer Gesellschaftsformen kommen auf der Grundlage des EWG-Vertrages mehrere Rechtsgrundlagen in Betracht.

I. Art. 235 EWG-Vertrag

Nach der sog. Generalermächtigung des Art. 235 EWG-Vertrag kann der Rat auf Vorschlag der Kommission und nach Anhörung des Parlaments die geeigneten Vorschriften erlassen, wenn ein Tätigwerden der Gemeinschaft erforderlich erscheint, um im Rahmen des Gemeinsamen Marktes eines ihrer Ziele zu verwirklichen und im EWG-Vertrag die hierfür erforderlichen Befugnisse nicht vorgesehen sind. Die Vorschrift des Art. 235 EWG-Vertrag ist somit nur dann einschlägig, wenn keine der nachfolgenden spezialgesetzlichen Rechtsgrundlagen in Frage kommt, d. h. sie beinhaltet lediglich eine "Zuständigkeit für unvorhergesehene Fälle"[211] und hat Lückenschließungsfunktion.[212] Durch diese Vorschrift sollte dem europäischen Gesetzgeber eine hinreichende Ermächtigungsgrundlage im Rahmen des ständig fortschreitenden Integrationsprozesses zur Verfügung gestellt werden.[213]

II. Art. 220 Abs. 3 EWG-Vertrag

Gestützt auf die Rechtsgrundlage des Art. 220 Abs. 3, 3. Spiegelstrich EWG-Vertrag können die Mitgliedstaaten Verhandlungen einleiten, um zugunsten ihrer Staatsangehörigen die gegenseitige Anerkennung der Gesellschaften im Sinne des Art. 58 Abs. 2 EWG-Vertrag, die Beibehaltung der Rechtspersönlichkeit bei Verlegung des Sitzes von einem Staat in einen anderen und die Möglichkeit der Verschmelzung von Gesellschaften, die den Rechtsvorschriften verschiedener Mitgliedstaaten unterstehen. Für die Schaffung europäischer Gesellschaftsformen kommt diese Bestimmung nicht in Betracht, da sie in erster Linie der Harmonisierung nationalen Rechts dient. Im übrigen bedarf ein auf der Grundlage dieser Vorschrift getroffenes Abkommen nicht nur eines einstimmigen Beschlusses aller Mitgliedstaaten, sondern auch der Ratifizierung durch diese. Aus diesem Grund wird das Verfahren heute tunlichst vermieden, da es sehr hohe prozedurale Hürden errichtet, bis ein derartiges Abkommen in Kraft treten kann.[214] Diese Schwierigkeiten werden an dem einzigen Anwendungsfall der Vorschrift verdeutlicht: 1968 schlossen die damaligen sechs Mitgliedstaaten ein Abkommen über die ge-

---

211 Vgl. *Schaub*, § 3 III. 2. (S. 16).
212 Vgl. *Pipkorn*, RdA 1992, 120 ff., 121.
213 Vgl. *Abeltshauser*, AG 1990, 289 ff., 292.
214 So *Nagel*, Wirtschaftsrecht der Europäischen Union, S. 271.

A. "Gesellschaftsrechtliche" Rechtsgrundlagen des EWG-Vertrages

genseitige Anerkennung von Gesellschaften und Juristischen Personen[215], welches mangels Ratifizierung durch die Niederlande nie in Kraft treten konnte.[216] Ob es jemals in Kraft treten wird, gilt als eher unwahrscheinlich.[217]

III. Art. 100 EWG-Vertrag

Bei Art. 100 EWG-Vertrag handelt es sich um eine allgemeine Kompetenznorm, auf deren Grundlage der Rat auf Vorschlag der Kommission und nach Anhörung des Europäischen Parlaments und des Wirtschafts- und Sozialausschusses Richtlinien für die Angleichung derjenigen Rechts- und Verwaltungsvorschriften der Mitgliedstaaten erlassen kann, die sich unmittelbar auf die Errichtung oder das Funktionieren des Gemeinsamen Marktes auswirken. Theoretisch könnte der Rat auch auf dieser Rechtsgrundlage europäische Gesellschaftsformen schaffen.[218] Dies wird jedoch in aller Regel bereits deshalb nicht in Frage kommen, da für eine europaweit einheitliche Gesellschaftsform die Verordnung, die gemäß Art. 189 Abs. 1 EWG-Vertrag unmittelbare Geltung entfaltet, geeigneter ist als eine Richtlinie, die für die Mitgliedstaaten gemäß Art. 189 Abs. 2 EWG-Vertrag lediglich hinsichtlich des zu erreichenden Ziels verbindlich ist und ihnen im übrigen die Wahl der Form und der Mittel zu ihrer Umsetzung überläßt.[219] Während die Richtlinie in erster Linie der Rechtsangleichung dient, zielt die Verordnung auf eine Rechtsvereinheitlichung.[220] So kommt es nicht von ungefähr, daß die Kommission - wie sogleich darzulegen sein wird - ihre sämtlichen Vorschläge zur Schaffung europäischer Gesellschaftsformen mit Ausnahme der Regelungen über die Mitbestimmung der Arbeitnehmer auf der Grundlage einer Verordnung erlassen wollte. Hinzu kommt im Kontext der vorliegenden Darstellung noch, daß Art. 100 EWG-Vertrag regelmäßig durch Art. 100 a EWG-Vertrag als *lex specialis* ausgeschlossen wird.[221]

IV. Art. 100 a EWG-Vertrag

Nach dem durch die Einheitliche Europäische Akte von 1986[222] neu eingeführten Art. 100 a EWG-Vertrag können zur Verwirklichung der Ziele des Art. 7 a EWG-Vertrag, d.

---

215 Beilage zum EG-Bulletin 2/69, ein Abdruck des Abkommens findet sich auch im BGBl. 1972 II, 369 ff. Vgl. zur Vorgeschichte und zum Inhalt dieses Abkommens ausführlich *Drobnig*, AG 1973, 90 ff.
216 Vgl. *Boucourechliev*, S. 53 ff., S. 55, und *Luttermann*, ZVglRWiss 93 (1994), 1 ff., 5.
217 *Donath*, JA 1993, 289 ff., 295.
218 So auch Wahlers, der allerdings - zutreffend - davon ausgeht, daß infolge der dann erforderlichen Umsetzung der Richtlinie in jedem einzelnen Mitgliedstaat die übernationale Herkunft der europäischen Rechtsform verdeckt würde, was zu einem Verlust an Anziehungskraft und den ideellen Integrationseffekt führen würde, *Wahlers*, AG 1990, 448 ff., 451.
219 So auch *Abeltshauser*, AG 1990, 489 ff., 492.
220 Vgl. *Habersack*, Rn. 43 (S. 23).
221 So auch *Figge*, S. 58.
222 Vgl. hierzu noch ausführlich unten Teil III § 9 A. II. (S. 187 ff.).

h. zur Errichtung des Binnenmarktes, Maßnahmen zur Angleichung von Rechts- und Verwaltungsvorschriften der Mitgliedstaaten in einem von Art. 100 EWG-Vertrag abweichenden Verfahren vom Ministerrat ergriffen werden. Während Art. 100 EWG-Vertrag nur einstimmige Beschlüsse von Richtlinien für die Angleichung derjenigen Rechts- und Verwaltungsvorschriften der Mitgliedstaaten, die sich unmittelbar auf die Errichtung oder das Funktionieren des Binnenmarktes auswirken, vorsieht, läßt Art. 100 a Abs. 1 EWG-Vertrag die Rechtsform der zu treffenden Maßnahme ausdrücklich offen, so daß insoweit auch Verordnungen in Betracht kommen.[223] Im Kontext der vorliegenden Darstellung ist jedoch zu berücksichtigen, daß diese Bestimmung gemäß Art. 100 a Abs. 2 EWG-Vertrag für Bestimmungen über die Rechte und Interessen der Arbeitnehmer ausdrücklich ausgeschlossen ist. Hierauf wird noch zurückzukommen sein.[224]

B. Die Schaffung supranationaler Gesellschaftsformen in Europa

I. Überblick

Die Gemeinschaftsorgane haben bereits zahlreiche Initiativen hinsichtlich der Errichtung europarechtlicher Gesellschaftsrechtsformen ergriffen. Die Europäische Gemeinschaft plant unter anderem, die wichtigsten in den Mitgliedstaaten bekannten Gesellschaftsformen eigenständig auf europäischer Ebene zur Verfügung stellen zu können.[225] Es sind dies die Europäische Aktiengesellschaft (SE), die Europäische Wirtschaftliche Interessenvereinigung (EWIV), die Europäische Genossenschaft (EUGEN), die Europäische Gegenseitigkeitsgesellschaft (EUGES) und der Europäische Verein (EUV). Zu einer Europäischen Privatgesellschaft (EPG) existieren Vorschläge der Wissenschaft. Nicht verabschiedet wurden bislang die Verordnungsentwürfe über die Europäische Aktiengesellschaft, die Europäische Genossenschaft, die Europäische Gegenseitigkeitsgesellschaft und den Europäischen Verein. Bis auf die Europäische Wirtschaftliche Interessenvereinigung haben diese Vorhaben somit das Planungsstadium bislang nicht überschreiten können. Sie werden bis auf die Europäische Aktiengesellschaft, die Gegenstand des Hauptteils der vorliegenden Darstellung sein wird, im folgenden kurz vorgestellt.

II. Die Europäische Wirtschaftliche Interessenvereinigung (EWIV)

Die Europäische Wirtschaftliche Interessenvereinigung stellt die einzige europäische Gesellschaftsform dar, die bereits Realität ist[226]; sie wurde 1985 durch die Verordnung

---

[223] Vgl. *Wahlers*, AG 1990, 448 ff., 451.
[224] Vgl. unten Teil III § 10 F. 1. (S. 240 ff.).
[225] Vgl. *Kilian*, Rn. 508 (S.218).
[226] Nach *von Rechenberg* ist die Europäische Wirtschaftliche Interessenvereinigung *"damit der erste Schritt des Gesellschaftsrechts auf dem Weg nach Europa"*, vgl. *von Rechenberg*, ZGR 1992, 299 ff., 299.

2137/85/EWG[227] auf der Grundlage von Art. 235 EWG-Vertrag verabschiedet. Es handelt sich hierbei um eine Rechtsform, die dem französischen *groupement d'intérêt économique européen*[228] nachgebildet wurde. Sie entspricht - so *Großfeld* - etwa einer Offenen Handelsgesellschaft deutschen Rechts mit eigener Rechtspersönlichkeit.[229]

1. Konzeption

Beabsichtigt war mit der Verordnung die Schaffung einer flexiblen Rechtsform zur grenzüberschreitenden Kooperation mit dem Zweck, die wirtschaftliche Tätigkeit ihrer Mitglieder zu erleichtern oder zu entwickeln sowie die Ergebnisse dieser Tätigkeit zu verbessern oder zu steigern, ohne dabei Gewinne für sich selbst zu erzielen, vgl. Art. 3 Abs. 1 VO. Es handelt sich um eine bloße Hilfstätigkeit. Der Tätigkeitsbereich der Europäischen Wirtschaftlichen Interessenvereinigung ist auch im übrigen relativ beschränkt. Die Europäische Wirtschaftliche Interessenvereinigung darf gemäß Art. 3 Abs. 2 VO weder unmittelbar noch mittelbar Leitungs- oder Kontrollmacht über die eigenen Tätigkeiten ihrer Mitglieder oder Tätigkeiten eines anderen Unternehmens ausüben noch unmittelbar oder mittelbar Anteile oder Aktien an einem Mitgliedsunternehmen halten (sog. Holdingverbot) oder sich an einer anderen Europäischen Wirtschaftlichen Interessenvereinigung beteiligen (sog. Schachtelverbot). Hinzu kommt ferner, daß die Anzahl der bei ihr beschäftigten Arbeitnehmer auf 500 Arbeitnehmer beschränkt ist. Der Grund für diese Beschränkungen der Tätigkeitsmöglichkeit lag in der Befürchtung, die Europäische Wirtschaftliche Interessenvereinigung könne als Instrument zur Umgehung nationaler Schutzrechtsbestimmungen mißbraucht werden.[230] Die mitbestimmungsfreie Europäische Wirtschaftliche Interessenvereinigung soll - so *Wißmann* - nicht mit mitbestimmungspflichtigen Rechtsformen des nationalen Rechts konkurrieren und diesen auch nicht als Konzernspitze übergestülpt werden können.[231]

Eine Europäische Wirtschaftliche Interessenvereinigung kann gemäß Art. 4 Abs. 1 VO von Gesellschaften und anderen Einheiten des öffentlichen oder des Privatrechts nach

---

[227] Verordnung Nr. 2137/85/EWG des Rates v. 25.07.1985 über die Schaffung einer Europäischen wirtschaftlichen Interessenvereinigung (EWIV), AblEG Nr. L 199 v. 31.07.1985, S. 1 ff. Soweit im folgenden Abschnitt Vorschriften dieser Verordnung zitiert werden, werden sie mit dem Zusatz *VO* versehen. Der deutsche Gesetzgeber hat zu dieser Verordnung ein Ausführungsgesetz verabschiedet, sog. EWIV-Ausführungsgesetz v. 14.04.1988, BGBl. 1988 I, S. 1514 ff. Vgl. zur Vorgeschichte der Verordnung *Kolvenbach*, DB 1986, 1973 ff., 1974. Vgl. umfassend zur EWIV *Ganske*, Das Recht der Europäischen Wirtschaftlichen Interessenvereinigung, und *Scriba*, Die Europäische Wirtschaftliche Interessenvereinigung. Ein Abdruck des Textes der Verordnung findet sich bei bspw. *Habersack*, S. 292 ff.

[228] Vgl. zu dieser 1967 eingeführten und 1989 überarbeiteten französischen Rechtsform *Mestre*, Rn. 508 ff. (S. 335 ff.).

[229] *Großfeld*, WM 1992, 2121 ff., 2127; in diesem Sinne auch *Blank*, ArbuR 1993, 229 ff., 230 in Fn. 9.

[230] Vgl. Habersack, Rn. 366 (S. 281 f.), und *Hauschka*, AG 1990, 85 ff., 87.

[231] Vgl. *Wißmann*, RdA 1999, 152 ff., 154.

dem nationalen Recht eines Mitgliedstaats gebildet werden. Des weiteren kann sie von natürlichen Personen gegründet werden, die eine gewerbliche, kaufmännische, handwerkliche, landwirtschaftliche oder freiberufliche Tätigkeit in der Gemeinschaft ausüben und dort Dienstleistungen erbringen. Sie muß gemäß Art. 4 Abs. 2 VO aus mindestens zwei Mitgliedern aus verschiedenen Mitgliedstaaten bestehen. Anders als die Europäische Aktiengesellschaft ist die Europäische Wirtschaftliche Interessenvereinigung somit nicht als Instrument für eine grenzüberschreitende Unternehmenskooperation konzipiert, sondern dient lediglich der Erleichterung und Förderung der grenzüberschreitenden Zusammenarbeit verschiedener Unternehmen in den Bereichen Forschung, Vertrieb oder Werbung.[232] Die Gesellschafter der Europäischen Wirtschaftlichen Interessengemeinschaft haften gemäß Art. 24 Abs. 1 VO unbeschränkt und gesamtschuldnerisch für die Verbindlichkeiten der Gesellschaft.

2. Mitbestimmung der Arbeitnehmer

Die Problematik der unternehmerischen Mitbestimmung der Arbeitnehmer stellt sich im Zusammenhang mit der Europäischen Wirtschaftlichen Interessenvereinigung im Hinblick auf den einen Schwellenwert vorsehenden Anwendungsbereich nicht. Gemäß Art. 3 Abs. 2 lit. c VO darf eine Europäische Wirtschaftliche Interessenvereinigung nicht mehr als 500 Arbeitnehmer beschäftigen, so daß sie qua Konstruktion eine Größenordnung aufweist, bei der die Regelungen der deutschen Mitbestimmungsgesetze nicht anwendbar sind. Die Problematik der Mitbestimmung, die sich während der Verhandlungen zu der Verordnung als streitig erwiesen hatte[233], wurde bewußt ausgeklammert.

3. Stand der Arbeiten

Obwohl die Europäische Wirtschaftliche Interessenvereinigung die erste europäische Rechtsform ist und die bisherigen Erfahrungen zumindest teilweise als positiv bezeichnet wurden[234], ist sie rechtspraktisch insgesamt wenig bedeutsam.[235] Dies liegt vor allen Dingen daran, daß die Europäische Wirtschaftliche Interessenvereinigung wegen ihrer Tätigkeitsbeschränkungen keine Rechtsform für Unternehmen mit eigenständigen Zielen und Zwecken ist.[236] Des weiteren ist der von der Verordnung vorgesehene Gesellschaftszweck relativ beschränkt. Schließlich haben auch die unbegrenzte Haftung der Gesellschafter und die Begrenzung der Arbeitnehmerzahl nicht zur Verbreitung der Europäischen Wirtschaftlichen Interessenvereinigung beigetragen.[237] Ende 1993 waren

---

232 Vgl. *Heinze*, AG 1997, 289 ff., 289 in Fn. 3.
233 In diesem Zusammenhang hatten insbesondere die deutschen Vertreter Bedenken bezüglich einer Umgehung der Mitbestimmungsrechte geäußert, vgl. *Hauschka*, AG 1990, 85 ff., 90.
234 Vgl. *Neye*, DB 1997, 861 ff.
235 Vgl. *Hommelhoff*, WM 1997, 2101 ff., 2101.
236 So auch *Wiesner*, AG 1996, 390 ff., 391. Zum Teil wird aus diesem Grunde auch der Charakter einer eigenständigen europäischen Rechtsform in Frage gestellt, vgl. *Krimphove*, S. 282.
237 Vgl. *Helms*, S. 24 f.

europaweit 471 Gründungen registriert, von denen 36 auf Deutschland entfielen[238], Ende 1996 waren immerhin 741 Gründungen verzeichnet[239] und 1998 gab es in Europa annähernd 1.000 Europäische Wirtschaftliche Interessenvereinigungen.[240]

III. Die Europäische Genossenschaft (EUGEN)

Im Frühjahr 1993 hat die Kommission dem Rat gleich mehrere Vorschläge zur Schaffung europäischer Gesellschaftsformen vorgelegt[241], unter denen sich neben Vorschlägen zur Europäischen Gegenseitigkeitsgesellschaft und zum Europäischen Verein[242] auch ein Verordnungsvorschlag über die Europäische Genossenschaft befand, welcher auf der Grundlage von Art. 100 a EWG-Vertrag erlassen werden sollte.[243]

1. Konzeption

Bei der geplanten Europäischen Genossenschaft handelt es sich um eine Gesellschaft mit Rechtspersönlichkeit, die zum Ziel hat, die Bedürfnisse ihrer Mitglieder zu befriedigen und deren wirtschaftliche und/oder soziale Tätigkeit zu fördern, vgl. Art. 1 VO. Nach dem Verordnungsvorschlag kann eine Europäische Genossenschaft von mindestens zwei juristischen Personen gegründet werden, die nach dem Recht eines Mitgliedstaats errichtet worden sind und ihren satzungsmäßigen Sitz und ihre Hauptverwaltung in mindestens zwei Mitgliedstaaten haben. Gedacht ist insoweit in erster Linie an Handwerker, Landwirte, Händler, Verbraucher und Arbeitnehmer, aber auch Wohnungsbaugenossenschaften kämen in Betracht.[244] Die genannten Gruppen sollen über die Europäische Genossenschaft die Möglichkeit haben, gegen die Einzahlung von Einlagen Kapital zu bilden und einen Anspruch auf Verzinsung dieses eingezahlten Kapitals zu begründen. Die Haftung der Mitglieder der Europäischen Genossenschaft soll auf das eingezahlte Kapital beschränkt sein. Mit dieser Gesellschaftsform soll unter Wah-

---

[238] Vgl. *Klein-Blenkers*, DB 1994, 2224 ff., 2225.

[239] Vgl. *Neye*, DB 1997, 861 ff., 861.

[240] *Oppermann*, § 17 Rn. 1246 (S. 494).

[241] *Habersack* weist in diesem Zusammenhang darauf hin, daß diese Vorschläge nicht von der für das Gesellschaftsrecht zuständigen Generaldirektion der Kommission stammen, vgl. *Habersack*, Rn. 67 (S. 34). Nach Angaben von *Hauß* sind diese Vorschläge auf die Forderungen der südlichen EG-Mitgliedstaaten zurückzuführen, die seit geraumer Zeit wegen der erheblichen wirtschaftlichen Bedeutung dieser Rechtsformen in diesen Ländern auf eine Regelung durch die Rechtsetzung der Gemeinschaft gedrängt hätten, vgl. *Hauß*, S. 257.

[242] Zu diesen Rechtsformen sogleich unten Teil I § 2 B. IV. (S. 83 f.) und V. (S. 84 f.).

[243] Vorschlag für eine Verordnung (EWG) des Rates über das Statut der Europäischen Genossenschaft v. 06.03.1992, AblEG Nr. C 99 v. 21.04.1992, S. 17 ff., sowie Geänderter Vorschlag für eine Verordnung (EWG) des Rates über das Statut der Europäischen Genossenschaft v. 06.07.1993, AblEG 1993 Nr. C 236 v. 31.08.1993, S. 17 ff. Soweit im folgenden Abschnitt Artikel zitiert werden, beziehen sich diese auf diesen Verordnungsvorschlag. Vgl. ausführlich zu dieser geplanten Rechtsform *Hagen-Eck*, Die Europäische Genossenschaft, Berlin 1995, und *Luttermann*, ZVglRWiss 93 (1994), 1 ff.

[244] *Nagel*, Wirtschaftsrecht der Europäischen Union, S. 274.

rung tragender genossenschaftlicher Prinzipien die Voraussetzung für grenzübergreifende Tätigkeit im gesamten Binnenmarkt geschaffen werden. Hinsichtlich der organisatorischen Ausgestaltung orientiert sich dieser Vorschlag stark an den 1989 bzw. 1991 vorgelegten Vorschlägen zur Europäischen Aktiengesellschaft[245]: die Kontrolle des Vorstands sollen die Mitgliedstaaten nach dem Aufsichtsratsmodell oder dem *board*-Modell regeln können.

2. Mitbestimmung der Arbeitnehmer

Auch in der Frage der Mitbestimmung der Arbeitnehmer ist die Anlehnung an die Vorschläge zur Europäischen Aktiengesellschaft unverkennbar. Wie bei der Europäischen Aktiengesellschaft hat die Kommission die Regelungen über die Mitbestimmung der Arbeitnehmer in einen eigenen Richtlinienvorschlag ausgelagert, der sich inhaltlich im wesentlichen mit den Vorschlägen zur Europäischen Aktiengesellschaft deckt.[246] Nach dem Richtlinienvorschlag sind die Verwaltungsorgane grundsätzlich ohne Ansehen der Anzahl der von ihnen beschäftigten Mitglieder verpflichtet, rechtzeitig eine Unterrichtung und Anhörung der Arbeitnehmer über bestimmte, in dem Richtlinienentwurf aufgeführten Punkte durchzuführen. Dies kann wahlweise über eine separate Arbeitnehmervertretung oder über ein anderes zwischen den Leitungs- oder Verwaltungsorganen der Europäischen Genossenschaft und ihren Arbeitnehmern bzw. deren Vertretern vereinbartes Gremium erfolgen. Eine nähere Befassung mit dem Richtlinienvorschlag soll mit Rücksicht auf die spätere ausführliche Behandlung der Regelungen über die Mitbestimmung im Rahmen der Darstellung der Vorschläge zur Europäischen Aktiengesellschaft nicht erfolgen. Es sei lediglich darauf hingewiesen, daß die enge inhaltliche Verknüpfung mit den Vorschlägen zur Europäischen Aktiengesellschaft im Ergebnis dazu führte, daß die Vorschläge zur Europäischen Genossenschaft dem Schicksal der Vorschläge zur Europäischen Aktiengesellschaft folgen sollten.

3. Stand der Arbeiten

Eine Verabschiedung des Verordnungsvorschlags ist derzeit nicht absehbar. Es besteht zwar durchaus ein Interesse der Wirtschaft an der Rechtsform einer Europäischen Genossenschaft.[247] Auch von Seiten der Kommission sind weitere Tätigkeiten zu verzeichnen. So hat sie im März 1998 beschlossen, einen *"Beratenden Ausschuß Genossenschaften, Gegenseitigkeitsgesellschaften, Vereine und Stiftungen (GGVS)"*[248] einzurich-

---

[245] Vgl. dazu noch ausführlich unten Teil III §§ 10, 11 (S. 207 ff.).
[246] Vorschlag für eine Richtlinie des Rates zur Ergänzung des Statuts der Europäischen Genossenschaft hinsichtlich der Rolle der Arbeitnehmer v. 06.07.1992, AblEG Nr. C 99 v. 21.04.1992, S. 37 ff., sowie Geänderter Vorschlag für eine Richtlinie des Rates zur Ergänzung des Statuts der Europäischen Genossenschaft hinsichtlich der Rolle der Arbeitnehmer v. 06.07.1993, AblEG 1993 Nr. C 236 v. 31.08.1993, S. 17 ff.
[247] Vgl. *Hemmelrath*, § 35 Rn. 103 (S. 399).
[248] AblEG Nr. L 80 v. 18.03.1998, S. 51 ff.

ten, um in der Lage zu sein, die Berufsverbände des Sektors in allen Angelegenheiten zu konsultieren und ihre Politik für diesen Sektor genauer ausrichten zu können. Dies erfolgte nicht zuletzt auch vor dem Hintergrund der geplanten Schaffung europäischer Gesellschaftsformen. Im Hinblick auf die sich aus der Verknüpfung der Vorschläge mit den Vorschlägen zur Europäischen Aktiengesellschaft gleichermaßen stellende Mitbestimmungsproblematik ist das Vorhaben jedoch blockiert. Es kann somit davon ausgegangen werden, daß das Vorhaben nur mit oder im Anschluß an eine erfolgreiche Verabschiedung der Vorschläge zur Europäischen Aktiengesellschaft weiter vorangetrieben werden wird.

IV. Die Europäische Gegenseitigkeitsgesellschaft (EUGGES)

Ebenfalls im März 1993 hat die Kommission dem Rat einen Verordnungsvorschlag über ein Statut für die Europäische Gegenseitigkeitsgesellschaft vorgelegt, welcher auf der Grundlage von Art. 100 a EWG-Vertrag erlassen werden sollte.[249]

1. Konzeption

Die geplante Rechtsform einer - mit Rechtsfähigkeit ausgestatteten - Europäischen Gegenseitigkeitsgesellschaft soll gemäß Art 1 VO ihren Mitgliedern gegen Entrichtung eines Beitrags die vollständige Begleichung der im Rahmen der satzungsmäßigen Tätigkeiten eingegangenen vertraglichen Verbindlichkeiten garantieren. Zu diesen Tätigkeiten sollen insbesondere soziale Fürsorge, Versicherung, Hilfe im Gesundheitsbereich und Kredit gehören. Eine Europäische Gegenseitigkeitsgesellschaft soll von nationalen juristischen Personen gegründet werden können, die nach dem Recht eines Mitgliedstaats gegründet worden sein müssen und ihren satzungsmäßigen Sitz und ihre Hauptverwaltung in verschiedenen Mitgliedstaaten haben müssen.

2. Mitbestimmung der Arbeitnehmer

Auch der Verordnungsvorschlag zur Europäischen Gegenseitigkeitsgesellschaft wurde durch einen Richtlinienvorschlag gemäß Art. 54 Abs. 3 lit. g ergänzt, der Regelungen über die Mitbestimmung der Arbeitnehmer enthält.[250] Inhaltlich kann auf obige Ausführungen verwiesen werden.

---

[249] Vorschlag des Rates über das Statut für eine Europäische Gegenseitigkeitsgesellschaft v. 06.03.1992, AblEG 1993 Nr. C 99 v. 21.04.1992., S. 40 ff., sowie Geänderter Vorschlag des Rates über das Statut für eine Europäische Gegenseitigkeitsgesellschaft v. 06.07.1993, AblEG 1993 Nr. C 236 v. 31.08.1993., S. 40 ff. Soweit im folgenden Abschnitt Artikel zitiert werden, beziehen sich diese auf diesen Verordnungsvorschlag.

[250] Vorschlag für eine Richtlinie des Rates zur Ergänzung des Statuts der Europäischen Gegenseitigkeitsgesellschaft hinsichtlich der Rolle der Arbeitnehmer v. 06.03.1992, AblEG 1993 Nr. C 99 v. 21.04.1992, S. 57 ff.; KOM (91) 273 endg., sowie Geänderter Vorschlag für eine Richtlinie des Rates zur Ergänzung des Statuts der Europäischen Gegenseitigkeitsgesellschaft hinsichtlich der Rolle der Arbeitnehmer v. 06.03.1993, AblEG 1993 Nr. C 236 v. 31.08.1993, S. 56 ff.; KOM (93) 252 endg.

3. Stand der Arbeiten

Hinsichtlich der Erfolgsaussichten einer Verabschiedung der Vorschläge gilt das zur Europäischen Genossenschaft Festgestellte gleichermaßen.

V. Der Europäische Verein (EUV)

Schließlich hat die Kommission dem Rat auch einen Verordnungsvorschlag über ein Statut für den Europäischen Verein vorgelegt, welcher ebenfalls auf der Grundlage von Art. 100 a EWG-Vertrag erlassen werden sollte.[251]

1. Konzeption

Der geplante Europäische Verein soll die Mitgliedschaft von natürlichen und juristischen Personen ermöglichen und entweder der Förderung der Interessen seiner Mitglieder oder sozialen Zwecken dienen, jedoch ohne einen eigenen Geschäftsbetrieb.[252] Im Unterschied zum Verein nach deutschem Recht soll der Europäische Verein *"hoch organisiert"*[253] sein, d. h. er richtet sich aufgrund seiner Struktur mit einer einem mindestens dreiköpfigen Verwaltungsorgan und einer Generalversammlung sowie der Verpflichtung zur Rechnungslegung in erster Linie an größere Vereine. Die Haftung soll auf das Vereinsvermögen begrenzt sein.

2. Mitbestimmung der Arbeitnehmer

Ebenso wie die Vorschläge zur Europäischen Genossenschaft und zur Europäischen Gegenseitigkeitsgesellschaft wurde auch der Verordnungsvorschlag über das Statut des Europäischen Vereins von einem ergänzenden Richtlinienvorschlag über die Mitbestimmung der Arbeitnehmer begleitet, der ebenfalls auf Art. 54 Abs. 3 lit. g EWG-Vertrag gestützt werden sollte.[254] Was den Regelungsgehalt dieses Vorschlags betrifft, kann auf die Ausführungen zur Europäischen Genossenschaft verwiesen werden.

3. Stand der Arbeiten

Hinsichtlich der Erfolgsaussichten einer Verabschiedung der Vorschläge gilt das zur Europäischen Genossenschaft Festgestellte gleichermaßen. Erschwerend kommt noch

---

[251] Vorschlag des Rates über das Statut für einen Europäischen Verein v. 06.07.1992, AblEG 1993 Nr. C 99 v. 21.04.1992., S. 1 ff., sowie Geänderter Vorschlag über das Statut für einen Europäischen Verein v. 06.07.1993, AblEG Nr. C 236 v. 31.08.1993, S. 1 ff.

[252] Vgl. *Helms*, S. 28

[253] *Nagel*, Wirtschaftsrecht der Europäischen Union, S. 274.

[254] Vorschlag des Rates für eine Richtlinie des Rates zur Ergänzung des Statuts des Europäischen Vereins hinsichtlich der Rolle der Arbeitnehmer v. 06.07.1992, AblEG 1993 Nr. C 99 v. 21.04.1992., S. 14 ff., sowie Geänderter Vorschlag des Rates für eine Richtlinie des Rates zur Ergänzung des Statuts des Europäischen Vereins hinsichtlich der Rolle der Arbeitnehmer v. 06.07.1993, AblEG Nr. C 236 v. 31.08.1993, S. 14 ff.

hinzu, daß die Rechtsform eines Europäischen Vereins - anders als bei der Europäischen Genossenschaft - seitens der Wirtschaft als nicht erforderlich und nicht geeignet angesehen wird.[255] Wirtschaftliche Vereine seien unerwünscht, da für die wirtschaftliche Betätigung die Organisationsformen des Handels- und Gesellschaftsrechts zur Verfügung stünden.

VI. Die Europäische Privatgesellschaft (EPG)

Zur Diskussion steht als weitere europäische Gesellschaftsform eine Europäische Gesellschaft mit beschränkter Haftung. Hinsichtlich der Schaffung einer solchen europäischen Gesellschaftsform gab es bereits Anfang der 70er Jahre erste Bemühungen. 1973 wurde an der Universität Paris I / Panthéon Sorbonne die erste Studie des *Centre de recherche sur le droit des affaires (CREDA)* mit dem Titel *"Pour une Société anonyme à responsabilité limitée européenne"* vorgelegt. Aufbauend auf dieser Studie hat eine Gruppe von internationalen Wissenschaftlern[256] an den Vorschlägen einer kapitalmarktfernen europäischen Gesellschaftsform für kleine und mittlere Unternehmen weitergearbeitet und schließlich 1999 Vorschläge für eine *Société Fermée Européenne* - eine Europäische Privatgesellschaft - vorgelegt, welche auf der Grundlage von Art. 100 a EWG-Vertrag als Verordnung verabschiedet werden sollen.[257]

1. Konzeption

Anlaß für die Ausarbeitung der Vorschläge zu einer Europäischen Privatgesellschaft war die Einschätzung, daß die Vorschläge zur Europäischen Aktiengesellschaft zu sehr an Großunternehmen ausgerichtet seien. Die bisherigen Bemühungen seien zu schwach auf die besonderen Belange und Interessen kleiner und mittlerer Unternehmen im Binnenmarkt ausgerichtet.[258] Gerade die kleinen und mittleren Unternehmen - die sog. KMU - seien es aber, die maßgeblich zur Wirtschaftskraft der Europäischen Union beitrügen und die infolge ihrer wegen ihrer Unternehmensgröße beschränkten Möglichkeiten einer Hilfestellung bedürften, um grenzüberschreitend tätig zu werden. Bei der Europäischen Privatgesellschaft soll es sich - in Anlehnung an die Rechtsform der *close company* oder *close corporation* aus dem anglo-amerikanischen Rechtskreis - um eine geschlossene Gesellschaft handeln, d. h. eine Gesellschaft, bei der *"weniger die Kapi-*

---

[255] Vgl. *Hemmelrath*, § 35 Rn. 103 (S. 399).

[256] Von deutscher Seite waren an diesen Arbeiten insbesondere *Hommelhoff* sowie - in letzter Zeit - dessen wissenschaftlicher Mitarbeiter *Helms,* der 1998 eine umfangreiche Dissertation zur Europäischen Privatgesellschaft vorgelegt hat (*"Die Europäische Privatgesellschaft"*), beteiligt. Wegen weiterer Einzelheiten wird auf diese Arbeit verwiesen.

[257] *Boucourechliev / Hommelhoff,* Vorschläge für eine Europäische Privatgesellschaft, Köln 1999; v gl. auch *Hommelhoff / Helms,* GmbH-Rdsch 1999, 53 ff.

[258] So *Hommelhoff / Helms,* S. 143 ff., 159.

taleinlage im Vordergrund steht, sondern die Beteiligung der Gesellschafter in Person Grundlage der Mitgliedschaft ist"[259].

2. Mitbestimmung der Arbeitnehmer

In Kenntnis der - noch ausführlich darzustellenden - Problematik der Mitbestimmung der Arbeitnehmer im Rahmen der Vorschläge zur Europäischen Aktiengesellschaft haben die Väter der Europäischen Privatgesellschaft vorgeschlagen, die Problematik der unternehmerischen Mitbestimmung auszuklammern. Dies sollte dadurch verwirklicht werden, daß der europäische Gesetzgeber - wie schon bei der Europäischen Wirtschaftlichen Interessenvereinigung - diese Gesellschaftsform allein solchen Unternehmen zur Verfügung stellt, die nicht mehr als 500 Arbeitnehmer beschäftigen.[260] Im übrigen sollte die Gesellschaftsform Unternehmen solange versperrt bleiben, bis auf europäischer Ebene eine Lösung der Mitbestimmungsproblematik herbeigeführt worden sein wird.[261] Fragen der unternehmerischen Mitbestimmung würden sich folglich bei der Europäischen Privatgesellschaft, wie sie nach dem derzeitigen Stand geplant ist, nicht stellen.

3. Stand der Arbeiten

Es ist bislang bei diesen umfangreichen Vorarbeiten der Wissenschaft geblieben. Amtliche Vorschläge der Kommission liegen nicht vor und scheinen auch derzeit nicht beabsichtigt zu sein, da die Kommission erst das Vorhaben der Europäischen Aktiengesellschaft zum Abschluß bringen will. Daß sie hiernach entsprechende Initiativen zur Schaffung einer Europäischen Privatgesellschaft ergreifen wird, ist vor diesem Hintergrund zumindest nicht auszuschließen.

C. Stellungnahme

Festzuhalten bleibt somit: Als einzige europäische Rechtsform ist 1985 die rechtspraktisch wenig bedeutsame Europäische Wirtschaftliche Interessenvereinigung verabschiedet worden; alle anderen Bemühungen der Kommission zur Schaffung europäischer Gesellschaftsformen konnten nicht zum Abschluß gebracht werden. Wie bei der Europäischen Aktiengesellschaft ist der Hauptgrund hierfür - wie noch ausführlich darzulegen sein wird - insbesondere die Problematik der Mitbestimmung der Arbeitnehmer, was die Bedeutung zeigt, die dem Thema der vorliegenden Darstellung zukommt.

---

[259] *Helms*, S. 105.

[260] Vgl. *Hommelhoff*, WM 1997, 2101 ff., 2105.

[261] So *Hommelhoff / Helms*, S. 143 ff., S. 161. *Helms* schlägt ferner für den Fall des Scheiterns der Vorschläge eine weitere Differenzierung vor, die zwischen Unternehmen mit bis zu 500 Arbeitnehmern, Unternehmen mit bis zu 2000 Arbeitnehmern und Unternehmen mit über 2000 Arbeitnehmern unterscheidet, vgl. dazu im einzelnen *Helms*, S. 83 ff.

Teil II: Die Ursprünge der Idee einer Europäischen Aktiengesellschaft

§ 3 Das Aufkommen der Idee einer Aktiengesellschaft europäischen Rechts

A. Erste Bemühungen des Europarates

Die Idee, eine eigenständige europäische Gesellschaftsform[262] zu schaffen, ist älter als die Europäische Wirtschaftsgemeinschaft selbst, welche zusammen mit der Europäischen Atomgemeinschaft am 25.03.1957 gegründet wurde (sog. Römische Verträge).[263] Bereits 1949 und 1952 wurden dem Europarat Vorschläge für eine europäische Gesellschaft vorgelegt.[264] Allerdings handelte es sich bei diesen Bemühungen nicht um die Schaffung einer neuen europäischen - und damit supranationalen - Gesellschaftsform. Die Gesellschafte sollte erst durch das Zusammenwirken der beteiligten Staaten entstehen können.[265] Der auf dem seit 1949 andauernden Vorarbeiten des Europäischen Rates gründende Entwurf von 1952 sah lediglich die Schaffung einiger weniger, besonders zugelassener privater Gesellschaften für bestimmte öffentliche Zwecke vor.[266] Vorgesehen war die Gewährung eines europäischen Status an Unternehmen, deren Kapital zwischen Privatleuten oder Regierungen verschiedener Staaten aufgegliedert ist und die eine Genehmigung besitzen, nach der sie einen öffentlichen Dienst versorgen oder eine öffentliche Arbeitsleistung erbringen. Beabsichtigt war in erster Linie die Erteilung von Vorrechten an bestimmte Unternehmen mit öffentlich-rechtlicher Beteiligung, um so die wirtschaftliche Integration dieser Unternehmen auf europäischer Ebene voranzutreiben. Angesichts der sich aufgrund dieser Vorrechte ergebenden Problematik der Diskriminie-

---

[262] Zu den zahlreichen Bestrebungen der Schaffung europäischer Gesellschaften auf der Grundlage von Staatsverträgen vgl. u.a. *Grote*, S. 9 f., und *Sanders*, AWD 1960, 1 ff., 1 f., mit einer ausführlichen Vorstellung von Vorhaben wie bspw. der *Eurofirma (Europäische Gesellschaft für die Finanzierung von Eisenbahnmaterial, BGBl. II 1956, S. 907)*, der *Société Internationale de la Moselle (BGBl. II 1956, S. 1838)* oder der *Société européenne pour le traitement chimique des combustibles tradiés - EUROCHEMIC (BGBl. II 1959, S. 621)*. All diesen Gesellschaften ist gemeinsam, daß die jeweilige Konvention den nationalen Rechten vorgeht und erst subsidiär das Recht des Sitzstaats für anwendbar erklärt wird. Sie weisen mithin zwar in einem gewissen Sinne europäischen Charakter auf, beruhen jedoch auf zwischenstaatlichen Verträgen und nicht auf Gemeinschaftsrecht. Sie sollen daher in der vorliegenden Darstellung vernachlässigt werden.

[263] Vertrag zur Gründung der Europäischen Gemeinschaft; BGBl. 1957 II, S. 766 ff.; Vertrag zur Gründung der Europäischen Atomgemeinschaft (EURATOM), BGBl. 1957 II, S. 1014; Vertrag über die Gründung der Europäischen Gemeinschaft für Kohle und Stahl, BGBl. 1952 II, S. 447 ff.

[264] Nachweise bei *Sanders*, AWD 1960, 1 ff., Fn. 8: *"In den Veröffentlichungen des Europarates erschien der Entwurf von 1949 mit Kommentar in Doc. AS/EC (49) 20 v. 16.12.1949 und der Entwurf von 1952 in Doc. 71 der Beratenden Versammlung v. 24.09.1952."* Ausführlich zu diesen Bestrebungen *Bärmann*, S. 18 f., und *ders.*, AcP 156 (1957), S. 156 ff., S. 158 ff.

[265] Vgl. *Bärmann*, S. 18.

[266] *Von Caemmerer*, S. 54 ff., S. 56.

rung anderer Gesellschaften war dem Entwurf ein nur geringer Erfolg beschieden; nach kurzen Beratungen wurde über ihn nicht mehr verhandelt.[267]

Auch die Internationale Handelskammer befaßte sich 1952 mit dem Problem der Harmonisierung des Aktienrechts, nachdem sie bereits 1947 ein Statut für ausländische Gesellschaften vorgelegt hatte.[268] Die Resonanz auf diese Vorschläge war jedoch gering.[269]
Über das Thema eines umfassenden europäischen Gesellschaftsrechts sowie die Schaffung einer einheitlichen europäischen Handelsgesellschaft enthielten die vorgenannten Vorschläge keine Ausführungen.[270] Die Ausarbeitung dieser Vorschläge ging erst in der Folgezeit von der Wissenschaft aus.

B. Erste Vorschläge aus Wissenschaft und Praxis: Sanders und Thibièrge

Auch wenn bereits vor 1959 der eine oder andere Gedanke zur Schaffung einer grenzüberschreitenden Zusammenarbeit von Aktiengesellschaften in Gestalt eines supranationalen Statuts aufkam[271], ging der wohl entscheidende Anstoß zur Schaffung einer einheitlichen europäischen Gesellschaftsform vom niederländischen Universitätsprofessor *Pieter Sanders* aus. Am 22.10.1959 hielt *Sanders* anläßlich einer Veranstaltung an der Niederländischen Wirtschaftshochschule in Rotterdam seine Antrittsvorlesung unter

---

[267] Vgl. *von Caemmerer*, S. 54 ff., S. 56, und *Sanders*, AWD 1960, 1 ff., S. 2.
[268] Vgl. *Bärmann*, S. 19 m. w. Nachw.
[269] *Bärmann*, AcP 156 (1957), 156 ff., 158.
[270] Vgl. *Bärmann*, S. 18, und *Sanders*, AWD 1960, 1 ff., S. 2.
[271] In diesem Zusammenhang ist insbesondere der Beitrag von *Bärmann*, NJW 1957, 613 ff., erwähnenswert, der sich mit der Frage der Möglichkeit doppel- oder mehrstaatlicher Aktiengesellschaften befaßt. Angeregt wurden seine Erwägungen durch den Saar-Staatsvertrag v. 27.10.1956 (BGBl. 1956 II, 1589; ein Teil des Abkommens ist wiedergegeben bei *Großfeld*, S. 327 f., der in Art. 84 und Anl. 29 die Errichtung bzw. Umwandlung des saar-lothringischen Kohlenvertriebes mit je einem Sitz in Frankreich und Deutschland vorsah. Wenngleich es sich hierbei um einen sehr interessanten Ansatz handelt, ging es dabei nicht - auch wenn *Bärmann* seinen Aufsatz so überschrieben hat - um *"Supranationale Aktiengesellschaften"* im hier verstandenen Sinne, sondern lediglich um eine im Wege eines Staatsvertrages von zwei Mitgliedstaaten der Europäischen Wirtschaftsgemeinschaft geschaffene grenzüberschreitende Kooperation mit der Besonderheit, daß subsidär die gemeinsamen Grundsätze des deutschen und französischen Rechts Anwendung finden, vgl. Art. 2 des Statuts; dazu im einzelnen *Grote*, S. 9 f. Zudem beschränkte sich dieses Vorhaben auf unmittelbar angrenzendes Staatsgebiet des jeweils anderen Vertragspartners. Die *Saarlor* wurde zwischen der Bundesrepublik Deutschland und Frankreich gegründet, um den Absatz der Kohleförderung der Reviere Saar und Lothringen zu regeln. Von der Schaffung einer gemeinschaftsweit geltenden europäischen Rechtsform konnte somit keine Rede sein; vgl. zu diesem Befund auch *Bärmann* AcP 156 (1957), S. 156, S. 210 ff., und NJW 1957, 613 ff., sowie *von Beringe*, DB 1959, 1335 ff., 1338. Dennoch ist nicht zu verkennen, daß dieser Gesellschaft in gewisser Weise eine Vorbildfunktion für das spätere Projekt der Europäischen Aktiengesellschaft zukam, vgl. *Ficker*, FS Bärmann, S. 299 ff., S. 300.

dem engagierten Titel *"Auf dem Weg zu einer europäischen Aktiengesellschaft?"*.[272] In dieser Rede legte *Sanders* erste Ideen zur Entwicklung eines allgemeingültigen, gemeinschaftsweit geltenden europäischen Aktienrechts dar.

Auch wenn *Sanders* zu diesem frühen Zeitpunkt noch kein vollständiges Statut für die Europäische Aktiengesellschaft präsentierte - und nach eigenem Bekunden auch nicht präsentieren konnte[273] -, war es doch sein Anliegen, erste Ideen zu entwickeln und in einigen Bereichen anzudeuten, *"in welcher Richtung die Lösung gesucht werden könnte"*[274]. Eine Europäische Aktiengesellschaft sollte nach seiner Vorstellung eine zusätzliche europäische Rechtsform neben den bereits bestehenden nationalen Rechtsformen sein. Ihm ging es damit *"um die Schaffung einer neuen Rechtsform neben den bereits bestehenden, einer Form, deren sich bestimmte Unternehmen bedienen können, aber nicht müssen"*[275].

In seiner Antrittsvorlesung waren zwar bereits einige Vorstellungen zur Organisationsverfassung der Europäischen Aktiengesellschaft enthalten; auch zur Problematik des Zugangs und zum erforderlichen Mindestkapital fanden sich Ausführungen.[276] Ferner ging *Sanders* ausführlich auf die aus seiner Sicht maßgebenden Vor- und Nachteile der Europäischen Aktiengesellschaft ein.[277] Die hier vor allen Dingen interessierende Frage der Mitbestimmung der Arbeitnehmer in den Unternehmensorganen wurde jedoch nicht behandelt; sie sollte späteren Arbeiten *Sanders* vorbehalten bleiben.[278]

Sanders kommt somit das wesentliche Verdienst zu, eine Grundlage für die nachfolgenden Diskussionen geschaffen zu haben, indem er bereits in diesem frühen Stadium nicht nur erste Vorschläge zur Schaffung einer Handelsgesellschaft europäischen Zuschnitts skizzierte, sondern auch umfassend die Vor- und Nachteile eines solchen Vorhabens aufzeigte. In einer Stellungnahme vom 01.12.1959 bezeichnete die Kommission die Gedankengänge von *Sanders* daher als wertvollen Beitrag in der einsetzenden Diskussion um die Schaffung einer europäischen Gesellschaftsform in Wissenschaft und Praxis.[279]

---

272 *Sanders*, Auf dem Weg zu einer europäischen Aktiengesellschaft?, AWD 1960, 1 ff. gibt im wesentlichen den Inhalt dieser Antrittsrede wieder.
273 So *Sanders*, AWD 1960, 1 ff., 4.
274 *Sanders*, AWD 1960, 1 ff., 4.
275 *Sanders*, AWD 1960, 1 ff., 2.
276 Eine ausführliche Behandlung dieser Aspekte kann hier nicht erfolgen; sie würde den Rahmen der vorliegenden Darstellung sprengen. Vgl. daher im einzelnen *Sanders*, AWD 1960, 1 ff., 4 f. unter *"V. Einzelheiten zur Schaffung einer europäischen Aktiengesellschaft"*. Vgl. ferner aus der umfangreichen Literatur zu diesen ersten Vorschlägen die Nachweise bei *Bärmann*, S. 144 ff., und *Lutter*, Europäisches Unternehmensrecht, S. 545 ff.
277 *Sanders*, AWD 1960, 1 ff. 2 f.
278 Vgl. dazu ausführlich unten Teil II § 4 B. (S. 95 ff.).
279 AblEG 1959, S. 1272, auch abgedruckt in: AWD 1960, 4.

§ 3 Das Aufkommen der Idee einer Aktiengesellschaft europäischen Rechts

Ungefähr zur gleichen Zeit war noch ein weiterer wichtiger Impuls für die Schaffung einer Europäischen Aktiengesellschaft zu verzeichnen: Im Juni 1959 regte der französische Notar *Thibièrge* auf dem Kongreß des französischen Notariats die Idee einer *société par actions de type européen*, einer Aktiengesellschaft europäischen Typs, an.[280] Der Kongreß schlug ein europäisches Statut vor, welches nicht obligatorisch, sondern fakultativ sein sollte; ferner war an die Einführung eines europäischen Handelsregisters und an die Schaffung eines internationalen Schiedsgerichts zur Wahrung einer einheitlichen Auslegung gedacht. Auf dieser Grundlage sollte nach den Vorstellungen des Kongresses sodann die Angleichung des europäischen Gesellschaftsrechts fortentwickelt werden.[281]

Beide Vorstöße trugen maßgeblich dazu bei, daß die im folgenden darzustellende Diskussion zur Europäischen Aktiengesellschaft - wenn auch mit einer gewissen zeitlichen Verzögerung - im Laufe der 60er Jahre in Gang gekommen ist.[282]

C. Erste Diskussionen zu einer Europäischen Aktiengesellschaft

Zu Beginn der 60er Jahre war die Europäische Aktiengesellschaft Diskussionsgegenstand zahlreicher sowohl von der Wissenschaft als auch von der Praxis durchgeführter Veranstaltungen. Im folgenden sollen die wichtigsten dieser Veranstaltungen kurz vorgestellt werden.[283]

I. Der Kongreß der Pariser Anwaltschaft (Juni 1960)

Die Probleme einer Europäischen Handelsgesellschaft[284] wurden auf einem von der Pariser Anwaltschaft vom 16. bis 18. Juni 1960 veranstalteten internationalen Kongreß eingehend behandelt.[285] Als Lösung sah der Kongreß die Ausarbeitung eines allgemeinen Statuts für einen neuen Gesellschaftstyp vor, das von den europäischen Staaten im

---

[280] *Thibièrge*, Le statut des sociétés étrangères, 57e Congrès des notaires de France tenu à Tours 1959, Le statut de l'étranger et le marché commun, Librairies Techniques, Paris 1959, S. 270 ff., S. 352 und S. 360 ff.

[281] Vgl. *Bärmann*, S. 19.

[282] Ein sehr ausführlicher Überblick über die in den Mitgliedstaaten in diesen Jahren erschienene Literatur findet sich bei *Bärmann*, S. 144 ff., sowie bei *Lutter*, Europäisches Gesellschaftsrecht, S. 545 ff.

[283] Vgl. im einzelnen zu diesen Diskussionen und der Darstellung zahlreicher Stellungnahmen der Wirtschaftsverbände der Mitgliedstaaten *Bärmann*, S. 146 ff.

[284] Die Terminologie war zum damaligen Zeitpunkt noch etwas uneinheitlich. Während teilweise bewußt der Terminus *'Europäische Aktiengesellschaft'* vermieden wurde, um die Debatte über die konkrete Art der noch zu gestaltenden Rechtsform nicht vorwegzunehmen, verwandte die Mehrheit den Begriff *'Europäische Handelsgesellschaft'* als Synonym, ohne über die Unterschiede im einzelnen nachzudenken.

[285] Congrès du Barreau des Avocats à la Cour de Paris, Congrès International pour la Création d'une Société Commerciale de Type Européen (CISTE); die Verhandlungen sind abgedruckt in: Revue du marché commun 1960, supplément n° 27.

C. Erste Diskussionen zu einer Europäischen Aktiengesellschaft

Wege eines mehrseitigen Staatsvertrages angenommen und durch gleichartige nationale Gesetze in die nationalen Rechte übernommen werden sollte. Wenngleich bei diesem Kongreß alle damaligen EWG-Länder[286] vertreten waren und die Arbeiten zu umfangreichen Ergebnissen führten[287], war dem Kongreß jedoch ein eher geringer Erfolg beschieden.

Dies hing vor allen Dingen damit zusammen, daß den vorgelegten Vorschlägen mit sehr großer Skepsis begegnet wurde.[288] Schon im Vorfeld des Kongresses hatten insbesondere die Vertreter der europäischen Industrie - auf eine zur Vorbereitung des Kongresses durchgeführte *enquête*[289] hin - ihre Abneigung gegenüber dem Vorhaben bekundet, indem sie ein wirtschaftliches Bedürfnis für die neue Gesellschaftsform verneinten.[290] Die bisherigen Erfahrungen mit grenzüberschreitenden Aktivitäten hätten gezeigt, daß keine unüberwindlichen gesellschaftsrechtlichen Schwierigkeiten bei ihrer Realisierung beständen, da die Handhabung des ausländischen Gesellschaftsrechts als Selbstverständlichkeit angesehen würde. Auch ernste psychologische Schwierigkeiten beständen im Grunde nicht; steuerliche Fragen hingegen seien völlig ungeklärt.[291] Diese ablehnende Grundhaltung setzte sich - mit Ausnahme der französischen Kongreßteilnehmer - während des Kongresses fort.

Ferner gab es Besorgnisse wegen potentieller Privilegierungen der europäischen Gesellschaften, die sich als Diskriminierung anderer Gesellschaften auswirken würden. Man fürchtete zudem, daß es zur Vermeidung einer Umgehung der nationalen Gesellschaftsrechte *"entweder zu einer Kumulierung der vielfach gar nicht zueinander passenden zwingenden Normen aller beteiligten Gesellschaftsrechte [...] oder aber zu einem auf*

---

286 Zum damaligen Zeitpunkt, im *"Europa der 6"*, zählten Frankreich, Italien, Belgien, Holland, Luxemburg und die Bundesrepublik Deutschland zu den Mitgliedstaaten. Diese Staaten gründeten durch die Unterzeichnung der sog. Römischen Verträge, welche am 01.01.1958 in Kraft getreten sind, die Europäische Wirtschaftsgemeinschaft.

287 *Geßler* sprach in einem Vortrag, welchen er vor der Juristischen Gesellschaft in Berlin gehalten hat, von einem *"glanzvollen Verlauf"* des Kongresses mit *"wertvollen juristischen Ergebnissen"*; vgl. BB 1967, 381 ff., 382, wo der Vortrag wiedergegeben wird. Vgl. im einzelnen zu diesem Kongreß die ausführliche Darstellung der Ergebnisse der fünf eingesetzten Kommissionen (Gründungsvorgang; Geschäftsführung und Kontrolle; Fusion, Umwandlung und Auflösung; Bilanz, Gewinnverteilung und Publizität; Steuerrecht) bei *Lietzmann*, AG 1961, 57 ff., 58 ff., und *Bärmann*, AcP 1960 (1961), S. 97 ff., S. 108 ff., und *ders.*, S. 148 ff.

288 So *Lutter*, Europäisches Unternehmensrecht, S. 715 ff., S. 715; vgl. zu diesem Befund auch *Bärmann*, AcP 1960 (1961), S. 97 ff., S. 103 ff. und 112 f., und *von Caemmerer*, Festgabe Kronstein, S. 171 ff., S. 176.

289 Vgl. zu dieser Untersuchung im einzelnen *Willemetz*, Droit européen 1960, 268 / Revue du marché commun, 1960, 29 ff. / 38 ff.

290 Vgl. *Geßler*, BB 1967, 381 ff., 382, *Lutter*, Europäisches Unternehmensrecht, S. 715 ff., 715, und *Skaupy*, AG 1966, 13 ff., 20; ausführlich zu den vorgetragenen Argumenten äußert sich auch *Bärmann*, S. 148 ff.

291 Vgl. unter Berufung auf die unter anderem auch von deutscher Seite vorgebrachten Vorbehalte gegen eine Europäische Aktiengesellschaft *Bärmann*, AcP 1960 (1961), S. 97 ff., S. 103 ff.

*internationaler Ebene kaum zu handhabenden Konzessionssystem kommen werde"*²⁹². Die belgische Stellungnahme enthielt schließlich noch den - aus heutiger Sicht überaus bedeutsamen Hinweis -, daß angesichts der Unterschiede in der Frage der unternehmerischen Mitbestimmung zunächst in diesem Bereich eine tragfähige Einigung herbeigeführt werden müsse.²⁹³

II. Die Tagung der Gesellschaft für Rechtsvergleichung (Juli 1961)

Auch in Deutschland war die Europäische Aktiengesellschaft bereits Ende Juli 1961 Gegenstand einer von der Gesellschaft für Rechtsvergleichung in Trier durchgeführten Tagung. Unter dem Titel *"Die internationalen (supranationalen) Aktiengesellschaften"* hielten Professor *Duden* (Mannheim) und Professor *Marty* (Toulouse) ihre Vorträge²⁹⁴, in denen sie das zur Debatte stehende Vorhaben grundsätzlich begrüßten und auch die vom Pariser Kongreß geleisteten Beiträge als nützlich bezeichneten. Zugleich zeigten sie jedoch die zahlreichen schwer zu lösenden Konflikte auf, die sich aus den unterschiedlichen nationalen Rechtsordnungen ergaben und einer Rechtsvereinheitlichung im Wege standen. In diesem Zusammenhang tauchte auch zum ersten Mal der Vorschlag auf, Fragen, in denen sich eine Einigung als unmöglich erweisen sollte - genannt wurde hierbei unter anderem die Mitbestimmungs- und die Steuerproblematik -, aus dem Statut auszuklammern, um sie einer einheitlichen Regelung zuzuführen.

III. Weitere Vorstöße von französischer Seite

So kam es, daß die Resonanz auf die *Sanderschen* Vorschläge sowohl in den beteiligten Wirtschaftskreisen als auch in der Wissenschaft der übrigen Mitgliedstaaten der Europäischen Wirtschaftsgemeinschaft überwiegend negativ oder doch zumindest eher verhalten bis ablehnend war.²⁹⁵ Nachdem es daher *"scheinbar wieder still um Pläne dieser Art"*²⁹⁶ geworden war, gingen weitere Initiativen insbesondere von französischer Seite aus, wo die Lösung der Probleme - entgegen der Tendenz in den anderen Mitgliedstaaten²⁹⁷ - mit großer Intensität weiterverfolgt wurde.

Die Europäische Aktiengesellschaft und ihre rechtlichen Implikationen waren 1962 sowohl Gegenstand von Vorträgen vor dem *Comité français de droit international privé* als auch dem *Comité Hamel*. Von besonderer Bedeutung war hierbei ein grundsätzlich angelegtes Referat des französischen Rechtsprofessors *Houin* über das Thema *"Les so-*

---

292   So *von Caemmerer*, Festgabe Kronstein, S. 170 ff., S. 177.
293   Vgl. *Bärmann*, AcP 1960 (1961), S. 97 ff., S. 105.
294   Die Referate von *Duden* und *Marty* finden sich abgedruckt in RabelsZ 27 (1962), S. 73 ff. und S. 89 ff.
295   Vgl. *von Caemmerer*, Festgabe Kronstein, S. 170 ff., S. 176.
296   So *Lutter*, Europäisches Unternehmensrecht, S. 715 ff., S. 715.
297   Vgl. zu dieser Einschätzung neben *Lutter* a.a.o. und *Geßler*, BB 1967, 381 ff., 382 auch *Grote*, S. 14 f. m. w. Nachw. in Fn. 47.

ciétés de type européen" im Dezember 1962 im *Comité français de droit international privé*.[298] An diese Überlegungen knüpfte das *Comité Hamel* an. Hier arbeitete insbesondere *Vasseur* an den Fragen der Europäischen Aktiengesellschaft weiter.[299] Auch der französische Industrieverband machte sich um das Fortkommen der Europäischen Aktiengesellschaft verdient, indem er 1962 einen 194 Artikel umfassenden Entwurf eines Statuts einer Handelsgesellschaft europäischen Typs nebst einer Begründung vorlegte.[300]

Ein weiterer und wohl für das Vorantreiben der Arbeiten auf der Ebene der Gemeinschaftsorgane entscheidender Vorstoß ging schließlich von der französischen Regierung in Gestalt einer Note ihres ständigen Vertreters an den Generalsekretär des Rates der Europäischen Gemeinschaften vom 15.03.1965 aus.[301] In dieser Note schlug die französische Regierung die Schaffung einer Europäischen Handelsgesellschaft durch Staatsvertrag unter den Mitgliedstaaten vor. Durch diesen Staatsvertrag sollte in allen Mitgliedstaaten eine entsprechende *loi uniforme*, ein Einheitsgesetz, eingeführt werden.

Zwar ging man zum damaligen Zeitpunkt überwiegend davon aus, daß die eigentlichen Beweggründe der französischen Regierung darin lagen, in erster Linie die Schaffung bedeutender europäischer Gesellschaften zur Durchführung internationaler Aufgaben zu ermöglichen, um hierdurch insbesondere zunehmenden amerikanischen Investitionen in Europa entgegenzuwirken.[302] Auch in der französischen Presse wurde die Notwendigkeit einer europäischen Gesellschaftsform überwiegend damit begründet, daß nur solche Gesellschaften fähig seien, *"de rivaliser avec les géants américains"* - mit den amerikanischen "Handelsriesen" zu konkurrieren.[303] Diese Erwägungen ließ die französische Regierung in ihrer Erklärung selbstverständlich nicht zum Ausdruck kommen. Sie nannte namentlich zwei Gründe für die Schaffung einer Europäischen Handelsgesellschaft: zum einen die Erreichung der allgemeinen Ziele des Vertrages von Rom und zum anderen die Förderung von Unternehmenskonzentrationen.[304]

---

[298] *Houin*, Les sociétés de type européen, S. 19 ff.

[299] Vgl. vor allem die umfassende Auseinandersetzung mit der Problematik in: *Vasseur*, Argumente für eine Europäische Handelsgesellschaft, ZHR 127 (1964), S. 177 ff.; auch auf diese Vorschläge kann im Rahmen dieser Arbeit nicht näher eingegangen werden.

[300] Der wesentliche Inhalt dieses Entwurfs, der nicht zugänglich ist und daher hier im einzelnen nicht näher dargestellt werden kann, wird von *Skaupy*, AG 1966, 13 ff., 21 wiedergegeben.

[301] Dokumentation des Rates R/327 d/65, Revue trimestrielle de droit européen 1966, 409 ff. und Revue des Sociétés 1966, 1901 ff. Ergänzende Stellungnahme des französischen Justizministers: *Foyer*, La proposition française de création d'une société de type européen, Revue du marché commun 1965, 268 ff.; eine kurze Zusammenfassung dieser Note findet sich bei *von der Groeben*, AG 1967, 95 ff., 97 sowie bei *Skaupy*, AG 1966, 13 ff., 20 f. Zu den einzelnen Reaktionen auf diesen Vorstoß vgl. *Bärmann*, S. 154 ff.

[302] Vgl. *Wälde*, RIW/AWD 1974, 82 ff., 83.

[303] Nachweise bei *Skaupy*, AG 1966, 13 ff., 20 f.

[304] Vgl. dazu im einzelnen *Skaupy*, AG 1966, 13 ff., 20.

§ 3 Das Aufkommen der Idee einer Aktiengesellschaft europäischen Rechts

Dennoch war das Verdienst dieser Note ungeachtet dieser Erwägungen in erster Linie darin zu sehen, daß das Vorhaben der Europäischen Aktiengesellschaft bedeutend vorangetrieben wurde. Die Kommission begrüßte die französische Initiative und sagte zu, die Prüfung der verschiedenen Aspekte des Vorschlags alsbald in Angriff zu nehmen.[305] Der Vorschlag der französischen Regierung erregte erhebliches Aufsehen und rief zahlreiche Stellungnahmen der Wirtschaftsverbände sowie Anfragen im Europäischen Parlament hervor.[306] Schließlich führte er seitens der Kommission zunächst zur Ausarbeitung einer im folgenden Kapitel darzustellenden Denkschrift, auf deren Grundlage *Sanders* sodann erste Entwürfe für einen Vorschlag der Kommission ausarbeiten sollte.[307]

D. Erfahrungen der Praxis und ihr Einfluß auf die weiteren Arbeiten

Bestärkt wurden diese Bestrebungen auch durch die Erfahrungen der Unternehmen bei grenzüberschreitenden Unternehmenszusammenschlüssen. Zwar hatten die Vertreter der Industrie zunächst ein wirtschaftliches Bedürfnis für eine Europäische Handelsgesellschaft verneint. Dennoch zeigten die Erfahrungen, welche man sowohl bei aufsehenerregenden amerikanischen Unternehmenskäufen als auch bei europäischen Zusammenschlüssen gewonnen hatte, daß man sehr wohl auf rechtliche Schwierigkeiten bei grenzüberschreitenden Unternehmenszusammenschlüssen stieß.[308] Betroffen hiervon waren insbesondere Vorhaben von *Agfa-Gevaert*, wo trotz des Unternehmenszusammenschlusses in verschiedenen Gemeinschaftsländern getrennte Gesellschaften aufrecht erhalten und sogar neue Gesellschaften gegründet werden mußten. Weitere Beispiele lieferten die Unternehmenszusammenschlüsse von *Hoesch-Hoogovens* und die *Veith-Pirelli AG*.[309] Hier zeigten sich die enormen rechtlichen Schwierigkeiten, auf die man angesichts einer fehlenden grenzüberschreitenden Rechtsform zum damaligen Zeitpunkt stieß. Auch dieser Befund führte dazu, daß die Arbeiten zur Europäischen Aktiengesellschaft im Laufe der 60er Jahre weiter voranschritten; die Resonanz in den Kreisen der europäischen Wirtschaft war diesmal positiver als im Jahre 1960.[310]

---

[305] Dies ergibt sich aus der Antwort des Sprechers der EWG-Kommission v. 08.07.1965 auf die schriftliche Anfrage Nr. 15 des Abgeordneten *Nederhorst* (Europäisches Parlament), AblEG 1965, 2251f./2261. Vgl. zu den ersten Reaktionen der Kommission auch die Rede von Präsident *Hallstein* zur Einführung des 8. Gesamtberichts der Kommission der EWG v. 17.07.1965, Straßburg.

[306] Vgl. *Bärmann*, S. 19 f. und S. 153 ff. m. w. Nachw.

[307] Vgl. dazu ausführlich unten Teil II § 4 A. (S. 95 ff.).

[308] Vgl. dazu ausführlich die Darstellung bei *Hofmann*, S. 88 ff.

[309] Vgl. *Abeltshauser*, AG 1990, 289 ff,. 289 m. w. Nachw. Auf die jeweils auftretenden rechtlichen Schwierigkeiten kann im Rahmen dieser Arbeit im einzelnen nicht eingegangen werden, vgl. dazu ausführlich *Hofmann*, S. 88 ff., und *von der Groeben*, AG 1967, 95 ff.

[310] So *von Caemmerer*, Festgabe Kronstein, S. 171 ff., S. 179. Vgl. auch die Ausführungen der Kommission in ihrem Memorandum "*Binnenmarkt und industrielle Zusammenarbeit. Statut für die Europäische Aktiengesellschaft. Memorandum der Kommission vom 8. Juni 1988*", KOM (88) 320, S. 6; vgl. zu diesem Memorandum noch ausführlich unten Teil III § 9 B. (S. 190 ff.).

§ 4 Die ersten Vorarbeiten auf europäischer Ebene

A. Die Denkschrift der Kommission vom 22.04.1966

Die Kommission der Europäischen Gemeinschaften griff den Vorschlag der französischen Seite alsbald auf, nachdem auch die Organisationen der europäischen Wirtschaft und der einzelnen EWG-Staaten positiv Stellung genommen hatten.[311] Sie arbeitete für den Rat eine Denkschrift über die Schaffung einer Europäischen Handelsgesellschaft aus, die diesem am 22.04.1966 vorgelegt wurde.[312] In dieser Denkschrift sind die Ergebnisse eingehender Untersuchungen niedergelegt, die auf Veranlassung der französischen Regierung hin erfolgten.[313] Die Stellungnahme fiel hierbei überwiegend positiv aus. Der Vorstoß der französischen Regierung wurde begrüßt. Die Denkschrift befürwortete die Schaffung einer Europäischen Handelsgesellschaft als eine Maßnahme, die neben der Angleichung des Gesellschaftsrechts und dem Abschluß von Staatsverträgen angegangen werden sollte, im wesentlichen aus zwei Gründen. Zum einen würde die neue Rechtsform nach Ansicht der Kommission die Erstreckung der Tätigkeit der Unternehmen auf dem gesamten Gemeinsamen Markt fördern; zum anderen würde durch sie die Schaffung größerer Unternehmen im Bereich der Europäischen Wirtschaftsgemeinschaft erleichtert.[314]

Sowohl die französische Note als auch die Denkschrift der Kommission wurden für die sich anschließenden Beratungen über die Schaffung der Rechtsform einer "Europäischen Handelsgesellschaft" verwandt und dienten somit als Grundlage für die folgenden Arbeiten.[315]

B. Der Sandersche Vorentwurf zur Europäischen Aktiengesellschaft

I. Entstehung des Vorentwurfs

Noch während die Kommission mit der Ausarbeitung und Erstellung der vorgenannten Denkschrift befaßt war, beauftragte sie im Januar 1966 Professor *Sanders* mit der Ausarbeitung eines Vorentwurfs eines Statuts für eine Europäische Handelsgesellschaft und stellte ihm eine Kommission von Sachverständigen, die ihn hierbei beraten sollten, zur

---

311 Vgl. *von Caemmerer*, Festgabe Kronstein, S. 171 ff., S. 177 m. w. Nachw.
312 Denkschrift der EG-Kommission v. 22.04.1966: *"Denkschrift der Kommission der Europäischen Wirtschaftsgemeinschaften über die Schaffung einer Europäischen Handelsgesellschaft"*, Sonderbeilage zum EG-Bulletin 9/10 1966.
313 Eine Kurzzusammenfassung der Denkschrift findet sich bei *Bärmann*, S. 156 ff.
314 Vgl. *von Cammerer*, Festgabe Kronstein, S. 171 ff., S. 179.
315 Vgl. *von der Groeben*, AG 1967, 95 ff., 97.

Seite.³¹⁶ Die Ergebnisse dieser Arbeiten sind trotz der beratenden Beteiligung der Sachverständigen das persönliche Werk von *Sanders*.³¹⁷

Die Kommission nahm ihre Arbeit sogleich auf, kam im Laufe des Jahres achtmal zu mehrtägigen Sitzungen zusammen und setzte ihre Arbeiten im schriftlichen Verfahren so weit fort, daß *Sanders* im Dezember 1966 seinen Entwurf nebst Begründung abschließen konnte.³¹⁸ Er legte sowohl einen detaillierten Vorentwurf eines Statuts für eine Europäische Aktiengesellschaft³¹⁹ als auch einen mehr als 400 Seiten umfassenden Kommentar zu diesem Vorentwurf³²⁰ vor.

II. Konzeption des Vorentwurfs

Bei der Ausarbeitung dieses Vorentwurfs ging es nicht darum, ein in allen Einzelheiten ausgefeiltes Statut der Europäischen Aktiengesellschaft vorzulegen. Ein solch umfassender Ansatz wäre angesichts der vielen schwierigen Einzelfragen sowie der zur Verfügung stehenden Zeit von knapp einem Jahr auch illusorisch gewesen.³²¹ Ziel der Arbeiten der Sachverständigenkommission unter dem Vorsitz von *Sanders* war vielmehr, einen Vorschlag auszuarbeiten, der unabhängig von den nationalen Gesellschaftsrechten der beteiligten Staaten sein sollte, demzufolge eigenständige Lösungen beinhalten konnte, aber nicht mußte, und eine gesellschaftsrechtliche Regelung enthalten sollte, die modernen Anforderungen zu entsprechen vermochte.³²² Die Sachverständigengruppe wollte eine adäquate Grundlage für die sich anschließende Diskussion schaffen, um so die sich ergebenden Probleme der Europäischen Aktiengesellschaft konkret behandeln zu können. Inhaltlich handelte es sich bei dem Vorentwurf eines Statuts für eine Euro-

---

316 Zu den weiteren Sachverständigen gehörten aus Luxemburg Rechtsanwalt *Arendt*, aus Belgien Professor *Dabin*, aus Frankreich Professor *Marty*, aus Italien Professor *Minervini* sowie aus Deutschland Professor *von Caemmerer*, vgl. *von Caemmerer*, S. 54 ff., S. 59.

317 So der Sachverständige *von Caemmerer*, S. 54 ff., S. 59, und *ders.*, Festgabe Kronstein, S. 171 ff., S. 178. Insofern ist es auch gerechtfertigt, *Sanders* als den eigentlichen Urheber der Vorschläge zu bezeichnen.

318 *Von Caemmerer* a.a.o., S. 54 ff., S. 59. Beachte jedoch *Grote*, S. 15, Fn. 50: "Die Zeitangaben in der Literatur und den offiziellen Verlautbarungen sind teils widersprüchlich: vgl. *von Caemmerer*, *FS Kronstein*, *S. 171 ff., S. 178* mit Europäisches Parlament, Sitzungsdokumente 1972/73, Dokument 178/72, S. 33." Dennoch kann man aufgrund der persönlichen Teilnahme *von Caemmerers* von der Richtigkeit der von ihm angegebenen Daten ausgehen, zumal sich diese mit Angaben von *Sanders* decken, vgl. *Sanders*, AG 1967, 344.

319 Vorentwurf eines Statuts für europäische Aktiengesellschaften, Dok. Kom. 16.205/IV/66, 1966 und Kommission der Europäischen Gemeinschaften, Kollektion Studien, Reihe Wettbewerb, 1967, Nr. 6, im folgenden zitiert als Vorentwurf. Soweit im folgenden Kapitel Artikel genannt werden, sind hiermit die Vorschriften dieses Vorentwurfs gemeint. Vgl. eingehend zu diesem Vorentwurf auch *von Caemmerer*, Festgabe Kronstein, S. 171 ff.

320 Kommentar zum Vorentwurf eines Statuts für europäische Aktiengesellschaften, Dok. Kom. 1100/IV/67, 1966, im folgenden zitiert als Kommentar zum Vorentwurf.

321 Vgl. *von Caemmerer*, Festgabe Kronstein, S. 171 ff., S. 178.

322 Vgl. *von Caemmerer*, S. 54 ff., S. 59.

päische Aktiengesellschaft um eine vollständige Regelung des Aktienrechts. *Sanders* arbeitete mit seinen Vorschlägen nicht nur ein insofern umfassendes Statut für die Europäische Aktiengesellschaft aus, als er allgemeine Vorschriften über die Gründung, den Mindestinhalt der Satzung, die Rechte der Aktionäre, die Organisationsverfassung der Aktiengesellschaft[323] und sogar ein Konzernrecht vorlegte. Auch die - schon damals von ihm als besonders schwierig erachtete - Problematik der Mitbestimmung der Arbeitnehmer in den Unternehmensorganen fand Eingang in seine Erwägungen. Die folgende Darstellung beschränkt sich im Hinblick auf das Thema der vorliegenden Arbeit auf die Behandlung der Vorschläge zur Mitbestimmung der Arbeitnehmer in der Europäischen Aktiengesellschaft.

III. Mitbestimmung der Arbeitnehmer

Der Vorentwurf enthielt in seinem V. Titel einen Vorschlag für die *"Vertretung der Arbeitnehmer in den Organen der S.E."*.

1. Begriffsverständnis und Lösungsmethode

Bei den Regelungen über die Mitbestimmung der Arbeitnehmer sind zwei grundsätzliche Wertungen des Vorentwurfs zu beachten: Zum einen enthielt der Entwurf keine Regelungen zur betrieblichen Mitbestimmung. Hier - so lautet es im Kommentar zum Vorentwurf - *"hat sich die SE den verschiedenen nationalen Regelungen zu unterwerfen"*[324]. Zum anderen legte *Sanders* seinem Vorschlag einen relativ begrenzten Begriff der unternehmerischen Mitbestimmung zugrunde. Nach der Begriffsbestimmung des Art. V-1-1 des Vorentwurfs sollte Mitbestimmung dann vorliegen, wenn erstens nach dem Recht der Bundesrepublik Deutschland Mitglieder des Aufsichtsrats oder des Vorstandes von der Arbeitnehmerseite zu wählen waren oder wenn zweitens nach dem Recht der französischen Republik durch den Betriebsrat *(comité d'entreprise)* zwei Vertreter mit beratender Stimme in den Aufsichtsrat zu entsenden waren. Diese Begriffsbestimmung lag insofern nahe, als zu seiner Zeit nur in Frankreich und Deutschland Regelungen der unternehmerischen Mitbestimmung existierten, während in den anderen Mitgliedstaaten eine Arbeitnehmervertretung in Gesellschaftsorganen von Privatunternehmen gänzlich unbekannt war.

Auf der Grundlage dieses begrifflichen Verständnisses präsentierte *Sanders* ein Mitbestimmungsmodell, dessen Zielsetzung sich in dem von ihm selbst geprägten Satz zusammenfassen läßt, *"die Mitbestimmung dort, wo sie besteht, aufrechtzuerhalten und*

---

[323] In der Frage der Organisationsverfassung ging der Sanders-Entwurf - so *Ficker* - *"wie selbstverständlich von dieser in den sechs ursprünglichen Mitgliedstaaten nicht eben geläufigen Aufspaltung der Unternehmensleitung in Geschäftsführung und Kontrolle durch Bildung eines Vorstandes und eines Aufsichtsrats aus, ohne eine besondere Rechtfertigung hierfür zu geben"*, vgl. *Ficker*, FS Bärmann, S. 299 ff., S. 301.

[324] Kommentar zum Vorentwurf, S. 227 ff., S. 239.

dort, wo sie noch nicht bekannt ist, nicht einzuführen"[325]. Für diese "Anpassungslösung"[326] entschied sich *Sanders*, weil er glaubte, mit der Erarbeitung einer eigenen umfassenden Regelung der Mitbestimmung im Statut der *Societas Europaea* seine Kompetenzen zu überschreiten.[327] Er wollte stattdessen die bestehenden nationalen Lösungen der Mitbestimmungsproblematik weitestgehend berücksichtigen und gleichzeitig noch nicht getroffenen einzelstaatlichen Regeln nicht vorgreifen, um keinen *"Präzedenzfall"*[328] für die Mitgliedstaaten zu schaffen.

2. Die Mitbestimmungsmodelle im einzelnen

Das entscheidende Kriterium für das anzuwendende Mitbestimmungsmodell sollte der prozentuale Anteil der Arbeitnehmer aus den an der Gesellschaft beteiligten Mitgliedstaaten sein, wonach vier verschiedene Mitbestimmungsmodelle unterschieden wurden, die sich im einzelnen wie folgt darstellen.[329]

a. Erstes Modell

Für den Fall, daß mindestens 90 % der Belegschaft in einem Vertragsstaat beschäftigt sein sollten, sollten die Mitbestimmungsvorschriften dieses Vertragsstaates gemäß Art. V-1-2 für die gesamte Europäische Aktiengesellschaft anzuwenden sein. Dies sollte unabhängig vom Sitz der Gesellschaft gelten. Die Wahl der Vertreter der Arbeitnehmer sollte nach diesem Modell nach den nationalen Vorschriften erfolgen.[330]

b. Zweites Modell

Sind weniger als 25 % der Belegschaft in deutschen oder französischen Betriebsstätten tätig, sollte nach den Vorstellungen *Sanders* in der ganzen Europäischen Aktiengesellschaft keine Mitbestimmung der Arbeitnehmervertreter bestehen, vgl. Art. V-1-3 und V-1-4.

c. Drittes Modell

Sind dagegen mindestens 25 % der Belegschaft in Betrieben tätig, die sich in Frankreich befinden, so sollte das *comité d'entreprise* gemäß Art. V-1-4 das Recht haben, zwei Vertreter mit beratender Stimme in den Aufsichtsrat der Europäischen Aktiengesellschaft zu entsenden.

---

[325] Kommentar zum Vorentwurf, S. 230 / 332.

[326] So bezeichnete *Sanders* den von ihm angebotenen Lösungsvorschlag, vgl. Kommentar zum Vorentwurf, S. 230 / 332 ff.

[327] Vgl. *Sanders*, Kommentar zum Vorentwurf, S. 233.

[328] So *Sanders*, im Kommentar zum Vorentwurf, S. 233.

[329] Eine ausführliche Darstellung der einzelnen Mitbestimmungsmodelle findet sich auch bei *Hofmann*, S. 146 ff., *Bärmann*, S. 165 ff., und *Geßler*, BB 1967, 381 ff., 384 ff.

[330] Kommentar zum Vorentwurf, S. 227 ff., S. 240.

d. Viertes Modell

Das vierte von *Sanders* vorgeschlagene Modell der Mitbestimmung gestaltete sich wesentlich komplizierter als die vorangegangenen. Dies hängt vor allem damit zusammen, daß hier Teile zweier unterschiedlicher Regelungsbereiche des deutschen Mitbestimmungsrechts (Montanmitbestimmungsgesetz und Betriebsverfassungsgesetz 1952[331]) hypothetisch in Bezug genommen wurden. Für den Fall, daß die Gesellschaft mehr als 25 %, aber weniger als 90 % der Arbeitnehmer in deutschen Betriebsstätten beschäftigt und diese Betriebe den deutschen Mitbestimmungsvorschriften unterlägen, wenn sie in der Rechtsform einer Aktiengesellschaft deutschen Rechts betrieben würden (vgl. Art. V-1-3), waren drei Alternativregelungen vorgesehen. Sie sollten gemäß Art. V-1-4 Satz 2 auch dann gelten, wenn gleichzeitig die Voraussetzungen des dritten Mitbestimmungsmodells erfüllt sind.

aa. Erste Variante

Die erste Variante sah bei einem prozentualen Beschäftigtenanteil von 25 % bis 90 % in deutschen Betriebsstätten eine eng an das deutsche Recht angelehnte Regelung der Mitbestimmung vor: Der Entwurf unterschied zwischen Gesellschaften, auf dessen deutschen Unternehmensteil das Montanmitbestimmungsgesetz Anwendung finden würde, wenn der deutsche Teil der Europäischen Aktiengesellschaft in der Form einer deutschen Aktiengesellschaft betrieben würde, und Gesellschaften, auf die unter der gleichen Hypothese das Betriebsverfassungsgesetz von 1952 anwendbar wäre.

Im ersten Fall sollte der Aufsichtsrat aus je fünf Mitgliedern, die von der Hauptversammlung gewählt werden, und weiteren fünf Mitgliedern, die in einer Gemeinschaftssitzung von Arbeitnehmerwahlorganen gewählt werden sollten, bestehen. Ein elftes Mitglied, das zugleich den Vorsitz im Aufsichtsrat führen sollte, sollte nach Vorschlag der übrigen Aufsichtsratsmitglieder von der Hauptversammlung gewählt werden. Abweichend von der Regelung des § 8 Montan-MitbestG zur Wahl des weiteren Aufsichtsratsmitglieds sah Art. V-2-4-A Abs. 1 jedoch vor, daß mangels eines gemeinsamen Vorschlags der Europäische Gerichtshof auf Antrag der Gesellschaft und nach Anhörung beider im Aufsichtsrat vertretenen Gruppen die Bestellung vornehmen sollte.[332] Weitere - ebenfalls absichtliche[333] - Modifikationen gegenüber dem deutschen Recht sah *Sanders* hinsichtlich der Wahl der Arbeitnehmervertreter vor, vgl. im einzelnen Art. V-2-3-A des Vorentwurfs. Der Aufsichtsrat sollte gemäß Art. V-2-6-A beschlußfähig sein, wenn drei Mitglieder jeder Gruppe anwesend sind. Durch Satzung sollte die Zahl der Aufsichtsratsmitglieder auf 15 oder 21 erhöht werden können. Auch die Bestellung ei-

---

[331] Vgl. zur Frage des Anwendungsbereiches des Montan-MitbestG und des BetrVG 1972 bereits oben Teil I § 1 C. III. 1. (S. 37 ff.) und C. VI. 1. (S. 55 f.).
[332] *Sanders* lehnt in seinem Kommentar zum Vorentwurf die Regelung des § 8 Montan-MitbestG ausdrücklich ab, vgl. Kommentar zum Vorentwurf, S. 250.
[333] Vgl. Kommentar zum Vorentwurf, S. 247.

nes Arbeitsdirektors durch den Aufsichtsrat war vorgesehen. Dieser sollte ein gleichberechtigtes Vorstandsmitglied sein, das mit Personal- und Sozialangelegenheiten betraut ist. Die Verfahrensregelung stimmte hierbei mit § 13 Montan-MitbestG überein; der Arbeitsdirektor sollte mithin sowohl vom Vertrauen der Vertreter der Arbeitnehmer als auch der Vertreter der Anteilseigner getragen sein müssen.[334]

Würde das BetrVG 1952 gelten, falls der deutsche Teil des Unternehmens in der Form einer deutschen Aktiengesellschaft betrieben würde, so sollte der Aufsichtsrat aus 6, 9, 12 oder 15 Mitgliedern bestehen, die sich zu einem Drittel aus Arbeitnehmervertretern zusammensetzen. Ein Arbeitsdirektor war nicht vorgesehen, vgl. Art. V-2-8-A.

bb. Zweite Variante

Nach der zweiten Variante des vierten Mitbestimmungsmodells war neben dem sich nur aus Anteilseignern zusammensetzenden Aufsichtsrat ein besonderes Mitbestimmungsorgan vorgesehen, Art. V-2-4-B. Dieses Mitbestimmungsorgan sollte mit den gleichen Befugnissen und Rechten (Pflicht zur Geheimhaltung, Haftung, Honorar etc.) ausgestattet sein wie der Aufsichtsrat. Es sollte letzterem gegenüber ein Recht auf Erteilung aller für die Ausübung seiner Tätigkeit gewünschten Auskünfte haben. Das Mitbestimmungsorgan sollte vorbehaltlich eines anderslautenden Beschlusses selbständig zur gleichen Zeit und mit den gleichen Unterlagen tagen wie der Aufsichtsrat.

Das Verhältnis der Stimmen dieses Mitbestimmungsorgans wird auf unterschiedliche Weise zu den Aufsichtsratsstimmen in Bezug gesetzt, je nachdem, ob das Montanmitbestimmungsgesetz oder das Betriebsverfassungsgesetz von 1952 unter der oben genannten Hypothese auf den deutschen Unternehmensteil Anwendung finden würde. Im ersten Fall sah Art. V-2-7-B für das Mitbestimmungsorgan ungeachtet der Zahl seiner Mitglieder höchstens dieselbe Stimmenzahl wie für den Aufsichtsrat vor, dies allerdings unter Ausnahme der Stimme des Aufsichtsratsvorsitzenden. Würde das BetrVG 1952 gelten, so sollte das Mitbestimmungsorgan - wiederum unter Ausnahme der Stimme des Aufsichtsratsvorsitzenden - höchstens über die Hälfte der Stimmen des Aufsichtsrats verfügen. Die Befugnisse des Mitbestimmungsorgans sollten grundsätzlich dieselben sein wie die des Aufsichtsrats. Für die Bestellung und Entlassung der Vorstandsmitglieder sollte allerdings allein der Aufsichtsrat zuständig sein. Der Vorstand sollte dem Mitbestimmungsorgan alle für die Ausübung seiner Tätigkeit gewünschten Auskünfte zu erteilen haben.

Für den Fall, daß das Montanmitbestimmungsgesetz gelten würde, sollte das Mitbestimmungsorgan im Einverständnis mit dem Aufsichtsrat einen Arbeitsdirektor zu ernennen haben, über dessen Ernennung mangels Einigung das Gericht des Sitzstaates der Europäischen Aktiengesellschaft entscheiden sollte, Art. V-2-8-B. Die Zahl der Mitglieder des Mitbestimmungsorgans sollte auf höchstens 20 Mitglieder begrenzt sein, wenn das Montan-MitbestG Anwendung finden würde; würde das BetrVG 1952 gelten,

---

[334] Vgl. dazu bereits oben Teil I § 1 C. IV. (S. 43 ff.).

so sollte sich diese Zahl auf 10 Mitglieder verringern. Ferner sollte sich diese Höchstzahl auf die Hälfte verringern, wenn außerhalb Deutschlands eine Vertretung im Mitbestimmungsorgan von Arbeitnehmerseite abgelehnt wurde. Einzelheiten der Wahl sollten in der Satzung der Europäischen Aktiengesellschaft geregelt werden, wobei eine angemessene Vertretung der unterschiedlich vertretenen Nationalitäten sichergestellt sein sollte, vgl. Art. V-2-3-B. Die Satzung sollte jedoch zunächst von einer vom jeweiligen Mitgliedstaat zu benennenden Instanz mit einem Bestätigungsvermerk versehen werden müssen, bevor sie dem Europäischen Gerichtshof vorgelegt werden können sollte.

cc. Dritte Variante

Die dritte Variante sah schließlich die Möglichkeit einer eigenständigen ad-hoc-Regelung der Mitbestimmung in den Statuten der Europäischen Aktiengesellschaft vor, Art. V-2-1-C. Inhaltlich sollten die Beteiligten bei der Gestaltung dieser Regelung im wesentlichen frei sein. Eine Einschränkung dieser Vertragsfreiheit ergab sich jedoch aus dem Erfordernis der Genehmigung durch eine - von den Mitgliedstaaten zu bestimmende - zentrale Instanz eines jeden Vertragsstaates, in dem 20 % der Belegschaft tätig sind. Ferner sollten die Vertragsstaaten oder die von ihnen bestimmte zentrale Instanz Richtlinien für die Wahl und Abberufung der Arbeitnehmervertreter in den Organen der Gesellschaft aufstellen können.

IV. Stellungnahme

Die von *Sanders* präsentierte Lösung der Mitbestimmungsproblematik erscheint auf den ersten Blick überaus kompliziert. Sie war aber dennoch gut durchdacht und zeigte klare Alternativen auf. Gleichwohl ruft sie in erheblichem Umfang Kritik hervor. Diese Kritik stützt sich sowohl auf die methodische Vorgehensweise, die Begriffsdefinition der Mitbestimmung als auch auf die inhaltliche Ausgestaltung der Regelungen über die Mitbestimmung im einzelnen.

1. Methodische Kritikpunkte

Sanders ging bei der von ihm gewählten Anpassungslösung davon aus, daß er sich für einen politisch neutralen Ansatz entschieden habe. Dies war indes nicht der Fall. Betrachtet man die vorgeschlagenen Regelungen genauer, so zeigt sich, daß aufgrund der gestaffelten Prozentsätze der Erhaltung der Mitbestimmung schon ab relativ geringen Prozentsätzen von Arbeitnehmern aus einem der Mitbestimmung unterliegenden Mitgliedstaat der Vorzug gegeben wurde.[335] Bereits ab einem Anteil von einem Viertel von deutschen oder französischen Arbeitnehmern unterliegt die Europäische Aktiengesellschaft der Mitbestimmung. Berücksichtigt man den Umstand, daß zur Zeit der Ausarbeitung des Vorentwurfs nur in Deutschland und in Frankreich - zudem noch qualitativ sehr unterschiedliche - Regelungen der unternehmerischen Mitbestimmung bestanden,

---

[335] Vgl. *Hofmann*, S. 153.

zeigt dies bereits, daß von politischer Neutralität keine Rede sein konnte. Es verwundert deshalb nicht, daß die vorgeschlagenen Regelungen in den mitbestimmungsfreien Mitgliedstaaten auf erhebliche Vorbehalte stießen, während die Regelungen in Deutschland hingegen teilweise als sozialer Rückschritt empfunden wurden.

Dies zeigt auch, daß die Absage *Sanders'* an einen einheitlichen Lösungsvorschlag mit der Begründung, mit der Erarbeitung einer eigenen umfassenden Regelung der Mitbestimmung im Statut der Europäischen Aktiengesellschaft sonst seine Kompetenzen zu überschreiten, fehlging. Von einer solchen Einheitsregelung abzusehen, war nicht nur methodisch bedenklich, da es gerade dem Bestreben der Schaffung einer einheitlichen gemeinschaftsweit geltenden Rechtsform zuwiderlief. Die von *Sanders* gelieferte Begründung für diesen Ansatz ist auch nicht nachvollziehbar. Er berief sich darauf, den Mitgliedstaaten in ihren noch nicht getroffenen Regelungen nicht vorgreifen zu wollen, da er sonst einen "Präzedenzfall" für die Diskussion um das nationale Recht schaffen würde.[336] Ungeachtet der Frage, ob diese Einschätzung zum damaligen Zeitpunkt zutreffend war, ist aber sehr zweifelhaft, ob die von ihm vorgeschlagenen Regelungen auf mehr Akzeptanz gestoßen wären als dies bei einer Einheitsregelung der Fall gewesen wäre.[337] Dies galt um so mehr, als das vierte Mitbestimmungsmodell bei einem Anteil der deutschen Arbeitnehmer an der Belegschaft der Europäischen Aktiengesellschaft von mehr als 25 % im Ergebnis zur Übernahme der deutschen Mitbestimmungsregelungen geführt hätte. Die von *Sanders* angeführte Gefahr der Schaffung eines Präzedenzfalles war in beiden Fällen gleichermaßen gegeben.[338]

2. Begriff der Mitbestimmung

Der von *Sanders* verwandte Begriff der Mitbestimmung wurde auf zwei Fälle begrenzt: Mitbestimmung sollte nach seinem Begriffsverständnis nur dann vorliegen, wenn nach deutschem oder französischem Recht ein Mitbestimmungstatbestand gegeben ist, vgl. Art. V-1-1.

Obwohl von ihm selbst im Kommentar zu seinem Vorentwurf ausgeführt wurde, daß die bloß beratende Teilnahme von zwei Arbeitnehmervertretern im *conseil d'administration* oder im *conseil de surveillance* nach französischem Recht einerseits und die Mitbestimmung nach dem MontanMitbestG bzw. dem BetrVG 1952 andererseits *"völlig verschiedenen Charakter"*[339] haben, nahm er im Vorentwurf selbst keine weitere Differenzierung vor. Ohne auf die erheblichen funktionalen Unterschiede[340] einzugehen, ging er bei seinem Lösungsvorschlag zur Mitbestimmungsproblematik einheitlich von einer "Mitwirkung in Gesellschaftsorganen" aus und verkannte die unterschiedliche Qualität

---

[336] So *Sanders* im Kommentar zum Vorentwurf, S. 233.
[337] In diesem Sinne auch *Hofmann*, S. 157, und *Schlotfeld*, RdA 1967, 415 ff., 418.
[338] So *Hofmann*, S. 157.
[339] Kommentar zum Vorentwurf, S. 226.
[340] Vgl. dazu bereits oben Teil I § 1 C. (S. 36 ff.) und Teil I § 1 E. (S. 64 ff.).

einer unternehmerischen Mitbestimmung nach deutschem und nach französischem Recht. Auch die Vernachlässigung der wichtigen Unterscheidung[341] zwischen paritätischer oder minoritärer Mitbestimmung ruft Kritik hervor.[342] Ferner erscheinen die gewählten Prozentsätze willkürlich, zumal es sich um ein statisches Modell handelt, was bei jeder Neuregelung oder Reformierung der Mitbestimmung in den Mitgliedstaaten hätte angepaßt werden müssen oder gar unbrauchbar geworden wäre.[343]

3. Weitere Kritikpunkte an den Mitbestimmungsmodellen

Darüber hinaus rufen insbesondere die drei Alternativen zum vierten Mitbestimmungsmodell Kritik hervor:

Bei der ersten Alternative fällt auf, daß sie zwar stark dem deutschen Recht nachgebildet ist, jedoch sowohl der Montanmitbestimmungsgesetzgebung als auch dem Betriebsverfassungsgesetz 1952 zugrundeliegende wichtige Erwägungen nicht berücksichtigte. Dies gilt insbesondere für das MitbestErgG, welches von *Sanders* gar nicht in seine Vorschläge einbezogen worden ist. Dies ist um so schwerwiegender, als gerade die Mitbestimmungspraxis in Deutschland schon zum damaligen Zeitpunkt zeigte, daß die Regelungen des Montan-MitbestG unzureichend waren, weil immer mehr Gesellschaften dazu übergegangen waren, ihre dem Anwendungsbereich dieses Gesetzes bislang unterfallende Gesellschaften auszugliedern. Um dies zu verhindern, wurde das Montan-MitbestG 1956 durch das Montan-MitbestErgG ergänzt, welches die Mitbestimmung der Arbeitnehmer auch in den Holdinggesellschaften sichern sollte (sog. Holdingnovelle)[344]. Für die Europäische Aktiengesellschaft hätte dies die Gefahr einer Flucht aus der Mitbestimmung mit sich gebracht, die *Sanders* selbst dadurch, daß es auf den Sitz der Gesellschaft überhaupt nicht ankommen sollte, vermeiden wollte.[345] Ferner wurde auch Kritik daran geübt, daß ein Vorschlagsrecht der Gewerkschaften in den *Sanderschen* Vorschlägen nicht vorgesehen war.[346]

Die zweite Alternative erschien wenig praktikabel. Zwar geht mit der Zahl von höchstens 20 Aufsichtsratsmitgliedern die Möglichkeit einer möglichst angemessenen Vertretung der Arbeitnehmer aus den verschiedenen Ländern einher, was sich bei einem Aufsichtsrat von bspw. lediglich 6 oder 9 Mitgliedern bei einer Drittelbeteiligung der

---

[341] So hat bspw. in der Bundesrepublik Deutschland nicht zuletzt erst die Existenz eines *"leichten Übergewichts der Anteilseigner"* das Bundesverfassungsgericht dazu bewogen, das Mitbestimmungsgesetz 1976 als verfassungsgemäß anzusehen, BVerfGE 50, 290 ff.; vgl. dazu bereits ausführlich oben Teil I § 1. IV. 1. (S. 45).

[342] So *Hofmann*, S. 154, der zutreffend ausführt, daß *Sanders* dies aufgrund der gewichtigen Diskussion in der Bundesrepublik Deutschland eigentlich nicht hätte übersehen dürfen.

[343] So *Hofmann*, S. 155.

[344] Vgl. dazu bereits ausführlich oben Teil I § 1 C. IV. (S. 43 ff.)

[345] Vgl. *Hofmann*, S. 147.

[346] *Hofmann*, S. 160; vgl. Kommentar zum Vorentwurf, S. 247.

Arbeitnehmer nur sehr schwer erreichen ließe.[347] Die vorgeschlagenen Regelungen waren jedoch sehr umständlich. So sollten die beiden Organe bspw. völlig selbständig voneinander tagen. Dies hätte zur Folge gehabt, daß ein direkter Kontakt und Gedankenaustausch zwischen der Anteilseignerseite und den Arbeitnehmervertretern unterbliebenwäre. Somit hätte eine Diskussion, welche oft die Qualität der Mitbestimmung in den Unternehmensorganen ausmacht, erst gar nicht aufkommen können.[348] Die Verwendung der gleichen Unterlagen und der vorgesehene Austausch der Protokolle der Sitzungen können dieses Manko nicht ausgleichen; vielmehr wirkt diese Vorgehensweise sehr konstruiert. Zwar sollten der den Anteilseignern vorbehaltene Vorstand und das Mitbestimmungsorgan beschließen können, gemeinsam zu tagen, wenngleich die Abstimmungen nach wie vor getrennt erfolgen sollten. Dennoch wären auch dann nicht zu unterschätzende Abgrenzungsschwierigkeiten bezüglich der Kompetenzen beider Organe verblieben, gerade weil beide Organe nach der Konzeption des *Sanderschen* Vorschlags die gleichen Befugnisse haben sollen.[349] Unstimmigkeiten wären hier wohl nicht zu vermeiden gewesen. Aus Sicht der deutschen Gewerkschaften bestanden gegen diese Variante insofern Bedenken, als aufgrund der Regelung, daß bei Stimmengleichheit zwischen beiden Organen der Vorsitzende des Aufsichtsrats entscheiden sollte, auf dessen Wahl wiederum die Arbeitnehmer keinen Einfluß haben sollten. Damit wäre das vorgeschlagene Mitbestimmungsmodell hinter der Regelung des Montan-MitbestG in einem sehr entscheidenden Punkt zurückgeblieben. Die Diskussionen um die Mitbestimmung in Deutschland haben mehr als deutlich gemacht, welche Relevanz diesem Zweitstimmrecht des Aufsichtsratsvorsitzenden zukommt.

Die dritte Alternative einer eigenständigen ad-hoc-Regelung der Mitbestimmung in der Satzung der Europäischen Aktiengesellschaft stößt insofern auf Bedenken, als eine solche Regelungsmöglichkeit zumindest in den Grundzügen hätte umrissen werden müssen. Indem der Vorschlag aber noch nicht einmal Mindestkriterien oder ein grobes Schema für die Mitbestimmungsregelungen enthielt, wäre von ihm eine erhebliche Gefahr der Aushöhlung der Mitbestimmung ausgegangen.[350] Diese dritte Variante wurde daher zu Recht *"als von einer gewissen Resignation getragen"* bezeichnet.[351]

4. Abschließende Bewertung der Vorschläge

Will man die von *Sanders* vorgeschlagenen Regelungen abschließend bewerten, so darf man trotz der angeführten Kritikpunkte nicht übersehen, daß sich die Diskussion über die Europäische Aktiengesellschaft zum damaligen Zeitpunkt noch in einem sehr frühen Stadium befand. *Sanders* ging es um die Vorstellung eines ersten Vorschlags, mit dem

---

347 In diesem Sinne auch *von Caemmerer*, Festgabe Kronstein, S. 171 ff., S. 200.
348 Vgl. *von Caemmer*, Festgabe Kronstein, S. 171 ff., S. 200.
349 Vgl. *Hofmann*, S. 161.
350 Vgl. *Hofmann*, S. 146 ff., S. 161.
351 So plastisch *Geßler*, BB 1967, 381 ff., 386.

er unter anderem auch zeigen wollte, daß die sich ergebenden Probleme in der Frage der Mitbestimmung der Arbeitnehmer überhaupt lösbar sind.[352] Unter diesem Gesichtspunkt stellt der von ihm entworfene Vorschlag trotz der aufgezeigten Schwachstellen eine sehr bemerkenswerte Leistung dar.[353] Als - wie von ihm gedacht - Diskussionsgrundlage für die Folgezeit war der Vorschlag allemal mehr als ausreichend, wie unter anderem die zahlreichen Stellungnahmen und Alternativvorschläge in der Folgezeit zeigten.[354]

Aus heutiger Sicht muß man *Sanders* ferner noch folgendes zugutehalten: aus der Rückschau zeigt sich, daß seine damaligen Vorstellungen sehr vorausschauend waren. Zwar setzte *Sanders* sich mit seiner Anpassungslösung in *"Widerspruch zu dem Geist des gesamten Vorhabens"*[355], indem er nicht eine einheitliche Lösung vorstellte, sondern eine Vielzahl von unterschiedlichen Mitbestimmungsmodellen anbot. Die Erfahrung von vier Jahrzehnten Diskussion um die Europäische Aktiengesellschaft gab ihm jedoch - in der Rückschau - insbesondere darin recht, daß, worauf noch ausführlich zurückzukommen sein wird, es offensichtlich nicht möglich war, in der Frage der Mitbestimmung einen Konsens zwischen allen Mitgliedstaaten zu finden. Diese von *Sanders* aufgestellte These gilt erst recht im heutigen Europa der Fünfzehn[356], hatte aber auch schon

---

[352] Vgl. Einleitung zum Vorentwurf, S. XXVI, und Kommentar zum Vorentwurf, S. 280.

[353] So auch *Hofmann* in seiner abschließenden Bewertung der Sanderschen Vorschläge zur Mitbestimmungsproblematik, vgl. *Hofmann*, S. 162; vgl. ferner *Bärmann*, S. 160.

[354] Diese können in der vorliegenden Darstellung keine Berücksichtigung finden. Zumindest kurze Erwähnung finden soll jedoch das - von der Kommission in Auftrag gegebene - unter dem Titel *"Beitrag zu den Möglichkeiten der Vertretung der Interessen der Arbeitnehmer in der Europäischen Aktiengesellschaft"* erschienene - Gutachten von *Lyon-Caen*. In diesem Anfang 1969 vorgelegten Gutachten wurde für das Mitbestimmungsproblem eine im wesentlichen vertragliche Lösung vorgeschlagen. Die einzelne europäische Gesellschaft und die in den Unternehmen vertretenen Gewerkschaften sollten eine der drei bis vier vorgesehenen Mitbestimmungsformen vereinbaren können. Diese Lösung hat jedoch den entscheidenden Nachteil, daß sie die angestrebte Einheitlichkeit der Europäischen Aktiengesellschaft in Frage stellt. Die Kommission ist daher diesem Gutachten in ihren späteren Vorschlägen auch nicht gefolgt, vgl. *Staehelin*, S. 408. Vgl. im einzelnen zu diesem Gutachten *Bärmann*, S. 172 ff., sowie ausführlich zu den weiteren Stellungnahmen und Vorschlägen *Bärmann*, a.a.o. und *Hofmann*, S. 162 ff.

[355] So sehr plastisch *Hofmann*, S. 155; in diesem Sinne äußerte sich seinerzeit auch *Schlotfeld*, RdA 1967, 415 ff., 418.

[356] Zu den Gründungsstaaten der Europäischen Wirtschaftsgemeinschaft zählten Frankreich, Italien, Belgien, Holland, Luxemburg und die Bundesrepublik Deutschland, die die am 01.01.1958 in Kraft getretenen sog. Römischen Verträge unterzeichnet haben. Am 01.01.1973 wurden Großbritannien, Irland und Dänemark Mitglieder der Europäischen Gemeinschaften (*"Europa der Neun"*). Die Süderweiterung erfolgte durch den Beitritt Griechenlands am 01.01.1981 sowie Spaniens und Portugals am 01.01.1986 (*"Europa der Zwölf"*). Am 24.06.1994 haben die vier beitrittswilligen Staaten Österreich, Norwegen, Schweden und Finnland in Korfu den Beitrittsvertrag zur EU unterzeichnet. Da ein in Norwegen am 27./28.11.1994 abgehaltenes Referendum zum Beitritt zur Europäischen Union negativ verlief, wurde der Beitrittsvertrag - durch Beschluß des Rates v. 01.01.1995 - dem Ausscheiden Norwegens entsprechend angepaßt.

zu seiner Zeit in einem Europa mit gerade mal sechs Mitgliedstaaten Bestand. Die neuesten Vorschläge zeigen in interessanter Weise, daß man teilweise - vielleicht sogar, ohne sich dessen bewußt zu sein - auf den *Sanderschen* Ansatz einer flexiblen Lösung zurückgreift.[357]

C. Gang der weiteren Arbeiten

Ungefähr gleichzeitig mit der Vollendung des Sanderschen Vorentwurfs ist auch der Ministerrat der Europäischen Wirtschaftsgemeinschaft aktiv geworden, indem er am 07.10.1966 eine Arbeitsgruppe einsetzte. Diese Arbeitsgruppe hatte die Aufgabe, über den Nutzen einer Europäischen Aktiengesellschaft und die dabei zu lösenden Probleme zu berichten. Sie bestand aus sechs Delegationen der sechs Mitgliedstaaten und einer siebenten Delegation aus Vertretern der Kommission. Den Vorsitz führte ebenfalls *Sanders*, was nach dessen eigener Aussage eine gewisse Koordinierung mit den bereits 1966 durchgeführten Arbeiten bewirkte.[358] Nach mehreren Sitzungen legte die Arbeitsgruppe Ende April 1967 ihren Abschlußbericht vor, den sie dem Ministerrat zu Händen seiner ständigen Vertreter in Brüssel überbrachte.[359] Am 21.09.1967 wurde die Arbeitsgruppe erneut mit dem Mandat beauftragt, ihre Untersuchungen zum Problem des Zugangs fortzusetzen; der entsprechende Abschlußbericht datiert vom 08.11.1967; auch zur Frage der Übertragbarkeit obligatorischer Namensaktien legte sie am 20.03.1968 einen zusätzlichen Bericht vor, bevor sie ihre Tätigkeit endgültig einstellte.[360] Beide Nachträge können jedoch im Hinblick auf das Thema der vorliegenden Arbeit vernachlässigt werden.

Diese umfangreichen Vorarbeiten dienten schließlich der Kommission zur Ausarbeitung eines - im folgenden vorzustellenden - detaillierten Vorschlags eines Statuts für die Europäische Aktiengesellschaft. Hierbei konnte sie auch auf zahlreiche andere, in der Folgezeit ergangene Stellungnahmen zurückgreifen.[361]

Zum heutigen *"Europa der Fünfzehn"* führte daher die Aufnahme von Österreich, Schweden und Finnland zum 01.01.1995.. Gegenwärtig stehen zudem Verhandlungen mit dem Ziel einer Erweiterung nach Osten hin bevor: Am 31.03.1999 haben die Beitrittsverhandlungen mit Ungarn, Polen, Estland, der Tschechischen Republik, Slowenien und Zypern begonnen. Zahlreiche weitere Anwärter *"klopfen bereits an die Tür Europas"*.

[357] Vgl. bspw. den sog. Davignon-Bericht, dazu im einzelnen unten Teil IV § 14 (S. 294 ff.).

[358] So *Sanders*, AG 1967, 344 f., 344.

[359] Dokumentation des Rates R/225/67 (SCE 7). Laut *Sanders*, AG 1967, 344 f., 344, sind diese Berichte - anders als der Vorentwurf - nicht allgemein zugänglich.

[360] Nachweis bei *Mertens / de Martini*, S. 46.

[361] So hat sich bspw. der Deutsch-Französische Ausschuß für Wirtschaftliche und Industrielle Zusammenarbeit in Düsseldorf im Januar 1969 mit der Europäischen Aktiengesellschaft befaßt. Auch ein in Köln abgehaltener Kongreß zur *"Angleichung des Rechts der Wirtschaft in Europa"* machte die Europäische Aktiengesellschaft im März 1969 zum Beratungsgegenstand, vgl. im einzelnen *Bärmann*, S. 171 f.

§ 5 Der Vorschlag zur Europäischen Aktiengesellschaft von 1970

Die Kommission arbeitete auf der Grundlage des von *Sanders* vorgelegten Vorentwurfs einen ersten Vorschlag über das Statut für Europäische Aktiengesellschaften aus und unterbreitete diesen im Juni 1970 dem Rat.[362]

A. Konzeption des Vorschlags

Der Vorschlag eines Statuts für Europäische Aktiengesellschaften lehnte sich weitgehend an den Vorentwurf von *Sanders* an, enthielt aber einige wesentliche Abweichungen, die insbesondere die Vertretung der Arbeitnehmer in der Europäischen Aktiengesellschaft betrafen.[363]

Inhalt dieses Statuts war ein vollständiges und abschließendes Regelwerk für eine Europäische Aktiengesellschaft. Die Kommission ging davon aus, daß eine abschließende Regelung erforderlich sei, um sämtliche Vorteile der Einheitlichkeit der Regelung zu verwirklichen.[364] Konsequent schloß sie daher in ihrem Vorschlag die Anwendung nationalen Rechts sowohl für die von dem Statut behandelten Gegenstände als auch hinsichtlich der Rechtsfragen, die nicht ausdrücklich geregelt wurden, gemäß Art. 7 Abs. 1 Satz 1 VO aus. Hier sollte vielmehr nach den allgemeinen Grundsätzen, auf denen das Statut beruhte, entschieden werden bzw. mangels solcher Grundsätze nach den gemeinsamen Regeln oder den gemeinsamen allgemeinen Grundsätzen der Rechte der Mitgliedstaaten, vgl. Art. 7 Abs. 1 Satz 2 VO. So wollte man eine Regelung erreichen, die überall in der Gemeinschaft gleiche Organisationsbedingungen schafft.

Um diesem Anspruch gerecht zu werden, enthielt der Vorschlag eine alle Bereiche des Aktienrechts abdeckende Regelung, ein *"vollständiges System von Normativbestimmungen"*[365]. Dies zeigt sich schon an seinem äußeren Umfang von 284 Artikeln, die 55 Seiten des Amtsblattes einnehmen. Von der Gründung über die Regeln für das haftende Kapital, die Leitungsstrukturen, die Bestimmung der Verantwortlichkeit und der Zuständigkeit der Organe bis hin zur Regelung von Auflösung, Umwandlung, Fusion und Konkurs war der Vorschlag vollständig.[366] Ferner enthielt das Statut neben dem eigent-

---

[362] Vorschlag einer Verordnung (EWG) des Rates über das Statut für europäische Aktiengesellschaften v. 30.06.1970, AblEG Nr. C 124 v. 10.10.1970, S.1 ff.; vgl. auch KOM (70) 150 endg. Dieser Vorschlag wird im folgenden Kapitel als *Statut* zitiert, seine Vorschriften werden mit dem Zusatz *VO* versehen. Der Wortlaut des Vorschlags nebst einer amtlichen Begründung in Form von Erläuterungen findet sich auch in Beilage 8/70 zum EG-Bulletin; diese Erläuterungen werden im folgenden als *Amtl. Begründung* zitiert.

[363] Vgl. *Figge*, S. 181, *Pipkorn*, ZHR 137 (1973), 35 ff., 50, und *Staehelin*, S. 408.

[364] Vgl. den siebten, achten und neunten Erwägungsgrund der Kommission zum vorgeschlagenen Statut, AblEG Nr. C 124 v. 10.10.1970, S.1 ff., S. 2.

[365] So die Kommission im siebten Erwägungsgrund zum vorgeschlagenen Statut, AblEG Nr. C 124 v. 10.10.1970, S.1 ff., S. 2.

[366] Vgl. von der Groeben / Thiesing / Ehlermann - *Gleichmann*, S. 6341, und *Figge*, S. 181.

lichen Aktienrecht umfassende Vorschriften über die Rechnungslegung und ein Konzernrecht; selbst Steuer- und Strafvorschriften fehlten nicht.[367] Insgesamt läßt sich feststellen, daß der Kommissionsvorschlag sehr weitgehend am deutschen Aktiengesetz ausgerichtet war; dies galt insbesondere hinsichtlich der Funktionsverteilung der Organe, der Kapitalaufbringung und -erhaltung sowie des Umwandlungs- und Verschmelzungsrechts.[368]

Hinzu kommt noch, daß das Statut nicht nur ein gesellschaftsrechtlicher Organisationsrahmen sein sollte, sondern auch als Grundlage einer Unternehmensverfassung gedacht war.[369] Entsprechend dem Grundsatz, eine von den nationalen Aktienrechten der Mitgliedstaaten weitestgehend unabhängige, in der Gemeinschaft einheitlich geltende Rechtsform zu schaffen, enthielt das vorgeschlagene Statut somit auch eine umfassende Regelung der Mitbestimmung der Arbeitnehmer. Die starken Unterschiede - so die Kommission - in den Rechtsvorschriften der Mitgliedstaaten über die Vertretung der Arbeitnehmer in den Organen des Unternehmens und über die Art der Beteiligung ihrer Vertreter an der Beschlußfassung in den Organen der Europäischen Aktiengesellschaft erlaubten es nicht, die Regelung dieser Frage den einzelstaatlichen Vorschriften zu überlassen, da sonst die Einheitlichkeit der Vorschriften verlorenginge.[370]

B. Rechtsgrundlage

Dieser Vorschlag einer Gemeinschaftsverordnung wurde auf Art. 235 EWG-Vertrag gestützt[371], d. h. für den Fall der Verabschiedung der Verordnung wäre - nach Anhörung des Europäischen Parlaments und des Wirtschafts- und Sozialausschusses - ein einstimmiger Beschluß des Rates erforderlich gewesen.[372] Die Kommission entschied sich

---

[367] Eine vertiefende Darstellung dieser Regelungsbereiche kann hier nicht erfolgen, da die vorliegende Arbeit sich auf die Regelungen zur Vertretung der Arbeitnehmer in den Unternehmensorganen beschränkt. Andere Regelungsbereiche werden nur insoweit in Bezug genommen, als dies für das Verständnis des Mitbestimmungsmodells des Statuts unerläßlich ist. Vgl. daher im einzelnen zum gesamten Inhalt des Vorschlags die auch den diesen ersten Vorschlag beinhaltenden Beiträge bei *Lutter* (Hrsg.), Europäische Aktiengesellschaft.

[368] Vgl. *Zöllner*, Kölner Kommentar zum Aktiengesetz, Einleitungs-Band, Rn. 178; dort finden sich auch Ausführungen zu den Unterschieden im einzelnen.

[369] So von der Groeben / Thiesing / Ehlermann - *Gleichmann*, S. 6341.

[370] Vgl. den neunten Erwägungsgrund der Kommission zum vorgeschlagenen Statut, AblEG Nr. C 124 v. 10.10.1970, S.1 ff., S. 2.

[371] Die Tragfähigkeit des Art. 235 EWG-Vertrag für das bis zum damaligen Zeitpunkt weitreichendste Vorhaben, welches auf diesen Artikel gestützt werden sollte, war allerdings etwas umstritten, vgl. umfassend zum damaligen Streitstand *Pipkorn*, ZHR 137 (1973), 35 ff., 54 ff., sowie zu der Rechtsansicht des Europäischen Parlaments und des Wirtschafts- und Sozialausschusses *ders.*, AG 1975, 318 ff., 319 f.

[372] Art. 100 a EWG-Vertrag, der lediglich einen qualifizierten Mehrheitsbeschluß erfordert, vgl. Art. 189 b EWG-Vertrag, und auf den die neueren Entwürfe der Kommission gestützt werden - dazu noch ausführlich unten Teil III §§ 10, 11 (S. 207 ff.) -, war damals noch nicht existent; dieser Artikel wurde erst durch die Einheitliche Europäische Akte v. 25.02.1986 - AblEG Nr. L 169 v. 29.06.1987. S. 1 ff. - eingefügt.

für diese ergänzende Vorschrift für unvorhergesehene Fälle, weil der EWG-Vertrag für das vorgeschlagene Vorhaben zum damaligen Zeitpunkt keinerlei Befugnisse enthielt.[373]

C. Organisationsverfassung

Die Regelung über die Organe der Europäischen Aktiengesellschaft nach dem Vorschlag von 1970 findet sich in Titel IV: Organe" (Art. 62-99 VO). Die *Societas Europaea* sollte hiernach ausschließlich dualistisch verfaßt sein: neben der Hauptversammlung der Aktionäre (Art. 83-96 VO) und dem geschäftsführenden Vorstand (Art. 62-72 VO) sollte ein Aufsichtsrat (Art. 73-81 VO) als Überwachungs- und Kontrollorgan existieren. Die Mitbestimmung der Arbeitnehmer auf Unternehmensebene sollte beim Aufsichtsrat der Europäischen Aktiengesellschaft ansetzen. Da der Vorstand der Europäischen Aktiengesellschaft vom Aufsichtsrat berufen werden sollte, sollten die Arbeitnehmer über ihn einen Einfluß auf seine Zusammensetzung haben; über ihr Kontroll- und Abberufungsrecht sollte zudem - wie von der Kommission gewünscht[374] - ein Einfluß auf die Unternehmenspolitik bestehen.

D. Mitbestimmung der Arbeitnehmer

Unter dem *"Titel V: Die Vertretung der Arbeitnehmer in der S.E."* (Art. 100-147 VO) sah der Vorschlag des Statuts eine umfassende und sehr detaillierte Regelung der Mitbestimmung der Arbeitnehmer in der Europäischen Aktiengesellschaft vor.[375] Sie umfaßte nicht nur die Bildung eines Europäischen Betriebsrats (Art. 100-129 VO) und eines Konzernbetriebsrats (Art. 130-136 VO), sondern regelte auch die Vertretung der Arbeitnehmer im Aufsichtsrat der Europäischen Aktiengesellschaft (Art. 137-145 VO) sowie die Möglichkeit des Abschlusses europäischer Tarifverträge (Art. 146 f. VO). Die Kommission ging bei ihrem Vorschlag davon aus, daß - ungeachtet qualitativer Unterschiede im einzelnen - in den Mitgliedstaaten mittlerweile die gemeinsame Überzeugung bestehe, *"daß den Arbeitnehmern eines Unternehmens die Möglichkeit der gemeinsamen Vertretung ihrer Interessen innerhalb des Unternehmens und die Mitwirkung an bestimmten Entscheidungen im Unternehmen gegeben werden muß"*[376]. Hieraus leitete sie die Notwendigkeit ab, mit der vorgeschlagenen Regelung dieser Entwicklung nicht nur Rechnung zu tragen, sondern sie zu fördern.

---

[373] So die Kommission im fünften Erwägungsgrund zum vorgeschlagenen Statut, AblEG Nr. C 124 v. 10.10.1970, S.1 ff., S. 2.

[374] Vgl. den neunten Erwägungsgrund zum vorgeschlagenen Statut, AblEG Nr. C 124 v. 10.10.1979, S. 1 ff., S. 2.

[375] Vgl. hierzu auch ausführlich *Wunsch-Semmler*, S. 53 ff.

[376] Amtl. Begründung zu Titel V des Statuts, Beilage 8/70 zum EG-Bulletin, S. 85.

§ 5 Der Vorschlag zur Europäischen Aktiengesellschaft von 1970

I. Europäischer Betriebsrat und Konzernbetriebsrat

In den Artikeln 100-136 VO enthielt das Statut eine umfangreiche Regelung der Vertretung der Arbeitnehmer im Betrieb[377], wobei neben dem Europäischen Betriebsrat auch ein Konzernbetriebsrat vorgesehen war. Die Kommission ging bei ihrem Vorschlag davon aus, daß die Notwendigkeit einer solchen Vertretung der Arbeitnehmer in den Mitgliedstaaten inzwischen unbestritten sei.[378] Die vorgeschlagene Regelung erinnerte in vielen Punkten an den aus dem deutschen Betriebsverfassungsrecht bekannten Gesamtbetriebsrat im Sinne der §§ 47 ff. BetrVG 1972.[379]

1. Anwendungsbereich

Art. 100 VO sah vor, bei jeder Europäischen Aktiengesellschaft, die Betriebsstätten in mehreren Mitgliedstaaten hat, einen Europäischen Betriebsrat (im folgenden: EBR) zu bilden. Damit sollte der Anwendungsbereich der Regelung auf grenzüberschreitende Tatbestände begrenzt werden. Die nationalen Vorschriften über die Vertretung der Arbeitnehmer auf Betriebsratsebene sollten hingegen unberührt bleiben, soweit nicht ein Fall des Art. 101 VO gegeben ist, nach dem der EBR eine Angelegenheit aus seiner Zuständigkeit heraus regelt. Sie sollten lediglich teilweise in die vorgeschlagenen Regelungen einbezogen werden, wenn es bspw. um die Wahl der Arbeitnehmervertreter auf der Ebene der Europäischen Aktiengesellschaft geht.

2. Zusammensetzung und Wahl des Europäischen Betriebsrats

Die Mitglieder des EBR sollten gemäß Art. 103 Abs. 1 VO unmittelbar von den Arbeitnehmern der einzelnen Betriebsstätten der Europäischen Aktiengesellschaft gewählt werden. Hinsichtlich des Wahlverfahrens wurden gemäß Art. 104 VO die nationalen Bestimmungen in Bezug genommen. Die Anzahl der zu wählenden Vertreter sollte sich hierbei nach der Anzahl der Betriebsstätten und der Zahl ihrer Arbeitnehmer richten, vgl. im einzelnen die Staffelung des Art. 105 VO. Die Wahl sollte gemäß Art. 106 VO innerhalb von zwei Monaten nach Gründung der Europäischen Aktiengesellschaft erfolgen.

3. Aufgaben und Befugnisse des Europäischen Betriebsrats

Gemäß Art. 119 VO war die Aufgabe des EBR *"die Vertretung der Interessen der in der S.E. tätigen Arbeitnehmer"*. Damit war die Zuständigkeit auf solche Angelegenheiten beschränkt, die die gesamte Europäische Aktiengesellschaft oder mehrere ihrer Betriebsstätten betreffen. Dem EBR sollte gemäß Art. 119 Abs. 3 VO die Aufgabe oblie-

---

[377] Vgl. ausführlich zum Europäischen Betriebsrat *Birk*, ZfA 1974, 47 ff., und - unter Einbeziehung des geänderten Vorschlags von 1975 - *Gitter / Heinze*, S. 405 ff.
[378] Vgl. den sechsten Erwägungsgrund der Kommission zu Titel V des Statuts, Beilage 8/70 zum EG-Bulletin, S. 86.
[379] Vgl. *Figge*, S. 182, *Hofmann*, S. 188, und *Staehelin*, S. 408.

D. Mitbestimmung der Arbeitnehmer

gen, darüber zu wachen, daß die zugunsten der Arbeitnehmer der Europäischen Aktiengesellschaft bestehenden gesetzlichen Vorschriften sowie Tarifverträge und Betriebsvereinbarungen eingehalten werden. Zur Erfüllung dieser Aufgabe waren regelmäßige gemeinsame Beratungen mit dem Vorstand vorgesehen, Art. 120 f. VO. Ferner sollte der Vorstand den EBR gemäß Art. 120 Abs. 2 VO regelmäßig über die allgemeine wirtschaftliche Lage der Europäischen Aktiengesellschaft und die voraussehbare Entwicklung zu unterrichten haben. Des weiteren sollte der Europäische Betriebsrat gemäß Art. 121 VO auch alle Mitteilungen und Unterlagen erhalten, die den Aktionären zur Verfügung gestellt werden, sowie den Jahresabschluß und den Lagebericht. Darüber hinaus sollte er zu jeder Frage, die ihm wichtig erscheine, von dem Vorstand schriftliche Auskünfte verlangen oder ein Vorstandsmitglied zu seinen Sitzungen einladen und die Erläuterung von Geschäftsvorgängen verlangen dürfen, Art. 122 VO. Die Kompetenzen des Europäischen Betriebsrats stimmten somit im wesentlichen mit denen überein, die das BetrVG 1952 den Betriebsräten nach deutschem Recht einräumte.[380]

In bestimmten Angelegenheiten sollte der EBR gemäß Art. 123 Abs. 1 VO sogar ein "echtes Mitentscheidungsrecht"[381] haben, d. h. der Vorstand sollte dann eine Entscheidung nur mit seiner Zustimmung treffen können. Zu diesen abschließend aufgezählten Angelegenheiten zählten bspw. die Grundsätze über die Anstellung und Entlassung, die Aufstellung von Entlohnungsgrundsätzen, die Festlegung des Beginns und des Endes der Arbeitszeit sowie die Aufstellung von Urlaubsplänen. Das Mitbestimmungsrecht des EBR war jedoch nur für solche Fragen vorgesehen, die die Arbeitnehmer der Europäischen Aktiengesellschaft unmittelbar betreffen; es sollte nicht für personelle Einzelmaßnahmen[382] oder wirtschaftliche Angelegenheiten[383] bestehen. Eine ohne die Zustimmung des EBR getroffene Entscheidung sollte gemäß Art. 123 Abs. 2 VO dem Verdikt der Unwirksamkeit unterfallen. Allerdings sah Art. 123 Abs. 3 VO die Möglichkeit der Ersetzung der Zustimmung des EBR durch eine Schiedsstelle vor, auf die noch näher einzugehen sein wird.[384]

Weniger weitreichend war die sich aus Art. 124 f. VO ergebende Verpflichtung, den EBR vor bestimmten Entscheidungen - schriftlich und unter Darlegung der Gründe einschließlich der wirtschaftlichen und personellen Folgen, vgl. Art. 126 Abs. 1 VO - anzuhören. Es ging um zwei weitere Bereiche, die die Arbeitnehmer unmittelbar betreffen, nämlich die Bewertung der Arbeitsplätze und die Regelung von Akkord- und Stücklohnsätzen. Zwar sollte auch hier eine ohne die Anhörung erfolgte Entscheidung rechtsunwirksam sein.[385] Für den Fall, daß der EBR jedoch eine - ebenfalls schriftliche und

---

[380] Vgl. *Bayer*, RabelsZ 35 (1971), 201 ff., 222 und *Wolff*, AG 1970, 247 ff., 250.
[381] Amtl. Begründung zu Art. 123 VO, Beilage 8/70 zum EG-Bulletin, S. 101.
[382] Amtl. Begründung zu Art. 123 VO, Beilage 8/70 zum EG-Bulletin, S. 102.
[383] *Figge*, S. 182.
[384] Vgl. dazu unten Teil II § 5 D. I. 5. (S. 113 ff.).
[385] Vgl. Amtl. Begründung zu Art. 124 VO, Beilage 8/70 zum EG-Bulletin, S. 103.

begründete, vgl. Art. 126 Abs. 2 VO - abweichende oder ablehnende Stellungnahme abgeben sollte, sollte der Vorstand an diese Stellungnahme nicht gebunden sein, solange er sich mit den Argumenten des EBR auseinandergesetzt und seine abweichende Entscheidung begründet hat.[386] Wichtig ist ferner noch, daß durch die Anhörung des EBR die nach nationalem Recht vorgeschriebene Anhörung der bei den Betriebsstätten gebildeten Vertretungen nicht ersetzt werden sollte[387]; die nationalen Vorschriften sollten insoweit unberührt bleiben.

Bei der ebenfalls eine Anhörungspflicht des EBR auslösenden Bestimmung des Art. 125 VO hingegen ging es um Entscheidungen, die die Arbeitnehmer zwar nicht unmittelbar betreffen, die aber wegen ihrer Bedeutung für die wirtschaftliche Zukunft und die Organisation der Europäischen Aktiengesellschaft erhebliche Auswirkungen auf die Arbeitnehmer haben können.[388] Genannt wurden hier unter anderem die Stillegung oder Verlegung des Betriebes oder erheblicher Unternehmensteile, wichtige Änderungen in der Unternehmensorganisation oder der Beginn und die Beendigung der Zusammenarbeit mit anderen Unternehmen.

Der Europäische Betriebsrat sollte ferner gemäß Art. 127 VO die Befugnis zum Abschluß von Tarifverträgen im Rahmen seiner Zuständigkeit haben, d. h. zum Abschluß von europäischen Tarifverträgen, die nationalen Regelungen vorgehen sollten.

4. Rechtsstellung der Mitglieder des Europäischen Betriebsrats

Die Amtszeit der Mitglieder des EBR sollte gemäß Art. 107 VO drei Jahre betragen; gemäß Art. 108 VO sollte sie mit Ablauf dieser Zeit, durch Amtsniederlegung, Beendigung des Arbeitsverhältnisses oder Fortfall der Voraussetzungen der Wählbarkeit enden. In der konstituierenden Sitzung sollten die Vertreter gemäß Art. 111 VO einen Vorsitzenden wählen und sich eine Geschäftsordnung geben. Zur Sicherstellung der Unabhängigkeit der Mitglieder des EBR war ein besonderer Kündigungsschutz während der Amtszeit und drei Jahre darüber hinaus vorgesehen, der auch für Ersatzmitglieder gelten sollte, vgl. Art. 112 VO. Ferner sollten die Betriebsratsmitglieder während der Zeit ihrer Mitgliedschaft von ihren beruflichen Verpflichtungen unter Beibehaltung der Lohnzahlung gemäß Art. 113 VO freigestellt werden, soweit sie es für die Erfüllung ihrer Aufgaben im EBR für erforderlich halten. Art. 114 VO verpflichtete die Mitglieder des EBR zur Wahrung des Betriebs- und Geschäftsgeheimnisses, sofern diese ihnen während ihrer Tätigkeit bekanntgeworden und ausdrücklich als geheimzuhalten bezeichnet worden sind. Die durch die Tätigkeit des EBR entstehenden Kosten sollte gemäß Art. 115 VO der Arbeitgeber tragen. Unter bestimmten Voraussetzungen sollten auch Beauftragte der in der Europäischen Aktiengesellschaft vertretenen Gewerkschaften an den Sitzungen des EBR teilnehmen können, Art. 116 VO. Ferner sollte der EBR zur Klä-

---

[386] Vgl. Amtl. Begründung zu Art. 127 VO, Beilage 8/70 zum EG-Bulletin, S. 106.
[387] Vgl. Amtl. Begründung zu Art. 124 VO, Beilage 8/70 zum EG-Bulletin, S. 103.
[388] Vgl. Amtl. Begründung zu Art. 125 VO, Beilage 8/70 zum EG-Bulletin, S. 104.

rung einzelner Fragen gemäß Art. 117 VO einen oder mehrere Sachverständige heranziehen können, wenn dies zu einer ordnungsgemäßen Geschäftsführung notwendig erscheint. Der EBR sollte gemäß Art. 118 VO verpflichtet sein, den Arbeitnehmern in ihm geeignet erscheinender Weise in regelmäßigen Abständen über seine Arbeiten zu berichten.

5. Schiedsstelle

Art. 128 Abs. 1 VO sah die Errichtung einer Schiedsstelle *"für die Beilegung von Meinungsverschiedenheiten zwischen dem EBR und dem Vorstand der S.E."* vor. Diese sollte sich aus Beisitzern zusammensetzen, die zu gleichen Teilen vom EBR und vom Vorstand der Europäischen Aktiengesellschaft bestellt werden sollten, und einem unparteiischen Vorsitzenden. Alle von der Schiedsstelle getroffenen Entscheidungen sollten gemäß Art. 128 Abs. 4 VO für beide Parteien verbindlich sein. Für die Beilegung von Meinungsverschiedenheiten zwischen dem EBR und den nationalen Arbeitnehmervertretungen war ebenfalls die Einrichtung einer Schiedsstelle vorgesehen, Art. 129 VO.

6. Konzernbetriebsrat

Um die Vertretung der Arbeitnehmer im Betrieb auch auf der Ebene des Konzerns sicherzustellen, sollte des weiteren gemäß Art. 130 VO *"bei jeder S.E., die herrschendes Konzernunternehmen ist und die Betriebsstätten in mehreren Mitgliedstaaten hat oder deren abhängige Unternehmen Betriebsstätten in mehreren Mitgliedstaaten haben"*, ein Konzernbetriebsrat zu bilden sein. Hierdurch wurde dem Umstand Rechnung getragen, daß, wenn mehrere Unternehmen unter einheitlicher Leitung zu einem Konzern zusammengefaßt sind, die wichtigen Entscheidungen regelmäßig auf Konzernebene getroffen werden. Eine lediglich betriebliche Vertretung der Arbeitnehmer würde hier die Mitbestimmung der Arbeitnehmer leerlaufen lassen. Nach Ansicht der Kommission konnte nur durch die Entsendung von Mitgliedern des EBR bzw. der nationalen Vertretungen der Arbeitnehmer in einen Konzernbetriebsrat die Mitbestimmung und Mitwirkung der Arbeitnehmer auch auf der Ebene der Konzernleitung gewährleistet werden.

Hinsichtlich der Aufgaben und Befugnisse, der Rechtsstellung der Mitglieder und der Einrichtung einer Schiedsstelle kann hier im einzelnen auf die Ausführungen zum EBR entsprechend verwiesen werden, wobei zu beachten ist, daß dem Konzernbetriebsrat Rechte nur im Rahmen seiner Zuständigkeit zustehen sollten. Aufgabe des Konzernbetriebsrats sollte gemäß Art. 134 VO allein die Vertretung der Interessen der in dem Konzern tätigen Arbeitnehmer sein, d. h. der Konzernbetriebsrat sollte für alle Angelegenheiten zuständig sein, die mehrere Konzerngesellschaften betreffen, und zwar auch dann, wenn lediglich die herrschende Europäische Aktiengesellschaft und eine abhängige Gesellschaft betroffen sind.[389] So wurde bspw. die in Art. 123 VO vorgeschriebene

---

[389] Vgl. Amtl. Begründung zu Art. 134 VO, Beilage 8/70 zum EG-Bulletin, S. 110.

Zustimmung des EBR durch die Zustimmung des Konzernbetriebsrats ersetzt, soweit dessen Zuständigkeit gegeben ist.

II. Vertretung der Arbeitnehmer im Aufsichtsrat

Der dritte Abschnitt des fünften Titels des vorgeschlagenen Statuts enthielt in den Art. 137 - Art. 145 VO eine Regelung zur Vertretung der Arbeitnehmer im Aufsichtsrat.[390] Die vorgesehene unternehmerische Mitbestimmung lehnte sich hierbei in erster Linie an das deutsche Betriebsverfassungsgesetz von 1952 an.[391] Obwohl die Mitbestimmung der Arbeitnehmer in den Unternehmensorganen zum damaligen Zeitpunkt in den Mitgliedstaaten sehr unterschiedlich bewertet und in einigen Mitgliedstaaten sogar schlichtweg abgelehnt wurde, war die Kommission der Ansicht, *"daß eine solche Vertretung bei der Europäischen Aktiengesellschaft notwendig ist"*[392]. Den Arbeitnehmern der Europäischen Aktiengesellschaft sollte damit eine Kontroll- und Mitgestaltungsmöglichkeit eingeräumt werden, welche die Zusammenarbeit und den Informationsaustausch zwischen der Leitung der Europäischen Aktiengesellschaft und den Arbeitnehmervertretern fördern sollte.[393]

1. Zusammensetzung und Wahl der Aufsichtsratsmitglieder

Der Aufsichtsrat der Europäischen Aktiengesellschaft sollte sich aus Vertretern der Anteilseigner und Vertretern der Arbeitnehmer zusammensetzen. Die Arbeitnehmer der Europäischen Aktiengesellschaft sollten gemäß Art. 137 Abs. 1 Satz 2 VO für je zwei von der Hauptversammlung gewählte Mitglieder des Aufsichtsrats ein Mitglied in den Aufsichtsrat entsenden. Ihnen war damit ein Drittel der Aufsichtsratssitze vorbehalten. Durch diese Beteiligung sollte eine wirkungsvolle Geltendmachung der Gesichtspunkte der Arbeitnehmervertreter in diesem Gremium gewährleistet werden.[394] Die Satzung sollte gemäß 137 Abs. 1 Satz 3 VO sogar eine höhere Zahl von Vertretern vorsehen können. Andererseits war jedoch auch vorgesehen, daß eine Vertretung der Arbeitnehmer im Aufsichtsrat nicht erfolgen sollte, wenn mindestens zwei Drittel der Arbeitnehmer der Europäischen Aktiengesellschaft sie ablehnen, Art. 138 Abs. 1 VO. Nach Auffassung der Kommission war die Vertretung der Arbeitnehmer im Aufsichtsrat weder sinnvoll noch durchführbar, wenn sie nicht vom Willen einer ausreichenden Zahl von Arbeitnehmern getragen wird.[395]

---

[390] Vgl. im einzelnen zum Aufsichtsrat der S.E. - unter Einbeziehung des geänderten Vorschlags von 1975 - *Mertens*, S. 115 ff.
[391] Vgl. *Pipkorn*, RdA 1992, 120 ff., 123.
[392] So die Kommission im sechsten Erwägungsgrund zum Titel V, Amtl. Begründung, S. 85.
[393] Vgl. Amtl. Begründung zu Art. 137 VO, Beilage 8/70 zum EG-Bulletin, S. 112.
[394] Vgl. Amtl. Begründung zu Art. 137 VO, Beilage 8/70 zum EG-Bulletin, S. 112.
[395] Vgl. Amtl. Begründung zu Art. 138 VO, Beilage 8/70 zum EG-Bulletin, S. 113.

Die Arbeitnehmervertreter sollten gemäß Art. 139 Abs. 1 Satz 1 VO nicht unmittelbar von den Arbeitnehmern der Europäischen Aktiengesellschaft, sondern von deren nationalen Vertretungen gewählt werden. Diese sollten einen gemeinsamen Wahlkörper bilden, wobei die einzelnen Vertreter gemäß Art. 139 Abs. 1 Satz 2 VO jedoch bei der Ausübung ihres Wahlrechts nicht an Beschlüsse und Weisungen der Vertretungen gebunden sein sollten. Um die Anzahl der in den einzelnen Betriebsstätten beschäftigten Arbeitnehmer anteilig angemessen zu berücksichtigen, sah Art. 139 Abs. 2 VO eine Stimmengewichtung vor. Die Wahl sollte gemäß Art. 139 Abs. 3 VO als Listenwahl erfolgen; auf weitere Einzelheiten (Vorschlagsrecht; Ersatzmitglieder; zweiter Wahlgang; Bildung der Wahlkommission) soll hier nicht eingegangen werden. Die Wahl sollte gemäß Art. 141 Abs. 1 VO innerhalb von zwei Monaten nach der Gründung der Europäischen Aktiengesellschaft erfolgen; sofern innerhalb dieser Frist keine Vertretung der Arbeitnehmer gewählt sein sollte, sollte der Aufsichtsrat seine Funktion gemäß Art. 142 VO übergangsweise allein durch die von der Hauptversammlung bestellten Mitglieder ausüben. Hierdurch sollte gewährleistet werden, daß der Aufsichtsrat die ihm obliegenden Aufgaben auch dann wahrnehmen kann, wenn keine Arbeitnehmervertreter entsandt worden sind.[396]

2. Aufgaben und Befugnisse des Aufsichtsrats

Den Vertretern der Arbeitnehmer im Aufsichtsrat sollte gemäß Art. 73 Abs. 1 VO die laufende Überwachung der Verwaltung der Gesellschaft durch den Vorstand obliegen. Um ihnen diese Kontrollfunktion auch in der Praxis zu ermöglichen, war ferner vorgesehen, daß der Vorstand dem Aufsichtsrat mindestens alle drei Monate einen Bericht über die Führung der Gesellschaft einschließlich ihrer Tochtergesellschaften und über die Konzernbeziehungen vorzulegen hat. Ferner sollte der Aufsichtsrat vom Vorstand jederzeit einen Sonderbericht über die Führung der Gesellschaft oder über einzelne Fragen ihrer Geschäftsbeziehungen verlangen können. Art. 73 Abs. 2 VO sah vor, daß der Aufsichtsrat den Vorstand auf dessen Verlangen hin oder von sich aus in jeder für die Gesellschaft wichtigen Angelegenheit, hinsichtlich derer gemäß Art. 68 Abs. 3 VO eine Mitteilungspflicht des Vorstands gegenüber dem Aufsichtsratsvorsitzenden besteht, beraten sollte. Im übrigen sollte der Aufsichtsrat weder unmittelbar in die Verwaltung der Gesellschaft eingreifen noch die Gesellschaft Dritten gegenüber rechtswirksam vertreten können, Art. 73 Abs. 3 VO. Bedeutsam war ferner noch die Bestimmung des Art. 78 VO, die dem Aufsichtsrat ein unbeschränktes Einsichts- und Aufsichtsrecht über alle Geschäfte der Gesellschaft zusprach; er sollte die Bücher, den Schriftwechsel, die Niederschriften und - ganz allgemein - alle Schriftstücke der Gesellschaft an Ort und Stelle einsehen können. Jede Vereinbarung, an der die Gesellschaft beteiligt ist und die auch nur mittelbar die Interessen eines Aufsichtsratsmitglieds berührt, sollte gemäß Art. 79 Abs. 3 VO der Zustimmung des Aufsichtsrats bedürfen. Schließlich sollten die Auf-

---

[396] Vgl. Amtl. Begründung zu Art. 142 VO, Beilage 8/70 zum EG-Bulletin, S. 115.

sichtsratsmitglieder gemäß Art. 80 Abs. 1 VO bei ihrer Amtsausübung über das Wohl der Gesellschaft und ihrer Belegschaft zu wachen haben.

3. Rechtsstellung der Arbeitnehmervertreter

Hinsichtlich der Rechtsstellung der Arbeitnehmervertreter beschränkte sich Art. 145 Satz 1 VO zunächst auf die - wichtige - Feststellung, daß die Vertreter der Arbeitnehmer im Aufsichtsrat dieselben Rechte und Pflichte haben sollten wie die übrigen Mitglieder des Aufsichtsrats, also die Vertreter der Anteilseignerseite. Diese unabdingbare rechtliche Gleichstellung sollte hinsichtlich aller Rechte und Pflichten gelten, die für diese Aufsichtsratsmitglieder durch das Statut gemäß den Art. 73 - 81 VO oder durch die Satzung der Europäischen Aktiengesellschaft begründet werden.[397] Die Amtszeit der Vertreter der Arbeitnehmer im Aufsichtsrat sollte sich gemäß Art. 144 Satz 1 VO nach der Amtszeit der von der Hauptversammlung entsandten Mitglieder richten. Wie die übrigen Aufsichtsratsmitglieder sollten die Vertreter der Arbeitnehmer von der Hauptversammlung für eine durch die Satzung bestimmte Zeit bestellt werden, die nach Maßgabe des Art. 74 Abs. 3 VO fünf Jahre nicht überschreiten dürfen sollte. Sie sollte unter den gleichen Voraussetzungen wie die Amtszeit der Mitglieder des EBR enden, vgl. Art. 144 Satz 2 i. V. m. Art. 108 VO. Ferner sollten die Arbeitnehmervertreter zur Sicherung ihrer Unabhängigkeit denselben Kündigungsschutz wie die Mitglieder des EBR genießen, d. h. ihre Kündigung sollte während der Dauer ihres Mandats und der drei darauf folgenden Jahre unzulässig sein, soweit nicht ein Grund zu einer fristlosen Kündigung besteht, vgl. Art. 145 Satz 2 i. V. m. Art. 112 VO.

4. Vorstandsmitglied für Personalangelegenheiten

Der Aufsichtsrat sollte gemäß Art. 63 Abs. 6 Satz 2 VO das Mitglied des Vorstands bezeichnen, welches mit der Behandlung von Personalfragen und Fragen der Arbeitsbeziehungen beauftragt ist. Der Vorschlag der Kommission sah somit die Betrauung einer Person mit Aufgaben vor, die denen des Arbeitsdirektors nach §§ 13 Abs. 1 Satz 1 Montan-MitbestG, 13 MitbestErgG bzw. § 33 MitbestG[398] zumindest vergleichbar sind, wenngleich es im Vorschlag des Statuts nicht ausdrücklich vorgesehen war, daß der Arbeitsdirektor des besonderen Vertrauens der Belegschaft bedürfen sollte.

III. Europäische Tarifverträge

Der Vorschlag sah ferner die Möglichkeit zum Abschluß europäischer Tarifverträge vor.[399] Gemäß Art. 146 VO sollten die Arbeitsbedingungen der Arbeitnehmer der Euro-

---

[397] Vgl. Amtl. Begründung zu Art. 145 VO, Beilage 8/70 zum EG-Bulletin, S. 117.
[398] Vgl. zu diesen Regelungen bereits ausführlich oben Teil I § 1 C. (S. 36 ff.).
[399] Ausführlich zum Tarifrecht der SE: *Gitter / Heinze*, S. 427 ff.; umfassend zum damaligen Stand hinsichtlich des Abschlusses von Tarifverträgen auf europäischer Ebene *Steinberg*, RdA 1971, 18 ff.

päischen Aktiengesellschaft durch Tarifvertrag zwischen der Europäischen Aktiengesellschaft und den in ihren Betriebsstätten vertretenen Gewerkschaften geregelt werden können. Die Vorschrift begründete somit eine besondere Tariffähigkeit der Europäischen Aktiengesellschaft.[400] Die durch einen solchen Tarifvertrag geregelten Arbeitsbedingungen sollten unmittelbar und zwingend für alle Arbeitnehmer der Europäischen Aktiengesellschaft gelten, die Mitglied einer am Tarifvertrag beteiligten Gewerkschaft sind; auch die Möglichkeit einer individualvertraglichen Bezugnahme war vorgesehen, vgl. Art. 147 VO. Mit dieser Regelung beabsichtigte die Kommission, durch den Abschluß europäischer Tarifverträge unerwünschte Unterschiede zwischen den Arbeitsbedingungen innerhalb des einheitlichen Unternehmens zu vermeiden.[401]

E. Resonanz der Mitgliedstaaten und Sozialpartner

Nachdem die Kommission ihren Verordnungsvorschlag vorgelegt hatte, kam es zu lebhaften Diskussionen, in deren Verlauf unzählige Stellungnahmen zu verzeichnen waren.[402] Das größte Gewicht - insbesondere in der Rückschau - kam hierbei den Stellungnahmen des Wirtschafts- und Sozialausschusses und des Europäischen Parlaments zu. Sie waren es, die maßgeblich Einfluß auf die weitere Entwicklung genommen haben.[403] Von Bedeutung war auch, wie der Vorschlag in den einzelnen Mitgliedstaaten aufgenommen wurde; auch hier waren unzählige Stellungnahmen zu verzeichnen, was angesichts der sozialpolitischen Brisanz des Themas und der Tatsache, daß zum ersten Mal ein Einheitsmodell für die Problematik der Mitbestimmung der Arbeitnehmer vorgeschlagen wurde, nicht verwundern kann.[404] Im folgenden soll im Hinblick auf die Bedeutung zahlreicher dieser Stellungnahmen für die weitere Entwicklung versucht werden, diese Diskussion unter Herausarbeitung ihrer maßgeblichen Argumente nachzuzeichnen.

I. Wirtschafts- und Sozialausschuß

Anders als beim Europäischen Parlament ist die Anhörung des Wirtschafts- und Sozialausschusses[405] gemäß Art. 198 Abs. 1 Satz 2 EWG-Vertrag lediglich fakultativ, da sie in

---

[400] So die Amtl. Begründung zu Art. 146 VO, Beilage 8/70 zum EG-Bulletin, S. 117.

[401] Vgl. Amtl. Begründung zu Art. 146 VO, Beilage 8/70 zum EG-Bulletin, S. 117.

[402] Vgl. *Bayer*, RabelsZ 35 (1971), 214 f., und *Pipkorn*, AG 1975, 318 ff., 319, der von über 60 Stellungnahmen berichtet. Diese können hier selbstverständlich nicht erschöpfend dargestellt werden; vgl. daher zur ausführlichen Darstellung weiterer Stellungnahmen *Hofmann*, S. 212 ff.

[403] Vgl. *Figge*, S. 183.

[404] *Figge*, S. 183.

[405] Der Wirtschafts- und Sozialausschuß ist in den Art. 192 - 198 EWG-Vertrag geregelt: Gemäß Art. 193 Abs. 2 EWG-Vertrag setzt er sich aus Vertretern der verschiedenen Gruppen des wirtschaftlichen und sozialen Lebens zusammen. Seine Mitglieder werden nach einem bestimmten Schlüssel auf die einzelnen Mitgliedstaaten verteilt und vom Rat auf vier Jahre ernannt. Sie sind nicht an Weisungen gebunden und üben ihre Tätigkeit in voller Unabhängigkeit zum allgemeinen Wohl der Gemeinschaft aus.

Art. 235 EWG-Vertrag nicht ausdrücklich vorgeschrieben ist. In der Praxis wurde und wird diese Anhörung dennoch in der Regel auch durchgeführt, um so einen möglichst breiten Konsens für geplante Maßnahmen zu erreichen. Der Kommissionsvorschlag wurde dem Wirtschafts- und Sozialausschuß (im folgenden auch: WSA) - auf Vorschlag der Kommission - vom Rat am 22.07.1970 vorgelegt; dieser übermittelte - nach langwierigen Verhandlungen[406] - seine Stellungnahme am 25.10.1972.[407]

Ähnlich wie die Kommission erhoffte sich der Wirtschafts- und Sozialausschuß von der Verabschiedung des Statuts für Europäische Aktiengesellschaften eine positive Auswirkung auf den Integrationsprozeß der Gemeinschaft. Im Hinblick auf die Erfahrungen der Wirtschaft und zur Verbesserung der Wettbewerbsfähigkeit europäischer Unternehmen hielt er die Einführung der Europäischen Aktiengesellschaft auch für notwendig.[408] Ungeachtet dieser prinzipiellen Zustimmung kam es in Einzelfragen dennoch zu abweichenden Vorschlägen oder zumindest Anregungen, die vorgeschlagenen Regelungen noch einmal zu überdenken.[409] Zu besonders kontroversen Diskussionen kam es insbesondere bei der - hier in erster Linie interessierenden - Frage der Vertretung der Arbeitnehmer in der Europäischen Aktiengesellschaft. Dies zeigte sich bereits an dem Umstand, daß die Stellungnahme - entgegen den bisherigen Gepflogenheiten[410] - auch die konträren Auffassungen der verschiedenen Gruppen sowie einzelner Mitglieder des Wirtschafts- und Sozialausschusses beinhaltete. Zwar fand die geplante Einführung eines einheitlichen Systems zur Vertretung der Arbeitnehmer in Gestalt einer Kombination aus einer Vertretung über einen Europäischen Betriebsrat, den Aufsichtsrat und den Abschluß Europäischer Tarifverträge die prinzipielle Zustimmung des Wirtschafts- und Sozialausschusses; bezüglich der Einzelheiten der Zusammensetzung und Zuständigkeit dieser Institutionen bestanden jedoch widersprüchliche Auffassungen.[411]

Hinsichtlich der Organisationsverfassung der Europäischen Aktiengesellschaft fand das Festschreiben des dualistischen Systems, d. h. die Trennung zwischen der kontrollierenden Funktion des Aufsichtsrats und der Geschäftsführung durch den Vorstand, die Zu-

---

[406] Die Verhandungen wurden hierbei nicht nur durch Sachprobleme, sondern insbesondere auch durch die Verhandlungen zum Beitritt Großbritanniens, Dänemarks und Irlands zur Europäischen Wirtschaftsgemeinschaft, der zum 01.01.1973 erfolgen sollte, verzögert.

[407] Stellungnahme des Wirtschafts- und Sozialausschusses zu dem Vorschlag für eine Verordnung des Rates betreffend die Europäische Aktiengesellschaft v. 25./26.10.1972. AblEG Nr. C 131 v. 13.12.1972, S. 32 ff.; im folgenden zitiert als *Stellungnahme WSA*. Vgl ausführlich zum Verfahren der Ausarbeitung, zur Arbeitsweise sowie zum Inhalt der Stellungnahme im einzelnen *Hofmann*, S. 226 ff., und *Walther*, AG 1973, 84 ff.

[408] Stellungnahme WSA, S. 32 ff., S. 33; vgl. auch *Pipkorn*, AG 1975, 318 ff., 319.

[409] Wegen Einzelheiten wird auf die Stellungnahme des WSA selbst sowie auf dessen Zusammenfassung bei *Walther*, AG 1973, 84 ff., verwiesen werden.

[410] Regelmäßig finden nur die mehrheitlich angenommenen Teile Eingang in die abschließende Stellungnahme des WSA, vgl. *Walther*, AG 1973, 84 ff., 87.

[411] Stellungnahme WSA, S. 32 ff., S. 35.

E. Resonanz der Mitgliedstaaten und Sozialpartner

stimmung des Wirtschafts- und Sozialausschuß.[412] Kritik wurde von einigen Mitgliedern lediglich an den diese Trennung verwischenden Befugnissen des Aufsichtsrats nach den Art. 63 Abs. 6, 64 Abs. 2 Satz 3 und 68 Abs. 3 VO geübt. Ferner wurde angeregt, den Katalog der zustimmungsbedürftigen Geschäfte des Art. 66 VO zu präzisieren, um so die Kontrolle des Aufsichtsrats zu begrenzen.

Unterschiedliche Auffassungen zur Vertretung der Arbeitnehmer in Europäischen Betriebsräten[413] bestanden insofern, als sich ein Teil der Mitglieder des Wirtschafts- und Sozialausschusses gegen die gemäß Art. 103 VO vorgesehene Zusammensetzung nur aus Vertretern der Arbeitnehmer wehrte, während andere diese geradezu als unabdingbar ansahen. Eine weitere Auffassung sprach sich dafür aus, eine Pflicht zur Zusammenarbeit mit den anderen Gesellschaftsorganen zu normieren und die Zustimmungsrechte des Europäischen Betriebsrats einzugrenzen. Die Stellungnahme spiegelte somit die Zusammensetzung des Wirtschafts- und Sozialausschusses wider; eine Annäherung der verschiedenen Positionen konnte nicht erreicht werden.

Unterschiedliche Auffassungen bestanden insbesondere in der Frage der Ausgestaltung der Vertretung der Arbeitnehmer im Aufsichtsrat.[414] Nur nach einer Ansicht wurde das vorgeschlagene Mitbestimmungsmodell gutgeheißen, dies jedoch auch nur mit Modifikationen: Die sog. Öffnungsklausel des Art. 137 Abs. 1 Satz 3 VO, nach der die Satzung eine höhere Anzahl von Arbeitnehmervertretern ermöglichen sollte, wurde abgelehnt, da diese Regelung gegen das Prinzip einer einheitlichen Lösung verstoße. Im übrigen kam es zu sehr unterschiedlichen Auffassungen: Während die einen sich für eine drittelparitätische Beteiligung von Anteilseignern, Arbeitnehmern und Vertretern des allgemeinen Interesses aussprachen, wollten andere eine Mitbestimmung der Arbeitnehmer im Aufsichtsrat nur bei deren gleichzeitiger finanzieller Verantwortlichkeit sowie der Übernahme sonstiger Risiken zulassen. Wieder andere lehnten eine Mitbestimmung im Aufsichtsrat der Europäischen Aktiengesellschaft im Hinblick auf nicht existierende Regelungen in manchen Mitgliedstaaten als nicht dem derzeitigen Stand der sozialen Verhältnisse in den Mitgliedstaaten entsprechend und somit als zu weitgehend ab. Eine einheitliche Linie ließ sich nicht feststellen. Infolge dieser Meinungsvielfalt unterbreitete der Wirtschafts- und Sozialausschuß daher auch abschließend keinen eigenen Vorschlag zur Mitbestimmung in den Aufsichtsorganen, sondern empfahl lediglich eine Überprüfung der Regelung unter Berücksichtigung der in der Stellungnahme enthaltenen unterschiedlichen Auffassungen.[415]

Die Regelungen über den Abschluß europäischer Tarifverträge schließlich wurden vom Wirtschafts- und Sozialausschuß[416] als ersten Schritt auf dem Weg zu einem europäi-

---

[412] Stellungnahme WSA, S. 32 ff., S. 35.
[413] Vgl. Stellungnahme WSA, S. 32 ff., S. 36, und *Walther*, AG 1973, 84 ff., 88.
[414] Vgl. Stellungnahme WSA, S. 32 ff., S. 35 ff., sowie *Walther*, AG 1973, 84 ff., 87 f.
[415] Stellungnahme WSA, S. 32 ff., S. 35.
[416] Stellungnahme WSA, S. 32 ff, S. 36.

schen Tarifvertragsrecht einerseits prinzipiell begrüßt. Andererseits wurde jedoch auch die Auffassung vertreten, es sei für derartige Regelungen noch zu früh. Insbesondere seien Abgrenzungsschwierigkeiten zu den nationalen Tarifvertragsrechten zu befürchten, die zunächst gelöst werden müßten. Von dieser Ansicht wurde der Europäischen Aktiengesellschaft die Tariffähigkeit versagt. Auch im übrigen kam es bei vielen Vorschriften nicht zu einer grundsätzlichen Einigung, so daß Übereinstimmung nur in einigen wenigen Ausnahmefällen herbeigeführt werden konnte.[417]

Insgesamt läßt sich festhalten, daß der Wirtschafts- und Sozialausschuß den Vorschlag grundsätzlich positiv bewertete, jedoch in einigen Bereichen eine modifizierende Überarbeitung einiger Regelungen vorschlug.[418] Insbesondere in der Frage der Mitbestimmung der Arbeitnehmer konnte keine Einigung erzielt werden. Dies ist angesichts der Vereinigung derart unterschiedlicher Interessengruppen im Wirtschafts- und Sozialausschuß nicht verwunderlich, zumal es hier - wie *Hofmann* zutreffend feststellte - um eine Frage von erheblichem sozialpolitischen Gewicht ging.[419]

II. Europäisches Parlament

Gemäß Art. 235 EWG-Vertrag legte die Kommission dem Europäischen Parlament ihren Vorschlag einer Verordnung des Rates über das Statut für Europäische Aktiengesellschaften zur Anhörung vor. Dieses gab nach langwierigen Beratungen[420] am 11.07.1974 eine abschließende Stellungnahme ab.[421] Sie wurde durch einen vom Rechts- unter Beteiligung des Wirtschaftsausschusses, des Finanz- und Haushaltsausschusses sowie des Ausschusses für Sozial- und Gesundheitsfragen erarbeiteten Entwurf[422] vorbereitet, der den Kommissionsvorschlag im großen und ganzen billigte.[423]

---

[417] Vgl. im einzelnen *Walther*, AG 1973, 84 ff., 88.

[418] Stellungnahme WSA, S. 32 ff., S. 48.

[419] Vgl. *Hofmann*, S. 227.

[420] Die vorgeschlagenen Änderungen gehen auf vierjährige eingehende Beratungen in den Ausschüssen des Europäischen Parlaments sowie auf eine zweitägige intensive Debatte am 10. und 11.07.1974 im Europäischen Parlament (abgedruckt im Anhang 179 zum Amtsblatt der EG v. Juli 1974, S. 126-243) zurück.

[421] Entschließung mit der Stellungnahme des Europäischen Parlaments v. 11.07.1974 zu dem Vorschlag der Kommission der Europäischen Gemeinschaft an den Rat für eine Verordnung betreffend das Statut für Europäische Aktiengesellschaften, AblEG Nr. C 93 v. 07.08.1974, S. 22 ff.; diese Stellungnahme wird im folgenden als *Stellungnahme EP* zitiert.

[422] Der Rechtsausschuß hat zwei umfangreiche Berichte vorgelegt: den sog. *Pintus-Bericht* 1972 und - aufgrund einer Zurückverweisung infolge zahlreicher Änderungsanträge - zwei Jahre später den sog. *Brugger-Bericht*. Diese Berichte des federführenden Rechtsausschusses sind zusammen mit den Stellungnahmen der anderen Ausschüsse veröffentlicht als Sitzungsdokument 178/72 (PE 30.742 endg.) bzw. 67/74 (PE 35.861 endg.) des Europäischen Parlaments; eine Kurzzusammenfassung findet sich bei *Figge*, S. 185 f., und bei *Hofmann*, S. 241 ff. Die abschließende Stellungnahme des Europäischen Parlaments hat die Ergebnisse dieser Ausschußarbeiten im wesentlichen übernommen; vgl. *Figge* a.a.o.

Dies gilt insbesondere für das Vorhaben als solches, welches das Europäische Parlament als zur Verwirklichung des Binnenmarktes notwendig erachtete, sowie für die gewählte Rechtsgrundlage.[424]

In einigen Bereichen beantragte das Europäische Parlament jedoch erhebliche Änderungen. Dies betraf vor allen Dingen die Regelung der Vertretung der Arbeitnehmer in der Europäischen Aktiengesellschaft, wenngleich das vorgeschlagene Modell - bestehend aus einer Errichtung von Europäischen Betriebsräten, der Vertretung der Arbeitnehmer im Aufsichtsrat der Europäischen Aktiengesellschaft sowie der Möglichkeit zum Abschluß von Tarifverträgen - im Grundsatz die Zustimmung des Europäischen Parlaments fand.[425]

Zu den Regelungen über den Europäischen Betriebsrat wurden umfangreiche Änderungsvorschläge vorgelegt, durch welche die nach dem Kommissionsvorschlag bereits bestehenden Rechte der Arbeitnehmervertretung und seiner Mitglieder präzisiert und teilweise auch erweitert wurden. Die vorgeschlagenen Regelungen waren hierbei teilweise vom deutschen Betriebsverfassungsgesetz 1972, welches am 15.01.1972 in Kraft getreten ist, beeinflußt. So sollten Europäische Betriebsräte nach den Vorstellungen des Europäischen Parlaments nur in einer Europäischen Aktiengesellschaft errichtet werden, die mindestens zwei Betriebe mit mindestens je 50 Arbeitnehmern in verschiedenen Mitgliedstaaten hat. Neu war auch die - aus dem deutschen Recht bekannte, vgl. § 23 BetrVG 1972 - Möglichkeit, auf Antrag von mindestens einem Viertel der wahlberechtigten Arbeitnehmer oder einer im Betrieb vertretenen Gewerkschaft den Ausschluß eines Mitglieds aus dem EBR oder die Auflösung des EBR wegen grober Verletzung seiner gesetzlichen Pflichten zu beantragen.[426] Ferner wurde der besondere Kündigungsschutz der Mitglieder des EBR erweitert: Ein Anhörungsrecht des EBR sollte auch bei einer außerordentlichen Kündigung nach nationalem Recht bestehen. Des weiteren sollten die Kandidaten für den EBR den gleichen Schutz wie die Mitglieder selbst genießen.[427] Neugefaßt werden sollte nach den Vorstellungen des Europäischen Parlaments auch die Regelung über die Zuständigkeit: Sie sollte sich auf die Angelegenheiten erstrecken, die mehrere, nicht in demselben Mitgliedstaat liegende Betriebe betreffen und nicht durch die nationalen Betriebsräte innerhalb ihrer Betriebe geregelt werden können.[428] Auch hier war der Einfluß des deutschen Betriebsverfassungsrechts - in Gestalt der Regelungen über den Gesamtbetriebsrat der §§ 47 ff. BetrVG 1972 - nicht

---

[423] Stellungnahme EP, S. 22 ff., S. 24, Erwägungsgrund Nr. 37; vgl. auch *Pipkorn*, AG 1975, 318 ff., 319.

[424] Stellungnahme EP, S. 22 ff, S. 22, Nr. 1-4 der Erwägungsgründe sowie S. 23, Erwägungsgrund Nr. 15.

[425] Stellungnahme EP, S. 22 ff., S. 23 f., Erwägungsgründe Nr. 21-27.

[426] Stellungnahme EP, S. 22 ff., S. 45 f., Art. 108 EP-Entwurf.

[427] Stellungnahme EP, S. 22 ff., S. 47, Art. 112 EP-Entwurf.

[428] Stellungnahme EP, S. 22 ff., S. 48, Art. 119 Abs. 2 Satz 1 EP-Entwurf.

zu verkennen.[429] Ferner waren in einem Anhang II zum vorgeschlagenen Statut einheitliche Wahlvorschriften vorgeschlagen, die integrierender Bestandteil des Status sein sollten.[430]

In erster Linie betrafen die Änderungsvorschläge des Europäischen Parlaments das unternehmerische Mitbestimmungsmodell des Vorschlags, welches durch einen völlig neuartigen Vorschlag ersetzt werden sollte. Die Stellungnahme des Europäischen Parlaments sprach sich - insoweit dem *Brugger-Bericht* des Rechtsausschusses wörtlich folgend[431] - für eine Drittelbeteiligung der Arbeitnehmer im Aufsichtsrat der Europäischen Aktiengesellschaft aus.[432] Die Zusammensetzung des - aus einer ungeraden Zahl von Aufsichtsratsmitgliedern bestehenden - Aufsichtsrats ergab sich hiernach zu je einem Drittel aus Vertretern der Kapitaleigner und aus Vertretern der Betriebsangehörigen, die gemeinsam das letzte Drittel der Aufsichtsratsmitglieder kooptieren sollten. Vorschlagsberechtigt für diese dritte Gruppe war nach dem Verordnungsvorschlag die Hauptversammlung, der Europäische Betriebsrat und der Vorstand der Europäischen Aktiengesellschaft, während die Vertreter der Anteilseigner allein von der Hauptversammlung gewählt werden sollten. Für die Vertreter der Arbeitnehmer war in einem Anhang ein eigenes Wahlverfahren vorgesehen.[433] Durch dieses sog. Kooptationsmodell[434] mit einer drittelparitätischen Zusammensetzung des Aufsichtsrats sollte eine ausgewogene Vertretung der Arbeitnehmer gewährleistet werden. Darüber hinaus gedachte man, über ein kooptiertes Drittel auch außerhalb der Europäischen Aktiengesellschaft stehende Interessen angemessen zur Geltung kommen können zu lassen.[435] Nach dem Entwurf des Europäischen Parlaments sollte nur vorgeschlagen werden können, *"wer allgemeine Interessen vertritt, die nötige Sachkunde besitzt und nicht in unmittelbarer Abhängigkeit von den Interessen der Anteilseigner noch der Arbeitnehmer sowie deren beider Organisationen steht"*[436]. Das Kooptationsverfahren stellte ein neues Modell der Mitbestimmung der Arbeitnehmer dar, welches bislang nur aus den Niederlanden bekannt war, wo es auch erst 1971 eingeführt worden war.[437] Aufgrund der mangelnden Erfahrung mit diesem Mitbestimmungsmodell sah der Bericht des Rechtsausschusses auch vor, daß nach fünf Jahren eine Überprüfung vorgenommen werden sollte, in deren

---

[429] Vgl. *Hofmann*, S. 242.

[430] Stellungnahme EP, S. 22 ff., S. 44, Art. 104 EP-Entwurf.

[431] Vgl. *Wagner*, S. 249.

[432] Stellungnahme EP, S. 22 ff., S. 23, Erwägungsgrund Nr. 24.

[433] Stellungnahme EP, S. 22 ff., S. 70 ff. (Anhang III).

[434] Die Einzelheiten der Ausgestaltung des Kooptationsmodells sollen erst im Zusammenhang mit der Darstellung des überarbeiteten Vorschlags von 1975 dargestellt werden, da die Kommission - um dies vorwegzunehmen - den Vorschlägen des Europäischen Parlaments gefolgt ist; vgl. insoweit unten Teil II § 6 (S. 132 ff.).

[435] Vgl. *Pipkorn*, ZHR 137 (1973), 35 ff., 60.

[436] Stellungnahme EP, S. 22 ff., S. 54 (Art. 137 Abs. 3 Satz 2 des Entwurfs).

[437] Vgl. dazu bereits oben Teil I § 1 D. (S. 58 ff.).

Rahmen auch Vorschläge zur Weiterentwicklung in Richtung auf ein paritätisch ausgestaltetes Mitbestimmungsmodell präsentiert werden sollten.[438]

Hinsichtlich der Möglichkeit, europäische Tarifverträge abschließen zu können, stellte das Europäische Parlament fest, daß dies zu begrüßen sei, weil hierdurch unerwünschte Unterschiede in den Arbeits- und Entlohnungsbedingungen im Rahmen der Europäischen Aktiengesellschaft beseitigt werden könnten.[439] Ergänzt wurden die Vorschläge der Kommission lediglich um das - aus dem deutschen Tarifvertragsrecht bekannte, vgl. § 4 Abs. 3 Tarifvertragsgesetz - Günstigkeitsprinzip, nach dem die in einer oder mehreren Betriebsstätten der Europäischen Aktiengesellschaft geltenden vorteilhafteren Bedingungen unverändert gültig bleiben sollten.[440]

III. Sonstige Stellungnahmen

Im Anschluß an den Vorschlag der Kommission kam auch in den Mitgliedstaaten eine lebhafte Diskussion auf, in deren Zuge unzählige Stellungnahmen ergangen sind. Da diese nicht sämtlich erfaßt werden können, soll im folgenden zumindest ein Blick auf die Resonanz im Inland und auf europäischer Ebene geworfen werden.

1. Stellungnahmen im Inland

a. Deutsche Wirtschaft

Die deutsche Wirtschaft begrüßte den Kommissionsvorschlag im Grundsatz.[441] Diese Zustimmung gründete sich insbesondere auf das von den Spitzenorganisationen behauptete Bedürfnis der Wirtschaft an einer solchen grenzüberschreitenden Rechtsform. Hierbei wurde jedoch besonderer Wert auf eine einheitliche Ausgestaltung des Statuts gelegt, um so eine Nationalisierung der Europäischen Aktiengesellschaft zu vermeiden. Im einzelnen versuchte daher auch die deutsche Wirtschaft, die von ihr vertretenen Positionen durch Änderungsvorschläge in die Diskussion über eine Überarbeitung des Statuts einzubringen. Neben Änderungsvorschlägen[442] zur Gründung, zur Ausgestaltung der Rechtsstellung der Aktionäre, zu den Rechnungslegungsvorschriften und zum Konzernrecht waren in der Stellungnahme auch Modifizierungen der Organisationsverfas-

---

[438] Vgl. Bericht des Rechtsausschusses, S. 8, 80 ff. und 166 ff.

[439] Stellungnahme EP, S. 22 ff., S. 24 (Erwägungsgrund Nr. 27).

[440] Stellungnahme EP, S. 22 ff, S. 57 in Art. 146 Satz 2 EP-Entwurf.

[441] Stellungnahme des Gemeinsamen Arbeitsausschusses der Spitzenorganisationen (Bundesverband der deutschen Industrie, Bundesverband deutscher Banken, Bundesvereinigung der deutschen Arbeitgeberverbände, Deutscher Industrie und Handelstag, Gesamtverband der Versicherungswirtschaft) für Fragen des Unternehmensrechts v. 08.12.1971; im folgenden: Stellungnahme der Spitzenorganisationen. Vgl. im einzelnen zusammenfassend zu dieser Stellungnahme *Walther*, AG 1972, 99 ff., und *Hofmann*, S. 223 ff. Eine weitere, sehr ausführliche Darstellung der Sicht der deutschen Arbeitgeber findet sich bei *Friedrich*, S. 49 ff.

[442] Vgl. zu diesen die Zusammenfassung bei *Walther*, AG 1972, 99 ff.

sung der Europäischen Aktiengesellschaft sowie der Beteiligung der Arbeitnehmer vorgesehen.

An der Organisationsverfassung kritisierte die deutsche Wirtschaft zum einen, daß der Vorstand einer Europäischen Aktiengesellschaft gemäß Art. 63 Abs. 3 VO ganz oder mehrheitlich aus Staatsangehörigen der Mitgliedstaaten bestehen sollte. Die Regelung dieser Frage sollte nach Ansicht der deutschen Wirtschaft den Mitgliedstaaten überlassen werden. Ferner wurde es als bedenklich bezeichnet, daß gemäß Art. 66 Abs. 1 VO viele bedeutende Vorstandsentscheidungen der Zustimmung des Aufsichtsrats bedürfen sollten. Die deutsche Wirtschaft sprach sich auch hier für eine Regelung durch die Mitgliedstaaten aus; zumindest aber müßten die vorgeschlagenen Regelungen präzisiert werden.[443]

Die Regelungen des Titels V über die Vertretung der Arbeitnehmer wurden von der deutschen Wirtschaft überwiegend abgelehnt.

Dies gilt zunächst für den Europäischen Betriebsrat, dessen obligatorische Errichtung trotz einer grundsätzlich positiven Haltung gegenüber dem deutschen Betriebsverfassungsgesetz *"aus übergeordneten europäischen Gesichtspunkten"*[444] abgelehnt wurde. Insbesondere sei die Gefahr von Funktionsüberschneidungen zwischen dem EBR und den nationalen Arbeitnehmervertretungen gegeben.[445] Auch das Verständnis des EBR als reine Interessenvertretung der Arbeitnehmer sei falsch; das Statut müsse um einen Hinweis auf das auch vom EBR zu beachtende Wohl der Europäischen Aktiengesellschaft und um den - wiederum aus dem deutschen Recht bekannten, vgl. §§ 2, 74 BetrVG 1972 - Grundsatz der vertrauensvollen Zusammenarbeit erweitert werden. Ferner gingen die Informationsrechte mangels einer Beschränkung auf den sachlichen Aufgabenbereich des EBR zu weit. Im übrigen wurden zahlreiche Detailregelungen kritisiert, auf die hier nicht näher eingegangen werden soll.[446]

Die Regelungen der Art. 137 ff. VO über die Mitbestimmung der Arbeitnehmer im Aufsichtsrat der Europäischen Aktiengesellschaft fanden die grundsätzliche Zustimmung der deutschen Wirtschaft, zumal sie der damaligen Gesetzeslage in der Bundesrepublik Deutschland entsprachen.[447] Im Ergebnis wurden sie dennoch abgelehnt, da das Projekt der Europäischen Aktiengesellschaft nach europäischen Maßstäben zu bewerten und die Übertragung des deutschen Modells auf die europäische Ebene - auch längerfristig[448] -

---

[443] Vgl. *Walther*, AG 1972, 99 ff. 102. In diesem Sinne auch *Wolff*, AG 1970, 247 ff., 249.
[444] Stellungnahme der Spitzenorganisationen, S. 41
[445] Vgl. zu diesen Abgrenzungsproblemen auch *Clement / Fortdran / Müller / Wanske*, AG 1972, 343 ff., 347.
[446] Vgl. dazu sowie zu den vorangegangenen Kritikpunkten die Zusammenfassung bei *Walther*, AG 1972, 99 ff. 103, sowie die ausführliche Darstellung bei *Friedrich*, S. 49 ff., S. 54 ff.
[447] Vgl. *Figge*, S. 184, und *Friedrich*, S. 49 ff., S. 71.
[448] Insoweit sollte die deutsche Wirtschaft Recht behalten.

nicht kompromißfähig sei.[449] Kategorisch abgelehnt wurde von der deutschen Wirtschaft zudem die Möglichkeit einer mehrheitlichen Abwahl der Mitbestimmung gemäß Art. 138 VO. Auch die in Art. 137 Abs. 1 Satz 2 VO vorgesehene Möglichkeit, die Zahl der Aufsichtsratsmitglieder durch die Satzung zu erhöhen, wurde kritisiert.

Die schärfste Kritik der deutschen Wirtschaft galt schließlich der in Art. 146 f. VO vorgesehenen Möglichkeit zum Abschluß europäischer Tarifverträge.[450] Der Versuch, ein europäisches Tarifvertragsrecht zu schaffen, indem das Statut der Europäischen Aktiengesellschaft eine besondere Tariffähigkeit zusprach, wurde als ungeeignet - oder sogar *"unrealistisch"*[451] - bezeichnet; entsprechende wirtschaftspolitische und rechtspolitische Fragestellungen seien noch nicht einmal ansatzweise geklärt. Angesichts dieser Tatsache müsse der Versuch der Kommission, eine derart komplexe Materie in nur zwei Vorschriften des Entwurfs regeln zu wollen, scheitern, zumal das Tarifvertragsrecht in unmittelbaren Wechselbeziehungen zu anderen Gebieten der Wirtschafts-, Sozial- und Rechtsordnung auf nationaler Ebene stehe.

b. Deutscher Gewerkschaftsbund

Die von der Kommission vorgelegten Vorschläge über die Mitbestimmung der Arbeitnehmer in der Europäischen Aktiengesellschaft wurden von den deutschen Gewerkschaften einer differenzierten Betrachtung unterzogen.[452] Während sie die Errichtung Europäischer Betriebsräte sowie die Möglichkeit zum Abschluß europäischer Tarifverträge grundsätzlich begrüßten, lehnten sie die vorgeschlagenen Regelungen zur Vertretung der Arbeitnehmer im Aufsichtsrat als unzureichend ab.[453]

Die Errichtung eines Europäischen Betriebsrats als einem für multinationale Unternehmen neuartigen Organ wurde von den Gewerkschaften durchweg als eine wirksame Interessenvertretung der Arbeitnehmer bezeichnet.[454] Diese prinzipielle Zustimmung schloß jedoch nicht aus, daß auch von Seiten der Gewerkschaften zahlreiche Kritikpunkte und Verbesserungsvorschläge angeführt wurden. So forderten sie bspw. hinsichtlich der sich aus Art. 114 VO ergebenden Schweigepflicht der Betriebsratsmitglieder eine Klarstellung dahingehend, daß diese nicht gegenüber anderen Arbeitnehmervertretern gelten könne. Auch die Regelung des Art. 116 VO, nach der Gewerkschaftsbeauftragte nur auf Antrag von mindestens einem Sechstel der Betriebsratsmitglieder an

---

449 Vgl. *Friedrich*, S. 49 ff., S. 77 f.
450 Vgl. *Walther*, AG 1972, 104.
451 Vgl. *Friedrich*, S. 74 f.
452 Vgl. ausführlich zur damaligen Position der deutschen Gewerkschaften *Vetter*, S. 17 ff., sowie die Stellungnahme des DGB *"EAG - Europäische Aktiengesellschaft, Stellungnahme des Deutschen Gewerkschaftsbundes zum Entwurf einer Europäischen Aktiengesellschaft"*, Düsseldorf 1972; im folgenden Abschnitt zitiert als *Stellungnahme DGB*.
453 Vgl. Stellungnahme DGB, S. 15, S. 20 und S. 25 ff.
454 Vgl. *Vetter*, S. 17 ff., S. 27, sowie Stellungnahme des DGB, S. 25 ff.

Sitzungen des EBR teilnehmen können sollten, rief Kritik hervor.[455] Dies sollte nach Auffassung der deutschen Gewerkschaft vielmehr ohne weiteres möglich sein. Die Bestimmungen über die Befugnisse und Aufgaben des EBR fanden im übrigen aber die ausdrückliche Zustimmung der deutschen Gewerkschaften; hierdurch würden dem EBR echte Entscheidungsbefugnisse verliehen, und er sei nicht nur ein bloßes Beratungsgremium. Abgelehnt wurde hingegen die direkte Wahl der Mitglieder des EBR durch die Arbeitnehmer der einzelnen Betriebsstätten.[456]

Die Regelungen über die Mitbestimmung der Arbeitnehmer im Aufsichtsrat der Europäischen Aktiengesellschaft wurden hingegen als völlig unzureichend abgelehnt. Man wolle keiner Regelung zustimmen, nach der man Verantwortung in der Europäischen Aktiengesellschaft übernehmen soll, ohne wirksam mitbestimmen zu können.[457] Statt der in Art. 137 Abs. 1 VO vorgesehenen Drittelbeteiligung der Arbeitnehmer forderten die deutschen Gewerkschaften eine Beteiligung an der Legitimation und Kontrolle der Unternehmensleitung zu gleichen Teilen wie die Anteilseigner. Auch die in Art. 137 Abs. 3 VO vorgesehene Möglichkeit der Erhöhung der Anzahl der Arbeitnehmervertreter mittels Satzung biete keinen angemessenen Ausgleich, da die Satzungsgewalt bei der Hauptversammlung liege und ein solcher Beschluß insofern von den Eigentümern abhänge. Abgelehnt wurde auch die im Statut gemäß Art. 138 Abs. 1 VO vorgesehene Möglichkeit der Abwahl der Mitbestimmung; der DGB forderte die ersatzlose Streichung dieser Regelung.[458] Bevorzugt wurde von Gewerkschaftsseite stattdessen das vom Europäischen Parlament vorgeschlagene Kooptationsmodell, nach dem sowohl die Anteilseigner- als auch die Arbeitnehmervertreter ein weiteres Drittel unabhängiger Vertreter hinzuwählen können sollten.[459]

Auf mehr Zustimmung stießen die Bestimmungen der Art. 146 f. VO über den Abschluß europäischer Tarifverträge. Die deutschen Gewerkschaften begrüßten es ausdrücklich, daß das von der Kommission vorgeschlagene Statut die Europäische Aktiengesellschaft für tariffähig erklärte. Dies eröffne die Möglichkeit des Abschlusses von grenzüberschreitenden Tarifverträgen, welche nach Auffassung der Gewerkschaften sonst kaum zustande kämen.[460] Die Konzentration von Rechten und Leitungsbefugnissen verlange als Gegengewicht die Möglichkeit zentraler Tarifverhandlungen und einheitlicher Tarifverträge.

Darüber hinaus wurde von Gewerkschaftsseite kritisiert, daß der Entwurf keine Regelungen über Rechtsstellung und Kompetenzen der Betriebsräte und der gewerkschaftli-

---

[455] Stellungnahme DGB, S. 26.
[456] Stellungnahme DGB, S. 18 f..
[457] Stellungnahme DGB, S. 6; vgl. auch *Vetter*, S. 17 ff., S. 36 ff.
[458] Stellungnahme DGB, S. 30; vgl. auch *Vetter*, S. 17 ff., S. 39.
[459] Stellungnahme des DGB, S. 29 f.
[460] *Vetter*, S. 17 ff, S. 28.

chen Vertrauensleute enthielt und sich lediglich auf die Europäische Aktiengesellschaft selbst bezog.[461]

2. Stellungnahmen auf europäischer Ebene

a. Staats- und Regierungschefs

Die Staats- und Regierungschefs der - zum damaligen Zeitpunkt kurz vor der Erweiterung stehenden - Gemeinschaft haben in der Schlußerklärung der Pariser Gipfelkonferenz vom 20. und. 21.10.1972 die Dringlichkeit der Schaffung des Statuts für Europäische Aktiengesellschaften nachdrücklich unterstrichen.[462] Diese grundsätzliche Zustimmung kann aber nicht darüber hinwegtäuschen, daß in einigen Bereichen ganz erhebliche Unterschiede hinsichtlich der Vorstellungen zur Ausgestaltung dieser neuen europäischen Rechtsform bestanden. Dies galt in besonderem Maße für die Frage der Mitbestimmung der Arbeitnehmer, da hier die einzelnen Mitgliedstaaten über ganz unterschiedliche Mitbestimmungssysteme verfügten.[463] Eine einheitliche Position war zum damaligen Zeitpunkt nicht auszumachen.

b. Sozialpartner

Auch die Stellungnahmen der Sozialpartner der Europäischen Gemeinschaft fielen ganz unterschiedlich aus, je nachdem, ob sie aufgrund der in ihrem Land gewachsenen Tradition eher mitbestimmungsfreundlich eingestellt waren oder der Einführung von Regelungen über die Mitbestimmung sehr reserviert gegenüber standen. Im großen und ganzen läßt sich aber festhalten, daß die vorgeschlagenen Regelungen in der großen Mehrheit der Mitgliedstaaten sowohl bei den Vertretern der Wirtschaft als auch bei den Gewerkschaften auf Ablehnung stießen.[464]

So lehnte bspw. die Arbeitgeberseite auf europäischer Ebene - dokumentiert durch eine Stellungnahme der europäischen Vereinigung der Unternehmerverbände (*Union of Industrial and Employer's Confederations of Europe*, UNICE) - im Ergebnis sowohl die vorgeschlagenen Regelungen über die Mitbestimmung der Arbeitnehmer generell als auch speziell zur Vertretung im Aufsichtsorgan ab.[465]

---

[461] Vgl. im einzelnen zu dieser Kritik *Vetter*, S. 17 ff., S. 46 f.
[462] EG-Bulletin Nr. 10/1972, S. 15 ff., S. 20, Ziff. 7 der Schlußerklärung.
[463] Vgl. dazu bereits oben Teil I § 1 (S. 33 ff.); zum Zeitpunkt der Diskussionen über den ersten Vorschlag bestanden lediglich in der Bundesrepublik Deutschland, den Niederlanden und - in schwächerer Ausprägung - in Frankreich Regelungen über die Mitbestimmung.
[464] Vgl. *Hofmann*, S. 195 ff., 200.
[465] Stellungnahme der UNICE zur Vertretung der Arbeitnehmerinteressen in der Europäische Aktiengesellschaft v. 12.03.1971; vgl. dazu auch *Hofmann*, S. 215 ff. Diese Stellungnahme wird im folgenden Abschnitt zitiert als *Stellungnahme UNICE*.

Die Einführung eines Europäischen Betriebsrats wurde zwar nicht generell abgelehnt.[466] Jedoch beinhaltete die Stellungnahme eine wesentlich weniger weitreichende Vorstellung von der Reichweite der Aufgaben und Befugnisse einer solchen Institution. Die UNICE widersetzte sich ausdrücklich jeder Art von Mitentscheidungsrecht[467]; vorgeschlagen wurde lediglich eine betriebsratsähnliche Ausgestaltung des EBR. Der EBR sollte nach ihrer Vorstellung zur Entwicklung eines konstruktiven Dialogs zwischen Unternehmensleitung und Arbeitnehmern beitragen, um einen reibungslosen Betriebsablauf sowie die Verbesserung der Arbeitsbeziehungen und des sozialen Klimas innerhalb der Gesellschaft zu fördern.[468] Insbesondere dürfe es sich um keine einseitige Vertretung der Interessen der Arbeitnehmer zur Durchsetzung von Forderungen handeln; dies aber sei genau die Konzeption des Entwurfs.[469] Zudem enthalte der Entwurf an keiner Stelle eine Verpflichtung zur vertrauensvollen Zusammenarbeit und sehe Mitbestimmungsrechte und Verfahrensregelungen *"inquisitorischen und bürokratischen"*[470] Charakters vor. Die Einführung eines Konzernbetriebsrats wurde für völlig überflüssig gehalten.[471]

Ebenso wurden die vorgeschlagenen Regelungen über die Mitbestimmung der Arbeitnehmer im Aufsichtsrat gänzlich abgelehnt.[472] Die UNICE berief sich hierbei auf eine ältere Stellungnahme, in der sie bereits erklärt hatte, daß sie sich keiner Lösung anschließen könne, die auf eine Vertretung der Arbeitnehmer in den Organen der Europäischen Gesellschaft hinauslaufe. Darüber hinaus lehnte sie auch jede Vorschrift ab, die auf anderen Wegen zu einer institutionellen Beteiligung der Arbeitnehmer im Aufsichtsrat führen würde.[473] Das Ziel eines in allen Mitgliedsländern annehmbaren Statuts werde verfehlt, indem man für eine Lösung optiere, die nur in einem einzigen Mitgliedstaat bestehe.[474] Dasselbe gelte nach einer weiteren Stellungnahme der UNICE vom 12.12.1974 für das vom Europäischen Parlament vorgeschlagene Kooptationsmodell mit drittelparitätischer Beteiligung der Arbeitnehmer.[475]

Die schärfste Kritik erfuhr der Abschnitt über die Regelung der Arbeitsbedingungen. Der Vorschlag der Kommission zum Abschluß europäischer, grenzüberschreitender

---

[466] UNICE-Stellungnahme, S. 1 ff., S. 1 ff., vgl. auch den Anhang I der Stellungnahme: *"Einzelbemerkungen zum Abschnitt 'Der Europäische Betriebsrat' mit Kommentierungen einzelner Artikel des Vorschlags"*.
[467] UNICE-Stellungnahme, Anhang I, S. 5, Anm. 1. zu Art. 123.
[468] UNICE-Stellungnahme, S. 1 ff., S. 1.F
[469] UNICE-Stellungnahme, S. 1 ff., S. 2.
[470] UNICE-Stellungnahme, S. 1 ff., S. 2.
[471] UNICE-Stellungnahme, S. 1 ff., S. 3.
[472] UNICE-Stellungnahme, S. 1 ff., S. 3 f..
[473] UNICE-Stellungnahme, S. 1 ff., S. 3.
[474] UNICE-Stellungnahme, S. 1 ff., S. 3.
[475] Resolution der UNICE zum Vorschlag des Europäischen Parlaments betreffend die Zusammensetzung des Aufsichtsrats einer Europäischen Aktiengesellschaft (SE), Dok. 22.6.1 A.4.

Tarifverträge wurde als *"völlig ungeeignet und verfehlt"*[476] bezeichnet. Für eine solche Regelung sei es nicht nur verfrüht, sondern die Kommission habe auch die Tatsache nicht berücksichtigt, daß es sich bei den nationalen Tarifvertragssystemen um geschichtlich gewachsene und komplexe Normensysteme handelte, die in Wechselbeziehung zu anderen Gebieten der Wirtschafts-, Sozial- und Rechtsordnung der Länder stünden.[477]

Von Seiten der Gewerkschaften auf europäischer Ebene wurden die Vorschläge zur Regelung der Vertretung der Arbeitnehmer teilweise begrüßt, teilweise aber auch als unannehmbar abgelehnt.[478] Ersteres galt im Grundsatz sowohl für die Errichtung Europäischer Betriebsräte als auch für die vorgesehene Möglichkeit, europäische Tarifverträge abzuschließen. Auf Ablehnung stießen hingegen die Regelungen über die Mitbestimmung der Arbeitnehmer im Aufsichtsrat der Europäischen Aktiengesellschaft.[479] Zwar sprachen sich die europäischen Gewerkschaftsvertreter naturgemäß nicht generell gegen die Einführung einer Mitbestimmungsregelung aus[480]; die vorgeschlagenen Regelungen gingen ihnen jedoch nicht weit genug. Sie forderten vielmehr die Verwirklichung der Parität zwischen Arbeitnehmern und Anteilseignern nach dem Prinzip der sog. Drittelparität, nach dem die von Anteilseignern und Arbeitnehmern gewählten ersten beiden Drittel gemeinsam ein weiteres Drittel hinzuwählen sollten. Auch die Stellungnahme des EBFG sprach sich somit für das - vom Europäischen Parlament befürwortete und aus dem niederländischen Recht bekannte - Kooptationsmodell aus.[481] Im übrigen kann auf obige Ausführungen zur Position der deutschen Gewerkschaften verwiesen werden, da die Vereinigung der Gewerkschaften auf europäischer Ebene im wesentlichen dieselben Positionen vertraten.

F. Stellungnahme

I. Rechtsgrundlage

Die Kommission wählte als Rechtsgrundlage für ihren Verordnungsvorschlag Art. 235 EWG-Vertrag. Wenngleich dieses Vorgehen - wie bereits erwähnt - nicht unumstritten

---

[476] UNICE-Stellungnahme, S. 1 ff., S. 4.
[477] UNICE-Stellungnahme, S. 1 ff., S. 5.
[478] EBFG, Forderungen des Bundes Freier Gewerkschaften in der Gemeinschaft (EBFG) zur Mitwirkung der Arbeitnehmer in der Europäischen Aktiengesellschaft, Das Mitbestimmungsgespräch 1970, 94 ff. Diese Forderungen wurden der Kommission der Europäischen Gemeinschaften - nach Angaben des EBFG - in einem Konsultationsgespräch am 14.04.1970 vorgetragen.
[479] Stellungnahme EGB, Das Mitbestimmungsgespräch 1970, 94 ff., 94.
[480] Vgl. beispielhaft die eher verhaltene Stellungnahme des *Trades Union Congress (TUC)* v. Juli 1973, in welcher die Einführung der Mitbestimmung als *"wahrscheinlich wünschenswerte Entwicklung"* bezeichnet wird, TUC, *Industrial Democracy, Interim Report by the TUC General Council*, London, Juli 1973.
[481] Stellungnahme EGB, Das Mitbestimmungsgespräch 1970, 94 ff., 94.

war, begegnete dies insofern keinen Bedenken, als diese Bestimmung zum damaligen Zeitpunkt die einzig in Betracht kommende Rechtsgrundlage für die Verabschiedung einer europäischen Rechtsform gewesen war. Spezialrechtsgrundlagen existierten nicht.

II. Organisationsverfassung

Zu der von der Kommission vorgeschlagenen Organisationsverfassung ist festzustellen, daß sich ihre Vorschläge zu einseitig an der dualistisch strukturierten Aktiengesellschaft deutschen Rechts ausrichteten. Die Kommission ignorierte faktisch die Existenz der monistischen Organisationsverfassung in vielen Mitgliedstaaten. Die von ihr gewählte Struktur der Europäischen Aktiengesellschaft stieß folglich auch auf ein geteiltes Echo: Während die Mitgliedstaaten, deren Aktiengesellschaften ebenfalls neben dem geschäftsführenden Vorstand ein Aufsichtsorgan haben, dieser Organisationsverfassung zustimmten, wurde diese Struktur insbesondere in Großbritannien zum Teil mit großer Heftigkeit zurückgewiesen.[482] Es kann somit - insbesondere aus heutiger Sicht - nicht verwundern, daß die Kommission mit diesen Vorschlägen nicht durchdringen konnte.

III. Mitbestimmung der Arbeitnehmer

Zum damaligen Zeitpunkt war - dies kann man aus heutiger Sicht ohne weiteres feststellen - der Vorschlag einer Mitbestimmungsregelung, die im wesentlichen dem deutschen Recht gleichkam und damit sehr weitreichend war, nicht konsensfähig. Die Kommission wollte als Grundsatz das Mitbestimmungsmodell eines einzigen Mitgliedslandes in eine Unternehmensform übernehmen, die in allen Staaten der Gemeinschaft Anwendung finden sollte. Sie orientierte sich hierbei weitgehend am deutschen Betriebsverfassungsgesetz 1952, ohne zu bedenken, daß die Regelung der Mitbestimmung aufgrund unterschiedlicher historischer und sozialpolitischer Entwicklungen in den EWG-Mitgliedstaaten sehr unterschiedlich ausgestaltet war und ist.[483] Der zum Teil geäußerte Vorwurf, der Vorschlag sei in dieser Frage realitätsfern[484], ist vor diesem Hintergrund als berechtigt anzusehen. Hierzu führte insbesondere *Raiser* aus, daß es heute im Rückblick niemand erstaune, *"daß sich dieses fortschrittliche, fast revolutionäre Muster, das auch über das deutsche Mitbestimmungsrecht hinausging, nicht durchsetzen ließ"*[485]. Die Kommission konnte zum damaligen Zeitpunkt nicht damit rechnen, daß eine so weitreichende Mitbestimmungsregelung auch in Mitgliedstaaten mit einer wenig - oder sogar gar nicht ausgeprägten - Mitbestimmungstradition auf Zustimmung stoßen würde.

---

[482] *Ficker*, FS Bärmann, S. 299 ff., S. 299.

[483] *Walther*, AG 1972, 99 ff., 103.

[484] So bspw. die oben dargestellte Stellungnahme der deutschen Spitzenorganisationen, vgl. oben Teil II § 5 E. III. 1. a. (S. 123 ff.).

[485] *Raiser*, FS Steindorff, S. 201 ff., S. 211.

Diese Kritik wird jedoch dadurch relativiert, daß es sich bei der von der Kommission vorgelegten Regelung - wenn auch nach umfangreichen Vorarbeiten - um den ersten Vorschlag eines Statuts für die Europäische Aktiengesellschaft handelte. Es sollte sich in erster Linie um einen Arbeitsentwurf handeln, auf den man sich in der Diskussion konkret beziehen konnte und der zur Grundlage weiterer Überlegungen unter Einbeziehung der zu ihm ergangenen Stellungnahmen gemacht werden sollte. Zum anderen war bereits aufgrund der gegensätzlichen Interessenlagen der Anteilseigner auf der einen und der Arbeitnehmer auf der anderen Seite nicht damit zu rechnen, daß der Vorschlag von beiden Seiten Zustimmung erfahren würde. Berücksichtigt man ferner noch die Unterschiede zwischen den einzelnen Mitgliedstaaten in der Frage der Mitbestimmung, so erstaunt es nicht, daß es der Kommission nicht gelungen ist, bereits mit ihrem ersten Vorschlag eine mehrheitsfähige Regelung vorzulegen.

G. Gang der weiteren Arbeiten

Anhand der zahlreichen Stellungnahmen überprüfte die Kommission gemäß Art. 149 Abs. 2 EWG-Vertrag ihren ursprünglichen Vorschlag daraufhin, in welchen Punkten er einer Abänderung bedürfe. Sie setzte einen Ausschuß ein, der eine überarbeitete Fassung des Vorschlags eines Statuts für Europäische Aktiengesellschaften ausarbeiten sollte.

§ 6 Der Vorschlag zur Europäischen Aktiengesellschaft von 1975

A. Konzeption des Vorschlags

Der von der Kommission dem Rat gemäß Art. 149 Abs. 2 EWG-Vertrag am 13.05.1975 vorgelegte Vorschlag einer Verordnung des Rates über das Statut für Europäische Aktiengesellschaften (SE)[486] stellte im wesentlichen eine überarbeitete Fassung des Entwurfs von 1970 dar. Schon dem äußeren Umfang nach war der Entwurf seinem Vorgänger von 1970 vergleichbar[487]: Ebenso wie der ursprüngliche Kommissionsvorschlag enthielt er 284 Artikel. Insgesamt war der Vorschlag allerdings aufgrund zahlreicher Änderungen sowie des Anfügens weiterer Anhänge seinem Umfang nach etwas gewachsen.

Auch die Grundkonzeption des ursprünglichen Entwurfs wurde beibehalten: Wie auch sein Vorgänger enthielt der Vorschlag von 1975 ein vollständiges und abschließendes Regelwerk für eine Europäische Aktiengesellschaft. In vielen Bereichen war der Entwurf - wie sein Vorgänger - stark vom deutschen Recht beeinflußt[488], wenngleich das Statut auch Wertungen und Regelungen enthielt, die den Rechtsordnungen anderer Mitgliedstaaten entsprachen.[489] Die allgemeine Struktur der Europäischen Aktiengesellschaft, insbesondere die Vorschriften über die Aufbringung und Veränderung ihres Kapitals, über die Zuständigkeit ihrer Organe, über die Feststellung des Jahresabschlusses und über die Bildung von Rücklagen stimmten weitgehend mit dem damaligen deutschen Recht überein.[490]

Die Tatsache, daß es sich bei dem Entwurf von 1975 um eine revidierte Fassung des Vorschlags von 1970 handelte, läßt sich an vielen Stellen des Verordnungsvorschlags festmachen, da ein Großteil der bereits im ursprünglichen Vorschlag enthaltenen Regelungen im wesentlichen unverändert übernommen wurde. So wurde der Vorschlag von 1975 bspw. auf dieselbe Rechtsgrundlage des Art. 235 EWG-Vertrag gestützt und über-

---

[486] Geänderter Vorschlag einer Verordnung des Rates über das Statut für Europäische Aktiengesellschaften, KOM (75) 150 endg.; weitere Fundstellen: Beilage 4/75 zum EG-Bulletin, BT-Drucks. 7/3713 v. 02.06.1975 und BR-Drucks. 372/75 v. 02.07.1975, wo auch die Erläuterungen der Kommission zu den einzelnen Artikeln des Vorschlags abgedruckt sind. Soweit im folgenden Kapitel Artikel genannt werden, sind hiermit die Vorschriften dieses Vorschlags gemeint; die Erläuterungen werden als *Amtl. Begründung* zitiert. Eine ausführliche Darstellung dieses überarbeiteten Vorschlags findet sich unter anderem bei *Pipkorn*, AG 1975, 318 ff., *Walther / Wiesner*, GmbHRdsch 1975, 247 ff., und *Würdinger*, DB 1975, 1301 ff.

[487] Dies zeigt sich schon daran, daß der ursprüngliche und der geänderte Vorschlag in der amtlichen Veröffentlichung synoptisch gegenübergestellt wurden, um so die vorgenommenen Änderungen besser erkennbar zu machen.

[488] Vgl. *Wißmann*, RdA 1992, 320 ff., 321, und *Zöllner*, Kölner Kommentar zum AktG, Einleitungsband, H, Rn. 178 f.

[489] Vgl. *Würdinger*, DB 1975, 1302 ff., 1302 und 1303.

[490] Vgl. *Würdinger*, DB 1975, 1302 ff., 1303.

A. Konzeption des Vorschlags

nahm Vorwort und die dem Statut vorangestellten Erwägungsgründe fast[491] ohne Änderung. Dies beruhte auf der Zustimmung, die die grundsätzliche Idee einer Europäischen Aktiengesellschaft als einer vom nationalen Gesellschaftsrecht losgelösten, im gesamten Gebiet der Gemeinschaft einheitlich geltenden Rechtsform mehrheitlich gefunden hatte.[492] Doch auch in materieller Hinsicht blieben viele Vorschriften im großen und ganzen unangetastet. Keine - oder nur unwesentliche - Änderungen enthielt der Vorschlag im Bereich der allgemeinen Vorschriften. Auch was die Organisationsverfassung der Europäischen Aktiengesellschaft anging, blieb die Kommission unter Berufung auf weitgehende Zustimmung[493] bei ihrem ursprünglichen Vorschlag, neben der Hauptversammlung die beiden getrennten Organe Vorstand und Aufsichtsrat vorzusehen und damit das dualistische System vorzuschreiben. Kaum Änderungen wurden schließlich bei den steuerrechtlichen Vorschriften vorgenommen. Auch die Strafvorschriften blieben bis auf einige Änderungen im *Anhang IV*[494] über die Sanktionen bei Verstößen gegen das Statut unberührt.

Die Kommission hatte mit ihrem geänderten Vorschlag einer Verordnung des Rates über das Statut für Europäische Aktiengesellschaften ihren ursprünglichen Vorschlag jedoch nicht nur einer technischen Überarbeitung unterzogen, sondern auch in einigen Teilen wesentliche inhaltliche Änderungen vorgenommen.[495] Diese Änderungen beruhten zum größten Teil auf den vom Wirtschafts- und Sozialausschuß sowie vom Europäischen Parlament abgegebenen Stellungnahmen zum ersten Entwurf. Sie bezogen auch die zahlreichen Stellungnahmen der Industrie- und Wirtschaftsverbände sowie der Gewerkschaften ein, wenngleich nicht alle geäußerten Wünsche und Vorstellungen miteinander in Einklang gebracht werden konnten. Auch die wissenschaftliche Auseinandersetzung mit dem Statut wurde - so weit wie möglich - berücksichtigt.[496]

Die meisten Änderungen[497] dienten lediglich der Klarstellung und Verbesserung des ursprünglichen Vorschlags und beruhten insoweit auf einer rechtstechnischen Überarbeitung. So erfuhren insbesondere viele aktienrechtliche Bestimmungen eine Änderung,

---

[491] Eine wichtige Ausnahme betrifft die unter *IV* im Zusammenhang darzustellenden weitreichenden Änderungen hinsichtlich der Problematik der Mitbestimmung der Arbeitnehmer, die auf die Stellungnahme des Europäischen Parlaments hin erfolgt sind.

[492] Vgl. *Pipkorn*, AG 1975, 318 ff., 319.

[493] Vgl. die Amtl. Begründung zum Titel IV vor Art. 62, BR-Drucks. 372/75, S. 209 f.

[494] *"Anhang IV - Sanktionen bei Verstößen gegen das Statut"*, BR-Drucks. 372/75, S. 190 f.

[495] Vgl. *Pipkorn*, AG 1975, 318 ff., 318.

[496] Vgl. *Pipkorn*, AG 1975, 318 ff., 319.

[497] Der Schwerpunkt soll im folgenden aufgrund des Themas der vorliegenden Darstellung auf den Änderungsvorschlägen zu den Regelungen der Vertretung der Arbeitnehmer liegen. Andere Änderungsvorschläge werden nur exemplarisch genannt; insoweit wird auf die einschlägige Literatur verwiesen (Zusammenstellung bspw. bei *Lutter*, Die Europäische Aktiengesellschaft, S. 439).

§ 6 Der Vorschlag zur Europäischen Aktiengesellschaft von 1975

Verbesserung oder Ergänzung.[498] Umfangreichen Umgestaltungen wurden bspw. auch die Regelungen über die Gründung der Europäischen Aktiengesellschaft unterzogen.[499] Neben der Gründung durch Verschmelzung und Errichtung einer Holdinggesellschaft sah der geänderte Vorschlag die Möglichkeit der Errichtung einer gemeinsamen Tochtergesellschaft nicht nur für Aktiengesellschaften, sondern für alle Gesellschaften mit Rechtspersönlichkeit sowie sonstige wirtschaftlich tätige juristische Personen vor. Modifiziert wurden auch die Vorschriften über die Rechnungslegung, um - so die Kommission[500] - einen getreuen Einblick in die Vermögens-, Finanz- und Ertragslage der Gesellschaft zu gewährleisten. Ferner wurden noch zahlreiche Änderungen im Konzernrecht vorgenommen, wenngleich die ursprüngliche Regelung in den meisten Stellungnahmen bereits im wesentlichen gebilligt worden waren.[501] Auch die Regelungen über die Umwandlung und die Verschmelzung wurden nicht unerheblich modifiziert.[502] Die umfangreichsten Änderungen[503] enthielt der Kommissionsvorschlag von 1975 bei den - sogleich darzustellenden - Regelungen über die Vertretung der Arbeitnehmer.

B. Rechtsgrundlage

Ebenso wie der ursprüngliche Vorschlag war der Verordnungsvorschlag auf Art. 235 EWG-Vertrag[504] gestützt, d. h. für den Fall der Verabschiedung der Verordnung wäre - nach Anhörung des Europäischen Parlaments und des Wirtschafts- und Sozialausschusses - ein einstimmiger Beschluß des Rates erforderlich gewesen.

C. Organisationsverfassung

Hinsichtlich der Organisationsverfassung der Europäischen Aktiengesellschaft blieb die Kommission ihren im ursprünglichen Vorschlag dargelegten Vorstellungen treu. Unter Berufung auf weitgehende Zustimmung sah sie neben der Hauptversammlung die beiden getrennten Organe Vorstand und Aufsichtsrat vor und schrieb das dualistische System fest.[505] Auch der geänderte Vorschlag ging davon aus, daß - so die Kommission -

---

[498] Vgl. *Würdinger*, DB 1975, 1301 ff., 1301., und *Walther / Wiesner*, GmbHRdsch 1975, 247 ff., 250 ff.

[499] Vgl. hierzu im einzelnen *Pipkorn*, AG 1975, 318 ff., 320 f., und *Würdinger*, AG 1975, 1301 ff.

[500] Vgl. den 20. Erwägungsgrund der Kommission zum vorgeschlagenen Statut, BT-Drucks. 7/3713, S. 7.

[501] Vgl. *Pipkorn*, AG 1975, 318 ff., 324, und *Würdinger*, DB 1975, 1301 ff., 1303 f.; ausführlich zum Konzernrecht *ders.*, DB 1975, 1733 ff.

[502] Siehe dazu *Pipkorn*, AG 1975 ff., 318 ff., 324 f.

[503] Vgl. ausführlich zu den Bestimmungen des geänderten Vorschlags *Staehelin*, S. 420 ff.

[504] Die Tragfähigkeit des Art. 235 EWG-Vertrag für das bis zu diesem Zeitpunkt weitreichendste Vorhaben, welches auf diesen Artikel gestützt werden sollte, war umstritten, vgl. umfassend zum damaligen Streitstand *Pipkorn*, ZHR 137 (1973) 35 ff., 54 ff., sowie zu der Rechtsansicht des Europäischen Parlaments und des Wirtschafts- und Sozialausschusses *ders.*, AG 1975, 318 ff., 319 f.

[505] Vgl. die Amtl. Begründung zum Titel IV vor Art. 62, BR-Drucks. 372/75, S. 209 f.

"es erforderlich ist, ein System klarer Trennung der Verantwortlichkeit einzuführen"[506]. Die Europäische Aktiengesellschaft sollte über eine dualistisch strukturierte Organisationsverfassung mit einem geschäftsführendem Vorstand und einem Aufsichtsrat als Kontrollorgan verfügen, vgl. Art. 62 VO. Ansatzpunkt der Mitbestimmung der Arbeitnehmer war - wie beim ursprünglichen Vorschlag - der Aufsichtsrat der Europäischen Aktiengesellschaft. Über ihn sollte den Vertretern der Arbeitnehmer neben den anderen Aufsichtsratsmitgliedern eine Kontrolle über die Geschäftsleitung zustehen.

D. Mitbestimmung der Arbeitnehmer

Die Regelungen der Art. 100-147 VO über die Vertretung der Arbeitnehmer waren durch sehr weitreichende betriebliche und unternehmenspolitische Mitbestimmungsrechte der Arbeitnehmer der Europäischen Aktiengesellschaft geprägt.[507] Hierbei folgte der Vorschlag im wesentlichen den Änderungsvorschlägen des Europäischen Parlaments, wobei ein maßgeblicher Einfluß insbesondere des deutschen Mitbestimmungsrechts[508] nicht zu verkennen ist.[509] Aber auch das niederländische Aktienrecht beeinflußte die Änderungsvorschläge der Kommission insofern, als sie - im Anschluß an eine Anregung des Europäischen Parlaments - auch das 1971 in den Niederlanden in Kraft getretene Kooptationssystem übernahm.[510]

I. Europäischer Betriebsrat und Konzernbetriebsrat

Hinsichtlich der Vorschriften über den Europäischen Betriebsrat bzw. den Konzernbetriebsrat (Art. 100-136 VO) wurden in dem geänderten Vorschlag in erster Linie Präzisierungen vorgenommen. Ferner wurden - ebenfalls auf Vorschlag des Europäischen Parlaments - einzelne Rechte des Betriebsrats erweitert.[511]

1. Anwendungsbereich

Gemäß Art. 100 VO des geänderten Vorschlags sollte bei jeder Europäischen Aktiengesellschaft, die mindestens zwei Betriebe mit mindestens je 50 Arbeitnehmern in verschiedenen Mitgliedstaaten hat, ein Europäischer Betriebsrat zu bilden sein. Der Wortlaut wurde somit durch die Aufnahme eines Schwellenwertes gegenüber dem ursprüng-

---

506 Vgl. den 14. Erwägungsgrund der Kommission zum vorgeschlagenen Statut, BT-Drucks. 7/3713, S. 6
507 *Abeltshauser*, AG 1990, 289 ff., 289.
508 Vgl. *Wiedemann*, der hierzu ausgeführt hat, daß das europäische Modell sich an das Montan-MitbestG anlehne, es aber insofern weiterführe, als die Person des unparteiischen Schiedsrichters zu einer *"dritten Bank"* erweitert wurde, vgl. *Wiedemann*, Gesellschaftsrecht I, § 11 I. 3. b. (S. 605).
509 Vgl. *Pipkorn*, AG 1975, 318 ff., 322 und *Würdinger*, DB 1975, 1301 ff., 1301.
510 Vgl. *Kolvenbach*, DB 1986 ff., 2023 ff., 2024; vgl. ausführlich zu diesem niederländischen Mitbestimmungsmodell bereits oben Teil I § 1 D. (S. 58 ff.).
511 Vgl. *Figge*, S. 189.

lichen Vorschlag klarer gefaßt.[512] Präzisiert wurde auch die - in den Stellungnahmen zum ursprünglichen Vorschlag oft kritisierte - Abgrenzung zu den Kompetenzen nationaler Arbeitnehmervertretungen auf betrieblicher Ebene. Nach Art. 119 Abs. 2 Satz 1 VO des geänderten Vorschlags sollte die Zuständigkeit des EBR nur für solche Angelegenheiten gegeben sein, die mehrere, nicht in demselben Mitgliedstaat liegende Betriebe betreffen, sofern diese nicht durch die nationalen Arbeitnehmervertretungen geregelt werden könnten.

2. Zusammensetzung und Wahl des Europäischen Betriebsrats

Auch hinsichtlich der Zusammensetzung und der Wahl des Europäischen Betriebsrats enthielt der geänderte Vorschlag einige Neuerungen. In einem *Anhang II*[513] wurden auf Wunsch des Europäischen Parlaments einheitliche Wahlvorschriften - als gemäß Art. 104 VO integraler Bestandteil des Statuts - in den geänderten Vorschlag aufgenommen.[514] Die Mitglieder des EBR sollten in geheimer und unmittelbarer Wahl nach den Grundsätzen des Verhältniswahlrechts gewählt werden. Wahlberechtigt sollten alle in den Betrieben beschäftigten Arbeitnehmer ohne Rücksicht auf ihre Nationalität oder Gruppenzugehörigkeit sein. Die Wahlvorschläge sollten von den im Betrieb - nach Maßgabe der nationalen Rechte, vgl. Art. 102 a VO - vertretenen Gewerkschaften sowie von einem Zehntel oder 100 der wahlberechtigten Arbeitnehmer eingereicht werden können. Gewisse Modifizierungen enthielt der geänderte Vorschlag auch hinsichtlich der Staffelung des Art. 103 VO bezüglich der Anzahl der zu wählenden Vertreter der Arbeitnehmer. Hierdurch sollte ein *"besseres Gleichgewicht zwischen der Zahl der Beschäftigten und der Zahl der Vertreter"*[515] im Europäischen Betriebsrat erzielt werden.

3. Aufgaben und Befugnisse des Europäischen Betriebsrats

Die Regelungen über die Aufgaben und Befugnisse des Europäischen Betriebsrats der Art. 119-127 VO wurden - abgesehen von einigen Ergänzungen - im wesentlichen unverändert übernommen, wenngleich in vielen Vorschriften durch andere Formulierungen Klarstellungen vorgenommen wurden. Erweitert wurden die Befugnisse des EBR hingegen hinsichtlich der Zustimmung zur Regelung sozialer Folgen von bestimmten Maßnahmen der Geschäftsführung. Ist der Europäische Betriebsrat in den Fällen des Art. 125 Abs. 1 VO der Meinung, daß durch die beabsichtigte Entscheidung Interessen

---

512   Vgl. Amtl. Begründung zu Art. 100, BR-Drucks. 372/75, S. 223.
513   Dieser Anhang, dessen genauer Titel *"Vorschriften über die Wahl der Mitglieder des Europäischen Betriebsrats"* lautet, ist abgedruckt in BR-Drucks. 372/75, S. 170 ff.
514   Dies war unter anderem deshalb erforderlich geworden, da es in Großbritannien und Irland, die zum 01.01.1973 der Europäischen Wirtschaftsgemeinschaft beigetreten waren, keine auf gesetzlicher oder tarifvertraglicher Grundlage bestehende Arbeitnehmervertretung gab, an die bei der Wahl hätte angeknüpft werden können, vgl. Amtl. Begründung zu Art. 104 und Art. 137, BR-Drucks. 372/75, S. 224 f. und S. 233.
515   Amtl. Begründung zu Art. 103, BR-Drucks. 372/75, S. 224.

der Arbeitnehmer nachteilig berührt werden, sollte der Vorstand gemäß Art. 126 a VO verpflichtet sein, vor der Beschlußfassung des Aufsichtsrats über dessen gemäß Art. 66 VO zu erteilende Zustimmung mit dem Europäischen Betriebsrat Verhandlungen aufzunehmen, um zu einer Einigung über die für die Arbeitnehmer zu treffenden Maßnahmen zu gelangen. Das weitere Verfahren war in den nachfolgenden Absätzen geregelt. Hiermit hatte die Kommission Vorschriften über einen Sozialplan in das geänderte Statut aufgenommen; ähnliche Regelungen fanden sich in den Art. 23 c[516], 36 Abs. 3 lit. e, 248 a, 271 d, 272 c, 273 c VO.

4. Rechtsstellung der Mitglieder des Europäischen Betriebsrats

Bezüglich der Rechtsstellung der Mitglieder des Europäischen Betriebsrats wurden kaum Veränderungen vorgenommen. Nach dem geänderten Vorschlag sollte die Amtszeit der Betriebsratsmitglieder gemäß Art. 107 Abs. 1 Satz 1 VO nunmehr vier statt drei Jahre betragen. Sie wurde damit der ebenfalls veränderten Amtszeit des Aufsichtsrats im Sinne von Art. 74 c VO angepaßt, um so eine gleichzeitige Durchführung der Wahl zu ermöglichen.[517] Neu eingeführt wurde ferner die Möglichkeit einer Wiederwahl, Art. 107 Abs. 1 Satz 2 VO. Auch zum Kündigungsschutz der Mitglieder des EBR enthielt der Vorschlag einige Neuerungen. So wurde zum einen der nachfolgende Kündigungsschutz ehemaliger Betriebsratsmitglieder von drei auf zwei Jahre gekürzt und zum anderen wurden auch Kandidaten für den EBR vom Zeitpunkt ihrer Aufstellung bis zu drei Monaten nach der Wahl in den Kündigungsschutz einbezogen. Präzisiert wurde im übrigen noch die Bestimmung des Art. 113 VO über die Freistellung der Mitglieder des Europäischen Betriebsrats: Maßgeblich sollte nach der geänderten Fassung des Vorschlags nicht die von den Mitgliedern des EBR, sondern die vom EBR selbst für erforderlich befundene Zeit sein. Schließlich folgte die Kommission der Anregung des Europäischen Parlaments, die Geheimhaltungspflicht der EBR-Mitglieder zu lockern, wenn diese mit dem Aufsichtsrat oder dem Konzernunternehmensrat in Kontakt treten, vgl. Art. 114 Abs. 2 VO.

5. Schiedsverfahren

Die Einrichtung einer Schiedsstelle für die Beilegung von Meinungsverschiedenheiten zwischen dem EBR und dem Vorstand der Europäischen Aktiengesellschaft wurde auch im geänderten Vorschlag von 1975 vorgesehen, vgl. Art. 128 f. VO. Die diesbezüglichen Änderungen waren unwesentlich; sie betrafen in erster Linie die Formulierung.[518]

---

516 Vgl. zu dieser Bestimmung unten Teil II § 6 IV. (S. 141).
517 Vgl. Amtl. Begründung zu Art. 74 c, BR-Drucks. 372/75, S. 215.
518 Vgl. Amtl. Begründung zu Art. 128, BR-Drucks. 372/75, S. 231.

6. Konzernunternehmensrat

Die Vertretung der Arbeitnehmer sollte gemäß Art. 130 ff. VO des geänderten Vorschlags auch unternehmensübergreifend innerhalb eines Konzerns in einem zu bildenden Konzernunternehmensrat erfolgen. Diese terminologische Änderung gegenüber dem ursprünglichen Vorschlag, wo noch von einem Konzernbetriebsrat die Rede war, beruhte darauf, daß der Konzernunternehmensrat kein Vertretungsorgan für Betriebe, sondern für die konzernzugehörigen Unternehmen als Ganzes sein sollte.[519] Im übrigen wurden die Vorschriften lediglich den Änderungen der Vorschriften über den EBR angepaßt.[520]

II. Vertretung der Arbeitnehmer im Aufsichtsrat

Die weitreichendsten Änderungen des Vorschlags sah die Kommission hinsichtlich der Beteiligung der Arbeitnehmer im Aufsichtsrat (Art. 137-145 VO) vor.[521] Diese Änderungen gingen in erster Linie auf die bereits erwähnte Stellungnahme des Europäischen Parlaments zurück.[522]

1. Zusammensetzung und Wahl der Aufsichtsratsmitglieder

Die Vertreter der Anteilseigner sollten gemäß Art. 75 Abs. 1 VO von der Hauptversammlung gewählt werden. Erwähnenswert ist, daß gemäß Art. 75 Abs. 2 VO die Satzung ein Wahlverfahren ermöglichen sollte, das auch einer Minderheit von Aktionären die Wahl eines oder mehrerer Aufsichtsratsmitglieder erlauben sollte.

Die Arbeitnehmervertreter sollten gemäß Art. 137 Abs. 1 Satz 1 VO unmittelbar von den Beschäftigten der Europäischen Aktiengesellschaft und der von ihr abhängigen Konzernunternehmen gewählt werden. Um zu gewährleisten, daß die Wahlen in allen Mitgliedstaaten in einheitlicher Weise und nach demokratischen Grundsätzen durchgeführt würden, hielt die Kommission für ihre Wahl die Einführung einheitlicher Wahlvorschriften für erforderlich.[523] Diese sind in einem *Anhang III*[524] enthalten, der durch Art. 137 Abs. 1 Satz 2 VO zum Bestandteil des Statuts wurde. Die Arbeitnehmervertreter sollten grundsätzlich innerhalb der Europäischen Aktiengesellschaft oder einer Tochtergesellschaft beschäftigt sein. Sofern jedoch drei Arbeitnehmervertreter in den Aufsichtsrat zu wählen waren, sollte einer von ihnen außerhalb eines solchen Beschäftigungsverhältnisses stehen können, wobei dies bei mehr als drei Arbeitnehmervertretern für zwei von ihnen gelten sollte. Die Beteiligung externer Arbeitnehmervertreter war

---

[519] Vgl. Amtl. Begründung zu Art. 130, BR-Drucks. 372/75, S. 231.
[520] Vgl. *Hofmann*, S. 251 f.
[521] Vgl. Amtl. Begründung zu Art. 62, BR-Drucks. 372/75, S. 209 f.
[522] Vgl. zu dieser Stellungnahme bereits ausführlich oben Teil II § 5 E. II. (S. 120 ff.).
[523] Vgl. den 19. Erwägungsgrund der Kommission, BT-Drucks. 7/3713, S. 7
[524] Dieser Anhang, dessen genauer Titel *"Vorschriften über die Wahl der Vertreter der Arbeitnehmer in den Aufsichtsrat"* lautet, ist abgedruckt in: BR-Drucks. 372/75, S. 179 ff.

somit anders als im ursprünglichen Vorschlag nur noch fakultativ ausgestaltet. Die Wahl sollte als unmittelbare Wahl erfolgen, wenn die Europäische Aktiengesellschaft nur aus einem Betrieb besteht. Für den Fall, daß mehrere Betriebe bestehen, sollten in diesen zuerst Wahlmänner gewählt werden, für die sowohl die wahlberechtigten Arbeitnehmer als auch die in den Betrieben vertretenen Gewerkschaften Vorschläge machen können.[525] Diese sollten sodann ihrerseits - frei und an Weisungen nicht gebunden - die Arbeitnehmervertreter im Aufsichtsrat wählen. Die Wahlvorschläge sollten vom Europäischen Betriebsrat, von den in den Betrieben der SE vertretenen Gewerkschaften, von 1/20 der Wahlmänner oder von 1/10 der Arbeitnehmer eingebracht werden können. Für das hinzuzuwählende Drittel von Aufsichtsratsmitgliedern sollten gemäß Art. 75 a Abs. 1 VO die Hauptversammlung, der Europäische Betriebsrat und der Vorstand vorschlagsberechtigt sein. Gewählt sollte gemäß Art. 75 b Abs. 1 Satz 1 VO sein, wer mindestens 2/3 der Stimmen erhält. Für den Fall, daß diese Mehrheit im ersten Wahlgang nicht oder nur für einen Teil der Kandidaten erreicht werden sollte, sollte gemäß Art. 75 b Abs. 2 VO für die verbleibenden Sitze ein neuer Wahlgang mit neuen Vorschlägen durchzuführen sein. Bei Nichterreichen der erforderlichen Mehrheit sollte eine Schiedsstelle über die Besetzung bestimmen, die sich aus je einem von den Anteilseignern und Arbeitnehmervertretern bestellten Beisitzern und einem entweder im gegenseitigen Einvernehmen oder durch den Präsidenten des Gerichts am Sitz der SE bestellten Vorsitzenden zusammensetzen solle, vgl. im einzelnen Art. 75 b Abs. 4 und 5 VO.

Hinsichtlich der Zusammensetzung des Aufsichtsrats folgte die Kommission in ihrem geänderten Vorschlag der Stellungnahme des Europäischen Parlaments.[526] Ebenso wie dieses war sie der Auffassung, daß die Arbeitnehmer im Aufsichtsrat der Europäischen Aktiengesellschaft in gleicher Weise wie die Aktionäre vertreten sein müßten, *"damit bei wichtigen wirtschaftlichen Entscheidungen, bei der Kontrolle der Unternehmensleitung und bei der Bestellung des Vorstandes den Interessen beider am Unternehmen der Europäischen Aktiengesellschaft beteiligten Gruppen Rechnung getragen wird"*[527]. Um außerdem eine Vertretung breiterer Interessen als der der unmittelbar betroffenen Aktionäre und Arbeitnehmer zu ermöglichen, schlug sie darüber hinaus vor, daß dem Aufsichtsrat auch Personen angehören sollten, die allgemeine Interessen vertreten und somit unabhängig sind.[528] Um diese Konzeption umzusetzen, schlug sie den Vorstellungen des Europäischen Parlaments entsprechend eine drittelparitätische Besetzung des Aufsichtsrats vor. Der Aufsichtsrat sollte sich gemäß Art. 74 a Abs. 1 VO zu einem

---

525	Wegen weiterer Einzelheiten zum Wahlverfahren wird auf den Anhang III zum Statut verwiesen.
526	Vgl. Amtl. Begründung zu Art. 137, BR-Drucks. 372/75, S. 233. Die Übernahme der diese Zusammensetzung regelnden Vorschrift (Art. 137 der EP-Stellungnahme) in die neue Bestimmung des Art. 74 a innerhalb des Abschnitts Aufsichtsrat bedeutete hierbei sachlich - so die Kommission in der Amtl. Begründung zu Art. 137, BR-Drucks. 372/75, S. 233 - keine Abweichung.
527	So die Kommission in ihrem 16. Erwägungsgrund zum vorgeschlagenen Statut, BT-Drucks. 7/3713, S. 7.
528	Vgl. den 17. Erwägungsgrund der Kommission zum vorgeschlagenen Statut, BT-Drucks. 7/3713, S. 7.

Drittel aus Vertretern der Aktionäre, zu einem Drittel aus Vertretern der Arbeitnehmer und zu einem weiteren Drittel aus Personen zusammensetzen, die von den beiden erstgenannten Gruppen hinzugewählt werden sollten. Hierbei sollte für letztere gemäß Art. 75 a Abs. 3 VO nur vorgeschlagen werden können, wer allgemeine Interessen vertritt, die nötige Sachkunde besitzt und nicht in unmittelbarer Abhängigkeit von den Interessen der Aktionäre sowie deren beider Organisationen steht. Die genaue Zahl der Mitglieder des Aufsichtsrats sollte durch Satzung bestimmt werden können; sie sollte durch drei teilbar sein müssen.

2. Aufgaben und Befugnisse des Aufsichtsrats

Auch die Aufgaben und Befugnisse des Aufsichtsrats wurden gegenüber dem ursprünglichen Vorschlag von 1970 nur unwesentlich geändert.[529] Erweitert wurden insbesondere - auch dies wiederum auf Vorschlag des Europäischen Parlaments - die Auskunfts- und Einsichtsrechte des Aufsichtsrats. So sprachen Art. 73 a Abs. 4 und 5 VO bereits einem Drittel der Aufsichtsratsmitglieder das Recht zu, die Erteilung von Auskünften oder die Vorlage von Unterlagen vom Vorstand zu verlangen oder die Bücher sowie den gesamten Schriftverkehr der Gesellschaft einsehen zu dürfen. Im Ergebnis bedeutete dies eine Angleichung an die neuartige, drittelparitätische Zusammensetzung des Aufsichtsrats.

3. Rechtsstellung der Arbeitnehmervertreter im Aufsichtsrat

Die Rechtsstellung der Arbeitnehmervertreter im Aufsichtsrat blieb gegenüber dem ursprünglichen Vorschlag im wesentlichen gleich. Sie sollten gemäß Art. 145 Abs. 1 Satz 1 VO dieselben Rechte und beruflichen Pflichten wie die übrigen Aufsichtsratsmitglieder haben und gemäß Art. 145 Abs. 2 Satz 2 VO denselben Kündigungsschutz wie die Mitglieder des Europäischen Betriebsrats genießen. Ihre Amtszeit wurde allerdings aus den bereits genannten Gründen im geänderten Vorschlag auf vier Jahre begrenzt; es sollte allerdings gemäß Art. 74 c VO die Möglichkeit einer Wiederwahl bestehen.

4. Vorstandsmitglied für Personalangelegenheiten

Während im ursprünglichen Entwurf noch von einem *"Mitglied des Vorstandes, das mit der Behandlung von Personalfragen und Fragen der Arbeitsbeziehungen beauftragt ist"*, die Rede war, sah Art. 64 Abs. 2 Satz 2 VO des geänderten Vorschlags nur noch vor, *"daß der Aufsichtsrat die Zuständigkeit für Personalfragen und Arbeitsbeziehungen innerhalb des Vorstandes zu regeln hat"*. Diese Änderung beruhte darauf, daß insbesondere in Holdinggesellschaften die Aufgaben innerhalb des Vorstandes nicht nach Sachgebieten, sondern nach Tätigkeitsbereichen verteilt wurden.[530] Sachlich war hierin keine

---

[529] Vgl. *Hofmann*, S. 252.
[530] Vgl. Amtl. Begründung zu Art. 64, BR-Drucks. 372/75, S. 211.

Änderung zu sehen, da die Regelung der Zuständigkeit für Personalfragen nach wie vor dem Aufsichtsrat obliegen sollte.

III. Europäische Tarifverträge

Die Regelungen über den Abschluß europäischer Tarifverträge blieben fast unverändert; neu eingeführt wurde - einem Vorschlag des Europäischen Parlaments folgend[531] - nur in Art. 146 Abs. 2 VO das Günstigkeitsprinzip, wonach die in einem oder mehreren Betrieben der Europäischen Aktiengesellschaft geltenden günstigeren Bedingungen unberührt bleiben sollten.

IV. Sonstige mitbestimmungsrelevante Änderungen

Erweitert wurden die Beteiligungsrechte der Arbeitnehmer ferner in dem der Gründung der Europäischen Aktiengesellschaft unmittelbar vorangehenden Zeitraum sowie vor einer bevorstehenden Umwandlung oder Verschmelzung einer bereits bestehenden Europäischen Aktiengesellschaft.

Die Verwaltungsorgane der Gründungsgesellschaften sollten gemäß Art. 23 c VO vor den Beschlußfassungen der Hauptversammlungen die rechtlichen, wirtschaftlichen und sozialen Auswirkungen der Verschmelzung auf die Arbeitnehmer mit deren Vertretern zu erörtern und sich gegebenenfalls um eine Einigung über die sich für diese ergebenden Nachteile zu bemühen haben. Art. 23 d VO sah zudem die Möglichkeit der Anrufung einer Schiedsstelle vor, um zu vermeiden, daß die zu treffenden Maßnahmen *"letztlich doch einseitig von der Unternehmensleitung getroffen werden"*[532].

Um die Mitbestimmung der Arbeitnehmer auch im Fall einer Umwandlung oder der Aufnahme einer SE durch eine Gesellschaft nationalen Rechts oder Verschmelzung durch Neugründung einer nationalen Aktiengesellschaft zu sichern[533], wurde eine weitere Änderung in das Statut aufgenommen. Nach den Art. 264 Abs. 4, 272 a, 273 a VO sollte die Mehrheit der Vertreter im Aufsichtsrat der Umwandlung oder Verschmelzung zustimmen müssen, wenn die Arbeitnehmer in den Organen der Aktiengesellschaft nationalen Rechts nicht in einer der Regelung für die Europäische Aktiengesellschaft gleichwertigen Weise vertreten sind.

E. Resonanz der Mitgliedstaaten und Sozialpartner

Die Beteiligung der Arbeitnehmer in den Organen der Europäischen Aktiengesellschaft war auch nach dem geänderten Vorschlag Gegenstand lebhafter Diskussionen der auf der Ebene der Gemeinschaft beteiligten Organe sowie in den damaligen Mitgliedstaaten

---

[531] Vgl. dazu oben Teil II § 5 E. II. (S. 120 ff.).

[532] Amtl. Begründung zu Art. 23 d, BR-Drucks. 372/75, S. 199.

[533] Vgl. Amtl. Begründung vor Art. 264, BR-Drucks. 372/75, S. 247, und *Pipkorn*, AG 1975, 318 ff., 325.

der Gemeinschaft.[534] In dieser Diskussion wurden jedoch im wesentlichen Positionen vertreten, wie sie auch schon die Debatten im Europäischen Parlament bestimmt hatten.[535] Im folgenden sollen die ergangenen Stellungnahmen daher nur umrissen werden; im einzelnen wird auf sie nur insoweit eingegangen, als sie für die weitere Diskussion von Bedeutung waren.

I. Europäisches Parlament

Eine offizielle Stellungnahme des Europäischen Parlaments ist nicht erfolgt. Angesichts des Umstandes, daß die Kommission einen Großteil der von ihm vorgeschlagenen Änderungen übernahm, kann jedoch davon ausgegangen werden, daß das Europäische Parlament den geänderten Vorschlag im großen und ganzen begrüßt hat.

II. Wirtschafts- und Sozialausschuß

Dasselbe gilt für den Wirtschafts- und Sozialausschuß; auch hier kann aufgrund seiner Stellungnahme zum ursprünglichen Entwurf[536] davon ausgegangen werden, daß die Übernahme zahlreicher Vorschläge gutgeheißen wurde.

III. Sonstige Stellungnahmen

Wie schon beim ursprünglichen Vorschlag der Kommission ergingen auch zum geänderten Entwurf zahlreiche Stellungnahmen in allen damaligen Mitgliedstaaten der Gemeinschaft.[537]

1. Stellungnahmen im Inland

a. Deutscher Bundesrat

Der Deutsche Bundesrat gab am 12.03.1976 eine Stellungnahme zu den geänderten Vorschlägen der Kommission ab.[538] Auch der Bundesrat begrüßte den geänderten Verordnungsvorschlag *"in seinen Grundzügen"*[539]. Hinsichtlich der Regelungen über die Vertretung der Arbeitnehmer befürwortete er grundsätzlich eine paritätisch ausgestaltete Mitbestimmung, wies jedoch zugleich auf die sich aufgrund des Wahlverfahrens erge-

---

[534] Vgl. *Pipkorn*, AG 1975, 318 ff., 322.
[535] Vgl. *Figge*, S. 190.
[536] Vgl. dazu bereits oben Teil II § 5 E. I. (S. 117 ff.).
[537] Vgl. *Pipkorn*, AG 1975, 318 ff., 322.
[538] Beschluß des Bundesrats zum Geänderten Vorschlag des Rates über das Statut für Europäische Aktiengesellschaften v. 12.03.1976, BR-Drucks. 372/75 (Beschluß), abgedruckt im Anschluß an den geänderten Verordnungsvorschlag; im folgenden zitiert als *Stellungnahme BR*.
[539] Stellungnahme BR, S. 1.

bende *"Gefahr einer Überparität und einer Majorisierung der Anteilseigner"*[540] hin. Ausdrücklich abgelehnt wurde in der Stellungnahme die gemäß Art. 138 VO vorgesehene Möglichkeit der Abwahl der Aufsichtsratsbeteiligung durch die Mehrheit der Arbeitnehmer; der Grundsatz der Mitbestimmung sei eine unabdingbare Voraussetzung jeder modernen Unternehmensverfassung und könne nicht zur Disposition der Beteiligten stehen.[541]

b. Stellungnahme der deutschen Wirtschaft

Die deutsche Wirtschaft lehnte den geänderten Vorschlag insbesondere deshalb ab, weil die Regelungen über die Vertretung der Arbeitnehmer im Aufsichtsrat sogar über die deutsche Regelung der unternehmerischen Mitbestimmung hinausgingen. Wenngleich sie mit dem BetrVG 1952 überwiegend gute Erfahrungen gemacht hatte, kam für sie eine paritätische Mitbestimmung der Arbeitnehmer nicht in Frage, zumal der Anteil der Anteilseigner nach dem geänderten Kommissionsvorschlag statt der Hälfte nur noch ein Drittel betragen hätte.[542]

2. Stellungnahmen auf europäischer Ebene

Während auch der geänderte Vorschlag bei den Arbeitgebern auf heftige Kritik stieß und abgelehnt wurde, begrüßte die Arbeitnehmerseite die vorgenommenen Änderungen ausdrücklich; diese Differenzierung galt insbesondere für die Regelungen über die Vertretung der Arbeitnehmer.

Von der europäischen Interessenvertretung der Unternehmensverbände, UNICE, wurde die vorgesehene drittelparitätische Besetzung des Aufsichtsrats durchweg abgelehnt.[543] Diese ablehnende Haltung entsprach ihrer bereits zu den Vorschlägen des Europäischen Parlaments abgegebenen Stellungnahme[544]. Das vorgeschlagene Mitbestimmungsmodell sei rein theoretisch, da es in dieser Form in keinem der Mitgliedstaaten verwirklicht sei. Folglich wurde es von der Arbeitgeberseite als inakzeptabel bezeichnet. Die Unternehmen würden der Rechtsform der Europäischen Aktiengesellschaft um der Mitbestimmung willen eher ausweichen, so daß das Statut niemals zur praktischen Anwendung kommen könnte.

Von Gewerkschaftsseite hingegen wurde das Mitbestimmungsmodell des geänderten Vorschlags ausdrücklich befürwortet, zumal es weitgehend dem Modell entsprach, wel-

---

540   Stellungnahme BR, S. 4.
541   Stellungnahme BR, S. 4 und S. 8.
542   Vgl. *Walther / Wiesner*, GmbHRdsch 1975, 247 ff., 252.
543   Vgl. *Figge*, S. 190.
544   Resolutionsentwurf der UNICE v. 8.11.1974 zum Vorschlag des Europäischen Parlaments betreffend die Zusammensetzung des Aufsichtsrats einer europäischen Aktiengesellschaft (SE).

ches der Europäische Bund Freier Gewerkschaften[545] bereits 1970 als Kompromiß erarbeitet hatte.[546]

F. Stellungnahme

I. Rechtsgrundlage

Was die von der Kommission gewählte Rechtsgrundlage des Art. 235 EWG-Vertrag betrifft, sind gegenüber dem ursprünglichen Vorschlag keine Änderungen zu verzeichnen, so daß insoweit auf obige Ausführungen verwiesen werden kann.[547]

II. Organisationsverfassung

Dasselbe gilt für die Frage der Organisationsverfassung, da die Kommission auch insoweit an ihren ursprünglichen Vorschlägen festhielt.[548]

III. Mitbestimmung der Arbeitnehmer

Grundsätzlich gilt das bereits oben zum ursprünglichen Kommissionsvorschlag von 1970 Festgestellte[549] auch für den Entwurf in der geänderten Fassung von 1975. Die vorgenommenen Modifizierungen in der Frage der Vertretung der Arbeitnehmer im Aufsichtsrat der Europäischen Aktiengesellschaft und der damit verbundene Ausbau der Mitbestimmungsrechte der Arbeitnehmer führten sogar dazu, daß sich der Vorwurf einer gewissen Realitätsferne noch verstärkte.

Die Regelungen über den Europäischen Betriebsrat der Art. 100 ff. VO enthielten viele Änderungen und Präzisierungen, die zu begrüßen sind. Herzu zählten bspw. die Einschränkung der Geheimhaltungspflicht gemäß Art. 114 VO oder die Klarstellung der Zuständigkeit in Art. 119 VO. Ein wesentlicher Kritikpunkt bestand allerdings weiterhin: Die unmittelbare Wahl des EBR durch die Beschäftigten der Europäischen Aktiengesellschaft, Art. 104 VO i. V. m. Anhang II. Bedenklich an dieser Regelung ist, daß durch die Nichtbeteiligung der nationalen Arbeitnehmervertretungen sowie der nationalen Gewerkschaften die Gefahr besteht, daß die verschiedenen Stufen der Arbeitnehmervertretung beziehungslos nebeneinander bestehen, zumal ihnen noch nicht einmal ein Vorschlagsrecht zugebilligt wurde.[550] Dies verwundert um so mehr, als diese Regelung bereits im Anschluß an den ursprünglichen Vorschlag der Kommission sowohl von Arbeitgeber- als auch von Arbeitnehmerseite einvernehmlich kritisiert wurde.[551] Die

---

545   Vg. dazu bereits oben Teil II § 5 E. III. 2. b (S. 128).
546   Vgl. *Pipkorn*, Europa-Archiv 1976, 376 ff., 379.
547   Vgl. oben Teil II § 5 F. I. (S. 129).
548   Vgl. oben Teil II § 5 F. II. (S. 130).
549   Vgl. oben Teil II § 5 F. III. (S. 130 f.).
550   Vgl. *Hofmann*, S. 255 f.
551   Vgl. Amtl. Begründung zu Art. 104, BR-Drucks. 372/75, S. 224.

Einführung einheitlicher Wahlvorschriften kann hingegen überzeugen, da sie mangels existierender nationaler Arbeitnehmervertretungen in den Beitrittsstaaten Großbritannien und Irland erforderlich geworden ist und auch sonst zur Einheitlichkeit des vorgeschlagenen Statuts beiträgt.

Nicht überzeugen können hingegen die vorgeschlagenen Änderungen in der Frage der Vertretung der Arbeitnehmer im Aufsichtsrat der Europäischen Aktiengesellschaft. Die vorgeschlagene drittelparitätische Zusammensetzung aus Vertretern der Anteilseigner und der Arbeitnehmer sowie aus Vertretern des allgemeinen Interesses als ein Kompromiß zwischen der deutschen und der niederländischen Mitbestimmungsform[552] stellte ein auf europäischer Ebene sehr weitreichendes Mitbestimmungsmodell dar. Ob hierin eine *"Überparität"* - so *Wagner*, nach dem das Zusammenwirken der drei im Statut enthaltenen Institutionen der Mitbestimmung "zwangsweise zu einer Übererhöhung der angestrebten Parität in der wirtschaftlichen Mitbestimmung führt"[553] - oder vielmehr eine paritätische und einheitliche - so *Pipkorn* und *Hofmann*, nach denen das Mitbestimmungsmodell *"funktionsgerecht und widerspruchsfrei"*[554] ist - Lösung zu sehen ist, soll hier dahinstehen. Jedenfalls waren die Vorschläge in dieser Form zum damaligen Zeitpunkt in der Europäischen Gemeinschaft nicht mehrheitsfähig, zumal die unternehmerischen Mitbestimmungsrechte der Arbeitnehmer gegenüber dem ursprünglichen Vorschlag - auf Veranlassung des Europäischen Parlaments - sogar noch ausgebaut wurden.[555]

Schließlich sind auch die vorgeschlagenen Regelungen zur Tariffähigkeit der Europäischen Aktiengesellschaft zu kritisieren. Die in den Art. 146 f. VO vorgesehene Regelung blieb rudimentär. So enthielt der Vorschlag weder Regelungen zu so elementar wichtigen Fragen wie - um nur einige beispielhaft zu nennen - der Verhandlungspflicht, der Rechtsverbindlichkeit der Kollektivverträge, der Friedenspflicht etc. Hierbei handelt es sich um Probleme des Kollektivarbeitsrechts, die zudem in den einzelnen Mitgliedstaaten sehr unterschiedlich behandelt wurden und werden.[556] Die Lösung dieser Probleme der Rechtsprechung zu überlassen, kann nicht überzeugen.

Insgesamt läßt sich somit festhalten, daß die vorgeschlagenen Regelungen zur Vertretung der Arbeitnehmer als zu weitreichend abzulehnen sind. Insbesondere die einseitige Festlegung auf das dualistische System und die sehr weitreichende Verbindung des deutschen mit dem niederländischen Mitbestimmungsmodell waren zum Zeitpunkt der Vorlage des Vorschlags für viele Mitgliedstaaten nicht akzeptabel. Aus damaliger Sicht

---

[552] *Pipkorn*, AG 1975, 318 ff., 323.
[553] *Wagner*, S. 254; vgl. auch *Mertens*, nach dem sich die Gefahr einer Überparität in der Potenzierung der Aufsichtsratsmitbestimmung im Konzern ergeben soll, in: *Lutter*, Die Europäische Aktiengesellschaft, S. 251 und 272 f.
[554] *Hofmann*, S. 342.
[555] Vgl. *Staehelin*, S. 408.
[556] Vgl. *Staehelin*, S. 433.

war es nicht vorstellbar, daß die Mitgliedstaaten das von der Kommission vorgeschlagene Modell akzeptieren würden[557]; dies kritisierten selbst die Mitgliedstaaten, welche über ein ähnlich weitreichendes Mitbestimmungsmodell verfügten. Andererseits bestand in der Bundesrepublik Deutschland auch nicht die Bereitschaft, weniger weitreichende Mitbestimmungsmodelle zu akzeptieren.[558] So kam es, daß dieser *"mitbestimmungspolitisch sehr ehrgeizige Vorschlag"*[559] auf unüberwindliche politische Schwierigkeiten stieß und sich ebenso wie sein Vorgänger als nicht konsensfähig erwies.[560]

G. Gang der weiteren Arbeiten

Die weiteren Verhandlungen über diesen Vorschlag führten - um dies vorwegzunehmen[561] auch in der Zukunft nicht zu einer Einigung in den Hauptstreitpunkten des Vorschlags, so daß er schließlich *"1982 im Rat stillschweigend auf Eis gelegt"*[562] wurde. Hierbei führten insbesondere die Mitbestimmungsvorschriften zu einer Blockierung des Vorhabens[563], und erst aufgrund eines neuen Anlaufs der Kommission in der zweiten Hälfte der achtziger Jahre sollten die Bemühungen zur Schaffung einer Europäischen Aktiengesellschaft wieder in Gang kommen.[564]

---

[557] Vgl. *Lutter*, Europarecht 1975, 44 ff., 51, und *Walther / Wiesner*, GmbHRdsch 1975, 247 ff., 252.
[558] Vgl. *Lutter*, Europarecht 1975, 44 ff., 51.
[559] *Wißmann*, RdA 1992, 320 ff., 321.
[560] Vgl. *Raiser*, FS *Steindorff*, S. 201 ff., S. 204., und *Wißmann*, RdA 1992, 320 ff., 321.
[561] Vgl. ausführlich zu dieser weiteren Entwicklung unten Teil III §§ 9 ff. (S. 186 ff.).
[562] So *Wißmann*, RdA 1992, 320 ff., 321.
[563] *Lutter*, Europäisches Unternehmensrecht, S. 716.
[564] Vgl. *Wunsch-Semmler*, S. 52.

§ 7 Andere europäische Vorhaben mit Mitbestimmungsbezug

A. Umorientierung der Vorgehensweise der Kommission

Die Tatsache, daß sich die Mitbestimmungsvorschläge der Kommission betreffend die Europäische Aktiengesellschaft als nicht konsensfähig erwiesen hatten und sich somit bereits kurz nach der Vorlage des geänderten Vorschlags von 1975 ein - zumindest vorläufiges - Scheitern des Projekts abzeichnete, führte jedoch nicht dazu, daß die Kommission keinerlei Initiativen mehr in der Frage der Mitbestimmung der Arbeitnehmer ergriff. An die Stelle des Bemühens um die Schaffung einer einheitlichen, gemeinschaftsweit geltenden Rechtsform traten nun verstärkt Rechtsangleichungsbestrebungen[565] anhand von gesellschaftsrechtlichen Richtlinien in den Vordergrund, um so eine zunehmende Harmonisierung der nationalen Rechte zu erreichen. Die Kommission verstärkte ihre Bemühungen insbesondere um zwei andere Vorhaben, um in deren Rahmen eine politische Lösung des Mitbestimmungsproblems zu erreichen[566]: die fünfte gesellschaftsrechtliche Richtlinie über die Struktur von Aktiengesellschaften (sog. Strukturrichtlinie) und die zehnte gesellschaftsrechtliche Richtlinie zur Ermöglichung grenzüberschreitender Verschmelzungen von Aktiengesellschaften. Dies lag insofern nahe, als diese beiden Vorhaben zum Teil die gleichen Mitbestimmungsprobleme aufweisen wie sie sich im Zusammenhang mit der Europäischen Aktiengesellschaft stellen.[567] Von Bedeutung war in diesem Zusammenhang des weiteren ein von der Kommission 1975 vorgelegtes Grünbuch mit dem Titel *"Mitbestimmung der Arbeitnehmer und Struktur der Gesellschaften in der Europäischen Gemeinschaft"*. Wenngleich diese Vorhaben die Europäische Aktiengesellschaft nicht unmittelbar betreffen, ist es für das weitere Verständnis der Entwicklung des Projekts der *Societas Europaea* notwendig, auf diese Bestrebungen der Kommission in den siebziger und achtziger Jahren einzugehen. Aufgrund dieses engen Sachzusammenhangs sollen sie im folgenden - in der gebotenen Kürze - dargestellt werden. Die Darstellung beschränkt sich hierbei im wesentlichen auf die Problematik der Mitbestimmung der Arbeitnehmer.

B. Der ursprüngliche Vorschlag der sog. Strukturrichtlinie von 1972

Mit Schreiben vom 09.10.1972 übermittelte die Kommission dem Rat den Vorschlag einer fünften gesellschaftsrechtlichen Richtlinie über die Struktur der Aktiengesellschaften in den Mitgliedstaaten.[568]

---

[565] Vgl. ausführlich zu den Unterschieden zwischen der Rechtsvereinheitlichung und der Rechtsangleichung *Duden*, RabelsZ 27 (1962), 89 ff., und *Lutter*, Europarecht 1975, 44 ff., 51 ff.

[566] *Wißmann*, RdA 1992, 320 ff., 321.

[567] Vgl. *Wißmann*, RdA 1992, 320 ff., 321.

[568] Der offizielle Titel des Richtlinienvorschlags lautet: *"Vorschlag einer Fünften Richtlinie zur Koordinierung der Schutzbestimmungen, die in den Mitgliedstaaten den Gesellschaften im Sinne des Artikels 58 Absatz 2 des Vertrages im Interesse der Gesellschafter sowie Dritter hinsichtlich*

I. Konzeption des Vorschlags

Die Kommission wollte mit diesem auf Art. 54 Abs. 3 lit. g EWG-Vertrag[569] gestützten Vorschlag eine Harmonisierung der nationalen Vorschriften über die Struktur von Aktiengesellschaften[570] erreichen, woher auch die Bezeichnung als *"Strukturrichtlinie"* rührt, wie sie im Schrifttum vielfach verwendet wird.[571] Hierbei ging sie davon aus, daß es, um einen gleichwertigen Schutz der Interessen von Gesellschaftern und Dritten zu gewährleisten, erforderlich sei, *"die Gesetze der Mitgliedstaaten auch hinsichtlich der Struktur der Aktiengesellschaft sowie der Rechte und Pflichten ihrer Organe zu koordinieren"*[572]. Der Vorschlag enthielt somit auch Regelungen, die die Vertretung der Arbeitnehmer betreffen. Neben den Vorschriften zur Struktur und zur Mitbestimmung enthielt der Vorschlag ferner noch Vorschriften zur Hauptversammlung, zum Jahresabschluß und allgemeine Bestimmungen; diese können jedoch im Hinblick auf das Thema der vorliegenden Darstellung außer Betracht bleiben.[573]

II. Organisationsverfassung

Die Mitgliedstaaten sollten nach diesem Vorschlag die Struktur der Gesellschaft gemäß Art. 2 Abs. 1 RiLi derart regeln, daß die Gesellschaft wenigstens drei Organe hat: Leitungsorgan, Aufsichtsorgan und Hauptversammlung. Ziel dieser Vorschrift sollte es sein, eine Trennung von Geschäftsführungs- und Aufsichtsfunktion zu garantieren.[574] Wie auch in ihrem ersten Vorschlag zur Europäischen Aktiengesellschaft ging die Kommission hinsichtlich der Organisationsverfassung somit von einer Einheitslösung aus, indem sie das sog. dualistische System zwingend vorschrieb. Der insbesondere im angelsächsischen Rechtskreis verbreiteten monistischen Struktur erteilte sie eine klare Absage, wenngleich sie zugestand, daß die Unterschiede zwischen beiden Systemen geringer sind, als es zunächst den Anschein hat.[575] Die Zusammenfassung von Perso-

---

der Struktur der Aktiengesellschaft sowie der Befugnisse und Verpflichtungen ihrer Organe vorgeschrieben sind", AblEG Nr. C 131 v. 13.12.1972, S. 49 ff. Der Wortlaut des Vorschlags nebst einer amtlichen Begründung in Form von Erläuterungen findet sich auch in Beilage 7/1972 zum EG-Bulletin, und in BT-Drucks. 7/363; diese Erläuterungen werden im folgenden als *Amtl. Begründung* zitiert. Soweit im folgenden Abschnitt Artikel mit dem Zusatz RiLi genannt werden, sind hiermit die Vorschriften dieses Vorschlags gemeint.

569   Daß die Kommission sich auf diese Rechtsgrundlage gestützt hat, war nicht ganz unumstritten, vgl. zu dieser Diskussion *Däubler*, Common Market Law Review 1977, 457 ff., 462 ff.
570   Die entsprechenden Gesellschaftsformen der anderen damaligen Mitgliedstaaten werden in Art. 1 Abs. 1 RiLi aufgelistet.
571   Vgl. nur *Kolvenbach*, DB 1983, 2235 ff., und *Pipkorn*, ZGR 1985, 567 ff.
572   So die Kommission in ihrem fünften Erwägungsgrund zum Vorschlag, BT-Drucks. 7/363, S. 1.
573   Insoweit wird auf die einschlägige Literatur verwiesen; vgl. bspw. umfassend zum Regelungsgegenstand des Vorschlags *Lutter*, Europarecht 1975, 44 ff., 64 ff. m. w. Nachw., und *Sonnenberger*, AG 1974, 1 ff. und 33 ff.
574   Amtl. Begründung, Einleitung, BT-Drucks. 7/363, S. 14.
575   Amtl. Begründung, Einleitung, BT-Drucks. 7/363, S. 12.

nen, denen völlig verschiedene Tätigkeiten obliegen, in einem einzigen Verwaltungsorgan werde den Erfordernissen einer modernen Unternehmensführung nicht mehr gerecht. Zum Schutz der Aktionäre und Dritter - so die Kommission weiter - bedürfe es hier vielmehr einer *"klaren Abgrenzung der jeweiligen Verantwortlichkeiten"*[576]. Diese Struktur sollte nach Ansicht der Kommission für alle Gesellschaften gelten, die die Rechtsform der Aktiengesellschaft wählen; kleinere Gesellschaften wurden insoweit auf die Rechtsform der Gesellschaft mit beschränkter Haftung verwiesen.[577]

III. Mitbestimmung der Arbeitnehmer

Anders als der ursprüngliche Vorschlag der Kommission über das Statut für Europäische Aktiengesellschaften enthielt der Vorschlag einer Strukturrichtlinie lediglich eine Regelung der unternehmerischen Mitbestimmung. Sie sollte nach dem Vorschlag der Kommission über eine Beteiligung der Arbeitnehmer bei der Bildung des Aufsichtsrats gewährleistet werden. Auch wenn einige Mitgliedstaaten keine derartigen Regelungen vorsähen, könne die Richtlinie nicht einerseits für alle Gesellschaften die dualistische Struktur vorschreiben und andererseits die Unterschiede der Gesetze der Mitgliedstaaten hinsichtlich der Beteiligung der Arbeitnehmer an der Bildung des Aufsichtsorgans bestehen lassen.[578] Inhalt der Regelungen über die Mitbestimmung der Arbeitnehmer war hierbei lediglich die Festsetzung einiger hauptsächlicher Grundnormen der Harmonisierung und Koordinierung, welche der Ministerrat der Europäischen Gemeinschaft als unumgänglich betrachtete; die nähere Ausgestaltung sollte - dem Charakter einer ausfüllungsbedürftigen Richtlinie entsprechend - den Mitgliedstaaten vorbehalten bleiben.

1. Anwendungsbereich

Der Richtlinienvorschlag sollte gemäß Art. 1 Abs. 1 RiLi Anwendung auf alle Aktiengesellschaften bzw. vergleichbare - im Vorschlag im einzelnen aufgelistete - Rechtsformen der anderen Mitgliedstaaten finden. Vom Regelungsbereich der Strukturrichtlinie nicht umfaßt wurden damit Gesellschaften mit beschränkter Haftung. Hinsichtlich der Anwendbarkeit des Richtlinienvorschlags bezüglich der Mitbestimmungsregelungen bestimmte Art. 4 Abs. 1 RiLi, daß die Mitgliedstaaten die Bestellung von Arbeitnehmervertretern in das Aufsichtsorgan einer Aktiengesellschaft nach den Vorschriften des Richtlinienvorschlags regeln sollten, wenn diese mindestens 500 Arbeitnehmer beschäftigt. Hierbei handelte es sich um eine Mindestbestimmung, d. h. die Mitgliedstaaten sollten die untere Grenze niedriger ansetzen können, von der ab sie die Beteiligung der Arbeitnehmer nach den Vorschriften der Richtlinie regeln wollen; hingegen sollte es

---

[576] Amtl. Begründung, Einleitung, BT-Drucks. 7/363, S. 12.

[577] Amtl. Begründung, Einleitung, BT-Drucks. 7/363, S. 13. Kritisch zu der Beschränkung auf die Gesellschaftsform der Aktiengesellschaft *Däubler*, Common Market Law Review 19977, 457 ff., 470 ff.

[578] Amtl. Begründung, Einleitung, BT-Drucks. 7/363, S. 13.

ihnen verwehrt sein, die Anwendung der Mitbestimmungsregelung von zusätzlichen Kriterien wie bspw. von der Höhe des gezeichneten Kapitals abhängig zu machen.[579]

2. Zusammensetzung und Wahl

a. Grundsatz der Wahlfreiheit zwischen gleichwertigen Modellen

Die Kommission war der Ansicht, daß die Systeme für die Bestellung der Aufsichtsratsmitglieder nicht überall in der Gemeinschaft dieselben zu sein brauchten; vielmehr könne den Mitgliedstaaten die *"Wahl zwischen mehreren einander gleichwertigen Modellen"*[580] gelassen werden. Zudem sollte durch die Anlehnung an bereits bestehende Mitbestimmungsformen eine einfachere Einpassung in die nationalen Rechtsordnungen ermöglicht werden.[581] Art. 4 Abs. 1 RiLi stellte daher den Mitgliedstaaten zwei verschiedene Modelle zur Regelung der Bestellung der Mitglieder des Aufsichtsrats zur Wahl; das eine orientierte sich am deutschen, das andere am niederländischen Recht.[582]

b. Sog. deutsches Modell

Nach dem ersten, in Art. 4 Abs. 2 RiLi näher geregelten Modell sollten die Mitglieder des Aufsichtsrats grundsätzlich durch die Hauptversammlung bestellt werden. Ansatzpunkt für die Mitbestimmung der Arbeitnehmer war somit das Aufsichtsorgan. Mindestens ein Drittel dieser Mitglieder des Aufsichtsorgans sollte hierbei von den Arbeitnehmern oder deren Vertretern oder auf deren Vorschlag bestellt werden. Damit übernahm der Kommissionsvorschlag im wesentlichen die seinerzeit geltende deutsche Regelung der unternehmerischen Mitbestimmung der §§ 76 ff. BetrVG 1952[583], was zur Bezeichnung *"deutsches Modell"* führte.[584]

---

[579] Amtl. Begründung, Erläuterung zu Art. 4, BT-Drucks. 7/363, S. 14 f.

[580] Amtl. Begründung, Erläuterung zu Art. 4, BT-Drucks. 7/363, S. 15.

[581] Amtl. Begründung, Einleitung, BT-Drucks. 7/363, S. 14.

[582] Vgl. *Niessen*, ZGR 1973, 218 ff., 221, und *Staehelin*, S. 414. Somit trifft es zu, wenn *Westermann* konstatiert, *"daß schon in dem ursprünglichen Vorschlag für die Richtlinie die niederländische und die deutsche Lösung Pate gestanden haben"*, RabelsZ 48 (1984), 123 ff., 160.

[583] Zum Zeitpunkt der Vorlage des Richtlinienvorschlags war in der Bundesrepublik Deutschland für große Kapitalgesellschaften die Drittelbeteiligung nach dem BetrVG 1952 v. 11.10.1952 (BGBl. I, S. 681) die Regel, während die paritätische Aufsichtsratsbesetzung nach dem Montan-MitbestG v. 21.05.1951 (BGBl. I, S. 347) nur eine untergeordnete Rolle spielte. Vgl. zu diesen Mitbestimmungsgesetzen, welche auch heute noch in Kraft sind, bereits oben Teil I § 1 C. (S. 36 ff.). Ähnliche Modelle der unternehmerischen Mitbestimmung waren seinerzeit aber auch in Luxemburg und - wenngleich weniger weitreichend - in Dänemark zu finden, vgl. *Staehelin*, S. 414, *Westermann*, RabelsZ 48 (1984), 123 ff., 160 f., sowie Grünbuch, Beilage 8/1975 zum EG-Bulletin, S. 31.

[584] Vgl. *Figge*, S. 125, *Kolvenbach*, DB 1983, 2235 ff., 2238, *Niessen*, ZGR 1972, 218 ff., 221, und *Welch*, European Law Review 8 (1983), 83 ff., 85. Zu den - wenn auch geringen - Unterschieden gegenüber den Regelungen des BetrVG 1952 vgl. *Sonnenberger*, AG 1974, 1 ff., 4 f.

Hinsichtlich des Verfahrens der Bestellung sollte den Mitgliedstaaten *"weitgehende Freiheit"*[585] gelassen werden, die jeweiligen Einzelheiten zu regeln. So sollte es bspw. möglich sein, die Befugnis zur Bestellung entweder den Arbeitnehmern unmittelbar oder deren Vertretern einzuräumen. Darüber hinaus sah der Vorschlag die Möglichkeit vor, daß die Mitgliedstaaten für die Bestellung der Vertreter der Anteilseigner eine andere Zuständigkeit als die der Hauptversammlung festlegen können sollten. Hierbei war insbesondere an die Bestellung von sog. Vertretern des öffentlichen Interesses gedacht.[586] Hinsichtlich der genauen Anzahl der Mitglieder des Aufsichtsorgans enthielt der Entwurf keine nähere Regelung.[587] Dies ist in erster Linie darauf zurückzuführen, daß es sich um den Vorschlag einer Richtlinie handelte, die erst durch die Mitgliedstaaten und deren nationales Recht ausgefüllt werden sollte.[588] Für die Mitglieder des ersten Aufsichtsorgans sah Art. 4 Abs. 5 RiLi die Bestellung durch die Satzung oder den Errichtungsakt vor.

c. Sog. niederländisches Modell

Art. 4 Abs. 3 RiLi stellte den Mitgliedstaaten ein zweites Modell zur Wahl. Hierbei handelte es sich - abgesehen von einigen wenigen Abweichungen[589] - um das zum Zeitpunkt der Vorlage des Richtlinienvorschlags soeben in den Niederlanden eingeführte sog. Kooptationsmodell.[590] Hiernach sollte sich das Aufsichtsorgan selbst durch Zuwahl seiner Mitglieder ergänzen, wobei die genaue Anzahl seiner Mitglieder wiederum nicht geregelt war. Die Beteiligung der Arbeitnehmer sollte nach diesem Modell mittelbar über ein Widerspruchsrecht gegen die Bestellung dieser kooptierten Mitglieder des Aufsichtsrats erfolgen. Dieses Widerspruchsrecht sollte jedoch nur darauf gestützt werden können, daß der vorgeschlagene Kandidat für die Erfüllung seiner Aufgaben nicht geeignet ist oder infolge seiner Wahl die Ausgewogenheit der Zusammensetzung des Aufsichtsorgans gefährdet wäre. Hierdurch sollte eine Blockierung des Bestellungsverfahrens vermieden werden.[591] Über einen solchen Widerspruch sollte dann von einem unabhängigem Organ des öffentlichen Rechts entschieden werden. Die Kommission ging hierbei von der Annahme aus, daß bei der Zusammensetzung dieses Organs für eine

---

[585] Vgl. Amtl. Begründung, Erläuterung zu Art. 4, BT-Drucks. 7/363, S. 15.

[586] Vgl. Amtl. Begründung, Erläuterung zu Art. 4, BT-Drucks. 7/363, S. 15; siehe ferner hierzu *Niessen*, ZGR 1973, 218 ff., 222, und *Pipkorn*, ZHR 136 (1972), 499 ff., 509.

[587] Vgl. *Sonnenberger*, AG 1974, 1 ff., 4.

[588] Vgl. *Niessen*, ZGR 1973, 218 ff., 220 f.

[589] Zum einen ist die niederländische Regelung wesentlich detaillierter und zum anderen steht das Vorschlagsrecht für die Aufsichtsratsmitglieder auch dem Betriebsrat zu, so daß diesem eine stärkere Position zukommt, als wenn er nur mit einem Vetorecht ausgestattet wäre, vgl. *Figge*, S. 125. Diese Abweichungen können für die weitere Betrachtung im vorliegenden Zusammenhang jedoch vernachlässigt werden.

[590] Vgl. im einzelnen zu diesem Mitbestimmungsmodell, welches heute noch in den Niederlanden Anwendung findet, ausführlich oben Teil I § 1 D. (S. 58 ff.).

[591] Vgl. Amtl. Begründung, Erläuterung zu Art. 4, BT-Drucks. 7/363, S. 15.

ausgewogene Vertretung der Sozialpartner Sorge getragen würde.[592] Die bereits erwähnte Regelung des Art. 4 Abs. 5 sollte auch für Bestellung der Mitglieder des ersten Leitungsorgans nach dem niederländischen Modell gelten.

3. Aufgaben und Befugnisse der Arbeitnehmervertreter

Wenngleich der Richtlinienvorschlag dies nicht ausdrücklich aussprach, ist aufgrund der Übernahme der dualistischen Organisationsstruktur klar, daß dem Aufsichtsorgan grundsätzlich die laufende Überwachung der Verwaltung der Gesellschaft durch das geschäftsführende Leitungsorgan obliegen sollte. Die Aufgaben und Befugnisse des Aufsichtsorgans ergaben sich - soweit sie geregelt waren - aus den Art. 3, 8 und 9 bis 13 RiLi. Im übrigen sollte die nähere Ausgestaltung den die Richtlinie umsetzenden Mitgliedstaaten vorbehalten bleiben.

Das Aufsichtsorgan sollte gemäß Art. 3 Abs. 1 RiLi für die Bestellung der Mitglieder des Leitungsorgans zuständig sein und gemäß Art. 8 RiLi deren Vergütung festlegen. Ein Mitglied des Aufsichtsorgans sollte nicht zugleich Mitglied des Leitungsorgans sein dürfen, vgl. Art. 6 RiLi. Durch das Genehmigungserfordernis des Art. 9 RiLi sollte sichergestellt werden, daß ein Mitglied des Leitungsorgans durch eine Tätigkeit in einem anderen Unternehmen nicht gehindert werden kann, seine Aufgaben in der Gesellschaft gewissenhaft zu erfüllen.[593] Aus demselben Grund sollte auch jeder Vertrag, an dem die Gesellschaft beteiligt ist und der auch nur mittelbar die Interessen eines Mitglieds des Leitungs- oder Aufsichtsorgans berührt, zumindest der Genehmigung des Aufsichtsorgans bedürfen, vgl. Art. 10 RiLi. Um dem Aufsichtsorgan die Erfüllung seiner Kontroll- und Überwachungsaufgaben zu ermöglichen[594], sollte das Leitungsorgan gemäß Art. 11 RiLi verpflichtet sein, für den Aufsichtsrat mindestens alle drei Monate einen schriftlichen Bericht über den Gang der Geschäfte der Gesellschaft zu erstellen und ihm jährlich die Entwürfe für den Jahresabschluß und den Geschäftsbericht zu übermitteln. Darüber hinaus sollte das Aufsichtsorgan jederzeit vom Leitungsorgan einen besonderen Bericht über alle oder bestimmte Angelegenheiten der Gesellschaft verlangen können. Ferner sollte das Aufsichtsorgan oder ein Drittel seiner Mitglieder berechtigt sein, die Erteilung aller zweckdienlichen Auskünfte und die Vorlage aller zweckdienlichen Unterlagen zu verlangen sowie die erforderlichen Prüfungen vorzunehmen, wobei die Wahrnehmung dieser Rechte auch einzelnen Mitgliedern oder Sachverständigen übertragen werden können sollte. Art. 12 RiLi normierte in Anlehnung an das niederländische Recht[595] für bestimmte Beschlüsse des Leitungsorgans eine Genehmigungspflicht durch das Aufsichtsorgan. Hierzu zählten - vorbehaltlich einer satzungsrechtlichen Erweiterung dieser Genehmigungstatbestände - bspw. die Schließung oder Verlegung des Unternehmens,

---

592 Vgl. Amtl. Begründung, Erläuterung zu Art. 4, BT-Drucks. 7/363, S. 15.
593 Vgl. Amtl. Begründung, Erläuterung zu Art. 9, BT-Drucks. 7/363, S. 16.
594 Vgl. Amtl. Begründung, Erläuterung zu Art. 11, BT-Drucks. 7/363, S. 17.
595 Vgl. *Sonnenberger*, AG 1974, 1 ff., 7.

wichtige Beschränkungen der Unternehmenstätigkeit oder der Beginn bzw. die Beendigung einer dauernden Zusammenarbeit mit anderen Unternehmen. Art. 13 Abs. 1 RiLi schließlich sprach dem Aufsichtsorgan das Recht zur Abberufung der Mitglieder des Leitungsorgans zu.

Die Aufgaben und Befugnisse des Aufsichtsrats nach der Strukturrichtlinie waren somit insgesamt nach Art, Ausgestaltung und Umfang denen vergleichbar, die dem Aufsichtsorgan der Europäischen Aktiengesellschaft im Sinne des ersten Vorschlags von 1970[596] zugesprochen werden sollten.[597]

4. Rechtsstellung der Arbeitnehmervertreter

Grundsätzlich sollten nach dem Richtlinienvorschlag alle Mitglieder des Aufsichtsorgans die gleichen Rechte und Pflichten haben.[598] Die Amtszeit der Aufsichtsratsmitglieder - wie auch die der Mitglieder des Leitungsorgans - sollte gemäß Art. 7 RiLi höchstens sechs Jahre betragen, wobei auch eine Möglichkeit der Wiederbestellung vorgesehen war. Gemäß Art. 9 Abs. 3 RiLi sollte es ihnen untersagt sein, in mehr als zehn Gesellschaften Mitglied des Aufsichtsorgans zu sein. Schließlich sollte jedes Mitglied des Aufsichtsorgans von den Berichten, Unterlagen und Auskünften, die das Leitungsorgan dem Aufsichtsorgan übermittelt, Kenntnis nehmen dürfen, Art. 11 Abs. 5 RiLi. Diese Regelung ist eine Ausnahme von dem Grundsatz, daß die Kontrollrechte gegenüber dem Leitungsorgan im Prinzip vom Aufsichtsorgan als Gesamtheit ausgeübt werden sollten.[599] Das Verfahren ihrer Abberufung schließlich ist in Art. 13 Abs. 2 RiLi geregelt, wonach hinsichtlich der sie bestellenden Organe und Personen sowie des dabei einzuhaltenden Verfahrens grundsätzlich die Vorschriften für ihre Bestellung entsprechend gelten sollten. Hinsichtlich der nach dem niederländischen Modell kooptierten Mitglieder sollte allerdings nur eine Abberufung aus wichtigem Grund durch eine gerichtliche Entscheidung aufgrund eines Antrages des Aufsichtsorgans, der Hauptversammlung oder der Vertreter der Arbeitnehmer zulässig sein.

Insgesamt betrachtet enthielt der Richtlinienvorschlag nur einige wenige Vorschriften betreffend die Rechtsstellung der Mitglieder des Aufsichtsorgans. So finden sich in ihm bspw. weder Vorschriften über den Kündigungsschutz noch Regelungen zur Wahrung des Betriebs- und Geschäftsgeheimnisses. Dies beruht wiederum auf dem Charakter des Vorschlags als ausfüllungsbedürftiger Richtlinie, so daß die Regelungen im Detail den einzelnen Mitgliedstaaten überlassen werden sollten.

---

596 Vgl. dazu bereits oben Teil II § 5 D. II. 2. (S. 115 ff.).
597 Vgl. *Niessen*, ZGR 1972, 218 ff., 224 f.
598 Vgl. *Niessen*, ZGR 1972, 218 ff., 224. In dem Richtlinienvorschlag findet sich zwar keine Bestimmung, die dies ausdrücklich regelt; gerade deshalb ist aber davon auszugehen, daß alle Mitglieder des Aufsichtsorgans gleichberechtigt sind, zumal dies auch der von der Kommission verfolgten Konzeption entspricht.
599 Vgl. *Niessen*, ZGR 1972, 218 ff., 224.

5. Arbeitsdirektor

Für den Fall, daß das Leitungsorgan aus mehreren Mitgliedern bestehen sollte, sah die Regelung des Art. 3 Abs. 2 RiLi vor, daß das Aufsichtsorgan das Mitglied des Leitungsorgans bezeichnen sollte, dem die Behandlung der Personalfragen und Fragen der Arbeitsbeziehungen obliegen sollte.

IV. Reaktionen auf den Richtlinienvorschlag

Die ersten Reaktionen auf diesen Vorschlag einer Strukturrichtlinie waren sehr verhalten; zum Teil stieß der Richtlinienvorschlag sogar schlichtweg auf Ablehnung.

1. Wirtschafts- und Sozialausschuß

Eine erste Stellungnahme im Rahmen der im EWG-Vertrag vorgesehenen Anhörungen wurde am 29. und 30. Mai 1974 vom Wirtschafts- und Sozialausschuß abgegeben.[600]

Hinsichtlich der Struktur der Aktiengesellschaft wurde in Anlehnung an die bereits 1972 zur Europäischen Aktiengesellschaft abgegebene Stellungnahme[601] vorgeschlagen, eine Wahlmöglichkeit zwischen dem monistischen und dem dualistischen System vorzusehen.[602] Eine völlige Vereinheitlichung wurde hingegen im Hinblick auf die damit verbundenen praktischen und psychologischen Schwierigkeiten in einigen Mitgliedstaaten als verfrüht angesehen.[603]

In der Frage der Mitbestimmung kam es aufgrund der unterschiedlichen Auffassungen der im Wirtschafts- und Sozialausschuß vertretenen Gruppierungen, die von der vorbehaltlosen Ablehnung jeglicher Beteiligung bis hin zur Forderung nach paritätischer Mitbestimmung reichten, zu keiner einheitlichen Stellungnahme.[604] Zwar sei die Mitwirkung der Arbeitnehmer im weitesten Sinne eine wünschenswerte Entwicklung; doch vorrangiges Ziel müsse sein, die einer Harmonisierung entgegenstehenden Hindernisse abzubauen. Angesichts dieser vagen Vorstellungen ist *Staehelin* zuzustimmen, wenn er behauptet, damit sei *"eigentlich alles und nichts gesagt"*[605]. Die Zusammensetzung des Wirtschafts- und Sozialausschusses machte somit eine einheitliche Stellungnahme unmöglich.

---

[600] Stellungnahme des Wirtschafts- und Sozialausschusses zu dem *"Vorschlag einer Fünften Richtlinie zur Koordinierung der Schutzbestimmungen, die in den Mitgliedstaaten den Gesellschaften im Sinne des Artikels 58 Absatz 2 des Vertrages im Interesse der Gesellschafter sowie Dritter hinsichtlich der Struktur der Aktiengesellschaft sowie der Befugnisse und Verpflichtungen ihrer Organe vorgeschrieben sind"* vom 29. und 30.05.1974, AblEG Nr. C 109 v. 19.09.1974, S. 9 ff., im folgenden zitiert als Stellungnahme WSA.
[601] Vgl. dazu bereits oben Teil II § 5 E. I. (S. 117 ff.).
[602] Stellungnahme WSA, S. 10 f., Anm. 1.7.
[603] Stellungnahme WSA, S. 10 f., Anm. 1.7.
[604] Stellungnahme WSA, S. 10 f., Anm. 1.8 und 1.9.
[605] *Staehelin*, S. 419.

2. Mitgliedstaaten

In den einzelnen Mitgliedstaaten kam Kritik sowohl hinsichtlich der vorgesehenen Festschreibung der dualistischen Organisationsverfassung als auch hinsichtlich der konkreten Ausgestaltung des vorgeschlagenen Mitbestimmungsmodells auf.

Die verbindliche Einführung des dualistischen Systems stieß insbesondere in den Mitgliedstaaten, deren Aktiengesellschaften traditionell monistisch strukturiert sind, auf starken Widerspruch. Neben dem Einwand, die Überlegenheit des dualistischen Systems sei keineswegs erwiesen, wurde insbesondere darauf hingewiesen, daß eine fakultative Einführung völlig ausreiche, zumal weder die Vereinigten Staaten noch Japan das Aufsichtsratssystem kannten.[606] Der Vorschlag stieß insofern auf Unverständnis, als man im angelsächsischen Raum davon ausging, daß durch die Einführung des dualistischen Systems nur eine im monistischen System ohnehin bestehende Aufgabenteilung zwischen geschäftsführenden und nichtgeschäftsführenden Mitgliedern vollzogen werde.[607]

Aber auch die Mitbestimmungsregelungen brachten der Kommission nicht die erhoffte Zustimmung der Mitgliedstaaten ein; gerade sie waren es vielmehr, die zu massiver Kritik führten.[608] Vereinzelt wurde hierbei die vorgesehene Möglichkeit der Abwahl der Mitbestimmung kritisiert. Überwiegend wurde jedoch in erster Linie die von der Kommission vorgesehene Einführung von Mitbestimmungsregelungen unter starker Anlehnung an die deutsche und niederländische Art der Mitbestimmung kritisiert.[609] Dies kann insofern nicht verwundern, als zum Zeitpunkt der Vorlage des Kommissionsvorschlags in vielen Mitgliedstaaten Regelungen über eine Vertretung der Arbeitnehmer in den Unternehmensorganen überhaupt nicht existierten.[610] Teilweise wurde daher sogar verlangt, man solle von einer Regelung der Mitbestimmung in der Richtlinie völlig absehen. Zumindest aber wurde die Auffassung vertreten, den Mitgliedstaaten müsse durch eine optionale Ausgestaltung des Richtlinienvorschlags mehr Spielraum zur Verwirklichung der Mitbestimmungsrechte der Arbeitnehmer entsprechend dem jeweiligen nationalen System gelassen werden.[611]

---

[606] Vgl. *Conclon*, International Comparative Law Quarterly 24 (1975), 348 ff., 358 und Stellungnahme der *Confederation of British Industries (CBI)*, The responsabilities of the British public company, London, September 1973, §§ 120 ff., zitiert nach *Ficker*, FS Bärmann, S. 299 ff., S. 316.

[607] Vgl. *Temple Lang*, Common Market Law Review 1975, 155 ff., 161.

[608] Vgl. *Conclon*, International Comparative Law Quarterly 24 (1975), 348 ff., 358 f., *Figge*, S. 107, und *Lutter*, Europarecht 1975, 44 ff., 49 f.

[609] Vgl. *Conclon*, International Comparative Law Quarterly 24 (1975), 348 ff., 358 f., und *Westermann*, RabelsZ 48 (1984), 123 ff., 161.

[610] Vgl. *Lutter*, Europarecht 1975, 44 ff., 50.

[611] *Conclon*, International Comparative Law Quarterly 24 (1975), 348 ff., 359

V. Stellungnahme

Der von der Kommission vorgelegte ursprüngliche Vorschlag der Strukturrichtlinie kann nicht überzeugen; dies betrifft sowohl die vorgeschlagene Struktur der Aktiengesellschaft als auch die Regelungen zur Vertretung der Arbeitnehmer.

1. Organisationsverfassung

Die Kommission wollte in ihrem Vorschlag einer Strukturrichtlinie - wie auch in ihrem ersten Vorschlag über ein Statut für Europäische Aktiengesellschaften - eine dualistisch strukturierte Organisationsverfassung verbindlich festschreiben. Hiermit entschied sie sich jedoch für ein System, welches zum Zeitpunkt des Richtlinienvorschlags nur in der Bundesrepublik Deutschland, den Niederlanden und - zumindest auf freiwilliger Basis - in Frankreich existierte.[612] Hinzu kam noch, daß in den Mitgliedstaaten, deren Kapitalgesellschaften traditionell monistisch strukturiert sind, das dualistische System nicht nur kaum geläufig war, sondern sogar überwiegend ausdrücklich abgelehnt wurde.[613] Es war somit zum Zeitpunkt der Vorlage des Vorschlags absehbar, daß die vorgeschlagene dualistische Organisationsverfassung bei diesen Mitgliedstaaten, auf Ablehnung stoßen würde. Dies galt um so mehr, als der Beitritt Großbritanniens und Irlands als traditionelle Vertreter des monistischen Systems zur Europäischen Wirtschaftsgemeinschaft zum Zeitpunkt der Vorlage des Richtlinienvorschlags sich bereits abzeichnete oder zumindest mit ihm zu rechnen war.[614] Somit war schon kurz nach Vorlage des Entwurfs absehbar, daß die vorgeschlagenen Strukturregelungen in dieser Form wohl nicht würden aufrecht erhalten werden können.[615] *Lutter* warf der Kommission darüber hinaus vor, daß es nicht Aufgabe der Rechtsvereinheitlichung sein könne, ein in einigen Mitgliedstaaten für gut befundenes System zu beseitigen; die Rechtsangleichung usurpiere hier Aufgaben der allgemeinen Rechtspolitik.[616] Diese scharfe Kritik läßt sich - auch aus heutiger Sicht - nicht ganz von der Hand weisen.

2. Mitbestimmung der Arbeitnehmer

Auch hinsichtlich der vorgeschlagenen Regelungen über die Mitbestimmung der Arbeitnehmer ist Kritik angebracht. Diese Kritik bezieht sich weniger auf die Ausgestal-

---

[612] Vgl. *Lutter*, Europarecht 1975, 44 ff., 49; vgl. im übrigen zu der Entwicklung in den damaligen Mitgliedstaaten auch bereits oben Teil I § 1 (S. 33 ff.).

[613] Vgl. *Ficker*, FS Bärmann, S. 299 ff., S. 316, und *Welch*, European Law Review 8 (1983), 83 ff., 92 f.

[614] Dennoch wurden diese Staaten an den Diskussionen nicht beteiligt, vgl. *Däubler*, Common Market Law Review 1977, 457 ff., 459. Der Beitritt dieser beiden Staaten zur Europäischen Wirtschaftsgemeinschaft erfolgte zum 01.01.1973 und führte im weiteren Verlauf der Diskussion zu zahlreichen Schwierigkeiten bei der Suche nach einem konsensfähigen Vorschlag zur Strukturrichtlinie, vgl. *Kolvenbach*, DB 1983, 2235 ff., 2236, und *Staehelin*, S. 415 f.

[615] Vgl. *Figge*, S. 108, und *Sonnenberger*, AG 1974, 1 ff., 2.

[616] *Lutter*, Europarecht, 44 ff., 49.

tung der vorgeschlagenen Modelle im einzelnen, sondern vielmehr auf den Umstand, daß die Kommission mit der Übernahme des deutschen und des niederländischen Systems zwei so weitreichende Mitbestimmungsmodelle in ihren Richtlinienvorschlag aufnahm. Hierbei verkannte sie insbesondere, daß die von ihr vorgeschlagenen Regelungen über die Mitbestimmung der Arbeitnehmer für den Großteil der Mitgliedstaaten nicht nur eine Anpassung ihrer Mitbestimmungsvorschriften bedeutet hätte, sondern die Neuschaffung von solchen.[617] Für Staaten wie bspw. Großbritannien waren das dualistische System und die Mitbestimmung *"fremde und unverständliche Einrichtungen"*[618]. Die Strukturrichtlinie war für sie in dieser Form daher nicht akzeptabel, zumal sie ihre Mitbestimmungstraditionen in der vorgeschlagenen Richtlinie überhaupt nicht berücksichtigt fanden.[619]

3. Zusammenfassung

Somit trifft es zu, wenn *Staehelin* 1979 rückblickend feststellte, daß die Kommission in ihrem ersten Vorschlag der Strukturrichtlinie *"zu viel zu schnell erreichen wollte"*[620]. In ihrer Absicht, das dualistische System für alle Aktiengesellschaften in der Gemeinschaft verbindlich einführen zu wollen, verkannte die Kommission, daß viele Mitgliedstaaten nicht bereit waren, die Organisationsstruktur ihrer Kapitalgesellschaften ohne weiteres aufzugeben. Neben dieser zu einseitigen Festlegung auf das dualistische Modell muß sich die Kommission vorwerfen lassen, ihren Vorschlag nicht gründlich genug auf die bestehende Vielfalt an Mitbestimmungsmodellen in den Mitgliedstaaten der Gemeinschaft abgestimmt zu haben. Insbesondere verkannte sie die auf europäischer Ebene gegebene Notwendigkeit der Herstellung eines Konsenses, indem sie mit dem deutschen und dem niederländischen System gerade die beiden zum damaligen Zeitpunkt weitreichendsten Mitbestimmungsmodelle in ihren Vorschlag aufnahm.

C. Das Grünbuch der Kommission von 1975

Bereits wenige Monate, nachdem die politisch Beteiligten ihre Stellungnahmen zum Vorschlag einer Strukturrichtlinie abgegeben hatten, befaßte sich die Kommission in einem weiteren Papier mit der Organisationsverfassung der Aktiengesellschaft sowie dem Problem der Mitbestimmung ihrer Arbeitnehmer. Im November 1975 legte sie ein

---

[617] Vgl. zu diesem Befund auch *Lutter*, der von einem *"Zwang zur Einführung eines dieser Mitbestimmungssysteme in das eigene Recht"* spricht, *Lutter,* Europarecht 1975, 44 ff., 50.
[618] *Kolvenbach*, DB 1983, 2235 ff., 2235.
[619] Dies verkennt *Pipkorn*, ZHR 136 (1972), 499 ff., 509, der davon ausgeht, daß die Kommission diese unterschiedlichen Traditionen hinreichend berücksichtigt hat; relativierend dann aber einige Jahre später *ders.*, ZGR 1985, 567 ff., 572.
[620] *Staehelin*, S. 405; ihm zustimmend auch *Westermann*, RabelsZ 48 (1984), 123 ff., 161.

Grünbuch mit dem Titel *"Mitbestimmung der Arbeitnehmer und Struktur der Aktiengesellschaften in der Europäischen Gemeinschaft"* vor.[621]

I. Inhalt und Zweck des Grünbuchs

Dieses Grünbuch der Kommission bestand aus zwei Teilen. Im ersten Teil wird im Anschluß an eine die Notwendigkeit gemeinschaftsrechtlicher Initiativen herausstellende Einleitung[622] zunächst ein Überblick über die bereits auf Gemeinschaftsebene existierenden Programme und Vorschläge[623] gegeben. Sodann werden die gemeinschaftsübergreifenden Problemstellungen und Lösungsansätze[624] analytisch behandelt und bestehende Gemeinsamkeiten[625] herausgearbeitet, um auf dieser Grundlage abschließend flexible Lösungsansätze[626] zum weiteren Verfahren darlegen zu können. Der zweite Teil des Grünbuchs[627] besteht aus einer Zusammenstellung der zum damaligen Zeitpunkt geltenden Regelungen bezüglich der Struktur der Aktiengesellschaften und der Mitbestimmung der Arbeitnehmer in den einzelnen Mitgliedstaaten.

Mit der Vorlage dieses Grünbuches bezweckte die Kommission eine Förderung des gemeinschaftlichen Konsenses in Richtung auf die im Rahmen der fünften Richtlinie zu verwirklichenden Lösungen.[628] Sie wollte - so die Kommission selbst[629] - erstens einen Überblick geben über die wichtigsten bislang bekannt gewordenen politischen und juristischen Positionen und Tendenzen in der Gemeinschaft und zweitens die grundlegenden Fragen und Antworten zusammenstellen, um die Diskussion auf europäischer Ebene zu nützlichen Ergebnissen führen zu können. Die Kommission reagierte damit nicht nur auf die insbesondere von den angelsächsischen Ländern teils sehr heftig geäußerte Kritik zum Vorschlag der Strukturrichtlinie von 1972.[630] Die im Grünbuch enthaltenen Ausführungen sollten vielmehr auch die Absicht der Kommission ausführlicher begründen und so mehr Verständnis und Zustimmung für ihre Vorschläge hervorrufen.

II. Organisationsverfassung

Ein erster Schwerpunkt im Grünbuch der Kommission lag auf der Frage der Struktur der Kapitalgesellschaften in der Gemeinschaft.

---

[621] Beilage 8/1975 zum EG-Bulletin; KOM (75) 570 endg. Dieses Grünbuch wird im folgenden als *Grünbuch* zitiert.
[622] Grünbuch, Beilage 8/1975 zum EG-Bulletin, S. 7 ff.
[623] Grünbuch, Beilage 8/1975 zum EG-Bulletin, S. 13 ff.
[624] Grünbuch, Beilage 8/1975 zum EG-Bulletin, S. 17 ff.
[625] Grünbuch, Beilage 8/1975 zum EG-Bulletin, S. 34 ff.
[626] Grünbuch, Beilage 8/1975 zum EG-Bulletin, S. 43 ff.
[627] Grünbuch, Beilage 8/1975 zum EG-Bulletin, S. 51 ff.
[628] Vgl. *Pipkorn*, ZGR 1985, 567 ff. 573.
[629] Grünbuch, Beilage 8/1975 zum EG-Bulletin, S. 12.
[630] *Kolvenbach*, DB 1983, 2235 ff., 2235.

C. Das Grünbuch der Kommission von 1975

Die Kommission stellte in ihrem Grünbuch zunächst die beiden existierenden Organisationsverfassungen der Kapitalgesellschaften in der Gemeinschaft dar: das monistische und das dualistische System.[631] Hierbei ging sie auch kurz auf die bestehenden Regelungen in den Mitgliedstaaten ein und zeigte so die Verbreitung der unterschiedlichen Struktursysteme auf. Während das monistische System überwiegend im angelsächsischen Rechtskreis verbreitet war, existierte das dualistische System zum Zeitpunkt der Vorlage des Grünbuchs lediglich in der Bundesrepublik Deutschland[632], in Italien seit 1936[633] und - bei "großen Aktiengesellschaften"[634] - in den Niederlanden seit 1971[635] sowie in einem gewissen Sinn in Frankreich[636], Dänemark[637] und in Schweden[638] ebenfalls bei großen Aktiengesellschaften.[639]

Hinsichtlich der Bewertung dieser beiden Systeme gelangte die Kommission in ihrem Grünbuch zu einem klaren Urteil. Wenngleich sie zugestand, daß auch die Unterteilung der Verwaltungsratsmitglieder in geschäftsführende und nichtgeschäftsführende Mitglieder zu einer ähnlichen Aufgabentrennung wie bei einer dualistisch strukturierten Kapitalgesellschaft führen kann[640], sprach sie sich im Ergebnis eindeutig für das dualistische System aus.[641] Den entscheidenden Vorteil der dualistischen Struktur sah sie insbesondere darin, daß die Aktionäre Einfluß auf die Zusammensetzung eines Organs ausüben können, das mit einer allgemeinen und nahezu ständigen Überwachung der

---

[631] Vgl. zu den grundlegenden Unterschieden zwischen beiden Systemen schon oben Teil I § 1 B. (S. 35 f.).

[632] Vgl. dazu bereits oben Teil I § 1 C. II. (S. 37).

[633] Diese Aussage galt für Italien zur damaligen Zeit nur bedingt, da die Existenz eines geschäftsfühenden Verwaltungsrats *(consiglio d'amministrazione)* sowie eines Kollegiums der Abschlußprüfer *(collegio sindacale)* zwar eine gewisse Kontrollmöglichkeit beinhaltete, diese aber aufgrund der Ausgestaltung im einzelnen nicht einer rein dualistischen Struktur gleichgesetzt werden kann, vgl. Grünbuch, Beilage 8/1975 zum EG-Bulletin, S. 89.

[634] Diese Bezeichnung bezieht sich auf den Umstand, daß die Regelungen über die Mitbestimmung in den Niederlanden erst ab einer bestimmten Größe der Aktiengesellschaft greifen, die nach der Höhe des gezeichneten Kapitals bemessen wird, vgl. dazu bereits oben Teil I § 1 D. III. (S. 59 ff.).

[635] Vgl. dazu bereits oben Teil I § 1 D. III. (S. 59 ff.).

[636] In Frankreich wurde neben dem traditionell verbreiteten monistischen System die dualistische Organisationsstruktur seit 1966 zur Wahl gestellt, vgl. dazu bereits oben Teil I § 1 E. III. (S. 65 ff.).

[637] Das dänische Gesetz über Aktiengesellschaften 13.06.1973 schreibt für alle Aktiengesellschaften *(Aktieselskaber)* mit einem Aktienkapital von mehr als 400.000 Kronen eine dualistische Struktur zwingend vor, während es für alle anderen Aktiengesellschaften eine solche Struktur erlaubt, vgl. Grünbuch, Beilage 8/1975 zum EG-Bulletin, S. 61, sowie *Ficker*, FS Bärmann, S. 299 ff., S. 308 f.

[638] Vgl. im übrigen zur Entwicklung in Schweden bereits oben Teil I § 1 G. (S. 73 ff.).

[639] Vgl. zur damaligen Situation und Entwicklung vertiefend *Ficker*, in: FS Bärmann, S. 299 ff., S. 304 ff.

[640] Grünbuch, Beilage 8/1975 zum EG-Bulletin, S. 21 und 34.

[641] Grünbuch, Beilage 8/1975 zum EG-Bulletin, S. 21 und 43.

Tätigkeiten der Geschäftsführer betraut ist.[642] Eine lediglich informelle Aufgabenteilung innerhalb eines Organs könne insoweit nicht dieselben Garantien bieten wie eine ausdrückliche.[643] Trotz der zahlreichen kritischen Stimmen im Zusammenhang mit der Strukturrichtlinie blieb die Kommission daher auch in ihrem Grünbuch bei ihrer Auffassung, daß eine dualistische Organisationsverfassung sowohl den Erfordernissen großer moderner Unternehmen als auch den Anforderungen, welche die Allgemeinheit an solche Unternehmen stellt, am besten entspreche.[644] In dieser Einschätzung sah sie sich durch den Umstand bestätigt, daß die Entwicklung der Mitbestimmung auf Ebene der Gesellschaftsorgane ihrer Ansicht nach in denjenigen Mitgliedstaaten am weitesten vorangeschritten war, die den Gesellschaften ein dualistisches System vorschrieben.[645] Ferner glaubte die Kommission, eine Tendenz zur gemeinschaftsweiten Einführung dieses Systems auch bei den Mitgliedstaaten feststellen zu können, deren Kapitalgesellschaften traditionell monistisch strukturiert sind.[646]

Dennoch ging sie aufgrund der Tatsache, daß in vielen Mitgliedstaaten seit jeher eine monistische Organisationsverfassung von Kapitalgesellschaften bevorzugt wurde, davon aus, daß es zu Schwierigkeiten bei der Einführung nur des dualistischen Systems kommen würde. Diese Schwierigkeiten, welche jenen Staaten durch die *"Übernahme und sofortige Annahme einer derart tiefgreifenden Reform"*[647] bereitet würden, müßten bedacht werden. Um ihnen Rechnung zu tragen - so die Kommission - werde es während eines bestimmten Zeitraums erforderlich sein, das monistische und das dualistische System nebeneinander bestehen zu lassen.[648] Für diesen Übergangszeitraum sollte ein Wahlrecht zwischen beiden Systemen bestehen. Dies sollte jedoch ausdrücklich nur für eine erste Phase gelten, um die *"Verwirklichung des Endziels, nämlich die ausschließliche Geltung des dualistischen Systems, zu gewährleisten"*[649].

III. Mitbestimmung der Arbeitnehmer

Der zweite Schwerpunkt der Ausführungen der Kommission lag - entsprechend dem Titel des Grünbuchs - auf der Frage der Mitbestimmung der Arbeitnehmer. Hierbei erörterte und bewertete die Kommission die praktizierten Arten der Arbeitnehmermitbestimmung zunächst eingehend, um sodann einen eigenen Lösungsvorschlag zu präsentieren. Gegenstand ihrer Ausführungen war die Beteiligung der Arbeitnehmer über Ta-

---

[642] Grünbuch, Beilage 8/1975 zum EG-Bulletin, S. 20.
[643] Grünbuch, Beilage 8/1975 zum EG-Bulletin, S. 21.
[644] Grünbuch, Beilage 8/1975 zum EG-Bulletin, S. 43.
[645] Grünbuch, Beilage 8/1975 zum EG-Bulletin, S. 21.
[646] Grünbuch, Beilage 8/1975 zum EG-Bulletin, S. 34.
[647] Grünbuch, Beilage 8/1975 zum EG-Bulletin, S. 43.
[648] Grünbuch, Beilage 8/1975 zum EG-Bulletin, S. 43
[649] Grünbuch, Beilage 8/1975 zum EG-Bulletin, S. 43.

rifverhandlungen, Arbeitnehmeraktien und durch spezielle Vertretungsorgane sowie die Beteiligung der Arbeitnehmer in den Gesellschaftsorganen.

1. Tarifvertragliche Beteiligung

Wenngleich die Kommission feststellte, daß Tarifverhandlungen innerhalb der Gemeinschaft im Hinblick auf die Beteiligung der Arbeitnehmer an Entscheidungsprozessen innerhalb des Unternehmens eine wichtige Aufgabe erfüllen, befand sie diese als für Gemeinschaftsregelungen untauglich.[650] Sie fänden häufig auf einer von den Arbeitnehmern weit entfernten Ebene statt und der Inhalt einer durch Gesetz auferlegten Verhandlungspflicht sei zu unbestimmt. Im übrigen seien sie als allgemeines Instrument zur Einführung gleichwertiger Vorschriften und Schutzbestimmungen in den einzelnen Gemeinschaftsstaaten untauglich, da der Ausgang der Tarifverhandlungen letztlich von der sehr unterschiedlichen Verhandlungsstärke der jeweiligen Parteien abhänge.[651]

2. Beteiligung über Arbeitnehmeraktien

Auch die Beteiligung der Arbeitnehmer am Kapital oder am Gewinn von Unternehmen erachtete die Kommission für eine Mitbestimmung der Arbeitnehmer als unausgereift.[652] Zwar seien solche Regelungen in vielen Mitgliedstaaten existent; keine dieser Regelungen gebe den Arbeitnehmern jedoch einen *"wirklichen Einfluß auf den Entscheidungsprozeß der Unternehmen"*[653]. Der Zeitpunkt für eine möglicherweise in Betracht zu ziehende Gemeinschaftsregelung sei daher noch nicht gekommen.[654]

3. Beteiligung in Arbeitnehmervertretungsorganen

Die Einrichtung von speziellen Arbeitnehmervertretungsorganen wurde von der Kommission grundsätzlich im Hinblick darauf als problematisch erachtet, daß diese Angelegenheiten wahrnähmen, welche die Arbeitnehmer unmittelbar betreffen.[655] Da diese Einrichtungen auf Betriebs- oder Werksebene im allgemeinen örtlich begrenzt sind und nur einen bestimmten Ausschnitt des Unternehmens betreffen, seien sie für eine Arbeitnehmerbeteiligung am Entscheidungsprozeß des Gesamtunternehmens ungeeignet. Selbst bei der Errichtung eines Ausschusses von verschiedenen Arbeitnehmervertretern der Betriebe auf Unternehmensebene sei die Wirksamkeit zweifelhaft, da ein solches Vertretungsorgan *"außerhalb der Gesellschaftsorgane"*[656] stehe.

---

[650] Grünbuch, Beilage 8/1975 zum EG-Bulletin, S. 26 und 35 f.
[651] Grünbuch, Beilage 8/1975 zum EG-Bulletin, S. 35 f.
[652] Grünbuch, Beilage 8/1975 zum EG-Bulletin, S. 33 und 36.
[653] Grünbuch, Beilage 8/1975 zum EG-Bulletin, S. 33.
[654] Grünbuch, Beilage 8/1975 zum EG-Bulletin, S. 36.
[655] Grünbuch, Beilage 8/1975 zum EG-Bulletin, S. 36 ff.
[656] Grünbuch, Beilage 8/1975 zum EG-Bulletin, S. 37.

Dennoch betonte die Kommission ausdrücklich, daß hierdurch die Bedeutung der Vertretungsorgane keineswegs in Abrede gestellt werden sollte.[657] Diese sind nach Ansicht der Kommission vielmehr gerade erforderlich oder zumindest förderlich, um eine wirksame Vertretung der Arbeitnehmer in den Gesellschaftsorganen zu verwirklichen. Infolgedessen hielt es die Kommission für angezeigt, auch in diesem Bereich Gemeinschaftsinitiativen zu ergreifen, die auf bereits vorgelegten Vorschlägen - wie bspw. den Regelungen über die Errichtung eines Europäischen Betriebsrats für die Europäische Aktiengesellschaft[658] - aufbauen könnten. Sie schlug daher vor, *"die Leitungsorgane von einer bestimmten Zahl von Beschäftigten an zu verpflichten, die Arbeitnehmervertreter zu unterrichten und anzuhören und möglichst eine Einigung mit ihnen zu erreichen"*[659]. Diese Regelungen sollten nach den Vorstellungen der Kommission auch nicht auf Unternehmen in der Rechtsform einer Aktiengesellschaft beschränkt bleiben, sondern längerfristig im Interesse der Gleichbehandlung aller Arbeitnehmer auch auf andere Rechtsformen ausgeweitet werden.[660]

4. Beteiligung der Arbeitnehmer in den Gesellschaftsorganen

Am geeignetsten für eine wirksame Vertretung der Arbeitnehmer hielt die Kommission in ihrem Grünbuch - ungeachtet zahlreicher Kritiken[661] - die Beteiligung der Arbeitnehmer in den Gesellschaftsorganen.[662] Diese Art der Beteiligung der Arbeitnehmer entspreche nicht nur einer allgemeinen Tendenz in den Mitgliedstaaten, da in den vergangenen Jahren von immer mehr Staaten Regelungen eingeführt worden seien, die es den Arbeitnehmern ermöglichen, an den Verwaltungsorganen von Unternehmen teilzunehmen; sie wirke sich darüber hinaus in aller Regel auch günstig auf die übrigen Formen der in der Gemeinschaft bereits praktizierten Formen der Arbeitnehmerbeteiligung aus.[663] Daher biete - so die Kommission - von den bestehenden Formen der Arbeitnehmerbeteiligung allein die Arbeitnehmervertretung in den Gesellschaftsorganen den Arbeitnehmern eines Unternehmens die Gelegenheit, verhältnismäßig kontinuierlich an der Entscheidungsbildung auf höchster Ebene des sie beschäftigenden Unternehmens mitzuwirken.[664]

---

[657] Grünbuch, Beilage 8/1975 zum EG-Bulletin, S. 37.
[658] Vgl. dazu bereits ausführlich oben Teil II § 5 D. I. (S. 110 ff.) und § 6 D. I. (S. 135 ff.); die entsprechenden Vorschriften finden sich auch abgedruckt in einem Anhang II, Grünbuch, Beilage 8/1975 zum EG-Bulletin, S. 116 f.
[659] Grünbuch, Beilage 8/1975 zum EG-Bulletin, S. 37.
[660] Grünbuch, Beilage 8/1975 zum EG-Bulletin, S. 38.
[661] Vgl. zu diesen bereits oben Teil II § 7 B. IV. (S. 176 ff.) sowie die Kurzdarstellung im Grünbuch selbst, Beilage 8/1975 zum EG-Bulletin, S. 39 f.
[662] Grünbuch, Beilage 8/1975 zum EG-Bulletin, S. 38 ff. und 43 ff.
[663] Grünbuch, Beilage 8/1975 zum EG-Bulletin, S. 38.
[664] Grünbuch, Beilage 8/1975 zum EG-Bulletin, S. 41.

Hinsichtlich der inhaltlichen Ausgestaltung der Regelungen über die unternehmerische Mitbestimmung blieb die Kommission ihren in den bisherigen Vorschlägen dargelegten Vorstellungen treu, indem sie nach wie vor eine Vertretung der Arbeitnehmer mit nicht bloß beratender Stimme anstrebte.[665] Sie erachtete damit die allgemeine Zielsetzung des Vorschlags der fünften Richtlinie als *"weiterhin gültig und realistisch"*[666]. Dessen ungeachtet war sie sich jedoch im klaren, daß angesichts der unterschiedlichen Strukturen und Einstellungen in der Gemeinschaft ein - so die Kommission - *"ausreichendes Maß an Übereinstimmung"*[667] in diesem Bereich nur innerhalb verhältnismäßig langer Zeiträume erzielt werden könnte. Sie sprach sich daher zunächst für die Einführung von Mindestregelungen aus, die so flexibel wie möglich gehalten und die stufenweise eingeführt werden sollten.

Der materielle Regelungsgehalt der Übergangsregelung wurde von der Kommission nur grob umrissen, da der genaue Inhalt einer Gemeinschaftsregelung erst in umfangreichen Diskussionen zum vorgelegten Grünbuch entwickelt werden sollte.[668] Die Kommission sprach sich in ihrem Grünbuch lediglich dafür aus, hinsichtlich des Bestellungsverfahrens nur allgemeine Bestimmungen in die Strukturrichtlinie aufzunehmen und die nähere Ausgestaltung des Wahlverfahrens den nationalen Rechten zu überlassen.[669] Hierbei sollte gewährleistet sein, daß alle Arbeitnehmer des Unternehmens an der Wahl teilnehmen können; auch ein entsprechender Minderheitenschutz müsse vorgesehen werden. Hinsichtlich der Pflichten, welche das Gesetz den Mitgliedern des Aufsichtsrats auferlegen sollte, schlug die Kommission vor, diese sowohl auf das Interesse des gesamten Unternehmens als auch auf die Interessen der Anteilseigner und der Arbeitnehmer zu verpflichten.[670] Da es aber wenig Sinn mache, *"irgendeine Form der Mitbestimmung durch Gesetz aufzuzwingen"*[671], müsse schließlich auch die Möglichkeit einer Abwahl der Regelungen über die Mitbestimmung vorgesehen werden. Die Kommission schlug hierbei - in Anlehnung an das damalige dänische Recht[672] - die Möglichkeit der Abwahl mit der einfachen Mehrheit der Stimmen der Arbeitnehmer vor.

5. Übergangsregelung

Da nach Einschätzung der Kommission einige Mitgliedstaaten in absehbarer Zeit nicht bereit bzw. nicht in der Lage sein würden, eine derart weitreichende Mitbestimmung der Arbeitnehmer, wie sie die Beteiligung in den Gesellschaftsorganen bedeuten würde, zu

---

665 Grünbuch, Beilage 8/1975 zum EG-Bulletin, S. 44.
666 Grünbuch, Beilage 8/1975 zum EG-Bulletin, S. 44.
667 Grünbuch, Beilage 8/1975 zum EG-Bulletin, S. 44.
668 Grünbuch, Beilage 8/1975 zum EG-Bulletin, S. 45.
669 Grünbuch, Beilage 8/1975 zum EG-Bulletin, S. 45.
670 Grünbuch, Beilage 8/1975 zum EG-Bulletin, S. 45.
671 Grünbuch, Beilage 8/1975 zum EG-Bulletin, S. 45.
672 Vgl. *Figge*, S. 131.

§ 7 Andere europäische Vorhaben mit Mitbestimmungsbezug

akzeptieren, schlug sie eine Übergangsregelung vor. Während dieser Übergangszeit sollten die Mitgliedstaaten, welche die Arbeitnehmervertretung im Aufsichtsorgan nicht sogleich verbindlich einführen können, auf Unternehmensebene zumindest für die Einrichtung von Vertretungsorganen der Arbeitnehmer sorgen.[673] Dies sollte ein erster Schritt in Richtung auf die spätere Übernahme der von ihr vorgeschlagenen Mitbestimmungsregelungen in Gestalt einer Beteiligung der Arbeitnehmer im Aufsichtsorgan sein. Hinsichtlich der zeitlichen Anwendbarkeit dieser Übergangsregelung sind in dem vorgelegten Grünbuch keine Ausführungen enthalten; ihre Bestimmung sollte einer entsprechenden Vereinbarung zwischen den Mitgliedstaaten vorbehalten bleiben. In materieller Hinsicht präsentierte die Kommission somit keine detaillierten Regelungen, sondern beschränkte sich vielmehr darauf, allgemeine Grundsätze für die von ihr vorgeschlagene Übergangsregelung herauszuarbeiten. Vor dem Hintergrund, daß die Vorlage des Grünbuchs zunächst einmal lediglich die weitere Diskussion befruchten sollte, war dies auch ein sehr sinnvolles Vorgehen.

Nach den Vorstellungen der Kommission sollten für die Zeit der Übergangslösung *"vorübergehende Ersatzeinrichtungen"* in Betracht kommen, die zunächst wenigstens einige der Funktionen der Arbeitnehmervertretung im Aufsichtsorgan wahrnehmen und damit längerfristig den Übergang zu der endgültig geplanten Form der Mitbestimmung der Arbeitnehmer gewährleisten können sollten.[674] Diese Übergangsregelung sollte Vertretungsorgane der Arbeitnehmer auf Gesellschaftsebene vorschreiben und deren Rechte und Pflichte definieren, wobei die Kommission an eine Anknüpfung an bereits bestehende nationale Regelungen zur Bildung von Arbeitnehmervertretungen dachte.[675] Aus diesen seien gemeinsame Grundsätze zu entwickeln, um so auf den bisher gemachten Erfahrungen aufbauen zu können. Eine solche Arbeitnehmervertretung sollte auf der Ebene des Unternehmens installiert werden, wobei den Mitgliedstaaten jedoch die Freiheit gelassen werden sollte zu bestimmen, ob diese Vertretung mittelbar auf Betriebsebene oder unmittelbar durch alle Arbeitnehmer des Unternehmens gewählt wird.[676] Die von der Kommission vorgeschlagenen Aufgaben und Befugnisse eines solchen Vertretungsorgans sollten sich inhaltlich an bereits erörterten Gemeinschaftsvorschlägen ausrichten.[677] Das separate Vertretungsorgan der Arbeitnehmer sollte somit mit umfassenden Informations- und Konsultationsrechten ausgestattet werden, um so auch ohne eine unmittelbare Beteiligung am Aufsichtsrat auf die wirtschaftliche Ent-

---

[673] Grünbuch, Beilage 8/1975 zum EG-Bulletin, S. 45.
[674] Grünbuch, Beilage 8/1975 zum EG-Bulletin, S. 46.
[675] Grünbuch, Beilage 8/1975 zum EG-Bulletin, S. 47.
[676] Grünbuch, Beilage 8/1975 zum EG-Bulletin, S. 47.
[677] Vgl. Grünbuch, Beilage 8/1975 zum EG-Bulletin, S. 48. Beispielhaft kann hier auf obige Ausführungen zum Europäischen Betriebsrat der Europäischen Aktiengesellschaft in den Vorschlägen von 1970 und 1975 verwiesen werden, vgl. oben Teil II § 5 D. I. (S. 110 ff.) und Teil II § 6 D. I. (S. 135 ff.).

wicklung des Unternehmens Einfluß nehmen zu können.[678] Nicht vorgesehen werden sollte allerdings ein Recht des Vertretungsorgans, wirtschaftliche Entscheidungen der Geschäftsleitung zu genehmigen oder gar ablehnen zu können.

IV. Reaktionen auf das Grünbuch der Kommission

Auch die von der Kommission in ihrem Grünbuch dargelegten Vorstellungen zur Struktur der Aktiengesellschaften und zur Mitbestimmung der Arbeitnehmer riefen zahlreiche Stellungnahmen hervor. Diese bezogen sich aufgrund des engen Sachzusammenhangs zum größten Teil auch auf den ursprünglichen Vorschlag der Strukturrichtlinie.

1. Wirtschafts- und Sozialausschuß

Nachdem der Wirtschafts- und Sozialausschuß bereits 1974 eine erste Stellungnahme zur Strukturrichtlinie abgegeben hatte[679], legte er am 02.02.1978 eine Stellungnahme zum Grünbuch *"Mitbestimmung der Arbeitnehmer und Struktur der Gesellschaften in der Europäischen Gemeinschaft"* der Kommission vor.[680]

Hinsichtlich der Struktur der Gesellschaften verwies der Wirtschafts- und Sozialausschuß auf seine Stellungnahme von 1974 zum Vorschlag einer Strukturrichtlinie.[681] Hiernach wurde die Einführung des dualistischen Systems als Option in denjenigen Mitgliedstaaten vorgeschlagen, die traditionell nur über das monistische System verfügten[682]; die neue Stellungnahme befürwortete diese Wahlmöglichkeit.[683] Der Wirtschafts- und Sozialausschuß schlug damit eine Regelung vor, die zum damaligen Zeitpunkt - wie bereits erwähnt - schon in einigen Mitgliedstaaten existierte.

Der Wirtschafts- und Sozialausschuß begrüßte grundsätzlich die von der Kommission ergriffene Initiative auch im Hinblick auf die Mitbestimmung der Arbeitnehmer.[684] Mit Blick auf die unterschiedliche Rechtslage in den einzelnen Mitgliedstaaten müsse vorrangiges Ziel jedoch sein, Hindernisse der Harmonisierung abzubauen und das *"Problem der Mitwirkung realistisch und konkret anzugehen"*[685]. Dennoch war der Wirtschafts- und Sozialausschuß - wie auch schon bei seiner Stellungnahme zu den Vor-

---

[678] Grünbuch, Beilage 8/1975 zum EG-Bulletin, S. 50.
[679] Vgl. dazu bereits oben Teil II § 7 B. IV. 1. (S. 154 ff.).
[680] Stellungnahme des Wirtschafts- und Sozialausschusses zu *"Mitbestimmung der Arbeitnehmer und Struktur der Gesellschaften in der Europäischen Gemeinschaft"*, erarbeitet vom Unterausschuß *"Grünbuch"*, AblEG Nr. C 94 v. 10.04.1979, S. 2 ff bzw. S. 4 ff., im folgenden zitiert als *Stellungnahme WSA*.
[681] Stellungnahme WSA, S. 2 ff., S. 3, Anm. 2 und 8 und S. 10 f.
[682] AblEG Nr. C 109 v. 19.09.1974, 9 ff., S. 10 f., Anm. 1.7.
[683] Stellungnahme WSA, S. 2 ff., S. 10.
[684] Stellungnahme WSA, S. 2 ff. S. 2 f., Anm. 1.
[685] Stellungnahme WSA, S. 2 ff. S. 2 f., Anm. 6.

schlägen der Europäischen Aktiengesellschaft[686] und der Strukturrichtlinie[687] - aufgrund seiner Zusammensetzung nicht in der Lage, eine einheitliche Stellungnahme zur Problematik der Mitbestimmung abzugeben.[688] Das Spektrum der unterschiedlichen Meinungen reichte hierbei wiederum von der vorbehaltlosen Ablehnung jeglicher Beteiligung der Arbeitnehmer über eine Optionen-Lösung bis hin zur Forderung paritätischer Mitbestimmung.[689] Einigkeit konnte nur insoweit erzielt werden, daß nach Ansicht des Ausschusses auf der Ebene der großen Gesellschaften, in denen es kein Organ mit Arbeitnehmervertretern gibt, ein besonderes Organ zu schaffen sei, in dem Arbeitnehmer mit gewissen Mindestrechten in bezug auf Information und Anhörung vertreten sein sollten.[690] Eine einheitliche Linie ließ sich im übrigen nicht feststellen, so daß der Wirtschafts- und Sozialausschuß infolgedessen auch keinen eigenen Vorschlag zur Mitbestimmung der Arbeitnehmer in den Aufsichtsorganen unterbreitete.

2. Europäisches Parlament

Nachdem das Europäische Parlament bereits am 08.11.1972 um die Abgabe einer Stellungnahme gebeten worden war und 1979 schon ein erster Berichtsentwurf des Rechtsausschusses (sog. Schmidt-Bericht[691]) vorgelegen hatte, der jedoch im September 1979 wieder an den Rechtsausschuß überwiesen wurde[692], gab das Europäische Parlament schließlich am 11.05.1982 eine Stellungnahme zur Strukturrichtlinie[693] ab, in die es auch das Grünbuch der Kommission einbezog. In dieser Stellungnahme übernahm es die Vorschläge des überarbeiteten Berichts des Rechtsausschusses (sog. Geurtsen-Bericht[694]) nahezu vollständig.[695]

Hinsichtlich der Struktur der nationalen Aktiengesellschaften schlug das Europäische Parlament - insoweit in Übereinstimmung mit den Vorstellungen der Kommission -

---

[686] AblEG Nr. C 131 v. 13.12.1972, S. 32 ff., vgl. dazu bereits oben Teil II § 5 E. I. (S. 117 ff.).
[687] AblEG Nr. C 109 v. 19.09.1974, 9 ff., vgl. dazu bereits oben Teil II § 7 B. IV. 1. (S. 154 ff.).
[688] Stellungnahme WSA, S. 2 ff. S. 2 f, Anm. 8 f. sowie S. 7 f. und S. 11.
[689] Stellungnahme WSA, S. 2 ff. S. 2 f, Anm. 8 f. und S. 7.
[690] Stellungnahme WSA, S. 2 ff. S. 2 f., Anm. 8.
[691] EP-Dok. 136/79. Auf die in diesen Bericht enthaltenen Vorschläge soll hier im einzelnen nicht eingegangen werden; eine kurze Zusammenfassung findet sich bei *Figge*, S. 115 f., die auch die Vorschläge der Stellungnahmen weiterer Ausschüsse des Europäischen Parlaments anführt.
[692] Vgl. EP-Dok. 1-862/81 S. 3 f.
[693] Entschließung mit der Stellungnahme des Europäischen Parlaments zum Vorschlag der Kommission der Europäischen Gemeinschaften an den Rat für eine fünfte Richtlinie zur Koordinierung der Schutzbestimmungen, die in den Mitgliedstaaten den Gesellschaften im Sinne des Artikels 58 Absatz 2 des Vertrages im Interesse der Gesellschafter sowie Dritter hinsichtlich der Struktur der Aktiengesellschaft sowie der Befugnisse und Verpflichtungen ihrer Organe vorgeschrieben sind, AblEG Nr. C 149 v. 14.06.1982, S. 44 ff. Vgl. im einzelnen zur "turbulenten" Vorgeschichte dieser Stellungnahme *Kolvenbach*, DB 1983, 2235 ff., 2236 f.
[694] EP-Dok. 1-862/81.
[695] AblEG Nr. C 149 v. 14.06.1982, S. 44 ff., S. 45; vgl. auch *Figge*, S. 119.

neben dem grundsätzlich vorzusehenden dualistischen System für eine Übergangszeit die Zulassung auch des monistischen Systems vor.[696] Während dieser Übergangszeit von fünf Jahren[697] sollte jedoch die Aufgabenteilung zwischen geschäftsführenden und nichtgeschäftsführenden Mitgliedern des Leitungsorgans bereits der Aufgabenverteilung zwischen den Organen nach dem dualistischen System angepaßt werden.

In der Frage der Mitbestimmung der Arbeitnehmer verfolgte das Europäische Parlament eine neue Konzeption. Neben der grundsätzlichen Beibehaltung der Beteiligung der Arbeitnehmer an der Bestellung von Mitgliedern des Aufsichtsorgans nach dem damaligen deutschen bzw. niederländischen Modell schlug das Europäische Parlament als gleichwertige Alternative zum einen eine Mitbestimmung der Arbeitnehmer über besondere Arbeitnehmervertretungsorgane vor.[698] Zum anderen sahen die Vorschläge die Möglichkeit zum Abschluß tarifvertraglicher Regelungen vor, wobei inhaltlich die Mindestrechte der Arbeitnehmervertretung sichergestellt sein sollten.[699] Durch dieses flexibel ausgestaltete Mitbestimmungsmodell wollte das Europäische Parlament insbesondere denjenigen Mitgliedstaaten entgegenkommen, deren Mitbestimmungsregelungen ähnliche Traditionen aufweisen.[700] Es folgte damit der Auffassung des Rechtsausschusses, daß die bisherigen Vorschläge zu ehrgeizig gewesen seien.[701] Den Mitgliedstaaten sollte allerdings die Möglichkeit vorbehalten bleiben, eines oder mehrere dieser Mitbestimmungsmodelle festzuschreiben.

3. Sonstige Stellungnahmen

Das Vorhaben der Kommission stieß vor allen Dingen in den Mitgliedstaaten mit traditionell monistisch strukturierten Kapitalgesellschaften nach wie vor auf Ablehnung.[702] Dies betraf nicht nur die längerfristig geplante alleinige Einführung der dualistischen Struktur, sondern auch die Regelungen über die Mitbestimmung. Von gewerkschaftlicher Seite bevorzugte man vielmehr freie Vereinbarungen zwischen den Arbeitgebern und den Gewerkschaften; eine gesetzliche Ausgestaltung wurde abgelehnt.[703] Seitens der Arbeitgeber wurde der Richtlinienvorschlag als überflüssig abgelehnt; er führe zu

---

[696] AblEG Nr. C 149 v. 14.06.1982, S. 44 ff., S. 45.

[697] Dieser Zeitraum geht auf ein 1978 von der Kommission vorgelegtes Arbeitsdokument (III/11/78) zurück, in welchem die Kommission ihre im Grünbuch dargelegten Vorstellungen näher konkretisierte, um so dem Rechtsausschuß des Europäischen Parlaments die Arbeit zu erleichtern, vgl. EP-Dok. 1-862/81 S. 64 ff., und *Figge*, S. 114.

[698] AblEG Nr. C 149 v. 14.06.1982, S. 44 ff., S.46.

[699] AblEG Nr. C 149 v. 14.06.1982, S. 44 ff., S. 46.

[700] Vgl. *Pipkorn*, ZGR 1985, 567 ff., 575.

[701] Vgl. *Kolvenbach*, DB 1983, 2235 ff., 2237.

[702] So auch *Figge*, S. 112.

[703] *Roberts*, S. 26 ff., S. 30.

einer Verkomplizierung der Verwaltung, zu einer Verlangsamung des Entscheidungsfindungsprozesses und zu einer Verwischung der Kompetenzen.[704]

V. Stellungnahme

Die Kommission ging davon aus, daß sie mit der - längerfristig - obligatorischen Einführung des dualistischen Systems und der Beteiligung der Arbeitnehmer an der Besetzung des Aufsichtsorgans *"nach wie vor angemessene und realistische Ziele verfolgt"*[705] habe. Dies trifft jedoch - das läßt sich rückblickend heute feststellen - gerade nicht zu.

1. Organisationsverfassung

Hinsichtlich der Struktur unterstrich die Kommission ihre bereits sowohl in dem Vorschlag für ein Statut über Europäische Aktiengesellschaften als auch im Rahmen der Strukturrichtlinie getroffene Wahl. Allerdings gab sie gegenüber ihrer ursprünglichen Position (Übernahme nur des dualistischen Systems) ein klein wenig nach, indem sie daneben auch die Einführung des monistischen Systems für eine Übergangszeit zulassen wollte. Obwohl sie hiermit eine relativ klare Linie verfolgte, überschätzte sie die zu erwartende Akzeptanz ihres Vorschlags. In den Mitgliedstaaten, deren Kapitalgesellschaften traditionell monistisch strukturiert sind, war man nicht bereit, einem solchen ersten Ausstieg aus dem monistischen Modell zuzustimmen. Dies hatte sich bereits deutlich in den ersten Stellungnahmen zum Vorschlag der Strukturrichtlinie von 1972 gezeigt. Die Ausführungen der Kommission in ihrem Grünbuch konnten an dieser ablehnenden Haltung nichts ändern, da sie im Grunde an den ursprünglichen Vorstellungen festhielt und lediglich zusätzlich eine - noch nicht einmal näher bestimmte - Übergangszeit festlegte.[706]

2. Mitbestimmung der Arbeitnehmer

Auch hinsichtlich der Regelungen über die Vertretung der Arbeitnehmer können die von der Kommission in ihrem Grünbuch dargelegten Vorstellungen nicht überzeugen. Indem sie eine Mitbestimmung der Arbeitnehmer ausschließlich über eine Beteiligung in den Aufsichtsorganen vorsehen wollte, lief die vorgeschlagene Ausgestaltung der unternehmerischen Mitbestimmung letzten Endes auf die Beibehaltung des bereits in der Strukturrichtlinie präsentierten Konzepts und damit auf die Übernahme der sehr weitreichenden Regelungen des damaligen deutschen bzw. niederländischen Mitbestimmungsrechts hinaus. Es ist bereits im Zusammenhang mit diesem Richtlinienvorschlag erwähnt worden, daß diese Mitbestimmungsmodelle insbesondere in den Mitgliedstaaten mit traditionell monistisch strukturierten Kapitalgesellschaften nicht akzeptabel wa-

---

[704] Vgl. *Figge*, S. 112 f., sowie *Roberts*, S. 26 ff., S. 31.
[705] Grünbuch, Beilage 8/1975 zum EG-Bulletin, S. 50.
[706] Vgl. *Figge*, S. 112.

ren.[707] An diesem Befund hatte sich auch drei Jahre nach der Vorlage des Vorschlags einer Strukturrichtlinie nichts geändert. Daß die Kommission in Anbetracht dieser von ihr - zumindest im Ansatz - durchaus erkannten Schwierigkeiten eine Übergangsregelung in ihre Vorschläge aufnahm, kann an diesem Befund nichts ändern.

3. Zusammenfassung

Zusammenfassend läßt sich festhalten, daß die Kommission trotz ihrer umfangreichen Analyse der Rechtslage in den Mitgliedstaaten in der Frage der Mitbestimmung die "Zeichen der Zeit verkannt" hat. Die Diskussionen um das Grünbuch ließen schon sehr bald erkennen, daß sie zu wenig Rücksicht auf die historisch gewachsenen Traditionen, die sozialen Verhältnisse und die gesellschaftlichen Entwicklungen der Systeme der Beziehungen zwischen Unternehmen und Arbeitnehmern in den Mitgliedstaaten genommen hatte.[708] Vor dem Hintergrund der bereits zum Vorschlag der Strukturrichtlinie von 1972 ergangenen heftigen Kritiken ist es nicht nur aus heutiger Sicht unerklärlich, wieso die Kommission im wesentlichen an den von ihr ursprünglich vorgelegten Vorschlägen festhielt.

D. Der geänderte Vorschlag der sog. Strukturrichtlinie von 1983

Nachdem zahlreiche Stellungnahmen ergangen waren und auf der Ebene der Organe der Europäischen Gemeinschaften weitere Arbeiten abgeschlossen waren, legte die Kommission dem Rat am 19.08.1983 ihren geänderten Vorschlag der sog. Strukturrichtlinie vor.[709] Hierbei übernahm die Kommission die meisten der vom Europäischen Parlament empfohlenen Stellungnahmen in den geänderten Vorschlag, wenngleich sie im einzelnen die vorgeschlagenen Regelungen noch weiter ausgestaltete.[710]

I. Überblick über den Regelungsgegenstand

Die Kommission wollte auch mit dem geänderten Vorschlag eine Harmonisierung der nationalen Vorschriften über die Struktur von Aktiengesellschaften erreichen. Wie auch der ursprüngliche Vorschlag waren in dem geänderten Richtlinienvorschlag darüber hinaus nicht nur Regelungen enthalten, die die Vertretung der Arbeitnehmer betreffen, sondern auch Vorschriften zur Hauptversammlung, zum Jahresabschluß und allgemeine

---

707 Vgl. oben Teil II § 7 B. V. 2. (S. 156 f.).
708 *Kolvenbach*, DB 1983, 2235 ff., 2236.
709 Geänderter Vorschlag einer fünften Richtlinie nach Artikel 54 Absatz 3 Buchstabe g des EWG-Vertrags über die Struktur der Aktiengesellschaft sowie die Befugnisse und Verpflichtungen ihrer Organe; AblEG Nr. C 240 v. 09.09.1983, S. 2 ff. Der Wortlaut des Vorschlags nebst einer amtlichen Begründung in Form von Erläuterungen findet sich auch in einer Beilage zum Bulletin der Europäischen Gemeinschaften, Beilage 6/1983 zum EG-Bulletin; diese Erläuterungen werden im folgenden als *Amtl. Begründung* zitiert. Soweit im folgenden Abschnitt Artikel mit dem Zusatz RiLi genannt werden, sind hiermit die Vorschriften dieses Vorschlags gemeint.
710 Vgl. *Figge*, S. 119.

Bestimmungen. Der Regelungsgehalt der Richtlinie hatte sich insoweit in seinen Grundsätzen nicht verändert. Dennoch wies er natürlich einige Neuerungen gegenüber seinem Vorgänger auf. Diese beruhten insbesondere darauf, daß sich seit Ende der siebziger Jahre in den Vorschlägen der Kommission zur Struktur und Mitbestimmung nationaler Aktiengesellschaften ein Umdenkungsprozeß bemerkbar machte, der zunehmend Rücksicht auf die sehr unterschiedlichen unternehmensverfassungsrechtlichen Traditionen der Mitgliedstaaten nahm.[711] Dieser Prozeß, der sich bereits im Grünbuch von 1975 angedeutet hatte[712], blieb auch nicht ohne Einfluß auf die überarbeiteten Vorschläge der Kommission in der Strukturrichtlinie.

II. Organisationsverfassung der Kapitalgesellschaften

Entsprechend den Empfehlungen sowohl des Wirtschafts- und Sozialausschusses als auch des Europäischen Parlaments sah die Kommission in ihrem geänderten Vorschlag der Strukturrichtlinie eine Option für die Struktur der nationalen Aktiengesellschaften vor.[713] Da die von der Kommission favorisierte allgemein verbindliche Einführung des dualistischen Systems - wie die zahlreichen ergangenen Stellungnahmen zeigten - nicht zu verwirklichen war, sollte dieses System den Aktiengesellschaften *"überall zumindest zur Wahl offenstehen"*[714]. So bestimmte Art. 2 Abs. 1 RiLi zwar die Einführung einer Struktur der Gesellschaften entsprechend dem dualistischen System; nach Abs. 2 dieser Vorschrift sollte den Mitgliedstaaten jedoch freigestellt werden zuzulassen, daß die Gesellschaft zwischen einem dualistischen System und einem monistischen System wählen können sollte (sog. Optionssystem[715]).

Der geänderte Richtlinienvorschlag enthielt somit sowohl Bestimmungen für eine dualistisch strukturierte Aktiengesellschaft (Art. 3-21 RiLi) als auch parallele Regelungen für das monistische System (Art. 21a-21u RiLi). Das monistische System sollte nach den Vorstellungen der Kommission hierbei mit Merkmalen ausgestattet werden, die dazu führen, seine Funktionsweise der des dualistischen Systems anzugleichen.[716] Im großen und ganzen handelte es sich somit um gegenüber den die dualistische Struktur betreffenden Bestimmungen inhaltsgleiche Regelungen. Eine Ausnahme bestand jedoch insoweit, als das Kooptationsmodell nicht für das monistische System angepaßt wurde. Dies hängt zum einen damit zusammen, daß die Übertragung dieses Modells sehr

---

[711] *Abeltshauser*, AG 1990, 289 ff., 295.
[712] Vgl. dazu bereits oben Teil II § 7 C. (S. 157 ff.).
[713] Vgl. Einleitung d. Amtl. Begründung, S. 5, und Erläuterungen zu Art. 2 Abs. 1, Amtl. Begründung, Beilage 6/1983 zum EG-Bulletin, S. 6.
[714] 7. Erwägungsgrund der Kommission, Beilage 6/1983 zum EG-Bulletin, S. 22 f.
[715] Vgl. *Westermann*, RabelsZ 48 (1984), 123 ff., 163.
[716] Vgl. Einleitung d. Amtl. Begründung, Beilage 6/1983 zum EG-Bulletin, S. 5, sowie den 7. Erwägungsgrund der Kommission, Beilage 6/1983 zum EG-Bulletin, S. 23.

schwierig gewesen wäre; zum anderen wurde die Einführung dieses Mitbestimmungsmodells in keinem Mitgliedstaat geplant oder auch nur ernsthaft erörtert.[717]

Nach fünf Jahren sollte eine Überprüfung der Zweckmäßigkeit dieser Strukturbestimmungen erfolgen.[718]

III. Mitbestimmung der Arbeitnehmer

Hinsichtlich der Regelungen über die Mitbestimmung verfolgte der geänderte Vorschlag ein anderes Konzept als seine Vorgänger, indem er auf die Vorgabe eines einheitlichen Mitbestimmungsmodells verzichtete und den Mitgliedstaaten verschiedene Modelle zur Wahl stellte.[719] Hierbei folgte die Kommission in erster Linie den Empfehlungen des Europäischen Parlaments; die von ihr zur Wahl gestellten Modelle entsprachen den im Parlament entworfenen.[720]

1. Anwendungsbereich

Der geänderte Vorschlag einer Strukturrichtlinie sollte ebenso wie sein Vorgänger gemäß Art. 1 Abs. 1 RiLi Anwendung auf alle Aktiengesellschaften bzw. vergleichbare Rechtsformen der anderen Mitgliedstaaten finden, wobei die entsprechende Auflistung dieser Rechtsformen nunmehr auch die Mitgliedstaaten umfaßte, welche der Europäischen Wirtschaftsgemeinschaft zum 01.10.1973 bzw. zum 01.01.1981 beigetreten waren. Hinsichtlich des Anwendungsbereichs ist ferner zu berücksichtigen, daß gemäß Art. 4 Abs. 1 Satz 1 RiLi die Regelungen über die Mitbestimmung der Arbeitnehmer zwingend erst ab einer Beschäftigtenzahl von 1000 Arbeitnehmern Anwendung finden sollten. Die Bestimmung dieser Zahl sollte hierbei gemäß Art. 4 Abs. 1 Satz 2 RiLi unter Einbeziehung von Tochtergesellschaften erfolgen. Ferner sollten gemäß Art. 4 Abs. 3 RiLi Schwankungen, die zu einer Über- oder Unterschreitung dieser Schwellenwerte führen, erst dann Auswirkungen auf die Anwendung der Regelung haben, wenn sie zwei aufeinanderfolgende Jahre bestanden haben. Unterhalb dieser Grenze sollten die Mitgliedstaaten bestimmen können, daß die Mitglieder des Aufsichtsorgans ausschließlich von der Hauptversammlung bestellt werden.

Trotz der Empfehlung des Europäischen Parlaments, Konzerngesellschaften von der Regelung auszunehmen, übernahm die Kommission in ihrem geänderten Vorschlag eine entsprechende Mitbestimmungsregelung, weil ihrer Auffassung nach die Richtlinie

---

717 Vgl. *Kolvenbach*, DB 1983, 2225 ff., 2240.
718 Einleitung d. Amtl. Begründung, Beilage 6/1983 zum EG-Bulletin, S. 6, und 9. Erwägungsgrund der Kommission, Beilage 6/1983 zum EG-Bulletin, S. 23.
719 Vgl. *Wißmann*, RdA 1992, 320 ff., 321.
720 Vgl. *Figge*, S. 120.

sonst viel von ihrer praktischen Bedeutung verloren hätte.[721] Da ihr andererseits aber bewußt war, daß einige Bestimmungen der Richtlinie auf Konzerngesellschaften keine Anwendung finden können, unterbreitete sie einen Kompromißvorschlag. Art. 63 b RiLi räumte den Mitgliedstaaten die Möglichkeit ein, bis zur Angleichung der einzelstaatlichen Rechtsvorschriften über die Beteiligung der Arbeitnehmer in einem Konzern zu bestimmten Zwecken und unter bestimmten Voraussetzungen von einzelnen Vorschriften der Richtlinie abzuweichen.[722]

2. Zusammensetzung und Wahl

Die Zusammensetzung des Organs, von welchem die Beteiligungsrechte der Arbeitnehmer ausgeübt werden sollten, richtete sich nach den zur Wahl gestellten Mitbestimmungsmodellen.

a. Grundsatz der Wahlfreiheit zwischen gleichwertigen Modellen

Wie schon der ursprüngliche Vorschlag stellte auch die geänderte Fassung der Strukturrichtlinie mehrere Mitbestimmungsmodelle zur Wahl; der Unterschied ist jedoch darin zu sehen, daß das Spektrum der vorgeschlagenen Mitbestimmungsmodelle ausgeweitet wurde. Durch die unterschiedliche Ausgestaltung prinzipiell gleichwertiger Mitbestimmungsmodelle wollte die Kommission den verschiedenartigen nationalen Traditionen Rechnung tragen.[723] Art. 4 Abs. 2 Satz 1 und 2 RiLi zählten vier verschiedene - von der Kommission als gleichwertig erachtete[724] - Mitbestimmungsmodelle auf, unter denen die Mitgliedstaaten im Rahmen des dualistischen Systems wählen können sollten: die Beteiligung durch Arbeitnehmervertreter im Aufsichtsorgan, die Beteiligung bei der Bestellung der Mitglieder des Aufsichtsorgans im Wege der Kooptation, die Beteiligung durch ein Arbeitnehmervertretungsorgan und schließlich die Beteiligung nach einem der drei vorgenannten Modelle durch Tarifvertrag. Aufgrund einer Empfehlung des Europäischen Parlaments hatte die Kommission jedoch auch eine Bestimmung in den geänderten Vorschlag aufgenommen, nach der die Mitgliedstaaten bestimmen können sollten, daß die Beteiligung der Arbeitnehmer nicht verwirklicht wird, wenn eine Mehrheit der Arbeitnehmer der Gesellschaft sich gegen eine solche Beteiligung aussprechen sollte, vgl. Art. 4 Abs. 2 Satz 3 RiLi.

Anders als noch im ursprünglichen Entwurf der Strukturrichtlinie enthielt die überarbeitete Fassung zudem einheitliche Wahlvorschriften, die für alle Mitgliedstaaten Geltung erlangen sollten. Gemäß Art. 4 i RiLi sollte die Wahl nach den Grundsätzen der Verhältniswahl erfolgen; bei dieser geheim durchzuführenden Wahl sollten ferner alle Arbeitnehmer unter Beachtung des Minderheitenschutzes und der Meinungsfreiheit teil-

---

[721] Amtl. Begründung zu Art. 63 b, Beilage 6/1983 zum EG-Bulletin, S. 20.
[722] Vgl. im einzelnen *Kolvenbach*, DB 1983, 2235 ff., 2240 f.
[723] Vgl. *Wißmann*, RdA 1992, 320 ff., 321 f.
[724] Vgl. Amtl. Begründung zu Art. 4 e, Beilage 6/1983 zum EG-Bulletin, S. 8.

nehmen dürfen. Diese Grundsätze für die Bestellung der Arbeitnehmervertreter oder der Arbeitnehmer als Mitglieder des Aufsichts- oder Verwaltungsorgans sollten den demokratischen Charakter jeder in der Richtlinie vorgesehenen Form der Mitbestimmung gewährleisten.[725]

b. Sog. deutsches Modell

Die Mitglieder des Aufsichtsorgans sollten gemäß Art. 4 b Abs. 1 RiLi mindestens zu einem Drittel und höchstens zur Hälfte von den Arbeitnehmern der Gesellschaft bestellt werden. Die Mitgliedstaaten sollten jedoch gemäß Art. 4 a RiLi bestimmen können, daß höchstens ein Drittel der Mitglieder des Aufsichtsorgans auf eine andere Weise bestellt werden kann. Mit dieser - auch im geänderten Vorschlag eines Statuts für Europäische Aktiengesellschaften enthaltenen[726] - Regelung wollte die Kommission die notwendige Flexibilität schaffen, um auch eine Beteiligung besonderer Aktionäre oder Gläubiger oder Vertreter des allgemeinen Interesses zu ermöglichen.[727]

Dieses Mitbestimmungsmodell lehnte sich an das seinerzeit in der Bundesrepublik Deutschland geltende System der unternehmerischen Mitbestimmung an. Es war in vergleichbarer Form auch schon im ursprünglichen Vorschlag enthalten; die überarbeitete Regelung trug jedoch der veränderten Mitbestimmungsgesetzgebung in Deutschland[728] Rechnung und nahm einige Modifizierungen vor.[729] Dies betraf insbesondere die Bestimmung des Art. 4 b Abs. 2 RiLi, wonach - in Anlehnung an das deutsche Recht[730] - ein Letztentscheidungsrecht der Anteilseigner in den Richtlinienvorschlag aufgenommen wurde, sofern die Arbeitnehmer die Hälfte der Aufsichtsratsmitglieder stellen. Hierdurch sollte eine Blockade der Beschlußfassung bei Pattsituationen vermieden werden.[731] Die Einführung des MitbestG sowie die zu §§ 27, 29 MitbestG 1976 ergangene Entscheidung des Bundesverfassungsgerichts[732], nach welcher die Verfassungsmäßigkeit der Mitbestimmungsregelungen insbesondere im Hinblick auf ein leichtes Übergewicht der Anteilseigner erfolgt ist, spielten hierbei sicherlich eine nicht zu vernachlässigende Rolle. Im Ergebnis schlug sich somit eine nationale Entwicklung im Richtlinienentwurf nieder.[733]

---

[725] Amtl. Begründung zu Art. 4 i, Beilage 6/1983 zum EG-Bulletin, S. 9.
[726] Art. 74 a, vgl. hierzu bereits oben Teil II § 6 D. II. 1. (S. 139).
[727] Vgl. Amtl. Begründung zu Art. 4 a, Beilage 6/1983 zum EG-Bulletin, S. 7.
[728] Dies betrifft insbesondere die Einführung des MitbestG 1976; vgl. dazu bereits oben Teil I § 1 C. (S. 36 ff.).
[729] Vgl. *Westermann*, RabelsZ 48 (1984), 123 ff., 166 f., und *Welch*, European Law Review 8 (1983), 83 ff., 85 f.
[730] Vgl. *Kolvenbach*, DB 1983, 2235 ff., 2238, und *ders.*, DB 1986, 2023 ff., 2025.
[731] Vgl. Amtl. Begründung zu Art. 4 b, Beilage 6/1983 zum EG-Bulletin, S. 8.
[732] Urteil des Bundesverfassungsgerichts v. 01.03.1979 - Az.: 1 BvR 532, 533/77, 419/78, 1 BvL 21/78 -, BVerfGE 50, 290 ff.
[733] Vgl. *Figge*, S. 125, und *Westermann*, RabelsZ 48 (1984), 123 ff., 166 f.

Nach Ablauf von fünf Jahren sollte im Rahmen der von Art. 63 c RiLi vorgesehenen Überprüfung diese Bestimmung dahingehend überprüft werden, ob nicht Aktionäre und Arbeitnehmer paritätisch im Aufsichtsrat vertreten sein sollten.[734] Der Übergang zur vollen Parität war danach - entsprechend den Empfehlungen des Europäischen Parlaments - zumindest längerfristig beabsichtigt.[735]

c. Sog. niederländisches Modell

Gemäß Art. 4 c RiLi sollten die Mitglieder des Aufsichtsorgans durch Kooptation bestellt werden. Ebenso wie im niederländischen Recht[736] sollten die Hauptversammlung und die Vertretung der Arbeitnehmer gegen einen vorgeschlagenen Kandidaten Widerspruch einlegen können mit der Begründung, daß der betreffende Kandidat ungeeignet oder der Aufsichtsrat infolge seiner Besetzung nicht mehr ordnungsgemäß zusammengesetzt sei. Über einen solchen Widerspruch sollte eine unabhängige öffentlich-rechtliche Schiedsstelle entscheiden. Diese Regelung, welche das niederländische Kooptationsmodell nahezu wörtlich übernahm[737], entsprach im wesentlichen dem ursprünglichen Vorschlag. Die vorgenommenen Änderungen - auf die hier im einzelnen nicht eingegangen werden soll - dienten lediglich der Klarstellung bzw. der besseren Angleichung an den Wortlaut der entsprechenden nationalen Bestimmungen.[738] Die bereits erwähnte Regelung des Art. 4 a RiLi, nach der die Mitgliedstaaten bestimmen können sollten, daß höchstens ein Drittel der Mitglieder des Aufsichtsorgans auf eine andere Weise bestellt werden kann, sollte auch für das Kooptationsmodell gelten.

d. Arbeitnehmervertretungsorgan

Als weiteres den Mitgliedstaaten zur Wahl stehendes Modell sah Art. 4 d RiLi eine Beteiligung der Arbeitnehmer durch ein besonderes Arbeitnehmervertretungsorgan vor. Diese neue Form der Beteiligung der Arbeitnehmer geht auf eine Empfehlung des Europäischen Parlaments zurück[739] und sollte den angelsächsischen Mitgliedstaaten die Einführung der Mitbestimmung erleichtern.[740] Einem solchen Arbeitnehmervertretungsorgan sollten in erster Linie Informations- und Konsultationsrechte zustehen.[741] Die Arbeitnehmervertretung sollte gemäß Art. 4 d Abs. 1 Satz 1 RiLi gegenüber dem Leitungsorgan das Recht haben, regelmäßig über die Verwaltung, die Lage, die Entwicklung und die Zukunftserwartungen der Gesellschaft, die Wettbewerbsstellung, die Kre-

---

[734] Vgl. Amtl. Begründung zu Art. 4 b, Beilage 6/1983 zum EG-Bulletin, S. 8.

[735] Vgl. Einleitung und Amtl. Begründung zu Art. 4 b, Beilage 6/1983 zum EG-Bulletin, S. 8.

[736] Vgl. dazu bereits ausführlich oben Teil I § 1 D. (S. 58 ff.).

[737] Vgl. *Kolvenbach*, DB 1983, 2235 ff., 2238.

[738] Vgl. Amtl. Begründung zu Art. 4 c, Beilage 6/1983 zum EG-Bulletin, S. 8.

[739] Vgl. Amtl. Begründung zu Art. 4 d, Beilage 6/1983 zum EG-Bulletin, S. 8.

[740] Vgl. *Kolvenbach*, DB 1983, 2235 ff., 2239, und *Welch*, European Law Review 8 (1983), 83 ff., 94.

[741] Vgl. *Figge*, S. 128.

ditlage und die Investitionspläne unterrichtet und gehört zu werden. Art. 4 d Abs. 2 Satz 1 RiLi sah ferner in den Fällen, in denen das Leitungsorgan gemäß Art. 12 Abs. 1 RiLi die Genehmigung des Aufsichtsorgans einholen sollte, vor, daß die Arbeitnehmervertretung vor der Beschlußfassung über die Erteilung der Zustimmung zu hören sein sollte. Sollte sich das Aufsichtsorgan der von der Arbeitnehmervertretung abgegebenen Stellungnahme nicht anschließen, so sollte es gemäß Art. 4 d Abs. 2 Satz 2 RiLi zur Mitteilung der dafür vorliegenden Gründe verpflichtet sein. Ein Vetorecht des Arbeitnehmervertretungsorgans bezüglich der ihm vorgelegten Vorschläge bestand jedoch nicht.[742] Flankiert wurden diese Regelungen durch die Verweisungen des Art. 4 d Abs. 1 Satz 2 RiLi und Art. 4 d Abs. 3 RiLi, durch welche dem Arbeitnehmervertretungsorgan dieselben Befugnisse zugewiesen wurden, die dem Aufsichtsorgan bzw. dessen Mitgliedern zukommen sollten. Hierdurch sollte ein den vorgenannten Mitbestimmungsmodellen vergleichbares Niveau der Mitbestimmung erreicht werden.

e. Tarifvertrag

Schließlich sah die Kommission als weitere Möglichkeit die Beteiligung der Arbeitnehmer durch den Abschluß von Tarifverträgen vor, die zwischen der Gesellschaft oder einer sie vertretenden Organisation und den die Arbeitnehmer der Gesellschaft vertretenden Organisationen geschlossen werden können sollten, Art. 4 e Abs. 1 RiLi. Auch diese Regelung sollte den Mitgliedstaaten, die bisher keine Mitbestimmungsregelungen hatten, die Zustimmung zum Richtlinienvorschlag erleichtern.[743] Ein solcher Tarifvertrag sollte allerdings gemäß Art. 4 e Abs. 2 RiLi zumindest Bestimmungen über die Beteiligung der Arbeitnehmer im Aufsichtsorgan gemäß Art. 4 f RiLi oder über die Arbeitnehmervertretung gemäß Art. 4 g RiLi enthalten müssen. Da diese beiden Vorschriften wiederum auf die Art. 4 b RiLi und 4 c RiLi verwiesen, sollte im Ergebnis sichergestellt werden, daß durch diese Bindung an die gesetzlich möglichen Modelle eine - so die Kommission - *"hinreichende Gleichwertigkeit"*[744] zwischen den tarifvertraglichen Regelungen und den übrigen Systemen der Richtlinie gewährleistet ist. Diesem Ziel sollten auch wiederum die Verweisungen des Art. 4 g Abs. 1 - 4 RiLi auf die Rechte und Pflichten der Aufsichtsratsmitglieder dienen. Art. 4 h RiLi schließlich sollte die Mitgliedstaaten zur Einführung der Mitbestimmung gemäß Art. 4 b, 4 c oder 4 d RiLi verpflichten, falls ein Tarifvertrag nicht innerhalb eines Jahres abgeschlossen würde.

3. Aufgaben und Befugnisse der Arbeitnehmervertretung

Hinsichtlich der Aufgaben und Befugnisse der Arbeitnehmervertretung bestehen gegenüber dem ursprünglichen Vorschlag kaum Unterschiede, so daß grundsätzlich auf obige

---

[742] *Welch*, European Law Review 8 (1983), 83 ff., 95.
[743] Vgl. *Kolvenbach*, DB 1983, 2235 ff., 2239.
[744] Amtl. Begründung zu Art. 4 e, Beilage 6/1983 zum EG-Bulletin, S. 8.

Ausführungen verwiesen werden kann. Die Integration auch des monistischen Systems in den geänderten Vorschlag brachte es jedoch mit sich, daß zu den bereits oben genannten Regelungen für das dualistische System - weitgehend inhaltsgleiche - Parallelregelungen betreffend die monistische Organisationsverfassung aufgenommen wurden, vgl. Art. 21 a - 21 u RiLi. Zu beachten ist ferner, daß die Wahl zwischen vier gleichwertigen, aber unterschiedlich ausgestalteten Mitbestimmungsmodellen dazu führte, daß auch die Aufgaben und Befugnisse der jeweiligen Arbeitnehmervertretung gleich sein müssen. Die Kommission paßte somit die Aufgaben und Befugnisse sowohl des Arbeitnehmervertretungsorgans als auch der aufgrund eines Tarifvertrages errichteten Arbeitnehmervertretung weitestgehend denjenigen des Aufsichtsrats an. Rechtstechnisch löste sie dieses Problem durch umfangreiche Verweise, die allerdings nicht gerade zur Übersichtlichkeit des Richtlinienvorschlags beitrugen.

4. Rechtsstellung der Arbeitnehmervertreter

Auch hinsichtlich der Rechtsstellung der Arbeitnehmervertreter waren gegenüber dem ursprünglichen Vorschlag kaum Änderungen zu verzeichnen. Ihr Umfang ist - abgesehen von der Einfügung von Parallelregelungen für das monistische System - gegenüber dem Vorschlag von 1972 im wesentlichen unverändert geblieben: Die aufgrund des sich aus Art. 54 Abs. 3 lit. g EWG-Vertrag ergebenden Postulats der Gleichwertigkeit der Mitbestimmungsmodelle gebotene Angleichung wurde wiederum durch Verweisungen erreicht.

5. Arbeitsdirektor

Wie der ursprüngliche Vorschlag sah auch die überarbeitete Fassung der Strukturrichtlinie die Benennung eines Mitglieds des Leitungsorgans vor, dem insbesondere die Behandlung der Personalfragen und der Fragen der Arbeitsbeziehungen obliegen sollte, vgl. Art. 3 Abs. 2 RiLi.

IV. Reaktionen und Stellungnahmen

Die Stellungnahmen waren wie beim ursprünglichen Richtlinienvorschlag trotz der umfangreichen Konsultationen der Kommission eher verhalten bis ablehnend.

Der Deutsche Bundesrat gab am 05.06.1987 eine Stellungnahme zu dem geänderten Richtlinienvorschlag einer Strukturrichtlinie ab.[745] In seinem Beschluß betonte er nochmals, daß seiner Auffassung nach die Arbeitnehmer insgesamt in ihrer kollektiven Eigenschaft als Betriebsangehörige nicht "Dritte" im Sinne des Art. 54 Abs. 3 lit. g

---

[745] Beschluß des Bundesrates v. 05.06.1987 zum Geänderten Vorschlag einer fünften Richtlinie des Rates nach Artikel 54 Absatz 3 Buchstabe g des Vertrages über die Struktur der Aktiengesellschaft sowie die Befugnisse und Verpflichtungen ihrer Organe, BR-Drucks. 220/87; diese Stellungnahme wird im folgenden Abschnitt zitiert als *Stellungnahme BR*.

EWG-Vertrag seien, so daß diese Rechtsgrundlage nicht in Frage komme.[746] Des weiteren monierte der Deutsche Bundesrat, daß die zur Wahl gestellten Mitbestimmungsmodelle nicht gleichwertig seien.[747] Im übrigen unterbreitete der Deutsche Bundesrat zahlreiche Verbesserungsvorschläge zu den einzelnen Vorschriften, auf die hier im einzelnen nicht eingegangen werden kann, und bat die Bundesregierung, insoweit auf Verbesserungen hinzuwirken.[748]

Die Gewerkschaften lehnten auch den geänderten Vorschlag überwiegend ab: Der Europäische Gewerkschaftsbund kritisierte insbesondere die Schwelle von 1000 Arbeitnehmern sowie die vorgesehene Möglichkeit der Abwahl der Mitbestimmung.[749] Seitens des Europäischen Gewerkschaftsbundes wurde ebenfalls die Abwahlmöglichkeit als eine *"Verhöhnung der von den Arbeitnehmern erkämpften Mitbestimmungsrechte"*[750] kritisiert. Die europäische Interessenvertretung der Unternehmensverbände, UNICE, bezweifelte nach wie vor die Notwendigkeit einer Harmonisierung der Beteiligung der Arbeitnehmer in den Unternehmensorganen.[751] Die Bestrebungen der Kommission seien unvereinbar mit der Tradition der Mitgliedstaaten, in denen es keine gesetzlichen Regelungen über die Mitbestimmung gebe. Die schärfsten Vorbehalte wurden daher auch von britischer Seite ausgesprochen; trotz der im Grünbuch ausführlich vorgenommenen Erläuterungen hielt die Kritik an dem Entwurf insbesondere in der englischsprachigen Literatur unverändert an.[752] in Großbritannien lehnten alle beteiligten Kreise und Organisationen auch den geänderten Kommissionsvorschlag ab.[753]

Aufgrund dieser Stellungnahmen leitete die Kommission am 21.12.1990 eine überarbeitete Fassung des Richtlinenvorschlags einer fünften gesellschaftsrechtlichen Richtlinie über die Struktur der Aktiengesellschaft dem Rat zu.[754] Dieser Vorschlag erregte aber offensichtlich wenig Aufsehen, weil er zum Teil in der einschlägigen Literatur schlichtweg keine Erwähnung fand oder sogar überhaupt nicht bekannt war. So lautet es bspw. bei *Wiesner* in einem Aufsatz aus dem Jahre 1996 über das Schicksal der Struk-

---

[746] Vgl. Stellungnahme BR, BR-Drucks. 220/87, S. 1.
[747] Vgl. Stellungnahme BR, BR-Drucks. 220/87, S. 2.
[748] Vgl. Stellungnahme BR, BR-Drucks. 220/87, S. 2 ff.
[749] Vgl. *Kolvenbach*, DB 1983, 2023 ff., 2025.
[750] DGB Nachrichtendienst v. 28.12.1983.
[751] Employee participation and the structure of the organs of public limited companies in the amended proposal for a 5th Directive on "Company Law". Resume of the UNICE Position, 28 February 1984.
[752] Vgl. *Kolvenbach*, DB 1983, 2235 ff., 2235.
[753] Vgl. *Kolvenbach*, DB 1983, 2023 ff., 2025.
[754] Zweite Änderung zum Vorschlag für eine Richtlinie des Rates nach Artikel 54 EWG-Vertrag über die Struktur der Aktiengesellschaft sowie die Befugnisse und Verpflichtungen ihrer Organe, AblEG Nr. C 7 v. 11.01.1991, S. 4 ff.

turrichtlinie: *"Die Beratungen ruhen seit mehr als 10 Jahren."*[755] Der Vorschlag kann somit im vorliegenden Zusammenhang vernachlässigt werden.

V. Stellungnahme

Auch die Flexibilisierung durch den geänderten Vorschlag der Strukturrichtlinie brachte nicht den von der Kommission erhofften Durchbruch. Zwar nahm der Vorschlag nun vermehrt Rücksicht auf die verfestigten Traditionen der einzelnen Mitgliedstaaten, indem mehrere Modelle der Organisationsverfassung bzw. der Mitbestimmung zur Wahl gestellt wurden. Die Kommission ließ jedoch keinen Zweifel daran, daß sie an ihrem ursprünglichen Vereinheitlichungsziel festhalten wollte; diese Zielsetzung wurde - wie schon beim ursprünglichen Vorschlag - zu Recht scharf kritisiert.

1. Organisationsverfassung

Die Kommission wich mit dem geänderten Vorschlag der Strukturrichtlinie zum ersten Mal von ihrem ursprünglichen Bestreben ab, auf Gemeinschaftsebene ausschließlich das dualistische System durchzusetzen. Dieser Prozeß der Flexibilisierung hatte sich - wenn auch sehr verhalten - bereits in ihrem Grünbuch von 1975 angedeutet. Angesichts der Tatsache, daß viele Mitgliedstaaten mit traditionell monistisch strukturierten Aktiengesellschaften einer solchen grundlegenden Änderung historisch gewachsener Strukturen nicht zugestimmt hätten, war dies auch vorherzusehen.[756] Die in der Strukturrichtlinie in der Fassung von 1983 enthaltene Übergangsregelung stellte insofern lediglich einen nicht überzeugenden Kompromiß dar, der nicht darüber hinwegtäuschen konnte, daß die langfristige Festlegung auf das dualistische System innerhalb der Europäischen Gemeinschaft nicht konsensfähig war.

2. Mitbestimmung der Arbeitnehmer

Auch in der Frage der Mitbestimmung konnten die Vorschläge nicht überzeugen, obwohl die Wahlmöglichkeiten ausgebaut wurden: Nachdem das Mitbestimmungsmodell sowohl des ursprünglichen Vorschlags der Strukturrichtlinie als auch des geänderten Vorschlags für ein Statut über Europäische Aktiengesellschaften von 1975 noch auf das dualistische System festgelegt war und somit auf unüberwindliche mitbestimmungspolitische Schwierigkeiten gestoßen war, wies bereits der geänderte Vorschlag für die Strukturrichtlinie eine beweglichere Konzeption auf.[757] Die Kommission baute damit ihren zum ersten Mal im Grünbuch von 1975 enthaltenen flexiblen Ansatz weiter aus. Die Vielfalt der zur Wahl gestellten Optionen beruhte daher in erster Linie auf der Ein-

---

[755] *Wiesner*, AG 1996, 390 ff, 390.
[756] Vgl. *Kolvenbach*, DB 1983, 2235 ff., 2238, und *Blanpain*, RdA 1992, 127 ff., 127.
[757] Vgl. *Raiser*, FS Steindorff, S. 201 ff., S. 204. Vgl. auch *Wißmann*, der sogar davon spricht, daß die Kommission auf den Stillstand eines Vorhabens mit einer Forcierung des jeweils anderen Vorhabens reagiert habe, *Wißmann* RdA 1992, 320 ff., 321.

sicht, daß - so die Kommission ausdrücklich - *"in einigen Mitgliedstaaten der notwendige erste Schritt für eine Beteiligung der Arbeitnehmer nur durch Bildung einer Arbeitnehmervertretung oder durch tarifvertraglich vereinbarte Systeme wird getan werden können"*[758]. Sehr fraglich ist jedoch, ob die von der Kommission behauptete Gleichwertigkeit der von ihr vorgeschlagenen Mitbestimmungsmodelle überhaupt gegeben war. Hierbei handelt es sich auch nicht um eine bloß formelle Frage, sondern aufgrund des eindeutigen Wortlauts der von der Kommission gewählten Rechtsgrundlage des Art. 54 Abs. 3 lit. g EWG-Vertrag steht und fällt hiermit die Rechtmäßigkeit des Richtlinienvorschlags.

Eine umfassende Bewertung der letztlich vom Vorschlag des Europäischen Parlaments übernommenen Regelungen über die Mitbestimmung der Arbeitnehmer soll hier zunächst einmal zurückgestellt werden. Sie wird im Hinblick auf das Thema der vorliegenden Darstellung im Zusammenhang mit den Vorschlägen der Kommission über ein Statut für Europäische Aktiengesellschaften von 1989[759], welche - um dies vorwegzunehmen - die Mitbestimmungsmodelle der geänderten Strukturrichtlinie fast unverändert übernommen haben[760], erfolgen.

E. Weitere gesellschaftsrechtliche Richtlinien bzw. Richtlinienvorschläge

Die Mitbestimmungsproblematik betraf jedoch nicht nur das Projekt der Europäischen Aktiengesellschaft sowie die fünfte gesellschaftsrechtliche Richtlinie zur Struktur der nationalen Aktiengesellschaften. Aufgrund ihrer Auswirkungen auch auf andere Bereiche des Unternehmens- und Gesellschaftsrechts erlangte sie auch für andere Rechtsangleichungsvorhaben Bedeutung. Diese sollen hier jedoch nur der Vollständigkeit halber kurz erwähnt werden.

I. Zehnte gesellschaftsrechtliche Richtlinie

Gestützt auf Art. 54 Abs. 3 lit. g EWG-Vertrag legte die Kommission dem Rat am 14.01.1985 einen Vorschlag einer zehnten Richtlinie des Rates über die grenzüberschreitende Verschmelzung von Aktiengesellschaften vor.[761]

---

[758] 8. Erwägungsgrund der Kommission, Beilage 6/1983 zum EG-Bulletin, S. 23.

[759] Vgl. dazu ausführlich unten Teil III § 10 (S. 207 ff.).

[760] Vgl. zu den Unterschieden im einzelnen unten Teil III §§ 10, 11 (S. 207 ff.) und *Figge*, S. 210 ff. *Figge* spricht in diesem Zusammenhang - völlig zutreffend - davon, daß der geänderte Vorschlag einer Strukturrichtlinie *"inhaltlich [...] direkter Vorläufer des neuen Statuts für Europäische Aktiengesellschaften [ist]"*, *Figge*, S. 122.

[761] Vorschlag einer 10. Richtlinie des Rates nach Artikel 54 Absatz 3 Buchstabe g) des Vertrages über die grenzüberschreitende Verschmelzung von Aktiengesellschaften, AblEG Nr. C 23 v. 25.01.1985, S. 11 ff. Soweit im folgenden Artikel genannt werden, sind hiermit die Vorschriften dieses Vorschlags gemeint. Dieser Vorschlag geht zurück auf den von *Goldmann* verfaßten *"Entwurf eines Übereinkommens über die internationale Verschmelzung von Aktiengesellschaften"*, der 1973 vorgelegt wurde, vgl. dazu *Lutter*, Europäisches Gesellschaftsrecht, S. 67 f. und S. 351 ff. (Abdruck des Textes), und *Sonnenberger*, AG 1969, 381

1. Regelungsgegenstand

Regelungsgegenstand des Richtlinienvorschlags ist die internationale Verschmelzung von Aktiengesellschaften in der Europäischen Gemeinschaft. Der Vorschlag bezog sich somit nicht auf die Verschmelzung von Aktiengesellschaften, die der Rechtsordnung eines Mitgliedstaats unterliegen[762], sondern betraf vielmehr die Regelung von grenzüberschreitenden Vorgängen, vgl. Art. 2 RiLi. Diese gesellschaftsrechtliche Richtlinie kam bis heute nicht über das Vorschlagsstadium hinaus. Ein wesentlicher Grund hierfür ist - neben vielen anderen streitigen Fragen[763] - die Regelung der Mitbestimmung.[764]

2. Mitbestimmung der Arbeitnehmer

Um der Gefahr vorzugreifen, daß solche internationalen Verschmelzungsvorgänge zum Wegfall der nationalen Mitbestimmung führen, ist Art. 1 Abs. 3 RiLi in den Richtlinienvorschlag aufgenommen worden. Hiernach sollte ein Mitgliedstaat bis zu einer späteren Koordinierung[765] die Bestimmungen dieser Richtlinie nicht auf eine grenzüberschreitende Verschmelzung anzuwenden brauchen, sofern dies dazu führt, daß ein Unternehmen nicht mehr die Voraussetzungen für die Vertretung der Arbeitnehmer in Unternehmensorganen erfüllen. Dies sollte unabhängig davon gelten, ob das Unternehmen an dem Verschmelzungsvorgang beteiligt ist oder nicht. Im Ergebnis bedeutete dies, daß der betreffende Mitgliedstaat zur Sicherung der Mitbestimmung der in seinem Staat ansässigen Gesellschaften diese als übertragende Gesellschaft von dem Verschmelzungsvorgang ausschließen müßte.[766]

Trotz oder - je nach Standpunkt - gerade wegen dieses Mitbestimmungsvorbehalts wurde der Richtlinienvorschlag von nahezu allen Seiten stark kritisiert.[767] Die deutschen Gewerkschaften bspw. machten geltend, daß eine solche nur vorläufige Regelung letzten Endes die Gefahr einer Flucht aus der Mitbestimmung insofern mit sich bringe, als eine Verschmelzung allein zu dem Zweck vorgenommen werden könnte, die übertra-

---

ff. Vgl. näher zur Vorgeschichte und zum Inhalt des Richtlinienvorschlags *Figge*, S. 154 ff., und *Kolvenbach*, DB 1986, 1973 ff., 1975.

[762] Vgl. hierzu die bereits verabschiedete *"Dritte Richtlinie des Rates v. 9. Oktober 1978 gemäß Artikel 54 Absatz 3 Buchstabe g) des Vertrages betreffend die Verschmelzung von Aktiengesellschaften"*, AblEG Nr. L 295 v. 20.10.1978, S. 36 ff.

[763] Vgl. dazu *Däubler*, DB 1988, 1850 ff., und *Ganske*, DB 1985, 581 ff.

[764] Vgl. *Hasselbach*, NZG 1999, 291 ff., 292, und *Habersack*, § 4 Rn. 62 (S. 32).

[765] Diese Formulierung bezieht sich auf das Vorhaben der fünften gesellschaftsrechtlichen Richtlinie, da die Kommission die Ausnahmebestimmung zumindest solange für erforderlich hielt, wie der Rat noch nicht über den geänderten Vorschlag der Strukturrichtlinie beschlossen hat, vgl. den fünften Erwägungsgrund zum Richtlinienvorschlag, AblEG Nr. C 23 v. 25.01.1985, S. 11 ff., S. 11

[766] Vgl. *Figge*, S. 159.

[767] Vgl. ausführlich zu den einzelnen Stellungnahmen *Däubler*, DB 1988, 1850 ff., und *Kolvenbach*, DB 1986, 1973 ff., 1975 f.

gende Gesellschaft dem Anwendungsbereich strenger Regelungen über die Mitbestimmung der Arbeitnehmer zu entziehen.[768] Des weiteren werde nicht nur die Unternehmensmitbestimmung unterminiert, sondern auch Arbeitnehmerrechte im Bereich der Betriebsverfassung und der Kollektivverträge gefährdet.[769] Seitens der Arbeitgeber sah man in dieser Regelung eine Verschlechterung der Wettbewerbsposition der deutschen Unternehmen, da aufgrund der stark ausgeprägten Mitbestimmungstradition in Deutschland mit einer Ausfüllung dieses Mitbestimmungsvorbehalts durch den Gesetzgeber zu rechnen sei und deutschen Unternehmen somit die Möglichkeit einer Verschmelzung mit ausländischen Unternehmen versperrt bliebe.[770] Hierdurch werde das mit dem Richtlinienvorschlag angestrebte Ziel einer Vereinheitlichung konterkariert. Die auf europäischer Ebene abgegebene Stellungnahme der Union des Industries de la Communauté Européenne (UNICE) teilte diese Bedenken.[771]

Da somit insbesondere Deutschland bei grenzüberschreitenden Verschmelzungsvorgängen auf einer mitbestimmungsrechtlichen Bestandsschutzregelung beharrte, führte letztlich die Problematik der Mitbestimmung - wie auch bei der Strukturrichtlinie - zu einer Blockierung des Vorschlags.[772] Der Richtlinienvorschlag wurde seit Vorlage des Vorschlags im Jahre 1985 weder im Rat noch im Europäischen Parlament verhandelt.[773] Fortschritte sind daher nur zu erwarten, wenn es im Bereich der Mitbestimmung zu einem politischen Durchbruch kommt.[774] Es wird derzeit daher allgemein erwartet, daß erst nach der endgültigen Entscheidung über die *"Agenda 2000"* sowie die Beitrittsverhandlungen mit den osteuropäischen Staaten wieder ein neuer Vorstoß auf diesem Rechtsgebiet erfolgen wird.[775]

II. Vierzehnte gesellschaftsrechtliche Richtlinie

Die Mitbestimmungsproblematik hatte ferner Auswirkung auf ein weiteres Vorhaben der Kommission, welches allerdings - anders als die Bestrebungen zur fünften und zehnten gesellschaftsrechtlichen Richtlinie - zum Abschluß gebracht wurde. Am

---

[768] Stellungnahme des DGB v. 11.04.1988 zum Vorschlag der Kommission der Europäischen Gemeinschaft für eine 10. Richtlinie des Rates gemäß Art. 54 Abs. 3 Buchst. g) des Vertrages über die grenzüberschreitende Verschmelzung von Aktiengesellschaften (Dok.-Nr. KOM (84) 727 endg. v. 08.01.1985); diese Stellungnahme wird im folgenden Abschnitt zitiert als *Stellungnahme Dt. Gewerkschaft*.

[769] Stellungnahme Dt. Gewerkschaft, S. 2.

[770] In diesem Sinne auch *Ganske*, DB 1985, 581 ff., 583.

[771] Proposal for a 10th Directive on cross-border mergers of public limited companies. UNICE Position of 18 July 1985, S. 2.

[772] Vgl. *Finken / Weitbrecht*, ZIP 1990, 959 ff., 963.

[773] Vgl. *Wiesner*, AG 1996, 390 ff., 390.

[774] *Finken / Weitbrecht*, ZIP 1990, 959 ff., 964; vgl. auch *Habersack*, § 4 Rn. 62 (S.32).

[775] Vgl. *Hasselbach*, NZG 1999, 291 ff., 292.

23.07.1990 verabschiedete der Rat die vierzehnte gesellschaftsrechtliche Richtlinie (sog. steuerliche Fusionsrichtlinie) auf der Rechtsgrundlage von Art. 100 EWG-Vertrag.[776]

1. Regelungsgegenstand

Zweck der vierzehnten Richtlinie war, gemeinsame wettbewerbsneutrale steuerliche Regelungen für bestimmte grenzüberschreitende Vorgänge zu schaffen, um die Anpassung der Unternehmen an die Erfordernisse des Gemeinsamen Marktes, eine Erhöhung ihrer Produktivität und eine Stärkung ihrer Wettbewerbsfähigkeit auf internationaler Ebene zu ermöglichen.[777] Diese Vorgänge sollten durch Beseitigung steuerlicher Hindernisse, wie insbesondere die Besteuerung der stillen Reserven - vgl. Art. 5 RiLi -, erleichtert werden.[778]

2. Mitbestimmung der Arbeitnehmer

Da auch diese Richtlinie die Gefahr einer Auswanderung der Mitbestimmung mit sich brachte, bestand die Bundesrepublik Deutschland als hiervon am meisten betroffener Mitgliedstaat auf einer Klausel zur Beibehaltung der Mitbestimmung.[779] Gemäß Art. 11 Abs. 1 lit. b RiLi ist es dem nationalen Gesetzgeber erlaubt, von der steuerlichen Entlastung solche Vorgänge auszunehmen, die bei einem an dem Vorgang beteiligten oder an ihm nicht beteiligten Unternehmen zum Wegfall der Voraussetzungen der bisher angewandten Mitbestimmungsregelung führen. Mit Gesetz vom 23.08.1994 (sog. Mitbestimmungsbeibehaltungsgesetz)[780] machte der Gesetzgeber von dieser Ermächtigung Gebrauch, so daß von dieser Richtlinie keine nachteiligen Auswirkungen für die deutsche Mitbestimmung ausgehen.

F. Stellungnahme

Trotz zahlreicher Bemühungen und an den Rat gerichteter Initiativen gelang es der Kommission nicht, eine gemeinschaftsweit einheitlich geltende Organisationsverfassung der Kapitalgesellschaften durchzusetzen sowie in der Frage der Mitbestimmung einen Konsens herbeizuführen.

---

[776] Richtlinie des Rates v. 23.07.1990 über das gemeinsame Steuersystem für Fusionen, Spaltungen, die Einbringung von Unternehmensteilen und den Austausch von Anteilen, die Gesellschaften verschiedener Mitgliedstaaten betreffen (90/434/EWG), AblEG Nr. L 225 v. 20.08.1990, S. 1 ff. Vgl. zu dieser Richtlinie im einzelnen *Knobbe-Keuk*, DB 1991, 298 ff. Soweit im folgenden Abschnitt Artikel mit dem Zusatz RiLi genannt werden, sind hiermit die Vorschriften dieses Vorschlags gemeint.
[777] Vgl. den ersten Erwägungsgrund des Rates, AblEG Nr. L 225 v. 20.08.1990, S. 1.
[778] Vgl. *Wißmann*, RdA 1992, 320 ff., 322.
[779] Vgl. *Wißmann*, RdA 1992, 320 ff., 322.
[780] Gesetz zur Beibehaltung der Mitbestimmung beim Austausch von Anteilen und der Eintragung von Unternehmensteilen, die Gesellschaften verschiedener Mitgliedstaaten der Europäischen Union betreffen (Mitbestimmungs-Beibehaltungsgesetz - MitbestBeiG, BGBl. 1994 I, S. 2228 ff.)

I. Organisationsverfassung

Die verfestigten Traditionen in einigen Mitgliedstaaten führten dazu, daß insbesondere in den monistisch strukturierten Mitgliedstaaten sehr starke Vorbehalte gegen die Einführung einer dualistischen Organisationsverfassung von Kapitalgesellschaften bestanden. Trotz dieses ausdrücklichen Widerstandes hielt die Kommission an ihrem Bestreben fest, längerfristig die Einführung von Aktiengesellschaften mit Vorstand und Aufsichtsrat gemeinschaftsweit *"als "Endziel"*[781] einzuführen. Auch die von ihr in die Vorschläge aufgenommene Übergangslösung, nach der während einer bestimmten Zeitspanne die monistische Struktur beibehalten werden können sollte, überzeugten diese Mitgliedstaaten nicht, so daß sie letzten Endes die Vorschläge der Kommission komplett ablehnten. Dieses Ergebnis hätte die Kommission durch mehr Flexibilität vermeiden können, indem sie nicht nur eine Übergangslösung vorgesehen, sondern generell zugestanden hätte, daß Vorschläge, welche nur das dualistische System zulassen, nicht vermittelbar waren. Es wäre ohne weiteres möglich gewesen, eine alternative Ausgestaltung mit Bestimmungen sowohl für eine monistisch als auch für eine dualistisch strukturierte Aktiengesellschaft - nicht nur für eine Übergangszeit - vorzusehen und den Mitgliedstaaten zu überlassen, ob sie für in ihrem Geltungsbereich liegende Gesellschaften ein System verbindlich festschreiben. Hierdurch hätte die Kommission die Erfolgschancen der von ihr präsentierten Vorschläge maßgeblich erhöhen können.

II. Mitbestimmung der Arbeitnehmer

Nachdem das Mitbestimmungsmodell des geänderten Vorschlags von 1975 noch ganz deutlich dem Aufsichtsratssystem nach deutschem bzw. niederländischem Vorbild den Vorzug gegeben hatte, beruhte bereits der geänderte Vorschlag einer Strukturrichtlinie in der Frage der Mitbestimmung auf der Einsicht, daß ein einheitliches Mitbestimmungsmodell nicht konsensfähig sein würde. Die Kommission nahm daher folgerichtig eine weitere Flexibilisierung der Ausgestaltungsmöglichkeiten der Mitbestimmungsrechte der Arbeitnehmer in den Vorschlag auf. Hierbei ließ sie jedoch die Problematik der wegen der Wahl der Rechtsgrundlage des Art. 54 Abs. 3 lit. g EWG-Vertrag gebotenen Gleichwertigkeit der zur Wahl gestellten Mitbestimmungsmodelle - worauf noch ausführlich zurückzukommen sein wird[782] - außer Acht.

---

[781] Vgl. Grünbuch, Beilage 8/1975 zum EG-Bulletin, S. 43.
[782] Vgl. hierzu die Ausführungen zu den Kommissionsvorschlägen zur Europäischen Aktiengesellschaft von 1989 und 1991, Teil III §§ 10, 11 (S. 207 ff.).

§ 8 Die vorübergehende Aufgabe des Projekts

Trotz zahlreicher Anläufe und umfangreicher Bemühungen der Kommission kamen sowohl die gesellschaftsrechtlichen Vereinheitlichungsbestrebungen anhand von Richtlinien als auch das Projekt der Europäischen Aktiengesellschaft letzten Endes im Laufe der 80er Jahre - zumindest vorläufig - fast vollständig zum Erliegen.

A. Scheitern der Strukturrichtlinie

Nachdem die Kommission 1983 ihren überarbeiteten Vorschlag der Strukturrichtlinie dem Rat übermittelt hatte, kam es zwar zu zahlreichen Diskussionen und Stellungnahmen; über den Vorschlag wurde auch noch weiterhin im Rat verhandelt.[783] Insgesamt erwies sich der Richtlinienvorschlag jedoch als nicht konsensfähig. Insbesondere das Problem der Beteiligung der Arbeitnehmer am Entscheidungsprozeß führte dazu, daß die Arbeiten zur fünften Richtlinie nicht weiter voranschritten und schließlich blockiert wurden. Die nach wie vor bestehende Divergenz zwischen denjenigen Mitgliedstaaten, die zwingende gesetzliche Regelungen für die Beziehungen der Sozialpartner ablehnten und vertragliche bzw. nicht zwingende Regelungen bevorzugten und denen, die sich für eine gesetzliche nicht dispositive Regelung aussprachen, konnte nicht überwunden werden.[784] Die Arbeiten ruhen daher seit der letzten Änderung der Richtlinie; das Vorhaben wurde zwischenzeitlich insbesondere wegen der Mitbestimmungsproblematik weitgehend aufgegeben.[785]

B. Schicksal des Projekts der Europäischen Aktiengesellschaft

Nachdem der geänderte Vorschlag von 1975 sich als nicht konsensfähig erwiesen hatte, räumte die Kommission fortan den Vorschlägen der Strukturrichtlinie den Vorrang ein; weitere Initiativen betreffend die Europäische Aktiengesellschaft wurden vorerst nicht ergriffen. Anfang der 80er Jahre schien es daher sogar, als würde der europäische Gesetzgeber sein ehrgeiziges Vorhaben gänzlich einstellen.[786] Hierzu kam es jedoch erst einige Zeit später, als auch der geänderte Vorschlag der Strukturrichtlinie scheiterte und zudem der Abschluß der ersten Lesung über das Statut für Europäische Aktiengesellschaften von Vorschlägen der Kommission zur Harmonisierung der Rechtsvorschriften in den Mitgliedstaaten über Konzerne abhängig gemacht wurde.[787] Dies hatte schließ-

---

783 Vgl. bspw. das Memorandum der Kommission *"Binnenmarkt und industrielle Zusammenarbeit. Statut für die Europäische Aktiengesellschaft. Memorandum der Kommission v. 8. Juni 1988"*, Beilage 3/88 zum EG-Bulletin, S. 19 (Anhang II), wo davon berichtet wird, daß der Richtlinienvorschlag zum damaligen Zeitpunkt in zweiter Lesung beraten wurde. Vgl. zu diesem Memorandum noch ausführlich unten Teil III Kapitel I § 9 B. (S. 190 ff.).
784 Vgl. *Gleichmann,* AG 1988, 159 ff., 161.
785 Vgl. *Wiesner,* AG 1996, 390 ff., 390.
786 *Abeltshauser,* AG 1990, 289 ff, 289.
787 Vgl. Memorandum der Kommission, Beilage 8/83 zum EG-Bulletin, S. 22 (Anhang II).

lich zur Folge, daß die Beratungen des Vorschlags in der Ad-hoc-Arbeitsgruppe 1982 endgültig ausgesetzt wurden.[788]

C. Stellungnahme

Der eingangs erwähnte[789] "Strategiewechsel" der Kommission Anfang der 80er Jahre hat das Projekt der Europäischen Aktiengesellschaft eng mit dem politischen Schicksal der Richtlinien verbunden[790], so daß mit dem Scheitern der Strukturrichtlinie auch das Vorhaben der Europäischen Aktiengesellschaft zum Erliegen kam, ja kommen mußte. *Kolvenbach* hatte daher bereits 1986 zutreffend prognostiziert, daß der fünften gesellschaftsrechtlichen Richtlinie eine *"Schlüsselrolle in der europäischen Mitbestimmungsdiskussion zukommt"*[791]. Aufgrund der unterschiedlichen Auffassungen der Mitgliedstaaten in der Frage der Mitbestimmung der Arbeitnehmer verbunden mit der Ablehnung von Zugeständnissen wurde eine Einigung blockiert. Hieraus haben die Kommission und der Rat durch das Aussetzen weiterer Beratungen die logische Konsequenz gezogen. Auf der Grundlage des Einstimmigkeitsprinzips machte das weitere Verfolgen von gesellschaftsrechtlichen Vorhaben, welche von einigen Mitgliedstaaten in der vorgeschlagenen Form schlichtweg abgelehnt wurden, keinen Sinn mehr. Zusammenfassend läßt sich somit festhalten, daß es auf europäischer Ebene Mitte der 80er Jahre zu einer Stagnanz in der Frage der Mitbestimmung der Arbeitnehmer in den Unternehmensorganen kam.

---

[788] Vgl. *Figge*, S. 192.
[789] Vgl. oben Teil II § 7 A. (S. 147 f.).
[790] Vgl. *Wißmann*, RdA 1992, 320 ff., 321.
[791] *Kolvenbach*, DB 1986, 2023 ff., 2024.

Teil III: Die Entwürfe zur Europäischen Aktiengesellschaft von 1989 und 1991

§ 9 Die Vorgeschichte der Entwürfe von 1989 und 1991

A. Wiederbelebung der Diskussion

Die Tatsache, daß die Kommission bzw. der Rat ihre Arbeiten an den gesellschaftsrechtlichen Angleichungs- und Vereinheitlichungsvorhaben ab Mitte der 80er Jahre ausgesetzt hatten, bedeutete dennoch keineswegs, daß sie damit unwiderruflich "vom Tisch" waren. Immer wieder erwähnte die Kommission das Vorhaben der Europäischen Aktiengesellschaft in ihren unternehmensrechtlichen Stellungnahmen und Vorschlägen und nahm es in ihren Zeitplan für weitere Harmonisierungsvorhaben auf. In der zweiten Hälfte der 80er Jahre erfuhr das Vorhaben der Europäischen Aktiengesellschaft infolgedessen sogar wieder neuen Antrieb: dies zum einen durch das Weißbuch der Kommission zur Vollendung des Binnenmarktes sowie zum anderen durch die Verabschiedung der Einheitlichen Europäischen Akte. Der entscheidende Anstoß zur Wiederaufnahme der Arbeiten ging dann im Sommer 1988 von einem Memorandum der Kommission zum Binnenmarkt aus, welches schließlich in weiteren Vorschlägen zur Europäischen Aktiengesellschaft münden sollte.

I. Weißbuch zur Vollendung des Binnenmarktes

Im Sommer 1988 übermittelte die Kommission dem Europäischen Rat von Mailand ihr Weißbuch *"Vollendung des Binnenmarktes - Weißbuch der Kommission an den Europäischen Rat"*[792]. Ziel dieser Initiative der Kommission war, die Vollendung des Binnenmarktes wesentlich voranzutreiben. Zwar wurde sowohl in den Verträgen als auch in den verschiedenen Erklärungen, die der Rat seit 1982 abgegeben hatte, stets die Notwendigkeit einer Vollendung des Binnenmarktes auf höchster Ebene bekräftigt. Es fehlte allerdings bis zur Vorlage des Weißbuchs zum einen ein fester Stichtag sowie zum anderen ein ausführliches Programm zur Vollendung des Binnenmarktes.[793] Diese Lücke gedachte die Kommission zu schließen, indem sie einen umfassenden Maßnahmenkatalog vorlegte, dessen Umsetzung zu einem echten gemeinsamen Markt ohne Binnengrenzen führen sollte. Der Europäische Rat begrüßte in seinen Schlußfolgerungen den Vorstoß der Kommission und beauftragte den Rat, ein genaues Arbeitsprogramm zu erstellen, um bis spätestens zum 31.12.1992 *"die vollständige und endgültige Schaffung der Bedingungen für einen einheitlichen Markt in der Gemeinschaft in feststehenden Stufen nach zuvor festgelegten Prioritäten und einem verbindlichen Zeitplan*

---

[792] KOM (85) 310 endg., S. 1 ff.; im folgenden zitiert als *Weißbuch Binnenmarkt*. Eine Kurzdarstellung dieses Weißbuchs findet sich im Bulletin der Europäischen Gemeinschaften, EG-Bulletin 6/1985, S. 19 ff.

[793] Vgl. EG-Bulletin 6/1985, S. 19 ff., S. 19 (Anm. 1.3.1.).

zu erreichen"[794]. In diesem Zusammenhang wurde auch die Verabschiedung einer eigenständigen europäischen Rechtsform in Gestalt einer Europäischen Aktiengesellschaft in den Maßnahmenkatalog aufgenommen. Die Kommission sah somit in der Verabschiedung des Statuts eine wesentliche Voraussetzung für die angestrebte Vollendung des europäischen Binnenmarktes.[795]

II. Einheitliche Europäische Akte

Ein weiterer wichtiger Impuls für das Vorhaben der Europäischen Aktiengesellschaft ging von der am 28.02.1986 verabschiedeten Einheitlichen Europäischen Akte[796] aus. Durch sie wurden die Gründungsverträge der drei Europäischen Gemeinschaften nach einigen kleineren Revisionen erstmals umfassend novelliert, indem sie organisatorisch zusammengeführt wurden.[797] Inhaltlich brachte die Einheitliche Europäische Akte zudem neben der Ausdehnung der Tätigkeitsbereiche der Gemeinschaften (Umweltschutz, Forschung und Technologie, Bildungspolitik u. a.[798]) vor allen Dingen institutionelle Reformen der Struktur der Europäischen Gemeinschaften durch eine Stärkung der Stellung des Europäischen Parlaments und die Einführung weiterer Möglichkeiten für Mehrheitsentscheidungen im Rat.

Durch dieses Vertragswerk wurde zwischen den damaligen Mitgliedstaaten insbesondere die Verwirklichung eines europäischen Binnenmarktes als Vertragsziel in den EWG-Vertrag aufgenommen. Nach Art. 7 a EWG-Vertrag war die Gemeinschaft nunmehr verpflichtet, den Binnenmarkt unter Anwendung der - teilweise neu eingefügten - Bestimmungen der Art. 7 b, 7 c, 28, 57 Abs. 2, 59, 70 Abs. 1, 84, 99, 100 a und 100 b EWG-Vertrag unbeschadet der sonstigen Bestimmungen bis zum 31.12.1992 schrittweise zu verwirklichen. Um dies zu erreichen, wurden zahlreiche Verfahrensvorschriften in den EWG-Vertrag aufgenommen, die den europäischen Integrationsprozeß flexibler gestalten sollten. Hierzu zählte unter anderem die wichtige Bestimmung des Art. 100 a EWG-Vertrag, nach der in Abweichung von dem in Art. 100 EWG-Vertrag festgelegten Einstimmigkeitsprinzip für die Verwirklichung der Ziele des Art. 7 a EWG-Vertrag ein vereinfachtes Beschlußverfahren zur Angleichung von Rechtsvorschriften vorgesehen wurde. Hiernach erläßt der Rat gemäß dem Verfahren der Mitentscheidung des Art. 189 b EWG-Vertrag und nach Anhörung des Wirtschafts- und Sozialausschusses die Maßnahmen zur Angleichung der Rechts- und Verwaltungsvorschriften der Mitgliedstaaten, welche die Errichtung und das Funktionieren des Binnenmarktes zum Gegenstand haben. Im Ergebnis stellte dies zum einen eine Abkehr vom Einstimmigkeitsprinzip dar, da der Rat mit der qualifizierten Mehrheit seiner Stimmen und nach Anhörung des Eu-

---

794 Vgl. EG-Bulletin 6/1985, S. 19 ff., S. 22 (Anm. 1.3.9.).
795 Vgl. *Kohlhepp*, RIW 1989, 88 ff., 88.
796 AblEG Nr. L 169 v. 29.06.1987, S. 1 ff.
797 Vgl. *Schweitzer / Hummer*, Rn. 47 (S. 17).
798 Vgl. dazu im einzelnen *Oppermann*, Rn. 1899 ff.

ropäischen Parlaments einen gemeinsamen Standpunkt festlegt und Änderungsvorschläge des Europäischen Parlaments ebenfalls mit der qualifizierten Mehrheit seiner Stimmen überwinden kann. Zum anderen kommt dies einem echten parlamentarischen Vetorecht des Europäischen Parlaments gleich, wodurch die letztlich getroffenen Entscheidungen auf eine breitere Grundlage gestellt werden.

Mit der Einigung über die Einheitliche Europäische Akte wurde der nächste wesentliche Schritt auf dem Wege zur Europäischen Union getan.[799] Durch die Ausdehnung der Gemeinschaftstätigkeit auf weitere Politikbereiche verbunden mit der Erweiterung der Kompetenzen des Europäischen Parlaments sowie einer Ausweitung der Möglichkeit von Mehrheitsentscheiden wurde der Prozeß der europäischen Integration bedeutend vorangetrieben. Dies sollte auch nicht ohne Einfluß auf den Prozeß der Harmonisierung des Gesellschaftsrechts bleiben, zumal sich das europapolitische Klima insgesamt veränderte. Für das Vorhaben der Europäischen Aktiengesellschaft ist die Einheitliche Europäische Akte insofern von besonderer Bedeutung, als die Kommission ihre späteren Vorschläge zur Europäischen Aktiengesellschaft teilweise auf die durch sie eingefügten Bestimmungen stützen sollte.[800] Die Einheitliche Europäische Akte sowie die mit ihr verbundene politische Willenserklärung gaben somit auch der Harmonisierung des Gesellschaftsrechts neuen Auftrieb.[801]

III. Ministerrat in Brüssel vom 29. und 30. Juni 1987

Anläßlich der Tagung des Europäischen Rates am 29. und 30. Juni 1987 in Brüssel hob der Ratsvorsitz die Bedeutung eines eigenständigen gemeinschaftsweit geltenden Statuts für Europäische Aktiengesellschaften für die Verwirklichung des europäischen Binnenmarktes hervor. Die zuständigen Organe der Gemeinschaft wurden aufgefordert, *"die Anpassung des Gesellschaftsrechts mit dem Ziel der Schaffung einer Gesellschaft europäischen Rechts rasch voranzutreiben"*[802]. Bei diesem Vorhaben - so der Rat ferner - handele es sich um eine Maßnahme, die für die Verwirklichung des Binnenmarktes bis 1992 von grundlegender Bedeutung sei. Die Europäische Aktiengesellschaft solle die Zusammenarbeit zwischen den Wirtschaftsakteuren erleichtern und den sozialen Fortschritt durch eine Beteiligung der Arbeitnehmer fördern; letztere solle nach Ansicht des Ratsvorsitzes unterschiedliche Formen annehmen können.[803] Durch diesen Vorstoß des Rates wurde das Vorhaben der Europäischen Aktiengesellschaft somit bereits wenige Monate nach Inkrafttreten der Einheitlichen Europäischen Akte weiter forciert.

---

[799] Vgl. *Oppermann*, Rn. 41 (S.20).
[800] Vgl. dazu ausführlich unten Teil III §§ 10, 11 (S. 207 ff.).
[801] Vgl. *Raiser*, FS Steindorff, S. 201 ff., S. 201.
[802] EG-Bulletin 6/1987, Anm. 1.1.4.1.
[803] EG-Bulletin 6/1987, Anm. 1.1.4.1.

IV. Sonstige Erwähnungen des Projekts

Das Projekt der Europäischen Aktiengesellschaft fand auch sonst immer wieder Erwähnung, wenn es um Fragen der Unternehmenspolitik auf Gemeinschaftsebene ging.

So hieß es bspw. im dritten Bericht der Kommission über die Durchführung des Weißbuchs zur Vollendung des Binnenmarktes vom 23.03.1988[804] unter dem Titel *"Schaffung geeigneter Bedingungen für die industrielle Zusammenarbeit"* in Ziff. 59: *"In Übereinstimmung mit den Schlußfolgerungen der Brüsseler Ratstagung vom Juni 1987 nahm die Kommission die Arbeiten am Statut für die Europäische Aktiengesellschaft wieder auf und wird dem Rat im Laufe des Jahres 1988 eine Mitteilung zu diesem Thema vorlegen"*[805].

Ebenfalls thematisiert wurde die Europäische Aktiengesellschaft in dem von der Kommission am 10.05.1988 vorgelegten Grundsatzpapier zur Unternehmenspolitik[806], nach welchem der Harmonisierung des Gesellschafts- und Steuerrechts in der Gemeinschaft eine wichtige Rolle für die Vollendung des Binnenmarktes und die Schaffung gleicher Wettbewerbsbedingungen zukommen solle. Die auf diesem Gebiet erzielten Fortschritte - so die Kommission weiter - seien zusammen mit den verbundenen Maßnahmen (Verordnung über die Europäische Wirtschaftliche Interessenvereinigung[807]; Entwurf einer Satzung für eine Europäische Gesellschaft), wichtige Beiträge zur Verbesserung des rechtlichen Umfeldes für Unternehmen.

V. Stellungnahme

Diese zahlreichen Vorstöße zeigen, daß die Europäische Aktiengesellschaft trotz des Scheiterns der Vorschläge von 1970 und 1975 sowie der eng mit ihr verbundenen gesellschaftsrechtlichen Richtlinienvorschläge nie ganz von der Tagesordnung der Kommission verschwunden war. Insbesondere durch die Verabschiedung der Einheitlichen Europäischen Akte mit dem Ziel der Verwirklichung eines Binnenmarktes kam es zu einer Änderung des allgemeinen europapolitischen Klimas, durch die auch die Idee der Europäischen Aktiengesellschaft eine neue Belebung erfuhr.[808] So ist es letzten Endes nicht erstaunlich, wenn der damalige Kommissionspräsident *Jacques Delors* anläßlich der Präsentation des Arbeitsprogrammes der EG-Kommission für 1988 in seiner Einführungsrede vor dem Europäischen Parlament am 20.01.1988 ankündigte: *"Sie [die Kommission, Anm. des Verf.] wird einen weiteren Vorschlag für eine Satzung der Europäischen Gesellschaft vorlegen, um den Unternehmen ein Instrument zur Erleichterung ihrer Zusammenarbeit an die Hand zu geben, und sie wird bei dieser Gelegenheit meh-*

---

[804] KOM (88) 134 endg.
[805] KOM (88) 134 endg., S. 27.
[806] Mitteilung der Kommission - Eine Unternehmenspolitik für die Gemeinschaft, KOM (88) 241/2 endg., Kapitel 3.2, Anm. 57 (S. 18 f.).
[807] Vgl. dazu bereits ausführlich oben Teil I § 2. B. II. (S. 78 ff.).
[808] Vgl. Groeben / Thiesing / Ehlermann - *Gleichmann*, S. 6343.

rere Modelle für ein Mitspracherecht der Arbeitnehmer vorschlagen, zwischen denen die Länder wählen können."[809] Kurze Zeit später nahm die Kommission ihr bereits "totgesagtes" Projekt der Europäischen Aktiengesellschaft durch die Vorlage eines Memorandums - schon wenige Jahre nach dem zumindest vorläufigen Scheitern der fünften und der zehnten gesellschaftsrechtlichen Richtlinie - erneut in Angriff.

B. Memorandum der Kommission vom 15.07.1988

Die Kommission griff die im Weißbuch enthaltene Aufforderung auf und knüpfte an die Ankündigung von *Delors* an, indem sie am 15.07.1988 ein Memorandum zum Statut für eine Europäische Aktiengesellschaft vorlegte.[810] Schon durch den Obertitel *"Binnenmarkt und industrielle Zusammenarbeit"* wurde deutlich, daß die Kommission fortan das Vorhaben der Europäischen Aktiengesellschaft mit der bis zum 31.12.1992 angestrebten Verwirklichung eines europäischen Binnenmarktes verknüpfen wollte.

I. Konzeption des Memorandums

Entgegen der Ankündigung im Weißbuch handelte es sich bei dem Memorandum der Kommission allerdings nicht um einen neuen ausformulierten Vorschlag über ein Statut für Europäische Aktiengesellschaften. Die Kommission wollte vielmehr auf die hauptsächlichen Schwierigkeiten hinweisen und versuchen, Lösungen aufzuzeigen.[811] Sie wollte damit die zum Stillstand gekommene Diskussion wiederbeleben, indem sie die Grundzüge des neuen Vorhabens erläuterte und den beteiligten Institutionen vorab Gelegenheit zur Stellungnahme gab, um ein günstiges politisches Klima für die beabsichtigten Vorschläge zu schaffen.[812] Das Memorandum wurde dem Parlament, dem Rat und den Sozialpartnern mit der Aufforderung übermittelt, innerhalb von sechs Monaten Stellung zu beziehen, wobei sie sich insbesondere zu den drei folgenden Kernfragen äußern sollten: Grundsatz eines fakultativen Statuts, Unabhängigkeit des Statuts gegenüber innerstaatlichem Recht, Aufnahme von drei Modellen der Arbeitnehmermitbestimmung.[813] Auf der Grundlage dieser Stellungnahmen wollte die Kommission dann einen eigenen Regelungsvorschlag ausarbeiten und Anfang 1989 einen neuen förmlichen Vorschlag über das Statut für Europäische Aktiengesellschaften unterbreiten.[814]

---

[809] Beilage 1/88 zum EG-Bulletin, S. 1 ff., S. 8.

[810] *"Binnenmarkt und industrielle Zusammenarbeit. Statut für die Europäische Aktiengesellschaft. Memorandum der Kommission v. 8. Juni 1988"*, Beilage 3/88 zum EG-Bulletin; im folgenden zitiert als *Memorandum der Kommission*. Eine ausführliche Darstellung des Memorandums findet sich bei *Kolvenbach*, DB 1988, 1837 ff.

[811] Vgl. Memorandum der Kommission, Beilage 3/88 zum EG-Bulletin, S. 7.

[812] Vgl. *Wißmann*, RdA 1992, 320 ff., 322.

[813] Memorandum der Kommission, Beilage 3/88 zum EG-Bulletin, S. 18.

[814] Memorandum der Kommission, Beilage 3/88 zum EG-Bulletin, S. 5 und S. 18.

II. Inhalt des Memorandums

Die Kommission versuchte in ihrem Memorandum zunächst noch einmal die wirtschaftliche Bedeutung eines Statuts für Europäische Aktiengesellschaften herauszustellen. Im Anschluß daran skizzierte sie die wesentlichen Grundzüge, nach denen sie die einem europäischen Aktiengesellschaftsrecht entgegenstehenden Probleme zu lösen gedachte.[815]

Die Kommission bezeichnete in ihrem Memorandum die Schaffung einer europäischen Gesellschaftsform als *"ein prioritäres Ziel"*[816]. Sie vertrat die Auffassung, daß es auf Gemeinschaftsebene bislang kein Instrument gegeben habe, das den immer dringlicheren Erfordernissen im Bereich der Zusammenarbeit, des Zusammenschlusses, der Errichtung und der Verschmelzung von Unternehmen auf Gemeinschaftsebene gerecht werde.[817] Ein solches Rechtsinstrument sei aber im Hinblick auf den zunehmenden Wettbewerb sowohl auf dem europäischen als auch auf dem Weltmarkt notwendig. Es sei insbesondere unverständlich, warum eine Fusion von Unternehmen aus verschiedenen Mitgliedstaaten rechtlich nach wie vor nicht bzw. nicht ohne weiteres möglich sei und die unentbehrlichen Umstrukturierungen auf Gemeinschaftsebene nur im Wege des öffentlichen Übernahmeangebots vorgenommen werden könnten.[818] Wenngleich die Kommission hierbei zugestand, daß es auch bisher möglich war, mit Hilfe finanzieller Beteiligungen und über Holdings grenzüberschreitend tätige Unternehmensgruppen zu bilden, kritisierte sie, daß diese Verfahren den Arbeitnehmern keine Möglichkeit zur Willensäußerung und Beteiligung gäben.[819] Im Hinblick auf die Verwirklichung des Binnenmarktes bis 1992 betrachtete sie es daher als eine dringende Aufgabe, die industrielle Zusammenarbeit in Europa zu erleichtern und zu fördern und unter Wahrung der Interessen der Beteiligten die Bildung europäischer, konkurrenzfähiger Gesellschaften zu ermöglichen.[820] Diese Ziele sollten mit der Schaffung eines Statuts für Europäische Aktiengesellschaften verwirklicht werden.

Hierbei war sich die Kommission sehr wohl bewußt, daß ihre bisherigen in diese Richtung gehenden Bestrebungen sämtlich gescheitert waren. Sowohl die Vorschläge über ein Statut für Europäische Aktiengesellschaften als auch die Vorschläge der fünften und zehnten gesellschaftsrechtlichen Richtlinien waren trotz langjähriger Diskussionen nicht über das Verhandlungsstadium hinausgekommen. Angesichts dieser Sachlage bezeichnete die Kommission in ihrem Memorandum die ihrer Einschätzung nach maßgeblichen *"Hindernisse für die Zusammenarbeit zwischen den Unternehmen der europäischen*

---

[815] Vgl. *Kohlhepp*, RIW 1989, 88 ff., 88.
[816] Memorandum der Kommission, Beilage 3/88 zum EG-Bulletin, S. 5.
[817] Vgl. Memorandum der Kommission, Beilage 3/88 zum EG-Bulletin, S. 5.
[818] Memorandum der Kommission, Beilage 3/88 zum EG-Bulletin, S. 5 und S. 9.
[819] Memorandum der Kommission, Beilage 3/88 zum EG-Bulletin, S. 5.
[820] Memorandum der Kommission, Beilage 3/88 zum EG-Bulletin, S. 5.

Länder auf einer angemessenen rechtlichen Basis"[821]. Sie benannte hierfür insbesondere fünf Gründe: die Unmöglichkeit, transnationale Unternehmenszusammenschlüsse herbeizuführen, die komplexe Situation im Steuerbereich, das unterschiedliche Gesellschaftsrecht der Mitgliedstaaten, die Schwierigkeit, einen Konzern als homogene Wirtschaftseinheit wie ein einziges Unternehmen zu führen, und die administrativen Schwierigkeiten bei der Errichtung einer Gesellschaft in anderen Mitgliedstaaten. Die Kommission war der Auffassung, daß ein Statut für Europäische Aktiengesellschaften, welches sich an den Vorschlägen von 1970 und 1975 orientieren sollte, wesentlich dazu beitragen würde, diese Hindernisse zu überwinden.[822]

Auf der Grundlage dieser Erwägungen umriß sie den beabsichtigten Vorschlag für ein Statut über Europäische Aktiengesellschaften wie folgt: Es sollte sich um ein Statut *"im Dienste der Zusammenarbeit in einem großen Binnenmarkt"*[823] handeln, d. h. das Statut sollte die Gründung europäischer Unternehmen ermöglichen, die die menschlichen Ressourcen und das Kapital aus mehreren Gemeinschaftsländern nutzen. Ferner sollte ein steuerrechtlich einfaches und attraktives Statut geschaffen werden, das eine globale Besteuerung nach dem geltenden Steuerrecht am Unternehmenssitz nach Anrechnung der Gewinne und Verluste der Niederlassungen in den verschiedenen Mitgliedstaaten ermöglicht. Im sozialen Bereich forderte die Kommission ein modernes Statut, in welchem die Mitbestimmung der Arbeitnehmer nach mehreren Modellen gewährleistet werden kann. Es sollte jedoch die Möglichkeit vorgesehen werden, daß die Mitgliedstaaten diese Wahlmöglichkeit beschränken können, um sicherzustellen, daß die Anwendung des Statuts nicht zu einem sozialen Rückschritt in einem Mitgliedstaat führt.[824] Schließlich sollte es rechtlich unkompliziert und praktisch sein und den Unternehmen eine zusätzliche Möglichkeit bieten, da neben ihm die nationalen Regelungen des Gesellschaftsrechts weiterhin gültig bleiben sollten.

Auf diesen Prinzipien - so die Kommission - könne das neue Statut rasch ausgearbeitet werden und damit eine der wichtigsten Maßnahmen zur Verwirklichung des großen europäischen Binnenmarktes bis 1992 erlassen werden.[825]

III. Organisationsverfassung

Wie auch bei den bisherigen Verordnungsvorschlägen von 1970 und 1975, welche nur das dualistische Aufsichtsratssystem nach deutschem Vorbild vorgesehen hatten, schien die Kommission an der dualistischen Organisationsverfassung der Europäischen Aktiengesellschaft festhalten zu wollen. In ihrem Memorandum stellte sie ausdrücklich das

---

[821] Memorandum der Kommission, Beilage 3/88 zum EG-Bulletin, S. 6 und S. 10 f.
[822] Memorandum der Kommission, Beilage 3/88 zum EG-Bulletin, S. 6.
[823] Memorandum der Kommission, Beilage 3/88 zum EG-Bulletin, S. 7.
[824] Memorandum der Kommission, Beilage 3/88 zum EG-Bulletin, S. 7.
[825] Memorandum der Kommission, Beilage 3/88 zum EG-Bulletin, S. 7.

deutsche Modell einer Arbeitnehmervertretung im Aufsichtsrat zur Wahl.[826] Wenngleich sie sich somit nicht ausdrücklich gegen das monistische System aussprach, kann davon ausgegangen werden, daß sie es nicht zur Wahl zu stellen gedachte, da es noch nicht einmal Erwähnung fand.[827]

IV. Mitbestimmung der Arbeitnehmer

In den bisherigen Vorschlägen betreffend die Europäische Aktiengesellschaft war stets eine Regelung der Arbeitnehmermitbestimmung vorgesehen. Hieran wollte die Kommission auch nach der Vorlage ihres Memorandums festhalten, in dem sie ausführte: *"Es versteht sich von selbst, daß im Statut Regeln für die Mitbestimmung und die Vertretung der Arbeitnehmer in den Führungsgremien der Europäischen Gesellschaft und im Beschlußfassungsverfahren vorgesehen sein müssen."*[828] Dennoch war sie sich darüber im klaren, daß es gerade die Mitbestimmungsproblematik war, welche eine Verabschiedung der früheren Vorschläge blockiert hatte.[829] Ihre Ausführungen enthielten daher auch einen ersten Lösungsvorschlag für das Problem der Mitbestimmung.

Vor Entwicklung ihrer eigenen Vorschläge zählte die Kommission die theoretisch bestehenden Möglichkeiten, das Mitspracherecht der Arbeitnehmer zu regeln, auf[830], um diese sodann einer kritischen Bewertung zu unterziehen. Im einzelnen handelte es sich um folgende Mitbestimmungsmodelle:

1. Ein Modell, welches im Statut selbst festgeschrieben ist, mit einem Aufsichtsrat bestehend zu je einem Drittel aus Vertretern der Aktionäre, Vertretern der Arbeitnehmer und von diesen beiden Gruppen hinzugewählten Mitgliedern, die allgemeine Interessen vertreten

2. Geltung der Vorschriften des Niederlassungslandes

3. Wahl unter den Mitbestimmungsformen des Vorschlags einer fünften gesellschaftsrechtlichen Richtlinie

In ihrer anschließenden Bewertung dieser Mitbestimmungsmodelle gelangte die Kommission zu dem Ergebnis, daß sich sowohl die erste als auch die zweite Alternative nicht für das Projekt der Europäischen Aktiengesellschaft eignen. Hinsichtlich der erstgenannten Möglichkeit stellte sie fest, daß es sich hierbei *"sicherlich um das am weitesten entwickelte und anspruchsvollste Mitbestimmungsmodell"*[831] handelte. Genau aus diesem Grund erachtete sie es jedoch als nicht konsensfähig, zumal die Unternehmen die-

---

826 Memorandum der Kommission, Beilage 3/88 zum EG-Bulletin, S. 15; vgl. dazu im einzelnen sogleich unten.
827 In diesem Sinne auch *Figge*, S. 207.
828 Memorandum der Kommission, Beilage 3/88 zum EG-Bulletin, S. 14.
829 Memorandum der Kommission, Beilage 3/88 zum EG-Bulletin, S. 9.
830 Memorandum der Kommission, Beilage 3/88 zum EG-Bulletin, S. 14 f.
831 Memorandum der Kommission, Beilage 3/88 zum EG-Bulletin, S. 15.

sem Konzept gegenüber schon immer die größten Vorbehalte geäußert hätten. Auch das zweite Modell kam nach Ansicht der Kommission für die Europäische Aktiengesellschaft nicht in Betracht. Es stehe dem Grundgedanken entgegen, wonach die Europäische Aktiengesellschaft im wesentlichen unabhängig von dem jeweiligen einzelstaatlichen Rechtssystem bestehen und ausschließlich dem Statut unterworfen sein sollte. Zudem drohe eine Abwanderung von Unternehmen in diejenigen Mitgliedstaaten, deren Rechtssystem den Unternehmen die wenigsten Beschränkungen auferlegte.[832]

Die Kommission gelangte daher zu dem Ergebnis, daß die Regelung der Arbeitnehmermitbestimmung im Statut für die Europäische Aktiengesellschaft *"unbedingt bestimmte Voraussetzungen erfüllen muß, die mit Alternative 3 gegeben scheinen"*[833]. Sie favorisierte damit die Mitbestimmungsformen, die in dem geänderten Vorschlag einer fünften Richtlinie zum Gesellschaftsrecht vorgesehen waren.[834] Dieses Mitbestimmungsmodell sollte sich nach den Vorstellungen der Kommission an den Grundsätzen der in den Mitgliedstaaten bereits existierenden Mitbestimmungsmodelle orientieren, wobei gleichzeitig genügend Spielraum für Vereinbarungen der Sozialpartner bleiben sollte. Nach Ansicht der Kommission sollte es nicht erforderlich sein, das Mitbestimmungsmodell für alle Mitgliedstaaten einheitlich auszugestalten. Vielmehr sollte für die Unternehmen die Möglichkeit bestehen, zwischen verschiedenen Mitbestimmungsmodellen auszuwählen, wobei folgende Modelle zur Wahl stehen sollten: das sog. deutsche Modell, das Modell eines unabhängigen Arbeitnehmervertretungsorgans und tarifvertraglich vereinbarte Mitbestimmungssysteme. Des weiteren sollte es zum einen den Mitgliedstaaten vorbehalten bleiben, diese Wahlmöglichkeit einzuschränken und zum anderen sollte es auch infolge eines Mehrheitsbeschlusses der Belegschaft eines Unternehmens möglich sein, die Mitbestimmung abzuwählen.

Das Memorandum der Kommission enthielt ferner Ausführungen den sozialen Dialog und die Information und Konsultation der Arbeitnehmer betreffend. Insoweit sollten die Arbeitnehmer der Europäischen Aktiengesellschaft in den Genuß der gleichen Rechte auf Information und Konsultation kommen wie in anderen Unternehmen in der Gemeinschaft.[835] Die Aufnahme weitergehender Regelungen in das Statut selbst hielt die Kommission allerdings - in Abweichung von ihrer bislang vertretenen Ansicht[836] - zum damaligen Zeitpunkt nicht für wünschenswert.[837]

---

[832] Memorandum der Kommission, Beilage 3/88 zum EG-Bulletin, S. 15.
[833] Memorandum der Kommission, Beilage 3/88 zum EG-Bulletin, S. 15.
[834] Vgl. dazu bereits ausführlich oben Teil II § 7 D. III. (S. 171 ff.).
[835] Memorandum der Kommission, Beilage 3/88 zum EG-Bulletin, S. 16.
[836] Vgl. bspw. noch die Regelungen über den Europäischen Betriebsrat in den Vorschlägen über ein Statut für Europäische Aktiengesellschaften von 1970 und 1975; dazu bereits oben Teil II §§ 5, 6 (S. 107 ff.).
[837] Memorandum der Kommission, Beilage 3/88 zum EG-Bulletin, S. 16.

C. Resonanz der Mitgliedstaaten und Sozialpartner

Wie auch schon bei den Vorschlägen von 1970 und 1975 war die Resonanz auf das von der Kommission vorgelegte Memorandum groß. Sowohl das Europäische Parlament und der Wirtschafts- und Sozialausschuß als auch die Sozialpartner auf europäischer und nationaler Ebene kamen der Aufforderung zur Stellungnahme der Kommission nach.[838] Die Reaktionen auf die Initiative der Kommission waren hierbei überwiegend positiv.[839]

I. Wirtschafts- und Sozialausschuß

Die Kommission beschloß am 20.07.1988, den Wirtschafts- und Sozialausschuß gemäß Art. 198 EWG-Vertrag um eine Stellungnahme zum vorgenannten Memorandum zu ersuchen, die dieser am 09.11.1988 abgab.[840]

Der Wirtschafts- und Sozialausschuß begrüßte es ausdrücklich, daß die Kommission einen neuen Anlauf unternahm, die seit Jahren unterbrochenen Beratungen über ein Statut für Europäische Aktiengesellschaften wiederzubeleben.[841] Der hierbei von der Kommission eingeschlagene Weg, zunächst die politisch bedeutsamen Schwierigkeiten zu klären, die eine Verabschiedung bislang verhindert hatten, wurde für richtig befunden.[842] Dies gelte insbesondere für die Problematik der Mitbestimmung der Arbeitnehmer als einem wesentlichen Hemmnis für die Harmonisierung des Gesellschaftsrechts. Nach Auffassung des Wirtschafts- und Sozialausschusses dürfte der Weg für die zügige Beratung des Status somit nur dann offen sein, wenn es gelänge, auf diesem schwierigem Gebiet eine tragfähige Kompromißformel zu finden.[843]

Inhaltlich stellte der Wirtschafts- und Sozialausschuß seine Ausführungen zunächst unter den Vorbehalt, daß eine endgültige Beurteilung erst dann erfolgen könne, wenn der überarbeitete Verordnungsvorschlag in seiner Gesamtheit vorliege.[844]

Den Grundsatz eines fakultativen Statuts hielt er insofern für richtig und notwendig, als es den Unternehmen freigestellt bleiben müsse, zu entscheiden, ob sie die neue Rechtsform in Anspruch nehmen.[845]

---

[838] Vgl. zu den im Anschluß an die Vorlage des Memorandums ergangenen Stellungnahmen im Überblick *Kolvenbach*, DB 1989, 1957 ff., und *Wiesner*, AG-Report 1989, R 2 ff.
[839] Vgl. Groeben / Thiesing / Ehlermann - *Gleichmann*, S. 6344.
[840] Stellungnahme zum Memorandum der Kommission *"Binnenmarkt und industrielle Zusammenarbeit - Statut für die Europäische Aktiengesellschaft - Weißbuch über die Vollendung des Binnenmarktes, Rdnr. 137"*, AblEG Nr. C 23 v. 30.01.1989, S. 36 ff., im folgenden Abschnitt zitiert als *Stellungnahme WSA*.
[841] Stellungnahme WSA, S. 37 (Anm. 1.4.).
[842] Stellungnahme WSA, S. 38 (Anm. 2.1.).
[843] Stellungnahme WSA, S. 38 (Anm. 2.3.).
[844] Stellungnahme WSA, S. 38. (Anm. 2.7.).
[845] Stellungnahme WSA, S. 38. (Anm. 2.8.)..

Der Wirtschafts- und Sozialausschuß stimmte auch dem Ziel des Memorandums zu, mit dem SE-Statut ein möglichst einheitliches und vom nationalen Recht unabhängiges Gesellschaftsrecht zu schaffen.[846] Wegen der Schwierigkeiten einer solchen Harmonisierung habe er grundsätzlich Verständnis dafür, daß die Kommission vorerst bestimmte Regelungsbereiche aussparen und einer späteren Regelung zuführen wolle. Dies dürfe aber nicht dazu führen, daß für die Europäische Aktiengesellschaft in den einzelnen Mitgliedstaaten unterschiedliches Recht gelte.[847]

Auch hinsichtlich der Frage der Mitbestimmung der Arbeitnehmer teilte der Wirtschafts- und Sozialausschuß die Einschätzung der Kommission, daß es zur Zeit wenig realistisch sei, ein von allen Mitgliedstaaten akzeptiertes Mitbestimmungssystem für eine Europäische Aktiengesellschaft vorzusehen.[848] Er gab jedoch zu bedenken, daß aufgrund der angebotenen Optionen damit zu rechnen sei, daß in den Mitgliedstaaten verschiedene, in ihrer Intensität erheblich abweichende Mitbestimmungsmodelle für die Europäische Aktiengesellschaft gelten würden, was das erstrebte Ziel eines einheitlichen Rechtsinstituts gefährden würde.[849] Dennoch billigte der Wirtschafts- und Sozialausschuß mit Rücksicht auf die Pluralität der Systeme und die Verschiedenheit der praktischen Erfahrungen den Ansatz der Kommission, in das SE-Statut ein nicht zwangsläufig einheitliches Arbeitnehmermitbestimmungsmodell aufzunehmen.[850] Der Ausschuß betonte allerdings, daß die Wahl zwischen den verschiedenen möglichen Mitbestimmungsmodellen im Wege einer Konsultation zwischen den im Betrieb vertretenen Gewerkschaftsorganisationen bzw. ihren betrieblichen Vertretungen und der Leitung des betroffenen Unternehmens mit dem Ziel, eine Verständigung zu erreichen, getroffen werden müsse.[851] Unabhängig von dem gewählten Modell hielt er es zudem für erforderlich, die einzelnen Inhalte des Modells auch im Hinblick auf die anzustrebende Gleichwertigkeit der Regelung festzulegen.[852] Aus demselben Grunde müsse bei einer Ausgestaltung der Mitbestimmungsrechte durch Tarifvertrag gewährleistet sein, daß diese Option sich an den im Memorandum der Kommission vorgegebenen Lösungen orientiere.[853] Schließlich weise der Wirtschafts- und Sozialausschuß darauf hin, daß das von der Kommission einheitlich als *"deutsches Modell"* bezeichnete Mitbestimmungsmodell unterschiedliche Ausprägungen kenne, die bislang nicht berücksichtigt worden seien; dies gelte insbesondere für das Letztentscheidungsrecht der Anteilseigner im Falle einer paritätischen Besetzung des Aufsichtsrats.[854] Die Streichung der Vorschrif-

---

[846] Stellungnahme WSA, S. 38. (Anm. 2.9.2.).
[847] Stellungnahme WSA, S. 38. (Anm. 2.9.5.).
[848] Stellungnahme WSA, S. 38. (Anm. 2.10.2.).
[849] Stellungnahme WSA, S. 38. (Anm. 2.10.3.).
[850] Stellungnahme WSA, S. 38 f. (Anm. 2.10.5.).
[851] Stellungnahme WSA, S. 39 (Anm. 2.10.5.).
[852] Stellungnahme WSA, S. 39 (Anm. 2.10.6.).
[853] Stellungnahme WSA, S. 39 (Anm. 2.10.7.).
[854] Stellungnahme WSA, S. 39 (Anm. 2.10.8.).

ten über einen Europäischen Betriebsrat wurde gebilligt, da nach Ansicht des Wirtschafts- und Sozialausschusses die Arbeitnehmer in einer Europäischen Aktiengesellschaft ausreichend unterrichtet seien.[855] Abschließend betonte der Ausschuß in Ergänzung zu seinem bereits eingangs erwähnten Vorbehalt, daß er es sich vorbehalte, sich noch zu bestimmten spezifischen Aspekten der Mitbestimmung der Arbeitnehmer zu äußern.[856]

II. Europäisches Parlament

Auch das Europäische Parlament gab auf Konsultation der Kommission vom 20.07.1988 hin am 16.03.1989 eine Stellungnahme zum Memorandum der Kommission ab.[857] Grundlage für diese Stellungnahme waren ein ausführlicher Bericht des Ausschusses für Recht und Bürgerrechte[858] sowie Stellungnahmen des Ausschusses für Wirtschaft, Währung und Industriepolitik und des Ausschusses für soziale Angelegenheiten und Beschäftigung[859].

Ebenso wie der Wirtschafts- und Sozialausschuß begrüßte das Europäische Parlament grundsätzlich den Vorstoß der Kommission zur Fortführung der Diskussion um die Europäische Aktiengesellschaft, stellte seine Ausführungen allerdings unter einen Vorbehalt.[860] Angesichts der *"teilweise wenig präzisen Angaben der Kommission"*[861] sah sich das Europäische Parlament nicht in der Lage, eine endgültige Stellungnahme abzugeben und behielt sich diese bis zur Vorlage eines konkreten Entwurfs vor.

Hinsichtlich der für das Statut zu wählenden Rechtsgrundlage sprach sich das Europäische Parlament - insoweit dem Bericht des Rechtsausschusses folgend - für eine Aufspaltung des Statuts in einen auf der Grundlage von Art. 100 a EWG-Vertrag einge-

---

[855] Stellungnahme WSA, S. 39 (Anm. 2.10.9).
[856] Stellungnahme WSA, S. 39 (Anm. 2.10.10).
[857] Entschließung zum Memorandum der Kommission *"Binnenmarkt und industrielle Zusammenarbeit - Statut für die Europäische Aktiengesellschaft - Weißbuch über die Vollendung des Binnenmarktes, Rdnr. 137"*, ABlEG Nr. C 96 v. 17.04.1989, S. 163 ff., im folgenden Abschnitt zitiert als *Stellungnahme EP*.
[858] Bericht im Namen des Ausschusses für Recht und Bürgerrechte zum Memorandum der Kommission *"Binnenmarkt und industrielle Zusammenarbeit - Statut für die Europäische Aktiengesellschaft - Weißbuch über die Vollendung des Binnenmarktes, Rdnr. 137"*, (sog. Rothley-Bericht) Dok. A2-0405/88, vgl. zu diesem Bericht ausführlich *Figge*, S. 202 ff. Dieser Bericht enthielt auch einen neuen Ansatz hinsichtlich der Wahl der Rechtsgrundlage für einen neuen Vorschlag, Dok. A2-0405/88, S. 12. Wenngleich das Europäische Parlament diesen nicht in ihre Stellungnahme übernommen hat, sollten sie für den weiteren Gang der Arbeiten von großer Bedeutung sein, vgl. dazu ausführlich unten Teil III § 10 B. (S. 210 ff.).
[859] Stellungnahme des Ausschusses für Wirtschaft, Währung und Industriepolitik v. 13.02.1989 und Stellungnahme des Ausschusses für soziale Angelegenheiten und Beschäftigung, v. 02.03.1989, Dok. A2-405/88/Anlage.
[860] Stellungnahme EP, S. 164 (Anm. 1 und 7).
[861] Stellungnahme EP, S. 164 (Anm. 7).

brachten Verordnungsvorschlag sowie einen Regelungen über die Mitbestimmung enthaltenden Richtlinienvorschlag nach Art. 54 Abs. 1 lit. g EWG-Vertrag aus.[862] Als Alternative zu dieser Aufspaltung schlug der Rechtsausschuß ferner vor, Art. 100 a Abs. 1 EWG-Vertrag zur Rechtsgrundlage des gesamten Statuts ungeachtet dessen Absatz 2 zu machen.[863] Dem folgte das Europäische Parlament jedoch nicht.

Inhaltlich stimmte das Europäische Parlament mit der Kommission überein, daß die Verabschiedung des Statuts der Europäischen Aktiengesellschaft einen bedeutenden Schritt zur Verwirklichung des Binnenmarktes im allgemeinen und für die Entwicklung des Gesellschaftsrechts im besonderen darstellen würde.[864] Es sah in der Europäischen Aktiengesellschaft ein sinnvolles Instrument zur Umstrukturierung der europäischen Unternehmen und insbesondere zur Verbesserung ihrer Wettbewerbschancen auf dem Weltmarkt.[865] Verweisungen auf das nationale Gesellschaftsrecht hielt es überall dort für zulässig, wo dieses bereits hinreichend harmonisiert sei. Schließlich teilte es die Auffassung der Kommission, daß das Statut der Europäischen Aktiengesellschaft für die Unternehmen einen fakultativen Charakter haben müsse.

In der Frage der Mitbestimmung der Arbeitnehmer in der Europäischen Aktiengesellschaft hielt es das Europäische Parlament für sinnvoll, mit mehreren wählbaren Mitbestimmungsmodellen zu arbeiten, die allerdings qualitativ gleichwertig sein müßten.[866] Hinsichtlich der inhaltlichen Ausgestaltung der zur Wahl stehenden Modelle forderte es die Aufnahme des Modells der Drittelparität, das es 1974 bereits entwickelt und das die Kommission in ihrem Vorschlag vom 1975[867] übernommen hatte.[868] Eine Möglichkeit zur Begrenzung dieser Wahlmöglichkeiten durch die Mitgliedstaaten hielt das Europäische Parlament zwar für systemwidrig, gestand aber zu, daß dies die Akzeptanz des Statuts erhöhen würde.[869] Nach den Vorstellungen des Europäischen Parlaments sollten sich Unternehmen und Belegschaften auf ein Mitbestimmungsmodell einigen müssen, d. h. eine Europäische Aktiengesellschaft ohne Mitbestimmung sollte *"undenkbar"*[870] sein. Das Europäische Parlament erachtete es ferner als notwendig, die Information und Anhörung der Arbeitnehmer auch im Rahmen der Europäischen Aktiengesellschaft zu regeln.[871] Schließlich forderte es die Wiederaufnahme von Vorschriften über die be-

---

[862] Rothley-Bericht, Dok. A2-0405/88, S. 12.
[863] Rothley-Bericht, Dok. A2-0405/88, S. 12.
[864] Stellungnahme EP, S. 164 (Anm. 2).
[865] Stellungnahme EP, S. 164 (Anm. 8).
[866] Stellungnahme EP, S. 164 (Anm. 13 f.).
[867] Vgl. dazu bereits oben Teil II § 6 D. II. (S. 138 ff.).
[868] Stellungnahme EP, S. 164 (Anm. 16).
[869] Stellungnahme EP, S. 164 (Anm. 17).
[870] Stellungnahme EP, S. 164 (Anm. 17).
[871] Stellungnahme EP, S. 164 (Anm. 18).

triebliche Mitbestimmung und bat die Kommission, in ihrem Vorschlag die Tariffähigkeit der Europäischen Aktiengesellschaft vorzusehen.[872]

Abschließend forderte das Europäische Parlament die Kommission auf, so rasch wie möglich einen Vorschlag zu unterbreiten, zu dem das Parlament Stellung nehmen kann.[873]

III. Sonstige Stellungnahmen

Das Wiederaufgreifen des Projekts der Europäischen Aktiengesellschaft seitens der Kommission durch die Vorlage eines Memorandums rief sowohl im Inland als auch im Ausland zahlreiche Stellungnahmen hervor.

1. Stellungnahmen im Inland

a. Deutscher Bundesrat

Der Deutsche Bundesrat bezog in seiner Sitzung am 25.11.1988 zum Memorandum der Kommission Stellung.[874] Hierbei führte er aus, daß das Memorandum lediglich einen Problemaufriß enthalte und Problemlösungen aufzeige, so daß er sich nicht in der Lage sehe, eine abschließende Stellungnahme zu den von der Kommission aufgeworfenen drei Kernfragen abzugeben.[875] Stattdessen umriß der Bundesrat seine Position zu den aufgeworfenen Fragen noch einmal kurz und bat im übrigen die Bundesregierung, darauf hinzuwirken, daß die Kommission diese Vorstellungen in einem geänderten Verordnungsvorschlag übernimmt.[876]

Bei der Einführung eines fakultativen Statuts und der Zulassung von Verweisungen auf nationales Recht müsse bedacht werden, daß die Europäische Aktiengesellschaft auf einem *"möglichst einheitlichen europäischen Rechtsinstrument"*[877] beruhen müsse und nicht nur eine weitere Erscheinungsform einer Aktiengesellschaft nationalen Rechts in zwölf verschiedenen Mitgliedstaaten sein dürfe. Diese Gefahr der Rechtszersplitterung bestehe insbesondere dann, wenn den Unternehmen ein Wahlrecht zwischen zwei Strukturen, nämlich einem dualistischen System mit Vorstand und Aufsichtsrat sowie einem monistischen System mit Verwaltungsrat, eingeräumt würde, die dann neben die bereits bestehenden nationalen aktienrechtlichen Strukturen treten würden.

---

[872] Stellungnahme EP, S. 164 (Anm. 20 und 22).
[873] Stellungnahme EP, S. 164 (Anm. 26).
[874] Beschluß des Bundesrats v. 25.11.1988 zum Memorandum der Kommission der Europäischen Gemeinschaften: Binnenmarkt und industrielle Zusammenarbeit - Statut für die Europäische Aktiengesellschaft, KOM (88) 320 endg.; BR-Drucks. 392/88; im folgenden zitiert als *Stellungnahme BR*.
[875] Stellungnahme BR, BR-Drucks. 392/88, S. 1 ff., S. 1.
[876] Stellungnahme BR, BR-Drucks. 392/88, S. 1 ff., S. 1.
[877] Stellungnahme BR, BR-Drucks. 392/88, S. 1 ff., S. 1.

§ 9 Die Vorgeschichte der Entwürfe von 1989 und 1991

Hinsichtlich der Frage der Mitbestimmung der Arbeitnehmer lehnte der Bundesrat die von der Kommission entworfenen Vorschläge - in einer sehr deutlichen Form[878] - gänzlich ab. Der Grundsatz der Mitbestimmung - so der Bundesrat unter Berufung auf seine Stellungnahme zum Kommissionsvorschlag von 1975[879] - sei eine unabdingbare Voraussetzung jeder Unternehmensverfassung, der auch im weitestmöglichen Umfang im Statut für Europäische Aktiengesellschaften gemeinschaftsverbindlich verankert werden müsse.[880] Das im Memorandum befürwortete Kompromißmodell werde diesem Grundsatz nicht gerecht, indem es den Unternehmen die Wahl unter denjenigen Hauptmitbestimmungsformen überlasse, die im geänderten Vorschlag für eine fünfte gesellschaftsrechtliche Richtlinie über die Struktur der Aktiengesellschaft vorgesehen waren und die bei weitem nicht als gleichwertig angesehen werden könnten.[881] In keinem Fall könne eine Regelung hingenommen werden, die es deutschen Gesellschaften im Wege der Beteiligung an einer grenzüberschreitenden Fusion ermögliche, aus der Mitbestimmung nach deutschem Recht zu fliehen.[882]

b. Deutsche Wirtschaft

Der gemeinsame Arbeitsausschuß der Spitzenorganisationen für Fragen des Unternehmensrechts bezog am 30.09.1988 stellvertretend für die deutsche Wirtschaft zu den neuen Vorschlägen der Kommission Stellung.[883]

Grundsätzlich begrüßte die deutsche Wirtschaft den Versuch der Kommission, die Arbeiten zur Schaffung eines Statuts für eine Europäische Aktiengesellschaft wieder aufzugreifen[884], übte jedoch im einzelnen auch massive Kritik:

Mit den häufigen Verweisen auf das nationale Recht des Sitzstaates ginge ein Verlust an Einheitlichkeit des Statuts einher, so daß man Gefahr laufe, ein durch eine Vielzahl voneinander abweichender nationaler Regelungen gänzlich unübersichtliches und für

---

[878] Vgl. *Figge*, S. 199, die zutreffend davon spricht, daß der Bundesrat eine der ablehnendsten Haltungen zum Memorandum einnahm.
[879] BR-Drucks. 372/75; vgl. dazu bereits oben Teil II § 6 C. III. 1. a. (S. 142).
[880] Stellungnahme BR, BR-Drucks. 392/88, S. 1 ff., S. 2.
[881] Auch insoweit verweist der Bundesrat auf seine hierzu abgegebene Stellungnahme (BR-Drucks. 220/87), vgl. dazu bereits oben Teil II § 7 D. IV. (S. 176).
[882] Stellungnahme BR, BR-Drucks. 392/88, S. 1 ff., S. 3.
[883] Stellungnahme des Gemeinsamen Arbeitsausschusses für Fragen des Unternehmensrechts des Bundesverbandes der deutschen Industrie, des Bundesverbandes deutscher Banken, der Bundesvereinigung der deutschen Arbeitgeberverbände, des Deutschen Industrie- und Handelstages und des Gesamtverbandes der Versicherungswirtschaft v. 30.09.1988 zum Memorandum der Kommission der Europäischen Gemeinschaften zum Statut für die Europäische Aktiengesellschaft - Dokument KOM (88) 320 endg. v. 15. Juli 1988. Diese Stellungnahme wird im folgenden Abschnitt zitiert als *Stellungnahme Dt. Wirtschaft*. Vgl. zu dieser Stellungnahme auch *Wiesner*, AG-Report 1989, R 2 ff., R 3.
[884] Stellungnahme Dt. Wirtschaft, S. 1.

die Praxis unbrauchbares Statut zu präsentieren.[885] Wenngleich der Ausschuß sich zum Grundsatz des fakultativen Statuts und dessen Unabhängigkeit gegenüber nationalem Recht vor Vorlage der konkreten Entwürfe nicht abschließend äußern wollte, wies er in aller Deutlichkeit darauf hin, daß es seiner Ansicht nach besser sei, auf das Statut für eine Europäische Aktiengesellschaft gänzlich zu verzichten, statt ein für die Praxis wertloses zur Verfügung zu stellen.[886]

Auch in inhaltlicher Hinsicht übte der Ausschuß zum Teil scharfe Kritik. Während die von der Kommission vorgeschlagenen Regelungen zum Konzern- und Steuerrecht die Zustimmung der deutschen Wirtschaft fanden[887], wurden insbesondere die Regelungen über die Mitbestimmung der Arbeitnehmer im Ergebnis abgelehnt. Der Ausschuß der Spitzenorganisationen stellte insoweit noch einmal unmißverständlich klar, daß jeder Versuch, eine paritätische Mitbestimmung auf dem Umweg über die Europäische Aktiengesellschaft einzuführen, auf den gleichen Widerstand stoßen werde wie die Forderung nach Ausweitung der Montanmitbestimmung in der Bundesrepublik Deutschland selbst.[888] Die Ausführungen der Kommission zum deutschen Modell wurden als falsch zurückgewiesen, da in ihren Vorschlägen weder ein Letztentscheidungsrecht der Anteilseigner noch eine Abstufung nach der Zahl der im Unternehmen beschäftigten Arbeitnehmer vorgesehen sei.[889] Die Möglichkeit tarifvertraglich vereinbarter Mitbestimmungssysteme schließlich müsse für die Bundesrepublik Deutschland von vornherein ausscheiden, da die Regelung der Mitbestimmung in der ausschließlichen Zuständigkeit des Gesetzgebers liege und aus verfassungsrechtlichen Gründen nicht in die Autonomie gesellschaftlicher Gruppen verlagert werden dürfe.[890]

Abschließend bat der Ausschuß die Bundesregierung, die Positionen der unternehmerischen Wirtschaft bei ihrer Stellungnahme gegenüber der Kommission zu berücksichtigen.[891]

c. Deutscher Gewerkschaftsbund

Die zum Memorandum der Kommission ergangene Stellungnahme des Deutschen Gewerkschaftsbundes (DGB) vom 12.10.1988[892] nahm in erster Linie Bezug auf die - noch darzustellende - Stellungnahme des EGB. Was die Mitbestimmung der Arbeitnehmer in

---

[885] Stellungnahme Dt. Wirtschaft, S. 2.
[886] Stellungnahme Dt. Wirtschaft, S. 3.
[887] Stellungnahme Dt. Wirtschaft, S. 7 ff.
[888] Stellungnahme Dt. Wirtschaft, S. 4.
[889] Stellungnahme Dt. Wirtschaft, S. 4 f.
[890] Stellungnahme Dt. Wirtschaft, S. 5.
[891] Stellungnahme Dt. Wirtschaft, S. 8.
[892] DGB-Stellungnahme v. 12.10.1988. Diese Stellungnahme konnte dem Verfasser trotz mehrfacher Anfragen beim DGB leider nicht zugänglich gemacht werden. Sie ist wiedergegeben bei *Figge*, S. 199, und *Wiesner*, AG-Report 1989, R 3.

der Europäischen Aktiengesellschaft angeht, forderte der Deutsche Gewerkschaftsbund die gleichwertige Ausgestaltung der zur Verfügung gestellten Mitbestimmungsmodelle.[893] Um die Beibehaltung der deutschen Mitbestimmung zu sichern, müsse es den Mitgliedstaaten allerdings offenstehen, diese Wahlmöglichkeit zu beschränken. Eine Abwahl der Mitbestimmung sollte nach den Vorstellungen des DGB nicht in Frage kommen. Im übrigen wird auf die nachfolgenden Ausführungen zur Stellungnahme des EGB verwiesen.

2. Stellungnahmen auf europäischer Ebene

Auch auf europäischer Ebene ergingen im Anschluß an die Vorlage des Memorandums der Kommission zahlreiche Stellungnahmen, die im folgenden im Überblick dargestellt werden.

a. Staats- und Regierungschefs

Eine offizielle Stellungnahme der Staats- und Regierungschefs der Mitgliedstaaten der Gemeinschaft ist - soweit ersichtlich - nicht ergangen. Fest steht jedenfalls, daß Großbritannien nach wie vor jede rechtliche Absicherung der Mitbestimmung ablehnte, während die Bundesrepublik Deutschland, aber auch andere Mitgliedstaaten, Befürchtungen hegten, ihre nationale Mitbestimmungsgesetzgebung könne ausgehöhlt werden.[894] Folglich kann davon ausgegangen werden, daß eine Stellungnahme jedenfalls nicht einstimmig zustande gekommen wäre.

b. Sozialpartner

Sowohl die Spitzenorganisationen der Arbeitgeber (UNICE) als auch der Arbeitnehmer (EGB) auf europäischer Ebene bezogen zum Memorandum der Kommission Stellung.

Für die Arbeitgeber äußerte sich die Union der Industrien der Europäischen Gemeinschaft (UNICE) in ihrer Stellungnahme vom 07.11.1988[895] zum Memorandum der Kommission.

Einleitend führte der Dachverband der europäischen Arbeitgeberverbände in seiner Stellungnahme aus, eine Wiederaufnahme des Vorhabens mache nur dann Sinn, wenn insofern eine Veränderung der Situation seit 1982 eingetreten sei, als der Vorschlag nunmehr Aussicht auf Erfolg habe.[896] Hinsichtlich der Rechtsgrundlage eines möglichen Verordnungsvorschlags wies sie darauf hin, die bisherigen Vorschläge hätten bislang

---

[893] Vgl. *Wiesner*, AG-Report 1989, R 3.

[894] Vgl. *Kolvenbach*, DB 1989, 1957 ff., 1958, der sich auf ein informelles Treffen des Ministerrates in Athen am 28.07.1998 beruft.

[895] European Company Statute - European Commission's Memorandum of 15 July 1988 - UNICE Position v. 07.11.1988. (22.6/13/1). Diese Stellungnahme wird im folgenden Abschnitt als *Stellungnahme UNICE* zitiert; sie ist auch wiedergegeben bei *Kolvenbach*, DB 1989, 1957 ff.

[896] Stellungnahme UNICE, S. 1 (Anm. 2).

auf Art. 235 EWG-Vertrag basiert und es bestehe auch nach Verabschiedung der Einheitlichen Europäischen Akte kein Grund, hiervon abzuweichen. Im übrigen würde auch ein auf den neu eingefügten Art. 100 a EWG-Vertrag gestützter Vorschlag nichts an der Notwendigkeit eines einstimmigen Beschlusses ändern, da nach dieser Vorschrift in Fragen der Mitbestimmung Einstimmigkeit im Ministerrat erforderlich sei.[897] Im Anschluß daran verlieh die UNICE dem Interesse der Wirtschaft an der Verabschiedung eines solchen Statuts durch eine Aufzählung der sich daraus ergebenden Vorteile Ausdruck, wenngleich sie keine überzeugenden Argumente für die von der Kommission angeführte Notwendigkeit des Vorhabens für die Vollendung des Binnenmarktes sah.[898] Nach einigen Erwägungen zu steuerrechtlichen Fragen[899] und zum Grundsatz der Unabhängigkeit des Statuts gegenüber nationalem Recht[900] ging sie schließlich ausführlich auf die - hier in erster Linie interessierende - Frage der Mitbestimmung der Arbeitnehmer ein.

Die UNICE sprach sich gegen ein alle Unternehmen - unabhängig von ihrer Größe - erfassendes Mitbestimmungsmodell aus. Vielmehr schlug sie vor, erst Regelungen über die Mitbestimmung für Unternehmen ab 1.000 Arbeitnehmern einzuführen, um das Mitbestimmungsmodell auf diese Weise sinnvoll testen zu können.[901] Der Vorschlag der Kommission, nicht von einem einzigen Modell auszugehen und um einer größeren Aussicht auf Zustimmung in den Mitgliedstaaten willen die Mitbestimmung optional auszugestalten, fand die Zustimmung der europäischen Arbeitgeberverbände.[902] Unterschiedliche Ansichten wurden jedoch hinsichtlich der inhaltlichen Ausgestaltung des Mitbestimmungsmodells vertreten: Mitglieder der UNICE aus Staaten ohne gesetzlich geregelte Unternehmensmitbestimmung wollten die Regelungen dem nationalen Gesetzgeber überlassen, während die anderen Mitgliedstaaten für einen solchen Fall fürchteten, daß es zu einer faktischen Diskriminierung ihrer Gesellschaften infolge sogenannter Mitbestimmungssicherungsklauseln kommen könnte.[903] Sie votierten daher für eine Optionenlösung. Unabhängig von diesen unterschiedlichen Auffassungen sah die UNICE keinen Grund für den Ausschluß des französischen oder niederländischen Systems als einer Option für einen geänderten Verordnungsvorschlag.[904] Ferner kritisierte sie, die Darstellung des deutschen Systems sei insofern nicht ganz korrekt, als das nach deutschem Recht bestehende Letztentscheidungsrecht der Anteilseigner nicht be-

---

[897] Stellungnahme UNICE, S. 1 (Anm. 3).
[898] Stellungnahme UNICE, S. 2 f. (Anm. 7-9).
[899] Stellungnahme UNICE, S. 3 f. (Anm. 10 und 11).
[900] Stellungnahme UNICE, S. 4 f. (Anm. 12-14).
[901] Stellungnahme UNICE, S. 5 (Anm. 16).
[902] Stellungnahme UNICE, S. 6 (Anm. 17).
[903] Stellungnahme UNICE, S. 6 f. (Anm. 19 und 20).
[904] Stellungnahme UNICE, S. 7 (Anm. 21).

rücksichtigt worden sei.⁹⁰⁵ Abschließend stellte auch die UNICE ihre gesamte Stellungnahme zur Mitbestimmung der Arbeitnehmer unter einen Vorbehalt: Da die drei im Memorandum vorgestellten Optionen noch nicht voll entwickelt seien, sehe sie sich zu einer endgültigen Stellungnahme nicht in der Lage.⁹⁰⁶

Seitens der Arbeitnehmer ist eine Stellungnahme des Europäischen Gewerkschaftsbundes (EGB) vom 06./07.10.1988 zu verzeichnen.⁹⁰⁷ Der Europäische Gewerkschaftsbund begrüßte in dieser Stellungnahme die Schaffung einer europäischen Rechtsform, in der Arbeitnehmer in die Entscheidungsfindung integriert werden, als eine *"Grundbedingung der notwendigen wirtschaftlichen Umstrukturierung und der Vollendung des Binnenmarktes"*⁹⁰⁸.

Die fakultative Ausgestaltung eines eigenständigen Statuts europäischen Rechts hielt der EGB für nützlich, sofern das Statut den Unternehmen nicht erlaube, sich den Bestimmungen nationaler Rechte und Tarifverträge zu entziehen. Auch die Beschränkung auf die grenzüberschreitende Zusammenarbeit von Unternehmen wurde in der Stellungnahme begrüßt.⁹⁰⁹

In der Frage der Mitbestimmung der Arbeitnehmer kritisierte der Europäische Gewerkschaftsbund, daß die Wahl des Mitbestimmungsmodells den Unternehmen überlassen bleiben solle.⁹¹⁰ Insgesamt bewertete der EGB die Vorschläge der Kommission positiv, forderte aber eine Gleichwertigkeit der drei Mitbestimmungsmodelle sowie den Ausschluß eines vertraglichen Verzichts auf die Mitbestimmung.⁹¹¹ Die Überprüfung der Konformität eines vereinbarten Modells mit den Erfordernissen des Statuts sollte über ein sowohl auf nationaler als auch auf europäischer Ebene bestehendes Klagerecht der Gewerkschaften gewährleistet werden. Ferner müsse eine Beteiligung der Arbeitnehmervertreter auf der Ebene der Aufsicht und Kontrolle Voraussetzung für die Bildung der Europäischen Aktiengesellschaften sein. Zudem forderte der EGB die Verankerung der Tariffähigkeit der Europäischen Aktiengesellschaft und wies darauf hin, daß

---

[905] Stellungnahme UNICE, S. 7 (Anm. 22). Hierbei wies die UNICE darauf hin, daß dies im Einklang mit einer Forderung des Europäischen Parlaments stehe, welche dieses im Rahmen einer Stellungnahme zum ursprünglichen Vorschlag der fünften gesellschaftsrechtlichen Richtlinie (sog. Strukturrichtlinie) - vgl. zu dieser Stellungnahme bereits oben Teil II § 7 C. IV. 2. (S. 166 ff.) - aufgestellt habe.

[906] Stellungnahme UNICE, S. 8 (Anm. 27).

[907] Entschließung zum Memorandum *"Statut der Europäischen Aktiengesellschaft"*, angenommen v. EGB-Exekutivausschuß auf seiner Sitzung am 06./07.10.1988 in Madrid. Diese Stellungnahme wird im folgenden Abschnitt zitiert als *Stellungnahme EGB*.

[908] Vgl. Stellungnahme EGB, S. 1 (Anm. 2).

[909] Vgl. Stellungnahme EGB, S. 2 (Anm. 6 f.).

[910] Vgl. Stellungnahme EGB, S. 2 (Anm. 11).

[911] Vgl. Stellungnahme EGB, S. 3 (Anm. 15 f.).

eine vorgezogene Regelung zur Information und Konsultation der betrieblichen Interessenvertreter wünschenswert sei.[912]

D. Stellungnahme

Die Kommission hatte in ihrem Memorandum die wesentlichen Grundzüge umrissen, nach denen sie die einem europäischen Aktiengesellschaftsrecht bislang entgegenstehenden Probleme lösen wollte.[913]

Zunächst ist darauf hinzuweisen, daß das Memorandum insofern unvollständig war, als es keine Ausführungen zur Rechtsgrundlage des Kommissionsvorschlags enthielt. Dies mag zum einen damit zusammenhängen, daß die Kommission auf die hauptsächlichen Schwierigkeiten hinweisen und versuchen wollte Lösungen aufzuzeigen und somit erste Denkanstöße zu geben. Vermutlich wollte sie jedoch in erster Linie die Diskussion nicht auch noch mit der überaus streitigen Frage der Rechtsgrundlage belasten, nachdem dieser Streit eigentlich seit den 70er Jahren mehr oder weniger als erledigt galt.

Die Nichterwähnung des monistischen Systems ruft insofern Erstaunen hervor, als die Frage der Organisationsverfassung schon anläßlich der Diskussionen zu den Kommissionsvorschlägen von 1970 und 1975 sehr kontrovers diskutiert worden war und auch in der Folgezeit im Rahmen der gesellschaftsrechtlichen Rechtsangleichung mittels Richtlinien immer wieder zu Streit geführt hatte. Insbesondere vor dem Hintergrund der Entwicklung der Diskussion zur Strukturrichtlinie ist schwer verständlich, wieso die Kommission nunmehr wieder nur an einem Modell festhalten wollte, zumal sie sehr wohl wußte, daß das dualistische Aufsichtsratssystem in vielen Mitgliedstaaten auf Ablehnung stieß. Man hätte insofern zumindest einen eindeutigen Hinweis erwarten dürfen, in welcher Richtung sich ein Lösungsvorschlag in der Frage der Organisationsverfassung der Europäischen Aktiengesellschaft bewegen würde.

Hinsichtlich der Problematik der Mitbestimmung übernahm die Kommission in ihrem Memorandum im wesentlichen das vom Europäischen Parlament entwickelte Mitbestimmungsmodell, welches dieses in einer Stellungnahme zum Vorschlag der Strukturrichtlinie entwickelt hatte.[914] Ein Unterschied besteht lediglich insoweit, als der Vorschlag der Strukturrichtlinie die Wahl des Mitbestimmungsmodells den Mitgliedstaaten zugedachte, während nach dem Memorandum die Unternehmen selbst wählen dürften. Damit verließ die Kommission ihren ursprünglichen Ansatz eines einheitlichen Mitbestimmungsmodells zugunsten von mehr Flexibilität und infolgedessen erhöhter Aussicht auf Akzeptanz bei den Mitgliedstaaten. Sie erkannte richtigerweise, daß das deutsche Mitbestimmungsmodell in anderen Mitgliedstaaten nicht vermittelbar war. Dies galt vor allem für diejenigen Mitgliedstaaten, die keine Mitbestimmungstradition aufweisen, wie bspw. Großbritannien. Mit diesem erhöhten Maß an Flexibilität ging allerdings sogleich

---

[912] Vgl. Stellungnahme EGB, S. 3 (Anm. 18 und 19 f.).
[913] Vgl. *Kohlhepp*, RIW 1989, 88 ff., 88.
[914] Vgl. dazu bereits oben Teil II § 7 C. IV. 2. b. (S. 166 f.).

§ 9 Die Vorgeschichte der Entwürfe von 1989 und 1991

ein Verlust an Einheitlichkeit des Statuts einher, wodurch auch der Europacharakter der Rechtsform ein Stück weit abhanden kam.[915] Da zudem die Mitgliedstaaten die Möglichkeit haben sollten, dieses Wahlrecht einzuschränken, wies *Kohlhepp* zu Recht auf die sich hieraus ergebende *"Gefahr der 'Renationalisierung' der Gesellschaften"*[916] hin. Inwieweit dies sogar dazu führen kann, daß die vorgeschlagenen Mitbestimmungsregelungen nicht mehr als gleichwertig zu erachten sind und folglich die Rechtmäßigkeit des Statuts insgesamt in Frage zu stellen ist, soll angesichts des vorläufigen Charakters der Vorschläge des Memorandums einer späteren Untersuchung vorbehalten bleiben.[917]

Der erneute Versuch der Kommission, das Vorhaben der Europäischen Aktiengesellschaft wiederzubeleben, war somit ersichtlich darauf gerichtet, in der auf Gemeinschaftsebene äußerst schwierigen Frage der unternehmerischen Mitbestimmung endlich einen Durchbruch zu erzielen. *Kolvenbach* umschrieb dies treffend mit der Formulierung, die Kommission wollte das Rechtsinstitut Europäische Aktiengesellschaft als eine Art 'Eisbrecher' zur Wiederbelebung der stagnierenden Entwicklung für die bisher nicht gelösten Fragen der Unternehmensmitbestimmung benutzen.[918]

E. Gang der weiteren Arbeiten

Dies schien der Kommission zunächst auch zu gelingen. Bereits wenige Zeit nach Vorlage des Memorandums, welches die Diskussion wiederbeleben sollte, führte die Initiative der Kommission zu einem ersten Ergebnis: Mitte November 1988 forderte der Ministerrat in einem Beschluß die Kommission auf, einen neuen Verordnungsvorschlag zu unterbreiten.[919]

---

[915] *Wiesner*, AG-Report 1988, R 287 f., R 288.
[916] *Kohlhepp*, RIW 1989, 8 ff., 9.
[917] Vgl. dazu ausführlich unten Teil II § 10 F. III. (S. 245 ff.).
[918] *Kolvenbach*, FS Heinsius, S. 379 ff., S. 390 f.
[919] Vgl. *Wiesner*, AG-Report 1989, R 2.

§ 10 Die Vorschläge zur Europäischen Aktiengesellschaft von 1989

Die Kommission kam dieser Aufforderung des Ministerrates sehr zügig nach und legte dem Ministerrat bereits am 25.08.1989 neue Vorschläge die Europäische Aktiengesellschaft betreffend vor: zum einen einen neuen Verordnungsvorschlag über das Statut der Europäischen Aktiengesellschaft[920] und zum anderen einen diesen begleitenden Richtlinienvorschlag[921], welcher Regelungen über die Mitbestimmung der Arbeitnehmer in der Europäischen Aktiengesellschaft enthielt.

A. Konzeption der Vorschläge

In den ihrem Verordnungsvorschlag vorangestellten Erwägungsgründen wies die Kommission einleitend noch einmal auf die ihrer Einschätzung nach vorhandenen rechtlichen, steuerlichen und psychologischen Schwierigkeiten bei grenzüberschreitenden Kooperationen hin und stellte fest, daß die juristische Einheitlichkeit der europäischen Unternehmen ihrer wirtschaftlichen weitestgehend entsprechen müsse.[922] Wenngleich das Konzept des Vorhabens dasselbe war, nämlich die Schaffung einer Aktiengesellschaft europäischen Rechts neben den nationalen Rechtsformen, nahm die Kommission im Vergleich zu ihren früheren Vorschlägen inhaltlich zum Teil erhebliche Modifizierungen vor. Es handelte sich somit - so zutreffend *Nagel* - keineswegs um eine Neuauflage der erfolglos gebliebenen Kommissionsvorschläge aus früheren Jahren.[923] Durch die vorgeschlagenen Änderungen verfolgte die Kommission die Absicht, die Verwirklichung der Idee der Europäischen Aktiengesellschaft zu erleichtern und zu beschleunigen.[924]

Das Grundkonzept der *Societas Europaea* blieb seit der Vorlage des ersten Verordnungsvorschlags unverändert[925]: Beabsichtigt war eine voll umfängliche bzw. möglichst umfassende Regelung einer Aktiengesellschaft europäischen Rechts, die als Handelsge-

---

[920] Vorschlag für eine Verordnung (EWG) des Rates über das Statut der Europäischen Aktiengesellschaft v. 25.08.1989, AblEG Nr. C 263 v. 16.10.1989, S. 41 ff. Weitere Fundstellen: KOM (89) 268 endg., BT-Drucks. 11/5427 und BR-Drucks. 488/89 v. 13.09.1989, wo auch die - inhaltlich allerdings oft nur Wiederholungen der Vorschriften des Vorschlags enthaltenden - Erläuterungen der Kommission zu den einzelnen Artikeln des Vorschlags abgedruckt sind. Dieser Vorschlag wird im folgenden Kapitel als *Statut* zitiert, seine Vorschriften werden mit dem Zusatz *VO* versehen; die Erläuterungen werden als *Amtl. Begründung VO* zitiert.

[921] Vorschlag für eine Richtlinie des Rates zur Ergänzung des SE-Statuts hinsichtlich der Stellung der Arbeitnehmer v. 25.08.1989, AblEG Nr. C 263 v. 16.10.1989, S. 69 ff. Die Vorschriften dieses Richtlinienvorschlags werden im folgenden Kapitel mit dem Zusatz *RiLi* versehen; die Erläuterungen werden als *Amtl. Begründung RiLi* zitiert.

[922] So die Kommission im 4. und 5. Erwägungsgrund zum vorgeschlagenen Statut, AblEG Nr. C 263, S. 41 ff., S. 41.

[923] *Nagel*, ArbuR 1900, 205 ff. 208.

[924] Vgl. von der Groeben / Thiesing / Ehlermann - *Gleichmann*, S. 6344.

[925] Vgl. *Hauschka*, EuZW 1990, 181 ff., 181.

207

sellschaft Rechtspersönlichkeit haben, deren Kapital in Aktien zerlegt sein sollte und deren Aktionäre nur bis zur Höhe der Einlage haften sollten.[926] Die neuen Vorschläge der Kommission unterschieden sich dennoch von ihren Vorgängern aus den Jahren 1970 und 1975 ganz erheblich, was sich rein äußerlich bereits daran zeigte, daß der Entwurf von 1989 sehr viel kürzer war.[927] Umfaßte der Entwurf von 1970 noch 284 Artikel, die 55 Seiten des Amtsblattes einnahmen, waren es bei dem neuen Verordnungsvorschlag der Kommission nur noch 137 Artikel auf 28 Seiten. Hinzu kamen 13 Artikel des Richtlinienvorschlags, die vier weitere Seiten des Amtsblattes einnahmen. Für diesen insgesamt deutlich geringeren Umfang gibt es im wesentlichen drei Gründe.

Die Kommission hatte sich entschlossen, in vielen Bereichen des Statuts von direkten Regelungen abzusehen und mit Verweisen zu arbeiten.[928] Dies betraf zum einen Verweise auf bereits harmonisierte Bereiche, wie bspw. Beherrschung, Registereintragung, Verschmelzung, Kapitalisierung, Jahresabschluß und konsolidiertem Abschluß.[929] Des weiteren enthielten die Vorschläge umfangreiche Verweise auf das nationale Recht. Bei der Angleichung des nationalen Gesellschaftsrechts seien beachtliche Fortschritte erzielt worden, so daß in Bereichen, in denen es für das Funktionieren der Europäischen Aktiengesellschaft keiner einheitlichen Gemeinschaftsregelung bedürfe, auf das Aktienrecht des Sitzmitgliedstaates verwiesen werden könne.[930] Hierdurch sollte das Statut entlastet werden.[931] Zudem bestimmte Art. 7 VO, daß alle nicht ausdrücklich geregelten Fragen nach den allgemeinen Grundsätzen, auf denen das Statut beruht, und, wenn diese allgemeinen Grundsätze keine Lösung aufzeigen, nach dem Recht des Sitzstaats auszulegen sein sollten; in den Fällen, in denen die Verordnung keine Regeln vorsieht, sollte das Gemeinschaftsrecht und das Recht des Sitzstaats gelten.[932] Die Verwendung zahlreicher Verweise konnte jedoch nur zu Lasten der Einheitlichkeit gehen und barg die Gefahr,

---

[926] Vgl. *Hauschka*, EuZW 1990, 181 ff., 181.

[927] Vgl. auch *Raiser*, FS Steindorff, S. 201 ff., S. 202: *"Der offensichtlichste Charakterzug ist seine Kürze."*

[928] Vgl. *Kallmeyer*, AG 1990, 103 ff., 103.

[929] Vgl. Amtl. Begründung VO, Einleitung, BR-Drucks. 488/89, S. 3; vgl. auch *Hauschka*, EuZW 1990, 181 ff., 181, Fn. 14. *Gleichmann* wies zu Recht auf die rechtlich-methodischen Bedenken gegen solche direkten Verweise auf Richtlinien hin, da sich Richtlinien in erster Linie an die Mitgliedstaaten richten, denen ihre Umsetzung obliegt. Nach der Konzeption der Kommission sollen die Europäischen Aktiengesellschaften sich jedoch selbst unmittelbar auf die Regelungen stützen können, vgl. von der Groeben / Thiesing / Ehlermann - *Gleichmann*, S. 6343.

[930] So die Kommission im 9. Erwägungsgrund zum vorgeschlagenen Statut, AblEG Nr. C 263, S. 41 ff., S. 41.

[931] Der Nachteil dieser Verweisungstechnik ist allerdings, daß das Statut in diesen Bereichen nicht mehr aus sich selbst heraus verständlich ist und insofern verkompliziert wird. Wenn die Kommission schon Bezug auf bereits harmonisierte Rechtsgebiete nehmen wollte, hätte es sich daher empfohlen, die Richtlinientexte in das Statut selbst zu integrieren.

[932] Vgl. im einzelnen zu den sich hieraus ergebenden überaus komplizierten Auslegungsmaßstäben für die Praxis der Gerichte *Lutter*, AG 1990, 413 ff., 419 f., und *Trojan-Limmer*, RIW 1991, 1010 ff., 1011 f.

A. Konzeption der Vorschläge

daß man nicht eine Europäische Aktiengesellschaft, sondern so viele Europäische Aktiengesellschaften wie Mitgliedstaaten haben würde.[933]

Ferner sah die Kommission in einigen, ursprünglich noch im Statut geregelten Bereichen von einer Regelung völlig ab, sei es weil man diese Regelung - zumindest vorerst - nicht mehr für erforderlich hielt, wie dies beim Europäischen Betriebsrat der Fall war, sei es, daß sie sich der Tatsache bewußt war, daß ein Konsens aufgrund der völlig unterschiedlichen Auffassungen der Mitgliedstaaten von vornherein ausgeschlossen war. Oft betraf dies besonders umstrittene Bereiche.[934] So hielt die Kommission bspw. - anders noch als in den Vorschlägen von 1970 und 1975[935] - Regelungen über die Konzerne nicht für notwendig, kündigte aber gleichzeitig eine Überprüfung an, ob eine Koordinierung der diesbezüglichen nationalen Rechte erforderlich ist.[936] Mit dieser Aussparung trug die Kommission dem Umstand Rechnung, daß das Konzernrecht neben der Frage der Mitbestimmung ein Hauptgrund für das Scheitern der bisherigen Vorschläge war, da neben der Bundesrepublik Deutschland nur Portugal über ein vergleichbar kodifiziertes Regelungswerk des Konzernrechts verfügte.[937] In den anderen Mitgliedstaaten wurde das ehemals in den Vorschlägen zur Europäischen Aktiengesellschaft vorgesehene Konzernrecht zum Teil *"als ein Stück deutschen Perfektionismus angesehen"*[938]. Durch die Nichtregelung wollte die Kommission somit nicht nur den Überlegungen zu einer Harmonisierung dieses Rechtsgebiets nicht vorgreifen, sondern insbesondere die rasche Verabschiedung des Verordnungsvorschlags nicht gefährden.[939] Auch das Konkursrecht der Europäischen Aktiengesellschaft wurde nunmehr ausgeklammert.[940]

Schließlich verringerte sich der Umfang des Statuts dadurch, daß die Kommission sich - wie bereits eingangs erwähnt - entschlossen hatte, die Regelungen über die Mitbestimmung der Arbeitnehmer komplett in einen eigenständigen Richtlinienvorschlag auszulagern.

---

[933] Vgl. statt aller *Kolvenbach*, FS Heinsius, S. 379 ff., S. 388. Im Hinblick auf diese Gefahr wurde auch oft von einer *"Tendenz zur Nationalisierung"* gesprochen, vgl. bspw. von der Groeben / Thiesing / Ehlermann - *Gleichmann*, S. 6347, und *Hauschka*, EuZW 1992, 147 ff., 149.

[934] Vgl. *Lutter*, AG 1990, 413 ff., 418.

[935] Die früheren Vorschläge enthielten ein umfassendes Konzernrecht, welches sich in erster Linie am deutschen Recht orientierte, da dies seinerzeit der einzige Mitgliedstaat mit einer umfassenden Kodifizierung dieses Rechtsgebiets war, vgl. *Hauschka*, AG 1990, 85 ff., 99.

[936] Vgl. Amtl. Begründung VO, Einleitung, BR-Drucks. 488/89, S. 3.

[937] Vgl. *Hauschka*, EuZW 1990, 181 ff., 183. Dies gilt auch heute noch; vgl. zu diesem Befund *Habersack*, Rn. 58 f., der darauf hinweist, daß die anderen Mitgliedstaaten *"das Konzernproblem"* auf der Grundlage allgemeiner Institute und Vorschriften angehen.

[938] *Maul*, S. 4.

[939] Vgl. Amtl. Begründung VO, Anm. 3 zu Art. 114 VO, BR-Drucks. 488/89, S. 41.

[940] Vgl. *Merkt*, BB 1990, 652 ff., 654.

Von der ursprünglichen Idee einer einheitlichen Rechtsform der Europäischen Aktiengesellschaft hatte die Kommission sich damit ein gutes Stück weit entfernt.[941]

Im folgenden sollen im Hinblick auf das Thema der vorliegenden Darstellung nur die Regelungen behandelt werden, welche die Mitbestimmung der Arbeitnehmer in den Unternehmensorganen betreffen bzw. einen Bezug zur Mitbestimmungsproblematik aufweisen.[942]

B. Rechtsgrundlage

Hinsichtlich der Rechtsgrundlage beschritt die Kommission mit ihren Vorschlägen von 1989 einen gänzlich neuen Weg. Das ursprünglich einheitliche Regelungswerk wurde in dem Entwurf von 1989 in zwei Teile aufgespalten: in einen Verordnungsvorschlag über das Statut für die Europäische Aktiengesellschaft und einen Regelungen über die Mitbestimmung der Arbeitnehmer enthaltenden Richtlinienvorschlag. Mit dieser Aufspaltung des Statuts folgte die Kommission einer Anregung des Ausschusses Recht und Bürgerrechte des Parlaments, auf die in der Stellungnahme des Europäischen Parlaments zum Memorandum der Kommission Bezug genommen wurde.[943]

In ihrem Verordnungsvorschlag legte die Kommission ein völlig neugefaßtes Statut für die Europäische Aktiengesellschaft vor, das erstmals auf die durch die Einheitliche Europäische Akte[944] zur Vollendung des Binnenmarktes eingeführte Rechtsgrundlage des Art. 100 a EWG-Vertrag gestützt war. Während die Vorschläge bislang sämtlich auf die Generalermächtigung des Art. 235 EWG-Vertrag gestützt worden waren, nach dem ein einstimmiger Beschluß des Rates erforderlich gewesen wäre, hätte die Rechtsgrundlage des Art. 100 a EWG-Vertrag der auf das Verfahren der Mitentscheidung gemäß Art. 189 b EWG-Vertrag Bezug nimmt, im Ergebnis einen qualifizierten Mehrheitsbeschluß ermöglicht.[945] Hierdurch sollte dem bislang aus überwiegend politischen Gründen nicht mehrheitsfähigen Vorschlag zum Durchbruch verholfen werden.[946]

Anders als bei den Vorschlägen von 1970 und 1975 entschloß sich die Kommission zudem, die Regelungen über die Mitbestimmung der Arbeitnehmer in den Unternehmensorganen *"wegen der unterschiedlichen Bestimmungen und Praktiken der Mitglied-*

---

[941] *Lutter* ging sogar noch weiter und warf die Frage auf, ob dennoch von einer Europäischen Aktiengesellschaft gesprochen werden könne, vgl. *Lutter*, AG 1990, 413 ff., 416.

[942] Vgl. ausführlich zu den gesellschaftsrechtlichen Fragestellungen des Verordnungsvorschlags *Hommelhoff*, AG 1990, 422 ff.

[943] Vgl. dazu bereits oben Teil III § 9 C. II. (S. 197 ff.).

[944] Vgl. dazu bereits ausführlich oben Teil III § 9 A. II. (S. 187 ff.).

[945] Vgl. im einzelnen zu den möglichen Rechtsgrundlagen zur Schaffung europäischer Gesellschaftsformen bereits oben Teil I § 2 A. (S. 76 ff.).

[946] Vgl. *Hauschka*, EuZW 1990, 181 ff., 181.

B. Rechtsgrundlage

staaten in diesem Bereich"[947] in einen eigenständigen Richtlinienvorschlag auszulagern. Auch dieser Vorschlag wurde aber nicht mehr auf Art. 235 EWG-Vertrag gestützt, sondern auf die Bestimmung des Art. 54 EWG-Vertrag. Wenngleich dies nicht ausdrücklich Erwähnung fand, ergab sich aus den Erläuterungen der Kommission eindeutig, daß Art. 54 Abs. 3 lit. g EWG-Vertrag gemeint war, wenn es heißt, daß durch die Koordinierung der Rechtsvorschriften der Mitgliedstaaten sichergestellt werden müsse, daß jeder Mitgliedstaat zum Schutz der Interessen der Gesellschafter und Dritter von den Aktiengesellschaften gleichwertige Garantien verlangt.[948]

Obwohl es sich bei den von der Kommission vorgelegten Regelungsvorschlägen somit um formell getrennte Vorschläge handelte, ergab sich bereits aus ihnen selbst, daß sie zusammengehören sollten. Bereits der Titel des Richtlinienvorschlags war mit dem Zusatz *"zur Ergänzung des SE-Statuts"* versehen und auch in den Vorschlägen selbst fand sich eine gegenseitige Bezugnahme: In den dem Statut vorangestellten Erwägungsgründen wurde festgestellt, daß die Richtlinie eine untrennbare Ergänzung der Verordnung darstelle und beide zum gleichen Zeitpunkt anwendbar sein müßten.[949] Ferner sollte gemäß Art. 135 VO eine Europäische Aktiengesellschaft nur in einem Mitgliedstaat gegründet werden können, der die Richtlinie zur Regelung der Stellung der Arbeitnehmer in der Europäischen Aktiengesellschaft in innerstaatliches Recht umgesetzt hat. In Art. 1 Abs. 2 RiLi schließlich hieß es, daß die in der Richtlinie vorgeschriebenen Koordinierungsmaßnahmen über die Stellung der Arbeitnehmer in der Europäischen Aktiengesellschaft eine *"notwendige Ergänzung"* der Verordnung über das SE-Statut darstellen. Diese Anbindung der Verordnung an deren innerstaatliche Transformation - so zutreffend *Wahlers* - bewirkt im Ergebnis eine so weitgehende Einheit, als wenn die in der Richtlinie getroffenen Regelungen unmittelbar in der Verordnung enthalten wären.[950] Auf die Zulässigkeit dieses Vorgehens wird im Rahmen der Diskussion der Vorschläge noch zurückzukommen sein.[951] Aufgrund dieser inneren Zusammengehörigkeit sollen beide Vorschläge im folgenden auch zusammen dargestellt werden.

---

[947] Vgl. Amtl. Begründung VO, Einleitung, BR-Drucks. 488/89, S. 1.

[948] Vgl. den 4. Erwägungsgrund der Kommission zur vorgeschlagenen Richtlinie, AblEG Nr. C 263, S. 69 ff., S. 69.

[949] So die Kommission im 19. Erwägungsgrund zum vorgeschlagenen Statut, AblEG Nr. C 263, S. 41 ff., S. 42; vgl. auch den 6. Erwägungsgrund zur vorgeschlagenen Richtlinie, AblEG Nr. C 263, S. 69 ff., S. 69. *Wahlers* wies insofern völlig zutreffend darauf hin, daß es sich bei diesen Erwägungsgründen keineswegs um unverbindliche Programmsätze handelt, sondern um die gemäß Art. 190 EWG-Vertrag für alle Rechtsakte zwingend vorgeschriebene Begründung, vgl. *Wahlers*, AG 1990, 448 ff., 455.

[950] Vgl. *Wahlers*, AG 1990, 448 ff., 455.

[951] Vgl. unten Teil III § 10 F. I. (S. 240 ff.).

C. Organisationsverfassung

Hinsichtlich der Strukturregelungen brachte der Verordnungsvorschlag von 1989 eine Neuerung, die sich bereits im Laufe der Entwicklung der von der Kommission vorgelegten Vorschläge, die Strukturregelungen enthielten, abgezeichnet hatte.

Nachdem sich die einseitige Ausrichtung auf das dualistische System sowohl in den Vorschlägen der Kommission von 1970 und 1975 als auch in dem ursprünglichen Vorschlag einer Strukturrichtlinie von 1972 innerhalb der Gemeinschaft als nicht mehrheitsfähig erwiesen hatte[952], war die Kommission schon in ihrem geänderten Vorschlag der Strukturrichtlinie von 1983 von ihrem ursprünglichen Konzept abgewichen und hatte eine Option für die Struktur der nationalen Aktiengesellschaften vorgesehen: Art. 2 Abs. 1 des Strukturrichtlinienvorschlags bestimmte zwar die Einführung einer Gesellschaftsstruktur entsprechend dem dualistischen System; nach Abs. 2 dieser Vorschrift war es den Mitgliedstaaten jedoch freigestellt, zuzulassen, daß die Gesellschaft zwischen einem dualistischen System und einem monistischen System wählen kann (sog. Optionssystem[953]). Dieser Prozeß setzte sich nunmehr fort: In deutlicher Anlehnung an diesen Richtlinienvorschlag[954] verzichtete auch der neue Verordnungsvorschlag über das Statut der Europäischen Aktiengesellschaft auf alle Versuche, strukturelle Änderungen einzuführen.[955] Das noch im Memorandum *"Binnenmarkt"* der Kommission indirekt im Interesse eines einheitlichen Gesellschaftsrechts in Europa enthaltene Votum für eine ausschließlich dualistisch strukturierte Organisationsverfassung[956] wurde in den neuen Vorschlägen nicht wieder aufgegriffen und kann somit im nachhinein als "Rückfall" gewertet werden. Der neue Verordnungsvorschlag der Kommission sah vielmehr die völlige Wahlfreiheit der Gründungsgesellschaften zwischen dem dualistischen und dem monistischen System vor[957] und enthielt für beide Systeme teilweise gemeinsame Vorschriften bzw. Parallelregelungen. Gemäß Art. 61 VO sollte die Satzung der Europäischen Aktiengesellschaft als Organe eine Hauptversammlung der Aktionäre sowie entweder ein Leitungsorgan und ein Aufsichtsorgan (dualistisches System) oder ein Verwaltungsorgan (monistisches System) vorsehen, wobei die Gründungsgesellschaften der Europäischen Aktiengesellschaften zwischen beiden Systemen wählen können sollten.[958] In einem Punkt allerdings unterschied sich der neue Verordnungsvorschlag von dem geänderten Vorschlag der Strukturrichtlinie ganz wesentlich: Es sollte den Mit-

---

[952] Vgl. dazu bereits oben Teil II § 5 C. (S. 130) (Europäische Aktiengesellschaft) und Teil II § 7 B. II. (S. 156) (Strukturrichtlinie).
[953] Vgl. *Westermann*, RabelsZ 48 (1984), 123 ff., 163.
[954] Vgl. Amtl. Begründung VO zu Art. 61 VO, wo ausdrücklich von einer Angleichung an den geänderten Vorschlag für eine fünfte Richtlinie über die Struktur der Aktiengesellschaften die Rede ist, BR-Drucks. 488/89, S. 24.
[955] *Raiser*, FS Steindorff, S. 201 ff., S. 211.
[956] Vgl. dazu bereits oben Teil III § 9 B. III. (S. 192 ff.).
[957] Vgl. Amtl. Begründung zu Art. 61 VO, BR-Drucks. 488/89, S. 24.
[958] Vgl. Amtl. Begründung zu Art. 61 VO, BR-Drucks. 488/89, S. 24.

gliedstaaten nicht möglich sein, diese Wahlfreiheit der Gründungsgesellschaften zu beschränken.

Das dualistische System des Vorschlags war der aus dem deutschen Aktienrecht bekannten Struktur verwandt: Das Leitungsorgan sollte gemäß Art. 62 Abs. 1 VO die Geschäfte der Europäischen Aktiengesellschaft unter der Kontrolle des Aufsichtsorgans führen und die Gesellschaft nach außen vertreten, während das Aufsichtsorgan nach Maßgabe des Art. 63 Abs. 1 VO weder in die Geschäftsführung der Gesellschaft eingreifen noch die Gesellschaft Dritten gegenüber vertreten sollte. Die Mitglieder des Leitungsorgans sollten vom Aufsichtsorgan gemäß Art. 62 Abs. 2 VO bestellt und von diesem auch jederzeit wieder abberufen werden können; Art. 62 Abs. 3 VO sah die Inkompatibilität beider Ämter vor.

Beim monistischen System hingegen sah der Entwurf neben der Hauptversammlung nur ein Leitungsorgan vor, welches die Gesellschaft verwalten und vertreten sollte, vgl. Art. 66 Abs. 1 Satz 1 VO. Seine Mitglieder sollten gemäß Art. 66 Abs. 3 VO vorbehaltlich der Anwendung der Vorschriften eines bestimmten Mitbestimmungsmodells von der Hauptversammlung bestellt werden. Gemäß Art. 66 Abs. 2 VO sollte das Verwaltungsorgan einem oder mehreren seiner Mitglieder die Geschäftsführung der Europäischen Aktiengesellschaft übertragen können, die ihrerseits von den nichtgeschäftsführenden Mitgliedern kontrolliert und überwacht werden sollten.[959] Die Kommission versuchte das monistische System hierdurch der dualistischen Struktur anzunähern, indem sie das monistische System mit einer *"dualistischen Binnenstruktur"*[960] ausgestalten wollte. Dies zeigt sich auch daran, daß die Kommission in der Amtlichen Begründung zum vorgelegten Richtlinienvorschlag für das monistische System ein *"Leitungsorgan, dessen Geschäftsführungs- und Arbeitsfunktionen eindeutig festgelegt sind"*[961], forderte.

D. Mitbestimmung der Arbeitnehmer

Wie bereits erwähnt lagerte die Kommission bei ihren neuen Vorschlägen die Regelungen über die Mitbestimmung der Arbeitnehmer in einen formell eigenständigen Richtlinienvorschlag aus, der jedoch so eng mit dem Verordnungsvorschlag zur Europäischen Aktiengesellschaft verknüpft war, daß beide als eine Einheit betrachtet werden müssen. Dies zeigt sich neben der gegenseitigen Bezugnahme auch daran, daß beide Vorschläge materielle Regelungen über die Mitbestimmung der Arbeitnehmer enthielten.[962]

---

[959] Vgl. Amtl. Begründung zu Art. 66 VO, BR-Drucks. 488/89, S. 26.
[960] *Figge*, S. 209.
[961] Vgl. Amtl. Begründung RiLi zu Art. 4 RiLi, BR-Drucks. 488/89, S. 53.
[962] So auch *Wißmann*, RdA 1992, 320 ff., 325. Vgl. zum Verordnungsvorschlag nur die - auch den Arbeitnehmervertretern - zustehenden Kontrollbefugnisse des Aufsichtsorgans in Art. 64 VO bzw. in der entsprechenden Parallelvorschrift des Art. 67 VO für das Verwaltungsorgan.

§ 10 Die Vorschläge zur Europäischen Aktiengesellschaft von 1989

I. Konzeption des Richtlinienvorschlags

Inhaltlich präsentierte die Kommission in ihrem Richtlinienvorschlag in der Frage der Mitbestimmung der Arbeitnehmer ein neues Konzept unter deutlicher Anlehnung an ihre im Grünbuch von 1975 sowie im geänderten Vorschlag einer Strukturrichtlinie von 1983 dargelegten Vorstellungen.[963] Anders als in den Vorschlägen von 1970 und 1975 rückte die Kommission daher in ihren neuen Vorschlägen von 1989 von einem einheitlichen Mitbestimmungsmodell ab. Sie war der Auffassung, daß "*angesichts der in den Mitgliedstaaten bestehenden Vielfalt an gesetzlichen und gewohnheitsrechtlichen Regelungen der Beteiligung der Arbeitnehmervertreter an der Kontrolle von Beschlüssen der Organe von Aktiengesellschaften (...) die Stellung der Arbeitnehmer nicht einheitlich geregelt werden [kann]*"[964]. Von diesem Befund ausgehend folgerte sie, daß eine Koordinierung der Rechtsvorschriften der Mitgliedstaaten erforderlich sei, um sicherzustellen, daß jeder Mitgliedstaat zum Schutz der Interessen der Gesellschafter und Dritter von den Aktiengesellschaften gleichwertige Garantien verlangt.[965] Um dennoch die Traditionen der einzelnen Mitgliedstaaten berücksichtigen zu können, entschied sich die Kommission dafür, mehrere Mitbestimmungsmodelle zur Wahl zu stellen, wobei dieses Wahlrecht durch die Mitgliedstaaten beschränkt werden können sollte.[966]

Eine weitere Neuerung gegenüber den ursprünglichen Vorschlägen war, daß die neuen Kommissionsvorschläge keine Regelungen über eine europaweite Vertretung der Arbeitnehmer auf betrieblicher Ebene enthielten. Das noch im Memorandum angesprochene Instrument zur Koordinierung der verschiedenen betrieblichen Arbeitnehmervertretungen auf der Ebene der Europäischen Aktiengesellschaft im Wege eines sozialen Dialogs[967] fand keine Erwähnung mehr. Die Mitbestimmung der Arbeitnehmer im Sinne des Richtlinienvorschlags bezog sich ausschließlich auf die Mitbestimmung der Arbeitnehmer in den Unternehmensorganen der Europäischen Aktiengesellschaft. Dies ergibt sich auch aus Art. 2 RiLi, nach dem die Mitgliedstaaten verpflichtet sein sollten, die erforderlichen Maßnahmen zu treffen, um die Arbeitnehmer der Europäischen Aktiengesellschaft an der Aufsicht und der Entwicklung der Unternehmensstrategie zu beteiligen. Art. 10 RiLi stellte zudem ausdrücklich klar, daß sich Stellung und Aufgabe der Arbeitnehmervertreter bzw. der Arbeitnehmervertretung in den Betrieben der Europäischen Aktiengesellschaft nach dem Gesetz oder der Praxis der Mitgliedstaaten richten sollten, soweit in der Richtlinie nichts anderes bestimmt war.

---

[963] Vgl. *Abeltshauser*, AG 1990, 289 ff., 294 f.; vgl. zu diesen beiden Vorhaben bereits oben Teil II § 7 C. III. (S. 160 ff.) bzw. Teil II § 7 D. III. (S. 171 ff.).

[964] So die Kommission im 3. Erwägungsgrund zur vorgeschlagenen Richtlinie, AblEG Nr. C 263, S. 69 ff., S. 69.

[965] Vgl. den 4. Erwägungsgrund zur vorgeschlagenen Richtlinie, AblEG Nr. C 263, S. 69 ff., S. 69.

[966] So die Kommission im 4. Erwägungsgrund zur vorgeschlagenen Richtlinie, AblEG Nr. C 263, S. 69 ff., S. 69; vgl. zu weiteren Einzelheiten sogleich unten Teil III 10 D. II. 1. (S. 215 f.).

[967] Memorandum der Kommission, Beilage 3/88 zum EG-Bulletin, S. 16.

II. Wahl des Mitbestimmungsmodells und Zusammensetzung

Die Zusammensetzung des Organs, in dem die Arbeitnehmervertretung ausgeübt werden sollte, sollte von dem jeweiligen Mitbestimmungsmodell abhängen, während die Wahl für alle Mitbestimmungsmodelle grundsätzlich einheitlich nach den Vorschriften der Art. 7 und 8 RiLi erfolgen sollte.

1. Grundsatz der Wahlfreiheit zwischen gleichwertigen Modellen

Die Kommission stellte in ihrem Richtlinienvorschlag verschiedene Mitbestimmungsmodelle zur Wahl (sog. Optionenmodell[968]). Im einzelnen handelte es sich um eine unmittelbare Vertretung der Arbeitnehmer im Aufsichts- oder Leitungsorgan der Gesellschaft (sog. deutsches Modell, Art. 4, 1. Spiegelstrich RiLi) oder um eine Bestellung der Mitglieder des Aufsichts- oder Leitungsorgans durch Kooptation (sog. niederländisches Modell, Art. 4, 2. Spiegelstrich RiLi)[969], eine Mitbestimmung in einem separaten Arbeitnehmervertretungsorgan, das neben den Organen der Gesellschaft bestehen sollte (sog. französisches Modell, Art. 5 RiLi), sowie eine Mitbestimmung kraft einer Vereinbarung zwischen den Leitungs- oder Verwaltungsorganen der Gründungsgesellschaften und den Arbeitnehmern dieser Gesellschaften bzw. deren Vertretern (sog. skandinavisches Modell, Art. 6 RiLi).

Die Beteiligung der Arbeitnehmer der Europäischen Aktiengesellschaft sollte gemäß Art. 3 Abs. 1 Satz 1 RiLi nach einem dieser Mitbestimmungsmodelle durch eine Vereinbarung zwischen den Leitungs- oder Verwaltungsorganen der Gründungsgesellschaften und den nach dem Gesetz oder der Praxis der Mitgliedstaaten vorgesehenen Arbeitnehmervertretungen dieser Gesellschaften geregelt werden. Anders als bei den Vorschlägen einer Strukturrichtlinie sollte die Wahl somit nicht den Mitgliedstaaten, sondern den Organen der Gesellschaften sowie deren Arbeitnehmern bzw. ihren Vertretern selbst obliegen. Für den Fall, daß keine Vereinbarung zustande kommen sollte, sollten diese Organe über das anzuwendende Mitbestimmungsmodell entscheiden, Art.

---

[968] Vgl. *von Maydell*, AG 1990, 442 ff., 445.

[969] Diese beiden Mitbestimmungsmodelle werden zum Teil auch aufgrund der gemeinsamen Stellung in Art. 4 RiLi zusammenfassend als deutsches Modell bezeichnet, vgl. bspw. *Dreher*, EuZW 1990, 76 ff., 76. Dies ist jedoch insofern nicht korrekt, als die beiden unter Art. 4 RiLi zusammengefaßten Varianten im wesentlichen dem deutschen bzw. niederländischen Mitbestimmungsmodell entsprechen. Obwohl die Kommission in den Erläuterungen zwar nur von der Berücksichtigung des Umstands spricht, daß in einem Mitgliedstaat die Hauptversammlung und die Arbeitnehmer ihre Vertreter direkt bestellen - vgl. Amtl. Begründung RiLi zu Art. 4 RiLi, BR-Drucks. 488/89, S. 53 -, kann kein Zweifel bestehen, daß das niederländische Kooptationsmodell gemeint war. Diese beiden unterschiedlichen Modelle sollen daher im folgenden auch getrennt dargestellt werden. Hinsichtlich der Plazierung in Art. 4 vermutet *Figge* unter Berufung auf *Kolvenbach*, daß das niederländische Mitbestimmungsmodell im Laufe der Vorarbeiten in den Richtlinienentwurf eingefügt worden sei und man sich wegen des Ansatzpunktes der Mitbestimmung am Aufsichts- oder Leitungsorgan für diese doch recht ungewöhnliche Stellung entschieden habe, vgl. *Figge*, S. 212; so auch *Kolvenbach*, DB 1989, 1957 ff., 1960. Diese Ansicht überzeugt.

3 Abs. 1 Satz 2 RiLi, d. h. die Bestimmung des Mitbestimmungsmodells sollte der Geschäftsführung obliegen. Dies sei deshalb erforderlich, damit ein Veto der Arbeitnehmer die Gründung der Europäischen Aktiengesellschaft nicht verhindern oder die Geschäftsführung dazu veranlassen könnte, den Sitz in einen anderen Mitgliedstaat zu verlegen.[970]

Diese grundsätzliche Wahlfreiheit sollte jedoch insofern beschränkbar sein, als die Mitgliedstaaten die Wahl der genannten Mitbestimmungsmodelle begrenzen oder den Europäischen Aktiengesellschaften mit Sitz in ihrem Hoheitsgebiet ein einziges dieser Modelle vorschreiben können sollten, Art. 3 Abs. 5 RiLi. Hierdurch wollte die Kommission die sehr unterschiedlichen Vorstellungen und Traditionen, welche in den einzelnen Mitgliedstaaten in der Frage der Mitbestimmung existierten, berücksichtigen und so die Konsensfähigkeit des Vorschlags steigern.[971]

Durch die Regelung des Art. 3 Abs. 2 RiLi, nach der die Europäische Aktiengesellschaft erst dann gegründet werden können sollte, wenn eines der in den Artikeln 4, 5 und 6 RiLi genannten Modelle gewählt worden ist, sollte zudem gewährleistet werden, daß es keine Europäische Aktiengesellschaft ohne Mitbestimmung geben können sollte.[972] Die noch im Grünbuch der Kommission von 1975 sowie im geänderten Vorschlag der Strukturrichtlinie von 1983 vorgesehene Möglichkeit, die Mitbestimmung der Arbeitnehmer abzuwählen[973], bestand somit nicht mehr. Mit Zustimmung der Hauptversammlung sollte es gemäß Art. 3 Abs. 3 RiLi ferner möglich sein, ein einmal gewähltes Mitbestimmungsmodell einvernehmlich zu ändern und sich - vorbehaltlich einer Beschränkung des Wahlrechts gemäß Art. 3 Abs. 5 RiLi - für ein anderes der zur Wahl stehenden Modelle zu entscheiden.[974] Gemäß Art. 3 Abs. 4 RiLi schließlich sollten die Mitgliedstaaten die konkreten Anwendungsmodalitäten festlegen können, nach denen die Mitbestimmungsmodelle in den Europäischen Aktiengesellschaften mit Sitz in ihrem Hoheitsgebiet angewandt werden sollten; dies sei erforderlich, weil das Statut im Hinblick auf die unterschiedlichen Traditionen der Mitgliedstaaten sehr flexibel sei.[975]

2. Sog. deutsches Modell

Das erste zur Wahl stehende Mitbestimmungsmodell war der deutschen Mitbestimmungsgesetzgebung entlehnt, indem es eine unmittelbare Vertretung der Arbeitnehmer in den Gesellschaftsorganen vorsah. Gemäß Art. 4, 1. Spiegelstrich RiLi sollten die Mitglieder des Aufsichtsorgans (dualistisches System) oder Verwaltungsorgans (mo-

---

[970] Vgl. Amtl. Begründung RiLi zu Art. 3 RiLi, BR-Drucks. 488/89, S. 52.
[971] Vgl. den 4. Erwägungsgrund zur vorgeschlagenen Richtlinie, AblEG Nr. C 263, S. 69 ff., S. 69
[972] Vgl. auch Amtl. Begründung RiLi zu Art. 3 RiLi, BR-Drucks. 488/89, S. 52.
[973] Vgl. oben Teil II § 7 C. III. 4. (S. 162 f.) (Grünbuch) und Teil II § 7 D. III. 2. a. (S. 172 f.) (Strukturrichtlinie).
[974] Vgl. Amtl. Begründung RiLi zu Art. 3 RiLi, BR-Drucks. 488/89, S. 52.
[975] Vgl. Amtl. Begründung RiLi zu Art. 3 RiLi, BR-Drucks. 488/89, S. 52.

nistisches System) mindestens zu einem Drittel und höchstens zur Hälfte von den Arbeitnehmern der Europäischen Aktiengesellschaft bestellt werden.

Die Wahl der Arbeitnehmervertreter sollte sich nach Maßgabe des Art. 7 RiLi richten: Hiernach sollte sie nach Wahlsystemen durchzuführen sein, die die verschiedenen Beschäftigtengruppen angemessen berücksichtigen müssen (Art. 7 Abs. 1 RiLi, Grundsatz der Proportionalität); ferner sollte gewährleistet sein, daß alle Arbeitnehmer an der Stimmabgabe teilnehmen können (Art. 7 Abs. 2 RiLi, Grundsatz der Allgemeinheit). Im übrigen sollte die Wahl entsprechend den in den Mitgliedstaaten durch Gesetz oder durch die Praxis bestimmten Modalitäten erfolgen, Art. 7 Abs. 3 RiLi. Die von den Arbeitnehmern zu bestellenden ersten Mitglieder des Aufsichts- oder Verwaltungsorgans, sollten gemäß Art. 8 Satz 1 RiLi von den Arbeitnehmervertretern der Gründungsgesellschaften nach den gesetzlichen Vorschriften oder der Praxis der Mitgliedstaaten bestellt werden. Sie sollten solange im Amt bleiben, bis die von den Arbeitnehmern der Europäischen Aktiengesellschaft gewählten neuen Vertreter ihr Amt antreten, Art. 8 Satz 3 RiLi. Hinsichtlich der konkreten Zahl der Arbeitnehmervertreter machte die Kommission für das deutsche Modell keine Vorgaben, so daß davon ausgegangen werden kann, daß ihre Festlegung gemäß Art. 3 Abs. 4 RiLi den Mitgliedstaaten vorbehalten bleiben sollte.

3. Sog. niederländisches Modell

Die deutlich an die niederländische Mitbestimmungsregelung angelehnte Vorschrift des Art. 4, 2. Spiegelstrich RiLi sah vor, die Mitglieder des Aufsichts- oder Verwaltungsorgans durch Kooptation zu bestellen (sog. niederländisches Modell). Die Hauptversammlung oder die Arbeitnehmervertreter sollten jedoch aus bestimmten, im Vorschlag allerdings nicht näher spezifizierten Gründen Widerspruch gegen die Bestellung eines vorgeschlagenen Kandidaten einlegen können. Wie schon beim geänderten Vorschlag der Strukturrichtlinie von 1983[976] sollte dieser Widerspruch zur Folge haben, daß die Bestellung erst vorgenommen werden können sollte, nachdem der Widerspruch durch eine unabhängige öffentlich-rechtliche Spruchstelle für unzulässig erklärt worden ist.

Hinsichtlich der Wahl der Arbeitnehmervertreter sollten - wie beim deutschen Mitbestimmungsmodell - wiederum die Art. 7 und 8 RiLi Anwendung finden, so daß die obigen Ausführungen entsprechend gelten.

4. Sog. französisches Modell

Ein weiteres zur Wahl stehendes Mitbestimmungsmodell sollte die Mitbestimmungsrechte der Arbeitnehmer durch die Schaffung eines besonderen, separat neben den Organen der Gesellschaft bestehenden Vertretungsorgans sichern, vgl. Art. 5 Abs. 1 Satz 1 RiLi (sog. französisches oder belgisches Modell). Die Zahl der Mitglieder dieses Organs und die Einzelheiten ihrer Wahl oder ihrer Bestellung sollten gemäß Art. 5 Abs. 1 Satz 2

---

[976] Vgl. oben Teil II § 7 D. III. 2. c. (S. 174).

RiLi in der Satzung der Europäischen Aktiengesellschaft im Einvernehmen mit den nach dem Gesetz oder der Praxis in den Mitgliedstaaten vorgesehenen Arbeitnehmervertretern der Gründungsgesellschaften festgelegt werden. Wenngleich somit die Anzahl der Arbeitnehmervertreter in dem Richtlinienvorschlag nicht festgelegt war, forderte die Kommission in ihren Erläuterungen zu Art. 8 RiLi, daß das separate Organ nicht aus zu vielen Mitgliedern bestehen dürfe und die genaue Anzahl daher in Abstimmung mit den Arbeitnehmervertretern in der Satzung festgelegt werden müsse.[977]

Die den Grundsatz der Proportionalität und den Grundsatz der Allgemeinheit der Wahl enthaltende Bestimmung des Art. 7 RiLi sollte für das französische Mitbestimmungsmodell des Art. 5 RiLi gleichermaßen gelten. Durch den Grundsatz der Proportionalität sollte hierbei insbesondere verhindert werden, daß einige gewählte Arbeitnehmervertreter nur sehr wenige Arbeitnehmer im Vergleich zu anderen vertreten und beim Mitbestimmungsmodell eines separaten Arbeitnehmervertretungsorgans die Zahl der Vertreter zu hoch ist.[978] Bezüglich der Bestellung der ersten Mitglieder gelten obige Ausführungen entsprechend, da Art. 8 RiLi auch auf das französische Modell Anwendung finden sollte.

5. Sog. skandinavisches Modell

Schließlich stand ein viertes Mitbestimmungsmodell zur Wahl: Gemäß Art. 6 Abs. 1 RiLi sollte es möglich sein, andere als die vorgenannten Mitbestimmungsmodelle im Wege einer Vereinbarung zwischen dem Leitungs- oder Verwaltungsorgan und den Arbeitnehmervertretern[979] der Europäischen Aktiengesellschaft festzulegen. Durch dieses an die Rechtsordnungen der nordischen und angelsächsischen Länder angelehnte Vereinbarungsmodell wollte die Kommission die Flexibilität des Vorschlags erhöhen und so die Einbeziehung der Mitbestimmungstraditionen dieser Staaten ermöglichen. Ausweislich der amtlichen Begründung dachte die Kommission hierbei insbesondere an *"das vom Europäischen Parlament 1974 vorgeschlagene und von der Kommission in ihrem geänderten Vorschlag von 1975 übernommene dreiseitige Mitbestimmungsmodell"*[980], nach dem sich die Zusammensetzung des Aufsichtsrats zu je einem Drittel aus Vertretern der Kapitaleigner und aus Vertretern der Betriebsangehörigen ergeben sollte, die gemeinsam das letzte Drittel der Aufsichtsratsmitglieder kooptieren sollten. Aber auch andere Modelle sollten in Betracht kommen können, sofern die Vereinbarung den Arbeitnehmern der Europäischen Aktiengesellschaft bzw. ihren Vertretern die gleichen

---

977 Vgl. Amtl. Begründung RiLi zu Art. 7 RiLi, BR-Drucks. 488/89, S. 55 f.
978 Vgl. Amtl. Begründung RiLi zu Art. 7 RiLi, BR-Drucks. 488/89, S. 55.
979 Wer das im Einzelfall sein und wie ggf. eine Konkurrenz bei verschiedenen Arbeitnehmervertretungen bzw. grenzüberschreitenden Tatbeständen zu lösen sein sollte, sagte die Kommission allerdings nicht, vgl. *Wißmann*, RdA 1992, 320 ff., 327.
980 Vgl. Amtl. Begründung RiLi zu Art. 6 RiLi, BR-Drucks. 488/89, S. 54. Vgl. zu diesem Mitbestimmungsmodell bereits oben Teil II § 5 E. II. (S. 120 ff.) (EP-Stellungnahme) und Teil II § 6 D. II. (S. 138 ff.) (SE-Verordnungsvorschlag).

Informations- und Anhörungsrechte zusichert, die ihnen nach den beiden anderen in Art. 4 und 5 RiLi vorgeschlagenen Modellen eingeräumt werden sollten.[981] Art. 6 Abs. 6 RiLi sah die Möglichkeit der Hinzuziehung von Sachverständigen vor, welche die Verhandlungsparteien frei wählen können sollten; für die hierdurch anfallenden Kosten sollten die Gründungsgesellschaften aufkommen. Die Vereinbarung sollte gemäß Art. 6 Abs. 7 RiLi für einen bestimmten Zeitraum geschlossen werden und nach Ablauf dieses Zeitraums neu ausgehandelt werden können, wobei sie bis zum Inkrafttreten der neuen Vereinbarung nachwirken sollte. Für den Fall des Scheiterns der Verhandlungen oder eines entsprechenden Beschlusses der Parteien sollte gemäß Art. 6 Abs. 8 Satz 1 RiLi ein Standardmodell nach dem Recht des Sitzstaats zur Anwendung gelangen, das der am weitesten fortgeschrittenen einzelstaatlichen Praxis entsprechen und den Arbeitnehmern mindestens die gleichen Informations- und Konsultationsrechte gewährleisten sollte.

Bezüglich der Vorschriften über die Wahl kann wiederum auf obige Ausführungen verwiesen werden; dies gilt auch für die Bestellung der ersten Mitglieder der Arbeitnehmervertretung.

III. Aufgaben und Befugnisse der Arbeitnehmervertretung

Die Aufgaben und Befugnisse der Arbeitnehmervertretung ergeben sich sowohl aus dem Verordnungsvorschlag selbst als auch aus den Regelungen des Richtlinienvorschlags über die Arbeitnehmermitbestimmung. Aufgrund der grundsätzlich beibehaltenen Konzeption der Vorschläge über das Statut für Europäische Aktiengesellschaften wurde das Grundgerüst der früheren Vorschläge auch in der Frage der Mitbestimmung beibehalten: Den Arbeitnehmervertretern sollte neben der Bestellung und dem Widerruf der Bestellung der Mitglieder des Leitungsorgans (dualistisches System) bzw. des Verwaltungsorgans (monistisches System) insbesondere die Kontrolle dieser Organe obliegen. Da die den Gründungsgesellschaften zur Verfügung stehende Wahlmöglichkeit um weitere Mitbestimmungsmodelle ausgebaut wurde, mußten die Vorschläge allerdings entsprechend erweitert bzw. angepaßt werden. Die Kommission ging hierbei davon aus, daß die von ihr zur Wahl gestellten Mitbestimmungsmodelle, was die Aufgaben und Befugnisse der Arbeitnehmervertretung betrifft, gleichwertig seien.[982]

1. Sog. deutsches Modell

Wie auch schon bei den früheren Kommissionsvorschlägen entsprach die Konzeption des dualistischen Systems dem klassischen Verständnis einer Aufgabenteilung zwischen einem geschäftsführenden Leitungsorgan und einem dieses kontrollierenden Aufsichtsorgan, vgl. Art. 62 und 63 VO. So sah Art. 63 Abs. 1 Satz 1 VO vor, daß das Aufsichtsorgan - und damit auch dessen Arbeitnehmervertreter - weder in die Geschäftsführung

---

[981] Vgl. Amtl. Begründung RiLi zu Art. 6 RiLi, BR-Drucks. 488/89, S. 54.
[982] Vgl. den 4. Erwägungsgrund der Kommission zur vorgeschlagenen Richtlinie, AblEG Nr. C 263, S. 69 ff., S. 69.

der Gesellschaft eingreifen noch diese gegenüber Dritten vertreten können sollte. Die Mitglieder des Aufsichtsorgans sollten für die Bestellung und gegebenenfalls den Widerruf der Bestellung der Mitglieder des Leitungsorgans zuständig sein, vgl. Art. 63 Abs. 2, 75 Abs. 1 VO. Die entsprechende Zuständigkeitsregelung für die monistisch strukturierte Europäische Aktiengesellschaft fand sich in den Bestimmungen der Art. 66 Abs. 3, 75 Abs. 1 VO.

Die Kontrollrechte des Aufsichtsorgans ergaben sich im wesentlichen aus der Bestimmung des Art. 64 VO über die Informationsrechte der Arbeitnehmervertreter. Art. 64 Abs. 1 VO sah vor, daß das Leitungsorgan das Aufsichtsorgan mindestens vierteljährlich über die Führung und den Gang der Geschäfte einschließlich der von ihr kontrollierten Unternehmen sowie über ihre Lage und die voraussichtliche Entwicklung zu informieren hatte. Das Leitungsorgan sollte gemäß Art. 64 Abs. 2 VO verpflichtet sein, dem Vorsitzenden des Aufsichtsrats unverzüglich alle wichtigen Angelegenheiten - einschließlich aller Ereignisse in der Gesellschaft und den von ihr beherrschten Unternehmen betreffende Angelegenheiten - mitzuteilen. Der Verordnungsvorschlag der Kommission sah zudem auch aktive Befugnisse des Aufsichtsorgans vor. Das Aufsichtsorgan sollte gemäß Art. 64 Abs. 3 VO vom Leitungsorgan jederzeit Auskünfte oder sogar einen gesonderten Bericht über bestimmte die Gesellschaft oder die von ihr beherrschten Unternehmen betreffende Angelegenheiten verlangen können. Das Aufsichtsorgan sollte gemäß Art. 64 Abs. 4 VO ferner das Recht haben, alle zur Erfüllung seiner Aufgaben erforderlichen Überprüfungen vorzunehmen. Flankiert wurde diese Regelung durch das Recht jedes einzelnen Mitglieds des Aufsichtsrats, über den Vorsitzenden[983] von dem Leitungsorgan zu verlangen, dem Aufsichtsorgan alle zur Erfüllung seiner Aufgaben notwendigen Auskünfte zu erteilen, vgl. Art. 64 Abs. 5 VO. Schließlich sollte gemäß Art. 64 Abs. 6 VO jedes Mitglied des Aufsichtsrats berechtigt sein, von allen in den vorgenannten Bestimmungen genannten Berichten, Unterlagen, Auskünften und den Ergebnissen der Prüfungen oder Kontrollen Kenntnis zu nehmen.

Diese Kontrollbefugnisse des Aufsichtsorgans im dualistischen System wurden durch einen Katalog zustimmungspflichtiger Tätigkeiten, bei denen bestimmte Beschlüsse gemäß Art. 72 Abs. 1 VO nur mit Einwilligung des Aufsichtsorgans durchführbar sein sollten, erheblich erweitert.[984] Im einzelnen sollte dies der Fall sein bei Beschlüssen, die die Stillegung oder Verlegung von Betrieben oder erheblichen Betriebsteilen, wichtige Beschränkungen, Erweiterungen oder Änderungen der Tätigkeit der Europäischen Aktiengesellschaft, wichtige Änderungen in der Organisation der Europäischen Aktiengesellschaft, den Beginn und die Beendigung einer für die Tätigkeit wichtigen, dauernden Zusammenarbeit mit anderen Unternehmen oder die Errichtung einer Tochter- oder Holdinggesellschaft zum Gegenstand haben. Dieser Katalog über zustimmungspflichti-

---

[983] Hierdurch sollten ausweislich der Erläuterungen der Kommission zum Verordnungsvorschlag Überschneidungen vermieden werden, vgl. Amtl. Begründung VO zu Art. 64 VO, BR-Drucks. 488/89, S. 25.

[984] Vgl. *Raiser*, FS Steindorff, S. 201 ff., S. 205.

ge Tätigkeiten sollte auch für das monistische System mit der Maßgabe Anwendung finden, daß solche Maßnahmen gemäß Art. 72 Abs. 1 Satz 2 VO vom ganzen Verwaltungsorgan getroffen werden müssen und nicht auf die geschäftsführenden Mitglieder übertragen werden können. Art. 72 Abs. 2 VO sah schließlich die Möglichkeit einer einvernehmlichen Erweiterung dieses Katalogs in der Satzung der Europäischen Aktiengesellschaft vor.

Die Parallelbestimmung des Art. 67 normierte für die monistisch strukturierte Europäische Aktiengesellschaft entsprechende Informationsrechte, die mit denen des Art. 64 VO - bis auf wenige Abweichungen in terminologischer Hinsicht - fast identisch waren. Dies entsprach auch der Absicht der Kommission, wegen der bestehenden Wahlmöglichkeit gleichwertige Mitbestimmungsmodelle zur Verfügung zu stellen. Aufgrund der Tatsache, daß es sich um ein einziges Organ handelt, hielt es die Kommission allerdings nicht für erforderlich, die individuellen Informations- und Überprüfungsrechte des Art. 64 Abs. 3 und 4 VO auch im monistischen System zu übernehmen.[985]

Zusammenfassend läßt sich festhalten, daß zum einen durch die Informationsrechte des Art. 64 VO eine regelmäßige wechselseitige Kommunikation zwischen den beiden Organen festgeschrieben werden sollte. Zum anderen sollte durch den Katalog des Art. 74 VO die Mitbestimmung der Arbeitnehmer im Aufsichtsorgan der Europäischen Aktiengesellschaft durch wirkliche Mitentscheidungsrechte bei unternehmerischen Beschlüssen der Gesellschaft sichergestellt werden.

2. Sog. niederländisches Modell

Da für das sog. Kooptationsmodell des Art. 4, 2. Spiegelstrich RiLi weder im Richtlinien- noch im Verordnungsvorschlag eigenständige Regelungen zu den Aufgaben und Befugnissen der Arbeitnehmervertreter vorgesehen waren, kann aufgrund der Stellung dieses Mitbestimmungsmodells davon ausgegangen werden, daß die Vorschriften der Art. 63, 64 und 72 VO entsprechend gelten sollten. Auf die obigen Ausführungen kann insoweit verwiesen werden.

3. Sog. französisches Modell

Gemäß Art. 5 Abs. 2 lit. a RiLi sollte das Organ, das nach dem sog. französischen Modell die Arbeitnehmer vertritt, das Recht haben, mindestens alle drei Monate vom Leitungs- oder Verwaltungsorgan über den Geschäftsverlauf der Gesellschaft einschließlich der von ihr kontrollierten Unternehmen sowie über ihre voraussichtliche Entwicklung unterrichtet zu werden. Ferner sollte es gemäß Art. 5 Abs. 2 lit. b RiLi berechtigt sein, vom Leitungs- oder Verwaltungsorgan einen Bericht über bestimmte Angelegenheiten der Gesellschaft oder alle Auskünfte bzw. Unterlagen zu verlangen, wenn dies für die Erfüllung seiner Aufgaben erforderlich ist. Insoweit ergibt sich inhaltlich kein Unterschied zu den Befugnissen, die der Arbeitnehmervertretung nach dem deutschen oder

---

[985] Vgl. Amtl. Begründung VO zu Art. 67 VO, BR-Drucks. 488/89, S. 26.

niederländischen Mitbestimmungsmodell zustehen sollten. Anders als bei diesen sah Art. 5 Abs. 2 lit. c RiLi allerdings lediglich ein Informations- und Anhörungsrecht - und kein Zustimmungsrecht - hinsichtlich der in Art. 72 VO genannten Beschlüsse vor.

4. Sog. skandinavisches Modell

Im Wege einer Vereinbarung zwischen den Leitungs- oder Verwaltungsorganen der Gründungsgesellschaften und den Arbeitnehmern bzw. ihren Vertretern sollte es gemäß Art. 6 Abs. 1 RiLi möglich sein, andere als die in den Art. 4 und 5 RiLi genannten Mitbestimmungsmodelle zu wählen. Diese Wahlfreiheit schränkte die Kommission allerdings durch die in Art. 6 Abs. 2 RiLi festgelegten Mindestrechte, welche die Gleichwertigkeit einer solchen Vereinbarung über die Mitbestimmungsrechte der Arbeitnehmer mit den anderen zur Wahl stehenden Mitbestimmungsmodellen gewährleisten sollten, erheblich ein. Hiernach sollte die Vereinbarung den Arbeitnehmern der Europäischen Aktiengesellschaft oder ihren Vertretern mindestens eine vierteljährliche Unterrichtung über den Geschäftsverlauf der Gesellschaft einschließlich der von ihr kontrollierten Unternehmen und über ihre voraussichtliche Entwicklung (Art. 6 Abs. 2 lit. a RiLi) sowie eine Information und Anhörung vor Durchführung der in Art. 72 VO genannten Beschlüsse (Art. 6 Abs. 2 lit. b RiLi) zusichern. Sollte die Vereinbarung eine Vertretung der Arbeitnehmer in einem kollegialen Arbeitnehmervertretungsorgan vorsehen, so sollte dieses gemäß Art. 6 Abs. 3 RiLi vom Leitungs- oder Verwaltungsorgan die zur Wahrnehmung ihrer Aufgaben erforderlichen Informationen verlangen können. In Art. 6 Abs. 4 RiLi fand sich eine Regelung über die Geheimhaltung von vertraulichen Informationen für die Arbeitnehmervertreter, an welche diese auch über ihre Amtszeit hinaus gebunden sein sollten. Die Bedeutung dieser Vorschrift wurde jedoch durch die Bestimmung des Art. 6 Abs. 5 RiLi eingeschränkt. Hiernach sollte die Vereinbarung - sofern das Recht des Sitzstaats dies zulassen sollte - dem Leitungs- oder Verwaltungsorgan der Europäischen Aktiengesellschaft gestatten können, davon abzusehen, den Arbeitnehmern oder ihren Vertretern Informationen mitzuteilen, deren Verbreitung geeignet wäre, die Interessen der Europäischen Aktiengesellschaft ernsthaft zu gefährden oder ihre Vorhaben scheitern zu lassen. Auch für den Fall, daß infolge eines entsprechenden Beschlusses oder eines Scheiterns der Vereinbarungen ein Standardmodell nach dem Recht des Sitzstaats zur Anwendung gelangen sollte, sollte dieses Mitbestimmungsmodell gemäß Art. 6 Abs. 8 RiLi der am weitesten fortgeschrittenen einzelstaatlichen Praxis entsprechen und den Arbeitnehmern mindestens die vorgenannten Informations- und Konsultationsrechte gewährleisten.

IV. Rechtsstellung der Arbeitnehmervertreter

Die nachfolgenden Ausführungen zur Rechtsstellung der Arbeitnehmervertreter gelten grundsätzlich unabhängig von dem jeweils gewählten Mitbestimmungsmodell. Wenngleich dies nicht ausdrücklich in den Vorschlägen normiert war, ergibt sich dies zum einen aus der von der Kommission geforderten Gleichwertigkeit der Mitbestimmungsmodelle. Zum anderen waren die meisten der nachstehend genannten Vorschriften für die einzelnen Mitbestimmungsmodelle identisch, da sie in dem Abschnitt des Statuts über die gemeinsamen Vorschriften für das monistische und das dualistische System enthalten waren.

Die Mitglieder des Aufsichts- oder Verwaltungsorgans sollten nach Maßgabe des Art. 75 Abs. 1 VO von denselben Organen, Personen oder Personengruppen, die nach dem Statut oder der Satzung für ihre Bestellung zuständig sind, abberufen werden können. Neben diesem regulären Widerruf der Bestellung sollten die Mitglieder des Aufsichts- oder Verwaltungsorgans außerdem aus wichtigem Grund auf Antrag der Hauptversammlung der Aktionäre, soweit diese einen Kapitalanteil von mindestens 10 % repräsentieren, der Arbeitnehmervertretung oder des Aufsichts- oder Verwaltungsorgans durch das Gericht des Sitzes der Europäischen Aktiengesellschaft abberufen werden können, Art. 75 Abs. 2 VO. Die Amtszeit der Mitglieder der Organe sollte im einzelnen in der Satzung der Gesellschaft festgelegt werden, wobei ein Zeitraum von sechs Jahren nicht überschritten werden durfte; für die ersten Mitglieder war die Amtszeit jedoch auf drei Jahre beschränkt, Art. 68 Abs. 1 VO. Eine Verlängerung der Amtszeit war nach Maßgabe des Art. 68 Abs. 2 VO ohne weitere Voraussetzungen möglich. Nach der grundlegenden Bestimmung des Art. 74 Abs. 1 VO sollte jedes Mitglied eines Organs der Europäischen Aktiengesellschaft dieselben Rechte und Pflichten haben; dies allerdings unbeschadet einer internen Aufteilung der Aufgaben, der Vorschriften der Geschäftsordnung über die Beschlußfassung bei Stimmengleichheit sowie der Vorschriften über die Übertragung der Geschäftsführungsbefugnis auf bestimmte Mitglieder des Verwaltungsorgans. Art. 74 Abs. 2 VO sah vor, daß alle Mitglieder eines Organs der Europäischen Aktiengesellschaft ihr Amt im Interesse der Europäischen Aktiengesellschaft unter besonderer Berücksichtigung der Interessen der Aktionäre und Arbeitnehmer ausüben sollten. Art. 74 Abs. 3 VO enthielt die Verpflichtung für alle Mitglieder, das notwendige Stillschweigen über vertrauliche Informationen, welche die SE betreffen, zu bewahren; dies sollte auch über ihre Amtszeit hinaus gelten. Aufgrund des Verweises des Art. 5 Abs. 3 RiLi bzw. der Regelung des Art. 6 Abs. 4 RiLi sollte dies auch für die Arbeitnehmervertreter gelten, die Mitglieder des separaten Organs sind (sog. französisches Modell) bzw. der kollegialen Arbeitnehmervertretung angehören (sog. skandinavisches Modell). Art. 77 Abs. 1 VO schließlich sah die Haftung der Mitglieder des Verwaltungs-, Leitungs- oder Aufsichtsorgans für Schäden vor, welche der Gesellschaft durch schuldhaftes Verhalten bei der Ausübung ihres Amtes entstehen sollten. Durch die Regelung des Art. 9 RiLi sollten die Mitgliedstaaten zum Erlaß von Vorschriften verpflichtet sein, die die materiellen Voraussetzungen für die Wahrnehmung der Beteiligungsrechte der Arbeitnehmer gewährleisten, wie Ansprüche auf Erstattung von Schulungskosten oder auf Freizeitausgleich, Entgeltfortzahlung oder ein Diskriminierungsverbot.

E. Resonanz der Mitgliedstaaten und Sozialpartner

Wie auch schon bei den Kommissionsvorschlägen zur Europäischen Aktiengesellschaft von 1970 und 1975 kam es im Anschluß an die Vorlage der neuen Vorschläge der

Kommission zu einer lebhaften Diskussion, in deren Verlauf zahlreiche Stellungnahmen aller Beteiligten ergingen. Teils wiederholten sich hierbei die Aussagen, die bereits zum Memorandum der Kommission von 1988 gemacht worden waren, teils wurden aber auch neue Aspekte in die Diskussion eingebracht, die für die weitere Entwicklung von Bedeutung sein sollten. Da die Sozialpartner die Gelegenheit der Vorlage der neuen Vorschläge in erster Linie nutzten, um noch einmal ausführlich zum Vorhaben der Europäischen Aktiengesellschaft Stellung zu beziehen, sollen diese Stellungnahmen im folgenden eingehend dargestellt werden.

I. Wirtschafts- und Sozialausschuß

Der Wirtschafts- und Sozialausschuß gab seine nach Art. 100 a und Art. 54 EWG-Vertrag vorgesehene Stellungnahme zu den neuen Vorschlägen der Kommission am 28.03.1990 ab.[986]

Einleitend stellte der Wirtschafts- und Sozialausschuß noch einmal die Bedeutung heraus, die er dem Vorhaben der Europäischen Aktiengesellschaft beimaß, und bekräftigte unter Bezugnahme auf seine früheren Stellungnahmen seine *"mehrheitlich positive Haltung"*[987] zu ihrer Schaffung. Unabdingbar sei allerdings eine praxistaugliche Ausgestaltung, wenngleich der Wirtschafts- und Sozialausschuß ausdrücklich begrüßte, daß die Kommission zahlreichen Änderungsvorschlägen gefolgt sei, wodurch es zum Teil bereits gelungen sei, das Statut praktikabler zu gestalten. Ungeachtet dessen forderte der Ausschuß nach wie vor ein möglichst einheitliches und vom nationalen Recht unabhängiges Gesellschaftsrecht, da sonst die Gefahr bestehe, daß sich das Statut durch die häufigen Verweise auf nationales Recht zu weit von dem Prinzip der Einheitlichkeit entfernen könnte.[988]

Ohne sich abschließend zu der von ihm als schwierig erachteten Frage der Rechtmäßigkeit des Vorgehens der Kommission zu äußern, kritisierte der Wirtschafts- und Sozialausschuß die Aufspaltung eines einheitlichen Gesetzesvorhabens in zwei getrennte, auf unterschiedliche Rechtsgrundlagen gestützte Vorschläge, die wenig ratsam erscheine.[989] Dies gelte um so mehr, als damit zu rechnen sei, daß ein solches Vorgehen auch Auswirkungen auf die anderen gesellschaftsrechtlichen Vorhaben wie die Strukturrichtlinie haben würde.[990] Jedenfalls müßten die dem Europäischen Parlament durch die Einheitliche Europäische Akte eingeräumten Rechte gewahrt werden.

---

[986] Stellungnahme zu dem Vorschlag für eine Verordnung (EWG) des Rates über das Statut der Europäischen Aktiengesellschaft und dem Vorschlag für eine Richtlinie des Rates zur Ergänzung des SE-Statuts hinsichtlich der Stellung der Arbeitnehmer v. 28.03.1990, AblEG Nr. C 124 v. 21.05.1990, S. 34 ff., im folgenden Abschnitt zitiert als *Stellungnahme WSA*. Eine umfassende Darstellung dieser Stellungnahme findet sich bei *Wiesner*, AG-Report 1990, R 306 ff.
[987] Stellungnahme WSA, S. 34 ff., S. 35 (Anm. 1.1.3.).
[988] Stellungnahme WSA, S. 34 ff., S. 35 (Anm. 1.2.).
[989] Stellungnahme WSA, S. 34 ff., S. 36 (Anm. 1.8.1.).
[990] Stellungnahme WSA, S. 34 ff., S. 36 (Anm. 1.8.1.).

E. Resonanz der Mitgliedstaaten und Sozialpartner

Was die Mitbestimmung der Arbeitnehmer in den Unternehmensorganen bzw. die Arbeitnehmervertretung angeht, konnte der Wirtschafts- und Sozialausschuß trotz der zum Teil gegenläufigen Standpunkte seiner Mitglieder eine einheitliche Stellungnahme abgeben. Er wiederholte seine schon mehrfach ausgesprochene prinzipielle Zustimmung und unterstrich, daß die Mitwirkung der Arbeitnehmer eine wichtige Voraussetzung für die Entwicklung einer demokratischen Gesellschaft sei.[991] Wenngleich auf diesem Gebiet eine Einheitlichkeit vorerst nicht erreicht werden könne, sei es seiner Auffassung nach zumindest anzustreben, die angebotenen Mitbestimmungsmodelle ihrem Inhalt nach gleichwertig auszugestalten.[992] Eine Überprüfung der vorgelegten Vorschläge zeige jedoch, daß dies bislang nicht der Fall sei und die in seiner Stellungnahme zum Memorandum der Kommission angeregten Änderungen (praxistaugliche Ausgestaltung der Mitbestimmung; Letztentscheidungsrecht der Anteilseigner etc.[993]) auch im übrigen nicht oder nur zum Teil umgesetzt worden seien.[994]

Kritisch äußerte sich der Wirtschafts- und Sozialausschuß auch gegenüber der infolge der doppelten Wahlmöglichkeit zwischen dem monistischen und dem dualistischen System einerseits und den Mitbestimmungsmodellen andererseits stark angewachsenen Zahl der angebotenen Mitbestimmungsmodelle. Hierdurch werde die Einheitlichkeit des Statuts selbst für Gesellschaften mit Sitz in demselben Mitgliedstaat weiter beeinträchtigt.[995] Im übrigen mache es einen Unterschied, ob sich die Arbeitnehmerbeteiligung im Verwaltungs- oder im Aufsichtsorgan vollziehe. Was die Vereinbarung zwischen den Leitungs- oder Verwaltungsorganen und den Arbeitnehmern bzw. deren Vertretern über die Wahl des Mitbestimmungsmodells gemäß Art. 3 RiLi betrifft, so regte der Wirtschafts- und Sozialausschuß eine Klarstellung dahingehend an, daß die Verhandlungen mit dem Ziel des Abschlusses einer solchen Vereinbarung geführt werden müßten.[996]

Im einzelnen schlug der Wirtschafts- und Sozialausschuß zu den einzelnen Mitbestimmungsmodellen folgende Änderungen vor:

Hinsichtlich des deutschen Modells wiederholte der Ausschuß seine bereits in der Stellungnahme zum Memorandum geäußerte Kritik, daß zum einen das Letztentscheidungsrecht der Anteilseigner im Falle einer paritätischen Aufsichtsratsbesetzung fehle und zum anderen die pauschale Bezugnahme auf das deutsche Modell zu rechtlichen Unsicherheiten führe, da dieses als solches nicht existiere.[997] Das französische Modell sollte mit Rücksicht auf die angestrebte Gleichwertigkeit insofern modifiziert werden, als die gemäß Art. 5 Abs. 2 c RiLi vorgesehene Unterrichtung und Anhörung des separaten

---

[991] Stellungnahme WSA, S. 34 ff., S. 36 (Anm. 1.7.).
[992] Stellungnahme WSA, S. 34 ff., S. 36 (Anm. 1.7.2.).
[993] Vgl. zu dieser Stellungnahme im einzelnen oben Teil III § 9 C. I. (S. 195 ff.).
[994] Stellungnahme WSA, S. 34 ff., S. 43 (Anm. 3.2. und 3.4.).
[995] Stellungnahme WSA, S. 34 ff., S. 43 (Anm. 3.7.).
[996] Stellungnahme WSA, S. 34 ff., S. 43 (Anm. 3.8.).
[997] Stellungnahme WSA, S. 34 ff., S. 44 (Anm. 3.11.).

Arbeitnehmervertretungsorgans nicht erst vor der Durchführung der in Art. 72 VO genannten Beschlüsse, sondern bereits vor der Beschlußfassung erfolgen sollte.[998] Im übrigen wurde die Kommission aufgefordert, die in Art. 5 Abs. 2 a und b RiLi genannten Formulierungen über den Gegenstand der Informations- und Berichtspflichten in sprachlicher Hinsicht den Vorschriften der Art. 64 Abs. 1 und 2 VO bzw. Art. 67 Abs. 1 und 2 VO anzugleichen, um die Gleichwertigkeit der Mitbestimmungsmodelle zu gewährleisten.[999] Demselben Ziel dienten auch die Änderungsvorschläge des Wirtschafts- und Sozialausschusses betreffend das sog. skandinavische Mitbestimmungsmodell, welches sich an den Inhalten der beiden anderen Modelle orientieren müsse. Zweifel an der Gleichwertigkeit bestünden vor allem wegen der Unterschiedlichkeit der theoretisch denkbaren Modelle sowie wegen der Unklarheit über das in Art. 6 Abs. 8 RiLi vorgesehene Standardmodell, falls eine Vereinbarung nicht zustandekommen sollte.[1000] Hinsichtlich der in Art. 6 Abs. 2 RiLi genannten Mindestanforderungen an die Vereinbarung forderte der Ausschuß daher die Klarstellung, daß die in Art. 6 Abs. 2 a RiLi genannte Unterrichtung der Arbeitnehmer die in Art. 64 und 67 VO genannten Bereiche abdecken und die in Art. 6 Abs. 2 b RiLi vorgesehene Unterrichtung und Anhörung hinsichtlich der Beschlüsse nach Art. 72 VO ebenfalls bereits vor der Beschlußfassung durchgeführt werden sollte. In Art. 6 Abs. 3 RiLi schließlich sei der Umfang der Informationspflichten der Unternehmensleitung gegenüber der kollegialen Arbeitnehmervertretung wenig präzise umschrieben.[1001]

Ein weiterer Änderungsvorschlag mit Bezug zur Mitbestimmungsproblematik betraf das in Art. 7 RiLi angesprochene Wahlverfahren: Der Wirtschafts- und Sozialausschuß stimmte dem Grundsatz, daß die Wahl entsprechend den in den Mitgliedstaaten durch Gesetz oder durch die Praxis bestimmten Gepflogenheiten erfolgen sollte, zu, forderte jedoch die Anführung einiger wesentlicher Wahlgrundsätze: Grundsatz der geheimen Wahl, Minderheitenschutz und Freiheit der Meinungsäußerung.[1002] Hinsichtlich der der Arbeitnehmervertretung zur Verfügung zu stellenden finanziellen und materiellen Mittel schlug der Wirtschafts- und Sozialausschuß vor, bestimmte Grundelemente für die notwendigen Mittel festzulegen und dabei auf bewährte Praktiken in den Mitgliedstaaten zurückzugreifen.[1003] Der Ausschuß stimmte der Kommission ferner darin zu, im Statut Regelungen einer Mitbestimmung auf betrieblicher Ebene auszuklammern, so daß insoweit das jeweilige nationale Betriebsverfassungsrecht und das sonstige nationale Arbeitsrecht anwendbar sein sollten. Zugleich wies er aber darauf hin, daß die Arbeitneh-

---

[998] Stellungnahme WSA, S. 34 ff., S. 44 (Anm. 3.12.).
[999] Stellungnahme WSA, S. 34 ff., S. 44 (Anm. 3.13.).
[1000] Stellungnahme WSA, S. 34 ff., S. 44 (Anm. 3.15.).
[1001] Stellungnahme WSA, S. 34 ff., S. 45 (Anm. 3.20.).
[1002] Stellungnahme WSA, S. 34 ff., S. 45 (Anm. 3.25.).
[1003] Stellungnahme WSA, S. 34 ff., S. 45 f. (Anm. 3.31.).

mer in einer Europäischen Aktiengesellschaft ausreichend unterrichtet werden müßten, und forderte die Kommission zur Vorlage entsprechender Vorschläge auf.[1004]

Insgesamt lehnte der Wirtschafts- und Sozialausschuß die Vorschläge zwar nicht ausdrücklich ab, seine Stellungnahme enthielt jedoch so viele Kritikpunkte, daß davon ausgegangen werden kann, daß er den Verordnungs- und Richtlinienvorschlag zumindest in dieser Form nicht für konsensfähig hielt.[1005]

II. Europäisches Parlament

Erst am 24.01.1991, d. h. knapp anderthalb Jahre nach Vorlage der neuen Vorschläge, legte das Europäische Parlament seine Stellungnahme vor.[1006] Sie war mit ihren über 100 Änderungsvorschlägen zum vorgeschlagenen Statut sowie zum Richtlinienvorschlag sehr umfangreich. Daher sollen diese Änderungsvorschläge hier nur behandelt werden, soweit ein Bezug zur Mitbestimmungsproblematik besteht.

Im Hinblick auf die von der Kommission gewählten Rechtsgrundlagen enthielt der Entwurf des Europäischen Parlaments keine Änderungsvorschläge. Dies läßt sich damit erklären, daß die Wahl der Rechtsgrundlagen des Art. 100 a EWG-Vertrag für das Statut und des Art. 54 Abs. 3 lit. g EWG-Vertrag für die Richtlinie - wie bereits erwähnt - auf eine Anregung eines seiner Ausschüsse selbst zurückging.[1007]

Hinsichtlich der Organisationsverfassung der Europäischen Aktiengesellschaft stützte das Europäische Parlament das von der Kommission vorgeschlagene Konzept und schlug im wesentlichen lediglich einige klarstellende Modifikationen vor. So sollten bspw. die Mitglieder des Aufsichtsrats nicht jederzeit, sondern nur *"aus wichtigem Grund"*[1008] abberufen werden können und Art. 62 VO sollte um einen neuen Absatz über die Entlastung der Mitglieder des Leitungsorgans durch die Hauptversammlung ergänzt werden. Ferner sollte Art. 63 Abs. 1 VO dahingehend ergänzt werden, daß das Aufsichtsorgan die Geschäftsführung des Leitungsorgans überwacht.[1009] Ein sehr wich-

---

[1004] Stellungnahme WSA, S. 34 ff., S. 46 f. (Anm. 3.33.).

[1005] Vgl. auch *Wiesner*, AG-Report 1990, R 306 ff., R 306.

[1006] Legislative Entschließung (Verfahren der Mitentscheidung: Erste Lesung) mit der Stellungnahme des Europäischen Parlaments zu dem Vorschlag der Kommission für eine Verordnung des Rates über das Statut der Europäischen Aktiengesellschaft sowie zum Vorschlag der Kommission an den Rat für eine Richtlinie zur Ergänzung des SE-Statuts hinsichtlich der Stellung der Arbeitnehmer v. 24.01.1991, AblEG Nr. C 48 v. 25.02.1991, S. 72 ff. (Verordnungsvorschlag), S. 100 ff. (Geänderter Richtlinienvorschlag) bzw. S. 99 und 113 (Legislative Entschließungen). Im folgenden Abschnitt wird diese Stellungnahme zitiert als *Stellungnahme EP;* die Artikel der Änderungsvorschläge des Europäischen Parlaments werden mit dem Zusatz *EP-Entwurf* versehen. Eine umfassende Darstellung dieser Stellungnahme findet sich bei *Wiesner*, AG-Report 1991, R 54 ff., und *Kolvenbach*, DB 1991, 805 ff., 807.

[1007] Vgl. oben Teil III § 9 C. II. (S. 197 ff.).

[1008] Art. 62 Abs. 2 VO EP-Entwurf, Stellungnahme EP, AblEG Nr. C 48, S. 87.

[1009] Art. 63 Abs. 1 VO EP-Entwurf, Stellungnahme EP, AblEG Nr. C 48, S. 88.

§ 10 Die Vorschläge zur Europäischen Aktiengesellschaft von 1989

tiger Änderungsvorschlag betraf die Person des Vorsitzenden des Aufsichts- oder Leitungsorgans: Bei Bestellung der Hälfte der Mitglieder von Arbeitnehmern sollte dies nur ein von der Hauptversammlung der Aktionäre bestelltes Mitglied sein dürfen.[1010]

Die weitreichendsten Änderungsvorschläge des Europäischen Parlaments betrafen die Regelungen über die Mitbestimmung der Arbeitnehmer. In diesem Bereich legte das Europäische Parlament nicht nur Änderungen zu den bestehenden Regelungen vor, sondern schlug darüber hinaus weitere Regelungen vor.

Das Europäische Parlament sah eine ganz erhebliche Ausweitung der Liste der gemäß Art. 72 VO zustimmungspflichtigen Geschäfte vor. Nach dem Änderungsvorschlag sollte jedes Investitionsvorhaben, jede Betriebsänderung oder Kreditaufnahme ab einem bestimmten Prozentsatz des Eigenkapitals sowie der Abschluß von Liefer- und Leistungsverträgen ab einem bestimmten Prozentsatz des Gesamtumsatzes des letzten Geschäftsjahres der Zustimmung des Aufsichtsrats bedürfen, wobei der in der Satzung festzulegende jeweilige Prozentsatz zwischen 5 % und 25 % liegen können sollte.[1011] Zudem enthielten die Änderungsvorschläge Präzisierungen der Informations- und Anhörungsrechte: So wurde zum einen der Begriff der Führung der Geschäfte in Art. 64 Abs. 1 VO durch die Formulierung *"grundlegende Fragen der Geschäftsführung"* ersetzt. Bezüglich der Informationspflicht des Art. 64 Abs. 2 VO hieß es zum anderen nicht mehr *"alle wichtigen Angelegenheiten [...] in der Gesellschaft"*, sondern *"Ereignisse von besonderer Bedeutung für die Gesellschaft"*. Die bedeutendste Änderung zur unternehmerischen Mitbestimmung ergab sich aus der vorgeschlagenen Einführung des Letztentscheidungsrechts des Vorsitzenden des Aufsichtsorgans[1012], wie es in der Diskussion um die Europäische Aktiengesellschaft immer wieder gefordert worden war.

Das Europäische Parlament unterstützte des weiteren die infolge der Wahlmöglichkeit zwischen mehreren Modellen bestehende Flexibilität zugunsten der nationalen Gepflogenheiten; zur Vermeidung ungleicher Wettbewerbsbedingungen sei jedoch wesentlich, *"daß die Mitbestimmungsmodelle einen gleichwertigen Grad der Mitbestimmung gewährleisten"*[1013]. Die zur Wahl stehenden Modelle müßten demnach hinsichtlich der Rechte auf Unterrichtung, Anhörung und Beteiligung der Arbeitnehmer gleichwertig sein und die in den Artikeln 64 und 67 VO festgelegten Rechte gewährleisten.[1014] Das von den Leitungs- oder Verwaltungsorganen und den Arbeitnehmern bzw. ihren Vertretern gewählte Modell sollte gemäß Art. 3 Abs. 3 RiLi EP-Entwurf durch ein anderes der in den Artikeln, 4, 5 und 6 RiLi genannten Modelle nur ersetzt werden dürfen, falls

---

[1010] Vgl. Art. 65 Abs. 1 Satz 1 a (neu) und Art. 66 Abs. 1 Satz 1 a (neu) VO EP-Entwurf, Stellungnahme EP, AblEG Nr. C 48, S. 89.

[1011] Art. 72 Abs. 1 VO EP-Entwurf, Stellungnahme EP, AblEG Nr. C 48, S. 90.

[1012] Art. 76 Abs. 3 Satz 2 (neu) i.V.m. Art. 65 Abs. 1 Satz 1 a (neu), Art. 66 Abs. 1 Satz 1 a (neu) VO EP-Entwurf, Stellungnahme EP, AblEG Nr. C 48, S. 89 und 91.

[1013] Vgl. Erwägungsgrund Nr. 5 a (neu) EP-Entwurf, Stellungnahme EP, AblEG Nr. C 48, S. 100.

[1014] Vgl. Art. 3 Abs. 1 Satz 2 (neu) EP-Entwurf, Stellungnahme EP, AblEG Nr. C 48, S. 101.

dies durch gewichtige Gründe gerechtfertigt sei. Wann diese vorliegen sollten, wurde indes nicht näher ausgeführt.

Zu den einzelnen Mitbestimmungsmodellen schlug das Europäische Parlament einige Ergänzungen und Klarstellungen vor:

Das sog. deutsche Modell des Art. 4, 1. Spiegelstrich RiLi sollte lediglich dahingehend ergänzt werden, daß auch die Arbeitnehmer eines von der Europäischen Aktiengesellschaft kontrollierten Unternehmens in die Wahl einbezogen werden sollten. Im übrigen sollte es unverändert bleiben.

Das Kooptationsmodell des Art. 4, 2. Spiegelstrich RiLi sollte seinem Vorbild im niederländischen Recht[1015] sowie dem darauf gründenden geänderten Vorschlag einer Strukturrichtlinie[1016] angeglichen und um detailliertere Regelungen zum Widerspruchsverfahren erweitert werden.[1017] Weitere Änderungsvorschläge bezüglich der Modelle des Art. 4 RiLi betrafen die Vorschläge für die Bestellung der Mitglieder des Aufsichts- oder Leitungsorgans, wobei die ersten Mitglieder von der Anteilseignerversammlung bestellt werden sollten. Schließlich sollte das bereits erwähnte Letztentscheidungsrecht des Vorsitzenden noch einmal ausdrücklich Erwähnung finden.[1018]

Das separate Arbeitnehmervertretungsorgan des französischen Modells sollte in "SE-Ausschuß" umbenannt werden, vgl. Art. 5 Abs. 1 RiLi EP-Entwurf.[1019] Inhaltlich sollten die diesem Organ zustehenden Mitbestimmungsrechte denen angeglichen werden, die den Arbeitnehmervertretern nach den Modellen des Art. 4 RiLi zustehen sollten. Gemäß Art. 4 Abs. 2 lit. a RiLi EP-Entwurf sollte der SE-Ausschuß das Recht haben, mindestens alle drei Monate vom Leitungs- oder Verwaltungsorgan über den Geschäftsverlauf, die Wettbewerbslage und die voraussichtliche Entwicklung der Gesellschaft und der von ihr kontrollierten Unternehmen unterrichtet zu werden. Ferner sollte er jederzeit unverzüglich sowohl Informationen oder einen speziellen Bericht über alle die Europäische Aktiengesellschaft oder die von ihr kontrollierten Unternehmen betreffenden Angelegenheiten oder Vorkommnisse vom Leitungs- oder Verwaltungsorgan verlangen können, die eventuelle Auswirkungen auf die voraussichtliche Entwicklung der Europäischen Aktiengesellschaft haben könnten, als auch Einsicht in diesbezügliche Unterlagen haben, vgl. Art. 5 Abs. 2 lit. b RiLi EP-Entwurf. Insbesondere sollte das Arbeitnehmervertretungsorgan gemäß Art. 5 Abs. 2 lit. c RiLi EP-Entwurf unverzüglich unterrichtet und frühzeitig genug gehört werden, bevor Beschlüsse über die unter Art. 5 Abs. 2 lit. b RiLi EP-Entwurf bzw. in Art. 72 VO genannten Angelegenheiten oder Vorkommnisse gefaßt würden, und das Recht haben, Einsicht in die diesbezüglichen Unterlagen zu

---

[1015] Vgl. dazu oben Teil I § 1 D. (S. 58 ff.).
[1016] Vgl. dazu oben Teil II § 7 D. (S. 169 ff.).
[1017] Vgl. Art. 4 Abs. 2 (neu) RiLi EP-Entwurf, Stellungnahme EP, AblEG Nr. C 48, S. 102.
[1018] Vgl. Art. 4 Abs. 5 (neu) RiLi EP-Entwurf, Stellungnahme EP, AblEG Nr. C 48, S. 103.
[1019] In der Sache bedeutete dies keinen Unterschied. Warum das Europäische Parlament diese terminologische Änderung wünschte, geht aus seiner Stellungnahme leider nicht hervor.

nehmen. Weitere Mitbestimmungsrechte waren in Art. 5 Abs. 2 lit. ca und cb RiLi EP-Entwurf vorgesehen.

Schließlich sollte nach den Vorstellungen des Europäischen Parlaments auch das skandinavische Modell den anderen Mitbestimmungsmodellen hinsichtlich der Mitbestimmungsrechte der Arbeitnehmer angepaßt werden, wobei die Gewährleistung der Gleichwertigkeit durch umfangreiche Verweisungen erreicht werden sollte, vgl. Art. 6 Abs. 2 RiLi EP-Entwurf.

Im übrigen schlug das Europäische Parlament zahlreiche weitere Änderungen mit unmittelbarem oder mittelbarem Bezug zur Mitbestimmungsproblematik vor:

In Art. 7 des Richtlinienentwurfs fand sich eine nähere Ausgestaltung der Wahlvorschriften, die insbesondere die wesentlichen Wahlgrundsätze (Grundsatz der Allgemeinheit, Grundsatz der Proportionalität etc.) benannte. Ferner schlug das Europäische Parlament eine erhebliche Ausweitung der notwendigen finanziellen und materiellen Mittel und sonstigen Einrichtungen vor, die das Leitungs- und Verwaltungsorgan den Arbeitnehmervertretern zur Verfügung stellen müssen sollte, Art. 9 RiLi EP-Entwurf. Obwohl die Kommission in ihren Vorschlägen zur Vermeidung neuer kontroverser Auseinandersetzungen von einer Regelung der betrieblichen Mitbestimmung abgesehen hatte, schlug das Europäische Parlament in den Art. 10 a ff. RiLi EP-Entwurf ferner ein eigenständiges Betriebsverfassungsrecht vor. Auf eine Darstellung dieser Vorschriften soll hier jedoch verzichtet werden, da die Kommission diesen Vorschlägen des Europäischen Parlaments bei der Vorlage ihres geänderten Vorschlags - um dies vorwegzunehmen - nicht gefolgt ist.[1020] Schließlich war in Art. 11 b RiLi EP-Entwurf ein Schiedsverfahren zur Beilegung von Meinungsverschiedenheiten zwischen dem Leitungs- oder Verwaltungsorgan und den Arbeitnehmervertretern vorgesehen.

Insgesamt wäre somit mit den vorgeschlagenen Änderungen eine erhebliche Ausweitung der Mitbestimmung der Arbeitnehmer sowohl auf betrieblicher als auch auf der Ebene des Unternehmens der Europäischen Aktiengesellschaft einhergegangen.[1021]

III. Sonstige Stellungnahmen

Im Anschluß an die Vorschläge der Kommission kam auch in den Mitgliedstaaten eine lebhafte Diskussion auf, in deren Zuge unzählige Stellungnahmen ergangen sind. Da diese nicht sämtlich erfaßt werden können, soll im folgenden zumindest ein Blick auf die Resonanz in der Bundesrepublik Deutschland und die Reaktionen der Sozialpartner auf europäischer Ebene geworfen werden.

[1020] Vgl. zu diesem Vorschlag noch ausführlich unten Teil III § 11 (S. 252 ff.).
[1021] So auch *Wiesner*, AG-Report 1991, R 54 f., R 55.

1. Stellungnahmen im Inland

a. Deutscher Bundesrat

Die ausführliche Stellungnahme des Deutschen Bundesrats vom 16.02.1990 zu den neuen Vorschlägen der Kommission war insgesamt ablehnend.[1022] Der Bundesrat erinnerte an seine Stellungnahme zum Memorandum der Kommission[1023] und bekräftigte die dort vertretene Auffassung, daß die Europäische Aktiengesellschaft auf einem möglichst einheitlichen gemeinschaftsrechtlichen Rechtsinstrument beruhen müsse und nicht nur eine weitere Erscheinungsform einer Aktiengesellschaft nationalen Rechts in den Mitgliedstaaten sein dürfe.[1024] Diesen Anforderungen - so der Bundesrat weiter - würden die neuen Vorschläge nicht gerecht. Im einzelnen enthielt die Stellungnahme zahlreiche Verbesserungs- und Änderungsvorschläge, die jedoch im folgenden nur insoweit dargestellt werden, als sie die Problematik der Mitbestimmung der Arbeitnehmer betreffen.

Die von der Kommission für den Verordnungs- und den Richtlinienvorschlag gewählten Rechtsgrundlagen wurden abgelehnt. Begründet wurde dies damit, daß eine Rechtsangleichung nur möglich sei, wenn entsprechende nationale Regelungen bestünden oder jedenfalls ergehen könnten; dies sei bei dem supranationalen Statut der Europäischen Aktiengesellschaft nicht der Fall.[1025] Zudem sei die Anwendbarkeit des Art. 100 a EWG-Vertrag als Rechtsgrundlage für den Verordnungsvorschlag im Hinblick auf die steuerrechtliche Vorschrift des Art. 133 VO und die Mitbestimmungsregelungen des Richtlinienvorschlags, welche einen wesentlichen Bestandteil des Statuts darstellen, wegen Art. 100 a Abs. 2 EWG-Vertrag ausgeschlossen. Schließlich stieß auch die Wahl der Rechtsgrundlage für den Richtlinienvorschlag auf Ablehnung, da Arbeitnehmer in ihrer Gesamtheit keine Dritte im Sinne des Art. 54 Abs. 3 lit. g EWG-Vertrag seien.[1026] Der Deutsche Bundesrat sprach sich daher dafür aus, die gemeinschaftsrechtlichen Regelungen über die Europäische Aktiengesellschaft einheitlich auf Art. 235 EWG-Vertrag zu stützen.[1027]

[1022] Beschluß des Bundesrats v. 16.02.1990 zum Vorschlag einer Verordnung (EWG) des Rates über das Statut der Europäischen Aktiengesellschaft und zum Vorschlag für eine Richtlinie des Rates zur Ergänzung des Statuts der Europäischen Aktiengesellschaft hinsichtlich der Stellung der Arbeitnehmer, KOM (89) 268 endg., abgedruckt in BR-Drucks. 488/89 im Anschluß an den geänderten Verordnungsvorschlag. Diese Stellungnahme wird im folgenden Abschnitt zitiert als *Stellungnahme BR*.

[1023] Vgl. dazu oben Teil III § 9 C. III. 1. a. (S. 199 f.).

[1024] Vgl. Stellungnahme BR, BR-Drucks. 488/89, S. 3.

[1025] Vgl. Stellungnahme BR, BR-Drucks. 488/89, S. 2.

[1026] Vgl. Stellungnahme BR, BR-Drucks. 488/89, S. 2. Eine ausführliche Diskussion dieser Einwände erfolgt erst im Rahmen der Stellungnahme zur Rechtsgrundlage, vgl. unten Teil III § 10 F. I. (S. 240 ff.).

[1027] Vgl. Stellungnahme BR, BR-Drucks. 488/89, S. 2.

Hinsichtlich der Regelung des Art. 61 VO über die Organisationsverfassung der Europäischen Aktiengesellschaft unterbreitete der Bundesrat folgenden Änderungsvorschlag: Angesichts der Befürchtung, daß die Wahlmöglichkeit der Gründungsgesellschaften zwischen dem dualistischen und dem monistischen System zu einer erheblichen Rechtszersplitterung führen würde, sollte den Mitgliedstaaten die Möglichkeit eröffnet werden, diese Wahlmöglichkeit für Europäische Aktiengesellschaften mit Sitz in ihrem Hoheitsgebiet einzuschränken.[1028] Dies entspräche auch dem geänderten Vorschlag der Strukturrichtlinie.[1029]

Auch die Regelungen über die Mitbestimmung der Arbeitnehmer wurden in der von der Kommission vorgelegten Form im wesentlichen abgelehnt. Der Bundesrat hielt zwar an seiner bereits zum geänderten Vorschlag zur Europäischen Aktiengesellschaft von 1975 zum Ausdruck gebrachten Auffassung fest, der Grundsatz der Mitbestimmung sei eine unabdingbare Voraussetzung jeder modernen Unternehmensverfassung.[1030] Die im Richtlinienvorschlag zur Auswahl gestellten Formen der Arbeitnehmerbeteiligung genügten jedoch nicht dem nach Auffassung des Bundesrats *"unverzichtbaren Kriterium der materiellen Gleichwertigkeit"*[1031]. Er wandte sich somit nicht gegen die Mitbestimmung als solche, sondern gegen die von der Kommission vorgeschlagene Ausgestaltung, die mit diesem Grundsatz in einigen Punkten nicht vereinbar sei. So bedürfe der Katalog der zustimmungspflichtigen Tätigkeiten des Art. 72 VO einer Änderung dahingehend, daß dem Vorstand gegenüber dem Aufsichtsrat eine größere Selbständigkeit eingeräumt werden müsse; insoweit sei eine Modifikation des Prinzips der Zustimmung bei Fragen der Geschäftsleitung erforderlich.[1032] Konkrete Umsetzungsvorschläge enthielt die Stellungnahme allerdings nicht. Daneben kritisierte der Bundesrat zum einen die Regelung des Art. 3 Abs. 1 Satz 2 RiLi, nach der die Wahl zwischen den zur Verfügung gestellten Modellen einer Vereinbarung des Leitungs- bzw. Verwaltungsorgans mit den Arbeitnehmervertretern überlassen werden sollte. Zum anderen entspreche es auch nicht einer substantiellen Mitbestimmung, daß gemäß Art. 3 Abs. 1 Satz 2 RiLi beim Nichtzustandekommen einer Vereinbarung das Leitungs- bzw. Verwaltungsorgan über das für die Europäische Aktiengesellschaft anzuwendende Mitbestimmungsmodell entscheiden sollte.[1033] Konkrete Kritik übte der Bundesrat auch am deutschen Mitbestimmungsmodell des Art. 4 Abs. 1, 1. Spiegelstrich RiLi.[1034] In bezug auf die Mitbestimmung der Arbeitnehmer müsse der Gesetzgeber dieselben Regelungen treffen können, die für entsprechende Aktiengesellschaften des deutschen Rechts gelten. Insbesondere müsse sichergestellt werden, daß der Bundesgesetzgeber den Anteilseignern in

---

[1028] Vgl. Stellungnahme BR, BR-Drucks. 488/89, S. 6.
[1029] Vgl. dazu bereits oben Teil II § 7 D. II. (S. 170 ff.).
[1030] Vgl. Stellungnahme BR, BR-Drucks. 488/89, S. 10.
[1031] Stellungnahme BR, BR-Drucks. 488/89, S. 3.
[1032] Vgl. Stellungnahme BR, BR-Drucks. 488/89, S. 6.
[1033] Vgl. Stellungnahme BR, BR-Drucks. 488/89, S. 10.
[1034] Vgl. Stellungnahme BR, BR-Drucks. 488/89, S. 10 f.

Pattsituationen ein Letztentscheidungsrecht einräumen könne, wenn er für Europäische Aktiengesellschaften mit Sitz in der Bundesrepublik Deutschland die paritätische Mitbestimmung vorsehe.[1035] Abschließend monierte der Bundesrat, daß des Vorschrift des Art. 7 RiLi über die Wahl der Arbeitnehmervertreter zur Konkretisierung einiger gemeinschaftsrechtlicher Grundlagen bedürfe.[1036]

b. Deutsche Wirtschaft

Die Spitzenorganisationen der gewerblichen Wirtschaft gaben bereits am 27.10.1989 eine mit 56 Seiten sehr umfangreiche - und zudem sehr deutliche - Stellungnahme zu den Vorschlägen der Kommission ab.[1037]

Wie auch schon bei ihrer Stellungnahme zum 1988 vorgelegten Memorandum[1038] begrüßte die deutsche Wirtschaft die Schaffung einer Europäischen Aktiengesellschaft grundsätzlich, kritisierte zugleich aber ihre konkrete Ausgestaltung als nicht den Bedürfnissen der Praxis entsprechend. Zwar habe das Statut in einigen Punkten verbessert werden können (erleichterte Zugangsmöglichkeiten, Reduzierung des Umfangs und Harmonisierung durch Verweisungen). Ein Rechtsgebilde, dessen Europacharakter durch eine Vielzahl voneinander abweichender nationaler Regelungen immer mehr verlorengehe, mache es indes für die Praxis kaum noch brauchbar.[1039]

Mit aller Deutlichkeit lehnte der Ausschuß die Aufspaltung des Statuts in zwei auf unterschiedliche Rechtsgrundlagen gestützte Vorschläge ab. Das Verfahren der Kommission, mit dem diese die Bestimmungen über die Mitbestimmung der in Art. 100 a Abs. 2 EWG-Vertrag vorgeschriebenen Einstimmigkeit im Ministerrat entziehen wolle, stoße als *"Mißbrauch der Rechtsgrundlagen des Vertrages auf nachhaltige und grundsätzliche Zurückweisung"*[1040]. Bei dem Rückgriff auf die Bestimmung des Art. 54 Abs. 3 lit. g EWG-Vertrag handele es sich - so der Ausschuß weiter - um den Versuch, für die Verabschiedung der Vorschriften über die Mitbestimmung in der Europäischen Aktiengesellschaft die Erleichterung einer qualifizierten Mehrheit im Ministerrat zu erlangen, was durch den Vertrag nicht gedeckt sei.[1041]

1035 Vgl. Stellungnahme BR, BR-Drucks. 488/89, S. 11.
1036 Vgl. Stellungnahme BR, BR-Drucks. 488/89, S. 11.
1037 Stellungnahme des Gemeinsamen Arbeitsausschusses für Fragen des Unternehmensrechts des Bundesverbandes der deutschen Industrie, des Bundesverbandes deutscher Banken, der Bundesvereinigung der deutschen Arbeitgeberverbände, des Deutschen Industrie- und Handelstages und des Gesamtverbandes der Versicherungswirtschaft v. 27.10.1989 zum geänderten Verordnungs- und Richtlinienvorschlag für Europäische Aktiengesellschaften (SE) v. 27.10.1989. Diese Stellungnahme wird im folgenden zitiert als *Stellungnahme Dt. Wirtschaft*. Vgl. zu dieser Stellungnahme auch *Wiesner*, AG-Report 1990, R 3 f.
1038 Vgl. dazu bereits ausführlich oben Teil III § 9 C. III. 1. b. (S. 200 ff.).
1039 Stellungnahme Dt. Wirtschaft, S. 3.
1040 Stellungnahme Dt. Wirtschaft, S. 3 und S. 47.
1041 Stellungnahme Dt. Wirtschaft, S. 47.

§ 10 Die Vorschläge zur Europäischen Aktiengesellschaft von 1989

In der Frage der Organisationsverfassung der Europäischen Aktiengesellschaft machte die deutsche Wirtschaft - wie auch schon bei ihren früheren Stellungnahmen - keinen Hehl daraus, daß sie eine ausschließlich dualistische Organisationsverfassung der Europäischen Aktiengesellschaft bevorzugt hätte. Sie zeigte jedoch Verständnis dafür, daß die Kommission bestrebt gewesen sei, den unterschiedlichen Traditionen der Mitgliedstaaten in der Frage der Struktur der Kapitalgesellschaften Rechnung zu tragen, wenngleich hierdurch das Prinzip der Einheitlichkeit aufgegeben werde.[1042] Was die inhaltliche Ausgestaltung angeht, kritisierte die deutsche Wirtschaft, daß das monistische Modell des Vorschlags lediglich ein Modell *sui generis* sei, welches mit dem in einigen Mitgliedstaaten praktizierten *board-system* nicht vergleichbar sei. Die Übertragung der Informations-, Anhörungs- und Mitbestimmungsrechte des dualistischen Systems auf das Verwaltungsorgan würde in der Praxis auf erhebliche Probleme stoßen.[1043] Die Regelungen des dualistischen Systems seien zudem in sich widersprüchlich, da der klare Grundsatz einer ausdrücklichen Kompetenzverteilung in wichtigen Bereichen in nicht hinnehmbarer Weise relativert werde.[1044] Dies gelte insbesondere für den Katalog der zustimmungspflichtigen Geschäfte des Art. 72 VO. Ferner lasse der starre Katalog in Verbindung mit den wegen ihrer vagen Umschreibung kaum eingrenzbaren Informationspflichten im praktischen Vollzug eine wesentliche Kompetenzminderung zu Lasten des Leitungsorgans befürchten. Aufgrund der individuellen Besonderheiten und der größeren Sachnähe sprach sich der Ausschuß daher dafür aus, die Aufnahme von zustimmungspflichtigen Rechtsgeschäften der Satzung oder dem Aufsichtsrat vorzubehalten.[1045] Kritisiert wurde vor allem auch das Fehlen eines Letztentscheidungsrechts der Anteilseigner bei einer hälftigen Zusammensetzung des Aufsichtsrats.[1046] Bezüglich der Abberufung der Mitglieder des Verwaltungs- oder Leitungsorgans schließlich forderte die deutsche Wirtschaft, daß diese nur auf Antrag der übrigen Mitglieder des Organs, und zwar nur aus wichtigem Grund, zulässig sein sollte.[1047]

Scharfe Kritik riefen insbesondere die Regelungen über die Mitbestimmung der Arbeitnehmer hervor. Unabhängig von der Unzulässigkeit der Wahl der Rechtsgrundlage stoße die Wahl einer Richtlinie zu ihrer Regelung auf erhebliche Bedenken: Es sei widersprüchlich, über die Umsetzung einer Richtlinie nationale Rechtsvorschriften für eine Rechtsform zu schaffen, die gerade von den nationalen Rechten weitestgehend unabhängig sein soll.[1048] Dieses Vorgehen wurde aus deutscher Sicht vor allem deshalb abgelehnt, da durch die notwendige Umsetzung der Richtlinie der Bundesrepublik

---

[1042] Stellungnahme Dt. Wirtschaft, S. 15.
[1043] Stellungnahme Dt. Wirtschaft, S. 15 und S. 19 f.
[1044] Stellungnahme Dt. Wirtschaft, S. 16.
[1045] Stellungnahme Dt. Wirtschaft, S. 21 f.; vgl. dort auch die Kritikpunkte zu den zustimmungspflichtigen Tatbeständen im einzelnen.
[1046] Stellungnahme Dt. Wirtschaft, S. 4.
[1047] Stellungnahme Dt. Wirtschaft, S. 24.
[1048] Stellungnahme Dt. Wirtschaft, S. 3.

Deutschland eine neue Mitbestimmungsauseinandersetzung aufgezwungen würde.[1049] Heftige Kritik erfuhr auch die Regelung über die Wahl des für die Europäische Aktiengesellschaft geltenden Mitbestimmungsmodells des Art. 3 RiLi: Der Grundsatz des Art. 3 Abs. 2 RiLi, nach dem eine Europäische Aktiengesellschaft erst nach Festlegung auf eines der zur Wahl stehenden Mitbestimmungsmodelle gegründet werden können sollte, wurde von der deutschen Wirtschaft abgelehnt. Diese Regelung sei zu weitreichend und stehe auch im Widerspruch zu der im Memorandum der Kommission vertretenen Auffassung, daß eine Mitbestimmung nicht gegen den Willen der Arbeitnehmer eingeführt werden sollte.[1050] Ebenso lehnte die deutsche Wirtschaft die in Art. 3 Abs. 5 RiLi vorgesehene Möglichkeit der Beschränkung des Wahlrechts ab, da hierdurch Entscheidungen über wichtige Strukturfragen der Europäischen Aktiengesellschaft in die Disposition der nationalen Gesetzgeber gestellt würden.[1051]

Hauptkritikpunkt an den Mitbestimmungsregelungen war jedoch der Vorwurf fehlender Gleichwertigkeit der zur Verfügung gestellten Mitbestimmungsmodelle. Aufgrund der Möglichkeit, unternehmensindividuelle Vereinbarungen zu treffen, sei die Zahl der Modelle hierbei sogar unbegrenzt.[1052] Eine solche Vielzahl unterschiedlicher Regelungen in einem für die Struktur der Gesellschaft wichtigen Bereich erscheine unvereinbar mit dem für die Europäische Aktiengesellschaft erhobenen Anspruch, den Unternehmen gemeinschaftsweit eine einheitliche Rechtsform zur Verfügung zu stellen.[1053] Die deutsche Wirtschaft verlangte folglich in der Frage der Mitbestimmung eine einheitliche und gleichwertige Regelung im Statut, die *"aus sich selbst heraus praktizierbar und einer unterschiedlichen Interpretation unzugänglich"*[1054] sein müßte. In inhaltlicher Hinsicht kritisierte die deutsche Wirtschaft, daß die in den Art. 64 bzw. 67 VO vorgesehenen Informationsrechte zu weitreichend seien. Sie sollten auf Vorgänge beschränkt werden, die auf die Lage der Europäischen Aktiengesellschaft von erheblichem Einfluß sein könnten und die für eine effiziente Kontrolle des Aufsichtsorgans erforderlich sei.[1055]

Im einzelnen merkte der Ausschuß zu den zur Verfügung gestellten Mitbestimmungsmodellen folgendes an:

Das deutsche Modell des Art. 4, 1. Spiegelstrich RiLi ginge in entscheidenden Punkten über die für nationale Gesellschaften in der Bundesrepublik nach dem MitbestG 1976 und dem BetrVG 1952 geltenden Regelungen hinaus und müsse insofern abgelehnt werden. Der Ausschuß ließ hierbei keinen Zweifel daran, daß dies zur Ablehnung des gesamten Vorschlags führen würde, würde man diesen grundsätzlichen Einwand nicht

---

[1049] Stellungnahme Dt. Wirtschaft, S. 3 und S. 51.
[1050] Stellungnahme Dt. Wirtschaft, S. 53.
[1051] Stellungnahme Dt. Wirtschaft, S. 53.
[1052] Stellungnahme Dt. Wirtschaft, S. 51.
[1053] Stellungnahme Dt. Wirtschaft, S. 51.
[1054] Stellungnahme Dt. Wirtschaft, S. 51.
[1055] Stellungnahme Dt. Wirtschaft, S. 19.

berücksichtigen.[1056] Dieser Einwand gründete sich auf zwei Kritikpunkte. Zum einen bemängelte der Ausschuß das Fehlen eines Letztentscheidungsrechts der Anteilseigner im Falle einer paritätischen Besetzung des Aufsichtsorgans.[1057] Er forderte, das Statut um ein institutionell abgesichertes und praxistaugliches Letztentscheidungsrecht der Anteilseigner im Falle einer paritätischen Besetzung des Aufsichtsrats zu ergänzen, da es sich hierbei um ein unverzichtbares Element einer jeden Regelung der Mitbestimmung der Arbeitnehmer im Unternehmen handele.[1058] Zum anderen fehle eine - im deutschen Recht existierende - Abstufung der Mitbestimmung nach der Zahl der im Unternehmen beschäftigten Arbeitnehmer.[1059] Auch diese Frage müsse in den Vorschlägen selbst geregelt werden, um zu vermeiden, daß sie Gegenstand einer innerdeutschen Auseinandersetzung werde.

Hinsichtlich der Arbeitnehmervertretung in einem separaten Organ (sog. französisches Modell, Art. 5 RiLi) verwies die deutsche Wirtschaft auf ihre zum deutschen Mitbestimmungsmodell dargelegten Ausführungen zu den ihrer Ansicht nach zu weitreichenden Informationsrechten. Ferner kritisierte sie, daß im Gegensatz zum Mitbestimmungsmodell kraft Vereinbarung - vgl. Art. 6 Abs. 5 RiLi - nicht die Möglichkeit vorgesehen sei, bestimmte Informationen verweigern zu können.[1060]

Zum sog. skandinavischen Modell einer Vereinbarung über die Mitbestimmung der Arbeitnehmer stellte der Ausschuß einleitend klar, daß hiermit keine erstreikbaren tarifvertraglichen Vereinbarungen gemeint sein dürften.[1061] Jedenfalls aber müßte sichergestellt werden, daß eine solche Vereinbarung nicht zu weiterreichenden Mitbestimmungsrechten führen könne, als es das deutsche Modell des Art. 4 RiLi vorsieht. Abgelehnt wurden die Regelungen des Art. 6 Abs. 6 RiLi (Hinzuziehung von Sachverständigen) und des Art. 6 Abs. 8 RiLi (Geltung eines Standardmodells des Sitzstaats für den Fall des Scheiterns der Verhandlungen oder einer entsprechenden Vereinbarung).[1062]

Im übrigen kritisierten die Spitzenorganisationen der gewerblichen Wirtschaft die in Art. 7 RiLi enthaltenen Grundsätze für die Wahl der Arbeitnehmervertreter. Diese seien äußerst vage gehalten, das alleinige Prinzip einer Verhältniswahl könne nicht überzeugen und schließlich sei die Aufnahme gewisser Minderheitenschutzrechte zu erwägen.[1063] Zu undifferenziert sei auch die Regelung des Art. 9 RiLi über die Kostentragungspflicht der Europäischen Aktiengesellschaft für die Arbeitnehmervertretung; hier

---

[1056] Stellungnahme Dt. Wirtschaft, S. 50.
[1057] Stellungnahme Dt. Wirtschaft, S. 4.
[1058] Stellungnahme Dt. Wirtschaft, S. 50.
[1059] Stellungnahme Dt. Wirtschaft, S. 4.
[1060] Stellungnahme Dt. Wirtschaft, S. 54.
[1061] Stellungnahme Dt. Wirtschaft, S. 54.
[1062] Stellungnahme Dt. Wirtschaft, S. 54 f.
[1063] Stellungnahme Dt. Wirtschaft, S. 55.

forderte die deutsche Wirtschaft zumindest eine Beschränkung der Erstattungspflicht auf die erforderlichen, für die Ausübung des Amtes notwendigen Kosten.[1064] Letztlich war die Stellungnahme der Spitzenorganisationen der deutschen Wirtschaft mehr als deutlich: Sowohl das Statut als auch der Richtlinienvorschlag wurden in ihrer damaligen Form abgelehnt.

c. Deutscher Gewerkschaftsbund

Fast zeitgleich gab auch der Deutsche Gewerkschaftsbund seine Stellungnahme ab und lehnte die neuen Vorschläge der Kommission - wenn auch aus ganz anderen Gründen als die Vertreter der Wirtschaft - ebenso entschieden ab.[1065] Der Entwurf bleibe in enttäuschender Weise nicht nur hinter dem Memorandum der Kommission von 1988, sondern auch hinter den seinerzeit von dieser formulierten Erwartungen zurück.[1066] Die Kommission habe weder die Anforderungen des Europäischen Parlaments noch die des Wirtschafts- und Sozialausschusses zufriedenstellend umgesetzt. Im einzelnen kritisierte der DGB die Vorschläge der Kommission wie folgt, allerdings ohne auf die von der Kommission vorgeschlagenen Rechtsgrundlagen und die Frage der Organisationsverfassung der Europäischen Aktiengesellschaft einzugehen.

Alle drei Mitbestimmungsmodelle blieben hinter ihren in den Mitgliedstaaten existierenden nationalen Vorbildern zurück. Die Rechte der Arbeitnehmervertreter seien inhaltlich auf einem niedrigeren Niveau angesiedelt.[1067] Außerdem - so der DGB weiter - wiesen die Mitbestimmungsmodelle derart große Unterschiede auf, daß von gleichwertigen oder annähernd vergleichbaren Rechten der Arbeitnehmer nicht gesprochen werden könne.[1068] Insoweit forderte der Deutsche Gewerkschaftsbund erhebliche Nachbesserungen: Unterrichtung und Anhörung vor Beschlußfassung, Errichtung einer kollegialen europäischen Arbeitnehmervertretung und gleiche Rechte und Pflichten für die Arbeitnehmervertreter und die Vertreter der Kapitalseite.[1069] Auch im übrigen seien Nachbesserungen erforderlich. So sollte zum Beispiel eine Information und Konsultation der Arbeitnehmer bereits vor der Gründung der Europäischen Aktiengesellschaft vorgesehen werden und eine Anhörung - nicht nur eine Unterrichtung - über den Geschäftsverlauf stattfinden.[1070] Auch hinsichtlich der Regelung zur Sicherung der Aufga-

---

[1064] Stellungnahme Dt. Wirtschaft, S. 56.
[1065] Stellungnahme des DGB v. 30.10.1989 zum Vorschlag v. 25.08.1989 für eine Verordnung (EWG) über das Statut einer Europäischen Aktiengesellschaft und für eine Richtlinie des Rates zur Ergänzung des SE-Statuts hinsichtlich der Stellung der Arbeitnehmer. Diese Stellungnahme wird im folgenden Abschnitt zitiert als *Stellungnahme DGB*; eine kurze Erwähnung dieser Stellungnahme findet sich bei *Wiesner*, AG-Report 1990, R 3 f.
[1066] Vgl. Stellungnahme DGB, S. 1 (Anm. 2.).
[1067] Vgl. Stellungnahme DGB, S. 1 (Anm. 4.2.) und S. 4 (Anm. 8.).
[1068] Vgl. Stellungnahme DGB, S. 1 (Anm. 4.1.).
[1069] Vgl. Stellungnahme DGB, S. 4 (Anm. 7.).
[1070] Vgl. Stellungnahme DGB, S. 4 (Anm.8.).

ben der Arbeitnehmervertreter forderte der Deutsche Gewerkschaftsbund - unter deutlich erkennbarer Anlehnung an das deutsche Betriebsverfassungsrecht - zahlreiche Nachbesserungen: Bereitstellung finanzieller und materieller Mittel, Benachteiligungsverbot, Kündigungsschutz, Hinzuziehung von Sachverständigen und Freistellung. Schließlich müßten die Arbeitnehmervertreter die Möglichkeit erhalten, eine Überprüfung der Übereinstimmung von Statut und Richtlinie zu verlangen.[1071]

Auf diese Kritikpunkte gestützt forderte der Deutsche Gewerkschaftsbund die europäischen Institutionen auf, die genannten Nachbesserungen vorzunehmen oder aber - wenn dies nicht durchsetzbar erscheinen sollte - den Entwurf zurückzuweisen.[1072]

2. Stellungnahmen auf europäischer Ebene

Auch auf europäischer Ebene kam es im Anschluß an die Vorlage des Vorschlags der Kommission zu zahlreichen Stellungnahmen.

a. Staats- und Regierungschefs

Eine gesonderte Stellungnahme der Staats- und Regierungschefs der Mitgliedstaaten zu den neuen Vorschlägen erging - wie auch schon beim Memorandum der Kommission - nicht, so daß insoweit auf obige Ausführungen verwiesen werden kann. Anläßlich einer Tagung der Wirtschaftsminister der Mitgliedstaaten am 18.07.1989 wurde zudem klar, daß Großbritannien und die Bundesrepublik Deutschland – wiedergegeben bei *Kolvenbach* - *"befürchteten, daß durch Anwendung der Mehrheitsentscheidung im Rat trotz nicht gesicherter oder sogar fehlender Rechtsgrundlage die Kommission ermutigt werden könnte, auch in anderen Fällen ihre Projekte im Rat auf diese Weise durchzusetzen"*.

b. Sozialpartner

Auf Seiten der Arbeitgeber unterstrich die Dachorganisation der europäischen Industrie, die Union of Industrial and Employer's Confederations of Europe (UNICE), in ihrer Stellungnahme vom 20.11.1989 - wie auch schon in ihrer Stellungnahme zum Memorandum von 1988[1073] -, daß eine Europäische Aktiengesellschaft nur dann Sinn mache, wenn ihr Statut den Bedürfnissen der Unternehmen entspreche.[1074]

Die von der Kommission vorgeschlagene Aufspaltung des Statuts wurde abgelehnt. In diesem Vorgehen sah die UNICE einen Verstoß gegen den EWG-Vertrag, da zum einen ein einheitliches Normengeflecht nur zwecks Umgehung der Voraussetzungen des Art.

[1071] Vgl. Stellungnahme DGB, S. 4 (Anm. 13.).
[1072] Vgl. Stellungnahme DGB, S. 1 (Anm. 3.).
[1073] Vgl. dazu bereits oben Teil III § 9 C. III. 2. b. (S. 202 f.).
[1074] European Company Statute. Position v. 20.11.1989 (22.6/13/1). Diese Stellungnahme wird im folgenden Abschnitt zitiert als *Stellungnahme UNICE*; sie ist auch wiedergegeben bei *Wiesner*, AG-Report 1990, R 3 f.

E. Resonanz der Mitgliedstaaten und Sozialpartner

100 a Abs. 2 EWG-Vertrag aufgespalten werde und zum anderen die Regelung von Mitbestimmungsrechten der Arbeitnehmer nicht auf Art. 54 Abs. 3 lit. g EWG-Vertrag gestützt werden könne.[1075] Die UNICE forderte daher in ihren Schlußfolgerungen einen einstimmigen Beschluß zur Verabschiedung des Statuts.[1076]

Hinsichtlich der Organisationsverfassung der Europäischen Aktiengesellschaft akzeptierte die UNICE grundsätzlich die wahlweise Ausgestaltung des Statuts, kritisierte allerdings im einzelnen einige Regelungen: Die Anzahl der Mitglieder im Verwaltungs- bzw. Aufsichtsorgan sollte ihrer Ansicht nach einheitlich im Statut festgelegt werden.[1077] Eine Abberufung der Mitglieder des Verwaltungs- bzw. Leitungsorgans sollte nur aus wichtigem Grund möglich sein.[1078]

In der Frage der Mitbestimmung der Arbeitnehmer begrüßte die UNICE zwar die infolge der Erweiterung der zur Wahl stehenden Mitbestimmungsmodelle größere Flexibilität gegenüber den früheren Vorschlägen[1079], nicht allerdings ohne einige Kritikpunkte anzumerken: So müsse es ihrer Ansicht nach möglich sein, die Mitbestimmung abwählen zu können, wenn die Mehrheit der Arbeitnehmer der Europäischen Aktiengesellschaft ihre Einführung nicht wünsche.[1080] Als zu weitreichend wurden ferner die Informationsrechte der Arbeitnehmer des Art. 64 VO und der Katalog der zustimmungspflichtigen Geschäfte des Art. 72 VO kritisiert.[1081] Das sog. deutsche Modell sei unvollständig übernommen worden, da ein Letztentscheidungsrecht der Anteilseigner nicht geregelt sei.[1082] Das sog. skandinavische Vereinbarungsmodell würde die Mitgliedstaaten ohne gesetzliche Mitbestimmungsregelungen vor Probleme stellen, da das Statut die dort üblichen freien Verhandlungen der Parteien nicht mehr zuließe.[1083] Insoweit habe die Kommission die nationalen Mitbestimmungstraditionen unzureichend berücksichtigt. In formeller Hinsicht müßten schließlich gemeinsame Wahlgrundsätze in das Statut aufgenommen werden.[1084] Zusammenfassend läßt sich somit festhalten, daß die UNICE in der Frage der Mitbestimmung den Vorschlägen der Kommission sehr reserviert gegenüberstand.

[1075] Stellungnahme UNICE, S. 151 ff., S. 158 f. (Ziff. 39 f.).
[1076] Stellungnahme UNICE, S. 151 ff., S. 162 (Ziff. 51).
[1077] Stellungnahme UNICE, S. 151 ff., S. 155 (Ziff. 24).
[1078] Stellungnahme UNICE, S. 151 ff., S. 155 (Ziff. 26).
[1079] Stellungnahme UNICE, S. 151 ff., S. 159 (Ziff. 41).
[1080] Stellungnahme UNICE, S. 151 ff., S. 159 f. (Ziff. 43).
[1081] Stellungnahme UNICE, S. 151 ff., S. 156 (Ziff. 27 f.). Kritisiert wurde insoweit auch, daß es für den Fall der Versagung der Zustimmung durch den Aufsichtsrat keine Möglichkeit geben sollte, eine abschließende Entscheidung der Anteilseignerversammlung herbeizuführen.
[1082] Stellungnahme UNICE, S. 151 ff., S. 160 (Ziff. 44).
[1083] Stellungnahme UNICE, S. 151 ff., S. 160 f. (Ziff. 46).
[1084] Stellungnahme UNICE, S. 151 ff., S. 161 (Ziff. 49).

In ihren Schlußfolgerungen brachte die UNICE zum Ausdruck, daß sie nicht bereit war, die Vorschläge der Kommission in ihrer damaligen Form anzunehmen, wenngleich sie das Vorhaben grundsätzlich weiterhin billigte. Sie forderte daher die Kommission zu den von ihr vorgeschlagenen Nachbesserungen auf.[1085]

Stellvertretend für die Arbeitnehmer bezog der Europäische Gewerkschaftsbund in einer Entschließung vom 23.10.1989 zu den neuen Vorschlägen der Kommission Stellung.[1086] In inhaltlicher Hinsicht kann auf die Darstellung der Stellungnahme des Deutschen Gewerkschaftsbundes[1087] verwiesen werden, da diese in Übereinstimmung mit dem Europäischen Gewerkschaftsbund erging. Ebenso wie der DGB erhob der EGB gravierende Einwände gegen die neuen Vorschläge und stellte fest, daß diese in wesentlichen Punkten nicht seinen Forderungen entsprächen.[1088] In der Frage der Mitbestimmung der Arbeitnehmer könnte von gleichwertigen Modellen nicht gesprochen werden, so daß in diesem Bereich erhebliche Nachbesserungen erforderlich seien.[1089]

F. Stellungnahme

Zusammenfassend lassen sich folgende Kritikpunkte zur Wahl der Rechtsgrundlage, zur Frage der Organisationsverfassung sowie zur Problematik der Mitbestimmung der Arbeitnehmer anführen.

I. Rechtsgrundlage

Das Vorgehen der Kommission, das ursprünglich einheitliche Statut in zwei eigenständige, auf unterschiedliche Rechtsgrundlagen gestützte Vorschläge aufzuspalten, ruft erhebliche Bedenken hervor.

Die Kommission wählte Art. 100 a EWG-Vertrag als Rechtsgrundlage für das Statut. Hiernach kann der Rat für die Verwirklichung der Ziele des Art. 7 a EWG-Vertrag, d. h. zur Vollendung des Binnenmarktes, gemäß dem Verfahren des Art. 189 b EWG-Vertrag und nach Anhörung des Wirtschafts- und Sozialausschusses die Maßnahmen zur Angleichung der Rechts- und Verwaltungsvorschriften der Mitgliedstaaten erlassen, welche die Errichtung und das Funktionieren des Binnenmarktes zum Gegenstand haben.[1090]

[1085] Stellungnahme UNICE, S. 151 ff., S. 162 (Ziff. 50 f.).

[1086] Entschließung des EGB v. 23.10.1989 zum Vorschlag für eine Verordnung des Rates über das Statut der Europäischen Gesellschaft und für eine Richtlinie des Rates hinsichtlich der Stellung der Arbeitnehmer in der SE; diese Stellungnahme wird im folgenden Abschnitt zitiert als *Stellungnahme EGB*. Sie ist auch wiedergegeben bei *Wiesner*, AG-Report 1990, R 3 f.

[1087] Vgl. oben § 10 E. III. 1. c. (S. 237 ff.).

[1088] Stellungnahme EGB, S. 1 (Anm. 3.).

[1089] Stellungnahme EGB, S. 1 (Anm. 4.1. und 7.).

[1090] Vgl. hierzu sowie zu den im folgenden genannten Rechtsgrundlagen für die Schaffung von Gemeinschaftsrecht bereits oben Teil I § 2. A. (S. 76 ff.).

F. Stellungnahme

Fraglich könnte insoweit sein, ob die Kommission mit Art. 100 a EWG-Vertrag überhaupt die richtige Rechtsgrundlage für die Schaffung einer europäischen Gesellschaftsform gewählt hat. Wie im ersten Teil der vorliegenden Darstellung bereits gezeigt kommt Art. 100 a EWG-Vertrag, der als *lex specialis* sowohl Art. 235 EWG-Vertrag als auch Art. 100 EWG-Vertrag verdrängt, insbesondere dann in Betracht, soweit es um die Verwirklichung des Binnenmarktes geht. Dabei geht er über Art. 100 EWG-Vertrag insofern hinaus, als auch Verordnungen auf Art. 100 a EWG-Vertrag gestützt werden können, während bei Art. 100 EWG-Vertrag nur Richtlinien in Frage kommen. Da die Kommission sich für die Umsetzung des Vorhabens der Europäischen Aktiengesellschaft in erster Linie für eine Verordnung entschieden hat, scheidet Art. 100 EWG-Vertrag somit als Rechtsgrundlage aus. Aber auch Art. 54 Abs. 3 lit. g EWG-Vertrag, der wiederum Art. 100 a EWG-Vertrag verdrängt, kommt vorliegend nicht in Betracht, da die Kommission mit der Verordnung über ein Statut für die Europäische Aktiengesellschaft vom nationalen Recht unabhängiges Recht setzen wollte. Dies ist nur im Wege einer Verordnung möglich. Folglich stellt Art. 100 a EWG-Vertrag, die Erforderlichkeit des Vorhabens für die Vollendung des Binnenmarktes unterstellt, grundsätzlich die richtige Rechtsgrundlage für den Erlaß eines Verordnungsvorschlags über die Europäische Aktiengesellschaft dar.

Die Wahl dieser Rechtsgrundlage ist auch nicht schon deshalb abzulehnen, weil es sich bei dem Vorhaben der Europäischen Aktiengesellschaft nicht um eine Maßnahme zur Rechtsangleichung handelt. Die Begründung für diese Ablehnung, bspw. durch den Bundesrat[1091], eine Rechtsangleichung komme mangels bestehender nationaler Regelungen nicht in Betracht, greift zu kurz. Maßgeblich muß nämlich - wie *Figge* überzeugend darlegt[1092] - sein, ob der nationale Gesetzgeber in dem fraglichen Bereich überhaupt eine Regelung treffen könnte. Dies ist bei grenzüberschreitenden Unternehmenskooperationen im Rahmen des jeweils geltenden Internationalen Privatrechts fraglos möglich.[1093] Angesichts der seit den 60er Jahren anhaltenden Diskussion um die Europäische Aktiengesellschaft kann davon ausgegangen werden, daß bspw. der deutsche Gesetzgeber gerade mit Rücksicht auf die europäischen Initiativen von einer Regelung abgesehen hat; in anderen Mitgliedstaaten verhält es sich ähnlich.

Art. 100 a EWG-Vertrag könnte jedoch durch Abs. 2 der Regelung ausgeschlossen sein: Hiernach gilt Art. 100 a Abs. 1 EWG-Vertrag nicht für die Bestimmungen über die Steuern, die Freizügigkeit und über die Rechte und Interessen der Arbeitnehmer. Das

---

[1091] Vgl. Stellungnahme BR, BR-Drucks. 488/89, S. 2.
[1092] Vgl. *Figge*, S. 220, a. A. aber *Eser*, ZVglRWiss 91 (1992), S. 258 ff., S. 284 f.
[1093] Anderer Ansicht ist *Wahlers*, der einzig und allein darauf abstellen will, ob der nationale Gesetzgeber eine gemeinschaftsweit geltende Regelung über die europäische Aktiengesellschaft erlassen kann. Da dies nicht der Fall sei, müsse Art. 100 a EWG-Vertrag als Rechtsgrundlage ausscheiden, vgl. *Wahlers*, AG 1990, 448 ff., 454.

§ 10 Die Vorschläge zur Europäischen Aktiengesellschaft von 1989

Statut enthielt mit Art. 133 VO zwar eine steuerrechtliche Vorschrift.[1094] Diese regelte jedoch nur einen Teilausschnitt der steuerrechtlichen Fragen der Europäischen Aktiengesellschaft, nämlich die Zulässigkeit des grenzüberschreitenden Verlustabzugs. Nicht überzeugen kann die Ansicht von *Wahlers*, der davon ausgeht, daß sich jede steuerliche Regelung ohne Verstoß gegen Art. 100 a EWG-Vertrag nur auf Art. 100 EWG-Vetrag oder den zur Harmonisierung der indirekten Steuern vorgesehenen Art. 99 EWG-Vertrag stützen lasse.[1095] Diese Auffassung geht entschieden zu weit, da sie jede steuerrechtliche Annexregelung per se verbieten und somit den Handlungsspielraum des europäischen Gesetzgebers zu sehr einengen würde. Folglich ist diese Vorschrift allein nicht - wie verschiedentlich vertreten[1096] - als Bestimmung über die Steuern im Sinne des Art. 100 a Abs. 2 EWG-Vertrag anzusehen. Sie vermag Art. 100 a EWG-Vertrag als Rechtsgrundlage für das Statut nicht auszuschließen.

Ein Ausschluß dieser Rechtsgrundlage ergibt sich jedoch daraus, daß das Statut selbst und vor allen Dingen der ergänzende Richtlinienvorschlag zahlreiche Vorschriften über die Mitbestimmung der Arbeitnehmer in der Europäischen Aktiengesellschaft enthalten. Die Ausgliederung dieser Regelungen in eine eigenständige Richtlinie kann nicht darüber hinwegtäuschen, daß es sich - wie bereits erwähnt[1097] - aufgrund der die beiden Vorschläge verbindenden Art. 135 VO, 1 RiLi um einen materiell einheitlichen Regelungsvorschlag handelt. Durch die innere Verknüpfung beider Vorschläge stellte die Kommission faktisch eine Einheit her, die Trennung in zwei unterschiedliche Rechtsakte ist lediglich formaler Natur. Dies hat zur Folge, daß Art. 100 a EWG-Vertrag wegen dessen Absatz 2 als Rechtsgrundlage nicht in Frage kommt.[1098] Stattdessen hätte der Verordnungsvorschlag nur auf die Rechtsgrundlage des Art. 235 EWG-Vertrag gestützt werden können.

Vor diesem Hintergrund kann auch die von der Kommission getroffene Wahl des Art. 54 Abs. 3 lit. g EWG-Vertrag als Rechtsgrundlage für den Richtlinienvorschlag nicht überzeugen. Zwar scheitert die Zulässigkeit dieses Vorgehens nicht schon daran, daß Arbeitnehmer keine Dritte im Sinne der Norm sind, da diese als Nichtgesellschafter zumindest in den Schutzbereich der Norm einbezogen sind.[1099] Das Vorgehen der Kommission ist aber im Hinblick auf die Zusammengehörigkeit der Regelungen des

---

[1094] Vgl. zu den steuerrechtlichen Fragen des Verordnungsvorschlags, auf die hier im einzelnen nicht eingegangen werden kann, *Merkt*, BB 1992, 652 ff., 659, und - sehr ausführlich - *Knobbe-Kneuk* AG 1990, 435 ff.

[1095] Vgl. *Wahlers*, AG 1990, 448 ff., 454.

[1096] Vgl. Stellungnahme BR, BR-Drucks. 488/89, S. 3. Eine nähere Begründung für seine Ansicht lieferte der Deutsche Bundesrat nicht.

[1097] Vgl. oben Teil III § 10 B. (S. 210 ff.).

[1098] So auch *Ebenroth / Wilken*, JZ 1991, 1014 ff., 1014, *und Wahlers,* AG 1990, 448 ff., 455; vgl. ferner Stellungnahme BR, BR-Drucks. 488/89, S. 3; Stellungnahme Dt. Wirtschaft, S. 3 und S. 47.

[1099] Vgl. *Figge*, S. 225. Vgl. auch *Wunsch-Semmler*, die darauf abstellt, daß die Arbeitnehmer im Falle der Mitbestimmung an für diese "Dritten" relevanten unternehmerischen Entscheidungen partizipatorisch beteiligt sind, indem sie diese durch ihre Voten mittragen.

Richtlinien- und des Verordnungsvorschlags, welche sie selbst ja in beiden Vorschlägen unmißverständlich zum Ausdruck gebracht hat, abzulehnen. Die Kommission widersprach sich geradezu selbst, indem sie die Regelungen über die Mitbestimmung der Arbeitnehmer mit *"zur Ergänzung des SE-Statuts"* überschrieb. Offensichtlicher kann ein Widerspruch nicht sein; ergänzende Regelungen zu einer Verordnung können nicht Gegenstand einer Richtlinie sein. Die Wahl des Art. 54 Abs. 3 lit. g EWG-Vertrag sollte somit angesichts der kontroversen Diskussionen in der Frage der Mitbestimmung lediglich dazu nutzbar gemacht werden, das sonst wegen Art. 100 a Abs. 2 EWG-Vertrag drohende Einstimmigkeitserfordernis zu umgehen. Folglich hätten auch die Regelungen über die Mitbestimmung der Arbeitnehmer Bestandteil eines auf Art. 235 EWG-Vertrag gestützten einheitlichen Verordnungsvorschlags sein müssen.

Angesichts dieser Kritik an der Wahl der Rechtsgrundlagen ist es auch nicht erstaunlich, daß das Vorgehen der Kommission insgesamt überwiegend abgelehnt wurde.[1100] Die Kommentierungen reichten hierbei von einer eher verhaltenen Kritik, welche die Wahl der Rechtsgrundlage als *"wenig ratsam"*[1101] oder *"politisch begründet"*[1102] bezeichnete, über ein Infragestellen des Vorgehens (*"künstliche Aufspaltung"*[1103]) bis hin zu einer sehr deutlichen Ablehnung, die in der Auslagerung der Mitbestimmungsproblematik einen *"erstaunlichen Trick"*[1104], einen *"Versuch der Gesetzesumgehung"*[1105] oder einen *"Mißbrauch der Rechtsgrundlagen des EWG-Vertrags"*[1106] sah. Die britische Regierung soll sogar mit der Anrufung des Europäischen Gerichtshofes gedroht haben, falls die Kommission auf ihrem Rechtsstandpunkt beharren sollte und die Regelungen nicht einstimmig verabschiedet werden sollten.[1107] Lediglich das Europäische Parlament stützte

---

[1100] Diese ablehnende Haltung wurde insbesondere vertreten von: Stellungnahme BR, BR-Drucks. 488/89, S. 3.; Stellungnahme Dt. Wirtschaft, S. 47; *Däubler*, KJ 1990, 1 ff., 14; *Ebenroth / Wilken*, JZ 1991, 1014 ff., 1014; von der Groeben / Thiesing / Ehlermann - *Gleichmann*, S. 6345; *Hauschka*, EuZW 1992, 147 ff., 148; *Lutter*, AG 1990, 413 ff., 415; von *Maydell*, AG 1990, 442 ff., 445; *Merkt*, BB 1992, 652 ff., 659 f.; *Raiser*, FS Steindorff, S. 210 ff., S. 213; *Wahlers*, AG 1990, 448 ff. Positiv bezogen hingegen von *Pipkorn*, RdA 1992, 120 ff., 124, sowie das Europäische Parlament selbst Stellung. Eine vermittelnde Position nahm *Eser* ein, der das Vorgehen der Kommission aus taktischen Gründen für politisch vertretbar hielt, wenngleich auch er die Wahl der Rechtsgrundlagen in rechtlicher Hinsicht für unzulässig erachtete, *Eser*, ZVglRWiss 91 (1992), S. 258 ff., S. 284 f.

[1101] Stellungnahme WSA, S. 34 ff., S. 36 (Anm. 1.8.1.).

[1102] Von der Groeben / Thiesing / Ehlermann - *Gleichmann*, S. 6345.

[1103] *Eser*, ZVglRWiss 91 (1992), S. 258 ff., S. 284 f.

[1104] *Raiser*, FS Steindorff, S. 201 ff., S. 202.

[1105] *Nagel*, ArbuR 1990, 205 ff., 209; vgl. auch *Hauschka*, EuZW 1990, 181 ff., 183, der von einem *"taktischen Schritt zur Umgehung des Einstimmigkeitserfordernisses für Arbeitnehmerangelegenheiten im EWG-Vertrag"* spricht.

[1106] Stellungnahme Dt. Wirtschaft, S. 47.

[1107] Vgl. *Däubler*, KJ 1990, 1 ff., 14, sowie *Kolvenbach*, DB 1989, 1957 ff. in Fn. 18 unter Berufung auf einen Artikel in der F.A.Z. v. 23.08.1989. Dieses Vorgehen ist auf europäischer Ebene, wo man fast alle Streitigkeiten auf einem politischen bzw. diplomatischen Weg zu lösen versucht,

das Vorgehen der Kommission, was angesichts des Umstands, daß die Aufteilung in einen Verordnungs- und einen Richtlinienvorschlag auf eine Anregung seines Ausschusses für Recht und Bürgerrechte zurückging, nicht zu erstaunen vermag.

Festzuhalten bleibt, daß das einzig überzeugende Vorgehen gewesen wäre, den Verordnungs- und den Richtlinienvorschlag in einem einheitlichen Statut zusammenzufassen und auf die Rechtsgrundlage des Art. 235 EWG-Vertrag zu stützen. Das Beschreiten eines solchen rechtlich unproblematischen Weges wäre nicht zuletzt auch im Hinblick auf die zahlreichen anderen gesellschaftsrechtlichen Vorhaben mit Bezug zur Mitbestimmungsproblematik geboten gewesen, da dem Projekt der Europäischen Aktiengesellschaft insoweit Signalwirkung bzw. eine gewisse Vorreiterfunktion zugekommen wäre.

II. Organisationsverfassung

Anders noch als bei den ursprünglichen Vorschlägen entschied sich die Kommission bei ihrem überarbeiteten Vorschlag von 1991 - wie auch bei dem geänderten Vorschlag einer Strukturrichtlinie - für eine alternative Ausgestaltung der Struktur der Europäischen Aktiengesellschaft, indem sie sowohl das monistische als auch das dualistische System zur Wahl stellte. Diese Entwicklung hatte sich, betrachtet man den chronologischen Verlauf der Strukturregelungen enthaltenden früheren Vorschläge, bereits seit langem abgezeichnet.[1108] Spätestens mit der Vorlage des geänderten Vorschlags einer Strukturrichtlinie im Jahr 1983 war klar, daß die Kommission davon abgerückt war, nur eine Organisationsverfassung in ihren Vorschlägen anzubieten. Durch das den Gesellschaften fortan zustehende Wahlrecht zwischen der monistischen und der dualistischen Organisationsstruktur wollte die Kommission die Flexibilität des Statuts erhöhen, um so die Aussicht auf Akzeptanz seitens derjenigen Mitgliedstaaten zu steigern, die das Statut bislang unter anderem deshalb abgelehnt hatten, weil es lediglich das dualistische System zur Verfügung stellte. Zwar ist dies im Hinblick auf die von der Kommission erstrebte Einheitlichkeit des Statuts insofern bedenklich, als die Gesellschaften, welche eine Europäische Aktiengesellschaft gründen wollten, sich doch mit zwei unterschiedlichen Ausgestaltungen dieser eigentlich einheitlichen Rechtsform hätten befassen müssen. Dennoch ist diese Wahlfreiheit im Hinblick auf eine aus politischen Gründen gewollte flexible Ausgestaltung des Statuts hinzunehmen, zumal das Vorgehen der Kommission - anders als bei der soeben dargestellten Frage der Rechtsgrundlage - auf keine rechtlichen Bedenken stößt und auch die grundsätzlich bestehende Gleichwertigkeit beider Modelle[1109] nicht ernsthaft bezweifelt werden kann.

---

mehr als ungewöhnlich und zeigt die deutliche Verstimmung der britischen Regierung angesichts der Vorgehensweise der Kommission.

[1108] Vgl. *Raiser*, FS Steindorff, S. 201 ff., S. 204; auch *Hauschka* spricht insoweit von einer absehbaren Entwicklung, EuZW 1990, 181 ff., 182.

[1109] Vgl. bspw. *Raiser*, FS Steindorff, S. 201 ff., S. 206 und S. 210, und *ders.*, FS Semler, S. 277 ff., S. 289 f.

Nicht ausreichend berücksichtigt hat die Kommission hierbei jedoch die Problematik der Kompatibilität der verschiedenen Struktur- und Mitbestimmungsmodelle: So ist bspw. das monistische System mit dem Mitbestimmungsmodell des Art. 5 RiLi in der Praxis schlichtweg nicht kompatibel.[1110] Wünschenswert und konsequent wäre insoweit gewesen, wenn die Kommission sich dazu durchgerungen hätte, den Mitgliedstaaten auch in der Frage der Organisationsverfassung der Europäischen Aktiengesellschaft eine Beschränkung der Wahlmöglichkeit zuzugestehen.[1111]

III. Mitbestimmung der Arbeitnehmer

Allein an dem Umfang der obigen Ausführungen zu den Regelungen der Mitbestimmung der Arbeitnehmer in der Europäischen Aktiengesellschaft zeigt sich bereits, daß gegenüber den Vorschlägen von 1970 und 1975 wesentliche Änderungen vorgenommen wurden. Die Kommission setzte auch in der Frage der Mitbestimmung der Arbeitnehmer mit der Vorlage ihrer neuen Vorschläge zur Europäischen Aktiengesellschaft von 1989 eine Entwicklung fort, die sich bereits in den Diskussionen zu den Vorschlägen einer Strukturrichtlinie von 1972 und 1983 sowie zum Grünbuch der Kommission von 1975 angedeutet und deren Fortschreibung sie in ihrem 1988 vorgelegten Memorandum angekündigt hatte.[1112] Sie verlagerte den Schwerpunkt von einem einheitlichen Mitbestimmungsmodell hin zu einem flexiblen Modell, welches den Gründungsgesellschaften mehrere, von der Kommission als gleichwertig erachtete Mitbestimmungsmodelle zur Wahl stellte, wenn auch diese Wahl von den Mitgliedstaaten eingeschränkt werden können sollte.

Als Hauptproblempunkt kristallisierte sich in der Frage der Mitbestimmung der Arbeitnehmer im Laufe der Diskussion der neuen Vorschläge - und dies zu Recht - die Frage nach der Gleichwertigkeit der verschiedenen Mitbestimmungsmodelle heraus. Hierbei handelt es sich auch nicht lediglich um einen akademischen Streit, vielmehr kommt dieser Frage im Hinblick auf die für die Richtlinie vorgesehene Rechtsgrundlage des Art. 54 Abs. 3 lit. g EWG-Vertrag entscheidende Bedeutung zu, da mit ihr die Rechtmäßigkeit des Vorschlags steht und fällt. Diese Rechtsgrundlage ermöglicht - soweit dies für die Vollendung des Binnenmarktes erforderlich ist - die Koordinierung der Schutzbestimmungen, die den Gesellschaften in den Mitgliedstaaten im Interesse der Gesellschaft sowie Dritter vorgeschrieben sind, um diese Bestimmungen <u>gleichwertig</u>[1113] zu gestalten. Daß dies auch erklärtes Ziel der Kommission war, geht auch aus der

---

[1110] So auch Stellungnahme Dt. Wirtschaft, S. 16.

[1111] Dies hätte darüber hinaus die Vorschläge zur Europäischen Aktiengesellschaft in Übereinstimmung mit dem geänderten Vorschlag einer Strukturrichtlinie von 1983 gebracht. Dort war in Art. 2 Abs. 2 nämlich bereits eine solche Beschränkungsmöglichkeit vorgesehen, vgl. oben Teil II § 7 D. II. (S. 170 f.).

[1112] Vgl. oben Teil II § 7 B. III. (S. 149 ff.) und D. III (S. 171 ff.) (Strukturrichtlinie), Teil II § 7 C. III. (S. 160 ff.) (Grünbuch) und Teil III § 9 B. IV. (S. 193 ff.) (Memorandum).

[1113] Hervorhebung vom Verfasser.

amtlichen Begründung hervor: Die Kommission forderte in ihren Erläuterungen zum Richtlinienvorschlag, daß bei der Wahl eines separaten Arbeitnehmervertretungsorgans dieses *"wie im Rahmen des in Art. 4 genannten Modells die gleichen Informationsrechte (siehe Artikel 64 der Verordnung ... des Rates ...) und die gleichen Rechte auf Anhörung bei der Durchführung der gleichen (in Art. 72 der genannten Verordnung aufgeführten) Beschlüsse haben"*[1114] müsse. Sofern sich die verschiedenen zur Wahl gestellten Mitbestimmungsmodelle somit als nicht gleichwertig erweisen sollten, müßte Art. 54 Abs. 3 lit. g EWG-Vertrag folglich als Rechtsgrundlage ausscheiden.

Betrachtet man die Mitbestimmungsmodelle im einzelnen, so stellt sich heraus, daß diese einem Vergleich auf ihre Gleichwertigkeit nicht standhalten. Insbesondere das deutsche bzw. niederländische Modell gehen deutlich über die beiden anderen Mitbestimmungsmodelle hinaus, da der Arbeitnehmervertretung ein ausdrückliches Mitentscheidungsrecht zugebilligt wird, während die anderen Mitbestimmungsmodelle nur Informations- und Anhörungsrechte vorsehen, vgl. Art. 64, 72 VO einerseits und Art. 5 Abs. 2, 6 Abs. 2 RiLi andererseits.[1115] Diesen in qualitativer Hinsicht wesentlichen Unterschied verkannte die Kommission. Doch selbst das einheitlich als deutsches Modell bezeichnete Mitbestimmungsmodell des Art. 4, 1. Spiegelstrich RiLi reicht von einer drittel- bis zu einer vollparitätischen Mitbestimmung und umfaßt somit zwei Modelle, die unstreitig nicht als gleichwertig bezeichnet werden können.[1116] Folglich gestaltete die Kommission die Mitbestimmungsrechte nicht gleichwertig aus, wenngleich sie dies immer wieder - vermutlich in erster Linie politisch motiviert - behauptete. Daher kommt es nicht in Betracht, den Richtlinienvorschlag auf diese Rechtsgrundlage zu stützen. Da Art. 100 a EWG-Vertrag - wie bereits gezeigt - wegen dessen Abs. 2 ausscheidet, wäre somit auch für die Regelungen über die Mitbestimmung der Arbeitnehmer nur Art. 235 EWG-Vertrag in Betracht gekommen.

Aus der Tatsache, daß die Mitbestimmungsmodelle nicht gleichwertig ausgestaltet waren, resultiert noch ein viel diskutiertes Folgeproblem, welches mit der bereits erwähnten[1117] Regelung des Art. 3 Abs. 5 RiLi zusammenhing. Nach dieser Vorschrift sollten die Mitgliedstaaten die Wahl der in den Artikeln 4, 5 und 6 RiLi genannten Modelle begrenzen oder den Europäischen Aktiengesellschaften mit Sitz in ihrem Hoheitsgebiet ein einziges dieser Modelle vorschreiben können. Es kann ohne weiteres davon ausgegangen werden, daß die Mitgliedstaaten mit einem höheren Mitbestimmungsstandard von dieser Regelung Gebrauch gemacht hätten, um Europäischen Aktiengesellschaften mit Sitz in ihrem Hoheitsgebiet das für nationale Aktiengesellschaften jeweils geltende

---

[1114] Vgl. Amtl. Begründung RiLi zu Art. 5 RiLi, BR-Drucks. 488/89, S. 53.

[1115] Vgl. *Raiser*, FS Steindorff, S. 201 ff., S. 212, *Wenz*, S. 166, und *Wißmann*, RdA 1992, 320 ff., 326.

[1116] So auch *Kolvenbach*, FS Heinsius, S. 379 ff., S. 390 f., *Merkt*, BB 1990, 652 ff., 659, und 661, sowie *Raiser*, FS Steindorff, S. 201 ff., S. 211.

[1117] Vgl. oben Teil III § 10 D. II. 1. (S. 216).

Mitbestimmungsniveau zu sichern.[1118] Folglich wäre es zu einer Situation gekommen, in der es in den Mitgliedstaaten der Gemeinschaft ein sehr unterschiedliches Niveau an Mitbestimmung gegeben hätte und in der es einer Europäischen Aktiengesellschaft ohne weiteres möglich gewesen wäre, ohne Auflösung den Unternehmenssitz von einem Mitgliedstaat in einen anderen zu verlegen. Dies hätte den nationalen Unternehmen, die eine Europäische Aktiengesellschaft gegründet haben, somit die Möglichkeit eröffnet, sich in dem Mitgliedstaat mit den jeweils günstigsten, d. h. mit den am wenigsten weitreichenden Mitbestimmungsregelungen, niederzulassen und so den nationalen Regelungen zu entfliehen (sog. Flucht aus der Mitbestimmung). Die Gefahr einer solchen Situation besteht darin, daß ein *"race to the bottom"* dergestalt stattfinden könnte, daß sich alle Europäischen Aktiengesellschaften in dem Mitgliedstaat niederlassen könnten, in dem das niedrigste Niveau an Mitbestimmungsrechten existiert (sog. Delaware-Effekt[1119]). Dies gilt um so mehr, als für die Gründung des Sitzes in einem Mitgliedstaat lediglich die Errichtung der Hauptverwaltung in diesem Mitgliedstaat erforderlich gewesen wäre, vgl. Art. 2 und 3 VO. Wenngleich man die Gefahr einer solchen Flucht aus der Mitbestimmung nicht vernachlässigen sollte[1120], ist allerdings zu berücksichtigen, daß der Aspekt der unternehmerischen Mitbestimmung neben Fragen der Lohnnebenkosten, der Steuerlast sowie der am Standort vorhandenen Infrastruktur nur ein Standortfaktor von vielen ist.[1121] Zudem haben die Erfahrungen nach dem Inkrafttreten des MitbestG 1976, welches ähnliche Befürchtungen ausgelöst hatte, gezeigt, daß sich diese Gefahren nicht realisiert haben.[1122]

Auch im übrigen rufen die Regelungen über die Mitbestimmung der Arbeitnehmer in zahlreichen Punkten Kritik hervor:

Es ist nicht ersichtlich, wieso die Kommission von der ehemals in einigen ihrer Vorschläge geregelten[1123] - Möglichkeit, die Mitbestimmung der Arbeitnehmer abwählen zu können, d. h. nicht einzuführen, Abstand genommen hat. Man mag zur Frage der unter-

---

[1118] So auch *Raiser*, FS Steindorff, S. 201 ff., S. 213.

[1119] Diese Bezeichnung beruht auf dem Umstand, daß der US-Staat Delaware infolge seiner liberalen Gesetzgebung eine sehr hohe Anziehungskraft auf amerikanische Unternehmen als Sitzstaat ausübt, vgl. *von Werder*, RIW 1997, 304 ff., 309 in Fn. 30. Es geht somit um eine Bevorzugung der Staaten mit der geringsten gesellschaftsrechtlichen Regelungsdichte als Staat der Inkorporierung, vgl. *Finken / Weitbrecht*, ZIP 1990, 959 ff., 959. *Wenz* führt an, daß dies dazu geführt habe, daß sich ca. 40 % aller an der New Yorker Stock Exchange notierten Gesellschaften nach dem Recht von Delaware gegründet haben, vgl. *Wenz*, S. 168 in Fn. 577.

[1120] So auch *Krieger*, FS Rittner, S. 303 ff., S. 315, der allerdings mit Recht zu Bedenken gibt, daß ein mitbestimmtes Unternehmen eine Europäische Aktiengesellschaft kaum nur deshalb gründen wird, um auf diese Weise der deutschen Mitbestimmung zu entgehen.

[1121] Sehr kritisch insoweit *Däubler*, KJ 1990, 14 ff., 19: *"Die 'Flucht aus der Mitbestimmung' ist unter diesen Umständen keine bloße abstrakte Vorstellung, sondern reale Gefahr."*

[1122] *Raiser*, FS Steindorff, S. 201 ff., S. 213.

[1123] Vgl. oben Teil II § 7 C. III. (S. 162 f.) (Grünbuch) und Teil II § 7 D. III. 2. a. (S. 172 f.) (Strukturrichtlinie).

nehmerischen Mitbestimmung der Arbeitnehmer stehen wie man will: Wenn diese von einer qualifizierten Mehrheit der Belegschaft selbst nicht gewünscht wird, macht ihre zwangsweise Einführung keinen Sinn.

Ferner übernahm die Kommission sowohl das deutsche als auch das niederländische Mitbestimmungsmodell - deren Übernahme ausdrücklich gewollt war - nur undifferenziert bzw. unvollständig, was der Ausgewogenheit dieser Modelle schadete. Zum einen fand das überaus bedeutsame Letztentscheidungsrecht der Anteilseigner des deutschen Mitbestimmungsrechts überhaupt keine Erwähnung und die im deutschen Recht existierende Abstufung der Mitbestimmung nach der Zahl der im Unternehmen beschäftigten Arbeitnehmer fehlte.[1124] Auch ein Arbeitsdirektor war nicht vorgesehen. Zum anderen ist das aus dem niederländischen Recht bekannte Widerspruchsverfahren des Kooptationssystems nur teilweise übernommen worden. Folglich war klar, daß die Mitbestimmungsmodelle in dieser Ausgestaltung selbst bei ihren "Ursprungsländern" keine Zustimmung finden konnten, was ihre Mehrheitsfähigkeit nicht gerade erhöhte. Dies hätte die Kommission bei der Vorbereitung ihrer Entwürfe bedenken müssen und können. Die unvollständige Übernahme dieser nationalen Mitbestimmungsmodelle wurde daher im Laufe der Diskussion zu Recht vielfach kritisiert.

Zu kritisieren ist ferner, daß die Vorschläge selbst keine Wahlvorschriften enthielten und insoweit das nationale Recht Anwendung finden sollte. Dies könnte insbesondere in jenen Mitgliedstaaten zu Problemen führen, welche nicht über nationale Regelungen über die Wahl des Mitbestimmungsorgans verfügen.[1125] Eine weitere Schwierigkeit könnte sich dann ergeben, wenn in einer Zweigniederlassung der Europäischen Aktiengesellschaft in einem Mitgliedstaat Mehrheitswahl vorgesehen ist, während in einer in einem anderen Mitgliedstaat sitzenden Zweigniederlassung die Wahl nach den Grundsätzen der Verhältniswahl stattfinden sollte. Hier wäre es geboten gewesen, einheitliche Regelungen in die Vorschläge aufzunehmen.[1126]

Schließlich sind auch die Auswirkungen auf das nationale Tarifvertragsrecht nicht hinreichend geregelt, worauf - für das deutsche Recht - insbesondere *Däubler* hingewiesen hat.[1127] Eine Vielzahl von Fragen ist hier ungeklärt, so zum Beispiel die Frage nach dem Schicksal eines Tarifvertrages im Falle der Gründung einer Europäischen Aktiengesellschaft. Die Gründung einer Europäischen Aktiengesellschaft mit der Folge, daß gemäß Art. 27 Abs. 3 VO die Gründungsgesellschaften erlöschen, könnte zu einem *"Export des*

[1124] *Dreher* wies daher richtigerweise darauf hin, daß die sog. deutsche Variante des Optionenmodells diese Bezeichnung teilweise zu Unrecht trägt, vgl. *Dreher* EuZW 1990, 476 ff., 478.

[1125] Vgl. *Merkt*, BB 1990, 652 ff., 659.

[1126] So auch *Wißmann*, RdA 1992, 320 ff., 324, sowie *Kolvenbach*, der sich dafür aussprach, Einzelheiten unabhängig von den Gesetzen der Mitgliedstaaten auszubauen und in die Regelung aufzunehmen, vgl. *Kolvenbach*, FS Heinsius, S. 379 ff., S. 390.

[1127] Vgl. *Däubler*, KJ 1990, 14 ff., 20, *ders.*, EuZW 1992, 329 ff., 333, *ders.*, ArbuR 1990, 1 ff., 4, sowie *Nagel*, ArbuR 1990, 205 ff., 212.

Arbeitgebers"[1128] führen, wenn die Europäische Gesellschaft ihren Sitz im Ausland nähme. Dies hätte zur Folge, daß zum einen kein innerstaatlicher Ansprechpartner mehr existieren und zum anderen der ausländische Arbeitgeber - zumindest in aller Regel - nicht tarifgebunden sein würde. Auch die Weitergeltung der nationalen Tarifverträge wäre bei der Gründung einer Europäischen Aktiengesellschaft im Wege einer Fusion zumindest zweifelhaft.[1129] Die nationalen Tarifverträge würden lediglich gemäß der Richtlinie über die Wahrung von Arbeitnehmeransprüchen bei Betriebsübernahme und Fusion[1130] für den Zeitraum von einem Jahr fortgelten[1131], während die ausländischen Tarifverträge üblicherweise auf bspw. deutsche Arbeitnehmer nicht anwendbar wären.[1132] Nach Ablauf des Fortgeltungszeitraumes entstünde folglich ein *"Tarifvakuum"*. Eine Lösung dieses Problems sei daher nur über "vertikale" Firmentarifverträge für Europäische Aktiengesellschaften möglich.[1133] Im Ergebnis käme dies der Einführung von Haustarifverträgen gleich; ein für die Bundesrepublik Deutschland mit ihrem Flächentarifvertragssystem völlig unbekanntes System, auf das - ungeachtet der Frage, ob sie es gewollt hätten oder nicht - weder Arbeitgeber noch Gewerkschaften hinreichend vorbereitet gewesen wären.

Abschließend ist noch darauf hinzuweisen, daß die neuen Vorschläge - anders als ihre Vorläufer von 1970 und 1975 - keine Regelungen über die betriebliche Mitbestimmung enthielten und mit Art. 10 RiLi lediglich ein Verweis auf die nationalen Regelungen aufgenommen wurde. Die amtliche Begründung der Kommission hielt sich zu diesem Vorgehen bedeckt. Dies erstaunt um so mehr, als anerkannt ist, daß eine funktionierende Betriebsverfassung eine sehr gute Basis und Voraussetzung für die effektive Ausübung unternehmerischer Mitbestimmungsrechte ist.[1134] Eine Arbeitnehmerbeteiligung in den Leitungsgremien der Europäischen Aktiengesellschaft ohne den Unterbau eines Europäischen Betriebsrats wäre - so zutreffend *Kolvenbach* - *"wie ein Hausdach ohne Fundament"*[1135]. Der Verweis auf die nationalen Regelungen vermag über dieses Manko nicht hinwegzuhelfen. Er birgt insofern eine Gefahr, als diese Regelungen in den Mitgliedstaaten unterschiedlicher nicht mehr hätten sein können: Das Spektrum reichte

---

[1128] *Däubler*, KJ 1990, 14 ff., 20.

[1129] Vgl. Stellungnahme DGB, S. 2 (Anm. 4.5).

[1130] Richtlinie 77/187/EWG v. 14.02.1977 zur Angleichung der Rechtsvorschriften der Mitgliedstaaten über die Wahrung von Ansprüchen der Arbeitnehmer beim Übergang von Unternehmen, Betrieben oder Betriebsteilen, AblEG L Nr. 61 v. 05.03.1977, S. 26 ff.

[1131] Aus Sicht der Bundesrepublik Deutschland ergibt sich diese sog. Nachwirkung zudem bereits aus Art. 3 Abs. 3 TVG, vgl. *Däubler*, KJ 1990, 14 ff., 20.

[1132] Vgl. *Däubler*, ArbuR 1990, 1 ff., 4, und *Nagel*, ArbuR 1990, 205 ff., 212.

[1133] Vgl. auch *Nagel*, ArbuR 1990, 205 ff., 212, der davon ausgeht, daß dies auch zu einer Schwächung der Gewerkschaften und damit indirekt zu einer Schwächung der Mitbestimmungsträger geführt hätte.

[1134] Vgl. *Eser*, ZVglRWiss 91 (1992), S. 258 ff., S. 287, *Klinkhammer / Welslau*, Rn. 12 (S. 37), *von Maydell*, AG 1990, 442 ff., 446.

[1135] *Kolvenbach*, FS Heinsius, S. 379 ff., S. 392.

hierbei von einer weitreichenden, detailliert ausgestalteten betrieblichen Mitbestimmung wie bspw. in Deutschland[1136] oder Frankreich[1137] bis hin zu Staaten, die eine solche betriebliche Interessenvertretung fast gar nicht oder in nur sehr geringem Maße kennen wie zum Beispiel Großbritannien[1138] und Irland. Es wäre daher wünschenswert gewesen, wenn die Kommission sich einer Regelung dieses Problems angenommen hätte.

IV. Zusammenfassung

Die Vorschläge von 1989 stellten insofern einen Fortschritt gegenüber ihren Vorgängern von 1970 und 1975 dar, als sie in größerem Maße auf die bestehenden Traditionen in den Mitgliedstaaten Rücksicht nahmen. Die Kommission hatte richtigerweise erkannt, daß das Oktroyieren bestimmter Struktur- und Mitbestimmungsmodelle nicht weiterführen konnte. Der Preis dieses Vorgehens war allerdings ein deutlicher Verlust an Einheitlichkeit. Die Kommission hatte sich mit ihren neuen Vorschlägen von dem Bestreben, gemeinschaftsweit ein einheitliches vom nationalen Unternehmensrecht losgelöstes Statut für die Europäische Aktiengesellschaft vorzusehen, verabschiedet. Die neuen Vorschläge zielten vielmehr - so *Pipkorn* - auf eine Rechtsform des Gemeinschaftsrechts, die mit dem Recht des Sitzstaats der *Societas Europaea* eng verzahnt ist und weitgehend auf dessen subsidiärer Anwendung beruht.[1139] Die zunehmende Zahl an Verweisungen auf das nationale Recht konnte zwar die Aussicht auf Verabschiedung des Statuts verbessern.[1140] Die Kommission hätte jedoch bei ihrer Suche nach einem Kompromiß[1141] nicht die rechtlichen Voraussetzungen der von ihr gewählten Rechtsgrundlagen außer Acht lassen dürfen. Wünschenswert wäre insoweit gewesen, daß sie sich trotz der politischen Widerstände dazu durchgerungen hätte, das Statut einheitlich auf Art. 235 EWG-Vertrag zu stützen und die Mitbestimmungsmodelle gleichwertig - oder zumindest gleichwertiger - auszugestalten.

[1136] Vgl. statt aller *Niedenhoff*, Mitbestimmung in der Bundesrepublik Deutschland, S. 10.
[1137] Vgl. *Klinkhammer / Welslau*, Rn. 430 ff. (S. 169 ff.), und *Staehelin*, S. 295 ff. Im Bereich der betrieblichen Mitbestimmung bestehen - wie bereits erwähnt, vgl. oben Teil I § 1 E. I. (S. 64 f.) - nicht weniger als fünf verschiedene Vertretungseinrichtungen der Arbeitnehmer.
[1138] Vgl. *Niedenhoff*, Mitbestimmung in Europa, S. 39 ff. In Großbritannien bestehen keine gesetzlichen Mitwirkungs- und Mitbestimmungsrechte der Arbeitnehmer. Eine Mitbestimmung findet lediglich - und dies in viel geringerem Ausmaß als bspw. in der Bundesrepublik Deutschland - über die Gewerkschaften und ihre *shop stewards* statt. 1990 gab es allerdings nur noch in 38 % der Betriebe mit über 25 Arbeitnehmern Gewerkschaftsvertreter, vgl. *Pichot*, S. 36.
[1139] Vgl. *Pipkorn* RdA 1992, 122 ff., 123.
[1140] Vgl. *Finken / Weitbrecht*, ZIP 1990, 959 ff., 965.
[1141] *Merkt* geht sogar noch weiter, indem er feststellt, daß das Statut angesichts der geringen Kompromißbereitschaft das Bemühen widerspiegelt, es allen Mitgliedstaaten recht zu machen, vgl. *Merkt*, BB 1992, 652 ff., 658.

G. Gang der weiteren Arbeiten

Nachdem sich alle Beteiligten zu den neuen Vorschlägen der Kommission geäußert hatten, nahm der Binnenmarktrat Beratungen zur Ausarbeitung eines gemeinsamen Standpunktes auf, deren genauer Verlauf nicht mehr reproduzierbar ist. Sie führten schließlich zu einer umfangreichen Überarbeitung der Kommissionsvorschläge, die im Mai 1991 in die Vorlage neuer Vorschläge mündete.

§ 11 Die Vorschläge zur Europäischen Aktiengesellschaft von 1991

Auf der Grundlage dieser Stellungnahmen und Vorarbeiten legte die Kommission am 16.05.1991 eine überarbeitete Version ihrer Vorschläge vor, und zwar wiederum einen Verordnungsvorschlag über das Statut der Europäischen Aktiengesellschaft[1142] und einen diesen Vorschlag begleitenden Richtlinienvorschlag[1143], welcher Regelungen über die Mitbestimmung der Arbeitnehmer der Europäischen Aktiengesellschaft enthielt.

A. Konzeption der Vorschläge

Auch bei der Überarbeitung ihrer Vorschläge behielt die Kommission ihre Grundkonzeption bei und präsentierte Vorschläge zur Schaffung einer Aktiengesellschaft europäischen Rechts, welche neben den nationalen Rechtsformen Bestand haben sollte. Die in die neuen Vorschläge eingearbeiteten Änderungen resultierten zum einen aus der Übernahme zahlreicher Änderungsvorschläge der Sozialpartner, vor allen Dingen derjenigen des Wirtschafts- und Sozialausschusses und des Europäischen Parlaments, aber auch der übrigen interessierten Kreise wie der berufsständischen Vereinigungen und Arbeitnehmerorganisationen.[1144] Zahlreiche Änderungen ergaben sich zum anderen aus einer umfangreichen technischen und redaktionellen Überarbeitung der Textvorschläge, durch welche diese prägnanter gefaßt und ergänzt werden sollten.[1145] Ihrem äußeren Umfang nach waren die Vorschläge denen von 1989 in etwa vergleichbar[1146]: Ebenso wie der ursprüngliche Kommissionsvorschlag enthielt der Verordnungsvorschlag 137 Artikel und der Richtlinienvorschlag 13 Artikel. Insgesamt waren die Vorschläge ihrem Umfang nach allerdings etwas geschrumpft, da einige Vorschriften gekürzt bzw. gestrichen wurden.[1147] Wie schon bei der Darstellung der früheren Vorschläge sollen im folgenden

---

[1142] Voller Titel: Geänderter Vorschlag für eine Verordnung (EWG) des Rates über das Statut der Europäischen Aktiengesellschaften v. 16.05.1991, AblEG Nr. C 176 v. 08.07.1991, S. 1 ff. Weitere Fundstellen: KOM (91) 174 endg. - SYN 218 und BT-Drucks. 12/1004, S.1 ff., wo auch die Erläuterungen der Kommission zu den einzelnen Artikeln des Vorschlags abgedruckt sind. Die Vorschriften dieses Verordnungsvorschlags werden im folgenden Kapitel mit dem Zusatz *VO* versehen; die Erläuterungen werden als *Amtl. Begründung VO* zitiert.

[1143] Geänderter Vorschlag für eine Richtlinie des Rates zur Ergänzung des SE-Statuts hinsichtlich der Stellung der Arbeitnehmer v. 06.05.1991, AblEG Nr. C 138 v. 29.05.1991, S. 8 ff. Weitere Fundstellen: KOM (91) 174 endg. - SYN 218 und BT-Drucks. 12/1004, S.74 ff., wo auch die Erläuterungen der Kommission zu den einzelnen Artikeln des Vorschlags abgedruckt sind. Die Vorschriften dieses Richtlinienvorschlags werden im folgenden Kapitel mit dem Zusatz *RiLi* versehen; die Erläuterungen werden als *Amtl. Begründung RiLi* zitiert.

[1144] Vgl. Amtl. Begründung VO, Einleitung, BT-Drucks. 12/1004, S. 1, und Amtl. Begründung RiLi, BT-Drucks. 12/1004, S. 74.

[1145] Vgl. Amtl. Begründung VO, Einleitung, BT-Drucks. 12/1004, S. 1.

[1146] Dies zeigte sich schon daran, daß die ursprünglichen und die geänderten Vorschläge in der amtlichen Veröffentlichung synoptisch gegenübergestellt wurden, um so die vorgenommenen Änderungen besser erkennbar zu machen.

[1147] Vgl. *Merkt*, BB 1992, 652 ff., der anführt, daß 28 Artikel des Verordnungsvorschlags ersatzlos gestrichen wurden und in den verbleibenden Artikeln weitere 38 Absätze gestrichen wurden.

nur diejenigen Regelungen behandelt werden, welche die Mitbestimmung der Arbeitnehmer in den Unternehmensorganen betreffen bzw. einen Bezug zur Mitbestimmungsproblematik aufweisen.

B. Rechtsgrundlage

Angesichts der Tatsache, daß die Kommission wiederum sowohl einen auf Art. 100 a EWG-Vertrag gestützten Verordnungsvorschlag über das Statut der Europäischen Aktiengesellschaft als auch einen Richtlinienvorschlag über die Mitbestimmung der Arbeitnehmer, der auf der Grundlage von Art. 54 Abs. 3 lit. g EWG-Vertrag verabschiedet werden sollte, vorlegte, kann man davon ausgehen, daß hinsichtlich der Rechtsgrundlage - ungeachtet der massiven Kritik - keine Änderungen gewünscht wurden. Diese These wird auch dadurch gestützt, daß sich in den Vorschlägen selbst sowie in den ihnen vorangestellten Erwägungsgründen an den Stellen, an denen auf den jeweils anderen Vorschlag Bezug genommen wird, keine geänderten Regelungen befinden.[1148]

C. Organisationsverfassung

Grundsätzlich hielt die Kommission hinsichtlich der Struktur der Europäischen Aktiengesellschaft an ihrem in den Vorschlägen von 1989 präsentierten Grundsatz fest: Wahlfreiheit zwischen einer dualistisch und einer monistisch strukturierten Europäischen Aktiengesellschaft, vgl. Art. 61, 1. Spiegelstrich Satz 1 VO. Im Unterschied zum Verordnungsvorschlag von 1989 sollte dieses Wahlrecht nunmehr aber - wie schon in den Vorschlägen einer Strukturrichtlinie[1149] - wieder beschränkbar sein: Gemäß Art. 61, 1. Spiegelstrich Satz 2 VO sollten die Mitgliedstaaten den Europäischen Aktiengesellschaften mit Sitz in ihrem Hoheitsgebiet entweder das dualistische oder das monistische System vorschreiben können. Hierdurch wurde einer von vielen Seiten geübten Kritik[1150] Rechnung getragen. Letztlich wurde damit die Anpassung des Verordnungsvorschlags an den geänderten Vorschlag einer Strukturrichtlinie[1151] vollendet, dem auch der geänderte Verordnungsvorschlag hinsichtlich der Frage der Organisationsverfassung nachgebildet war.

[1148] Vgl. Art. 8 Abs. 3 VO und Art. 1 Abs. 2 RiLi sowie ferner den 20. Erwägungsgrund der Kommission zum vorgeschlagenen Statut, AblEG Nr. C 176 v. 08.07.1991, S. 4, sowie den 7. Erwägungsgrund zur vorgeschlagenen Richtlinie, AblEG Nr. C 138 v. 29.05.1991, S. 8 ff., S. 9.
[1149] Vgl. dazu bereits oben Teil II § 7 D. II. (S. 170 ff.).
[1150] Vgl. dazu oben Teil III § 10 E. III. (S. 230 ff.).
[1151] Vgl. dazu bereits oben Teil II § 7 D. II. (S. 170 f.).

D. Mitbestimmung der Arbeitnehmer

I. Konzeption des Richtlinienvorschlags

Die Kommission hielt in der Frage der Mitbestimmung der Arbeitnehmer auch in ihren geänderten Vorschlägen an der Grundkonzeption ihrer ursprünglichen Vorschläge von 1989 fest.

Was die betriebliche Mitbestimmung der Arbeitnehmer angeht, folgte die Kommission nicht den Vorschlägen des Europäischen Parlaments, ein eigenständiges Betriebsverfassungsrecht in das Statut aufzunehmen.[1152] Insoweit verblieb es beim schlichten Verweis des Art. 10 RiLi auf das nationale Recht.[1153] In diesem Zusammenhang wies die Kommission auch darauf hin, daß die Richtlinie das nationale Arbeitsrecht unberührt lassen sollte, dessen einzelne Bestimmungen, soweit sie der Richtlinie nicht entgegenstehen, mithin voll anwendbar bleiben sollten.[1154]

Im Hinblick auf die unternehmerische Mitbestimmung enthielt der überarbeitete Richtlinienvorschlag zudem zwei Modifizierungen, durch welche die Kommission den Stellungnahmen der Sozialpartner, insbesondere des Europäischen Parlaments und des Wirtschafts- und Sozialausschusses[1155], Rechnung zu tragen gedachte. Sie betrafen zum einen die Wahl des Mitbestimmungsmodells und zum anderen die Aufgaben und Befugnisse der Arbeitnehmervertretung:

II. Wahl des Mitbestimmungsmodells und Zusammensetzung

1. Grundsatz der Wahlfreiheit zwischen gleichwertigen Modellen

Die Kommission hielt an ihrer erstmals in den Vorschlägen von 1989 präsentierten Konzeption fest und stellte wiederum das sog. deutsche Mitbestimmungsmodell, das niederländische Kooptationsmodell, das sog. französische und das sog. skandinavische Mitbestimmungsmodell zur Wahl.

Auch bei der Wahl der Mitbestimmungsmodelle blieb die Kommission im Grundsatz bei ihrem ursprünglichen Vorschlag. Nach dem beibehaltenen Art. 3 Abs. 1 Satz 1 RiLi sollte die Beteiligung der Arbeitnehmer der Europäischen Aktiengesellschaft nach wie vor nach einem der zur Wahl stehenden Mitbestimmungsmodelle durch eine Vereinbarung zwischen den Leitungs- oder Verwaltungsorganen der Gründungsgesellschaften und den nach dem Gesetz oder der Praxis der Mitgliedstaaten vorgesehenen Arbeitnehmervertretern dieser Gesellschaften geregelt werden. Eine Neuerung enthielt jedoch die

---

[1152] Vgl. oben Teil III § 10 E. II. (S. 227 ff.).
[1153] Auf die sich hieraus ergebenden Probleme wurde bereits im Rahmen der Stellungnahme zu den Vorschlägen von 1989 hingewiesen, vgl. dazu bereits oben Teil III. § 10 F. III. (S. 245 ff.).
[1154] Vgl. Amtl. Begründung RiLi zu Art. 10 RiLi, BT-Drucks. 12/1004, S. 76.
[1155] Vgl. Amtl. Begründung RiLi Allgemeines, BT-Drucks. 12/1004, S. 74.

Regelung des Art. 3 RiLi, der auf Anregung des Europäischen Parlaments um die umfangreiche Regelung eines Verfahrens ergänzt wurde, wodurch gewährleistet werden sollte, daß eine Europäische Aktiengesellschaft erst dann gegründet werden können soll, wenn ein Mitbestimmungsmodell festgelegt worden ist.[1156]

Anders als bisher sah der geänderte Richtlinienvorschlag im Falle eines Scheiterns der Verhandlungen aber nicht ein alleiniges Entscheidungsrecht der Verwaltungs- oder Leitungsorgane, sondern ein eigenständiges Verfahren beider Verhandlungspartner, d. h. unter Beteiligung auch der Arbeitnehmervertreter, vor. In einer Vereinbarung, die vor dem Gründungsbeschluß getroffen und schriftlich festgelegt werden müssen sollte, sollten die Verhandlungsparteien die rechtlichen, wirtschaftlichen und sozialen Auswirkungen, die sich aus der Gründung der Europäischen Aktiengesellschaft ergeben, sowie die gegebenenfalls im Hinblick auf die Arbeitnehmer zu treffenden Maßnahmen mit dem Ziel prüfen, zu einer Vereinbarung über das anzuwendende Mitbestimmungsmodell zu gelangen, vgl. Art. 3 Abs. 1 Satz 2 - 4 RiLi. Im Falle des Scheiterns dieser Verhandlungen sprach Art. 3 Abs. 1 a RiLi den Arbeitnehmervertretern die Möglichkeit zu, in einer schriftlichen Stellungnahme darlegen zu können, warum die Gründung der Europäischen Aktiengesellschaft nach ihrem Dafürhalten geeignet ist, die Interessen der Arbeitnehmer zu schädigen, und welche Maßnahmen hiergegen getroffen werden sollten. Die Leitungs- oder Verwaltungsorgane der an der Gründung beteiligten Gesellschaften oder sonstigen juristischen Personen sollten gemäß Art. 3 Abs. 1 b RiLi für die Hauptversammlung, die zur Gründung der Europäischen Aktiengesellschaft Stellung zu nehmen hat, einen Bericht erstellen, dem entweder der Wortlaut der Vereinbarung oder die Stellungnahme der Arbeitnehmervertreter beigefügt sein sollte. Hierdurch sollte sichergestellt werden, daß die Hauptversammlung in voller Kenntnis der Sachlage das unter den gegebenen Umständen am besten geeignete Mitbestimmungsmodell festlegen können sollte.[1157] Sie sollte dann nach Maßgabe des Art. 3 Abs. 2 RiLi das in der Vereinbarung festgelegte Mitbestimmungsmodell bestätigen oder bei Nichtzustandekommen einer Vereinbarung auf der Grundlage des Berichts der Arbeitnehmervertretung das in der Europäischen Aktiengesellschaft anzuwendende Modell wählen können. Im Ergebnis folgte die Kommission damit nicht den Vorschlägen des Europäischen Parlaments über ein Schlichtungsverfahren, sondern präsentierte ein eigenes, bislang unbekanntes Verfahren.[1158]

Beibehalten wurden hingegen die Vorschriften des Art. 3 Abs. 4 und 5 RiLi, nach denen den Mitgliedstaaten die Festlegung der Modalitäten der Anwendung der Mitbestimmungsmodelle obliegen sollte bzw. sie das Wahlrecht auf eines oder mehrere Mitbestimmungsmodelle beschränken können sollten.

[1156] Vgl. Amtl. Begründung RiLi zu Art. 3 RiLi, BT-Drucks. 12/1004, S. 74.
[1157] Vgl. Amtl. Begründung RiLi zu Art. 3 RiLi, BT-Drucks. 12/1004, S. 74.
[1158] Vgl. *Wiesner*, AG-Report 1991 R 275 ff., R 276.

2. Sog. deutsches Modell

Das deutsche Mitbestimmungsmodell des Vorschlags von 1989 wurde grundsätzlich unverändert beibehalten, d. h. es war eine unmittelbare Vertretung der Arbeitnehmer in den Gesellschaftsorganen von mindestens zu einem Drittel oder höchstens zur Hälfte vorgesehen, vgl. Art. 4, 2. Unterabsatz RiLi. Die genaue Zahl der Mitglieder des Aufsichtsorgans sollte grundsätzlich in der Satzung bestimmt werden, wobei die Mitgliedstaaten diese Zahl für die in ihrem Hoheitsgebiet eingetragenen Europäischen Aktiengesellschaften festlegen können sollten, vgl. Art. 63 Abs. 3 VO.

Hinsichtlich der Wahl der Arbeitnehmervertreter der Europäischen Aktiengesellschaft waren indes einige Änderungen zu verzeichnen, da die Vorschrift des Artikel 7 RiLi auf Antrag des Europäischen Parlaments und des Wirtschafts- und Sozialausschusses um die *"Präzisierung bestimmter grundlegender Begriffe"*[1159] erweitert wurde. Hatte es bislang nur geheißen, die Wahl erfolgt entsprechend den in den Mitgliedstaaten durch Gesetz oder durch die Praxis bestimmten Modalitäten, so wurde Art. 7 Abs. 1 Satz 1 RiLi nun durch den Zusatz *"unter Beachtung folgender Grundsätze"* ergänzt. Die Arbeitnehmervertreter sollten aus allen Mitgliedstaaten, in denen sich Betriebe der Europäischen Aktiengesellschaft befinden, gewählt werden (Art. 7 Abs. 1 Satz 1 lit. a RiLi). Die Anzahl der Vertreter sollte ferner so weit wie möglich anteilig der Zahl der von ihnen vertretenen Arbeitnehmer entsprechen (Art. 7 Abs. 1 Satz 1 lit. b RiLi). Zudem sollten alle Arbeitnehmer gemäß Art. 7 Abs. 1 Satz 1 lit. c RiLi ungeachtet der Dauer ihrer Betriebszugehörigkeit oder der Zahl der wöchentlichen Arbeitsstunden an der Stimmabgabe teilnehmen können. Art. 7 Abs. 1 Satz 1 lit. d RiLi beinhaltete schließlich den Grundsatz der geheimen Wahl. Im neuen Art. 7 Abs. 2 RiLi wurde eine Anregung des Europäischen Parlaments aufgegriffen. Hiernach sollte die Geschäftsleitung der Europäischen Aktiengesellschaft die gemäß Art. 7 RiLi gewählten Arbeitnehmervertreter anzuerkennen haben, ohne das Gesetz des Sitzstaats anwenden zu können, das möglicherweise statt der Wahl der Arbeitnehmervertreter eine Bestellung vorschreibt oder Mitglieder einer bestimmten Gewerkschaft von der Wahl zur Arbeitnehmervertretung ausschließt.[1160]

Die Regelung des Art. 8 RiLi über die Bestellung der ersten Mitglieder des Aufsichts- oder Verwaltungsorgans wurde durch die Neufassung des Art. 3 RiLi gegenstandslos; sie wurde ersatzlos gestrichen. Die Kommission war der Auffassung, es solle den Vertretern der Arbeitnehmer der Europäischen Aktiengesellschaft selbst obliegen, ihre Vertreter im Rahmen des gewählten Modells zu bestimmen. Dies entsprach auch der vom Wirtschafts- und Sozialausschuß geäußerten Kritik, die Mitbestimmungsvereinbarungen sollten eher von den Arbeitnehmern der Europäischen Aktiengesellschaften als von den

---

1159   Amtl. Begründung RiLi zu Art. 7 RiLi, BT-Drucks. 12/1004, S. 75.
1160   Vgl. Amtl. Begründung RiLi zu Art. 7 RiLi, BT-Drucks. 12/1004, S. 75.

Arbeitnehmern der Gründungsgesellschaften beschlossen werden, da Standpunkt und Interessen unterschiedlich sein könnten.[1161]

3. Sog. niederländisches Modell

Das niederländische Mitbestimmungsmodell des Art. 4, 2. Unterabsatz RiLi sah auch nach dem geänderten Vorschlag von 1991 eine Kooptation der Mitglieder des Aufsichts- oder Verwaltungsorgans vor. Allerdings präzisierte die Kommission in ihren Vorschlägen die Voraussetzungen des Widerspruchsrechts bei der Bestellung der Mitglieder, da das Verfahren einigen potentiellen Anwendern des Statuts für die Europäische Aktiengesellschaft zu komplex erschien.[1162] War im Richtlinienvorschlag von 1989 noch davon die Rede, die Hauptversammlung der Aktionäre oder die Vertreter der Arbeitnehmer sollten gegen die Bestellung eines vorgeschlagenen Kandidaten *"aus bestimmten Gründen"* Widerspruch einlegen können, so wurden diese Widerspruchsgründe nunmehr in Art. 4, 2. Unterabsatz lit. b RiLi im einzelnen aufgelistet. Hiernach sollte die Einlegung eines Widerspruchs nur möglich sein, wenn der vorgeschlagene Kandidat nicht imstande ist, seine Aufgaben wahrzunehmen, wenn seine Bestellung eine unausgewogene Zusammensetzung des Organs im Hinblick auf die Interessen der Europäischen Aktiengesellschaft, ihrer Aktionäre und Arbeitnehmer zur Folge hätte oder wegen Nichtbeachtung des Verfahrens. Im Falle eines Widerspruchs sollte die Bestellung des vorgeschlagenen Kandidaten gemäß Art. 4, 2. Unterabsatz lit. c RiLi erst erfolgen dürfen, wenn der Widerspruch entweder von einem Gericht, einer Verwaltungsbehörde oder einer anderen unabhängigen Instanz für unbegründet erklärt worden ist. Die ersten Mitglieder des Aufsichts- oder Verwaltungsorgans sollten gemäß Art. 4, 2. Unterabsatz lit. d RiLi von der Hauptversammlung bestellt werden; es sollte allerdings die Möglichkeit bestehen, einen Widerspruch aus den vorbezeichneten Gründen einzulegen und das soeben beschriebene Verfahren zur Anwendung gelangen zu lassen. Durch die vorgeschlagenen Änderungen wurde das niederländische Mitbestimmungsmodell im Ergebnis dem geänderten Vorschlag der Strukturrichtlinie[1163] bzw. dessen niederländischem Vorbild, dem Kooptationsmodell des *Burgerlijk Wetbock*[1164], nahezu vollständig angeglichen.

Hinsichtlich der Wahl der Arbeitnehmervertreter sollte wiederum Art. 7 RiLi Anwendung finden, so daß die obigen Ausführungen entsprechend gelten.[1165]

[1161] Vgl. Amtl. Begründung RiLi zu Art. 8 RiLi, BT-Drucks. 12/1004, S. 75.
[1162] Vgl. Amtl. Begründung RiLi zu Art. 4 RiLi, BT-Drucks. 12/1004, S. 74.
[1163] Vgl. dazu bereits oben Teil II § 7 D. III. 2. c. (S. 174).
[1164] Vgl. zum niederländischen System der unternehmerischen Mitbestimmung bereits oben Teil I § 1 D. I. (S. 58 ff.).
[1165] Vgl. dazu oben Teil III § 11 D. II. 2. (S. 256 ff.).

4. Sog. französisches Modell

Die Regelung des Art. 5 Abs. 1 RiLi lautete in der geänderten Fassung nunmehr lediglich *"Die Arbeitnehmer der SE sind in einem sogenannten separaten Organ vertreten."* Satz 2 der Regelung, nach dem die Zahl der Mitglieder dieses Organs und die Einzelheiten ihrer Wahl oder ihrer Bestellung in der Satzung der Europäischen Aktiengesellschaft im Einvernehmen mit dem nach dem Gesetz oder der Praxis in den Mitgliedstaaten vorgesehenen Arbeitnehmervertretern der Gründungsgesellschaften festgelegt werden sollten, wurde kommentarlos gestrichen. Hinsichtlich der Wahl der Arbeitnehmervertreter gelten die oben dargestellten Grundsätze entsprechend.[1166]

5. Sog. skandinavisches Modell

Das sog. skandinavische Mitbestimmungsmodell wurde fast unverändert beibehalten. Gegenüber dem Vorschlag von 1989 unterschied sich Art. 6 Abs. 1 RiLi nur dadurch, daß die Mitbestimmungsvereinbarung nunmehr nicht zwischen dem Aufsichts- oder Leitungsorgan der Europäischen Aktiengesellschaft und ihren Arbeitnehmern oder[1167] deren Vertretern, sondern nur noch mit den Arbeitnehmervertretern möglich sein sollte. Bezüglich der Vorschriften über die Wahl kann wiederum auf obige Ausführungen verwiesen werden.[1168]

III. Aufgaben und Befugnisse der Arbeitnehmervertretung

Neben den Änderungen betreffend die Wahl des Mitbestimmungsmodells berücksichtigte die Kommission auch die vielfach geäußerte Kritik, die zur Wahl gestellten Mitbestimmungsmodelle seien nicht gleichwertig ausgestaltet. In den Erwägungsgründen zum Richtlinienvorschlag stellte sie explizit fest, die verschiedenen Mitbestimmungsmodelle müßten den Arbeitnehmern aller Europäischen Aktiengesellschaften ein gleichwertiges Mitspracherecht und einen vergleichbaren Einfluß garantieren, um ein reibungsloses Funktionieren des Binnenmarktes sicherzustellen und ungleiche Wettbewerbsbedingungen zu vermeiden.[1169]

1. Sog. deutsches Modell

Hinsichtlich des sog. deutschen Mitbestimmungsmodells des Art. 4, 1. Unterabsatz RiLi wies der geänderte Richtlinienvorschlag keine Änderungen auf; wichtige Änderungen ergaben sich insoweit aber aus einer teilweisen Neufassung der Vorschriften des Verordnungsvorschlags.

[1166] Vgl. dazu oben Teil III § 11 D. II. 2. (S. 256 ff.).
[1167] Hervorhebung vom Verfasser.
[1168] Vgl. dazu oben Teil III § 11 D. II. 2. (S. 256 ff.).
[1169] Vgl. den 6. Erwägungsgrund der Kommission zur vorgeschlagenen Richtlinie, AblEG Nr. C 138 v. 29.05.1991, S. 8 ff., S. 9.

D. Mitbestimmung der Arbeitnehmer

Die von der Kommission vorgenommenen Änderungen hinsichtlich der die Informationsrechte des Aufsichtsorgans enthaltenden Regelung des Art. 64 VO waren marginal, meist lediglich redaktioneller Natur. Die Informationsrechte und -pflichten des Leitungs- und Aufsichtsorgans wurden präzisiert und vereinfacht, indem insbesondere ein direkter Informationsfluß zwischen den beiden Organen ohne Umweg über den Vorsitzenden des Aufsichtsorgans vorgesehen wurde.[1170] Nach den Vorstellungen der Kommission sollten diese Informationsrechte jedoch insofern eingeschränkt werden, als sie sich nicht mehr generell auf die von der Europäischen Aktiengesellschaft beherrschten Unternehmen beziehen bzw. diese nur noch einbeziehen sollten, sofern sich die Informationen über diese kontrollierten Unternehmen spürbar auf den Geschäftsverlauf der Europäischen Aktiengesellschaft auswirken könnten, vgl. Art. 64 Abs. 2 und 3 VO bzw. Art. 64 Abs. 1 VO.

Die für das deutsche Mitbestimmungsmodell wichtigste Änderung ergab sich aus der Aufnahme des Letztentscheidungsrechts der Anteilseigner in den Verordnungsvorschlag. So bestimmte Art. 65 Abs. 1 VO (dualistisches System) bzw. Art. 67 a VO (monistisches System) - insoweit der Stellungnahme des Europäischen Parlaments[1171] folgend - nunmehr, daß im Falle einer Arbeitnehmervertretung im Aufsichts- bzw. Leitungsorgan zu dessen Vorsitzenden nur ein von der Hauptversammlung bestelltes Mitglied gewählt werden können sollte, dessen Stimme gemäß Art. 76 Abs. 3 a VO bei Stimmengleichheit den Ausschlag geben sollte. Dies stellt die Übertragung der Konstruktion des MitbestG 1976[1172] auf die Europäische Aktiengesellschaft dar, was insbesondere von der Wirtschaft gefordert worden war[1173].

Eine weitere Änderung betraf den Katalog der zustimmungspflichtigen Rechtsgeschäfte des Art. 72 VO, dessen verschiedene Fallgruppen - wiederum den Vorschlägen des Europäischen Parlaments entsprechend[1174] - unter Bezugnahme auf finanzielle Kriterien neu definiert wurden. Nach der Neufassung sollten zustimmungspflichtig sein: Jedes Investitionsvorhaben (Art. 72 Abs. 1 lit. a VO), die Errichtung, der Erwerb, die Veräußerung oder die Auflösung von Unternehmen, Betrieben oder Betriebsteilen (Art. 72 Abs. 1 lit. b VO), die Aufnahme oder die Gewährung von Krediten, die Ausgabe von Schuldverschreibungen und die Übernahme von Verbindlichkeiten Dritter oder deren Garantie (Art. 72 Abs. 1 lit. c VO) und der Abschluß von Liefer- und Leistungsverträgen (Art. 72 Abs. 1 lit. d VO), soweit diese Vorhaben 5 bis 25 % des gezeichneten Kapitals der Europäischen Aktiengesellschaft betragen bzw. übersteigen, vgl. Art. 72 Abs. 1 lit. e VO. Hierdurch sollte - so die Kommission - das Konfliktpotential gegenüber der

---

[1170] Vgl. Amtl. Begründung VO zu Art. 64, BT-Drucks. 12/1004, S. 8.
[1171] Vgl. dazu bereits oben Teil III § 10 E. II. (S. 227 ff.).
[1172] Vgl. dazu bereits oben Teil I § 1 C. V. (S. 49 ff.).
[1173] Vgl. dazu bereits oben Teil III § 10 E. I. (S. 224 ff.) (Wirtschafts- und Sozialausschuß) und Teil III § 10 E. III. 1.b. (S. 233 ff.) (Deutsche Wirtschaft).
[1174] Vgl. dazu bereits oben Teil III § 10 E. II. (S. 227 ff.).

weniger genauen Aufzählung in der vorherigen Fassung reduziert werden.[1175] Die Liste der zustimmungspflichtigen Tätigkeiten sollte gemäß Art. 72 Abs. 2 VO weiterhin durch die Satzung der Europäischen Aktiengesellschaft erweitert werden können. Die Regelungen der Art. 72 Abs. 3 und 4 VO enthielten zwei neue Vorschriften. Erstens sollte es den Mitgliedstaaten gemäß Art. 72 Abs. 3 VO offenstehen, unter den gleichen Bedingungen wie für die ihrem Recht unterliegenden nationalen Aktiengesellschaften weitere Kategorien zustimmungspflichtiger Geschäfte zu bestimmen. Zweitens sollten die Mitgliedstaaten vorsehen können, daß dies auch aufgrund einer Genehmigung oder durch Satzungsbeschluß der Europäischen Aktiengesellschaft möglich ist, Art. 72 Abs. 4 VO.

Hinsichtlich einer monistisch strukturierten Europäischen Aktiengesellschaft sollte durch Art. 67 VO gewährleistet werden, daß dem Verwaltungsorgan dieselben Informations- und Beteiligungsrechte zustehen wie dem Aufsichtsorgan einer dualistisch strukturierten Europäischen Aktiengesellschaft.

2. Sog. niederländisches Modell

Da für das sog. Kooptationsmodell des Art. 4, 2. Unterabsatz RiLi weder im Richtlinien- noch im Verordnungsvorschlag eigenständige Regelungen über die Aufgaben und Befugnisse der Arbeitnehmervertreter vorgesehen waren, kann - wie auch bei den Vorschlägen von 1989[1176] - davon ausgegangen werden, daß die Vorschriften der Art. 63, 64 und 72 VO entsprechend gelten sollten. Auf die obigen Ausführungen kann insoweit verwiesen werden.

3. Sog. französisches Modell

Das Niveau der Informations- und Mitbestimmungsrechte der Arbeitnehmer der Europäischen Aktiengesellschaft nach dem französischen Modell wurde gegenüber den Vorschlägen von 1989 deutlich angehoben. Gemäß Art. 5 Abs. 2 RiLi sollte das Leitungs- oder Verwaltungsorgan der Europäischen Aktiengesellschaft das separate Organ mindestens alle drei Monate über den Gang der Geschäfte der Gesellschaft und deren voraussichtliche Entwicklung, gegebenenfalls unter Berücksichtigung der Informationen über die von der Europäischen Aktiengesellschaft kontrollierten Unternehmen, die sich auf den Geschäftsverlauf der Europäischen Aktiengesellschaft spürbar auswirken können, informieren. Weitere Informationsrechte ergaben sich aus Art. 5 Abs. 2 a bis c VO: Art. 5 Abs. 2 a VO sah vor, daß das Leitungs- oder Verwaltungsorgan dem separaten Organ unverzüglich alle Informationen mitteilen sollte, die sich auf die Lage der Europäischen Aktiengesellschaft spürbar auswirken könnten. Das separate Organ sollte ferner gemäß Art. 5 Abs. 2 b VO jederzeit Auskünfte oder einen gesonderten Bericht über alle Fragen im Zusammenhang mit den Beschäftigungsbedingungen vom Leitungs- oder

---

[1175] Vgl. Amtl. Begründung VO zu Art. 72 VO, BT-Drucks. 12/1004, S. 9.
[1176] Vgl. dazu bereits oben Teil III § 10 D. III. 2. (S. 221 ff.).

Verwaltungsorgan verlangen können. Art. 5 Abs. 2 c VO schließlich sollte jedem Mitglied des separaten Organs Einblick in sämtliche Unterlagen zugestehen, die der Hauptversammlung der Aktionäre vorgelegt werden. Nach Angaben der Kommission entsprach damit die Fassung dieses Artikels *"fast wortgetreu"*[1177] den Artikeln des Verordnungsvorschlags, welche die Unterrichtung des Aufsichtsorgans durch das Leitungsorgan (Art. 64 VO) und die Unterrichtung innerhalb des Verwaltungsorgans (Art. 67) regeln. Mit diesen Änderungen wurde man den Stellungnahmen des Wirtschafts- und Sozialausschusses[1178] und des Europäischen Parlaments[1179] gerecht, die vor allem eine höhere Gleichwertigkeit der verschiedenen Mitbestimmungsmodelle gefordert hatten. Die Regelung betreffend Art. 72 VO, demzufolge bestimmte Vorgänge der Zustimmung des Aufsichtsorgans bedürfen sollten, wurde hingegen im Ergebnis nicht hinreichend geändert. Die dort genannten Beschlüsse sollten gemäß Art. 5 Abs. 2 lit. d RiLi nunmehr zwar erst dann durchgeführt werden dürfen, wenn das separate Organ vom Leitungs- oder Verwaltungsorgan der Europäischen Aktiengesellschaft unterrichtet und gehört worden ist. Anders als beim deutschen bzw. niederländischen Mitbestimmungsmodell war somit aber wiederum lediglich ein Informations- und Anhörungsrecht und kein Recht auf Zustimmung vor der Durchführung der in Art. 72 VO genannten Beschlüsse vorgesehen. Die diesbezügliche amtliche Begründung der Kommission zu Art. 5 RiLi ist insofern mißverständlich, als dort von einem Erfordernis der Zustimmung des Aufsichtsorgans die Rede ist, während die Vorschrift nur von der Unterrichtung und Anhörung des separaten Organs spricht.[1180]

4. Sog. skandinavisches Modell

Ebenso wie beim sog. französischen Modell sollte beim sog. skandinavischen Modell mit den vorgeschlagenen Änderungen hinsichtlich der Informations- und Anhörungsrechte des Art. 6 RiLi die Gleichwertigkeit dieses Mitbestimmungsmodells gegenüber den anderen zur Wahl stehenden Modellen gewährleistet werden.[1181] Hinsichtlich der Unterrichtung und Anhörung der Arbeitnehmer der Europäischen Aktiengesellschaft verwiesen die Regelungen des Art. 6 Abs. 2 lit. a bis d RiLi auf die Bestimmungen des Art. 5 Abs. 2 lit. a, b und d RiLi; insoweit kann auf die obigen Ausführungen verwiesen werden.[1182] Art. 6 Abs. 2 lit. d RiLi sollte den Arbeitnehmervertretern die Bereitstellung sämtlicher Unterlagen, die der Hauptversammlung der Aktionäre vorgelegt werden, gewährleisten. Während die Bestimmungen über die Verschwiegenheitsverpflichtung der Arbeitnehmervertreter des Art. 6 Abs. 4 RiLi und die Geltungsdauer der Vereinbarung des Art. 6 Abs. 7 RiLi der Sache nach unverändert beibehalten wurden, strich die

---

[1177] Vgl. Amtl. Begründung RiLi zu Art. 5 RiLi, BT-Drucks. 12/1004, S. 75.
[1178] Vgl. dazu bereits oben Teil III § 10 E. I. (S. 224 ff.).
[1179] Vgl. dazu bereits oben Teil III § 10 E. II. (S. 227 ff.).
[1180] Vgl. Amtl. Begründung RiLi zu Art. 5 RiLi, BT-Drucks. 12/1004, S. 75.
[1181] Vgl. Amtl. Begründung RiLi zu Art. 6 RiLi, BT-Drucks. 12/1004, S. 75.
[1182] Vgl. dazu oben Teil III § 10 D. III. 3. (S. 221 ff.).

Kommission in ihren geänderten Vorschlägen die Bestimmungen der Art. 6 Abs. 3 RiLi (Information der kollegialen Arbeitnehmervertretung), Art. 6 Abs. 5 RiLi (Einschränkung der Informationspflichten in bestimmten Fällen) und Art. 6 Abs. 6 RiLi (Kostentragung der Europäischen Aktiengesellschaft bei Sachverständigen) - zumindest soweit aus der amtlichen Begründung ersichtlich - kommentarlos. Eine bedeutende Änderung enthielt auch der neue Art. 6 Abs. 8 RiLi betreffend das im Falle des Scheiterns der Verhandlungen anzuwendende Standardmodell: Gestrichen wurde der Zusatz, nach dem dieses Mitbestimmungsmodell der am weitesten fortgeschrittenen einzelstaatlichen Praxis zu entsprechen haben sollte, da dies angesichts der äußerst rasch voranschreitenden Entwicklung der nationalen Praktiken in diesem Bereich schwer einzuhalten gewesen wäre.[1183] Einzige Anforderung sollte nunmehr eine Gewährleistung mindestens der in Art. 6 RiLi genannten Informations- und Konsultationsrechte sein.

IV. Rechtsstellung der Arbeitnehmervertreter

Hinsichtlich der Rechtsstellung der Arbeitnehmervertreter der Europäischen Aktiengesellschaft sind gegenüber den Vorschlägen der Kommission von 1989 nur wenige, relativ unbedeutende Änderungen zu verzeichnen, die in erster Linie der Klarstellung dienten.[1184]

Diese Änderungen betreffen zum einen die Amtszeit der Arbeitnehmervertreter: Hieß es in Art. 68 Abs. 2 VO noch *"Die Amtszeit der Mitglieder kann verlängert werden."*, so sah die Neufassung der Regelung ausdrücklich die Möglichkeit einer ein- oder mehrmaligen Wiederwahl für den gemäß Art. 68 Abs. 1 VO festgelegten Zeitraum vor. Auch Art. 74 Abs. 1 VO sollte dahingehend präzisiert werden, daß jedes Mitglied eines Organs bei der Wahrnehmung seiner Aufgaben dieselben Rechte und Pflichten wie die übrigen Mitglieder des Organs hat, dem es angehört. Schließlich entfiel die Regelung des Art. 75 VO über die Abberufung der Mitglieder des Aufsichts- oder Verwaltungsorgans, da dies jetzt durch die neugefaßten Art. 62, 63 und 66 VO abgedeckt war.[1185]

E. Resonanz der Mitgliedstaaten und Sozialpartner

Hinsichtlich der Reaktionen auf die geänderten Kommissionsvorschläge ist zunächst festzustellen, daß im Vergleich zum Memorandum von 1988 und zu den Vorschlägen von 1989 sehr viel weniger Stellungnahmen ergingen. Hierfür gibt es insbesondere zwei Gründe: Zum einen war nach den intensiven Diskussionen, welche die ursprünglichen Vorschläge von 1989 begleitet hatten, eigentlich alles zur Problematik der Europäischen Aktiengesellschaft gesagt. Zum anderen kann, sofern die Kommission irgendwelchen Vorschlägen gefolgt ist, davon ausgegangen werden, daß die jeweils vorschlagenden Institutionen hiermit einverstanden waren.

[1183] Vgl. Amtl. Begründung RiLi zu Art. 6 RiLi, BT-Drucks. 12/1004, S. 75.
[1184] Vgl. Amtl. Begründung VO zu Art. 68 und 72 VO, BT-Drucks. 12/1004, S. 9.
[1185] Vgl. Amtl. Begründung VO zu Art. 75 VO, BT-Drucks. 12/1004, S. 9.

I. Wirtschafts- und Sozialausschuß

Eine offizielle Stellungnahme des Wirtschafts- und Sozialausschusses zu den neuen Kommissionsvorschlägen ist nicht ergangen. Dies mag zwar auf den ersten Blick erstaunen, ist aber angesichts der Tatsache, daß eine weitere Anhörung des Wirtschafts- und Sozialausschusses - ausweislich der amtlichen Begründungen zu den Vorschlägen[1186] - nicht vorgesehen war, nicht weiter erstaunlich.

II. Europäisches Parlament

Dasselbe gilt für das Europäische Parlament: Eine Anhörung des Europäischen Parlaments zu den geänderten Kommissionsvorschlägen war ebenfalls nicht vorgesehen und fand auch nicht statt.

III. Sonstige Stellungnahmen

Wenngleich die Diskussion im Anschluß an die Vorlage der geänderten Vorschläge der Kommission in den Mitgliedstaaten weit weniger lebhaft war als bei den Vorschlägen von 1989, so ist doch die eine oder andere erwähnenswerte Stellungnahme zu verzeichnen.

1. Stellungnahmen im Inland

a. Stellungnahme des Deutschen Bundesrats

Eine Stellungnahme des Deutschen Bundesrats zu den neuen Kommissionsvorschlägen ist nicht ergangen.

b. Stellungnahme der deutschen Wirtschaft

Auch die deutsche Wirtschaft äußerte sich - soweit ersichtlich - nicht zu den geänderten Vorschlägen der Kommission. Im Hinblick auf die sehr deutliche Stellungnahme von 1989[1187] kann jedoch davon ausgegangen werden, daß sie auch die geänderten Vorschläge abgelehnt hätte.

c. Stellungnahme der deutschen Gewerkschaften

Der Deutsche Gewerkschaftsbund gab im Oktober 1991 eine Stellungnahme zu den geänderten Vorschlägen der Kommission ab[1188] und lehnte diese erneut als in wesentli-

---

[1186] Vgl. Amtl. Begründung, Einleitung, BT-Drucks. 12/1004, S. 1, Fn. 3.
[1187] Vgl. dazu bereits oben Teil III § 10 E. III. 1. b. (S. 233 ff.).
[1188] Stellungnahme des Deutschen Gewerkschaftsbundes vom Oktober 1991 zum Geänderten Vorschlag über eine Verordnung (EWG) des Rates über das Statut der Europäischen Aktiengesellschaft und für eine Richtlinie zur Ergänzung des SE-Statuts hinsichtlich der Stellung

chen Punkten nicht den Forderungen des Europäischen Gewerkschaftsbundes und des Deutschen Gewerkschaftsbundes entsprechend entschieden ab.[1189]

Wie auch schon die Stellungnahme zu den Vorschlägen von 1989 enthielt auch der Kommentar zu den geänderten Kommissionsvorschlägen - angesichts der lebhaften Diskussion im Anschluß an die Vorlage der Vorschläge von 1989 unerklärlicherweise - keine Ausführungen zur Problematik der Rechtsgrundlage.

Hinsichtlich der Organisationsverfassung der Europäischen Aktiengesellschaft kritisierte der Deutsche Gewerkschaftsbund, man bewege sich mit der den Mitgliedstaaten in Art. 61 VO zugestandenen Befugnis zur Einschränkung der Wahlmöglichkeit zwischen dem dualistischen und dem monistischen System *"noch weiter von einer einheitlichen europäischen Konstruktion weg"*[1190]. Dennoch war man im Ergebnis wohl gewillt, diesen Verlust an Einheitlichkeit hinzunehmen, da insoweit keine Nachbesserungen gefordert wurden.

In der Frage der Mitbestimmung der Arbeitnehmer in der Europäischen Aktiengesellschaft begrüßte der Deutsche Gewerkschaftsbund lediglich den von der Kommission festgeschriebenen Grundsatz, daß nach dem neuen Art. 8 Abs. 3 RiLi eine Europäische Aktiengesellschaft erst nach der Wahl eines Mitbestimmungsmodells eingetragen werden können sollte.[1191] Im übrigen lehnte der Deutsche Gewerkschaftsbund die geänderten Vorschläge der Kommission aber sehr deutlich ab. So wurden die grundlegenden Bedenken der deutschen Gewerkschaften zur Modellwahl aufrechterhalten, da diese, wenn eine Vereinbarung vorher nicht zustande gekommen sei, doch der Entscheidung der Hauptversammlung überlassen bliebe.[1192] Insbesondere sei nicht ersichtlich, welchen Einfluß eine Stellungnahme der Arbeitnehmervertreter, warum die Gründung der Europäischen Aktiengesellschaft nach ihrem Dafürhalten geeignet sei, die Interessen der Arbeitnehmer zu schädigen und welche Maßnahmen ihnen gegenüber getroffen werden sollten, auf die Modellentscheidung durch die Hauptversammlung haben sollte. Hinsichtlich der Aufgaben und Befugnisse der Arbeitnehmervertreter lehnte der Deutsche Gewerkschaftsbund die seiner Auffassung nach festzustellenden Verschlechterungen der Informationsrechte für das Aufsichtsorgan und seine Mitglieder im Rahmen des Art. 64 VO ab. Dies gelte zum einen für die Zurücknahme der Konzernbezogenheit der Informationen infolge des mehrfachen Wegfalls der Formulierung *"einschließlich der von ihr beherrschten Unternehmen"*.[1193] Zum anderen sei die alte Fassung des Art. 64 Abs. 6 VO bezüglich der Informationsgegenstände präziser gewesen als die jetzige schlichte

---

der Arbeitnehmer. Diese Stellungnahme wird im folgenden Abschnitt zitiert als *Stellungnahme DGB*.

[1189] Vgl. Stellungnahme DGB, S. 9 ff., S. 9.
[1190] Vgl. Stellungnahme DGB, S. 9 ff., S. 11.
[1191] Vgl. Stellungnahme DGB, S. 9 ff., S. 9 und 12.
[1192] Vgl. Stellungnahme DGB, S. 9 ff., S. 12.
[1193] Vgl. Stellungnahme DGB, S. 9 ff., S. 11 und 12.

Verwendung des Wortes *"Information"*.[1194] Scharfe Kritik erfuhr zudem vor allen Dingen die Aufnahme eines Letztentscheidungsrechts der Anteilseigner, deren Notwendigkeit nach Auffassung des deutschen Gewerkschaftsbundes nicht zu erkennen sei.[1195]

Insgesamt kritisierte der Deutsche Gewerkschaftsbund, daß die Vorschläge erneut in enttäuschender Weise hinter dem Memorandum von 1988 und den seinerzeit formulierten Erwartungen zurückblieben. Daher forderte er, erhebliche Nachbesserungen vorzunehmen oder die Vorschläge zurückzuweisen.[1196]

2. Stellungnahmen auf europäischer Ebene

a. Stellungnahme der Staats- und Regierungschefs

Eine offizielle Stellungnahme der Staats- und Regierungschefs der Mitgliedstaaten zu den geänderten Vorschlägen der Kommission ist nicht ergangen.

b. Stellungnahmen der Sozialpartner

Auf Seiten der Arbeitgeber begrüßte die Union of Industrial and Employer's Confederations of Europe (UNICE) in ihrem Papier vom 13.11.1991, daß zahlreiche ihrer zu den Vorschlägen von 1989 geforderten Änderungsvorschläge übernommen wurden.[1197] Dies gelte bspw. für die Regelungen über den Erwerb eigener Aktien und das Letztentscheidungsrecht der Anteilseigner.[1198] Obwohl somit ein bedeutender Fortschritt erzielt worden sei, seien dennoch weitere Änderungen und Ergänzungen erforderlich:

Was die Frage der Rechtsgrundlage betrifft, verurteilte die UNICE die Vorgehensweise der Kommission erneut scharf und forderte, das einheitliche Statut über die Europäische Aktiengesellschaft einheitlich auf Art. 235 EWG-Vertrag als einzig tragbare Rechtsgrundlage zu stützen.[1199]

Hinsichtlich der Struktur der Europäischen Aktiengesellschaft verlieh die UNICE ihrer Befürchtung Ausdruck, die Möglichkeit der Mitgliedstaaten, das Wahlrecht auf eines der beiden System beschränken zu können, könne zur Folge haben, daß letzten Endes das im jeweiligen Mitgliedstaat bestehende System festgeschrieben würde.[1200] Dies könnte insbesondere bei einer Sitzverlegung der Europäischen Aktiengesellschaft zu Problemen führen, die man durch ein einheitlich bestehendes Wahlrecht zwischen der

---

[1194] Vgl. Stellungnahme DGB, S. 9 ff., S. 11.
[1195] Vgl. Stellungnahme DGB, S. 9 ff., S. 11.
[1196] Vgl. Stellungnahme DGB, S. 9 ff., S. 9.
[1197] Amended Proposal for a regulation and directive on the Statute for a European Company (Document COM (91) final SYN 218 and SYN 219) - UNICE Position. Diese Stellungnahme wird im folgenden Abschnitt zitiert als *Stellungnahme UNICE*.
[1198] Stellungnahme UNICE, S. 1 (Anm. 2.).
[1199] Stellungnahme UNICE, S. 2 f. (Anm. 5.-7.).
[1200] Stellungnahme UNICE, Anhang I, S. 2 (Kommentierung zu Art. 61 VO).

monistisch und der dualistisch strukturierten Europäischen Aktiengesellschaft vermeiden könnte.[1201]

Zahlreiche der von der UNICE geäußerten Kritikpunkte betrafen schließlich die Regelungen über die Mitbestimmung der Arbeitnehmer der Europäischen Aktiengesellschaft. Im Hinblick darauf, daß in einigen Mitgliedstaaten bestimmte Schwellenwerte, unterhalb derer eine Mitbestimmung der Arbeitnehmer nicht stattfindet, oder Sonderregelungen für Holdinggesellschaften mit gar keinen oder nur wenigen Arbeitnehmern existierten, kritisierte die UNICE die mangelnde Flexibilität der Kommissionsvorschläge, die solche Regelungen nicht aufweisen.[1202] Der Dachverband der europäischen Arbeitgeber forderte daher, das Statut insoweit zu ergänzen. Was die Informations- und Anhörungsrechte der Arbeitnehmervertreter angeht, bekräftigte die UNICE ihre Kritik hinsichtlich des Kataloges der zustimmungspflichtigen Geschäfte des Art. 72 VO im Hinblick auf die vorgenommene detaillierte Ausgestaltung der Vorschrift.[1203] Insbesondere verwahrte sie sich dagegen, daß es sich hierbei um unabdingbare Mindestvorschriften handeln sollte. In Anbetracht der sehr vagen Formulierungen des Art. 5 Abs. 2 a und 2 b RiLi sah die UNICE zudem eine Mißbrauchsgefahr durch die Arbeitnehmervertreter, was zu die Geschäftsführung unterlaufenden Praktiken führen könne.[1204] Das skandinavische Mitbestimmungsmodell des Art. 6 RiLi schließlich wurde als zu weitreichend abgelehnt, da es im Ergebnis Mindestvorschriften hinsichtlich der Information und Anhörung der Arbeitnehmer enthalte.[1205] Hierdurch habe die Kommission die Traditionen der Mitgliedstaaten verkannt, in denen es keine gesetzliche Regelung der Mitbestimmung gibt, sondern eine Beteiligung der Arbeitnehmer bspw. im Wege des *collective bargaining* stattfindet. Eine stärkere Berücksichtigung dieser Mitbestimmungstraditionen sei daher geboten.

Insgesamt läßt sich festhalten, daß der Dachverband der europäischen Arbeitgeber die geänderten Vorschläge der Kommission nach wie vor ablehnte, obwohl in zahlreichen Punkten bereits Nachbesserungen vorgenommen worden waren.

Seitens der Gewerkschaften ist auf europäischer Ebene keine Stellungnahme zu den geänderten Vorschlägen der Kommission zu verzeichnen.

F. Stellungnahme

Wenngleich die in die Vorschläge eingearbeiteten Änderungen insgesamt zu Verbesserungen führten, blieben zahlreiche Kritikpunkte bestehen.

[1201] Stellungnahme UNICE, Anhang I, S. 3 (Kommentierung zu Art. 61 VO).
[1202] Stellungnahme UNICE, Anhang II, S. 1 (General comments).
[1203] Stellungnahme UNICE, Anhang I, S. 4 (Kommentierung zu Art. 72 VO).
[1204] Stellungnahme UNICE, Anhang II, S. 2 (Kommentierung zu Art. 5 RiLi).
[1205] Stellungnahme UNICE, Anhang II, S. 2 (Kommentierung zu Art. 6 RiLi).

I. Rechtsgrundlage

Die Kommission spaltete das Projekt der Europäischen Aktiengesellschaft - wie bei den Vorschlägen von 1989 - in zwei unterschiedliche Vorschläge auf: einen auf Art. 100 a EWG-Vertrag gestützten Verordnungsvorschlag sowie einen diesen begleitenden Richtlinienvorschlag, der auf der Grundlage von Art. 54 a Abs. 3 lit. g EWG-Vertrag erlassen werden sollte. Dies ist - wie bereits eingehend dargestellt[1206] - insbesondere im Hinblick auf die Zusammengehörigkeit der Regelungen des Richtlinien- und des Verordnungsvorschlags abzulehnen. Es bleibt somit dabei: die Vorgehensweise der Kommission stellte eine eindeutige Umgehung der Vorschriften des EWG-Vertrages dar. Die Vorschläge zur Europäischen Aktiengesellschaft hätten vielmehr einheitlich auf Art. 235 EWG-Vertrag gestützt werden müssen.[1207] Angesichts der umfangreichen Diskussionen zur Frage der Rechtsgrundlage ist zudem völlig unverständlich, wieso die Kommission sich in der amtlichen Begründung zu ihren geänderten Vorschlägen überhaupt nicht zu dieser Problematik geäußert hat.

II. Organisationsverfassung

Gegenüber den Vorschlägen von 1989 überarbeitete die Kommission die Regelungen über die Struktur der Europäischen Aktiengesellschaft dahingehend, daß die Mitgliedstaaten den Europäischen Aktiengesellschaften mit Sitz in ihrem Hoheitsgebiet entweder das dualistische oder das monistische System vorschreiben können sollten. Diese vielfach geforderte Änderung ist zu begrüßen und brachte die Vorschläge zur Europäischen Aktiengesellschaft in Übereinstimmung mit dem geänderten Vorschlag einer Strukturrichtlinie von 1983. Zwar hätte dies im Ergebnis dazu geführt, daß jeder Mitgliedstaat sich für "sein" System entschieden hätte.[1208] Im Hinblick darauf, daß alle anderen Vorschläge sich - wie bereits ausführlich dargelegt - als nicht konsensfähig erwiesen hatten, ist dies jedoch hinzunehmen, zumal sich die beiden Systeme im Ergebnis nicht wesentlich unterscheiden.[1209]

III. Mitbestimmung der Arbeitnehmer

Hinsichtlich der unternehmerischen Mitbestimmung griff die Kommission zahlreiche Kritiken auf und nahm umfangreiche Nachbesserungen vor. Insbesondere hob sie das Niveau der Informations- und Anhörungsrechte der Arbeitnehmer beim sog. französischen und skandinavischen Mitbestimmungsmodell gegenüber den Vorschlägen von 1989 deutlich an. Dennoch blieb ein wesentlicher Unterschied bestehen, da das sog. deutsche und das sog. niederländische Mitbestimmungsmodell den Vertretern der Ar-

---

1206 Vgl. zur Problematik der Rechtsgrundlage bereits ausführlich oben Teil III § 10 F. I. (S. 267 ff.).
1207 So auch *Hauschka*, EuZW 1992, 147 ff., 148; *Merkt*, BB 1990, 652 ff., 659, und *Luttermann*, ZVglRWiss 93 (1994), 1 ff., 6.
1208 Vgl. *Hauschka*, EuZW 1992, 147 ff., 148.
1209 Vgl. auch *Raiser*, FS Steindorff, S. 201 ff., S. 208 f. und 210.

beitnehmer Zustimmungsrechte, d. h. wirkliche Mitentscheidungsrechte, einräumte, während das sog. französische und das sog. skandinavische Mitbestimmungsmodell lediglich eine Information und Anhörung der Arbeitnehmer vorsahen, vgl. Art. 72 Abs. 1 VO einerseits und Art. 5 Abs. 2 d RiLi bzw. Art. 6 Abs. 2 lit. c RiLi andererseits. Sowohl das französische als auch das skandinavische Mitbestimmungsmodell blieben somit immer noch weit hinter dem deutschen bzw. dem niederländischen Modell zurück.[1210] Von einer Gleichwertigkeit der zur Wahl gestellten Mitbestimmungsmodelle konnte somit nach wie vor nicht ausgegangen werden. Ferner ist zu kritisieren, daß auch die geänderten Vorschläge keine Möglichkeit zur Abwahl der Mitbestimmung vorsahen.

Als Alternative zu diesem Optionenmodell der Kommission wurde von *Dreher* ein Alternativvorschlag entwickelt, die sog. Sockellösung.[1211] Hiernach sollten lediglich Mindestbestimmungen über die unternehmerische Mitbestimmung der Arbeitnehmer in die Vorschläge über die Europäische Aktiengesellschaft aufgenommen werden. Die nähere Ausgestaltung sollte hingegen den Mitgliedstaaten vorbehalten bleiben. Dieses Mitbestimmungsmodell wurde jedoch ganz überwiegend zu Recht abgelehnt, da es einen eindeutigen Verstoß gegen Art. 118 a EWG-Vertrag in seiner damaligen Fassung darstellt. Nach dieser Bestimmung sollen sich die Mitgliedstaaten bemühen, die Verbesserung insbesondere der Arbeitsumwelt zu fördern, um die Sicherheit und die Gesundheit der Arbeitnehmer zu schützen, und sich die Harmonisierung der in diesem Bereich bestehenden Bedingungen bei gleichzeitigem Fortschritt zum Ziel setzen. Eine Sockellösung, die auf der untersten Stufe ansetzen würde, liefe diesem in Art. 118 a EWG-Vertrag niedergelegten Ziel der Verbesserung der Arbeitsbedingungen zuwider und ist folglich als nicht mit dem EWG-Vertrag vereinbar abzulehnen.[1212]

Im übrigen ist zu den vorgeschlagenen Änderungen der Kommission zu den Mitbestimmungsmodellen im einzelnen wie folgt Stellung zu nehmen:

Das sog. deutsche Mitbestimmungsmodell wurde gegenüber den Vorschlägen von 1989 in einem ganz entscheidenden Punkt nachgebessert: Durch die Aufnahme eines Letztentscheidungsrechts der Anteilseigner reagierte die Kommission auf eine vielfach geäußerte Kritik, sie habe das deutsche Mitbestimmungsmodell nur unvollständig übernommen. Bedenklich ist hingegen der Fortfall der Konzernbezogenheit im Rahmen der Informationspflichten des Art. 64 Abs. 2 und 3 VO, da die Europäische Aktiengesellschaft in aller Regel infolge ihrer grenzüberschreitenden Tätigkeit eine Größe aufweisen wird, bei der Konzernstrukturen typischerweise eine Rolle spielen werden.[1213] Ein unter gewissen Umständen keineswegs unbedeutender Geschäftsbereich der Europäischen Aktiengesellschaft sollte damit per se von den Mitbestimmungsrechten der Arbeitnehmer ausgeklammert werden.

[1210] So auch *Eser*, ZVglRWiss 91 (1992), S. 258 ff., S. 286.
[1211] Vgl. *Dreher*, EuZW 1990, 76 ff.
[1212] Vgl. *Eser*, ZVglRWiss 91 (1992), S. 258 ff., S. 288, und *Hauschka*, EuZW 1992, 147 ff., 149.
[1213] Vgl. auch *Trojan-Limmer*, RIW 1991, 1010 ff., 1016 f.

Auch hinsichtlich des niederländischen Mitbestimmungsmodells nahm die Kommission Nachbesserungen vor. So wurde das aus dem niederländischen Recht bekannte Widerspruchsverfahren des Kooptationssystems in den Richtlinienvorschlag aufgenommen. Damit wurde das sog. niederländische Mitbestimmungsmodell seinem Vorbild erfreulicherweise nahezu vollständig angeglichen.

Das sog. französischen Mitbestimmungsmodells überarbeitete die Kommission und nahm zahlreiche Änderungen vor, um die Informations- und Anhörungsrechte der Arbeitnehmer den anderen Mitbestimmungsmodellen anzugleichen. Problematisch ist jedoch die sehr weite Formulierung des Art. 5 Abs. 2 b RiLi, nach dem das separate Organ vom Leitungs- oder Verwaltungsorgan jederzeit Auskünfte oder einen gesonderten Bericht über alle Fragen im Zusammenhang mit den Beschäftigungsbedingungen verlangen können sollte. Der bereits kritisierte Fortfall der Konzernbezogenheit im Rahmen der Informationspflichten sollte auch für das französische Mitbestimmungsmodell gelten, vgl. Art. 5 Abs. 2 RiLi.

Da Art. 6 RiLi hinsichtlich der Information und Anhörung der Arbeitnehmer auf die Regelungen des sog. französischen Mitbestimmungsmodells verweist, gelten die vorstehenden Ausführungen gleichermaßen für das sog. skandinavische Mitbestimmungsmodell. Die Beschränkung des Art. 6 Abs. 1 RiLi, nach dem Verhandlungen über andere als die in den Art. 4 und 5 RiLi genannten Mitbestimmungsmodelle nicht mehr zwischen dem Aufsichts- oder Leitungsorgan der Europäischen Aktiengesellschaft und ihren Arbeitnehmern oder deren Vertretern, sondern nur noch mit den Arbeitnehmervertretern möglich sein sollten, macht im Hinblick auf die zu erwartende Größe der in der Rechtsform einer Europäischen Aktiengesellschaft organisierten Unternehmen Sinn.

Eine weitere im Hinblick auf die unternehmerische Mitbestimmung gewichtige Problematik ergab sich aus der von der Kommission in ihren geänderten Vorschlägen vorgenommenen Ausweitung der Gründungsformen. Bisher sollte die Gründung einer Europäischen Aktiengesellschaft gemäß Art. 2 Abs. 1 VO nur durch Verschmelzung oder durch die Errichtung einer Holdinggesellschaft möglich sein, sofern mindestens zwei der Gründungsgesellschaften, die nach dem Recht eines Mitgliedstaats begründet worden sind und die ihren satzungsmäßigen Sitz und ihre Hauptverwaltung in der Gemeinschaft haben, ihre Hauptverwaltung in verschiedenen Mitgliedstaaten haben. In der Neufassung der Vorschläge wurden die Möglichkeiten der Gründung einer Europäischen Aktiengesellschaft erweitert. Einerseits sollten gemäß dem neu eingefügten Art. 1 Abs. 1 a VO nunmehr auch Gesellschaften mit beschränkter Haftung unter den genannten Voraussetzungen eine Europäische Aktiengesellschaft im Wege der Errichtung einer Holdinggesellschaft gründen können. Damit entsprach die Kommission einer vom Europäischen Parlament geäußerten Forderung, auch den kleinen und mittleren Unternehmen im Rahmen des Statuts der Europäischen Aktiengesellschaft Gelegenheit zu einer Reorganisation ihrer Tätigkeiten zu bieten.[1214] Andererseits sollte dies bereits dann

---

[1214] Vgl. Amtl. Begründung VO zu Art. 2 VO, BT-Drucks. 12/1004, S. 2.

möglich sein, wenn mindestens zwei der Gründungsgesellschaften eine Tochtergesellschaft oder eine Niederlassung in einem anderen Mitgliedstaat als dem ihrer Hauptverwaltung haben. Gemäß Art. 2 Abs. 2 VO sollte dies nunmehr auch für die Gründung einer Europäischen Aktiengesellschaft im Wege der Errichtung einer gemeinsamen Tochtergesellschaft gelten. Schließlich sollte gemäß dem ebenfalls neu eingefügten Art. 2 Abs. 3 VO eine Aktiengesellschaft, die nach dem Recht eines Mitgliedstaats gegründet worden ist und ihren satzungsmäßigen Sitz und ihre Hauptverwaltung in der Gemeinschaft hat, eine Europäische Aktiengesellschaft durch Umwandlung gründen können, wenn sie eine Tochtergesellschaft oder eine Niederlassung in einem anderen Mitgliedstaat als dem ihrer Hauptverwaltung hat. Durch diese deutliche Erweiterung der Gründungsmöglichkeiten wurde die bereits erwähnte[1215] Problematik einer Flucht aus der Mitbestimmung unnötigerweise noch verschärft. Dies wurde zu Recht auch vom Deutschen Gewerkschaftsbund kritisiert.[1216] Es liegt - so zutreffend *Wißmann* - auf der Hand, daß das Gewicht der Mitbestimmungsprobleme um so größer ist, je leichter der Zugang zur Europäischen Aktiengesellschaft und je größer damit ihre voraussichtliche Verbreitung ist.[1217]

Auf die Problematik fehlender Wahlvorschriften wurde bereits eingegangen.[1218]

Abschließend ist darauf hinzuweisen, daß auch die geänderten Vorschläge nach wie vor keine Regelungen über die betriebliche Mitbestimmung enthielten. In diesem Zusammenhang ist jedoch zu berücksichtigen, daß die Vorarbeiten zu einer europäischen Regelung über die betriebliche Mitbestimmung in Gestalt eines Richtlinienvorschlags über die Einsetzung Europäischer Betriebsräte zur Information und Konsultation der Arbeitnehmer bereits weit vorangeschritten waren. Der von der Kommission vorgelegte Richtlinienvorschlag, auf den noch ausführlich eingegangen werden soll[1219], sollte nach Auffassung der Kommission auch auf Europäische Aktiengesellschaften anwendbar sein.

IV. Zusammenfassung

Zusammenfassend läßt sich festhalten, daß die Kommission zwar in vielen Punkten die zahlreichen Stellungnahmen in ihre Änderungen einbezog und deutliche Nachbesserungen der Vorschläge vornahm. Insgesamt bleibt die bereits zu den Vorschlägen von 1989 geäußerte Kritik jedoch bestehen: Die Frage der Rechtsgrundlage war ungelöst, die Regelungen über die Mitbestimmung der Arbeitnehmer waren nach wie vor nicht gleichwertig und auch im übrigen blieben zahlreiche Fragen ungeklärt. Viel zu häufig beschränkten sich die Vorschläge zudem auf Verweise auf das nationale Recht, so daß sie

---

[1215] Vgl. dazu bereits oben Teil III § 10 F. III. (S. 247 ff.).
[1216] Vgl. Stellungnahme DGB, S. 9 ff., S. 10.
[1217] Vgl. *Wißmann*, RdA 1992, 320 ff., 322.
[1218] Vgl. oben Teil III § 10 F. III. (S. 248).
[1219] Vgl. unten Teil IV § 13 (S. 273 ff.).

selbst - wie zu Recht kritisiert wurde - den *"kleinsten gemeinsamen Nenner"*[1220] bildeten. Wenngleich zu berücksichtigen ist, daß die Einführung des Statuts in der geplanten Form zumindest ein erster Schritt auf europäischer Ebene gewesen wäre, auf dem man weiter hätte aufbauen können[1221], überwiegen letztlich die Einwände, so daß die Vorschläge der Kommission auch in ihrer geänderten Fassung abzulehnen sind.

G. Gang der weiteren Arbeiten

Der im Anschluß an die Vorlage der Vorschläge vorgesehene Zeitplan sah folgendes vor[1222]: Noch vor dem Jahresende 1991 sollte eine endgültige Fassung der Vorschläge vorgelegt werden. Danach sollte der Ministerrat noch im Dezember 1991 einen gemeinsamen Standpunkt erarbeiten, der die Grundlage für die zweite Lesung des Europäischen Parlaments darstellen sollte. Für Juni 1992 war die endgültige Verabschiedung der Vorschläge durch den Ministerrat vorgesehen; hierbei sollte im Hinblick auf die geplante Vollendung des Binnenmarktes eine Umsetzungsfrist bis zum 31.12.1992 und ein Inkrafttreten der Vorschläge zum 01.01.1993 vorgesehen werden. Nicht nur rückschauend wird klar, daß dieser Zeitplan viel zu optimistisch war und die bestehenden Einwände zu ignorieren schien. Es erstaunt daher nicht, daß er auch nicht nur im entferntesten eingehalten werden konnte.

[1220] Vgl. *Eser*, ZVglRWiss 91 (1992), S. 258 ff., S. 286.
[1221] Vgl. *Eser*, ZVglRWiss 91 (1992), S. 258 ff., S. 287, und vor allen Dingen *von Maydell*, AG 1990, 442 ff., 446.
[1222] Die Zeitangaben sind zitiert nach *Merkt*, BB 1990, 652 ff., 653.

§ 12 Das erneute Scheitern der SE

A. Entwicklung im Anschluß an die Vorlage der geänderten Vorschläge

Nachdem die Kommission ihre geänderten Vorschläge im Mai 1991 vorgelegt hatte und einige Stellungnahmen der Sozialpartner ergangen waren, ließ die Intensität der Diskussion sehr schnell nach, bis sie erstaunlicherweise schon nach kurzer Zeit ganz einschlief. Für diese Entwicklung kommen zwei Gründe in Betracht: So ist es möglich, daß sich nach Abschluß der Diskussion niemand mehr für die Europäische Aktiengesellschaft, zu der bereits mehrfach alles gesagt worden war, interessierte. Möglich ist zum anderen aber auch, daß die Beteiligten abwarteten, welche Initiativen die Kommission nunmehr ergreifen würde, um die Vorschläge doch in die Tat umzusetzen. Würde sie erneut den Rat anrufen, um das Gesetzgebungsverfahren einzuleiten? Oder hatte sie aufgrund der immer noch zahlreichen Kritikpunkte vielmehr eingesehen, daß ihre Vorschläge in der damaligen Fassung keine Aussicht auf Erfolg haben konnten? Da die Kommission sich hierzu nicht mehr geäußert hat, müssen diese Fragen unbeantwortet bleiben. Eines war jedenfalls bereits ca. ein Jahr nach der Vorlage der geänderten Vorschläge klar: Der erneute Vorstoß der Kommission zur Europäischen Aktiengesellschaft mußte als gescheitert angesehen werden, das Projekt war folglich - nach 1970/75 - bereits zum zweiten Mal "gestorben".

Hauptursache für dieses erneute Scheitern war vor allen Dingen die Frage der Mitbestimmung der Arbeitnehmer, wobei insbesondere die Vertreter der beiden Extrempositionen das Vorhaben blockierten. Auf der einen Seite war dies Großbritannien, das eine Unternehmensmitbestimmung um jeden Preis vermeiden wollte, und auf der anderen Seite stand die Bundesrepublik Deutschland, die Abstriche von ihren im europäischen Vergleich sehr weitgehenden Regelungen über die Mitbestimmung der Arbeitnehmer nicht zulassen wollte.[1223]

B. Entwicklung in den Jahren 1991-1995

Nachdem sich abgezeichnet hatte, daß die von der Kommission vorgelegten Vorschläge zur Europäischen Aktiengesellschaft in absehbarer Zeit nicht verabschiedet werden würden, wurde es in den Folgejahren sehr ruhig um das Vorhaben. Waren in der Zeit von 1988 bis 1991 sowohl sehr viele Stellungnahmen der Sozialpartner ergangen als auch zahlreiche wissenschaftliche Aufsätze im Schrifttum erschienen, so findet man aus den folgenden Jahren kaum noch Äußerungen der Sozialpartner und auch im Schrifttum fand das Projekt der Europäischen Aktiengesellschaft selten Erwähnung. Dies sollte sich erst nach einer neuen Initiative der Kommission, die 1994 zur Verabschiedung der Richtlinie über die Europäischen Betriebsräte führen sollte, ändern.

[1223] *Nagel* bezeichnete diesen Widerstand - sehr plastisch - als *"Ablehnungsfront"*, vgl. *Nagel*, S. 273.

Teil IV: Neuer Schwung für die Europäische Aktiengesellschaft

§ 13 Die Richtlinie über die Europäischen Betriebsräte

Die Behandlung der Richtlinie über die Einsetzung Europäischer Betriebsräte in einer Darstellung über die Mitbestimmung der Arbeitnehmer in der Europäischen Aktiengesellschaft mag auf den ersten Blick erstaunen. Ein solcher Seitenblick[1224] ist dennoch geboten, wenn nicht sogar unerläßlich, um die weitere Entwicklung des Projekts der Europäischen Aktiengesellschaft nachvollziehen zu können. Mit einem neuartigen Lösungsansatz war der Kommission bei dieser Richtlinie nämlich 1994 ein Durchbruch gelungen, den man wenige Jahre später auch für die Europäische Aktiengesellschaft nutzbar zu machen versuchte.

A. Vorgeschichte der Richtlinie

Die Richtlinie über die Europäischen Betriebsräte hat eine ähnlich lange Vorgeschichte wie das Vorhaben der Europäischen Aktiengesellschaft: Ihrer endgültigen Verabschiedung durch den Rat sind fast 25 Jahre Verhandlung vorangegangen.[1225]

Nachdem Regelungen über die Einrichtung von Betriebsräten auf europäischer Ebene zunächst noch in den umfassenden Verordnungsvorschlag zur Europäischen Aktiengesellschaft von 1970 bzw. 1975 integriert waren[1226], wurde 1980 ein erster selbständiger Richtlinienvorschlag vorgelegt (sog. Vredeling-Richtlinie)[1227], der allerdings - wenn auch nach eingehenden Diskussionen[1228] - bereits wenig später gescheitert war: Trotz der breiten Übereinstimmung zwischen der Mehrzahl der Mitgliedstaaten war der Rat nicht in der Lage, zu einer Entscheidung zu gelangen. Am 16.06.1986 beschloß er daher, die Beratungen angesichts der Unmöglichkeit, eine Verständigung zu erreichen,

---

[1224] Mehr kann und soll die vorliegende Darstellung in diesem Zusammenhang nicht leisten, da die Richtlinie über die Europäischen Betriebsräte selbst Gegenstand unzähliger Aufsätze und zahlreicher Monographien ist; vgl. bspw. die Dissertationen von *Nowak*, Die EWG-Richtlinie über die Unterrichtung und Anhörung der Arbeitnehmer (sog. Vredeling-Vorschlag), 1985, und - aus neuerer Zeit - von *Hauß*, Grenzüberschreitende Betriebsverfassung in Europa - Der Europäische Betriebsrat, 1996, den ausführlichen Beitrag von *Heinze*, AG 1995, 385 ff., sowie die weiteren Nachweise bei *Blank / Geissler / Jaeger*, S. 247 ff. und *Schaub*, § 255 Fn. 1.

[1225] Vgl. *Gaul*, NJW 1995, 228 ff., 229 sowie ausführlich zur Entstehungsgeschichte *Hauß*, S. 259 ff.

[1226] Vgl. dazu bereits oben Teil II § 5 D. I. (S. 110 ff.) und Teil II § 6 D. I. (S. 135 ff.).

[1227] Vorschlag der Kommission für eine Richtlinie des Rates über die Unterrichtung und Anhörung der Arbeitnehmer von Unternehmen mit komplexer, insbesondere, transnationaler Struktur v. 23.10.1980, AblEG Nr. C 297 v. 15.11.1980, S. 3 ff. Dieser Vorschlag wird häufig nach dem damals zuständigen Kommissar *Henk Vredeling* benannt, vgl. *Hanau*, RdA 1984, 157 ff., und *Kolvenbach*, DB 1982, 1457 ff.

[1228] Nach umfangreichen Stellungnahmen der Sozialpartner auf europäischer Ebene hatte die Kommission am 08.07.1983 eine geänderte Fassung dieses Richtlinienvorschlags vorgelegt, AblEG Nr. C 217 v. 12.08.1983, S. 3 ff.

vorläufig zu unterbrechen.[1229] Diesem ersten Richtlinienvorschlag war somit - wie auch den Vorschlägen zur Europäischen Aktiengesellschaft aus den 70er Jahren - ein stiller Tod beschieden, da sich der Ministerrat seit Mitte der 80er Jahre nicht mehr mit ihm befaßte.[1230]

Gleichwohl forderte der Ministerrat die Kommission auf, ihre Arbeiten auf diesem Gebiet fortzusetzen und hierbei insbesondere die nationalen Entwicklungen zu verfolgen sowie eine Lösung für tarifvertragliche Regelungen vor einer Weiterberatung zu überlegen.[1231] Zu einer Wiederbelebung der Diskussion kam es schließlich im Anschluß an die Verabschiedung der Gemeinschaftscharta der sozialen Grundrechte der Arbeitnehmer[1232], welche bis auf Großbritannien[1233] von allen damaligen Mitgliedstaaten unterzeichnet worden war. Diese im September 1989 als feierliche Erklärung angenommene Charta beinhaltet rechtlich unverbindliche sog. Grundrechte für Arbeitnehmer. Eine Ausweitung der Zuständigkeiten der Gemeinschaft sollte hiermit jedoch nicht verbunden sein.[1234] In Ziff. 17 dieser Charta heißt es, daß Unterrichtung, Anhörung und Mitwirkung der Arbeitnehmer in geeigneter Weise und unter Berücksichtigung der in den verschiedenen Mitgliedstaaten herrschenden Gepflogenheiten weiterentwickelt werden müssen, was insbesondere für Unternehmen und Unternehmenszusammenschlüsse mit Betriebsstätten bzw. Unternehmen in mehreren Mitgliedstaaten der Europäischen Gemeinschaft zu gelten habe. Trotz dieser rechtlichen Unverbindlichkeit ging von dieser Charta neuer Schwung für die Gemeinschaftsvorhaben betreffend die Rechte der Arbeitnehmer aus. So kam es, daß die Kommission bereits wenige Jahre nach dem Scheitern ihrer ersten Vorschläge erneut Richtlinienvorschläge betreffend die Einsetzung Europäischer Betriebsräte präsentierte:

Am 12.12.1990 legte sie einen Richtlinienvorschlag über die Einsetzung Europäischer Betriebsräte zur Information und Konsultation der Arbeitnehmer in gemeinschaftsweit operierenden Unternehmen und Unternehmensgruppen[1235] vor, der gemeinhin als Nachfolger der Vredeling-Richtlinie angesehen wird. Nach Anhörung der Sozialpartner und Auswertung der Stellungnahmen des Europäischen Parlaments und des Wirtschafts- und

---

[1229] Vgl. *Kolvenbach*, DB 1991, 805 ff., 805.

[1230] Vgl. *Blank*, ArbuR 1993, 229 ff., 234.

[1231] Vgl. *Kolvenbach*, DB 1991, 805 ff., 805.

[1232] Gemeinschaftscharta der sozialen Grundrechte der Arbeitnehmer v. 09.12.1989 KOM (89) 248 endg. Die Charta ist abgedruckt in: *Däubler / Kittner / Lörcher*, S. 926 ff..

[1233] Die damalige britische konservatitve Regierung unter *John Major* wollte das Abkommen über die Sozialpolitik nicht unterzeichnen, vgl. *Kolvenbach*, NZA 1998, 582 ff., 582.

[1234] Hierzu kam es erst wenige Jahre später im Rahmen der Maastrichter Vertragsrevision, durch welche ein eigenständiges sozialpolitisches Abkommen zwischen den elf Unterzeichnerstaaten als Anhang zum sozialpolitischen Protokoll in den Maastrichter Vertrag aufgenommen wurde, vgl. dazu oben Teil I § 2.

[1235] Vorschlag für eine Richtlinie des Rates über die Einsetzung Europäischer Betriebsräte zur Information und Konsultation der Arbeitnehmer in gemeinschaftsweit operierenden Unternehmen und Unternehmensgruppen, AblEG Nr. C 39 v. 15.02.1991, S. 10 ff.

A. Vorgeschichte der Richtlinie

Sozialausschusses wurde dieser Vorschlag noch zweimal überarbeitet, so daß die Kommission am 03.12.1991[1236] und am 27.04.1994[1237] überarbeitete Fassungen ihres Vorschlags dem Rat zugeleitet hat. Auf der Grundlage dieser Vorschläge gab der Rat dann am 18.07.1994 einen gemeinsamen Standpunkt im Hinblick auf den Erlaß einer EU-Richtlinie über die Einsetzung von Europäischen Betriebsräten ab.[1238]

Nach scheinbar unendlich vielen Vorschlägen und ebenso vielen Diskussionen wurde die Richtlinie über die Europäischen Betriebsräte schließlich von den damaligen 11 Mitgliedstaaten bei Stimmenthaltung Portugals am 22.09.1994 verabschiedet.[1239] Der Geltungsbereich umfaßte auch die drei übrigen Staaten des Europäischen Wirtschaftsraumes Island, Liechtenstein und Norwegen und wurde durch die Aufnahme der EU-Mitgliedstaaten Finnland, Österreich und Schweden zum 01.01.1995 erweitert. Großbritannien und Nordirland hingegen waren zunächst vom Anwendungsbereich der Richtlinie nicht umfaßt, da die Richtlinie auf der Grundlage des im Zusammenhang mit dem Maastrichter Vertrag verabschiedeten Protokolls über die Sozialpolitik[1240] verabschiedet wurde.[1241] Im Zusammenhang mit der Amsterdamer Revision des EWG-Vertrages ist das Sozialprotokoll jedoch Bestandteil des EWG-Vertrages geworden[1242],

---

[1236] Geänderter Vorschlag für eine Richtlinie des Rates über die Einsetzung Europäischer Betriebsräte zur Information und Konsultation der Arbeitnehmer in gemeinschaftsweit operierenden Unternehmen und Unternehmensgruppen, AblEG Nr. C 336 v. 31.12.1991, S. 11 ff.

[1237] Vorschlag für eine Richtlinie des Rates über die Einrichtung eines Europäischen Ausschusses oder die Schaffung eines Verfahrens zur Unterrichtung und Anhörung der Arbeitnehmer in gemeinschaftsweit operierenden Unternehmen und Unternehmensgruppen, AblEG Nr. C 135 v. 18.05.1994, S. 8 ff.

[1238] Gemeinsamer Standpunkt (EG) Nr. 32/94 vom Rat festgelegt am 18. Juli 1994 im Hinblick auf den Erlass der Richtlinie 94/.../EG des Rates vom ... über die Einsetzung eines Europäischen Betriebsrates oder die Schaffung eines Verfahrens zur Unterrichtung und Anhörung der Arbeitnehmer in gemeinschaftsweit operierenden Unternehmen und Unternehmensgruppen, AblEG Nr. C 244 v. 31.08.1994, S. 37 ff.

[1239] Richtlinie 94/45/EG des Rates v. 22.09.1994 über die Einsetzung eines Europäischen Betriebsrats oder die Schaffung eines Verfahrens zur Unterrichtung und Anhörung der Arbeitnehmer in gemeinschaftsweit operierenden Unternehmen und Unternehmensgruppen, AblEG Nr. L 254 v. 30.09.1994, S. 64 ff. Die Vorschriften dieses Richtlinienvorschlags werden im folgenden Kapitel mit dem Zusatz *RiLi* versehen.

[1240] Protokoll über die Sozialpolitik, AblEG Nr. C 191 v. 29.07.1992, S. 90 ff. Vgl. auch das dieses Protokoll ergänzende Abkommen zwischen den Mitgliedstaaten der Europäischen Gemeinschaft mit Ausnahme des Vereinigten Königreichs Großbritannien und Nordirland über die Sozialpolitik, AblEG Nr. C 191 v. 29.07.1992, S. 91. Rechtsgrundlage war Art. 2 Abs. 2 dieses Abkommens; aus verfahrenstechnischen Gründen - auf die hier nicht näher eingegangen werden kann - war dies jedoch sehr umstritten, vgl. dazu *Heinze*, AG 1995, 385 ff., 394.

[1241] Großbritannien hatte sich anläßlich der Verhandlungen zum Maastrichter Vertrag vorbehalten, die Bestimmungen des Sozialprotokolls zu einem späteren Zeitpunkt zu unterzeichnen. Dieses Vorgehen wird verschiedentlich auch als *"opt-out"* - Lösung bezeichnet, vgl. *Kolvenbach*, NZA 1998, 582 ff., 582, und *Ruoff*, BB 1997, 2478 ff, 2479.

[1242] Das Sozialprotokoll wurde unter dem Titel XI *"Sozialpolitik, allgemeine berufliche Bildung und Jugend"* in den EWG-Vertrag integriert, vgl. Art. 136 (neu) - 143 (neu) EWG-Vertrag.

§ 13 Die Richtlinie über die Europäischen Betriebsräte

so daß der Anwendungsbereich der Richtlinie mittlerweile auch auf das Vereinigte Königreich ausgedehnt werden konnte.[1243] Obwohl die Umsetzungfrist dieser Richtlinie am 15.12.1999 abgelaufen ist, ist eine Umsetzung bislang nur in Großbritannien erfolgt.

Die überwiegende Mehrzahl der Mitgliedstaaten bemühte sich, die Richtlinie nicht nur fristgerecht, sondern auch inhaltlich in vollem Umfang in nationales Recht umzusetzen.[1244] Fünf Mitgliedstaaten (Dänemark, Finnland, Schweden, Irland, Belgien[1245]) haben die für die Umsetzung der Richtlinie gesetzte Frist eingehalten. Kurz darauf folgten Österreich, Italien[1246] und Frankreich. Auch der deutsche Gesetzgeber setzte die Vorgaben der Richtlinie kurz nach Ablauf der zweijährigen Umsetzungsfrist durch das Gesetz über Europäische Betriebsräte vom 28.10.1996 (EBRG)[1247] um. In den Niederlanden, in Griechenland und in Spanien wurde die Richtlinie in den Folgemonaten bis spätestens zum Frühjahr 1997 umgesetzt. Lediglich Portugal setzte die Vorgaben der Richtlinie erst mit Wirkung zum 09.09.1999 mit erheblicher Verspätung um; in Luxemburg ist das Umsetzungsverfahren sogar noch gar nicht abgeschlossen.[1248]

Im Hinblick auf den gemeinschaftsrechtlichen Kontext der vorliegenden Darstellung wird nicht auf die Vorschriften des EBRG, sondern auf diejenigen der diesem Gesetz zugrundeliegenden Richtlinie Bezug genommen.

[1243] Richtlinie 97/74/EG des Rates vom 15.12.1997 zur Ausdehnung der Richtlinie 94/45/EG über die Einsetzung eines Europäischen Betriebsrats oder die Schaffung eines Verfahrens zur Unterrichtung und Anhörung der Arbeitnehmer in gemeinschaftsweit operierenden Unternehmen und Unternehmensgruppen auf das Vereinigte Königreich, AblEG Nr. L 10 v. 16.01.1998, S. 22 ff. Der Weg über eine Richtlinie wurde gewählt, um die Bestimmungen über die Sozialpolitik des neuen Vertrages und über die Europäischen Betriebsräte schon vor Inkrafttreten des Vertrags von Amsterdam umsetzen zu können, vgl. im einzelnen *Kolvenbach*, NZA 1998, 582 ff., 583.

[1244] Vgl. den Bericht der Kommission an das Europäische Parlament und den Rat über den Stand der Anwendung der Richtlinie 94/45/EG des Rates v. 04.04.2000, KOM (2000) 188 endg..

[1245] Hierbei handelte es sich lediglich um eine Teilumsetzung. In Belgien wurde der zunächst - für die Umsetzung einer Richtlinie unzureichende - abgeschlossene Tarifvertrag mittlerweile durch zwei Gesetze ergänzt, die den Tarifvertrag nunmehr für allgemeinverbindlich erklären, vgl. KOM (2000) 188 endg.

[1246] Auch in Italien erfolgte die Umsetzung allerdings nur zum Teil, da die entsprechende Vereinbarung noch durch ein Gesetz ergänzt werden muß, welches den vertraglich vereinbarten Bestimmungen eine Erga-omnes-Wirkung verleiht und in dem unter anderem Vorschriften bezüglich der Sanktionen und der Gerichtsbarkeit festzulegen sind. Mittlerweile hat die Kommission ein Vertragsverletzungsverfahren angedroht, vgl. KOM (2000) 188 endg.

[1247] Gesetz über Europäische Betriebsräte v. 28.10.1996, BGBl. 1996 I, S. 1548 ff.

[1248] In beiden Fällen hat die Kommission Vertragsverletzungsverfahren eingeleitet, den Antrag im ersteren Fall jedoch wieder zurückgenommen, vgl. KOM (2000) 188 endg.

B. Inhalt der Richtlinie

I. Konzeption der Richtlinie

Regelungsgegenstand der Richtlinie über die Europäischen Betriebsräte ist die betriebliche Mitbestimmung in Gestalt einer Unterrichtung und Anhörung der Arbeitnehmer. Während der Begriff der Unterrichtung in der Richtlinie nicht näher definiert ist, wird unter Anhörung gemäß der Begriffsbestimmung des Art. 2 Abs. 1 lit. f RiLi der Meinungsaustausch und die Einrichtung eines Dialogs zwischen den Arbeitnehmervertretern und der zentralen Leitung oder einer angemessenen Leitungsebene verstanden. Arbeitnehmervertreter im Sinne der Richtlinie sind hierbei gemäß Art. 2 Abs. 1 lit. d RiLi die nach den Rechtsvorschriften und/oder den Gepflogenheiten der Mitgliedstaaten vorgesehenen Vertreter der Arbeitnehmer.[1249] Unter der zentralen Leitung versteht die Richtlinie gemäß der Begriffsbestimmung des Art. 1 Abs. 1 lit. e RiLi die zentrale Unternehmensleitung eines gemeinschaftsweit operierenden Unternehmens oder bei gemeinschaftsweit operierenden Unternehmensgruppen die zentrale Unternehmensleitung des herrschenden Unternehmens im Sinne des Art. 3 RiLi; vgl. zu weiteren Einzelheiten die Regelungen der Art. 4 Abs. 2 - 4 RiLi.

Ziel der Richtlinie ist gemäß Art. 1 Abs. 1 RiLi die Stärkung des Rechts auf Unterrichtung und Anhörung der Arbeitnehmer in gemeinschaftsweit operierenden Unternehmen und Unternehmensgruppen im Sinne der Richtlinie. Dies sei deshalb erforderlich, weil die Verfahren zur Unterrichtung und Anhörung der Arbeitnehmer nach den Rechtsvorschriften und Gepflogenheiten der Mitgliedstaaten häufig nicht an die länderübergreifende Struktur der Unternehmen angepaßt würden.[1250] Der Europäische Betriebsrat soll als eigenständiges Organ der Betriebsverfassung neben die nationalen betrieblichen Arbeitnehmervertretungen treten, vgl. Art. 12 RiLi. Die nationalen Strukturen der betrieblichen Mitbestimmung der Arbeitnehmer sollten somit durch die Richtlinie nicht tangiert werden. Die Schaffung einer zusätzlichen Einrichtung zur Vertretung und kollektiven Wahrnehmung der Arbeitnehmerinteressen auf europäischer Ebene war gerade nicht gewollt; der Europäische Betriebsrat sollte vielmehr ein Hilfsorgan der (nationalen) Betriebsverfassung sein.[1251]

Anders als bei den vorangegangenen Richtlinienvorschlägen über die Europäischen Betriebsräte hatte die Kommission in ihrem Vorschlag von 1991 davon Abstand genommen, die verschiedenartigen nationalen Beteiligungsrechte einer kompletten Harmonisierung auf gemeinschaftsrechtlicher Ebene zuführen zu wollen. Der Rat ist dem gefolgt

---

[1249] Wenngleich der Begriff der Arbeitnehmer nicht definiert ist, ergibt sich aus dieser Begriffsbestimmung der Arbeitnehmervertreter, daß nicht an einen einheitlichen europäischen Arbeitnehmerbegriff, sondern an die jeweiligen nationalen Arbeitnehmerbegriffe gedacht ist, vgl. *Hanau*, FS Vieregge, S. 319 ff., S 321.

[1250] Vgl. den 10. Erwägungsgrund des Rates zur Richtlinie, AblEG Nr. L 254 v. 30.09.1994, S. 64.

[1251] Vgl. *Ruoff*, BB 1997, 2478 ff., 2479.

und präsentierte mit der Richtlinie in der Frage der betrieblichen Mitbestimmung eine neue, flexible Lösung. Die Richtlinie sieht in Art. 1 Abs. 2 RiLi vor, daß in allen gemeinschaftsweit operierenden Unternehmen und Unternehmensgruppen zum Zweck der Unterrichtung und Anhörung der Arbeitnehmer entsprechend den in der Richtlinie niedergelegten Bedingungen und Modalitäten und mit den darin vorgesehenen Wirkungen auf Antrag ein Europäischer Betriebsrat eingesetzt oder ein Verfahren zur Unterrichtung und Anhörung der Arbeitnehmer geschaffen wird, welches bestimmte Mindestbedingungen erfüllen muß.

II. Anwendungsbereich

Vom Anwendungsbereich erfaßt sind gemäß Art. 1 Abs. 1 RiLi Unternehmen bzw. Unternehmensgruppen, wenn diese insgesamt mindestens 1.000 Arbeitnehmer in den Mitgliedstaaten und davon jeweils mindestens 150 Arbeitnehmer in mindestens zwei Mitgliedstaaten beschäftigen, vgl. im einzelnen Art. 2 Abs. 1 lit. a - c) RiLi. Maßgeblich für die Ermittlung der Beschäftigtenzahl ist gemäß Art. 2 Abs. 2 RiLi die Zahl der im Durchschnitt während der letzten zwei Jahre beschäftigten Arbeitnehmer einschließlich der Teilzeitbeschäftigten, wobei die Beschäftigungsschwellen entsprechend den einzelstaatlichen Rechtsvorschriften und/oder Gepflogenheiten festgelegt werden. Sofern in einer Vereinbarung im Sinne von Art. 6 RiLi kein größerer Anwendungsbereich vorgesehen ist, erstrecken sich gemäß Art. 1 Abs. 4 RiLi die Befugnisse und Zuständigkeiten der Europäischen Betriebsräte und die Verfahren zur Unterrichtung und Anhörung der Arbeitnehmer, die zur Erreichung des Ziels der Richtlinie vorgesehen sind, im Fall eines gemeinschaftsweit operierenden Unternehmens auf alle in den Mitgliedstaaten ansässigen Betriebe und im Falle einer gemeinschaftsweit operierenden Unternehmensgruppe auf alle in den Mitgliedstaaten ansässigen Unternehmen dieser Gruppe. Zudem nahm Art. 13 Abs. 1 RiLi die gemeinschaftsweit operierenden Unternehmen und Unternehmensgruppen, welche zum Zeitpunkt des Inkrafttretens der Richtlinie bereits eine für alle Arbeitnehmer geltende Vereinbarung abgeschlossen haben, in der eine länderübergreifende Unterrichtung und Anhörung der Arbeitnehmer vorgesehen ist, vom Anwendungsbereich der Richtlinie aus.

III. Mitbestimmung der Arbeitnehmer

Die Richtlinie sieht in Art. 1 Abs. 2 RiLi vor, daß in allen gemeinschaftsweit operierenden Unternehmen und Unternehmensgruppen auf Antrag zum Zweck der Unterrichtung und Anhörung der Arbeitnehmer entsprechend den in der Richtlinie niedergelegten Bedingungen und Modalitäten und mit den darin vorgesehenen Wirkungen ein Europäischer Betriebsrat eingesetzt oder ein Verfahren zur Unterrichtung und Anhörung der Arbeitnehmer geschaffen wird. Die Verantwortung für die Einrichtung eines Europäischen Betriebsrats oder die Schaffung eines solchen Verfahrens obliegt nach Art. 4 Abs. 1 RiLi der zentralen Leitung. Führen die Verhandlungen zu keinem Ergebnis, so finden die subsidiären Vorschriften des Anhangs der Richtlinie über einen Europäischen Betriebsrat kraft Gesetzes Anwendung. Schließlich hatten die Parteien - wie bereits erwähnt - die Möglichkeit, gemäß Art. 13 RiLi bis zum Inkrafttreten der Richtlinie eine freiwillige Vereinbarung über die länderübergreifende Unterrichtung und Anhörung der Arbeitnehmer zu schließen mit der Folge, daß die Richtlinie nicht anwendbar ist.

1. Besonderes Verhandlungsgremium

Zur Erreichung des in Art. 1 Abs. 1 RiLi genannten Ziels der Richtlinie nimmt die zentrale Leitung gemäß Art. 5 Abs. 1 RiLi von sich aus oder auf schriftlichen Antrag von mindestens 100 Arbeitnehmern oder ihren Vertretern aus mindestens zwei Betrieben oder Unternehmen in mindestens zwei verschiedenen Mitgliedstaaten Verhandlungen zur Einrichtung eines Europäischen Betriebsrats oder zur Schaffung eines Unterrichtungs- und Anhörungsverfahrens auf und setzt ein besonderes Verhandlungsgremium nach im einzelnen in Art. 5 Abs. 2 RiLi näher festgelegten Leitlinien ein. Hiernach legen die Mitgliedstaaten das Verfahren für die Wahl oder die Benennung der Mitglieder des besonderen Verhandlungsgremiums fest, die in ihrem Hoheitsgebiet zu wählen oder zu benennen sind, und sehen vor, daß die Arbeitnehmer der Betriebe und/oder Unternehmen, in denen unabhängig vom Willen der Arbeitnehmer keine Arbeitnehmervertreter vorhanden sind, selbst Mitglieder für das besondere Verhandlungsgremium wählen oder benennen dürfen, vgl. Art. 5 Abs. 2 lit. a RiLi. Das besondere Verhandlungsgremium setzt sich gemäß Art. 5 Abs. 2 lit. b RiLi aus mindestens 3 und höchstens 18 Mitgliedern[1252] zusammen. Nach der Regelung des Art. 5 Abs. 2 lit. c RiLi ist bei dieser Wahl oder Benennung sicherzustellen, daß zum einen zunächst die Vertretung durch ein Mitglied für jeden Mitgliedstaat, in dem sich ein oder mehrere Betriebe des gemeinschaftsweit operierenden Unternehmens oder das herrschende Unternehmen oder ein oder mehrere abhängige Unternehmen der gemeinschaftsweit operierenden Unternehmensgruppe befinden gesichert ist (Grundsatz der Repräsentation). Zum anderen soll gewährleistet sein, daß die Anzahl der zusätzlichen Mitglieder im Verhältnis zur Zahl der in den Betrieben, dem herrschenden Unternehmen oder dem abhängigen Unternehmen beschäftigten Arbeitnehmer steht, wie sie in den Rechtsvorschriften des Mitgliedstaats, in dessen Hoheitsgebiet die zentrale Leitung ansässig ist, vorgesehen ist (Grundsatz der Proportionalität). Art. 5 Abs. 2 lit. d RiLi sieht schließlich vor, daß die Zusammensetzung des besonderen Verhandlungsgremiums der zentralen Leitung und den örtlichen Unternehmensleitungen mitgeteilt wird. Die einzelnen Rechtsvorschriften und/oder Gepflogenheiten, die Schwellen für die Einrichtung eines Gremiums zur Vertretung der Arbeitnehmer vorsehen, bleiben von der Regelung des Art. 5 Abs. 2 RiLi unberührt.

[1252] Die Höchstzahl der Mitglieder hat sich infolge der bereits erwähnten Ausdehnung des Anwendungsbereichs der Richtlinie auf das Vereinigte Königreich um ein Mitglied auf nunmehr 15 erhöht, vgl. Art. 2 Richtlinie 97/74/EG des Rates v. 15.12.1997. Sie entspricht somit wieder der Gesamtzahl der Staaten, auf die sich die Richtlinie 94/45/EG erstreckt, d.h. auf die fünfzehn Mitgliedstaaten sowie die drei übrigen EWS-Staaten Island, Lichtenstein und Norwegen.

Aufgabe des besonderen Verhandlungsgremiums ist es nach Art. 5 Abs. 3 RiLi, mit der zentralen Leitung in einer schriftlichen Vereinbarung den Tätigkeitsbereich, die Zusammensetzung, die Befugnisse und die Mandatsdauer des Europäischen Betriebsrats oder der Europäischen Betriebsräte oder die Durchführungsmodalitäten eines Verfahrens zur Unterrichtung und Anhörung der Arbeitnehmer festzulegen.

Hierzu beruft die zentrale Leitung gemäß Art. 5 Abs. 4 RiLi eine Sitzung mit dem besonderen Verhandlungsgremium ein, um eine Vereinbarung über die Unterrichtung und Anhörung der Arbeitnehmer im Sinne von Art. 6 RiLi zu schließen und setzt hiervon die Unternehmensleitungen in Kenntnis. Das besondere Verhandlungsgremium kann sich bei den Verhandlungen durch Sachverständige seiner Wahl unterstützen lassen. Die Richtlinie sieht auch die Möglichkeit einer Abwahl der Mitbestimmung vor: Nach Art. 5 Abs. 5 RiLi kann das besondere Verhandlungsgremium mit einer qualifizierten Mehrheit von mindestens zwei Dritteln der Stimmen seiner Mitglieder beschließen, keine Verhandlungen zu eröffnen oder die bereits eröffneten Verhandlungen wieder zu beenden. Hierdurch wird das Verfahren zum Abschluß der in Art. 6 RiLi genannten Vereinbarung beendet mit der Folge, daß die Bestimmungen des Anhangs keine Anwendung finden. Ist dies einmal geschehen, kann ein neuer Antrag auf Einberufung des besonderen Verhandlungsgremiums frühestens zwei Jahre nach dem vorgenannten Beschluß gestellt werden, es sei denn, die betroffenen Parteien setzen eine kürzere Frist fest.

Die Kostenlast hinsichtlich der vorgenannten Verhandlungen trägt gemäß Art. 5 Abs. 6 Satz 1 RiLi die zentrale Leitung, damit - so der Wortlaut der Richtlinie - das besondere Verhandlungsgremium seine Aufgaben in angemessener Weise erfüllen kann. Den Mitgliedstaaten bleibt jedoch gemäß Art. 5 Abs. 6 Satz 2 RiLi vorbehalten, unter Beibehaltung dieses Grundsatzes Regeln für die Finanzierung der Arbeit des besonderen Verhandlungsgremiums festzulegen, wobei sie die Übernahme der Kosten insbesondere auf die Kosten für die Hinzuziehung eines Sachverständigen begrenzen können.

Ziel der Verhandlungen ist die Stärkung des Rechts auf Unterrichtung und Anhörung der Arbeitnehmer in gemeinschaftsweit operierenden Unternehmen und Unternehmensgruppen, vgl. Art. 1 Abs. 1 RiLi. Zur Erreichung dieses Ziels soll nach der Konzeption der Richtlinie vorrangig versucht werden, die grenzüberschreitende Unterrichtung und Anhörung auf der Grundlage einer freiwilligen Vereinbarung zwischen der zentralen Leitung und dem besonderen Verhandlungsgremium zu regeln. Nach Art. 6 Abs. 1 RiLi müssen die zentrale Leitung und das besondere Verhandlungsgremium im Geiste der Zusammenarbeit verhandeln, um zu einer Vereinbarung über die Modalitäten der Durchführung der in Art. 1 Abs. 1 RiLi vorgesehenen Unterrichtung und Anhörung der Arbeitnehmer in gemeinschaftsweit operierenden Unternehmen und Unternehmensgruppen zu gelangen. Insoweit kommt sowohl die Einrichtung eines Europäischen Betriebsrats als auch die Schaffung eines oder mehrerer Unterrichtungs- und Anhörungsverfahren in Betracht.

2. Europäischer Betriebsrat kraft Vereinbarung

Bei den Verhandlungen mit dem Ziel, zu einer Vereinbarung über die Modalitäten der Durchführung der Unterrichtung und Anhörung der Arbeitnehmer im Sinne von Art. 1 Abs. 1 RiLi zu gelangen, sind die Parteien grundsätzlich in ihrer Entscheidung über den Inhalt der zu treffenden Vereinbarung frei. Unbeschadet dieser Autonomie muß eine solche schriftliche Vereinbarung gemäß Art. 6 Abs. 2 RiLi jedenfalls Regelungen enthalten, die folgenden Katalog abdecken: die von der Vereinbarung betroffenen Unternehmen und Betriebe; die Zusammensetzung des Europäischen Betriebsrats, die Zahl seiner Mitglieder, die Sitzverteilung und die Mandatsdauer; die Befugnisse und das Anhörungs- und Unterrichtungsverfahren des Europäischen Betriebsrats; den Ort, die Häufigkeit sowie die Dauer der Sitzungen des Europäischen Betriebsrats; die für den Betriebsrat bereitzustellenden finanziellen und materiellen Mittel; die Laufzeit der Vereinbarung und das bei ihrer Neuverhandlung anzuwendende Verfahren. In rechtlicher Hinsicht handelt es sich bei einer solchen Vereinbarung - anders als bei einer Betriebsvereinbarung im Sinne von § 77 BetrVG 1972 - nicht um eine normativ wirkende Regelung, sondern lediglich um eine schuldrechtliche Verpflichtung des an der Vereinbarung beteiligten herrschenden Unternehmens gegenüber dem Verhandlungsgremium auf europäischer Ebene.[1253]

3. Verfahren der Unterrichtung und Anhörung

Neben der Einsetzung eines Europäischen Betriebsrats steht den Parteien ein weiteres Verfahren zur Gewährleistung der im Sinne der Richtlinie vorgeschriebenen betrieblichen Mitbestimmungsrechte der Arbeitnehmer zur Verfügung. Art. 6 Abs. 3 Satz 1 RiLi sieht vor, daß die zentrale Leitung und das besondere Verhandlungsgremium in schriftlicher Form den Beschluß fassen können, daß anstelle eines Europäischen Betriebsrats ein oder mehrere Unterrichtungs- und Anhörungsverfahren geschaffen werden. In einer solchen Vereinbarung ist gemäß Art. 6 Abs. 3 Satz 2 RiLi festzulegen, unter welchen Voraussetzungen die Arbeitnehmervertreter das Recht haben, zu einem Meinungsaustausch über die ihnen übermittelten Informationen zusammenzutreten, wobei sich die Informationen insbesondere auf länderübergreifende Angelegenheiten, welche erhebliche Auswirkungen auf die Interessen der Arbeitnehmer haben, erstrecken sollen. Wann dies der Fall ist, sagt die Richtlinie nicht und auch in den ihr vorangestellten Erwägungsgründen findet sich keine Konkretisierung. Legt man bspw. das deutsche Ausführungsgesetz zugrunde, würden hierunter bspw. die Verlegung oder die Stillegung von Unternehmen, Betrieben oder wesentlichen Betriebsteilen oder Massenentlassungen fallen, vgl. § 33 Abs. 1 Satz 2 EBRG.[1254]

[1253] Vgl. *Hanau*, FS Vieregge, S. 319 ff., S. 334.
[1254] Hierfür spricht auch der Wortlaut der entsprechenden Subsidiärvorschrift über den Europäischen Betriebsrat kraft Gesetzes in Ziff. 2 des Anhangs, vgl. dazu sogleich unten 4

Sofern in den Vereinbarungen im Sinne von Art. 6 Abs. 2 und 3 RiLi nichts anderes bestimmt ist, gelten die - im folgenden darzustellenden - subsidiären Vorschriften des Anhangs über den Europäischen Betriebsrat kraft Gesetzes gemäß Art. 6 Abs. 4 RiLi nicht für diese Vereinbarungen. Sie können mit der Mehrheit der Stimmen der Mitglieder des besonderen Verhandlungsgremiums abgeschlossen werden, vgl. Art. 6 Abs. 5 RiLi.

4. Europäischer Betriebsrat kraft Gesetzes

In drei Fällen sieht die Richtlinie die Anwendung der subsidiären Vorschriften des Mitgliedstaats vor, im dem die zentrale Leitung ihren Sitz hat. Dies ist gemäß Art. 7 Abs. 1 RiLi der Fall, wenn die zentrale Leitung und das besondere Verhandlungsgremium einen entsprechenden Beschluß fassen, die zentrale Leitung die Aufnahme von Verhandlungen binnen sechs Monaten nach dem ersten Antrag auf ihre Einleitung im Sinne von Art. 5 Abs. 1 RiLi verweigert oder wenn binnen drei Jahren nach dem entsprechenden Antrag keine Vereinbarung im Sinne von Artikel 6 RiLi zustande kommt und das besondere Verhandlungsgremium keinen Beschluß im Sinne von Art. 5 Abs. 5 RiLi gefaßt hat. Das Interessante an der Regelung des Art. 7 RiLi ergibt sich aus dessen Absatz 2, wonach die subsidiären Vorschriften in der durch die Rechtsvorschriften der Mitgliedstaaten festgelegten Fassung den im Anhang der Richtlinie niedergelegten Bestimmungen genügen. Durch diese Regelungstechnik wird somit im Ergebnis in allen Mitgliedstaaten eine gesetzliche Auffangregelung auf dem gleichen Niveau geschaffen.

Die Zuständigkeit des Europäischen Betriebsrats kraft Gesetzes im Sinne der Auffangregelung ergibt sich aus dessen Ziff. 1 lit. a. Hiernach beschränken sich die Zuständigkeiten des Europäischen Betriebsrats auf die Unterrichtung und Anhörung über Angelegenheiten, die das gemeinschaftsweit operierende Unternehmen oder die gemeinschaftsweit operierende Unternehmensgruppe insgesamt oder mindestens zwei der Betriebe oder zur Unternehmensgruppe gehörenden Unternehmen in verschiedenen Mitgliedstaaten betreffen. Hinsichtlich der Zusammensetzung des Europäischen Betriebsrats im Sinne der Auffangregelung bestimmt Ziff. 1 lit. b der Auffangregelung, daß der Europäische Betriebsrat sich aus Arbeitnehmern des gemeinschaftsweit operierenden Unternehmens oder der gemeinschaftsweit operierenden Unternehmensgruppe zusammensetzt, die von den Arbeitnehmervertretern aus ihrer Mitte oder, in Ermangelung solcher Vertreter, von der Gesamtheit der Arbeitnehmer gewählt werden. Die Mitglieder des Europäischen Betriebsrats werden entsprechend den einzelstaatlichen Rechtsvorschriften und/oder Gepflogenheiten gewählt oder benannt.

Was die Anzahl seiner Mitglieder betrifft, so bestimmt Ziff. 1 lit. c der Auffangregelung, daß der Europäische Betriebsrat im Sinne der Auffangregelung aus mindestens 3 und höchstens 30 Mitgliedern besteht. Sofern es die Zahl seiner Mitglieder rechtfertigt, wählt er aus seiner Mitte einen engeren Ausschuß mit höchstens 3 Mitgliedern.

Bei der Wahl oder Benennung der Mitglieder des Europäischen Betriebsrats ist gemäß Ziff. 1 lit. d der Auffangregelung zunächst die Vertretung durch ein Mitglied für jeden

Mitgliedstaat, in dem sich ein oder mehrere Betriebe des gemeinschaftsweit operierenden Unternehmens oder das herrschende Unternehmen oder ein oder mehrere abhängige Unternehmen der gemeinschaftsweit operierenden Unternehmensgruppe befinden, sicherzustellen. Ferner ist die Anzahl der zusätzlichen Mitglieder im Verhältnis zur Zahl der in diesen Betrieben, dem herrschenden Unternehmen oder den abhängigen Unternehmen beschäftigten Arbeitnehmern, wie in den Rechtsvorschriften des Mitgliedstaats, in dessen Hoheitsgebiet die zentrale Leitung ansässig ist, zu bestimmen.

Die derart ermittelte Zusammensetzung des Europäischen Betriebsrats wird der zentralen Leitung oder einer anderen geeigneten Leitungsebene mitgeteilt, vgl. Ziff. 1 lit. e der Auffangregelung.

Die Auffangregelung der Richtlinie enthält in Ziff. 1 lit. f schließlich auch eine Regelung für den Fall, daß gegebenenfalls das Verfahren der Vertretung der Arbeitnehmer überprüft oder geändert werden soll. Hiernach prüft der Europäische Betriebsrat vier Jahre nach seiner Einrichtung, ob eine Vereinbarung im Sinne von Art. 6 RiLi ausgehandelt werden soll oder ob die subsidiären Vorschriften des Anhangs weiterhin angewandt werden sollen. Sofern der Beschluß gefaßt wird, eine Vereinbarung gemäß Art. 6 RiLi auszuhandeln, gelten die Art. 6 und 7 RiLi entsprechend, wobei der Begriff *"Besonderes Verhandlungsgremium"* durch den Begriff *"Europäischer Betriebsrat"* ersetzt wird. Hierdurch wird zur Erleichterung des Verfahrens vermieden, daß nicht erst ein neues Organ gebildet werden muß, welches eine Vereinbarung über die Unterrichtung und Anhörung schließen kann.

Was die Aufgaben und Befugnisse des Europäischen Betriebsrats im Sinne der Auffangregelung betrifft, so ist dieser gemäß Ziff. 2 Satz 1 der Auffangregelung befugt, einmal jährlich mit der zentralen Leitung zum Zwecke der Unterrichtung und Anhörung - auf der Grundlage eines von der zentralen Leitung vorbereiteten Berichts - über die Entwicklung der Geschäftslage und die Perspektiven des gemeinschaftsweit operierenden Unternehmens oder der gemeinschaftsweit operierenden Unternehmensgruppe zusammenzutreten. Die örtlichen Unternehmensleitungen werden hiervon gemäß Ziff. 2 Satz 2 der Auffangregelung in Kenntnis gesetzt. Diese Unterrichtung bezieht sich nach dem umfassenden Katalog der Ziff. 2 Satz 3 der Auffangregelung insbesondere auf die Struktur des Unternehmens, seine wirtschaftliche und finanzielle Situation, die voraussichtliche Entwicklung der Geschäfts-, Produktions- und Absatzlage sowie auf die Beschäftigungslage und ihre voraussichtliche Entwicklung, auf die Investitionen, auf grundlegende Änderungen der Organisation, auf die Einführung neuer Arbeits- und Fertigungsverfahren, auf Verlagerungen der Produktion, auf Fusionen, Verkleinerungen oder Schließungen von Unternehmen, Betrieben oder wichtigen Teilen dieser Einheiten sowie auf Massenentlassungen.

Treten außergewöhnliche Umstände ein, die erhebliche Auswirkungen auf die Interessen der Arbeitnehmer haben, insbesondere bei Verlegung oder Schließung von Unternehmen oder Betrieben oder bei Massenentlassungen, so hat der engere Ausschuß oder, falls nicht vorhanden, der Europäische Betriebsrat, gemäß Ziff. 3 Satz 1 der Auffangregelung das Recht, darüber unterrichtet zu werden. Dies muß ausweislich der amtlichen Begründung unverzüglich geschehen.[1255] Er hat dann gemäß Ziff. 3 Satz 2 der Auffangregelung insbesondere das Recht, auf Antrag mit der zentralen Leitung oder anderen, geeigneteren, mit Entscheidungsbefugnissen ausgestatteten Leitungsebenen innerhalb des gemeinschaftsweit operierenden Unternehmens oder der gemeinschaftsweit operierenden Unternehmensgruppe zusammenzutreten, um hinsichtlich der Maßnahmen mit erheblichen Auswirkungen auf die Interessen der Arbeitnehmer unterrichtet und angehört zu werden. Diese Sitzung erfolgt unverzüglich auf der Grundlage eines von der zentralen Leitung oder einer anderen geeigneten Leitungsebene erstellten Berichts, zu dem der Europäische Betriebsrat innerhalb einer angemessenen Frist Stellung beziehen kann. Ziff. 3 Satz 5 der Auffangregelung stellt jedoch klar, daß es sich um bloße Mitwirkungsrechte handelt und die Sitzung die Vorrechte der zentralen Leitung unberührt läßt.

Gemäß Ziff. 4 Satz 1 der Auffangregelung können die Mitgliedstaaten Regelungen bezüglich des Vorsitzes der Sitzungen zur Unterrichtung und Anhörung festlegen. Nach Satz 2 dieser Bestimmung ist der Europäische Betriebsrat oder der engere Ausschuß, berechtigt, in Abwesenheit der betreffenden Unternehmensleitung zu tagen.

Nach Maßgabe der Ziff. 5 der Auffangregelung informieren die Mitglieder des Europäischen Betriebsrats die Arbeitnehmerverteter der Betriebe oder zur gemeinschaftsweit operierenden Unternehmensgruppe gehörenden Unternehmen über den Inhalt und die Ergebnisse der Unterrichtung und Anhörung. Sofern keine Arbeitnehmervertreter existieren, sieht die Richtlinie eine unmittelbare Information der Belegschaft vor.

Der Europäische Betriebsrat und der engere Ausschuß können sich gemäß Ziff. 6 der Auffangregelung durch Sachverständige ihrer Wahl unterstützen lassen, sofern dies zur Erfüllung ihrer Aufgaben erforderlich ist.

Ziff. 7 der Auffangregelung enthält schließlich - ähnlich der das besondere Verhandlungsgremium betreffenden Bestimmung des Art. 5 Abs. 6 RiLi - eine Regelung zur Kostenlast. Gemäß Ziff. 7 Satz 1 der Auffangregelung gehen die Verwaltungsaufgaben grundsätzlich zu Lasten der zentralen Leitung. Dieser obliegt auch die Verpflichtung, die Mitglieder des Europäischen Betriebsrats mit den erforderlichen finanziellen und materiellen Mitteln auszustatten, damit diese ihre Aufgaben in angemessener Weise erfüllen können. Die zentrale Leitung trägt hierbei insbesondere die für die Veranstaltung der Sitzungen anfallenden Kosten einschließlich der Dolmetschkosten sowie die Aufenthalts- und Reisekosten für die Mitglieder des Europäischen Betriebsrats und des engeren Ausschusses, soweit nichts anderes vereinbart wurde, vgl. Ziff. 7 Satz 3 der Auffangregelung. Den Mitgliedstaaten bleibt jedoch vorbehalten, unter Wahrung dieses Grundsatzes Regeln für die Finanzierung des Europäischen Betriebsrats festzulegen,

---

[1255] Vgl. den 20. Erwägungsgrund des Rates zur Richtlinie, AblEG Nr. L 254 v. 30.09.1994, S. 64.

wobei sie insbesondere die Übernahme der Kosten auf die Kosten für einen Sachverständigen begrenzen können.

5. Fortbestand freiwilliger Vereinbarungen

Eine wichtige Besonderheit der Richtlinie über die Europäischen Betriebsräte ergibt sich aus der - bereits eingangs erwähnten - Regelung des Art. 13 RiLi. Hiernach bestand bis zum 22.09.1996 die Möglichkeit, freiwillige Vereinbarungen über die länderübergreifende Unterrichtung und Anhörung der Arbeitnehmer zu schließen mit der Folge der Nichtanwendbarkeit der Regelungen der Richtlinie.[1256] Diese Möglichkeit wird noch dadurch erweitert, daß es den betreffenden Parteien gemäß Art. 13 Abs. 2 Satz 1 RiLi möglich ist, nach Ablauf der Vereinbarungen gemeinsam zu beschließen, sie weiter anzuwenden. Kommt es hingegen nicht zu einem solchen Beschluß, so hat dies gemäß Art. 13 Abs. 2 Satz 2 RiLi zur Konsequenz, daß die Richtlinie über die Europäischen Betriebsräte Anwendung findet. Mit dieser Regelung gestaltete der europäische Gesetzgeber zum ersten Mal die eigene Rechtsetzung als subsidiäre Auffangregelung aus, um den betroffenen Unternehmen die Möglichkeit zu einer praxisgerechten, individuellen Ausgestaltung der Ziele der Richtlinie zu überlassen.

IV. Rechtsstellung der Arbeitnehmervertreter

In ihrem Teil III enthält die Richtlinie unter der Überschrift *"Sonstige Bestimmungen"* einige Regelungen betreffend die Rechtsstellung der Arbeitnehmervertreter.

So enthält die Richtlinie bspw. eine umfangreiche Regelung über die Behandlung vertraulicher Informationen durch die Arbeitnehmervertreter: Die Mitgliedstaaten sehen gemäß Art. 8 Abs. 1 Satz 1 RiLi vor, daß den Mitgliedern des besonderen Verhandlungsgremiums und des Europäischen Betriebsrats sowie den sie gegebenenfalls unterstützenden Sachverständigen nicht gestattet wird, ihnen ausdrücklich als vertraulich mitgeteilte Informationen an Dritte weiterzugeben. Nicht notwendig ist insoweit, daß es sich bei diesen Informationen um Betriebs- oder Geschäftsgeheimnisse handelt. Die Verschwiegenheitspflicht gilt nach Satz 2 der Bestimmung auch für die Arbeitnehmervertreter im Rahmen eines Unterrichtungs- und Anhörungsverfahrens. Sie soll nach Maßgabe des Art. 8 Abs. 1 Satz 3 RiLi unabhängig vom Aufenthaltsort der Arbeitnehmervertreter sein und über deren Amtszeit hinaus bestehen. Diese strikte Regelung wird allerdings durch die Einschränkung des Art. 8 Abs. 2 Satz 1 RiLi zugunsten der Unternehmen relativiert. Hiernach sieht jeder Mitgliedstaat vor, daß die in seinem Hoheitsgebiet ansässige zentrale Leitung in besonderen Fällen und unter den in den einzelstaatlichen Rechtsvorschriften festgelegten Bedingungen und Beschränkungen Informationen

---

[1256] *Hanau* hat insoweit darauf hingewiesen, daß dieses Vorgehen bei der Abgrenzung zwischen dem europäischen und dem nationalen Betriebsverfassungsrecht besondere Schwierigkeiten macht, *"weil eine länderübergreifende, europäische Betriebsverfassung vorgesehen ist, die aber nicht durch europäisches Recht geregelt ist, sondern im Gegenteil die Geltung der europäischen Richtlinie ausschließt"*, vgl. *Hanau*, FS Vieregge, S. 319 ff., S. 323.

§ 13 Die Richtlinie über die Europäischen Betriebsräte

nicht weiterleiten muß, sofern hierdurch die Arbeitsweise der betroffenen Unternehmen nach objektiven Kriterien erheblich beeinträchtigen oder ihnen schaden könnten. Dies kann jedoch gemäß Art. 8 Abs. 2 Satz 2 RiLi von einer entsprechenden vorherigen behördlichen oder gerichtlichen Genehmigung abhängig gemacht werden. Schließlich enthält die Richtlinie - auf Wunsch der deutschen Arbeitgeber[1257] - in Art. 8 Abs. 3 RiLi eine Regelung für sog. Tendenzunternehmen: Nach dieser Bestimmung kann jeder Mitgliedstaat besondere Bestimmungen für die zentrale Leitung von in seinem Hoheitsgebiet ansässigen Unternehmen vorsehen, die in Bezug auf Berichterstattung und Meinungsäußerung unmittelbar und überwiegend eine bestimmte weltanschauliche Tendenz verfolgen, falls die innerstaatlichen Rechtsvorschriften solche besonderen Bestimmungen zum Zeitpunkt der Annahme der Richtlinie bereits enthalten.

Die Regelung des Art. 9 Satz 1 RiLi enthält - vergleichbar dem aus dem deutschen Betriebsverfassungsrecht bekannten Kooperationsgebot der §§ 2 Abs. 1, 74 Abs. 1 BetrVG 1972 - eine wichtige Rahmenvorschrift, nach der die zentrale Leitung und der Europäische Betriebsrat mit dem Willen zur Verständigung unter Beachtung ihrer jeweiligen Rechte und gegenseitigen Verpflichtungen zusammenarbeiten. Dasselbe gilt nach Satz 2 dieser Regelung für die Zusammenarbeit zwischen der zentralen Leitung und den Arbeitnehmervertretern im Rahmen eines Verfahrens zur Unterrichtung und Anhörung der Arbeitnehmer.

Gemäß Art. 10 RiLi genießen die Arbeitnehmervertreter, die im Rahmen der Richtlinie handeln, bei der Wahrnehmung ihrer Aufgaben den gleichen Schutz und gleichartige Sicherheiten wie die Arbeitnehmervertreter nach den Rechtsvorschriften und/oder Gepflogenheiten des Landes, in dem sie beschäftigt sind. Dies gilt insbesondere für die Teilnahme an Sitzungen des Besonderen Verhandlungsgremiums, des Europäischen Betriebsrats und an allen anderen Sitzungen im Rahmen der Vereinbarungen nach Art. 6 Abs. 3 RiLi sowie für die Lohn- und Gehaltsfortzahlung an die Mitglieder, die Beschäftigte des gemeinschaftsweit operierenden Unternehmens oder der gemeinschaftsweit operierenden Unternehmensgruppe sind, für die Dauer ihrer durch die Wahrnehmung ihrer Aufgaben notwendigen Abwesenheit. Die Arbeitnehmervertreter dürfen ferner wegen der Ausübung ihrer Tätigkeit nicht diskriminiert werden und müssen angemessen gegen Entlassungen und andere Sanktionen geschützt werden.[1258]

C. Stellungnahme

Zunächst einmal ist festzuhalten, daß allein die Tatsache, daß die Richtlinie nach zweieinhalb Jahrzehnte währenden Verhandlungen überhaupt verabschiedet werden konnte, bereits einen beachtlichen Erfolg darstellt. Die von der Kommission und vom Rat gewählte flexible Konstruktion mit ihren vielseitigen Gestaltungsmöglichkeiten sowohl

---

[1257] Vgl. *Hornung-Draus*, Der Arbeitgeber 1994, 759 ff., 764.

[1258] Vgl. den 21. Erwägungsgrund des Rates zur Richtlinie, AblEG Nr. L 254 v. 30.09.1994, S. 64.

C. Stellungnahme

für die Unternehmen als auch für ihre Belegschaft bzw. deren Vertreter überzeugte die Sozialpartner im großen und ganzen.

Dies zeigt sich allein daran, daß die Unternehmen und ihre Arbeitnehmervertreter von den ihnen zur Verfügung gestellten flexiblen Gestaltungsmöglichkeiten regen Gebrauch gemacht haben. Im März 1999 gab es - so der EGB in einem Arbeitspapier zur EBR-Richtlinie[1259] - über 500 Vereinbarungen zur Einrichtung Europäischer Betriebsräte, von denen ca. 420 Vereinbarungen auf der Grundlage von Art. 13 RiLi und ca. 80 weitere Vereinbarungen auf der Grundlage von Art. 5 RiLi abgeschlossen wurden.[1260] Diese Zahl erhöhte sich bis zum Jahresende 1999 auf ca. 600 Vereinbarungen insgesamt, wobei nunmehr die Zahl der Vereinbarungen, die auf der Grundlage von Art. 5 RiLi geschlossen wurden, zugenommen hat. Weitere zahlreiche Verhandlungen laufen noch bzw. sind bereits in die Wege geleitet worden. Nach dem derzeitigen Stand gibt es ca. 600 Europäische Betriebsräte.[1261] Daß die Parteien von der Verhandlungsmöglichkeit derart regen Gebrauch gemacht haben, hängt insbesondere damit zusammen, daß die Unternehmen bei Abschluß einer solchen freiwilligen Vereinbarung auf das in der Richtlinie zwingend vorgesehene umständliche, kosten- und zeitaufwendige Wahlverfahren verzichten können und die Möglichkeit haben, eine auf das jeweilige Unternehmen maßgeschneiderte Lösung zu suchen.[1262]

Dies bedeutet jedoch keinesfalls, daß die Richtlinie in allen Einzelpunkten überzeugen kann. Ohne im Rahmen der vorliegenden Darstellung eine umfassende Stellungnahme abgeben zu können, erscheinen vor allen Dingen folgende Punkte verbesserungsbedürftig:

Die Richtlinie enthält - anders als beim Begriff der Anhörung - keine genaue Definition des Begriffs der Unterrichtung der Arbeitnehmer. Nach *Heinze* ist dies auch nicht erforderlich, da der Rechtsbegriff der Unterrichtung als Informationstatbestand keiner weiteren Erläuterung bedürfe.[1263] Dem ist insoweit zuzustimmen, als sich bereits aus dem Sinn und Zweck der Richtlinie ergibt, daß diese Anhörung so rechtzeitig und umfassend stattzufinden hat, daß sich die Arbeitnehmervertreter allein aufgrund der ihnen zur Verfügung gestellten Informationen ein genaues Bild der in Frage stehenden Problematik

---

[1259] Vgl. *Buschak*, S. 12 (EBR-Richtlinie; EGB-Arbeitspapier Nr. 40, März 1998). Die dort genannten Angaben beziehen sich auf den Stand von März 1999.

[1260] *Buschak*, S. 12 (EBR-Richtlinie; EGB-Arbeitspapier Nr. 40, März 1998). Vgl. zu weiteren statistischen Angaben (Stand Dezember 1998) *Klebe / Kunze*, FS Däubler, S. 823 ff., S. 827 f.

[1261] So Ministerialrat *Burger* von der Europäischen Kommission in einem - bislang unveröffentlichten - Vortrag am 27.03.2000 an der Universität Bonn. Eine nach Staaten aufgeschlüsselte Liste sämtlicher Unternehmen, die einen Europäischen Betriebsrat haben, findet sich auf den Internet-Seiten des *European Trade Union Institute*, http://www.etuc.org/ETUI/Databases/ewclist.pdf (Fundstelle abgerufen am 28.10.01).

[1262] Vgl. *Blank / Geissler / Jaeger*, S. 10, und *Heinze*, AG 1995, 385 ff., 395 f.

[1263] Vgl. *Heinze*, AG 1995, 385 ff., 387.

§ 13 Die Richtlinie über die Europäischen Betriebsräte

machen können.[1264] Dennoch wäre es wünschenswert, wenn insoweit eine Präzisierung erfolgen würde. Daß dies erforderlich ist, belegen auch die Erfahrungen der Praxis, die gezeigt haben, daß eine Unterrichtung des Europäischen Betriebsrats oft erst dann stattgefunden hat, wenn die eigentlichen Entscheidungen bereits gefallen waren und kurz vor der Umsetzung standen. Der Betriebsrat wurde insoweit nur *"zur Akklamation bereits getroffener Entscheidungen benutzt"*[1265].

Ein weiterer Kritikpunkt betrifft die mangelnde Einbindung der europäischen Gewerkschaftsorganisationen. Es ist anerkannt, daß den Gewerkschaftsverbänden bei der Ausarbeitung von Vereinbarungen zwischen Unternehmen und der Belegschaft bzw. deren Vertretern eine ganz wesentliche Rolle zukommt. Dies gilt auch für die Dachverbände dieser Gewerkschaftsverbände auf europäischer Ebene, soweit es um die Ausarbeitung länderübergreifender Vereinbarungen europäischen Zuschnitts geht.[1266] Die Richtigkeit dieser Annahme zeigt sich insbesondere daran, daß - nach Angaben des Europäischen Gewerkschaftsbundes - in mehr als drei Viertel aller freiwilligen Verhandlungen über Europäische Betriebsräte europäische Gewerkschaftsverbände eine koordinierende Rolle gespielt haben.[1267] Dennoch finden die europäischen Gewerkschaftsverbände an keiner Stelle der Richtlinie Erwähnung. Insoweit sollte eine Ergänzung vorgenommen werden, um den Realitäten eines wirklichen sozialen Dialogs Rechnung zu tragen.

Ferner sollte die Auffangregelung der Richtlinie in einem Punkt ergänzt werden. Die Richtlinie gesteht einem nach dem Anhang errichteten Europäischen Betriebsrat kraft Gesetzes gemäß Ziff. 4 der Auffangregelung das Recht zu, vor Sitzungen mit der zentralen Leitung in Abwesenheit der betreffenden Leitung zu tagen. Eine entsprechende Regelung für den Zeitraum nach Abschluß der Sitzungen fehlt allerdings. Dies kann nicht überzeugen, da solche Nachbesprechungen mindestens ebenso wichtig sind wie die Vorbesprechungen, zudem der Europäische Betriebsrat ein Gremium darstellt, dessen Mitglieder qua Konstruktion keinen ständigen unmittelbaren persönlichen Kontakt pflegen können.

Auffallend ist aber auch, daß die Richtlinie zahlreiche Rechte der Arbeitnehmervertreter des vom Anwendungsbereich der Richtlinie betroffenen Unternehmens regelt, nicht aber deren Pflichten. So finden sich insbesondere keine Regelungen über die Wahrung des Betriebsfriedens, das Verbot der parteipolitischen Betätigung oder das Verbot des innerbetrieblichen Arbeitskampfes. Die einzige Bestimmung der Richtlinie, die eine Art Verpflichtung zur vertrauensvollen Zusammenarbeit enthält, ist Art. 6 Abs. 1 RiLi, wonach die zentrale Leitung und das besondere Verhandlungsgremium im Geiste der Zu-

---

1264 Vgl. bspw. Art. 1 Abs. 1 RiLi, der als Ziel der Richtlinie die Stärkung des Rechts auf Unterrichtung und Anhörung der Arbeitnehmer in gemeinschaftsweit operierenden Unternehmen und Unternehmensgruppen nennt.
1265 *Buschak*, S. 15 (EBR-Richtlinie; EGB-Arbeitspapier Nr. 40, März 1998).
1266 Vgl. auch *Blank / Geissler / Jaeger*, Euro-Betriebsräte, S. 13.
1267 *Buschak*, S. 17 (EBR-Richtlinie; EGB-Arbeitspapier Nr. 40, Stand März 1998); vgl. auch *Klebe / Kunz*, FS Däubler, S. 823 ff., 828 mit weiteren statistischen Angaben (Stand Dezember 1998).

sammenarbeit verhandeln müssen. Zwar ist man von einem europäischen Tarifvertrags- und Arbeitskampfrecht noch weit entfernt. Dennoch wird man die Frage aufwerfen müssen, ob es nicht geboten ist, deren grundlegende nationale Ideen auch auf die europäische Ebene zu übertragen. Daß es auch dem Mitglied eines Europäischen Betriebsrats verboten sein muß, sich parteipolitisch zu betätigen und den Betriebsfrieden zu wahren, wird - ungeachtet vieler Unterschiede im übrigen in den einzelnen Mitgliedstaaten - niemand ernsthaft bezweifeln können und wollen. Die Richtlinie sollte folglich um diese wesentlichen Bestandteile des Tarifvertrags- und Betriebsverfassungsrechts ergänzt werden.

Ein letzter Kritikpunkt betrifft das Verfahrensrecht: Die Richtlinie über die Europäischen Betriebsräte enthält nur eine sehr weit gehaltene Bestimmung über die gerichtliche Zuständigkeit. In Art. 11 Abs. 3 RiLi heißt es lediglich, daß die Mitgliedstaaten für den Fall der Nichteinhaltung der Richtlinie geeignete Maßnahmen vorsehen und insbesondere dafür sorgen, daß Verwaltungs- oder Gerichtsverfahren vorhanden sind, mit deren Hilfe die Erfüllung der sich aus dieser Richtlinie ergebenden Verpflichtungen durchgesetzt werden kann. Folglich sind die nationalen Arbeitsgerichte zuständig[1268], die gegebenenfalls vom Vorlageverfahren des Art. 177 EWG-Vertrag Gebrauch machen müssen, sofern sie zu der Auffassung gelangen, daß eine Frage der Auslegung des EWG-Vertrages entscheidungserheblich ist. Da es der Sache nach jedoch um grenzüberschreitende Angelegenheiten geht, kann unter Umständen jedoch auch eine Beteiligung der nationalen Arbeitnehmervertreter anderer Tochtergesellschaften oder eine Beteiligung der Muttergesellschaft erforderlich sein.[1269] Deren Beteiligungsrechte sollten bereits in der Richtlinie selbst durch entsprechende Verfahrensvorschriften abgesichert werden. Nicht geregelt ist auch, in welchem Umfang nationale Richtersprüche auch in anderen Mitgliedstaaten respektiert werden müssen oder ob in derselben Angelegenheit mehrere Gerichtsverfahren in verschiedenen Mitgliedstaaten anhängig gemacht werden können bzw. wie verschiedene Urteile zueinander in Konkurrenz stehen. Auch insoweit ist eine Ergänzung der Richtlinie geboten, um das kosten- und zeitaufwendige Führen mehrerer Prozesse in verschiedenen Mitgliedstaaten zur Durchsetzung ein und desselben Ziels zu vermeiden.

Insgesamt betrachtet ist die Verabschiedung der Richtlinie über die Einsetzung eines Europäischen Betriebsrats oder die Schaffung eines Verfahrens zur Unterrichtung und Anhörung der Arbeitnehmer in gemeinschaftsweit operierenden Unternehmen und Unternehmensgruppen positiv zu bewerten. Daß sich hierbei - so zutreffend *Gaul* - im Zu-

---

[1268] Der deutsche Gesetzgeber hat dies mit einer Ergänzung des Arbeitsgerichtsgesetzes vollzogen: Gemäß § 2 a Abs. 1 lit. 3 b ArbGG sind die Gerichte für Arbeitssachen ausschließlich zuständig für Angelegenheiten aus dem Gesetz über Europäische Betriebsräte, soweit nicht für Maßnahmen nach seinen §§ 43 - 45 die Zuständigkeit eines anderen Gerichts gegeben ist. In solchen Streitigkeiten findet gemäß § 2 Abs. 2 ArbGG das Beschlußverfahren der §§ 80 ff. ArbGG Anwendung.

[1269] Vgl. *Hanau*, FS Vieregge, S. 319 ff., S. 331.

ge der Entwicklung des Arbeitsrechts in der Europäischen Union der hohe Standard der Mitbestimmung auf betrieblicher und unternehmerischer Ebene, der in Deutschland besteht, nicht auf die übrigen Staaten übertragen lassen würde, war abzusehen.[1270] Auf europäischer Ebene stellt die durch die Richtlinie über die Europäischen Betriebsräte installierte Mitbestimmung der Arbeitnehmer dennoch einen bedeutenden Fortschritt für die Stellung der Arbeitnehmer dar. Dem Europäischen Betriebsrat stehen zwar keine Mitbestimmungsrechte im Sinne von Mitentscheidungsbefugnissen zu, sondern vielmehr lediglich ein Recht auf Information und Konsultation bei länderübergreifenden Angelegenheiten, die mindestens zwei Mitgliedstaaten betreffen. Die Arbeitnehmervertreter haben somit nur ein Beratungsrecht mit dem Recht, Gegenvorschläge zu unterbreiten. Die endgültige Entscheidungsbefugnis liegt ausschließlich beim Unternehmen selbst. Die Richtlinie bleibt damit deutlich hinter den Mitbestimmungsbefugnissen des Betriebsrats nach dem BetrVG 1972 zurück.[1271] Die Aufgaben und Befugnisse der Arbeitnehmervertreter kommen im Ergebnis lediglich denjenigen gleich, die dem Wirtschaftsausschuß im Sinne des § 106 BetrVG 1972 zustehen.[1272] Aus der Sicht insbesondere der deutschen Arbeitnehmervertreter hat der Europäische Betriebsrat daher nach wie vor nur geringe Rechte. Dies ändert jedoch nichts daran, daß den Arbeitnehmervertretern durch die Richtlinie auf europäischer Ebene erstmals überhaupt ein auf gesetzlicher Grundlage bestehendes Recht auf Information und Anhörung über die Landesgrenzen hinweg zugesprochen wird. Anders als bisher sind sie mit Inkrafttreten der Richtlinie somit bei grenzüberschreitenden Angelegenheiten nicht mehr auf das Wohlwollen der Arbeitgeberseite angewiesen. Der Fortschritt ist somit darin zu sehen, daß durch die Richtlinie die Berücksichtigung der nationalen Beteiligungsrechte auf europäischer Ebene in grenzüberschreitenden Angelegenheiten erheblich gestärkt wird.

Hinzu kommt noch, daß das von der Richtlinie vorgesehene flexible Modell etwas völlig Neuartiges[1273] darstellt, das es in dieser Form bislang nicht gab und das von den Sozialpartnern ganz überwiegend begrüßt wurde. Gerade das Prinzip des Vorrangs von Vereinbarungen war es, was der Richtlinie nach jahrelangen Diskussionen um die Mitbestimmung der Arbeitnehmer auf betrieblicher Ebene zum Durchbruch verhalf. Die Annahme dieser Richtlinie und das Einvernehmen zwischen den Sozialpartnern ist folglich auch und gerade in der Frage der Mitbestimmung der Arbeitnehmer ein unleugbarer Erfolg.[1274]

Viel wichtiger ist im vorliegenden Zusammenhang aber der bereits eingangs angedeutete positive Effekt, der vom dem Erfolg dieser Richtlinie auf das Vorhaben der Euro-

---

[1270] Vgl. *Gaul*, NJW 1995, 228 ff., 228.
[1271] *Gaul*, NJW 1995, 228 ff., 230.
[1272] Vgl. *Ruoff*, BB 1997, 2478 ff., 2478.
[1273] *Heinze* spricht insoweit sogar davon, daß Art. 13 der Richtlinie *"etwas schier revolutionär Neues"* bringe, vgl. *Heinze*, AG 1995, 385 ff., 393.
[1274] Vgl. *Kolvenbach*, EuZW 1996, 229 ff., 229, unter Berufung auf *"Mitteilung der Kommission zur Information und Konsultation der Arbeitnehmer"*.

päischen Aktiengesellschaft ausging. Mit der in der Richtlinie über die Europäischen Betriebsräte erstmals auftauchenden Vereinbarungslösung fand die Kommission nach langjährigen Diskussionen erstmals ein Instrument, welches in der Frage der Mitbestimmung der Arbeitnehmer einen Konsens auf Gemeinschaftsebene herbeizuführen vermochte. Dies sollte sich die Kommission bei ihren weiteren Arbeiten betreffend die Europäische Aktiengesellschaft durch die Übernahme zahlreicher Charakteristika der Richtlinie zunutze machen, so daß die EBR-Richtlinie neuen Schwung auch für dieses Projekt brachte. Unter Berücksichtigung dieser Umstände geht es nicht zu weit, wenn man mutmaßt, daß das Projekt der Europäischen Aktiengesellschaft ohne diesen Durchbruch schon längst endgültig gescheitert wäre.

D. Gang der weiteren Arbeiten

Aus Art. 15 RiLi ergibt sich die Verpflichtung der Kommission, bis zum 22.09.1999, d.h. fünf Jahre nach ihrer Verabschiedung, die Anwendung der Richtlinie und insbesondere die Zweckmäßigkeit der Schwellenwerte für die Beschäftigtenzahl im Benehmen mit den Mitgliedstaaten und den Sozialpartnern auf europäischer Ebene zu überprüfen und dem Rat erforderlichenfalls entsprechende Änderungen vorzuschlagen. Dies ist mittlerweile mit etwas Verspätung geschehen. Im Bericht der Kommission über den Stand der Anwendung der Richtlinie vom 04.04.2000 heißt es allerdings, daß die Überprüfung der Anwendung der Richtlinie unter Berücksichtigung der Debatten im Rat und im Europäischen Parlament hinsichtlich der mit der Richtlinie eng verknüpften anderen Vorschläge (Vorschlag für eine Richtlinie zur Festlegung eines allgemeinen Rahmens für die Information und Anhörung der Arbeitnehmer in der Europäischen Gemeinschaft - dazu sogleich -, Entwurf einer Richtlinie über die Beteiligung der Arbeitnehmer in der Europäischen Aktiengesellschaft) fortgesetzt werde.[1275] Im Lichte der Ergebnisse dieser Überprüfung wie auch der weiteren Entwicklung der anderen Vorschläge - so lautet es in dem Bericht weiter - werde die Kommission zur gegebenen Zeit über eine mögliche Revision der Richtlinie entscheiden. Die Kommission will somit die laufenden Verhandlungen zur Europäischen Aktiengesellschaft und den im folgenden kurz darzustellenden Richtlinienvorschlag nicht stören bzw. die dort zu erwartenden Kompromisse abwarten.[1276] Die weitere Entwicklung bleibt somit abzuwarten.

Den in diesem Bericht genannten Vorschlag für eine Richtlinie zur Festlegung eines allgemeinen Rahmens für die Information und Anhörung der Arbeitnehmer in der Europäischen Gemeinschaft hatte die Kommission bereits am 17.11.1998 dem Rat zugeleitet.[1277] Dieser Vorschlag sollte gestützt werden auf Art. 2 Abs. 1 und 2 des Abkommens

---

[1275] Vgl. KOM (2000) 188 endg.

[1276] So Ministerialrat *Burger* von der Europäischen Kommission in einem - bislang unveröffentlichten - Vortrag am 27.03.2000 an der Universität Bonn.

[1277] Vorschlag für eine Richtlinie des Rates zur Festlegung eines allgemeinen Rahmens für die Information und Anhörung der Arbeitnehmer in der Europäischen Gemeinschaft, AblEG Nr. C 2 v. 05.01.1999, S. 3 ff. Die Vorschriften dieses Richtlinienvorschlags werden im folgenden

über die Sozialpolitik im Anhang zum Protokoll über die Sozialpolitik, das dem Vertrag zur Gründung der Europäischen Gemeinschaft beigefügt ist.[1278] Mit ihm beabsichtigte die Kommission, die bestehenden gemeinschaftlichen und einzelstaatlichen Rahmenbedingungen zu ergänzen und somit zu gewährleisten, daß die zahlreichen Umstrukturierungen in einem sozialverträglichen Rahmen ablaufen und der Beschäftigungspolitik der ihr in der gegenwärtigen Situation gebührende Vorrang eingeräumt wird.[1279] Im nationalen Recht einiger Mitgliedstaaten sei eine effektive Information und Anhörung nicht gewährleistet[1280]; eine Hinzuziehung der Arbeitnehmervertreter finde erst statt, wenn die Entscheidung bereits getroffen sei. Aber auch auf Gemeinschaftsebene ist der Bereich der Information und Anhörung der Arbeitnehmer nach Auffassung der Kommission nur fragmentarisch geregelt. Insbesondere fehle es an angemessenen Sanktionen, wenn Entscheidungen unter Mißachtung des Rechts der Arbeitnehmer auf Information und Anhörung getroffen werden. Mit der von der Kommission vorgeschlagenen Schaffung eines gemeinschaftsrechtlichen Rahmens für die Information und Anhörung der Arbeitnehmer sollen die bereits bestehenden gemeinschaftsrechtlichen Regelungen ergänzt und gleichzeitig die Lücken in den einzelstaatlichen Rechtsvorschriften und Verfahren geschlossen werden.[1281]

Ohne im vorliegenden Zusammenhang im einzelnen auf diese Vorschläge eingehen zu können, läßt sich ihr Inhalt entsprechend diesen Zielsetzungen wie folgt zusammenfassen:

In sämtlichen Mitgliedstaaten der Europäischen Gemeinschaft soll ein Recht auf Information und regelmäßige Anhörung der Arbeitnehmer gewährleistet werden, was die wirtschaftliche und strategische Entwicklung des Unternehmens und die die Arbeitnehmer berührenden Entscheidungen betrifft. Hierbei soll auch die Situation und die voraussichtliche Entwicklung der Beschäftigung im Unternehmen einbezogen werden, vgl. Art. 4 RiLi. Ferner soll eine vorherige Information und Anhörung der Arbeitnehmer gewährleistet werden, soweit es um Entscheidungen geht, die erhebliche Veränderungen der Arbeitsorganisation und der Arbeitsverträge zur Folge haben können. Um die Wirksamkeit des Verfahrens sicherzustellen, sollen schließlich für schwerwiegende Verstöße gegen die einschlägigen Verpflichtungen besondere Sanktionen vorgesehen werden. Ein solcher schwerwiegender Verstoß soll gemäß Art. 7 Abs. 3 Satz 4 RiLi vorliegen beim völligen Fehlen einer Information und Anhörung der Arbeitnehmervertreter vor einer Entscheidung oder ihrer öffentlichen Bekanntgabe sowie bei der Zurückhaltung wichtiger Informationen oder der Weitergabe falscher Informationen, wenn dadurch das Recht

---

Abschnitt mit dem Zusatz *RiLi* versehen Vgl. im einzelnen zu diesem Richtlinienvorschlag *Deinert,* NZA 1999, 800 ff.

[1278] Vgl. Amtl. Begründung unter VI.
[1279] Vgl. Amtl. Begründung unter II.
[1280] Die Kommission verweist insoweit auf ihren Anhang zu ihrem Vorschlag, der eine umfassende Übersicht zum geltenden Recht der betrieblichen Mitbestimmung in den Mitgliedstaaten enthält.
[1281] Vgl. Amtl. Begründung unter II.

auf Information und Anhörung seiner Wirkung beraubt wird. Die derart getroffene Entscheidung ist zwar rechtswirksam, sie soll jedoch keinerlei Rechtswirkung hinsichtlich Arbeitsvertrag und Arbeitsverhältnis der betroffenen Arbeitnehmer haben, vgl. im einzelnen Art. 7 RiLi. Bereits bestehende Informations- und Anhörungsrechte der Arbeitnehmer sollten von dem Richtlinienvorschlag gemäß Art. 8 RiLi unberührt bleiben.

Mittlerweile hat sich jedoch herausgestellt, daß dieser - bereits im Vorfeld sehr umstrittene[1282] - Vorschlag in seiner ursprünglichen Form nicht wird angenommen werden können. Insoweit bleibt die weitere Entwicklung abzuwarten.

[1282] Die UNICE hatte in der zweiten Phase der Anhörung der Sozialpartner eine Beteiligung - aus mehreren Gründen, auf die hier im einzelnen nicht eingegangen werden soll - von vornherein abgelehnt, vgl. Einführung der Begründung zum Kommissionsvorschlag, KOM (98) 612 endg.

§ 14 Erneuter Anlauf der Kommission: der sog. Davignon-Bericht

A. Vorgeschichte

Dadurch daß am 22.09.1994 die Richtlinie 94/45/EG über die Europäischen Betriebsräte nach einer lebhaften Diskussion über die europäische Sozialpolitik verabschiedet wurde, nahm das Thema der Beteiligung der Arbeitnehmer für sämtliche Partner eine neue und aktuelle Bedeutung an. Seit Ende 1995 startete die Kommission verschiedene Initiativen mit dem Ziel, die Blockade im Ministerrat zu beenden. Die Analyse der festgefahrenen Situation veranlaßte sie dabei, mit den ihr zur Verfügung stehenden Instrumenten abgestuft zu reagieren, indem sie Gutachten, Mitteilungen oder Grünbücher vorlegte bzw. Richtlinienvorschläge zurückzog oder änderte.[1283]

So kündigte die Kommission bereits knapp ein Jahr nach Verabschiedung der Richtlinie über die Europäischen Betriebsräte in ihrer Mitteilung zur Information und Konsultation der Arbeitnehmer vom 14.11.1995 an, nach dem Erfolg dieser Richtlinie nunmehr die Frage der Information und Konsultation der Arbeitnehmer erneut aufgreifen zu wollen.[1284] Mit dieser Mitteilung versuchte die Kommission, eine Bestandsaufnahme der gegenwärtigen Situation hinsichtlich der Beteiligung von Arbeitnehmern bzw. ihren Vertretern auf europäischer Ebene vorzunehmen, um herauszufinden, ob neue Möglichkeiten für weitere Fortschritte gefunden werden könnten. Hierzu zog sie Bilanz über die bereits getroffenen gemeinschaftlichen Maßnahmen im Bereich der Information, Konsultation und Mitbestimmung der Arbeitnehmer und stellte fest, daß lediglich drei Richtlinienvorschläge angenommen wurden[1285], wohingegen fünf Vorhaben noch anhängig seien[1286]. Vor diesem Hintergrund gelangte sie zu dem Ergebnis, daß ein innovativer Ansatz erforderlich sei, um den geltenden gemeinschaftsrechtlichen Rahmen neu

---

[1283] Vgl. *Wiesner*, AG 1996, 390 ff., 390.

[1284] Mitteilung der Kommission zur Information und Konsultation der Arbeitnehmer, KOM (95) 547 endg.

[1285] Richtlinie 92/56/EWG zur Änderung der Richtlinie 75/129/EWG des Rates v. 17. Februar 1975 zur Angleichung der Rechtsvorschriften der Mitgliedstaaten über Massenentlassungen, AblEG Nr. L 48 v. 22.02.1975, S. 29 f.; Richtlinie 77/187/EWG des Rates v. 14. Februar 1977 zur Angleichung der Rechtsvorschriften der Mitgliedstaaten über die Wahrung von Ansprüchen der Arbeitnehmer beim Übergang von Unternehmen, Betrieben oder Betriebsteilen, AblEG Nr. L 61 v. 05.03.1977, S. 26 ff.; Richtlinie 94/45/EG des Rates v. 22.09.1994 über die Einsetzung eines Europäischen Betriebsrats oder die Schaffung eines Verfahrens zur Unterrichtung und Anhörung der Arbeitnehmer in gemeinschaftsweit operierenden Unternehmen und Unternehmensgruppen, AblEG Nr. L 254 v. 30.09.1994, S. 64 ff.

[1286] Verordnungsvorschläge über die Europäische Aktiengesellschaft, die Europäische Genossenschaft (vgl. dazu oben Teil I § 2 B. III., S. 81 ff.), die Gegenseitigkeitsgesellschaft (vgl. dazu oben Teil I § 2 B. IV., S. 83 ff.) und den Europäischen Verein (vgl. dazu oben Teil I § 2 B. V., S. 84 ff.) sowie den Vorschlag der sog. Strukturrichtlinie (vgl. dazu oben Teil II § 7 B. und D., S. 147 ff. u. 169 ff.).

definieren und die anhängigen Vorschläge revidieren zu können.[1287] Die Kommission brachte in ihrer Mitteilung zum Ausdruck, daß sie für jeden Ansatz offen sei, der zur Verwirklichung der Ziele, Beiträge und zur Belebung der Diskussion diene, damit zum einen jenem unhaltbaren Zustand ein Ende gesetzt werde, der sich darin äußere, daß die Institutionen 'auf ewig' über die sechs genannten Vorschläge debattiere und zum anderen der gemeinschaftsrechtliche Rechtsrahmen im Bereich der Unterrichtung und Anhörung der Arbeitnehmer vervollständigt und kohärenter und wirksamer werde.[1288]

Zur Erreichung dieses Ziels bildeten sich in der kommissionsinternen Diskussion folgende Grundsätze heraus: Sofern der Rechtsstatus des Arbeitgebers bei den kollektiven Arbeitsbeziehungen keine maßgebliche Rolle spiele, könnten sich die Vorkehrungen auf die Schaffung allgemeiner und umfassender Rahmen auf europäischer Ebene beschränken, die dann von den Mitgliedstaaten entwickelt und ausgeführt werden müßten. Die Gemeinschaft habe sich ferner zwar allgemeine Rechtsregeln für die Unterrichtung und Anhörung der Arbeitnehmer auf länderübergreifender Ebene gegeben, es fehle aber ein allgemeiner Rahmen für die Unterrichtung und Anhörung auf nationaler Ebene. Insofern forderte die Kommission daher neben dem Grundsatz der Vereinfachung eine Kohärenz des Gemeinschaftsrechts und der europäischen Sozialpolitik. Des weiteren sei der quasi absolute Erfolg der Initiativen zur Einführung einer europäischen Regelung betreffend die Unterrichtung und Anhörung der Arbeitnehmer für die Kommission ebensowenig reiner Zufall gewesen wie das Scheitern jener Bemühungen um die Ausweitung der Gepflogenheiten und Praktiken zur Mitbestimmung der Arbeitnehmer auf Gemeinschaftsebene. Daher sei eine gewisse Nachhaltigkeit sowie ein konkreter Gehalt der Regeln erforderlich, so daß man die Frage aufwerfen müsse, ob nicht das Musterbeispiel der Richtlinie über den Europäischen Betriebsrat das erfolgversprechendste Lösungsmodell sei. Schließlich müsse man allgemeingültige Gemeinschaftsregeln aufstellen, um ein harmonisches Funktionieren des Binnenmarkts, einen besseren Schutz der europäischen Arbeitnehmer und eine größere Mitwirkung am Unternehmensgeschehen zu gewährleisten. Diese Regeln müßten überall in der Gemeinschaft ohne Ausnahme angewandt werden.

Auf der Grundlage dieser Grundsätze sah die Kommission in ihrer Mitteilung insgesamt drei Optionen eines weiteren Vorgehens vor[1289]: Denkbar sei als erstes, trotz der gegenwärtigen offensichtlichen Blockierung am gegenwärtigen punktuellen Ansatz in Sachen Unterrichtung, Anhörung und Mitwirkung von Arbeitnehmern festzuhalten. Haupthindernis für eine solche Vorgehensweise sei, daß beim gegenwärtigen Stand ein solcher Ansatz offensichtlich blockiert sei. Eine zweite Möglichkeit sah die Kommission darin, die blockierten Vorschläge zurückzuziehen und auf europäischer Ebene einen allgemeinen Rahmen für die Unterrichtung und Anhörung der Arbeitnehmer zu definieren. Die

---

[1287] Vgl. KOM (95) 547 endg.

[1288] KOM (95) 547 endg.

[1289] Vgl. auch *Kolvenbach*, EuZW 1996, 229 ff., 232, und *Schiek*, S. 248 f.

dritte Option schließlich sah einen sofortigen Vorstoß bezüglich der Vorschläge über die europäischen Gesellschaftsformen der Europäischen Aktiengesellschaft, des Europäischen Vereins, der Europäischen Genossenschaft und der Europäischen Gegenseitigkeitsgesellschaft vor.

Vor der Ergreifung jeglicher Initiativen - so betonte die Kommission abschließend - wolle man allerdings die Diskussion zwischen den Mitgliedstaaten, innerhalb des Europäischen Parlaments und des Wirtschafts- und Sozialausschusses sowie zwischen den Sozialpartnern auf Gemeinschaftsebene noch vertiefen. Zu diesem Zweck leitete sie die Mitteilung dem Rat, dem Europäischen Parlament, dem Wirtschafts- und Sozialausschuß sowie den Sozialpartnern zu.[1290]

Die Kommission trug mit ihrer Mitteilung zur Information und Konsultation der Arbeitnehmer der Entwicklung Rechnung, die sich bereits im Verlauf der Diskussionen zur Strukturrichtlinie in ihrer geänderten Fassung von 1983 abgezeichnet hatte. Eine Angleichung der nationalen Mitbestimmungssysteme war auf absehbare Zeit politisch nicht durchführbar, so daß man nach anderen Lösungen suchen mußte.[1291] Insbesondere die Entstehungsgeschichte der Richtlinie über die Europäischen Betriebsräte hatte gezeigt, daß es keine Lösungen geben kann, die nicht von den Sozialpartnern diskutiert und angewendet werden. *Wiesner* forderte daher zu Recht, das Modell müsse so flexibel wie möglich sein und Rücksicht auf die sozioökonomischen Unterschiede in den Mitgliedstaaten nehmen.[1292] Durch die Aufgabe der Idee einer Vollharmonisierung unter Beibehaltung gewisser Mindestbedingungen sollte mehr Flexibilität geschaffen werden, um so den von den Vorschlägen Betroffenen größere Spielräume zu lassen und damit letzten Endes die Erfolgsaussichten der Vorschläge zu erhöhen.

B. Inhalt

I. Konzeption

Um die Blockade des Vorhabens der Europäischen Aktiengesellschaft im Rat zu überwinden, ergriff die Kommission - nach Ersuchen und Vorschlägen des Ministerrates, des Europäischen Parlaments, des Wirtschafts- und Sozialausschusses und des Europäischen Gewerkschaftsbundes im Hinblick auf die Einrichtung einer Sachverständigengruppe[1293] - im November 1996 erneut die Initiative und setzte eine hochrangige Sachverständigengruppe unter dem Vorsitz des ehemaligen Kommissionspräsidenten *Etienne Davignon* ein, die sog. Davignon-Gruppe.[1294] Diese hatte den Auftrag, zu einer für alle

---

[1290] Vgl. *Kolvenbach*, EuZW 1996, 229 ff., 229.
[1291] Vgl. *Wiesner*, AG 1996, 390 ff., 395.
[1292] Vgl. *Wiesner*, AG 1996, 390 ff, 392.
[1293] Vgl. *Kolvenbach*, NZA 1998, 1323 ff., 1324.
[1294] Neben *Davignon* gehörten dieser Sachverständigengruppe ferner an: *Ernst Breit*, ehemaliger Vorsitzender des DGB und des EGB, *Evelyne Pichot*, Beraterin für europäische

akzeptablen Lösung der Mitbestimmungsfrage beizutragen. Auf der Grundlage eines von dieser Arbeitsgruppe zu erstellenden Abschlußberichts sollte es sodann der Kommission möglich sein, neue Initiativen auszuarbeiten.

Die Sachverständigengruppe legte nach mehreren Sitzungen im Mai 1997 unter dem Namen ihres Vorsitzenden den sog. *Davignon-Bericht* vor.[1295]

II. Kontext, Mandat und Arbeitsablauf

Einleitend stellte die Kommission in diesem Bericht den institutionellen, wirtschaftlichen und sozialen Kontext und dessen Entwicklung dar, die wesentlich zum Erfolg der Sachverständigengruppe bei der ihr übertragenen Arbeit beitrug.

In institutioneller Hinsicht stellte die Kommission fest, daß die seit 1970 in den Institutionen der Europäischen Union stattfindenden Debatten zu dem Entwurf eines Statuts für die Europäische Aktiengesellschaft durch Schwierigkeiten geprägt waren, mit denen jeder Versuch behaftet ist, eine neue gemeinschaftsrechtliche Einrichtung zu schaffen, die sich von den in den einzelstaatlichen Regelungen vorgesehenen vergleichbaren Einrichtungen unterscheidet und zu diesen hinzutritt.[1296] Zwar habe man - insbesondere im gesellschaftsrechtlichen Bereich - viele dieser Schwierigkeiten durch Verweisungen auf das nationale Recht beseitigen können. Das Hauptproblem der Europäischen Aktiengesellschaft, die Beteiligung der Arbeitnehmer in den Unternehmensorganen, habe man auf diesem Wege jedoch nicht lösen können. Die beiden Grundpositionen, d. h. zum einen der Grundsatz "Keine Europäische Aktiengesellschaft ohne Mitbestimmung" und zum anderen das Prinzip "Keine Übernahme einzelstaatlicher Mitbestimmungsmodelle", seien zu unterschiedlich, als daß man eine Einigung hätte erreichen können.[1297] Eine Pattsituation war daher trotz der zahlreichen Bemühungen um Annäherung der beiderseitigen Positionen nach Auffassung der Davignon-Gruppe unvermeidlich. Dieser Konflikt müsse überwunden werden, indem man sich erneut mit der Frage der Beteiligung der Arbeitnehmer[1298] befasse, dies aber unter einem anderen Blickwinkel tue; in diesem Sinne sei die Davignon-Gruppe tätig geworden.

Arbeitsbeziehungen, Berichterstatterin der Sachverständigengruppe, *Silvan Sciarra*, Professorin für vergleichendes und europäisches Arbeitsrecht an der Universität Florenz und am Europäischen Hochschulinstitut Florenz, *Rolf Thüsing*, Mitglied der Hauptgeschäftsführung der BDA und Vizepräsident des UNICE-Ausschusses für soziale Angelegenheiten sowie *Alain Viandier*, Professor für Gesellschaftsrecht an der Rechtswissenschaftlichen Fakultät der Universität Paris V. Nach eigenen Angaben der Sachverständigengruppe haben diese ohne Verpflichtung gegenüber den Institutionen oder Organisationen gehandelt, denen sie angehören, um zu einem von der Gruppe gemeinsam zu tragenden und zu verantwortenden Bericht zu kommen.

[1295] "European systems of worker involvement (with regard to the European Company Statute and the other pending proposals)".

[1296] Vgl. Davignon-Bericht, S. 1 (Rn. 3).

[1297] Vgl. Davignon-Bericht, S. 1 (Rn. 9).

[1298] Unter *Beteiligung der Arbeitnehmer* versteht die Sachverständigengruppe sämtliche Mitwirkungsmodalitäten der Arbeitnehmervertreter am Entscheidungsprozeß in den Unternehmen,

Auch der wirtschaftliche und soziale Kontext haben nach Auffassung der Davignon-Gruppe bei den Diskussionen über die Europäische Aktiengesellschaft insofern eine bedeutende Rolle gespielt, als in dem Statut zwei grundlegende, gleichzeitig wirtschaftliche und soziale Problemstellungen zusammenkämen.[1299] In wirtschaftlicher Hinsicht hob die Davignon-Gruppe die Bedeutung der Schaffung einer Europäischen Aktiengesellschaft für die Verwirklichung bzw. die weitere Ausschöpfung der Möglichkeiten des Europäischen Binnenmarktes und die damit verbundene Stärkung der internationalen Wettbewerbsfähigkeit der europäischen Wirtschaft hervor.[1300] Durch die Diskussion über das Statut der Europäischen Aktiengesellschaft werde aber auch eine heftige Debatte über grundlegende soziale Fragen ausgelöst, insbesondere das Problem, inwieweit die Arbeitnehmer am Geschäftsablauf eines Unternehmens beteiligt werden sollten.[1301] Bedingt durch die sich mehr und mehr verstärkende Globalisierung der Wirtschaft und die besondere Stellung der europäischen Wirtschaft in einem gemeinsamen Wirtschaftsraum habe sich in den Unternehmen ein Konzept der Arbeitnehmerschaft entwickelt, welches eine enge, ständige Beteiligung der Arbeitnehmer am Entscheidungsprozeß auf allen Unternehmensebenen voraussetze.[1302] Zur Verwirklichung dieser Zielsetzung ist nach Auffassung der Davignon-Gruppe ein kooperativer Ansatz erforderlich, mit dessen Hilfe es möglich ist, die Arbeitsbeziehungen zu verbessern, eine stärkere Mitwirkung der Arbeitnehmer an der Entscheidungsfindung zuzulassen und hierdurch letzten Ende eine höhere Produktqualität zu erreichen. In diesem neuen Kontext stelle die juristische Form, die diese Beteiligung annehmen kann, nur einen sekundären Aspekt der derzeitigen Diskussion über die Beteiligung der Arbeitnehmer an dem modernen, qualifizierenden Unternehmen dar.[1303]

Vor diesem Hintergrund erteilte die Kommission der Sachverständigengruppe folgendes Mandat[1304]: Zunächst einmal sollte die Davignon-Gruppe eine Übersicht zu den Mitbestimmungsmöglichkeiten in den Unternehmensorganen in den Mitgliedstaaten der Europäischen Union erstellen, diese bewerten und mit anderen Formen der Mitwirkung von Arbeitnehmervertretern an betrieblichen Entscheidungsprozessen vergleichen. Weiter sollte die Davignon-Gruppe das Risiko einer Aushöhlung der nationalen Systeme bei Einführung der Europäischen Aktiengesellschaft ohne entsprechende Maßnahmen im sozialen Bereich bewerten. Schließlich oblag es der Sachverständigengruppe zu

---

durch die sichergestellt werden soll, daß Interessen kollektiv geäußert werden und daß den Belangen der Beschäftigten bei Entscheidungen über die Geschäftsführung und über die wirtschaftliche und finanzielle Entwicklung des Unternehmens stets Rechnung getragen wird, vgl. Davignon-Bericht, Anhang II: Begriffsbestimmungen.

[1299] Vgl. Davignon-Bericht, S. 1 (Rn. 11).
[1300] Vgl. Davignon-Bericht, S. 1 (Rn. 13).
[1301] Vgl. Davignon-Bericht, S. 2 (Rn. 16).
[1302] Vgl. Davignon-Bericht, S. 2 (Rn. 19).
[1303] Vgl. Davignon-Bericht, S. 2 (Rn. 21).
[1304] Vgl. Davignon-Bericht, S. 2 f. (Rn. 23).

entscheiden, welche Regelung für die Europäische Aktiengesellschaft gelten sollte: Rechtsetzungsverfahren oder Vorrang von Verhandlungen. Für den Fall, daß Verhandlungen der Vorzug gegeben wird, sollte die Davignon-Gruppe ferner festlegen, wer an den Verhandlungen teilnehmen soll, wann diese einzuleiten sind und welche Konsequenzen es hat, wenn keine Einigung erzielt wird.

Um dieses Mandat zu erfüllen, erachtete die Sachverständigengruppe neue Konsultationen angesichts der existierenden Informationen für überflüssig. Sie hielt zwischen November 1996 und April 1997 insgesamt neun Sitzungen ab, wobei sie sich nacheinander mit folgenden Themen beschäftigte: Vorgehensweise bei der Lösungsfindung, nationale Formen der Mitbestimmung und Beteiligung der Arbeitnehmer, Unternehmensstrukturen und die Möglichkeiten für die Gründung von Europäischen Aktiengesellschaften, Rolle von Verhandlungen, die durch die Gründung einer Europäischen Aktiengesellschaft unter bestimmten Umständen hervorgerufenen Schwierigkeiten, Ausgestaltung denkbarer Problemlösungen, Organisation von Verhandlungen, Auffangbestimmungen, Prüfung des Abschlußberichts.[1305]

III. Mitbestimmung der Arbeitnehmer

Den größten Raum widmete die Sachverständigengruppe in ihrem Abschlußbericht der - hier in erster Linie interessierenden - Frage der Mitbestimmung der Arbeitnehmer in der Europäischen Aktiengesellschaft.

1. Ansatz der Sachverständigengruppe

Vor dem soeben dargestellten institutionellen, wirtschaftlichen und sozialen Hintergrund stand die Sachverständigengruppe unter einem enormen Druck. Allen Beteiligten war klar, daß der Europäischen Aktiengesellschaft vermutlich endgültig das Aus drohen würde, sollte man nicht in der Lage sein, ein akzeptables Ergebnis zu finden. Unter dem Eindruck dieser Last wählte die Davignon-Gruppe einen geschickten Ansatz: Um die Debatte über die Europäische Aktiengesellschaft auf - wie die Davignon-Gruppe es ausdrückte - *"glaubwürdige Weise wieder in Gang zu bringen"*[1306], erachtete man es für notwendig, einen selektiven Ansatz zu wählen, indem man sich auf die wesentlichen Fragen konzentrierte, die die Debatte weiter voranbringen können. So wählte die Davignon-Gruppe bspw. unter den verschiedenen Formen der Gründung einer Europäischen Aktiengesellschaft nur diejenigen aus, die ihr am wichtigsten erschienen. Es sind dies die Gründung einer Europäischen Aktiengesellschaft durch die Gründung einer Holdinggesellschaft, durch Fusion oder durch die Gründung einer gemeinsamen Tochtergesellschaft. Die Gründung einer Europäischen Aktiengesellschaft im Wege einer Umwandlung einer nationalen Gesellschaft hingegen wurde im Hinblick auf die mit ihr verbundenen Probleme im Zusammenhang mit der Gefahr einer Flucht aus der Mitbe-

---

[1305] Vgl. Davignon-Bericht, S. 3 (Rn. 31).
[1306] Vgl. Davignon-Bericht, S. 4 (Rn. 32).

stimmung von vornherein ausgeklammert.[1307] Ein weiteres Beispiel für die selektive Arbeitsmethode der Davignon-Gruppe betraf die für den Anwendungsbereich des Statuts maßgebliche Zahl der Beschäftigten. Mit Rücksicht darauf, daß es in den einzelnen Mitgliedstaaten sehr unterschiedliche Schwellenwerte gibt, gelangte die Davignon-Gruppe zu dem Ergebnis, daß es im derzeitigen Stadium Lösungen zu finden gelte, die unabhängig von der Zahl der betroffenen Beschäftigten anwendbar seien.[1308] Der Ansatz der Sachverständigengruppe bestand somit darin, sich unter Ausklammerung einiger Problembereiche bewußt auf das Wesentliche zu beschränken; Vollständigkeit wurde ausdrücklich nicht angestrebt.[1309]

Was das System der Mitbestimmung der Arbeitnehmer in der Europäischen Aktiengesellschaft angeht, erteilte die Sachverständigenkommission einer generellen Harmonisierung der nationalen Regelungen eine klare Absage. In Anbetracht der Unterschiedlichkeit der in den verschiedenen europäischen Ländern bestehenden Beteiligungssysteme sei eine Harmonisierung in diesem Bereich nicht möglich oder stelle zumindest ein schwieriges Unterfangen dar.[1310] Die Davignon-Gruppe vertrat daher die Auffassung, daß die beste und adäquateste Lösung für die Ausgestaltung der Mitbestimmung auf dem Verhandlungsweg im Verlauf der Errichtung einer Europäischen Aktiengesellschaft gesucht werden könnte.[1311] Der europäische und gleichzeitig optionale Charakter der Europäischen Aktiengesellschaft ermögliche es hierbei nach Auffassung der Sachverständigengruppe, ein eigenes System einer transnationalen Arbeitnehmerbeteiligung vorzusehen, das für die Europäische Aktiengesellschaft und ihre Tochtergesellschaften und Niederlassungen gilt.[1312] Um Überschneidungen mit anderen im Sitzstaat der Europäischen Aktiengesellschaft geltenden Regelungen über die Mitbestimmung der Arbeitnehmer zu vermeiden, schlug die Davignon-Gruppe vor, die Anwendung einzelstaatlicher Bestimmungen auszuschließen, die dieselbe Zielsetzung verfolgen und denselben Anwendungsbereich haben wie das für die Europäische Aktiengesellschaft geschaffene System.[1313] Schließlich sei - wenngleich dieser Aspekt nach Auffassung der Davignon-Gruppe nicht überbewertet werden dürfe - den Befürchtungen Rechnung zu tragen, daß es zu einer Aushöhlung der nationalen Mitbestimmungssysteme kommen könnte.[1314]

[1307] Vgl. Davignon-Bericht, S. 4 (Rn. 35).
[1308] Vgl. Davignon-Bericht, S. 5 (Rn. 38 f.).
[1309] Vgl. Davignon-Bericht, S. 4 (Rn. 32).
[1310] Vgl. Davignon-Bericht, S. 4 f. (Rn. 40 lit. a). Die Gruppe verweist insoweit auf ihren ausführlichen Anhang III des Berichts *"Formen der Information, Anhörung und Mitbestimmung der Arbeitnehmer in den Mitgliedstaaten"*.
[1311] Vgl. Davignon-Bericht, S. 4 f. (Rn. 40 lit. b).
[1312] Vgl. Davignon-Bericht, S. 5 (Rn. 40 lit. d).
[1313] Vgl. Davignon-Bericht, S. 5 (Rn. 40 lit. e).
[1314] Vgl. Davignon-Bericht, S. 5 (Rn. 40 lit. g).

2. Klares Votum für Verhandlungen

Da es nach Auffassung der Sachverständigengruppe ein ideales System der Mitbestimmung der Arbeitnehmer nicht gibt und - so die Sachverständigengruppe weiter - das effizienteste System dasjenige sei, das am besten auf die jeweiligen Akteure und auf die jeweiligen Bedingungen, unter denen es Anwendung findet, zugeschnitten werden könne, sprach sich die Davignon-Gruppe dafür aus, in der Frage der Mitbestimmung der Arbeitnehmer in der Europäischen Aktiengesellschaft auf dem Verhandlungsweg zu einer Lösung zu gelangen.[1315] Nur so könne man bspw. der unterschiedlichen Ausgestaltung der nationalen Systeme der Arbeitsbeziehungen und der Arbeitnehmermitbestimmung Rechnung tragen oder den Modus der Arbeitnehmerbeteiligung am jeweiligen Gründungsmodus der Europäischen Aktiengesellschaft sowie an den spezifischen Bedingungen des Unternehmens oder des jeweiligen Sektors ausrichten. Der Ansatz der Davignon-Gruppe bestand somit darin, *"ein Ziel vorzugeben, es den Verhandlungspartnern dann zu überlassen, wie sie das Ziel erreichen und wie sie es ausgestalten wollen, und gleichzeitig der Möglichkeit Rechnung zu tragen, daß es den Parteien nicht gelingt, dieses Ziel zu erreichen"*[1316]. Letzteres sollte nach Auffassung der Sachverständigengruppe durch eine Auffangregelung erreicht werden, damit der Vorrang von Verhandlungen nicht zu einer rechtlichen Unsicherheit oder zu einem Hindernis für die Gründung einer Europäischen Aktiengesellschaft wird. Die Sachverständigengruppe deutete jedoch auch die Grenzen einer solchen Verhandlungslösung an: So sollten die Zusammensetzung und Zuständigkeiten der Organe der Europäischen Aktiengesellschaft der Disposition der Parteien insbesondere im Interesse der Rechtssicherheit und -klarheit gegenüber Dritten entzogen sein.[1317]

3. Verhandlungsverfahren

Die Davignon-Gruppe umriß in ihrem Abschlußbericht das Verhandlungsverfahren, wie es sich nach ihren Vorstellungen darstellen sollte, im einzelnen wie folgt.

Hinsichtlich des Zeitpunkts der Verhandlungen sprach sich die Sachverständigengruppe dafür aus, daß diese möglichst früh stattfinden sollten, d. h. das Verhandlungsorgan möglichst schon vor Erlangung der Rechtspersönlichkeit durch Eintragung gebildet werden sollte.[1318] Hierdurch sollte unter anderem gewährleistet werden, daß eine Kontinuität sichergestellt ist zwischen der neuen Regelung und den Systemen der Arbeitnehmermitwirkung, die vor Gründung der Europäischen Aktiengesellschaft bestanden haben. Ferner sollte, soweit möglich, eine unsichere Situation oder ein Vakuum vermieden werden, falls zum Zeitpunkt der Entstehung der Europäischen Aktiengesellschaft noch keine Lösung auf dem Verhandlungsweg gefunden würde. Und schließlich sollten die

---

[1315] Vgl. Davignon-Bericht, S. 5 (Rn. 41).
[1316] Vgl. Davignon-Bericht, S. 6 (Rn. 44).
[1317] Vgl. Davignon-Bericht, S. 6 (Rn. 46).
[1318] Vgl. Davignon-Bericht, S. 6 (Rn. 50).

Hauptbetroffenen, d. h. die Vertreter der Beschäftigten der an der Gründung beteiligten Gesellschaften, über die Möglichkeit einer direkten Mitsprache bei den Verhandlungen verfügen. Die Sachverständigengruppe stellte allerdings ausdrücklich klar, daß die Gründung einer Europäischen Aktiengesellschaft nicht von dem vorherigen Abschluß einer solchen Vereinbarung abhängen sollte.[1319]

Unter Beachtung dieser Grundsätze sollte das Verhandlungsverfahren nach Auffassung der Sachverständigengruppe wie folgt ablaufen können:

Die Verhandlungen sollten ab dem Zeitpunkt beginnen, zu dem die Verwaltungsräte bzw. Vorstände der beteiligten Gesellschaften den Verschmelzungs- oder Gründungsplan für eine Holding-SE bzw. den Gründungsplan für eine gemeinsame Tochtergesellschaft angenommen und den Beschluß gefaßt haben, eine Hauptversammlung einzuberufen.[1320] Wird eine Vereinbarung geschlossen, bevor die Hauptversammlungen stattgefunden haben, sollte diese Vereinbarung den Hauptversammlungen vorgelegt werden, damit sie gegebenenfalls in das Statut aufgenommen werden kann.[1321] Die Verhandlungen sollten, nachdem die Hauptversammlungen stattgefunden haben, noch für weitere drei Monate fortgeführt werden dürfen, sofern die Parteien nicht einvernehmlich eine längere Verhandlungsdauer bestimmt haben.[1322] Insgesamt sollten die Verhandlungen jedoch nicht länger als ein Jahr dauern dürfen. Unabhängig davon, ob die Verhandlungen abgeschlossen sind oder nicht, sollten im Anschluß an die Hauptversammlungen die weiteren im Zusammenhang mit der Kontrolle der Rechtmäßigkeit, der Einbringung der Aktien, der Offenlegung sowie der Eintragung der Europäischen Aktiengesellschaft erforderlichen Schritte eingeleitet werden.[1323] Hierin ist eine durchaus sinnvolle *"Abkoppelung des Gesellschaftsrechts vom Arbeitsrecht"*[1324] zu sehen, die gewährleistet, daß die rechtliche Existenz der Europäischen Aktiengesellschaft nicht von Streitigkeiten hinsichtlich der Vereinbarung über die Mitbestimmung der Arbeitnehmer abhängt. Für den Fall, daß zum Zeitpunkt der Eintragung der Europäischen Aktiengesellschaft bereits eine Vereinbarung geschlossen sein sollte, sollten die in der - noch darzustellenden - Auffangregelung vorgesehenen Bestimmungen zur Information und Anhörung[1325] gel-

---

[1319] Vgl. Davignon-Bericht, S. 7 (Rn. 53).
[1320] Vgl. Davignon-Bericht, S. 7 (Rn. 54 lit. a).
[1321] Vgl. Davignon-Bericht, S. 7 (Rn. 54 lit. b).
[1322] Vgl. Davignon-Bericht, S. 7 (Rn. 54 lit. c).
[1323] Vgl. Davignon-Bericht, S. 7 (Rn. 54 lit. d).
[1324] *Heinze*, AG 1997, 289 ff., 294.
[1325] Unter *Information der Arbeitnehmer* versteht die Sachverständigengruppe die Weitergabe von Informationen durch den Arbeitgeber verbunden mit der Möglichkeit einer Befragung und kritischen Prüfung seitens der Arbeitnehmer, während durch die *Anhörung der Arbeitnehmer* den Arbeitnehmervertretern Gelegenheit gegeben werden soll, zu einer vom Arbeitgeber ins Auge gefaßten unternehmenspolitischen Entscheidung oder Richtungsbestimmung eine Stellungnahme abzugeben, vgl. Davignon-Bericht, Anhang III: Begriffsbestimmungen.

ten.[1326] Hierbei sollte das Verhandlungsgremium dann vorübergehend die Befugnisse der transnationalen Arbeitnehmervertretung der Europäischen Aktiengesellschaft und ihrer Tochtergesellschaften und Niederlassungen ausüben. Nach Ablauf der üblichen Verhandlungsdauer bzw. nach Ablauf der von den Parteien einvernehmlich beschlossenen Verlängerung sollte die Auffangregelung Anwendung finden, sofern keine Vereinbarung getroffen worden sein sollte; die Möglichkeit eines späteren Abschlusses einer solchen Vereinbarung sollte hiervon jedoch unberührt bleiben.[1327]

Was die Durchführung der Verhandlungen angeht, könnte sich das im Hinblick auf den Abschluß einer Vereinbarung einzuleitende formelle Verfahren nach Auffassung der Sachverständigengruppe an folgenden Grundsätzen ausrichten:

Die Parteien sollten bei ihren Verhandlungen uneingeschränkte Freiheit genießen, da dies der beste Weg sei, um Lösungen zu finden, die jedem einzelnen nationalen System und jeder einzelnen Europäischen Aktiengesellschaft gerecht werden. Die Sachverständigengruppe sprach sich daher ausdrücklich für einen Verzicht auf Mindestvorschriften aus.[1328] Dies sei auch insofern unschädlich, als sich jede Seite zum Zeitpunkt der Verhandlungen in einer durch die Existenz einer Auffangregelung bedingten sicheren Ausgangsposition befinde. Ferner sollten die Verhandlungen nach Auffassung der Davignon-Gruppe transnational durchgeführt werden. Diese transnationale Dimension - so die Gruppe - sollte sich zum einen in der transnationalen Zusammensetzung des Verhandlungsgremiums sowie zum anderen in der transnationalen Reichweite der Informations-, Anhörungs- und Mitbestimmungsmechanismen manifestieren.

Hinsichtlich der Verhandlungspartner ist die Bestimmung auf Arbeitgeberseite unproblematisch: Nach den Vorschlägen der Sachverständigengruppe sollten dies entweder die zuständigen Organe der an der Gründung der Europäischen Aktiengesellschaft beteiligten Gesellschaften oder von diesen bevollmächtigte Vertreter sein.[1329] Schwieriger gestaltete sich nach Auffassung der Sachverständigengruppe die Bestimmung der Verhandlungspartner auf der Arbeitnehmerseite. Was die Zusammensetzung der Arbeitnehmerbank des Verhandlungsgremiums angeht, sollte nach Auffassung der Sachverständigengruppe das Kriterium der Proportionalität gegenüber dem geographischen Kriterium stärker zum Tragen kommen, als dies beim Europäischen Betriebsrat der Fall ist.[1330] Dies könnte bspw. durch eine Gewichtung der Stimmen erreicht werden. Die Sachverständigengruppe bezog auch die Einbeziehung bereits im Umfeld der Europäischen Aktiengesellschaft existierender Europäischer Betriebsräte in ihre Erwägungen ein, stellte indes fest, daß noch weitere Überlegungen der Institutio-

---

[1326] Vgl. Davignon-Bericht, S. 7 (Rn. 54 lit. e).
[1327] Vgl. Davignon-Bericht, S. 7 (Rn. 54 lit. f).
[1328] Vgl. Davignon-Bericht, S. 7 (Rn. 57).
[1329] Vgl. Davignon-Bericht, S. 8 (Rn. 59).
[1330] Vgl. Davignon-Bericht, S. 8 (Rn. 61).

nen der Gemeinschaft erforderlich seien.[1331] Was die Modalitäten der Ernennung der Arbeitnehmervertreter betrifft, sollte die Ernennung der betreffenden Personen nach Auffassung der Davignon-Gruppe entsprechend den jeweiligen einzelstaatlichen Rechtsvorschriften und Gepflogenheiten erfolgen.[1332] Aus diesen sollte sich schließlich auch ergeben, welche Rolle den nationalen und europäischen Gewerkschaftsorganisationen zuzuweisen ist. Die Arbeitnehmervertreter sollten - so die Sachverständigengruppe weiter - das Recht haben, Experten ihrer Wahl in Anspruch zu nehmen und sich dabei auch an die europäischen Gewerkschaftsorganisationen wenden zu können.

Hinsichtlich der Modalitäten der Verhandlungen nennt die Sachverständigengruppe in ihrem Abschlußbericht einen ganz wesentlichen Grundsatz, nach dem die Verhandlungen in gutem Glauben und mit dem Ziel geführt werden sollten, zu einer Vereinbarung zu gelangen.[1333] Gegenstand der Verhandlungen sollten - unbeschadet der Autonomie der Parteien - nach dem von der Davignon-Gruppe vorgeschlagenen nicht abschließenden Katalog vor allem folgende Themen sein können: Anwendungsbereich der Vereinbarung, Zusammensetzung des Vertretungsgremiums der Beschäftigten der Europäischen Aktiengesellschaft, Befugnisse des transnationalen Vertretungsgremiums, Häufigkeit der Sitzungen, finanzielle und materielle Ressourcen des transnationalen Vertretungsgremiums, Modalitäten der Arbeitnehmermitbestimmung in den zuständigen Organen der Europäischen Aktiengesellschaft, Geltungsdauer der Vereinbarung und Verfahren zur Änderung der Vereinbarung.[1334] Wird innerhalb der vorgesehenen bzw. der einvernehmlich verlängerten Frist keine Vereinbarung geschlossen, sollte nach den Vorstellungen der Sachverständigengruppe nach Fristablauf automatisch die - sogleich darzustellende - Auffangregelung unmittelbar Anwendung finden.[1335]

4. Auffangregelung

Die Davignon-Gruppe setzte sich eingehend mit der Möglichkeit des Scheiterns der Verhandlungen auseinander und gelangte zu dem Ergebnis, daß eine Auffangregelung die beste Lösung des Problems sei.

Bezüglich der inhaltlichen Ausgestaltung dieser Auffangregelung stellte die Sachverständigengruppe einleitend klar, daß die Information und Anhörung auf nationaler Ebene durch die entsprechenden einzelstaatlichen Rechtsvorschriften und Kollektivvereinbarungen geregelt werden und durch die Auffangregelung unberührt bleiben sollten.[1336] Ziel der Auffangregelung ist nach Auffassung der Sachverständigengruppe, die Vorteile von Verhandlungen für die Beteiligten deutlich zu machen, ein Verfahren der Arbeit-

---

1331 Vgl. Davignon-Bericht, S. 8 (Rn. 62).
1332 Vgl. Davignon-Bericht, S. 8 (Rn. 63).
1333 Vgl. Davignon-Bericht, S. 8 (Rn. 65).
1334 Vgl. Davignon-Bericht, S. 8 (Rn. 66).
1335 Vgl. Davignon-Bericht, S. 8 (Rn. 68).
1336 Vgl. Davignon-Bericht, S. 8 (Rn. 70).

nehmerbeteiligung zu schaffen, welches in allen Situationen praktikabel erscheint und schließlich eine ausgewogene, für alle Beteiligten annehmbare Lösung zu schaffen.[1337]

Die Zuständigkeit der Arbeitnehmervertretung im Sinne der Auffangregelung sollte sich nach Auffassung der Sachverständigengruppe auf Fragen erstrecken, die die Europäische Aktiengesellschaft selbst oder zumindest zwei ihrer Tochtergesellschaften oder Niederlassungen in mindestens zwei verschiedenen Mitgliedstaaten betreffen oder auf Fragen, die über die Befugnisse der örtlichen Entscheidungsinstanzen hinausgehen.[1338]

Bei Nichtzustandekommen einer Vereinbarung sollte für die Arbeitnehmervertretung dieselbe Regelung gelten wie für das Verhandlungsgremium, d. h. die Zusammensetzung des Gremiums sollte nach geographischen Kriterien und nach dem Kriterium der Proportionalität und die Ernennung der Mitglieder sollte entsprechend den jeweiligen einzelstaatlichen Vorschriften und Gepflogenheiten erfolgen.[1339]

Unter Berücksichtigung des gemeinschaftsrechtlichen Besitzstandes schlug die Sachverständigengruppe hinsichtlich der Information und Anhörung der Arbeitnehmer folgende Bestimmungen vor: Um die Beteiligung der Arbeitnehmer zu gewährleisten, sollte das Leitungsorgan bzw. das Verwaltungsorgan der Europäischen Aktiengesellschaft die Vertreter der Arbeitnehmer regelmäßig und auf jeden Fall rechtzeitig über Vorgänge unterrichten, die signifikante Auswirkungen auf ihre Lage haben, über den Gang der Geschäfte der Europäischen Aktiengesellschaft sowie ihrer Tochtergesellschaften und Niederlassungen und über deren voraussichtliche Entwicklung.[1340] Die Arbeitnehmervertreter sollten nach Auffassung der Sachverständigengruppe vom Leitungs- oder Verwaltungsorgan eine Unterrichtung - in der jeweils am besten geeigneten Form - über alle Fragen verlangen können, die die Angelegenheiten der Europäischen Aktiengesellschaft oder ihrer Tochtergesellschaften und Niederlassungen in signifikanter Weise berühren, und Einblick in sämtliche der Hauptversammlung vorgelegten Dokumente nehmen können.[1341] Sie sollten ferner das Recht haben, eine Stellungnahme zu diesen Fragen abzugeben und mit den Leitungs- oder Verwaltungsorganen der Europäischen Aktiengesellschaft zusammenzukommen, um gemeinsam zu versuchen, eine Einigung über die Fragen zu erzielen, die die Arbeitnehmerinteressen in signifikanter Weise berühren.[1342] Außerdem sollten ihnen rechtzeitig die Tagesordnungen für die Sitzungen des Leitungs- oder Verwaltungsorgans der Europäischen Aktiengesellschaft vorzulegen sein, wobei sie das Recht haben sollten, zusätzliche Informationen zu verlangen, die es ihnen ermöglichen, zu jeder auf der Tagesordnung stehenden Frage, die die Interessen der Beschäftigten der Europäischen Aktiengesellschaft oder ihrer Tochtergesellschaften

---

[1337] Vgl. Davignon-Bericht, S. 9 (Rn. 71).
[1338] Vgl. Davignon-Bericht, S. 9 (Rn. 73).
[1339] Vgl. Davignon-Bericht, S. 9 (Rn. 74).
[1340] Vgl. Davignon-Bericht, S. 9 (Rn. 75 lit. a).
[1341] Vgl. Davignon-Bericht, S. 9 (Rn. 75 lit. b).
[1342] Vgl. Davignon-Bericht, S. 9 (Rn. 75 lit. c).

und Niederlassungen in signifikanter Weise berührt, eine Stellungnahme abzugeben.[1343] Nach der Auffangregelung sollte es dann den Vertretern der Beschäftigten der Europäischen Aktiengesellschaft obliegen, die Vertreter der Beschäftigten der Tochtergesellschaften und Niederlassungen der Europäischen Aktiengesellschaft über Inhalte und Ergebnisse der Informations- und Anhörungsverfahren zu unterrichten.[1344] Schließlich ist in der Auffangregelung eine Generalklausel vorgesehen, nach der das zuständige Organ der Europäischen Aktiengesellschaft und die Arbeitnehmervertreter die Verfahren zur Information und Anhörung unter Berücksichtigung ihrer jeweiligen Rechte und Pflichten im Geiste der Zusammenarbeit und im Bemühen um eine Einigung durchführen sollten.[1345]

Bei der Frage der Mitbestimmung der Arbeitnehmer in den Unternehmensorganen[1346] handelte es sich nach Auffassung der Sachverständigengruppe wegen der in diesem Bereich bestehenden erheblichen Unterschiede zwischen den einzelnen Ländern der Union um den schwierigsten Diskussionspunkt.[1347] Um eine Festschreibung dieser Situation zu vermeiden, sah die Sachverständigengruppe davon ab, zwei verschiedene Regelungen vorzuschlagen, sondern sie entschied sich vielmehr dazu, *"in aller Deutlichkeit die Frage nach der Mitbestimmung zu stellen und sich um eine Antwort zu bemühen"*[1348]. Hierbei plädierte die Davignon-Gruppe für eine Mitbestimmung von Arbeitnehmervertretern im Verwaltungsrat bzw. im Aufsichtsrat auf der Basis eines gleichberechtigten Status.[1349] Was die Anzahl der Arbeitnehmervertreter betrifft, so schlug die Sachverständigengruppe vor, daß die Arbeitnehmervertretung ein Fünftel der Sitze im Verwaltungsrat bzw. im Aufsichtsrat innehaben, mindestens aber zwei Mitglieder stellen müßte.[1350] Hinsichtlich des Gewichts der Stimmen der Arbeitnehmervertreter sprach sich die Sachverständigengruppe - wenn auch nach eingehenden Diskussionen - ausdrücklich für einen gleichberechtigten Status aller Verwaltungs- bzw. Aufsichtsratsmitglieder aus, damit alle in gleicher Weise bei der Entscheidungsfindung in die Verantwortung genommen werden könnten; es müsse das Prinzip *"gleiche Rechte, gleiche Pflichten"* gelten.

[1343] Vgl. Davignon-Bericht, S. 9 (Rn. 75 lit. d).
[1344] Vgl. Davignon-Bericht, S. 9 (Rn. 75 lit. e).
[1345] Vgl. Davignon-Bericht, S. 9 (Rn. 75 lit. f).
[1346] Unter *Mitbestimmung der Arbeitnehmer in den Unternehmensorganen* versteht die Sachverständigengruppe im engeren Sinne die Präsenz von Arbeitnehmervertretern in den Verwaltungs- oder Aufsichtsorganen eines Unternehmens bzw. einer anderen juristischen Person, vgl. Davignon-Bericht, Anhang III: Begriffsbestimmungen.
[1347] Vgl. Davignon-Bericht, S. 9 (Rn. 76).
[1348] Vgl. Davignon-Bericht, S. 10 (Rn. 79).
[1349] Vgl. Davignon-Bericht, S. 10 (Rn. 81).
[1350] Vgl. Davignon-Bericht, S. 10 (Rn. 83).

5. Sonstige Empfehlungen

Weitere Empfehlungen der Sachverständigengruppe betreffen insbesondere die Besserstellung der Arbeitnehmervertretung und ihrer Mitglieder. Die Sachverständigengruppe ist angesichts zahlreicher bereits existierender nationaler Regelungen in diesen Bereichen allerdings davon ausgegangen, daß die Ausarbeitung entsprechender Vorschriften keine größeren Probleme bereiten wird. Sie schlug vor, Regelungen über den Schutz der Arbeitnehmervertreter vorzusehen, für die Verhandlungs- und Vertretungsgremien finanzielle und materielle Ressourcen bereitzustellen, den Arbeitnehmervertretern ein Recht auf die Hinzuziehung von Sachverständigen zuzugestehen sowie Regelungen betreffend die Weitergabe von Informationen und zum Schutz der Vertraulichkeit bestimmter Informationen vorzusehen.[1351] In diesem Zusammenhang wies die Sachverständigengruppe besonders auf die Notwendigkeit hin, die Unabhängigkeit der Arbeitnehmervertreter zu garantieren und den Arbeitgebern zu untersagen, die Arbeitnehmervertreter in der Ausübung ihrer Funktionen zu beeinflussen.[1352] Ferner seien grundlegende Garantien wie der Schutz vor Entlassung und vor einer wesentlichen und diskriminierenden Änderung des Arbeitsvertrages vorzusehen.

IV. Schlußfolgerungen

Angesichts der stockenden Verhandlungen bewertete die Sachverständigengruppe ihre eigene Tätigkeit in den Schlußfolgerungen ihres Abschlußberichts als äußerst schwieriges Unterfangen. Um die Diskussion wieder in Gang zu bringen, habe sie daher das Schwergewicht auf klar abgegrenzte Gedankengänge gelegt; Ziel ihrer Tätigkeit sei es gewesen, einen nützlichen Bericht und keinen juristisch ausgefeilten Text vorzulegen.[1353]

Ausgehend von einer Analyse der wirtschaftlichen Gegebenheiten zog die Sachverständigengruppe den Schluß, daß die Gründung einer Europäischen Aktiengesellschaft nur dann in Frage kommen sollte, wenn Gesellschaften aus mindestens zwei Mitgliedstaaten an der Gründung beteiligt sind.[1354] Die von ihr zugrundegelegten drei Gründungsmöglichkeiten (Fusion von zwei Gesellschaften; Gründung einer Holdinggesellschaft; Gründung einer gemeinsamen Tochtergesellschaft) müßten - so die Sachverständigengruppe weiter - unter den gegebenen Umständen bei den Parteien das größte Interesse hervorrufen.[1355]

In der Frage der Mitbestimmung der Arbeitnehmer hob die Davignon-Gruppe in den Schlußfolgerungen ihres Abschlußberichts noch einmal hervor, daß sie beeindruckt war

---

[1351] Vgl. Davignon-Bericht, S. 10 (Rn. 89).
[1352] Vgl. Davignon-Bericht, S. 10 (Rn. 90).
[1353] Vgl. Davignon-Bericht, S. 12 (Rn. 94).
[1354] Vgl. Davignon-Bericht, S. 12 (Rn. 94 lit. a).
[1355] Vgl. Davignon-Bericht, S. 12 (Rn. 94 lit. b).

von der Tatsache, daß sich die nationalen Systeme der Information, Anhörung und Mitwirkung der Arbeitnehmer derart stark voneinander unterscheiden.[1356] Da diese Divergenzen nur sehr schwer miteinander in Einklang zu bringen seien, habe sich die Sachverständigengruppe für die von ihr vorgeschlagene Verhandlungslösung entschieden. Die Auffangregelung sei insofern geboten, um es den Beteiligten zu ermöglichen, ihre Interessen zu vertreten, ohne daß eine der Seiten die Gründung einer Europäischen Aktiengesellschaft behindern kann. In inhaltlicher Hinsicht wies die Sachverständigengruppe im Hinblick auf die sehr unterschiedliche Reichweite der Regelungen über die Mitbestimmung der Arbeitnehmer in den Mitgliedstaaten ausdrücklich darauf hin, daß die von ihr vorgeschlagenen Bestimmungen betreffend eine unternehmerische Mitbestimmung im Aufsichts- oder Verwaltungsorgan der Europäischen Aktiengesellschaft nur deshalb erfolgt seien, da es sich bei dem Statut der Europäisches Aktiengesellschaft um ein optionales Statut handelt.

Insgesamt war die Davignon-Gruppe davon überzeugt, mit ihrem Abschlußbericht einen Lösungsvorschlag präsentiert zu haben, welcher den Weg einer einvernehmlichen Verhandlung der Parteien eröffnet, die ohne Rücksicht auf Mindestforderungen nehmen zu müssen, die in jedem Einzelfall optimale Lösung finden könnten.[1357] Mit dem Modell der Gesellschaft europäischen Rechts - so die Sachverständigengruppe weiter - werde eine neue Rechtsfigur geschaffen, die die Tatsache widerspiegele, daß ein echter Binnenmarkt existiere.

C. Resonanz der Mitgliedstaaten und Sozialpartner

Die Richtigkeit des Ansatzes der Sachverständigengruppe zeigte sich an der - im Vergleich zu früheren Stellungnahmen - überwiegend positiven Resonanz auf die Vorlage des Abschlußberichts der Davignon-Gruppe. Ungeachtet einiger Kritikpunkte im einzelnen prägten positive Stellungnahmen das Meinungsbild in den meisten Mitgliedstaaten der Europäischen Union.[1358]

I. Stellungnahmen auf europäischer Ebene

Der von der Kommission angetriebene Vorstoß der Davignon-Gruppe wurde auf der Ebene der Staats- und Regierungschefs im Hinblick auf den von den Arbeiten ausgehenden positiven Impuls für das Vorhaben der Europäischen Aktiengesellschaft überwiegend begrüßt. Sie hoben auf verschiedenen Tagungen des Europäischen Rates wiederholt die Bedeutung hervor, die sie einem raschen Abschluß mit konkretem Ergebnis der Beratungen über das SE-Statut beimaßen.[1359] Dennoch erwiesen sich die Vorschläge

---

[1356] Vgl. Davignon-Bericht, S. 12 (Rn. 94 lit. c).

[1357] Vgl. Davignon-Bericht, S. 12 (Rn. 95).

[1358] Vgl. *Heinze*, AG 1997, 289 ff., 296.

[1359] Dies geschah bspw. anläßlich des Europäischen Rat von Amsterdam, vgl. Arbeitsunterlage des Generalsekretariats des Rates, Dokument 6018/98 v. 23.02.1998

des Davignon-Berichts im Ergebnis als nicht konsensfähig, da zahlreiche Mitgliedstaaten die verpflichtende Einführung einer Mitbestimmungsregelung von vornherein ablehnten.[1360]

Der Ausschuß für Beschäftigung und soziale Angelegenheiten des Europäischen Parlaments legte in einer Stellungnahme vom 06.11.1997 seine Haltung zu den Vorschlägen der Davignon-Gruppe nieder und begrüßte die Konzeption der Sachverständigengruppe grundsätzlich.[1361] Hinsichtlich der Beteiligungsquote der Arbeitnehmer im Aufsichtsrat forderte er jedoch eine höhere Mindestquote der Arbeitnehmervertreter. Des weiteren sprach er sich dafür aus, alle in den nationalen Gesetzen und Gepflogenheiten zur Unternehmensmitbestimmung festgeschriebenen Rechte der Gewerkschaften, insbesondere die auf Zugang und Verhandlungen sowie bei Wahl-, Vorschlags- und Benennungsrechten, auch für die Europäische Aktiengesellschaft zu sichern.

Auch der Europäische Gewerkschaftsbund begrüßte die erneute Initiative der Kommission ausdrücklich und stellte fest, daß der Abschlußbericht der Sachverständigengruppe eine gute Grundlage für weitere Diskussionen um das Statut der Europäischen Aktiengesellschaft und die Beteiligung von Arbeitnehmern und ihren Vertretern in der Europäischen Aktiengesellschaft darstelle.[1362] Wenngleich er den Vorschlägen in den meisten Punkten zustimmte, führte der Europäische Gewerkschaftsbund in seiner Stellungnahme auch einige Kritikpunkte an. Kritisiert wurde bspw., daß nach wie vor die Gefahr einer Flucht aus der Mitbestimmung gegeben sei. Zwar sei der von der Sachverständigengruppe vorgenommene Ausschluß der Gründungsmöglichkeit einer Europäischen Aktiengesellschaft infolge einer Umwandlung einer nationalen Aktiengesellschaft zu begrüßen. Dennoch gebe es auch im Fall der Errichtung einer Europäischen Aktiengesellschaft auf dem Wege der Verschmelzung von zwei oder mehr Unternehmen aus verschiedenen Mitgliedstaaten immer noch ernsthafte Besorgnis, daß dadurch die Flucht aus nationaler Mitbestimmung gefördert würde.[1363] Der Europäische Gewerkschaftsbund forderte daher, dieser Gefahr entgegenzutreten. Auch die Einbindung der europäischen Gewerkschaftsorganisationen war nach Ansicht des Europäischen Gewerkschaftsbundes unzureichend. Im Hinblick auf den grenzüberschreitenden Charakter sowie die praktischen Erfahrungen der Gewerkschaftsverbände auf europäischer Ebene müsse diesen eine formelle Rolle bei den Verhandlungen zugewiesen werden.[1364]

[1360] Vgl. Schreiben des Bundesarbeitsminister an die Bundesvereinigung der Deutschen Arbeitgeberverbände v. 11.03.1998.

[1361] Bericht des Ausschusses für Beschäftigung und soziale Angelegenheiten v. 06.11.1997 zum Abschlußbericht der Sachverständigengruppe *"Europäische Systeme der Beteiligung der Arbeitnehmer"* (Davignon-Bericht) (C4-0455/97), PE 224.250 endg.

[1362] Vgl. Stellungnahme des EGB *"Arbeitnehmerbeteiligung in der Europäischen Aktiengesellschaft (SE)"* v. 04./05.12.1997, Rn. 5; diese Stellungnahme wird im folgenden Abschnitt zitiert als *Stellungnahme EGB*.

[1363] Vgl. Stellungnahme EGB, Ziff. 8.

[1364] Vgl. Stellungnahme EGB, Ziff. 13.

Schließlich wurde das von der Davignon-Gruppe vorgeschlagene Mitbestimmungsmodell kritisiert. Hinsichtlich der Zusammensetzung des Verwaltungs- bzw. Aufsichtsrats gab der Europäische Gewerkschaftsbund zu bedenken, ob bei einer Beschränkung der Sitze der Arbeitnehmer auf ein Fünftel das Prinzip der Gleichberechtigung noch gewahrt werde.[1365] Er verlangte insoweit deutliche Nachbesserungen und forderte, die Mindestquote für die Beteiligung der Arbeitnehmer im Aufsichts- bzw. Verwaltungsrat auf mindestens ein Drittel anzuheben.

II. Stellungnahmen im Inland

Der Deutsche Bundesrat begrüßte in einem Beschluß vom 07.11.1997, daß der Davignon-Bericht die Diskussion über die Mitbestimmung in der Europäischen Aktiengesellschaft neu belebt habe.[1366] Die im Bericht angestellten Überlegungen bäten seiner Auffassung nach *"gute Chancen, die Blockade in den Verhandlungen zu einem Statut der SE nach 27 Jahren aufzubrechen"*. Wenngleich er den von der Sachverständigengruppe gewählten Ansatz für positiv erachtete, hielt er die vorgeschlagene Auffangregelung jedoch für unzureichend, da sie die Gefahr von Scheinverhandlungen in sich berge und das Prinzip des Verhandlungsvorrangs in Leere laufen lassen könnte. Ferner forderte der Bundesrat, daß es keine Europäische Aktiengesellschaft ohne Mitbestimmung geben dürfe.

Auch das Bundesministerium für Arbeit und Sozialordnung stand den Vorschlägen der Davignon-Gruppe grundsätzlich positiv gegenüber. Bedenken bestanden jedoch hinsichtlich der Gefahr, daß Unternehmen sich der national stärkeren deutschen Mitbestimmung über den Umweg der Europäischen Aktiengesellschaft entziehen könnten.[1367]

Die deutsche Wirtschaft beurteilte die vorgeschlagenen Regelungen - ungeachtet einiger Kritikpunkte insgesamt als *"pragmatisch und konsensfähig"*.[1368] Insgesamt beurteilte sie den Sachverständigenbericht positiv, da bei einer Umsetzung der vorgeschlagenen Regelungen die momentan noch existierenden komplizierten rechtlichen Konstruktionen für grenzüberschreitende Kooperationen entfallen und die Kosten und der Verwaltungsaufwand verringert werden könnten.[1369] Die deutsche Wirtschaft begrüßte, daß die Davignon-Gruppe einer Verhandlungslösung den Vorrang einräumen wollte und für die

---

[1365] Vgl. Stellungnahme EGB, Ziff. 15.

[1366] Abschlußbericht der Sachverständigengruppe *"European Systems of Workers Involvment"* (Davignon-Bericht), Beschluß des Bundesrates v. 01.11.1997, BR-Drucks. 572/97 (Beschluß)

[1367] Vgl. Schreiben des Bundesarbeitsministers an die Bundesvereinigung der Deutschen Arbeitgeberverbände v. 11.03.1998.

[1368] Vgl Pressemitteilungen der BDA v. 25.05.1997 1997 (*"Spitzenverbände begrüßen Vorschläge zur Eurpa-AG"*), Fundstelle im Internet: http://www.bda-online.de/www/bdaonline.nsf/14de39720 b0079ffc12568260043903e/d0d77e89524473e8412565080047da18!OpenDocument (Fundstelle abgerufen am 28.05.02).

[1369] Pressemitteilung der BDA v. 14.05.1997 (*"Spitzenverbände begrüßen Vorschläge zur Europa AG"*).

Auffangregelungen einen *"Mittelweg zwischen dem höchsten und dem geringsten Mitbestimmungsniveau in der Europäischen Union"*[1370] vorgeschlagen hat. Dennoch bleibe offen, ob dieser Lösungsvorschlag für die Länder akzeptabel sei, die keinerlei Mitbestimmungsformen auf Unternehmensebene kennen.

D. Stellungnahme

Zunächst einmal ist zu begrüßen, mit welcher Klarheit die Sachverständigengruppe ihre Positionen ausgearbeitet und vertreten hat. Dies gilt bspw. für die Beschränkung der Gründungsmöglichkeiten auf die drei von der Sachverständigengruppe genannten Möglichkeiten. Indem die Davignon-Gruppe vorschlug, die Möglichkeit der Errichtung einer Europäischen Aktiengesellschaft durch Umwandlung einer nationalen Gesellschaft auszuschließen, sorgte sie für klare Verhältnisse und entschärfte die Problematik der Gefahr einer Flucht aus der Mitbestimmung, die diese Gründungsmöglichkeit in sich trägt und die immer wieder zu Streit geführt hat, wesentlich. Eine klare Stellungnahme bezog die Sachverständigengruppe insbesondere hinsichtlich der am meisten umstrittenen Problematik der Europäischen Aktiengesellschaft, der Mitbestimmung der Arbeitnehmer in den Unternehmensorganen. Die Sachverständigengruppe wich insoweit - wie sie selbst zutreffend formulierte - der Frage nach einer Regelung der Mitbestimmung der Arbeitnehmer in der Europäischen Aktiengesellschaft gerade nicht aus und ließ keinerlei Zweifel daran, daß der bisherige Ansatz einer Optionenlösung ihrer Auffassung nach nicht weiterführe, da er nur die bestehenden Unterschiede fortgeschrieben hätte. In derselben Klarheit sprach sich die Davignon-Gruppe gegen eine nur beratende Stimme der Arbeitnehmervertreter im Aufsichts- bzw. Leitungsorgan der Europäischen Aktiengesellschaft aus und forderte einen gleichberechtigten Status aller Aufsichtsrats- bzw. Leitungsorganmitglieder, was bedeutet, daß diese stimmberechtigt sein sollten.

Was die inhaltliche Ausgestaltung der Vorschläge im Hinblick auf die Mitbestimmung der Arbeitnehmer betrifft, orientierte sich die von der Kommission eingesetzte Sachverständigengruppe bei ihren Vorschlägen im wesentlichen an der Richtlinie über die Europäischen Betriebsräte, indem sie sich im Ergebnis für eine Vereinbarungslösung aussprach, die Umsetzung und die Ausgestaltung dieses Ziels - in bestimmten Grenzen - aber den Verhandlungspartnern überlassen wollte. Vergleicht man die Empfehlungen der Davignon-Gruppe mit den Regelungen der Richtlinie, so bemerkt man sehr schnell, daß diese Orientierung teilweise bis zu einer fast völligen Übereinstimmung des Wortlauts der Vorschläge reicht. Bereits der Ansatz der Sachverständigengruppe stimmt mit der Richtlinie über die Europäischen Betriebsräte überein: Beide Male wird bzw. soll ein Vorrang von Verhandlungen normiert werden. Aber auch in inhaltlicher Hinsicht findet man weitgehende Übereinstimmungen. So sind die Formulierungen hinsichtlich der Zuständigkeit fast identisch. Dieses Vorgehen ist angesichts des einzigartigen Erfolgs, den die Richtlinie über die Europäischen Betriebsräte auch in der Praxis darstellt,

---

[1370] Pressemitteilung der BDA v. 14.05.1997.

nur zu verständlich. Es war naheliegend, die Konzeption dieser Richtlinie auch auf das Projekt der Europäischen Aktiengesellschaft zu übertragen und für die Lösung der Frage der Mitbestimmung der Arbeitnehmer in der Europäischen Aktiengesellschaft nutzbar zu machen.

In ihren Schlußfolgerungen stellte die Sachverständigengruppe völlig zutreffend fest, daß ihre Aufgabe besonders undankbar gewesen sei, da die Debatte über das Statut der Europäischen Aktiengesellschaft in den letzten Jahren dadurch gekennzeichnet gewesen sei, daß es eindeutig an dem Willen gefehlt habe, zu einer Einigung zu kommen, was dann schließlich zu einem völligen Stillstand der Verhandlungen geführt hätte.[1371] Das große Verdienst der Davignon-Gruppe ist daher darin zu sehen, daß sie es geschafft hat, mit den in ihrem Abschlußbericht dargelegten konstruktiven Vorschlägen die Diskussion um die Europäische Aktiengesellschaft und insbesondere um die Mitbestimmung der Arbeitnehmer in der Europäischen Aktiengesellschaft erneut anzustoßen. Mit dem von ihr vorgelegten Abschlußbericht zeigte die Davignon-Gruppe - wie die weitere Entwicklung bestätigen sollte - einen *"Weg aus der Sackgasse"*[1372], in der man sich befand, auf und verhalf dem bereits totgesagten Vorhaben der Europäischen Aktiengesellschaft - um im Bilde zu bleiben - sozusagen zur Wiederauferstehung.

E. Gang der weiteren Arbeiten

Auf der Grundlage der im Davignon-Bericht entwickelten Grundgedanken trat die Diskussion im Rat in eine neue Phase ein, so daß es zwischen den Arbeits- und Sozialministern der Mitgliedstaaten wieder zu einem eingehenden Meinungsaustausch kam. Zwar wurden die Vorschläge der Davignon-Gruppe, die zunächst auch in Deutschland optimistisch begrüßt wurden, schließlich von Deutschland, Österreich und Schweden abgelehnt.[1373] Dies führte jedoch nicht zu einem Scheitern der Verhandlungen. Vielmehr stellte sich heraus, daß der Dreh- und Angelpunkt der Vorschläge die Auffangregelung ist. Die Suche nach einem Kompromiß ging daher weiter.

[1371] Vgl. Davignon-Bericht, S. 12 (Rn. 93).
[1372] *Monti*, WM 1997, 607 f., 608.
[1373] Vgl. Hopt, WM 1997, 96 ff.

§ 15 Die jüngsten Vorschläge der Ratspräsidentschaften

Die Vorlage des Davignon-Berichts im Mai 1997 verhalf dem Vorhaben der Europäischen Aktiengesellschaft zu neuem Schwung und löste eine ganze Serie von Beratungen auf der Ebene der jeweiligen Präsidentschaft aus, die im folgenden bis hin zum aktuellen Stand der Beratungen nachgezeichnet werden. Diese Beratungen konzentrierten sich in erster Linie auf die Problematik der Mitbestimmung der Arbeitnehmer, so daß der Verordnungsvorschlag über das Statut der Europäischen Aktiengesellschaft vorerst in den Hintergrund rückte.

A. Kompromißvorschlag der luxemburgischen Präsidentschaft

Die Beratungen mündeten schließlich in der Vorlage eines neuen Kompromißvorschlags: Am 20.10.1997 leitete die luxemburgische Präsidentschaft dem Ausschuß für Beschäftigung und soziale Angelegenheiten des Europäischen Parlaments einen Kompromißtext zu dem Vorschlag für eine Richtlinie über die Rolle der Arbeitnehmer in der Europäischen Aktiengesellschaft zu.[1374]

I. Konzeption der Vorschläge

Der Kompromißvorschlag der luxemburgischen Präsidentschaft befaßte sich nur mit dem Vorschlag für die Richtlinie zur Ergänzung des Statuts der Europäischen Aktiengesellschaft hinsichtlich der Stellung der Arbeitnehmer.[1375] Im Hinblick darauf, daß die Mitbestimmung der Arbeitnehmer die Hauptproblematik der Europäischen Aktiengesellschaft war, nahm die luxemburgische Präsidentschaft davon Abstand, auch einen Kompromißvorschlag zum Vorschlag für eine Verordnung über das Statut der Europäischen Aktiengesellschaft vorzulegen.

Da dem Verfasser der luxemburgische Kompromißvorschlag nicht zugänglich gemacht werden konnte, beschränken sich die folgenden Ausführungen auf einen kurzen Überblick.[1376]

II. Rechtsgrundlage

Der luxemburgische Kompromißvorschlag für eine Richtlinie zur Ergänzung des Statuts der Europäischen Aktiengesellschaft hinsichtlich der Beteiligung der Arbeitnehmer stützte sich wie seine Vorgänger aus den Jahren 1989 bzw. 1991 - ungeachtet der dama-

---

[1374] PE 224.669 mit Ratsvorschlag 10020/97 v. 18.07.1997. Eine Zusammenfassung dieses - nicht amtlich veröffentlichten - Vorschlags findet sich bei *Kolvenbach*, NZA 1998, 1323 ff.
[1375] Vgl. *Kolvenbach*, NA 1998, 1323 ff., 1324.
[1376] Wegen der Einzelheiten wird insoweit auf die überarbeitete Fassung dieses Richtlinienvorschlags verwiesen, welcher von der britischen Präsidentschaft vorgelegt wurde, vgl. dazu sogleich unten Teil IV § 15 B. (S. 320 ff.)

ligen Diskussion um die Rechtmäßigkeit der Wahl dieser Rechtsgrundlage[1377] - auf Art. 54 Abs. 1 lit. g EWG-Vertrag.

III. Organisationsverfassung

Da die luxemburgische Präsidentschaft lediglich einen Richtlinienvorschlag zur Ergänzung des Statuts der Europäischen Aktiengesellschaft hinsichtlich der Beteiligung der Arbeitnehmer vorlegte, kann davon ausgegangen werden, daß sie die Frage der Organisationsverfassung der Europäischen Aktiengesellschaft - zumindest vorerst - nicht aufzuwerfen gedachte, um sich auf die Problematik der Mitbestimmung der Arbeitnehmer konzentrieren zu können.

IV. Mitbestimmung der Arbeitnehmer

Was die inhaltliche Ausgestaltung der Regelungen über die Mitbestimmung der Arbeitnehmer betrifft, forderte die luxemburgische Präsidentschaft in ihrem Kompromißvorschlag, so weit wie möglich die Erfahrungen aus der Richtlinie über die Europäischen Betriebsräte zu berücksichtigen.[1378] Dies sei deshalb geboten, weil die Leitgedanken und der konkrete Inhalt dieser Richtlinie inzwischen die ungeteilte Zustimmung der Delegationen gefunden haben und weil auch der Davignon-Bericht auf diesen Erfahrungen aufbaue.

Diese Orientierung an der Richtlinie über die Europäischen Betriebsräte zeigte sich zum einen an der Bestimmung der Begriffe Unterrichtung und Anhörung der Arbeitnehmer: Unter *Unterrichtung* der Arbeitnehmer versteht der luxemburgische Entwurf die Übermittlung von Informationen durch das zuständige Organ der Europäischen Aktiengesellschaft an die Arbeitnehmervertreter über Angelegenheiten, die die Europäische Aktiengesellschaft selbst oder mindestens zwei ihrer Tochtergesellschaften oder Betriebe in mindestens zwei verschiedenen Mitgliedstaaten betreffen und die über die Befugnisse der Entscheidungsgremien auf lokaler Ebene hinausgehen. *Anhörung* der Arbeitnehmer ist die den Arbeitnehmervertretern gegebene Möglichkeit, zu einer Entscheidung oder einer vom zuständigen Organ der Europäischen Aktiengesellschaft geplanten grundlegenden Maßnahme auf der Grundlage der übermittelten Informationen Stellung zu nehmen, und zwar zu einem Zeitpunkt und in einer Weise, die die Berücksichtigung dieser Stellungnahme im Rahmen des Entscheidungsprozesses innerhalb der Europäischen Aktiengesellschaft ermöglicht. Von *Mitbestimmung* der Arbeitnehmer - um die Definitionen zu vervollständigen - spricht der Kompromißvorschlag bei einer Entsendung von Arbeitnehmervertretern der Europäischen Aktiengesellschaft und ihrer Tochtergesellschaften und Betriebe in den Verwaltungs- bzw. Aufsichtsrat der Europäischen Aktiengesellschaft.

[1377] Vgl. dazu ausführlich oben Teil III § 10 E. (S. 223 ff.) und F. I. (S. 240 ff.).
[1378] Vgl. *Kolvenbach*, NZA 1998, 1323 ff., 1325.

A. Kompromißvorschlag der luxemburgischen Präsidentschaft

Die Anlehnung an die Richtlinie über die Europäischen Betriebsräte wird zum anderen daran deutlich, daß die luxemburgische Präsidentschaft das Grundkonzept dieser Richtlinie übernommen hat, indem den auf eine Vereinbarung über die Beteiligung der Arbeitnehmer abzielenden Verhandlungen der Vorrang eingeräumt wird, die Beteiligungsrechte der Arbeitnehmer aber durch eine im Falle des Scheiterns dieser Verhandlungen greifende Auffangregelung abgesichert werden. Als Auffangregelung für die Unterrichtung und Anhörung der Arbeitnehmer soll - wie bei der Richtlinie über die Europäischen Betriebsräte - ein Vertretungsorgan geschaffen werden, das sich aus Arbeitnehmern der Europäischen Aktiengesellschaft und ihrer Tochtergesellschaften und Betriebe zusammensetzt. Die Mitglieder dieses Vertretungsorgans sollen nach Auffassung der luxemburgischen Präsidentschaft von den Arbeitnehmervertretern aus ihrer Mitte oder - falls solche Vertretungen nicht bestehen - aus der Gesamtheit der Arbeitnehmervertreter gewählt oder bestellt werden, wobei sich letzteres nach den einzelstaatlichen Rechtsvorschriften und/oder Gepflogenheiten richten soll.

V. Resonanz der Mitgliedstaaten und Sozialpartner

Nachdem es - bedingt durch die zwischenzeitliche Aufgabe des Projekts - einige Jahre still geworden war um die Europäische Aktiengesellschaft, kam es durch den Davignon-Bericht und die Vorlage des auf diesem beruhenden Kompromißvorschlags der luxemburgischen Präsidentschaft wieder vermehrt zu Stellungnahmen.

1. Stellungnahme des Europäischen Parlaments

Eine offizielle Stellungnahme des Europäischen Parlaments zum Kompromißvorschlag der luxemburgischen Präsidentschaft ist zwar nicht ergangen. Es existiert jedoch ein Bericht des federführenden Ausschusses für Beschäftigung und soziale Angelegenheiten, in dem sowohl auf den Davignon-Bericht als auch auf die neuen Vorschläge der Präsidentschaft eingegangen wird.[1379]

Der Ausschuß wies in seinem Entschließungsantrag darauf hin, daß der Bericht der Sachverständigengruppe und der auf ihm basierende Kompromißvorschlag der Luxemburger Präsidentschaft seiner Meinung nach eine diskussionswürdige Grundlage für die weitere Behandlung des Statuts der Europäischen Aktiengesellschaft darstellten.[1380] Nur durch Flexibilität und Verhandlungslösungen durch die Sozialpartner der zu gründenden Europäischen Aktiengesellschaft könne man die besonderen Strukturen der Unterneh-

---

[1379] Bericht des Ausschusses für Beschäftigung und soziale Angelegenheiten v. 06.11.1997 zum Abschlußbericht der Sachverständigengruppe *"Europäische Systeme der Beteiligung der Arbeitnehmer"* (Davignon-Bericht) (C4-0455/97), PE 224.250 endg.; dieser Bericht wird im folgenden Abschnitt zitiert als *Ausschußbericht EP*.

[1380] Ausschußbericht EP, S. 4.

mung bzw. des Konzerns sowie die unterschiedlichen Mitbestimmungstraditionen in den Staaten der Europäischen Union berücksichtigen.[1381]

Auch hinsichtlich der inhaltlichen Ausgestaltung der Regelungen über die Mitbestimmung der Arbeitnehmer fand der Kompromißvorschlag zum größten Teil die Zustimmung des Ausschusses. Da der Ausschuß ebenso wie die luxemburgische Ratspräsidentschaft der Ansicht war, daß die Verabschiedung des Statuts keinesfalls zur Folge haben dürfe, daß Unternehmen mit Hilfe eines europäischen Rechtsinstruments die Mitbestimmung umgehen könnten, befürwortete er den Ausschluß der Gründung einer Europäischen Aktiengesellschaft im Wege der Umwandlung einer nationalen Aktiengesellschaft. Der Ausschuß unterstützte ferner die im Davignon-Bericht und im Luxemburger Kompromißvorschlag zum Ausdruck kommende Absicht, für die Information und Konsultation der Arbeitnehmer ein auf die besonderen Erfordernisse der Europäischen Aktiengesellschaft abgestimmtes transnationales Arbeitnehmervertretungsorgan zu schaffen, das auch ohne Erreichen der in der Richtlinie über die Europäischen Betriebsräte vorgesehenen Schwellenwerte die Aufgaben eines Europäischen Betriebsrats übernehmen sollte.[1382] Des weiteren hielt er es für notwendig, die Kollektivverhandlungen zwischen den Organen der an der Gründung beteiligten Gesellschaften und dem besonderen Verhandlungsgremium der Arbeitnehmer parallel zum Gründungsprozeß der Europäischen Aktiengesellschaft zu führen und für den Fall des Scheiterns dieser Verhandlungen eine Auffangregelung vorzusehen, um so die erforderlichen Informations- und Konsultationsrechte zu sichern.[1383] In seinem Bericht begrüßte der Ausschuß insbesondere, daß die Auffangregelung auch eine Vertretung der Arbeitnehmer in den Verwaltungs- und Aufsichtsräten der Europäischen Aktiengesellschaft vorsieht. Gleichzeitig forderte er jedoch - wie bereits im Zusammenhang mit dem Davignon-Bericht erwähnt - eine höhere Mindestquote der Arbeitnehmervertreter im Aufsichtsrat als im Davignon-Bericht und dem auf ihm basierenden Kompromißvorschlag vorgesehen.[1384] Darüber hinaus verlangte er, daß alle in den nationalen Gesetzen und Gepflogenheiten zur Unternehmensmitbestimmung festgeschriebenen Rechte der Gewerkschaften, besonders die auf Zugang und Verhandlungen sowie Wahl-, Vorschlags- und Benennungsrechte, auch für die Europäische Aktiengesellschaft gesichert bleiben sollten.[1385]

Abschließend wies der Ausschuß noch einmal auf die Bedeutung der Europäischen Aktiengesellschaft für die kleinen und mittleren Unternehmen hin und bat die Luxemburger Präsidentschaft, eine politische Einigung im Sozialministerrat noch 1997 herbeizuführen.

[1381] Ausschußbericht EP, S. 5.
[1382] Ausschußbericht EP, S. 5.
[1383] Ausschußbericht EP, S. 5.
[1384] Ausschußbericht EP, S. 5 f.
[1385] Ausschußbericht EP, S. 6.

A. Kompromißvorschlag der luxemburgischen Präsidentschaft

2. Stellungnahme des Wirtschafts- und Sozialausschusses

Der Wirtschafts- und Sozialausschuß gab in seiner Sitzung vom 11.12.1997 mit 116 Stimmen gegen 3 Stimmen bei 11 Stimmenthaltungen eine Stellungnahme zum Thema "Statut der Europäischen Aktiengesellschaft"[1386] ab. In dieser Stellungnahme wies der Wirtschafts- und Sozialausschuß darauf hin, daß einige Bestimmungen des Verordnungsvorschlags noch konkreter geprüft werden müßten. Dies gelte bspw. für die Vorschriften über die Zuständigkeiten der Beschlußfassungsorgane der Europäischen Aktiengesellschaft sowie für Vorgänge, die die Zustimmung des Aufsichtsrats bzw. eine Prüfung seitens des Verwaltungsorgans erfordern.[1387] Der Ausschuß gelangte daher zu dem Ergebnis, daß die in der Verordnung nun vorgesehenen bzw. zu präzisierenden Bestimmungen Unsicherheiten im Hinblick auf bestimmte Vorschriften des Richtlinienvorschlags entstehen ließen. Er wies darauf hin, daß der vom luxemburgischen Vorsitz vorgelegte Kompromißvorschlag für den Richtlinienvorschlag folglich nur vorbehaltlich der aus dem Verordnungsentwurf resultierenden Unsicherheiten geprüft werden könne.[1388]

In inhaltlicher Hinsicht begrüßte der Wirtschafts- und Sozialausschuß den Vorstoß der luxemburgischen Präsidentschaft. Der Kompromißvorschlag schaffe die Voraussetzungen dafür, die Debatte über die Rolle der Arbeitnehmer in der Europäischen Aktiengesellschaft aus der Sackgasse zu führen.[1389] Positiv zu bewerten sei insbesondere, daß die Errichtung einer Europäischen Aktiengesellschaft nur zu grenzüberschreitenden Zwecken zugelassen werden soll. Im Hinblick auf die Risiken der Flucht aus der Mitbestimmung müsse jedoch die Errichtung einer Europäischen Aktiengesellschaft im Wege der Umwandlung einer nationalen Gesellschaft ausgeschlossen werden. Ebenso müsse verhindert werden, daß die nationalen Regelungen über die Mitbestimmung der Arbeitnehmer mit Hilfe eines europäischen Rechtsinstruments im Falle der Verschmelzung umgangen werden können.[1390] Der Wirtschafts- und Sozialausschuß befürwortete den auf dem Davignon-Bericht beruhenden flexiblen Ansatz des Vorschlags, die Ausgestaltung des Verfahrens der Arbeitnehmerbeteiligung auf dem Verhandlungswege erfolgen sowie im Falle des Scheiterns dieser Verhandlungen eine Auffangregelung greifen zu lassen.[1391] Er kritisierte allerdings, daß die Richtlinie sowohl Fragen der Mitbestimmung als auch Fragen der Information und Anhörung regeln soll; insofern sprach er sich für eine klare Trennung der Regelungsbereiche aus.[1392] Schließlich sei für die kleinen

---

[1386] Stellungnahme des Wirtschafts- und Sozialausschusses zum Thema *"Statut der Europäischen Aktiengesellschaft"* v. 11.12.1997, AblEG Nr. C 129 v. 27.04.1998, S. 1 ff.
[1387] Stellungnahme WSA, Ziff 2.3.1. und 2.3.2.
[1388] Stellungnahme WSA, Ziff 2.5.1.
[1389] Stellungnahme WSA, Ziff 3.1.
[1390] Stellungnahme WSA, Ziff 3.3.
[1391] Stellungnahme WSA, Ziff 3.6.
[1392] Stellungnahme WSA, Ziff 3.8.2.

und mittleren Unternehmen wegen der besonderen Merkmale und der Größe dieser Unternehmen ein eigenes Statut auszuarbeiten, das zusammen mit dem Statut der Europäischen Aktiengesellschaft zu prüfen sei.[1393]

Was die Verhandlungen selbst betrifft, forderte der Wirtschafts- und Sozialausschuß, die Frage der Verhandlungsmodalitäten in den Vordergrund zu rücken. Die Vorschläge des luxemburgischen Vorsitzes seien insofern unzureichend, als nach Auffassung des Ausschusses Zweifel bestehen, ob die vorgeschlagenen Regeln zum Verhandlungsverfahren ausreichen, damit auch wirklich Verhandlungen stattfinden.[1394] Es bestehe die Gefahr, daß eine Seite von vornherein keine andere Lösung anstrebt als die, welche die Auffanglösung vorsieht. In Anbetracht des für einige Länder ausgesprochen komplexen sozialen Kontextes müßten andere Ansätze gefunden werden, die den einzelstaatlichen Gesellschaftsmodellen besser Rechnung tragen.[1395] Zur Stärkung des Verhandlungsverfahrens schlug der Wirtschafts- und Sozialausschuß daher vor, daß zum einen neben den betrieblichen Arbeitnehmervertretern die repräsentativen Gewerkschaften aus den betroffenen Unternehmen und die zuständigen europäischen Gewerkschaftsverbände das Verhandlungsrecht auf Seiten der Arbeitnehmer haben sollten.[1396] Zum anderen sollte nach Auffassung des Ausschusses im Falle eines drohenden Scheiterns der Verhandlungen ein Mediationsverfahren zwischengeschaltet werden. Dieses sollte die Aufgabe haben, eine Lösung vorzuschlagen, die sich so weit wie möglich an die Praxis der geltenden Regelungen in den betroffenen Unternehmen anlehnt.[1397] Der Vorteil einer derartigen Regelung - so lautete es in der Stellungnahme weiter - liege in ihrer Flexibilität und darin, daß im Einzelfall eine sachgerechtere Lösung erleichtert würde, als dies bei einer automatischen Anwendung der Auffangregelung der Fall wäre. Die Autonomie der Verhandlungspartner wäre von diesem Mediationsverfahren im Hinblick darauf, daß der Schlichter von den betroffenen Tarifpartnern bestellt würde, nicht berührt.

Auch der Vorschlag der luxemburgischen Ratspräsidentschaft, eine Auffangregelung vorzusehen, wurde positiv bewertet. Bezüglich des Inhalts der Auffangregelung wies der Wirtschafts- und Sozialausschuß allerdings darauf hin, daß für ihn noch einige Fragen offen blieben und unter seinen Mitgliedern - grob skizziert - die beiden folgenden Auffassungen vorherrschten.[1398] Nach Auffassung der Mitgliedstaaten mit einer dualistischen Organisationsverfassung dürfe das optionale System den beteiligten Unternehmen keine Gelegenheit geben, sich dieser Regel zu entziehen, weshalb sie für die im Kompromißvorschlag enthaltene Auffangregelung plädierten. Die Mitgliedstaaten mit einer monistisch strukturierten Organisationsverfassung hingegen sprachen sich dafür

---

[1393] Stellungnahme WSA, Ziff 3.9.
[1394] Stellungnahme WSA, Ziff 4.2.
[1395] Stellungnahme WSA, Ziff 4.3.
[1396] Stellungnahme WSA, Ziff 4.4.1.
[1397] Stellungnahme WSA, Ziff 4.4.1.
[1398] Stellungnahme WSA, Ziff 5.1. und 5.2.

aus, daß das System der Europäischen Aktiengesellschaft nach Möglichkeit den Pluralismus der in den Mitgliedstaaten bestehenden sozialen Praktiken widerspiegeln müßte. Beide Auffassungen könnten durch die Einführung des von ihm vorgeschlagenen Schlichtungsverfahrens weitgehend berücksichtigt werden.

In seinen Schlußfolgerungen forderte der Wirtschafts- und Sozialausschuß zu vermeiden, den Betroffenen entgegen ihrer Auffassung Lösungen aufzunötigen. Mit Hilfe seiner in der Stellungnahme unterbreiteten Vorschläge könne dem im Luxemburger Kompromißvorschlag vertretenen Anliegen, Lösungen auf dem Verhandlungswege herbeizuführen, mehr Nachdruck verliehen werden.[1399] Der Mitbestimmungsansatz könne nicht durch Beschluß verfügt werden, sondern setze vielmehr das Einverständnis aller Partner voraus. Die Errichtung des Statuts der Europäischen Aktiengesellschaft - so der Ausschuß abschließend - sei eine Chance, im Wege der Verhandlung neue Synergien zu finden.[1400]

3. Stellungnahme des Ministerrates

Auch im Ministerrat war der Kompromißvorschlag der luxemburgischen Präsidentschaft nicht unumstritten. Er stieß - so berichtet *Kolvenbach*[1401] - bei den Vertretern des Bundesministeriums für Arbeit und Sozialordnung und den Vertretern Österreichs und Schwedens auf Widerspruch, die sich gegen die ihrer Auffassung nach zu vagen Formulierungen betreffend die Mitbestimmung der Arbeitnehmer verwandten. Sie fürchteten insbesondere, daß eine Verhandlungslösung darauf hinauslaufen könne, in einer Europäischen Aktiengesellschaft keinerlei Mitbestimmung vorzusehen.[1402]

4. Stellungnahme des Europäischen Gewerkschaftsbundes

Der Europäische Gewerkschaftsbund nahm in seiner bereits erwähnten[1403] Stellungnahme vom 05.12.1997 auch eine Bewertung des Kompromißvorschlags der luxemburgischen Präsidentschaft vor.[1404] Der Vorschlag der Präsidentschaft zur Bildung des Verhandlungsgremiums orientiere sich zu mechanisch am entsprechenden Paragraphen der Richtlinie über die Europäischen Betriebsräte, da ein Bezug zu den europäischen Gewerkschaftsverbänden fehle und diese somit unzureichend in den Verhandlungsprozeß eingebunden seien. Im Hinblick auf die Regelungen über die Mitbestimmung der Arbeitnehmer kritisierte der Europäische Gewerkschaftsbund das Verständnis der Mitbe-

---

[1399] Stellungnahme WSA, Ziff 6.1.

[1400] Stellungnahme WSA, Ziff 6.3.

[1401] *Kolvenbach*, NZA 1998, 1323 ff., 1325.

[1402] Vgl. den Artikel von *Stabenow* in der F.A.Z. v. 08.10.1997, S. 20 (*"Die Europa AG entzweit die EU-Partner"*).

[1403] Vgl. oben Teil IV § 14 C. (S. 309 f.).

[1404] Stellungnahme des EGB: *"Arbeitnehmerbeteiligung in der Europäischen Aktiengesellschaft (SE)"* v. 04./05.12.1997, Rn. 5; diese Stellungnahme wird im folgenden Abschnitt zitiert als *Stellungnahme EGB*.

stimmung der Arbeitnehmer, wie es in dem luxemburgischen Kompromißvorschlag zum Ausdruck kam. Das Dokument der Präsidentschaft definiere Information und Anhörung in einer Weise, die - so der Europäische Gewerkschaftsbund - zu dicht bei der Möglichkeit für die Arbeitnehmer liege, nur eine Meinung zu äußern.[1405] Ferner forderte der Europäische Gewerkschaftsbund Kommission und Rat auf, das Recht der Arbeitnehmer anzuerkennen, an allen Entscheidungen auf der Ebene der Europäischen Aktiengesellschaft beteiligt zu werden, und die Besorgnisse des Europäischen Gewerkschaftsbundes aufzunehmen.[1406] Um eine effektive Beteiligung der Arbeitnehmervertreter in den Aufsichts- und Leitungsorganen zu gewährleisten, müßten die Rechte und Befugnisse dieser Gremien durch Aufnahme eines Katalogs zustimmungspflichtiger Geschäfte in der Verordnung verankert werden.[1407] In diesen Katalog - so lautet es in der Stellungnahme weiter - müßten insbesondere Vorlage und Genehmigung des Jahresabschlusses sowie Bestellung und Abberufung des Vorstandes aufgenommen werden.

VI. Stellungnahme

Mit der Vorlage ihres Kompromißvorschlags nutzte die luxemburgische Präsidentschaft den durch den Davignon-Bericht aufgekommenen "frischen Wind" und entfachte so die Diskussion um das Vorhaben einer Aktiengesellschaft europäischen Rechts wieder. Eine inhaltliche Stellungnahme zu diesen neuen Vorschlägen bleibt einer späteren, ausführlichen Darstellung und Bewertung der auf diesen aufbauenden Vorschläge der britischen, österreichischen und deutschen Präsidentschaft vorbehalten.

B. Kompromißvorschlag der britischen Präsidentschaft

Auch die britische Ratspräsidentschaft legte in ihrer Amtszeit, d. h. im ersten Halbjahr 1998, für die *Ad-hoc-Gruppe "Europäische Aktiengesellschaft"* Kompromißvorschläge zur Europäischen Aktiengesellschaft vor. Es handelte sich um einen geänderten Vorschlag für eine Verordnung über das Statut der Europäischen Aktiengesellschaft[1408] sowie um einen ebenfalls geänderten Vorschlag für eine Richtlinie des Rates zur Ergänzung des Statuts der Europäischen Aktiengesellschaft hinsichtlich der Beteiligung der

---

[1405] Vgl. Stellungnahme EGB, Ziff. 18.
[1406] Vgl. Stellungnahme EGB, Ziff. 22.
[1407] Vgl. Stellungnahme EGB, Ziff. 23.
[1408] Arbeitsunterlage des Generalsekretariats des Rats für die Ad-hoc-Gruppe *"Europäische Aktiengesellschaft"*: Geänderter Vorschlag für eine Verordnung über das Statut der Europäischen Aktiengesellschaft (SE) v. 23.02.1998, Dok. 6018/98 SE 3 Anlage II sowie die - aus den Beratungen des Rates (Binnenmarkt) v. 18.05.1998 hervorgegangene - geänderte Fassung dieses Vorschlags v. 28.05.1998, Dok. 8772/98 SE 27 SOC 25; beide nicht amtlich veröffentlicht. Dieser Vorschlag wird im folgenden Abschnitt als *VO-Vorschlag GB Anlage II* zitiert; die Vorschriften des Verordnungsvorschlags werden mit dem Zusatz VO versehen. Die folgenden Ausführungen beziehen sich auf die deutsche Version des Textes, der im Original in französisch vorgelegen hat.

Arbeitnehmer[1409]. Der Ministerrat für Arbeit und Soziales erörterte letzteren Entwurf der britischen Präsidentschaft in der Fassung vom 01.04.1998 in seiner Sitzung am 07.04.1998.[1410]

I. Konzeption der Vorschläge

In seinen einleitenden Bemerkungen führte der britische Vorsitz aus, daß er das Dossier der Europäischen Aktiengesellschaft als einzigen der im Weißbuch der Kommission über die Vollendung des Binnenmarktes aus dem Jahre 1985 genannten noch offenen Punkte als vorrangig ansehe.[1411] Um die Diskussion des Dossiers wieder in Gang zu setzen, erstellte die britische Präsidentschaft eine Aufzeichnung mit einer Zusammenfassung der noch offenen Hauptfragen, anhand der sie die Beratungen wieder aufnehmen wollte.[1412] Bei dem geänderten Verordnungsvorschlag handele es sich - so der britische Vorsitz - um eine *"Arbeitsunterlage, die sich, abgesehen von einigen kleineren Änderungen des Wortlauts, auf Dokument 5269/93 SE 7 stützt"*[1413] und somit die Fortsetzung des Verordnungsvorschlags von 1991 in einer geänderten Fassung darstellt. Wie auch schon unter der luxemburgischen Präsidentschaft stand der Richtlinienvorschlag über die Beteiligung der Arbeitnehmer in der Europäischen Aktiengesellschaft klar im Vordergrund, was angesichts der Tatsache, daß die Mitbestimmung der Arbeitnehmer seit längerem das Hauptproblem der Europäischen Aktiengesellschaft darstellt, verständlich ist. Im folgenden beschränkt sich daher die Darstellung im wesentlichen auf diesen Richtlinienvorschlag. Bezüglich des Verordnungsvorschlags wird auf die Ausführungen zu den Vorschlägen von 1989 bzw. 1991 verwiesen.[1414] Die Regelungen des Verordnungsvorschlags werden nur insoweit dargestellt, als die Vorschläge der britischen Präsidentschaft Auswirkungen auf die Frage der Mitbestimmung der Arbeitnehmer haben würden.

[1409] Textvorschlag für eine Richtlinie des Rates zur Ergänzung des Statuts der Europäischen Aktiengesellschaft hinsichtlich der Beteiligung der Arbeitnehmer v. 01.04.1998, Dok. 7391/98 SE 13 SOC 116, sowie die - im folgenden zugrunde gelegte - geänderte Fassung dieses Vorschlags v. 23.04.1998, Dok. 7816/98, nicht amtlich veröffentlicht. Dieser Vorschlag wird im folgenden Abschnitt als *RiLi-Vorschlag GB* zitiert; die Vorschriften dieses Richtlinienvorschlags werden mit dem Zusatz *RiLi* versehen. Die folgenden Ausführungen beziehen sich auf die deutsche Version des Textes, der im Original in französisch vorgelegen hat.

[1410] Vgl. *Kolvenbach*, NZA 1998, 1323 ff., 1327.

[1411] Vgl. VO-Vorschlag GB, S. 1.

[1412] Anlage I zum Verordnungsvorschlag: *"Aufzeichnung des Vorsitzes betreffend den geänderten Vorschlag für eine Verordnung über das Statut der Europäischen Aktiengesellschaft (SE)"*. Diese Anlage wird im folgenden Abschnitt zitiert als *VO-Vorschlag GB Anlage I*.

[1413] Dieses vom britischen Ratsvorsitz erwähnte Dokument ist nicht amtlich veröffentlicht und konnte dem Verfasser nicht zugänglich gemacht werden. Die Änderungen gegenüber diesem Dokument sind nach Angaben der britischen Präsidentschaft unterstrichen; Textstellen, die weggefallen sind, sind durch das Wort *"gestrichen"* gekennzeichnet.

[1414] Vgl. oben Teil III §§ 10, 11 (S. 207 ff.).

Dies ist bspw. der Fall, wenn die Gründung einer Europäischen Aktiengesellschaft im Wege der Umwandlung einer bereits bestehenden nationalen Gesellschaft erfolgen soll. Dieser Diskussionspunkt des Verordnungsvorschlags betrifft die Frage der Mitbestimmung der Arbeitnehmer zwar nicht direkt, hat aber eine mittelbare und sehr bedeutende Auswirkung auf diese. Es geht um die im Verordnungsvorschlag zur Verfügung gestellten Möglichkeiten, eine Europäische Aktiengesellschaft zu gründen. Während in dem geänderten Verordnungsvorschlag von 1991 noch vier Möglichkeiten der Gründung einer Europäischen Aktiengesellschaft vorgesehen waren (Verschmelzung, Errichtung einer Holding-Gesellschaft, Errichtung einer gemeinsamen Tochtergesellschaft und Umwandlung einer nationalen Aktiengesellschaft)[1415], hatte sich bereits die Davignon-Gruppe dafür ausgesprochen, die Gründung einer Europäischen Aktiengesellschaft im Wege der Umwandlung einer nationalen Gesellschaft auszuklammern.[1416] Dies sei im Hinblick auf die mit dieser Gründungsmöglichkeit verbundenen Probleme im Zusammenhang mit der Gefahr einer Flucht aus der Mitbestimmung erforderlich. Die britische Präsidentschaft folgte dem nur zum Teil. Einerseits behielt sie die Gründungsalternative der Umwandlung einer nationalen Aktiengesellschaft vorerst bei, schränkte diese aber durch das Hinzufügen einer zeitlichen Komponente ein: Art. 2 Abs. 4 VO sah vor, daß eine Aktiengesellschaft, die nach dem Recht eines Mitgliedstaats gegründet worden ist und ihren Sitz sowie ihre Hauptverwaltung in der Gemeinschaft hat, in eine Europäische Aktiengesellschaft umgewandelt werden können sollte, wenn sie seit mindestens zwei Jahren[1417] eine dem Recht eines anderen Mitgliedstaats unterliegende Tochtergesellschaft oder eine Niederlassung in einem anderen Mitgliedstaat hat. Der britische Vorsitz war jedoch andererseits der Auffassung, daß die Arbeitsgruppe die Möglichkeit, eine Europäische Aktiengesellschaft durch Umwandlung zu gründen, noch weiter erörtern sollte.[1418] Daher strich er in seinem Entwurf in der Fassung vom 28.05.1998 die vorgenannte Bestimmung des Art. 2 Abs. 4 VO wieder. Die Frage der verschiedenen Möglichkeiten der Gründung einer Europäischen Aktiengesellschaft sollte nach Auffassung der britischen Präsidentschaft erst dann endgültig entschieden werden, wenn Einvernehmen über den Inhalt der Bestimmungen über die Beteiligung der Arbeitnehmer erzielt worden sei.[1419] Der Vorsitz stellte daher die Frage der Gründungsmöglichkeiten vorerst zurück und schlug vor, zu einem späteren Zeitpunkt auf sie zurückzukommen. Im Rahmen der gemäß Art. 67 a VO fünf Jahre nach Inkrafttreten der Verordnung vorgesehenen Überprüfung des Vorschlags sollte insbesondere geprüft werden, ob es zweckmäßig sei, die Verordnung zu ändern, um die Gründung einer Europäischen Aktiengesellschaft durch Umwandlung zu ermöglichen.

[1415] Vgl. oben Teil III § 11 D. (S. 254 ff.).

[1416] Vgl. oben Teil IV § 14 B. III. (S. 299 ff.)

[1417] Der Verordnungsvorschlag von 1991 verlangte lediglich, daß die Umwandlungsgesellschaft eine Tochtergesellschaft oder eine Niederlassung in einem anderen Mitgliedstaat als dem ihrer Hauptverwaltung hat; eine zeitliche Komponente enthielt die damalige Regelung nicht.

[1418] Vgl. VO-Vorschlag GB Anlage II, S. 2 (Anm. 1 zu Art. 2 VO).

[1419] Vgl. VO-Vorschlag GB Anlage I, S. 1 (Anm. zu Art. 2 Abs. 4 VO und Art. 36 VO).

II. Rechtsgrundlage

Hinsichtlich der Frage der Rechtsgrundlage führte die britische Präsidentschaft in ihrer Zusammenstellung der Hauptdiskussionspunkte der Europäischen Aktiengesellschaft aus, daß die Kommission Art. 100 a EWG-Vertrag als Rechtsgrundlage der Verordnung vorgeschlagen hat, wohingegen mehrere Delegationen Art. 235 EWG-Vertrag für die richtige Rechtsgrundlage hielten. Der Vorsitz beabsichtigte daher, die Frage der richtigen Rechtsgrundlage ebenfalls vorerst zurückzustellen und sich auf die noch ungeklärten inhaltlichen Fragen zu konzentrieren.[1420]

III. Organisationsverfassung

Was die Struktur der Europäischen Aktiengesellschaft angeht, übernahm die britische Präsidentschaft in ihrem Kompromißvorschlag die Konzeption der Vorschläge von 1989 bzw. 1991 im wesentlichen unverändert. Die Europäische Aktiengesellschaft soll gemäß Art. 37 Satz 1 VO neben einer Hauptversammlung der Aktionäre entweder über ein Aufsichtsorgan und ein Leitungsorgan (dualistisches System) oder über ein Verwaltungsorgan (monistisches System) entsprechend der in der Satzung gewählten Form verfügen. Die Ausgestaltung der beiden Modelle im einzelnen ergibt sich aus den Regelungen der Art. 38 ff. VO bzw. Art. 43 ff. VO. Eine bedeutende Änderung betrifft jedoch die bislang vorgesehene Beschränkungsmöglichkeit dieses Wahlrechts durch die Mitgliedstaaten. Die Möglichkeit der Mitgliedstaaten, Europäischen Aktiengesellschaften mit Sitz in ihrem Hoheitsgebiet gemäß Art. 37 Satz 2 VO entweder das dualistische oder das monistische System vorzuschreiben, wurde zwar zunächst in dem Entwurf in der Fassung vom 23.02.1998 beibehalten. Der Kompromißvorschlag der britischen Präsidentschaft in der darauffolgenden Fassung vom 28.05.1998 enthielt diesen Satz 2 jedoch nicht mehr, ohne daß sich hierfür eine Begründung in den Vorschlägen und den sie begleitenden Anmerkungen findet. Hintergrund des Streichens dieser Beschränkungsmöglichkeit war wohl, daß man nach Einführung der Verhandlungslösung den Parteien völlige Freiheit beim Abschluß einer Vereinbarung über die Beteiligung der Arbeitnehmer gewähren wollte; der Wegfall des Art. 37 Satz 2 VO sei die zwingende Konsequenz der Verhandlungslösung gewesen.[1421]

IV. Mitbestimmung der Arbeitnehmer

Wenngleich der Richtlinienvorschlag der britischen Präsidentschaft zur Beteiligung der Arbeitnehmer in der Europäischen Aktiengesellschaft auf dem luxemburgischen Kom-

---

[1420] Vgl. VO-Vorschlag GB Anlage I, S. 1 (Anm. zur Rechtsgrundlage).

[1421] So Ministerialdirektorin *Fischer*, die im österreichischen Bundesarbeitsministerium seit 1979 mit den Verhandlungen zur Europäischen Aktiengesellschaft befaßt ist und auch die jüngsten Verhandlungen begleitet hat, in einem - bislang unveröffentlichten - Vortrag am 27.03.2000 an der Universität Bonn.

promißvorschlag aufbaute, ist dieser ausgebaut und teilweise nicht unwesentlich verändert worden.

1. Anwendungsbereich

Der Richtlinienvorschlag soll gemäß Art. 1 RiLi die Beteiligung der Arbeitnehmer in der Europäischen Aktiengesellschaft regeln. Zu diesem Zweck sieht Art. 1 Abs. 1 RiLi vor, daß in jeder Europäischen Aktiengesellschaft gemäß dem Verhandlungsverfahren nach den Artikeln 3 bis 6 der Richtlinie oder unter den in Art. 8 RiLi genannten Umständen gemäß dem Anhang zu der Richtlinie eine Vereinbarung über die Beteiligung der Arbeitnehmer getroffen wird. Die *Beteiligung* der Arbeitnehmer soll hierbei gemäß Art. 2 lit. h RiLi sowohl die Unterrichtung und Anhörung der Arbeitnehmer als auch die Mitbestimmung der Arbeitnehmer umfassen. *Unterrichtung* im Sinne des Richtlinienvorschlags ist ausweislich der Begriffsbestimmung des Art. 2 lit. i RiLi die Unterrichtung des Organs zur Vertretung der Arbeitnehmer und/oder der Arbeitnehmervertreter durch das zuständige Organ der Europäischen Aktiengesellschaft über Angelegenheiten, die die Europäische Aktiengesellschaft selbst oder mindestens zwei ihrer Tochtergesellschaften oder Betriebe in mindestens zwei verschiedenen Mitgliedstaaten betreffen, oder die über die Befugnisse der örtlichen Entscheidungsgremien hinausgehen, wobei Zeitpunkt, Form und Inhalt der Unterrichtung den Arbeitnehmervertretern eine eingehende Prüfung der möglichen Auswirkungen und gegebenenfalls die Vorbereitung von Anhörungen mit dem zuständigen Organ der Europäischen Aktiengesellschaften ermöglichen müssen. Unter *Anhörung* versteht der Richtlinienvorschlag gemäß Art. 2 lit. j RiLi die Einrichtung eines Dialogs und eines Meinungsaustausches zwischen dem Organ zur Vertretung der Arbeitnehmer und/oder den Arbeitnehmervertretern und dem zuständigen Organ der Europäischen Aktiengesellschaft, wobei Zeitpunkt, Form und Inhalt der Anhörung den Arbeitnehmervertretern auf der Grundlage der erfolgten Unterrichtung eine Stellungnahme zu den geplanten Maßnahmen des zuständigen Organs ermöglichen müssen, die im Rahmen des Entscheidungsprozesses innerhalb der Europäischen Aktiengesellschaft berücksichtigt werden kann. *Mitbestimmung* ist gemäß Art. 2 lit. k RiLi die Einflußnahme des Organs zur Vertretung der Arbeitnehmer und/oder der Arbeitnehmervertreter auf die Angelegenheiten der Europäischen Aktiengesellschaft durch die Wahrnehmung des Rechts, einige oder alle Mitglieder des Verwaltungs- oder Aufsichtsorgans der Europäischen Aktiengesellschaft zu wählen oder zu bestellen oder deren Bestellung zu empfehlen oder abzulehnen.

Um klarzustellen, daß die vorgeschlagene Richtlinie über die Beteiligung der Arbeitnehmer für alle Europäischen Aktiengesellschaften gilt, schlug die britische Präsidentschaft vor, Art. 4 des Verordnungsvorschlags um einen neuen Absatz 4 zu ergänzen, in dem ausdrücklich auf die vorgenannte Richtlinie Bezug genommen wird.[1422]

[1422] Vgl. VO-Vorschlag GB Anlage I, S. 4 (Anm. zu Art. 1 VO).

Was das Verhältnis des Richtlinienvorschlags zur Richtlinie über die Europäischen Betriebsräte betrifft, so bestimmt Art. 12 Abs. 1 RiLi, daß Europäische Aktiengesellschaften und ihre Tochtergesellschaften, die gemeinschaftsweit operierende Unternehmen oder herrschende Unternehmen in einer gemeinschaftsweit operierenden Unternehmensgruppe im Sinne der Richtlinie über die Europäischen Betriebsräte sind, nicht dieser Richtlinie und den Bestimmungen zu deren Umsetzung in einzelstaatliches Recht unterliegen sollen. Die Anwendung der nationalen Rechtsvorschriften und/oder Gepflogenheiten der Mitgliedstaaten in Bezug auf die Mitbestimmung der Arbeitnehmer in den nach den einzelstaatlichen Vorschriften bestehenden Gesellschaftsorganen auf Europäische Aktiengesellschaften ist gemäß Art. 12 Abs. 2 RiLi ausgeschlossen. Unberührt sollen nach dem Kompromißvorschlag hingegen die den Arbeitnehmern nach den Rechtsvorschriften und/oder Gepflogenheiten der Mitgliedstaaten im einzelstaatlichen Rahmen zustehenden Rechte auf Unterrichtung und Anhörung bleiben, die für die Arbeitnehmer der Europäischen Aktiengesellschaft und ihre Tochtergesellschaften gelten, vgl. Art. 12 Abs. 3 lit. a RiLi. Dasselbe soll nach Buchstabe b dieser Bestimmung für die nach den Rechtsvorschriften und/oder Gepflogenheiten der Mitgliedstaaten geltenden Bestimmungen über die Mitbestimmung gelten, die auf die Tochtergesellschaften der Europäischen Aktiengesellschaft Anwendung finden.

2. Besonderes Verhandlungsgremium

Art. 3 des britischen Kompromißvorschlags enthält eine ausführliche Regelung über die Einsetzung des besonderen Verhandlungsgremiums. Beim Lesen dieser Vorschrift fällt auf, daß eine deutliche Anlehnung an die Richtlinie über die Europäischen Betriebsräte nicht zu verkennen ist.[1423]

Hinsichtlich des Zeitpunkts der Aufnahme der Verhandlungen bestimmt Art. 3 Abs. 1 RiLi, daß die Leitungs- oder die Verwaltungsorgane der beteiligten Gesellschaften, die die Gründung einer Europäischen Aktiengesellschaft planen, nach der Offenlegung des Verschmelzungsplans oder des Gründungsplans für eine Holding-Gesellschaft oder nach einer Vereinbarung über den Gründungsplan für eine Tochtergesellschaft *"so rasch wie möglich die erforderlichen Schritte - zu denen auch die Unterrichtung über die Identität der beteiligten Gesellschaften und die Zahl ihrer Beschäftigten gehören soll - für die Aufnahme von Verhandlungen mit den Arbeitnehmervertretern der Gesellschaften über die Beteiligung der Arbeitnehmer in der Europäischen Aktiengesellschaft"* einleiten sollen. Zu diesem Zweck soll ein besonderes Verhandlungsgremium als Vertretung der Arbeitnehmer der beteiligten Gesellschaften sowie der betroffenen Tochtergesellschaften und Betriebe nach der überaus komplizierten Regelung des Art. 3 Abs. 2 RiLi eingesetzt werden. Hiernach soll bei der Wahl oder der Bestellung der Mitglieder des besonderen Verhandlungsgremiums zum einen sichergestellt werden, daß jeder Mitgliedstaat, in dem Arbeitnehmer zumindest einer beteiligten Gesellschaft oder betroffenen Toch-

---

[1423] Vgl. *Hanau*, RdA 1998, 231 ff., 231 f.

tergesellschaft oder eines betroffenen Betriebes beschäftigt sind, durch ein Mitglied vertreten ist (Grundsatz der Repräsentation, vgl. Art. 3 Abs. 2 lit. a Ziff. i RiLi). Zum anderen soll gewährleistet sein, daß die Anzahl der zusätzlichen Mitglieder im Verhältnis zur Zahl der Arbeitnehmer in den beteiligten Gesellschaften und den betroffenen Tochtergesellschaften und Betrieben steht (Grundsatz der Proportionalität). Die britische Präsidentschaft schlägt insoweit gemäß Art. 3 Abs. 2 lit. a Ziff. ii RiLi eine Staffelung vor, und zwar ein zusätzliches Mitglied für jeden Anteil von 10 % der in dem jeweiligen Mitgliedstaat beschäftigten Arbeitnehmer. Die Skala reicht somit von einem zusätzlichen Mitglied für den Mitgliedstaat, in dem mindestens 10 % der Arbeitnehmer beschäftigt sind, bis zu neun zusätzlichen Mitgliedern für den Mitgliedstaat, in dem mindestens 90 % der Arbeitnehmer beschäftigt sind.[1424]

Der Kompromißvorschlag enthält ferner - auf Vorschlag der deutschen Delegation[1425] - eine Sonderregelung für den Fall der Errichtung einer Europäischen Aktiengesellschaft im Wege der Verschmelzung. In diesem Fall soll gemäß Art. 3 Abs. 2 lit. a Ziff. iii RiLi jeder Mitgliedstaat durch so viele weitere Mitglieder vertreten werden, wie erforderlich sind, um zu gewährleisten, daß jede beteiligte Gesellschaft, die eingetragen ist und Arbeitnehmer in dem betreffenden Mitgliedstaat beschäftigt und die als Folge der geplanten Eintragung der Europäischen Aktiengesellschaft erlöschen wird, in dem besonderen Verhandlungsgremium durch mindestens ein Mitglied vertreten ist. Die Zahl dieser zusätzlichen Mitglieder ist jedoch nach oben hin auf fünf beschränkt.

Den Mitgliedstaaten soll es gemäß Art. 3 Abs. 2 lit. b RiLi obliegen, die erforderlichen Maßnahmen zu ergreifen, um bei unveränderter Gesamtzahl der Mitglieder des besonderen Verhandlungsgremiums sicherzustellen, daß nach Möglichkeit jede beteiligte Gesellschaft, die in dem jeweiligen Mitgliedstaat Arbeitnehmer beschäftigt, durch mindestens ein Mitglied in dem Gremium vertreten ist. Die Mitgliedstaaten sollen des weiteren gemäß Art. 3 Abs. 2 lit. c RiLi das Verfahren für die Wahl oder die Bestellung der Mitglieder des besonderen Verhandlungsgremiums, die in ihrem Hoheitsgebiet zu wählen oder zu bestellen sind, festlegen. Ferner sollen sie vorsehen, daß diesem Gremium auch externe Gewerkschaftsvertreter, d. h. solche, die nicht Arbeitnehmer einer beteiligten Gesellschaft oder einer betroffen Tochtergesellschaft oder eines betroffenen Betriebes sind, angehören können. Schließlich sollen sie unbeschadet der einzelstaatlichen Rechtsvorschriften und/oder Gepflogenheiten betreffend Schwellen für die Einrichtung eines Gremiums zur Vertretung der Arbeitnehmer bestimmen, daß die Arbeitnehmer der Unternehmen oder Betriebe, in denen unabhängig vom Willen der Arbeitnehmer keine Arbeitnehmervertreter vorhanden sind, selbst Mitglieder für das besondere Verhandlungsgremium wählen oder bestellen dürfen.

[1424] Der Vorschlag der spanischen Delegation, die proportionale Vertretung auf 50 % zu begrenzen, wurde von keiner anderen Delegation unterstützt, vgl. RiLi-Vorschlag GB, Anm. 12 (S. 6).
[1425] Vgl. RiLi-Vorschlag GB, Anm. 13 (S. 7).

Aufgabe des derart zusammengesetzten besonderen Verhandlungsgremiums und des zuständigen Organs der beteiligten Gesellschaften soll es gemäß Art. 3 Abs. 3 RiLi sein, gemeinsam in einer schriftlichen Vereinbarung Modalitäten für die Beteiligung der Arbeitnehmer innerhalb der Europäischen Aktiengesellschaft festzulegen. Zu diesem Zweck soll das zuständige Organ der beteiligten Gesellschaften das besondere Verhandlungsgremium über das Vorhaben der Gründung einer Europäischen Aktiengesellschaft und den Verlauf des Verfahrens bis zu deren Eintragung informieren.

Hinsichtlich der Beschlußfassung bestimmt Art. 3 Abs. 4 RiLi, daß das besondere Verhandlungsgremium vorbehaltlich der Regelungen der Art. 3 Abs. 6 und 7 RiLi mit der absoluten Mehrheit seiner Mitglieder beschließt, wobei jedes Mitglied über eine Stimme verfügt.[1426]

Der Vorschlag enthält ferner eine Regelung über die Hinzuziehung von Sachverständigen. Das besondere Verhandlungsgremium soll nach dem britischen Kompromißvorschlag gemäß Art. 3 Abs. 5 RiLi das Recht haben, sich bei den Verhandlungen auf Antrag durch Sachverständige seiner Wahl unter Einbeziehung von Vertretern der Gewerkschaftsorganisationen auf Gemeinschaftsebene unterstützen zu lassen. Sofern das besondere Verhandlungsgremium dies wünscht, sollen diese bei den Verhandlungen anwesend sein können.

Der Kompromißvorschlag der britischen Präsidentschaft sieht auch die Möglichkeit vor, die Mitbestimmung abzuwählen. Das besondere Verhandlungsgremium kann gemäß Art. 3 Abs. 6 RiLi beschließen, keine Verhandlungen im Sinne von Art. 3 Abs. 3 RiLi aufzunehmen oder bereits aufgenommene Verhandlungen wieder abzubrechen und die Vorschriften für die Unterrichtung und Anhörung der Arbeitnehmer zur Anwendung gelangen zu lassen, die in den Mitgliedstaaten gelten, in den denen die Europäische Aktiengesellschaft Arbeitnehmer beschäftigt. Ein solcher Beschluß soll zur Folge haben, daß keine der Bestimmungen der im Anhang zum Richtlinienvorschlag aufgeführten - und sogleich noch darzustellenden - Auffangregelung Anwendung findet.[1427] Nicht abschließend festgelegt hat der britische Vorsitz allerdings die Mehrheit, die für solch einen Beschluß erforderlich sein soll, da die Einzelheiten dieser Mehrheit strittig waren. Der Vorschlag enthält insoweit zwei Optionen. Entweder soll eine Mehrheit von mindestens zwei Drittel der Stimmen mit der Maßgabe, daß die zustimmenden Mitglieder

---

[1426] Die Delegationen von Österreich, Deutschland und den Niederlanden - so die britische Präsidentschaft in ihren Anmerkungen - würden eine Gewichtung der Stimmen vorziehen, was einige andere Delegationen ablehnen. Die Niederlande möchten darüber hinaus eine zusätzliche Stimme für die Mitglieder vorsehen, die mehr als 5 % der Arbeitnehmer vertreten, vgl. RiLi-Vorschlag GB, Anm. 14 (S. 8).

[1427] Hierzu haben alle Delegationen einen Prüfungsvorbehalt eingelegt, vgl. RiLi-Vorschlag GB, Anm. 16 (S. 9).

Arbeitnehmer in mindestens zwei Mitgliedstaaten vertreten, erforderlich sein[1428], oder aber eine Mehrheit von zwei Drittel der Stimmen der Mitglieder, die mindestens zwei Drittel der Arbeitnehmer vertreten mit der Maßgabe, daß diese Mitglieder Arbeitnehmer in mindestens zwei Mitgliedstaaten vertreten.[1429] Ist ein solcher Beschluß erst einmal gefaßt, so kann das besondere Verhandlungsgremium auf schriftlichen Antrag von mindestens 10 % der Arbeitnehmer der Europäischen Aktiengesellschaft und ihrer Tochtergesellschaften erst frühestens zwei Jahre nach diesem Beschluß wieder einberufen werden, sofern die Parteien nicht eine frühere Wiederaufnahme der Verhandlungen vereinbaren.

Eine Vereinbarung über die Mitbestimmung unterliegt den im folgenden darzustellenden Bestimmungen des Art. 3 Abs. 7 Satz 1 RiLi.[1430] Diese Regelung enthält eine Möglichkeit zur Beschränkung der Beteiligungsrechte der Arbeitnehmer. Wenn die Arbeitnehmer einer der beteiligten Gesellschaften das Recht haben, einen bestimmten Teil der Mitglieder des Verwaltungs- oder des Aufsichtsorgans der betreffenden Gesellschaften zu wählen oder zu bestellen, soll das besondere Verhandlungsgremium gemäß Art. 3 Abs. 7 Satz 1 lit. a RiLi bestimmen können, daß die Arbeitnehmer der Europäischen Aktiengesellschaft und ihrer Tochtergesellschaften nur einen geringeren Teil der Mitglieder des Verwaltungs- oder Aufsichtsorgans der Europäischen Aktiengesellschaft wählen oder bestellen können, oder ihnen ein solches Recht völlig verwehren können. Wenn die Arbeitnehmer einer der beteiligten Gesellschaften lediglich das Recht haben, die Bestellung eines bestimmten Teils der Mitglieder des Verwaltungs- oder des Aufsichtsorgans der betreffenden Gesellschaft zu empfehlen oder abzulehnen, so soll das besondere Verhandlungsgremium gemäß Art. 3 Abs. 7 Satz 1 lit. a RiLi bestimmen können, daß entweder die Arbeitnehmer der Europäischen Aktiengesellschaft und ihrer Tochtergesellschaften ebenfalls nur die Bestellung eines geringeren Teils der Mitglieder des Verwaltungs- oder des Aufsichtsorgans der Europäischen Aktiengesellschaft empfehlen oder ablehnen können, oder ihnen ein solches Recht völlig verwehren können. Nicht abschließend festgelegt hat der britische Vorsitz die Mehrheit, die für solch einen Beschluß erforderlich ist; der Vorschlag in Art. 3 Abs. 7 Satz 2 RiLi enthält wiederum zwei Optionen. Entweder soll eine Mehrheit von mindestens zwei Drittel der Stimmen mit der Maßgabe erforderlich sein, daß die zustimmenden Mitglieder Arbeitnehmer in mindestens zwei Mitgliedstaaten vertreten, oder aber eine Mehrheit von zwei Drittel der Stimmen der Mitglieder; die mindestens zwei Drittel der Arbeitnehmer vertreten mit der

---

[1428] Der Textvorschlag der britischen Ratspräsidentschaft in der dem Verfasser vorliegenden Fassung ist an dieser Stelle unvollständig wiedergegeben. Er läßt sich aber mit Blick auf die inhaltsgleiche Parallelregelung des Art. 3 Abs. 7 lit. b RiLi - dazu sogleich unten - ergänzen.

[1429] Bei letzterer Variante handelt es sich um den Vorschlag des Vorsitzes, der seiner eigenen Einschätzung nach allgemeine Zustimmung finden dürfte. Hiergegen spricht allerdings die Anzahl der zu dieser Bestimmung eingelegten Prüfungsvorbehalte, vgl. RiLi-Vorschlag GB, Anm. 16 (S. 9).

[1430] Diese Vorschrift war in den Beratungen sehr umstritten und wurde von einigen Delegationen abgelehnt, vgl. RiLi-Vorschlag GB, Anm. 20 (S. 10).

Maßgabe, daß diese Mitglieder Arbeitnehmer in mindestens zwei Mitgliedstaaten vertreten.

Die Kosten, die im Zusammenhang mit der Tätigkeit des besonderen Verhandlungsgremiums und generell mit den Verhandlungen entstehen, sollen gemäß Art. 3 Abs. 8 Satz 1 RiLi von den beteiligten Gesellschaften getragen werden, damit das besondere Verhandlungsgremium seine Aufgaben in angemessener Weise erfüllen kann. Satz 2 dieser Bestimmung stellt es den Mitgliedstaaten jedoch frei, im Einklang mit diesem Grundsatz Regeln für die Finanzierung der Arbeit des besonderen Verhandlungsgremiums vorzusehen; ferner sollen sie die Übernahme der Kosten auf die Kosten für einen Sachverständigen begrenzen können.

3. Vereinbarung über die Beteiligung der Arbeitnehmer

Der Kompromißvorschlag der britischen Präsidentschaft enthält in den Bestimmungen der Art. 4 bis 6 RiLi eine ausführliche Regelung über den Inhalt der Vereinbarung, die Dauer der Verhandlungen sowie über das für das Verhandlungsverfahren maßgebliche Recht. Auch hier tritt der Einfluß der Richtlinie über die Europäischen Betriebsräte offensichtlich zutage.

Bei den Verhandlungen hinsichtlich einer Vereinbarung über die Beteiligung der Arbeitnehmer sind die Parteien grundsätzlich in ihrer Entscheidung über den Inhalt der zu treffenden Vereinbarung frei. Art. 4 Abs. 1 RiLi bestimmt lediglich, daß das zuständige Organ der beteiligten Gesellschaften und das besondere Verhandlungsgremium mit dem Willen zur Verständigung verhandeln müssen, um zu einer Vereinbarung über die Beteiligung der Arbeitnehmer innerhalb der Europäischen Aktiengesellschaft zu gelangen. Unbeschadet dieser Autonomie muß eine solche schriftliche Vereinbarung gemäß Art. 4 Abs. 2 RiLi jedenfalls Regelungen enthalten über den Geltungsbereich der Vereinbarung (Art. 4 Abs. 2 lit. a RiLi), die Zusammensetzung des Vertretungsorgans der Arbeitnehmer sowie die Anzahl seiner Mitglieder und die Sitzverteilung (Art. 4 Abs. 2 lit. b RiLi), die Befugnisse und das Verfahren zur Unterrichtung und Anhörung des Vertretungsorgans (Art. 4 Abs. 2 lit. c RiLi), die Häufigkeit der Sitzungen des Vertretungsorgans (Art. 4 Abs. 2 lit. d RiLi) sowie über die für das Vertretungsorgan bereitzustellenden finanziellen und materiellen Mittel (Art. 4 Abs. 2 lit. e RiLi). Für den Fall, daß die Parteien im Laufe der Verhandlungen beschließen, eines oder mehrere Verfahren zur Unterrichtung und Anhörung zu schaffen, anstatt ein Vertretungsorgan einzusetzen, sind gemäß Art. 4 Abs. 2 lit. f RiLi ferner die Durchführungsmodalitäten dieses Verfahrens in die Vereinbarung aufzunehmen. Des weiteren ist für den Fall, daß die Parteien im Laufe der Verhandlungen beschließen, eine Vereinbarung über die Mitbestimmung einzuführen, auch der Inhalt dieser Vereinbarung einschließlich (gegebenenfalls) der Zahl der Mitglieder des Verwaltungs- oder Aufsichtsorgans der Europäischen Aktiengesellschaft, welche die Arbeitnehmer wählen oder bestellen können oder deren Bestellung sie empfehlen oder ablehnen können, und der Rechte dieser Mitglieder und der Verfahren, nach denen die Arbeitnehmer diese Mitglieder wählen oder bestellen oder deren

Bestellung sie empfehlen oder ablehnen können, in der Vereinbarung zu regeln. Schließlich ist gemäß Art. 4 Abs. 2 lit. h RiLi der Zeitpunkt des Inkrafttretens der Vereinbarung, ihre Laufzeit und das bei ihrer Neuaushandlung anzuwendende Verfahren in die Vereinbarung aufzunehmen.

Eine weitere Grenze der Regelungsmacht der Parteien ergibt sich aus dem mit dem Richtlinienvorschlag untrennbar verknüpften Verordnungsvorschlag über ein Statut für die Europäische Aktiengesellschaft. Dieser Entwurf enthält weitere Bestimmungen über die Mitbestimmung der Arbeitnehmer in der Europäischen Aktiengesellschaft, von denen nicht abgewichen werden kann.

Den Arbeitnehmervertretern sollte - wie schon nach den früheren Vorschlägen - neben der Bestellung und dem Widerruf der Bestellung der Mitglieder des Leitungsorgans (dualistisches System) bzw. des Verwaltungsorgans (monistisches System) insbesondere die Kontrolle der Unternehmensleitung obliegen, vgl. Art. 38, 39, 43 VO. Durch die Regelungen der Art. 42, 45 i. V. m. Art. 50 Abs. 2 VO soll allerdings sichergestellt werden, daß den Anteilseignern zumindest bei einer paritätischen Zusammensetzung des Aufsichts- oder Leitungsorgans die Entscheidungsbefugnis zukommt (sog. Letztentscheidungsrecht der Anteilseigner). Gestärkt werden die Rechte der Anteilseigner des weiteren dadurch, daß die Mitgliedstaaten gemäß Art. 38 Abs. 2 Unterabsatz 2 VO für das dualistische System vorschreiben können - vorsehen können sollen, daß in der Satzung festgelegt werden kann -, daß die Mitglieder des Leitungsorgans von der Hauptversammlung unter den Bedingungen, die für Aktiengesellschaften mit Sitz in ihrem Hoheitsgebiet gelten, bestellt und abberufen werden.

Zu den Befugnissen der mitbestimmten Organe der Europäischen Aktiengesellschaft ist in dem Verordnungsvorschlag vorgesehen, daß das Leitungsorgan das Aufsichtsorgan mindestens alle drei Monate über den Gang der Geschäfte der Europäischen Aktiengesellschaft und deren voraussichtliche Entwicklung unterrichtet bzw. das Verwaltungsorgan mindestens alle drei Monate zusammentritt, um hierüber zu beraten, vgl. Art. 41 Abs. 1 VO bzw. Art. 44 Abs. 1 VO. Neben dieser regelmäßigen Unterrichtung soll das Leitungsorgan dem Aufsichtsorgan gemäß Art. 41 Abs. 2 VO rechtzeitig alle Informationen oder Ereignisse mitteilen, die sich auf die Lage der Europäischen Aktiengesellschaft spürbar auswirken können. Ferner soll das Aufsichtsorgan vom Leitungsorgan jegliche Informationen verlangen können, die für die Ausübung der Kontrolle des Leitungsorgans erforderlich ist, vgl. Art. 41 Abs. 3 VO. Insoweit sollen die Mitgliedstaaten vorsehen können, daß jedes Mitglied des Aufsichtsorgans von dieser Möglichkeit Gebrauch machen kann. Das Aufsichtsorgan soll des weiteren gemäß Art. 41 Abs. 4 VO das Recht haben, alle zur Erfüllung seiner Aufgaben erforderlichen Überprüfungen vornehmen zu lassen. Jedes Mitglied des Aufsichtsorgans soll von allen Informationen, die diesem Organ übermittelt werden, Kenntnis nehmen können; eine entsprechende Parallelbestimmung für das monistische System findet sich in Art. 44 Abs. 2 VO. Zu den Befugnissen der mitbestimmten Organe der Europäischen Aktiengesellschaft ist ferner vorgesehen, daß in der Satzung der Europäischen Aktiengesellschaft gemäß Art. 48

Abs. 1 VO die Arten von Vorgängen aufgeführt werden sollen, für die im dualistischen System eine Ermächtigung des Leitungsorgans durch das Aufsichtsorgan und im monistischen System ein ausdrücklicher Beschluß des Verwaltungsorgans erforderlich ist. Die Mitgliedstaaten sollen jedoch vorsehen können, daß im dualistischen System das Aufsichtsorgan für bestimmte Arten von Vorgängen selbst eine Ermächtigung vorschreiben kann, und welche Arten von Vorgängen auf jeden Fall in die Satzung aufzunehmen sind, vgl. Art. 48 Abs. 2 und 3 VO.

Die Auffangregelung des Anhangs soll, sofern in der Vereinbarung über die Beteiligung der Arbeitnehmer nichts anderes bestimmt ist, nach Maßgabe des Art. 4 Abs. 3 RiLi nicht für diese Vereinbarung gelten.

Hinsichtlich der Dauer der Verhandlungen bestimmt Art. 5 Abs. 1 RiLi, daß die Verhandlungen mit der Einsetzung des besonderen Verhandlungsgremiums beginnen und bis zu sechs Monate andauern können. Die Parteien sollen jedoch gemäß Art. 5 Abs. 2 RiLi das Recht haben, einvernehmlich zu beschließen, die Verhandlungen über diesen Zeitraum hinaus bis zu insgesamt einem Jahr ab der Einsetzung des besonderen Verhandlungsgremiums fortzusetzen.

Sofern in der Richtlinie nichts anderes vorgesehen ist, soll nach Art. 6 RiLi für das Verhandlungsverfahren gemäß den Regelungen der Art. 3 bis 5 RiLi das Recht des Mitgliedstaats maßgeblich sein, in dem die Europäische Aktiengesellschaft ihren Sitz haben wird.

4. Auffangregelung zur Beteiligung der Arbeitnehmer

Zur Absicherung der Beteiligungsrechte der Arbeitnehmer in der Europäischen Aktiengesellschaft forderte bereits die Davignon-Kommission für den Fall des Scheiterns der Verhandlungen über die Vereinbarung der Mitbestimmung eine Auffangregelung, damit der Vorrang von Verhandlungen nicht zu einer rechtlichen Unsicherheit oder zu einem Hindernis für die Gründung einer Europäischen Aktiengesellschaft wird. Dem schloß sich schon die luxemburgische Präsidentschaft an; auch die ihr nachfolgende britische Präsidentschaft behielt diese Auffangregelung in ihrem Kompromißvorschlag bei.

Der Kompromißvorschlag der britischen Präsidentschaft enthält im Anhang eine Auffangregelung nach Artikel 7 der Richtlinie[1431], die in ihrem ersten Teil die Auffangregelung für die Unterrichtung und Anhörung beinhaltet und deren zweiter Teil sich mit der Auffangregelung für die Mitbestimmung der Arbeitnehmer beschäftigt. Art. 7 RiLi bestimmt die Anwendbarkeit dieser Auffangregelung in zwei Fällen: zum einen, wenn die Parteien dies beschließen und zum anderen, wenn innerhalb des für die Dauer der Verhandlungen vorgesehenen Zeitraums des Art. 5 RiLi keine Vereinbarung zustandegekommen ist. Durch die Regelung des Art. 7 Abs. 2 RiLi soll gewährleistet werden,

---

[1431] Der Textvorschlag der britischen Präsidentschaft nimmt an dieser Stelle irrtümlicherweise die Regelung des Art. 8 RiLi über die Verschwiegenheit und Geheimhaltung in Bezug, vgl. RiLi-Vorschlag GB, Anlage (S. 20).

daß die Auffangregelung in der von den Mitgliedstaaten festgelegten Fassung den im Anhang niedergelegten Bestimmungen entsprechen muß.[1432]

Die in Teil 1 des Anhangs enthaltene Auffangregelung für die Unterrichtung und Anhörung bestimmt in Ziff. 1, daß zur Verwirklichung des Ziels der Richtlinie - d. h. einer Beteiligung der Arbeitnehmer in der Europäischen Aktiengesellschaft, vgl. Art. 1 Abs. 1 RiLi - ein Vertretungsorgan gemäß den im folgenden darzustellenden Regelungen eingesetzt wird.

Was die Zusammensetzung des Vertretungsorgans angeht, so bestimmt Ziff. 1 lit. a der Auffangregelung, daß dieses sich aus Arbeitnehmern der Europäischen Aktiengesellschaft und ihrer Tochtergesellschaften oder Betriebe zusammensetzen soll. Diese sollen von den Arbeitnehmervertretern aus ihrer Mitte oder - in Ermangelung solcher Vertreter - von der Gesamtheit der Arbeitnehmer gewählt oder bestellt werden. Die Wahl oder Bestellung der Mitglieder des Vertretungsorgans soll sich gemäß Ziff. 1 lit. b der Auffangregelung nach den einzelstaatlichen Rechtsvorschriften und/oder Gepflogenheiten richten. Ziff. 1 lit. c der Auffangregelung sieht des weiteren vor, daß das Vertretungsorgan aus seiner Mitte einen engeren Ausschuß mit höchstens drei Mitgliedern wählt, sofern die Zahl seiner Mitglieder dies rechtfertigt. Bei der Wahl oder Bestellung der Mitglieder des Vertretungsorgans soll gemäß Ziff. 1 lit. d der Auffangregelung entweder die Vertretung durch ein Mitglied für jeden Mitgliedstaat, in dem die Europäische Aktiengesellschaft oder ihre Tochtergesellschaften oder Betriebe Arbeitnehmer beschäftigen (Grundsatz der Repräsentation), oder die Vertretung durch zusätzliche Mitglieder entsprechend der Zahl der Arbeitnehmer in der Europäischen Aktiengesellschaft und ihren Tochtergesellschaften und Betrieben in jedem Mitgliedstaat (Grundsatz der Proportionalität) sicherzustellen sein. Im letzteren Fall schlug die britische Präsidentschaft - wie bei der Wahl oder Bestellung des besonderen Verhandlungsgremiums, vgl. Art. 3 Abs. 2 lit. a RiLi - eine Staffelung vor, und zwar ein zusätzliches Mitglied für jeden Anteil von 10 % der in dem jeweiligen Mitgliedstaat beschäftigten Arbeitnehmer der Europäischen Aktiengesellschaft. Die Skala reicht somit wiederum von einem zusätzlichen Mitglied für den Mitgliedstaat, in dem mindestens 10 % der Arbeitnehmer beschäftigt sind, bis zu neun zusätzlichen Mitgliedern für den Mitgliedstaat, in dem mindestens 90 % der Arbeitnehmer beschäftigt sind. Die derart bestimmte Zusammensetzung des Vertretungsorgans soll dem Verwaltungs- oder dem Leitungsorgan der Europäischen Aktiengesellschaft gemäß Ziff. 1 lit. e der Auffangregelung mitgeteilt werden.

Wie auch die Richtlinie über die Europäischen Betriebsräte sieht der Richtlinienvorschlag der britischen Präsidentschaft eine Überprüfung der einmal getroffenen Entscheidung vor. Vier Jahre nach seiner Einsetzung soll das Vertretungsorgan nach Maßgabe des Ziff. 1 lit. g der Auffangregelung prüfen, ob eine Vereinbarung nach den Arti-

---

[1432] Die italienische und die spanische Delegation haben in diesem Zusammenhang daran erinnert, daß sie die Auffangregelung und insbesondere deren Teil 2 über die Mitbestimmung der Arbeitnehmer in den Aufsichts- bzw. Verwaltungsorganen ablehnen; Spanien hat daher einen Sachvorbehalt zu Art. 8 Abs. 2 RiLi eingelegt, vgl. RiLi-Vorschlag GB, Anm. 28 (S. 14).

keln 4 und 8 RiLi ausgehandelt wird oder die Auffangregelung weiterhin gelten soll. Wird der Beschluß gefaßt, eine Vereinbarung gemäß Art. 6 RiLi auszuhandeln, so sollen die Art. 3 bis 8 RiLi sinngemäß gelten, wobei der Ausdruck *"besonderes Verhandlungsorgan"* durch das Wort *"Vertretungsorgan"* ersetzt wird. Wenn am Ende des für die Verhandlungen vorgesehenen Zeitraums keine Vereinbarung zustandegekommen ist, soll die Regelung, die ursprünglich gemäß der Auffangregelung angenommen worden war, weiterhin Anwendung finden.

Die Auffangregelung zur Unterrichtung und Anhörung der Arbeitnehmer enthält des weiteren in Ziff. 2 ausführliche Regelungen über die Zuständigkeiten und Befugnisse des Vertretungsorgans in einer Europäischen Aktiengesellschaft.

Die Zuständigkeiten des Vertretungsorgans sollen sich gemäß Ziff. 2 lit. a RiLi auf die Angelegenheiten beschränken, die die Europäische Aktiengesellschaft selbst oder mindestens zwei ihrer Tochtergesellschaften oder Betriebe in verschiedenen Mitgliedstaaten betreffen oder über die Befugnisse der Entscheidungsgremien auf lokaler Ebene hinausgehen.

Die Aufgaben und Befugnisse des Vertretungsorgans der Arbeitnehmer der Europäischen Aktiengesellschaft sind in Ziff. 2 lit. b der Auffangregelung geregelt. Hiernach soll das Vertretungsorgan das Recht haben, einmal jährlich mit dem Verwaltungs- oder Leitungsgremium der Europäischen Aktiengesellschaft zusammenzutreten, um auf der Grundlage eines von dem Verwaltungs- oder dem Leitungsorgan erstellten Berichts über die Entwicklung der Geschäftslage und die Perspektiven der Europäischen Aktiengesellschaft unterrichtet und dazu gehört zu werden. Die örtlichen Geschäftsleitungen sollen hiervon in Kenntnis gesetzt werden. Die Unterrichtung soll sich nach der umfassenden Aufzählung der Bestimmung insbesondere beziehen auf: die Struktur der Europäischen Aktiengesellschaft, ihre wirtschaftliche und finanzielle Situation, die voraussichtliche Entwicklung der Geschäfts-, Produktions- und Absatzlage, auf die Beschäftigungslage und deren voraussichtliche Entwicklung, auf die Investitionen, auf grundlegende Änderungen der Organisation, auf die Einführung neuer Arbeits- und Fertigungsverfahren, auf Verlagerungen der Produktion, auf Fusionen, Verkleinerungen oder Schließungen von Unternehmen, Betrieben oder wichtigen Teilen derselben sowie auf Massenentlassungen.

Sofern außergewöhnliche Umstände eintreten, die erhebliche Auswirkungen auf die Interessen der Arbeitnehmer haben, insbesondere bei Verlegungen, Betriebs- oder Unternehmensschließungen oder Massenentlassungen, hat der engere Ausschuß oder - falls nicht vorhanden - das Vertretungsorgan gemäß Ziff. 2 lit. c der Auffangregelung das Recht, darüber unterrichtet zu werden. Der engere Ausschuß oder das Vertretungsorgan sollen ferner das Recht haben, auf Antrag mit dem Verwaltungs- oder Leitungsorgan der Europäischen Aktiengesellschaft oder den Vertretern einer geeigneteren mit eigenen Entscheidungsbefugnissen ausgestatteten Leitungsebene innerhalb der Europäischen Aktiengesellschaft zusammenzutreffen, um über Maßnahmen, die erhebliche Auswirkungen auf die Interessen der Arbeitnehmer haben, unterrichtet und gehört zu werden.

An dieser Sitzung mit dem engeren Ausschuß sollen auch Mitglieder des Vertretungsorgans teilnehmen dürfen, die von diesen Maßnahmen unmittelbar betroffene Arbeitnehmer vertreten. Sie soll unverzüglich auf der Grundlage eines Berichts des Verwaltungs- oder des Leitungsorgans der Europäischen Aktiengesellschaft erfolgen, zu dem am Ende der Sitzung oder innerhalb einer angemessenen Frist Stellung genommen werden kann. Die Vorrechte des Verwaltungs- oder Leitungsorgans werden durch diese Sitzung nicht tangiert. Die Mitgliedstaaten sollen gemäß Ziff. 2 lit. d der Auffangregelung die Möglichkeit haben, Regeln für den Vorsitz in den Sitzungen zur Unterrichtung und Anhörung festzulegen. Vor den Sitzungen mit dem Verwaltungs- oder Leitungsorgan ist das Vertretungsorgan oder der engere Ausschuß berechtigt, in Abwesenheit der Vertreter des Verwaltungs- oder Leitungsorgans zu tagen.

Unbeschadet der Regelung des Art 9 RiLi sollen die Mitglieder des Vertretungsorgans gemäß Ziff. 2 lit. e der Auffangregelung die Arbeitnehmervertreter der Europäischen Aktiengesellschaft und ihrer Tochtergesellschaften und Betriebe über den Inhalt und die Ergebnisse der Unterrichtungs- und Anhörungsverfahren unterrichten.

Ziff. 2 lit. g der Auffangregelung enthält eine Regelung zur Kostenlast. Hiernach gehen die Ausgaben des Vertretungsorgans zu Lasten der Europäischen Aktiengesellschaft, die die Mitglieder dieses Organs mit den erforderlichen finanziellen und materiellen Mitteln ausstatten soll, damit diese ihre Aufgaben in angemessener Weise wahrnehmen können. Die Europäische Aktiengesellschaft soll insbesondere die Kosten der Veranstaltung der Sitzungen einschließlich der Dolmetschkosten sowie die Aufenthalts- und Reisekosten für die Mitglieder des Vertretungsorgans und des engeren Ausschusses tragen, sofern nichts anderes vereinbart wurde. Es bleibt den Mitgliedstaaten jedoch vorbehalten, im Einklang mit diesem Grundsatz Regeln für die Finanzierung der Arbeit des Vertretungsorgans festzulegen; sie sollen insbesondere die Übernahme der Kosten auf die Kosten für einen Sachverständigen begrenzen können.

Teil 2 der Auffangregelung enthält eine - sehr kompliziert gefaßte - Auffangregelung für die Mitbestimmung der Arbeitnehmer in der Europäischen Aktiengesellschaft, die zwischen mehreren Fällen unterscheidet.

Hatten die Arbeitnehmer mindestens einer der beteiligten Gesellschaften unmittelbar vor der Eintragung der Europäischen Aktiengesellschaft das Recht, einen Teil der Mitglieder des Verwaltungs- oder Aufsichtsorgans der betreffenden Gesellschaften zu wählen oder zu bestellen, so soll auch das Vertretungsorgan gemäß Ziff. 4 lit. a der Auffangregelung berechtigt sein, einen Teil der Mitglieder des Verwaltungsorgans oder gegebenenfalls des Aufsichtsorgans[1433] der Europäischen Aktiengesellschaft zu wählen oder zu bestellen. Sofern sie lediglich das Recht hatten, die Bestellung eines Teils der Mitglieder des Verwaltungs- oder Aufsichtsorgans der betreffenden Gesellschaften zu

---

[1433] In dem Richtlinienvorschlag ist irrtümlicherweise vom *"Leitungsorgan"* die Rede; daß dennoch das Aufsichtsorgan gemeint ist, ergibt sich aus den nachfolgenden Bestimmungen der Ziff. 4 lit. a und b der Auffangregelung.

empfehlen bzw. abzulehnen, so soll dementsprechend auch dem Vertretungsorgan gemäß Ziff. 4 lit. b der Auffangregelung nur dieses Recht zustehen. In beiden Fällen soll sich der Anteil dieser Mitglieder dabei nach dem in der betreffenden beteiligten Gesellschaft jeweils maßgeblichen Anteil bzw. nach dem höchsten in einer der betreffenden beteiligten Gesellschaften maßgeblichen Anteil richten. Als Auffangregelung soll somit - dies ist ein Novum gegenüber den Vorschlägen der luxemburgischen Präsidentschaft - bei der Beteiligung mehrerer Gründungsgesellschaften das nationale System mit den weitestgehenden Regelungen über die Mitbestimmung beibehalten und auf die Europäische Aktiengesellschaft übertragen werden. Findet sowohl Ziff. 4 lit. a als auch Ziff. 4 lit. b der Auffangregelung Anwendung, so bestimmt Ziff. 4 lit. c der Auffangregelung, daß dem Vertretungsorgan je nach Wahl des besonderen Verhandlungsgremiums das vorstehend genannte Recht alternativ zur Wahl stehen soll.[1434] Findet hingegen keine der drei vorgenannten Regelungen Anwendung, so soll die Europäische Aktiengesellschaft gemäß Ziff. 4 lit. d der Auffangregelung nicht verpflichtet sein, eine Vereinbarung über die Mitbestimmung der Arbeitnehmer einzuführen.

Auch die Möglichkeit zur Abwahl der Mitbestimmung ist unter bestimmten Voraussetzungen vorgesehen. Findet eine der Regelungen der Ziff. 4 lit. a, b und c Anwendung, so soll das besondere Verhandlungsgremium nach Maßgabe der Ziff. 5 der Auffangregelung entweder beschließen können, daß es keine Mitbestimmung der Arbeitnehmer in der Europäischen Aktiengesellschaft gibt, oder einen Beschluß dahingehend fassen können, daß das Recht, Mitglieder des Verwaltungsorgans oder gegebenenfalls des Aufsichtsorgans der Europäischen Aktiengesellschaft zu wählen oder zu bestellen oder deren Bestellung zu empfehlen bzw. abzulehnen, für einen geringeren Anteil der Mitglieder gilt, als dies sonst der Fall wäre. Nicht abschließend festgelegt hat der britische Vorsitz wiederum die streitige Mehrheit, die für einen solchen Beschluß erforderlich ist. Der Vorschlag enthält fünf Optionen, nach denen folgende Mehrheit erforderlich sein soll:

1. mindestens zwei Drittel der Stimmen, wenn die zustimmenden Mitglieder Arbeitnehmer in zwei oder mehr Mitgliedstaaten vertreten; dagegen mindestens drei Viertel (oder neun Zehntel) der Stimmen, wenn die zustimmenden Mitglieder Arbeitnehmer nur eines Mitgliedstaats vertreten;

2. mindestens zwei Drittel der Stimmen mit der Maßgabe, daß die zustimmenden Mitglieder Arbeitnehmer in mindestens zwei Mitgliedstaaten vertreten;

3. die zustimmenden Mitglieder müssen mindestens zwei Drittel der Arbeitnehmer vertreten und die Mehrheit der Vertreter der Arbeitnehmer in jeder beteiligten Gesellschaft (oder jedem Mitgliedstaat) stellen;

4. mindestens zwei Drittel der Stimmen mit der Maßgabe, daß die zustimmenden Mitglieder mindestens zwei Drittel der Arbeitnehmer vertreten;

[1434] Die Delegationen Deutschlands, Schwedens, Dänemarks und Österreichs haben sich in den Beratungen dafür ausgesprochen, daß das Mitbestimmungsmodell mit der höchsten Zahl von Arbeitnehmervertretern Anwendung finden sollte, vgl. RiLi-Vorschlag GB, Anm. 32 (S. 25).

5. die zustimmenden Mitglieder müssen mindestens zwei Drittel der Arbeitnehmer vertreten mit der Maßgabe, daß diese Mitglieder Arbeitnehmer in mindestens zwei Mitgliedstaaten vertreten.[1435]

Alle von dem Vertretungsorgan gewählten, bestellten oder empfohlenen Mitglieder des Verwaltungsorgans oder gegebenenfalls des Aufsichtsorgans der Europäischen Aktiengesellschaft sollen nach Maßgabe der Ziff. 6 der Auffangregelung vollberechtigte Mitglieder des jeweiligen Organs mit denselben Rechten (einschließlich des Stimmrechts) und denselben Pflichten sein wie die Mitglieder, die die Anteilseigner vertreten.

V. Rechtsstellung der Arbeitnehmervertreter

Ebenso wie die Richtlinie über die Europäischen Betriebsräte enthält der Richtlinienvorschlag der britischen Präsidentschaft im dritten Teil unter der Überschrift *"Sonstige Bestimmungen"* einige Regelungen betreffend die Rechtsstellung der Arbeitnehmervertreter.

Die Richtlinie enthält in Art. 8 RiLi eine umfangreiche Regelung über die Behandlung vertraulicher Informationen durch die Arbeitnehmervertreter. Die Mitgliedstaaten sollen gemäß Art. 8 Abs. 1 Satz 1 RiLi vorsehen, daß den Mitgliedern des besonderen Verhandlungsgremiums und des Vertretungsorgans sowie den sie unterstützenden Sachverständigen nicht gestattet wird, ihnen als vertraulich mitgeteilte Informationen an Dritte weiterzugeben. Gleiches soll für die Arbeitnehmervertreter im Rahmen eines Verfahrens zur Unterrichtung und Anhörung gelten. Die Verschwiegenheitsverpflichtung soll nach Maßgabe des Art. 8 Abs. 1 Satz 3 RiLi unabhängig vom Aufenthaltsort der Arbeitnehmervertreter gelten und über ihre Amtszeit hinaus bestehen. Diese strikte Regelung steht allerdings unter dem Vorbehalt des Art. 8 Abs. 2 Satz 1 RiLi. Hiernach soll jeder Mitgliedstaat vorsehen, daß das Verwaltungs- oder das Leitungsorgan einer Europäischen Aktiengesellschaft oder einer beteiligten Gesellschaft mit Sitz in seinem Hoheitsgebiet in besonderen Fällen unter den Bedingungen und Beschränkungen des einzelstaatlichen Rechts Informationen nicht weiterleiten muß, wenn deren Bekanntwerden bei Zugrundelegung objektiver Kriterien den Geschäftsbetrieb der Europäischen Aktiengesellschaft (bzw. der beteiligten Gesellschaft) oder ihrer Tochtergesellschaften und Betriebe erheblich beeinträchtigen oder ihnen schaden würde. Dies soll jedoch von einer entsprechenden vorherigen behördlichen oder gerichtlichen Genehmigung abhängig gemacht werden können. Schließlich enthält die Richtlinie - in Anlehnung an die fast gleichlautende Bestimmung des Art. 8 Abs. 3 der Richtlinie über die Europäischen Betriebsräte - in Art. 8 Abs. 3 RiLi eine Regelung für sog. Tendenzunternehmen. Hiernach soll jeder Mitgliedstaat für das Verwaltungs- oder das Leitungsorgan einer Europäischen Aktiengesellschaft mit Sitz in seinem Hoheitsgebiet, die in Bezug auf Berichterstattung und

---

[1435] Bei letzterer Variante handelt es sich um den Vorschlag des Vorsitzes, der seiner eigenen Einschätzung nach allgemeine Zustimmung finden dürfte, vgl. RiLi-Vorschlag GB, Anm. 34 (S. 26).

Meinungsäußerung unmittelbar und überwiegend eine bestimmte weltanschauliche Tendenz verfolgt, besondere Bestimmungen vorsehen können, falls das innerstaatliche Recht solche Bestimmungen zum Zeitpunkt der Annahme der Richtlinie bereits enthält. Der Kompromißvorschlag der britischen Präsidentschaft sichert die vorstehenden Rechte über entsprechende Rechtsbehelfe ab. Bei der Anwendung der vorstehenden Bestimmungen sollen die Mitgliedstaaten gemäß Art. 8 Abs. 4 RiLi Verfahren vorsehen, nach denen die Arbeitnehmervertreter auf dem Verwaltungsweg oder vor Gericht Rechtsbehelfe einlegen können, wenn das Verwaltungs- oder Leitungsorgan der Europäischen Aktiengesellschaft oder der beteiligten Gesellschaft Vertraulichkeit verlangt oder die Informationen verweigert. Diese Verfahren sollen auch Regelungen zur Wahrung der Vertraulichkeit der betreffenden Informationen einschließen können.

Die Regelung des Art. 9 Satz 1 RiLi enthält eine wichtige Rahmenvorschrift zur Arbeitsweise des Vertretungsorgans und zur Funktionsweise des Verfahrens zur Unterrichtung und Anhörung, wonach das zuständige Organ der Europäischen Aktiengesellschaft und das Vertretungsorgan mit dem Willen zur Verständigung unter Beachtung ihrer jeweiligen Rechte und Pflichten zusammenarbeiten sollen. Das Gleiche soll für die Zusammenarbeit zwischen dem Verwaltungs- oder dem Leitungsorgan der Europäischen Aktiengesellschaft und den Arbeitnehmervertretern im Rahmen eines Verfahrens zur Unterrichtung und Anhörung der Arbeitnehmer gelten.

Die britische Präsidentschaft schlug des weiteren in Art. 10 RiLi eine umfassende Regelung zum Schutz der Arbeitnehmervertreter vor. Die Mitglieder des besonderen Verhandlungsgremiums, die Mitglieder des Vertretungsorgans, Arbeitnehmervertreter, die bei einem Verfahren zur Unterrichtung und Anhörung mitwirken, und Arbeitnehmervertreter im Verwaltungs- oder Aufsichtsorgan der Europäischen Aktiengesellschaft, die Beschäftigte der Europäischen Aktiengesellschaft, ihrer Tochtergesellschaften oder Betriebe oder einer der beteiligten Gesellschaften sind, sollen bei der Wahrnehmung ihrer Aufgaben gemäß Art. 10 Satz 1 RiLi den gleichen Schutz und gleichartige Sicherheiten genießen wie die Arbeitnehmervertreter nach den innerstaatlichen Rechtsvorschriften und/oder Gepflogenheiten des Landes, in dem sie beschäftigt sind. Nach Satz 2 der Vorschrift soll dies insbesondere für die Teilnahme an Sitzungen des besonderen Verhandlungsgremiums oder des Vertretungsorgans, an allen sonstigen Sitzungen, die im Rahmen der Vereinbarung nach Art. 4 Abs. 2 lit. f RiLi stattfinden, und an den Sitzungen des Verwaltungs- oder des Leitungsorgans gelten sowie für die Lohn- und Gehaltsfortzahlung an die Mitglieder, die Beschäftigte einer der beteiligten Gesellschaften oder der Europäischen Aktiengesellschaft oder ihrer Tochtergesellschaften oder Betriebe sind, für die Dauer ihrer zur Wahrnehmung ihrer Aufgaben erforderlichen Abwesenheit.

VI. Resonanz der Mitgliedstaaten und Sozialpartner

Wie die vorangegangenen Vorschläge zur Europäischen Aktiengesellschaft von 1970/1975 bzw. 1989/1991 und der Davignon-Bericht von 1997 sowie der auf diesem basierende Kompromißvorschlag der luxemburgischen Präsidentschaft riefen auch die neuen Vorschläge der britischen Ratspräsidentschaft zahlreiche Stellungnahmen hervor.[1436]

1. Ministerrat

Die britische Präsidentschaft befaßte - so berichtet *Kolvenbach*[1437] - auch die betreffenden Ministerräte mit den offenen Fragen der Europäischen Aktiengesellschaft. Nachdem der Ministerrat für Arbeit und Soziales anläßlich seiner Tagung am 07.04.1998 die Vorschläge beraten hatte, beschloß er, die ständigen Vertreter zu beauftragen, die Verhandlungen zu intensivieren und nach Lösungen zu suchen, damit der Ministerrat bei seiner Zusammenkunft am 04.06.1998 eine politische Vereinbarung treffen könne. Insoweit bestand also seitens der Vertreter der Mitgliedstaaten die Hoffnung, bis Anfang Juni 1998 eine Einigung zur Europäischen Aktiengesellschaft zu erzielen.[1438]

2. Europäische Sozialpartner

Auf Arbeitgeberseite bezog die Dachorganisation der europäischen Industrie, die Union of Industrial and Employer's Confederations of Europe (UNICE), in einem Positionspapier vom 24.03.1998 zu den Vorschlägen der britischen Präsidentschaft Stellung. In dieser Stellungnahme wies die UNICE darauf hin, daß die Beteiligung der Arbeitnehmer in der Europäischen Aktiengesellschaft in den von der britischen Präsidentschaft vorgelegten Vorschlägen überbetont werde. Sie forderte daher, auch die - für die beteiligten Unternehmen ebenso wichtigen - gesellschaftsrechtlichen und steuerrechtlichen Aspekte der Europäischen Aktiengesellschaft mehr in die Beratungen einzubeziehen.[1439]

Auch der Europäische Gewerkschaftsbund (EGB) setzte sich in seinen Gremien mit den britischen Vorschlägen zur Europäischen Aktiengesellschaft auseinander.[1440] In materiell-rechtlicher Hinsicht kritisierte der EGB, daß die neuen Vorschläge - anders noch als im Davignon-Bericht und in den Vorschlägen der luxemburgischen Präsidentschaft - unter bestimmten Voraussetzungen die Möglichkeit der Umwandlung einer bestehenden Aktiengesellschaft in eine Europäische Aktiengesellschaft vorsehen. Ferner verlieh er seinem Wunsch Ausdruck, daß Kollektivvereinbarungen und Konzernbetriebsräte weiterbestehen sollten. Im Hinblick auf die Regelungen über die Mitbestimmung der Arbeitnehmer beurteilte der EGB die den europäischen Gewerkschaftsverbänden nach

---

[1436] Eine Zusammenfassung dieser Reaktionen und Stellungnahmen findet sich bei *Kolvenbach*, NZA 1998, 1323 ff., 1325 ff.

[1437] Vgl. *Kolvenbach*, NZA 1998, 1323 ff., 1327.

[1438] Vgl. den Artikel von *Bohl* in der F.A.Z. v. 06.05.1998, S. 20 (*"In der Debatte über die Europa-AG zeichnen sich Fortschritte ab"*).

[1439] Vgl. *Kolvenbach*, NZA 1998, 1323 ff., 1327.

[1440] Vgl. *Kolvenbach*, NZA 1998, 1323 ff., 1326, der auf eine Vorlage für den Exekutivausschuß des Europäischen Gewerkschaftsbundes v. 09.06.1998 Bezug nimmt, die dem Verfasser nicht zugänglich war.

den britischen Vorschlägen zugewiesene Rolle als unzureichend. Diese sollten seiner Auffassung nach eine offizielle koordinierende Funktion im Rahmen der Verhandlungen bekommen.

3. Deutscher Bundesrat

Der Deutsche Bundesrat nahm in seinem Beschluß vom 29.05.1998, in dem er die Empfehlungen seiner Ausschüsse für Fragen der Europäischen Union und für Arbeit und Sozialpolitik einstimmig übernommen hat, zum Kompromißvorschlag der britischen Präsidentschaft Stellung.[1441] In dieser Stellungnahme verlieh der Deutsche Bundesrat seiner Einschätzung Ausdruck, daß die seinerzeit laufenden Beratungen in der britischen Präsidentschaft einen erfolgreichen Abschluß durchaus als möglich erscheinen ließen.[1442] Vor diesem Hintergrund wies er angesichts der bisherigen Beratungen auf mehrere für ihn wichtige Verhandlungspositionen hin.

Wenngleich der Deutsche Bundesrat anerkannte, daß für in Europa grenzüberschreitend aktive Unternehmen ein geeigneter rechtlicher Rahmen zu schaffen sei, der es diesen Unternehmen ermöglicht, ihre organisatorischen Strukturen zu vereinheitlichen, stellte er klar, daß dies nicht zur "*Flucht aus bewährten nationalen Mitbestimmungsregelungen mißbraucht*" werden dürfte.[1443] Hinsichtlich der im britischen Kompromißvorschlag zur Verfügung gestellten Gründungstatbestände bestätigte der Bundesrat daher seinen Beschluß vom 07.11.1997[1444] und unterstützte den auf die Davignon-Gruppe zurückgehenden Ansatz, nur drei Gründungstatbestände zuzulassen. Dennoch dürfe man nicht verkennen, daß auch die Gründungsalternative der Fusion im Hinblick auf die Mitbestimmung der Arbeitnehmer insofern problematisch sei, als bei einer Fusion unter Beteiligung eines deutschen Unternehmens mit einem hohen Mitbestimmungsniveau ein erheblicher Mitbestimmungsverlust eintrete.

Der Deutsche Bundesrat setzte sich ferner für eine stärkere Berücksichtigung und Stellung der Gewerkschaftsvertreter ein. Angesichts der positiven Erfahrungen, die man mit ihrer Einbeziehung in die Aufsichtsgremien der den deutschen Mitbestimmungsgesetzen unterliegenden Unternehmen gemacht habe, forderte der Bundesrat ihre Einbeziehung auch auf europäischer Ebene. Er würde es - so wörtlich - "*begrüßen, wenn das Verfahren für die Wahl oder die Bestellung der Mitglieder des besonderen Verhandlungsgremiums den Mitgliedstaaten überlassen bliebe und die Mitgliedstaaten vorsehen könnten, daß diesem Gremium Gewerkschaftsvertreter auch dann angehören können, wenn sie nicht Arbeitnehmer einer beteiligten Gesellschaft, einer betroffenen Tochtergesellschaft*

[1441] Beschluß des Bundesrates v. 29.05.1998 zum Abschlußbericht der Sachverständigengruppe "*European Systems of Workers Involvement*" (Davignon-Bericht), BR-Drucks. 464/98. Diese Stellungnahme wird im folgenden Abschnitt zitiert als *Stellungnahme BR*.

[1442] Stellungnahme BR, S. 1 (Ziff. 1).

[1443] Stellungnahme BR, S. 1 (Ziff. 2).

[1444] Vgl. zu diesem Beschluß bereits oben Teil IV § 14 (S. 310).

oder eines betroffenen Betriebes sind".[1445] Ebenso sollte sich das besondere Verhandlungsgremium bei den Verhandlungen auf Antrag durch Sachverständige seiner Wahl unterstützen lassen können.

Hinsichtlich der Zusammensetzung des besonderen Verhandlungsgremiums sollte nach Auffassung des Bundesrates, sofern das besondere Verhandlungsgremium nach regionalen und proportionalen Kriterien zusammengesetzt werden soll, für den Fall der Fusion sichergestellt werden, daß jede beteiligte Gesellschaft im besonderen Verhandlungsgremium mindestens durch ein Mitglied vertreten ist, um die dort berührten Arbeitnehmerinteressen wahrnehmen zu können. Um ferner zu gewährleisten, daß die Mitbestimmung nicht gegen den Willen der Arbeitnehmer den Verhandlungen zum Opfer fällt, müsse für alle Abstimmungen in diesem Gremium der Grundsatz gelten, daß es keine Entscheidung gegen die Mehrheit der Arbeitnehmervertreter aus einem an der Gründung beteiligten nationalen Unternehmen geben darf.[1446]

In einem letzten Punkt nahm der Deutsche Bundesrat zu der im Kompromißvorschlag für den Fall des Scheiterns der Verhandlung vorgesehenen Auffangregelung Stellung. Er stellte fest, daß eine wirksame Auffangregelung seiner Ansicht nach Voraussetzung für die Zustimmung zu einem Modell der Europäischen Aktiengesellschaft sei, in dem die Mitbestimmungsfrage auf dem Verhandlungswege gelöst werden soll. Hierdurch sei insbesondere gewährleistet, daß bei der Beteiligung eines deutschen mitbestimmten Unternehmens im Falle des Scheiterns der Verhandlungen das deutsche Mitbestimmungssystem zur Anwendung kommt.[1447]

4. Deutsche Sozialpartner

Die Spitzenorganisationen der deutschen Wirtschaft legten Ihre Bewertung des britischen Richtlinienvorschlags in einem Schreiben an die Bundesregierung vom 04.03.1998[1448] sowie in einer Pressemitteilung vom 16.04.1998[1449] offen. In diesem Schreiben verliehen sie ihrer Sorge betreffend den im Sozialministerrat vorgelegten Vorschlag der britischen Präsidentschaft zur Regelung der Mitbestimmung in der Europäischen Aktiengesellschaft Ausdruck. Entscheidendes Kriterium für die Beurteilung der verschiedenen Vorschläge zur Überwindung der bestehenden Blockade in der Frage der Mitbestimmung sei für die deutsche Wirtschaft stets gewesen, daß deutsche Unter-

---

[1445] Stellungnahme BR, S. 2 (Ziff. 3).

[1446] Stellungnahme BR, S. 2 (Ziff. 6).

[1447] Stellungnahme BR, S. 2 f. (Ziff. 7).

[1448] Schreiben der Präsidenten der Bundesvereinigung der Deutschen Arbeitgeberverbände *(Dieter Hundt)*, des Bundesverbandes der Deutschen Industrie *(Hans-Olaf Henkel)*, des Deutschen Industrie- und Handelstages *(Hans Peter Stihl)* und des Gesamtverbandes der Deutschen Versicherungswirtschaft *(Bernd Michaels)* an Bundeskanzler *Helmut Kohl* v. 04.03.1998.

[1449] Gemeinsame Pressemitteilung der Bundesvereinigung der Deutschen Arbeitgeberverbände, des Bundesverbandes der Deutschen Industrie, des Deutschen Industrie- und Handelstages und des Gesamtverbandes der Deutschen Versicherungswirtschaft v. 16.04.1998.

nehmen bei der Inanspruchnahme der durch diese einheitliche europäische Rechtsform eröffneten wirtschaftlichen Möglichkeiten nicht gegenüber ihren europäischen Wettbewerbern diskriminiert werden dürfen. Anders noch als nach den Empfehlungen der Davignon-Kommission sei genau dies nun aber der Fall. Die deutsche Wirtschaft kritisierte nicht die Tatsache, daß in den Vorschlägen der britischen Präsidentschaft eine Vereinbarung über die Mitbestimmung der Arbeitnehmer vorgesehen ist. Im Mittelpunkt der Kritik stand vielmehr, daß das Verhandlungsergebnis am Ende nur dann gelten sollte, wenn das weitestgehende nationale Mitbestimmungsmodell übernommen wird, wovon auf dem Verhandlungsweg nur dann abgewichen werden können soll, wenn mindestens zwei Drittel der Arbeitnehmer zustimmen. Dies führe zu einer klaren Wettbewerbsbenachteiligung deutscher Unternehmen, da der Vorschlag der britischen Präsidentschaft darauf hinauslaufe, daß eine Europäische Aktiengesellschaft, an deren Gründung eine deutsche Gesellschaft beteiligt wäre, in aller Regel der deutschen Mitbestimmung unterstehen würde. Nach Auffassung der deutschen Wirtschaft sei das deutsche Mitbestimmungsmodell somit gleichsam eine Hypothek, die eine deutsche Gesellschaft in die zu gründende Europäische Aktiengesellschaft einbringt. Hierbei sei - unabhängig von der Bewertung der Mitbestimmung aus deutscher Sicht - zu berücksichtigen, daß das im internationalen Vergleich hohe deutsche Mitbestimmungsniveau jedenfalls von potentiellen ausländischen Investoren als erheblicher Standortnachteil empfunden werde. Diese Diskriminierung deutscher Unternehmen sei - so lautet es in dem Schreiben weiter - um so gravierender, als die Gesellschaften der übrigen Mitgliedstaaten die wirtschaftlichen Vorteile der neuen Rechtsform voll in Anspruch nehmen könnten. Unter diesen Bedingungen würde die Schaffung eines Statuts für eine Europäische Aktiengesellschaft einen schwerwiegenden Standortnachteil für die deutsche Wirtschaft mit sich bringen.

Der Deutsche Gewerkschaftsbund (DGB) bezog anläßlich seines im Juni 1998 abgehaltenen Bundeskongresses zur Mitbestimmung in der Europäischen Aktiengesellschaft Stellung.[1450] In diesem Beschluß forderte der DGB unter Berufung darauf, daß die geltende deutsche Mitbestimmung eine bewährte und trotz vieler Probleme erprobte und zukunftsfähige Grundlage für die Gestaltung der Wirtschafts- und Sozialbeziehungen in den Unternehmen darstelle, für die Europäische Aktiengesellschaft wirksame Regeln, die die Mitbestimmung weiterentwickeln. Der DGB sprach sich dafür aus, daß die Europäische Aktiengesellschaft nur durch Bildung einer transnationalen Holding oder transnationalen Tochtergesellschaft gegründet werden dürfe. Die Bildung durch Fusion müsse hingegen ausgeschlossen bleiben, solange die Sicherung der deutschen Mitbestimmung nicht gewährleistet sei. Der DGB-Bundeskongreß forderte daher mit Nachdruck, *"daß bei einer Fusion der weitestgehende bisherige nationale Mitbestimmungsstandard eines betroffenen und untergehenden Unternehmens auf der Ebene der Europäischen Aktiengesellschaft erhalten bleiben muß"*. Des weiteren verlangte der Deutsche

---

[1450] *"Zur Mitbestimmung in der Europäischen Aktiengesellschaft"*, Beschluß des 16. Ordentlichen Bundeskongresses des DGB v. 8. bis 12. Juni 1998 in Düsseldorf, Initiativantrag.

Gewerkschaftsbund, daß die Gründung und Eintragung einer Europäischen Aktiengesellschaft erst dann erfolgen dürfe, wenn die Mitbestimmung geregelt sei. Es sei ein Mindeststandard an Mitbestimmung im Aufsichtsrat oder im Verwaltungsrat erforderlich, wobei die Arbeitnehmervertreter unter Einbeziehung externer Gewerkschaftsvertreter zu mindestens einem Drittel vertreten sein müßten. Schließlich trat der DGB-Bundeskongreß dafür ein, daß bei Verhandlungen zu Fragen des zukünftigen Mitbestimmungsniveaus keine Entscheidungen gegen die Vertreter des Landes mit dem höchsten nationalen Mitbestimmungsstand getroffen werden könnten.

5. Bundesregierung

Für die Bundesregierung bezog zum einen das Bundesministerium für Arbeit und Sozialordnung sowie zum anderen das Bundeswirtschaftsministerium zu den neuen Vorschlägen der britischen Ratspräsidentschaft Stellung.

Das Bundesarbeitsministerium wies die Vorwürfe der deutschen Wirtschaft zurück.[1451] In einem Schreiben an den Präsidenten der Bundesvereinigung der Arbeitgeberverbände *Hundt* teilte der damalige Bundesarbeitsminister *Blüm* mit, daß er die in dem - bereits erwähnten - Schreiben der Vertreter der deutschen Wirtschaft zum Ausdruck gebrachte *"Sorge, die von einer pauschalen Benachteiligung deutscher Unternehmen bei der Gründung einer SE ausgeht"*, aus mehreren Gründen nicht teile.[1452] Der Vorschlag der britischen Präsidentschaft sehe für deutsche Unternehmen nicht zwingend die Beibehaltung der Mitbestimmung in der Europäischen Aktiengesellschaft vor. Vorrangig seien vielmehr Verhandlungen zwischen Unternehmens- und Arbeitnehmerseite mit dem Ziel, unter anderem zur Frage der Mitbestimmung unternehmensadäquate Regelungen zu treffen, die auch das Interesse der deutschen Sozialpartner berücksichtigen. Des weiteren wies *Blüm* darauf hin, daß der britische Vorschlag nicht einseitig nur für deutsche Unternehmen, sondern in prinzipiell gleicher Weise für alle mitbestimmten Unternehmen gelte, unabhängig davon, ob sie aus Deutschland, Österreich, Schweden, Finnland, Dänemark, Luxemburg oder den Niederlanden kommen. Im übrigen sei die deutsche Mitbestimmung keine Hypothek, sondern ein nicht zu unterschätzender Standortvorteil, was in der Vergangenheit auch von maßgeblichen Repräsentanten der deutschen Wirtschaft immer wieder bestätigt worden sei. Der britische Kompromißvorschlag, in dessen Mittelpunkt das Aushandeln unternehmensspezifischer *Regelungen über die Mitbestimmung* stehe, biete - so ferner der Parlamentarische Staatssekretär *Günther* in einer Pres-

---

[1451] Bundesministerium für Arbeit und Sozialordnung, Mitteilung der BMA-Pressestelle v. 16.04.1998, vgl. Wiedergabe der Pressemitteilung auf den Internet-Seiten des Bundesarbeitsministeriums unter http://www.bma.de/de/asp/aktuell/presse.asp?id=920 (Fundstelle abgerufen am 28.10.01).

[1452] Schreiben von Bundesarbeitsminister *Norbert Blüm* an den Präsidenten der Bundesvereinigung der Arbeitgeber *Dieter Hundt* v. 11.03.1998; vgl. auch die Artikel von *Bohl*, F.A.Z. v. 18.04.1998, S. 16 (*"Deutschland blockiert die Europa-AG"*), und von *Stabenow*, F.A.Z. v. 06.05.1998, S. 20 (*"In der Debatte um die Europa-AG zeichnen sich Fortschritte ab"*).

semitteilung des Bundesarbeitsministeriums zu der Kritik der deutschen Wirtschaft[1453] - die Möglichkeit, die seit Jahrzehnten andauernde Blockade des Vorhabens der Europäischen Aktiengesellschaft aufzuheben. Ferner biete er die Chance, zu einer europäischen Regelung der Mitbestimmungsfrage zu kommen, die der grundlegenden politischen Vorgabe gerecht werde, daß die Vollendung des europäischen Binnenmarkts keine Veränderung der mitbestimmungsrechtlichen Situation in der Bundesrepublik auslösen dürfe.

Das Bundeswirtschaftsministerium hingegen schien diese insgesamt positive Bewertung der britischen Vorschläge nicht zu teilen.[1454] Während der Beratungen der für den EU-Binnenmarkt zuständigen Minister äußerte der Parlamentarische Staatssekretär *Schomerus*, die britischen Kompromißvorschläge zur Mitbestimmung entsprächen weder den Vorstellungen der Bundesregierung noch den Interessen der an der Wirtschaft beteiligten Gruppen.[1455]

Die Tatsache, daß selbst innerhalb der Bundesregierung die Position zu den neuen Vorschlägen der Präsidentschaft nicht einheitlich war, zeigt, daß insbesondere der Kompromißvorschlag zur Mitbestimmung sehr umstritten war.

VII. Stellungnahme

Um der Tatsache gerecht zu werden, daß die neuen Vorschläge der Ratspräsidentschaften aufeinander aufbauen, soll im folgenden lediglich zu einem Spezifikum des britischen Vorschlags betreffend die Mitbestimmung der Arbeitnehmer in der Europäischen Aktiengesellschaft kurz Stellung genommen werden. Eine eingehende Untersuchung der verschiedenen Kompromißvorschläge bleibt sodann einer eingehenden Bewertung und abschließenden Stellungnahme am Ende der Darstellung der Vorschläge der Ratspräsidentschaften vorbehalten.

Nach den Vorschlägen der britischen Präsidentschaft sollen die Sozialpartner bei der Gründung einer Europäischen Aktiengesellschaft die Regeln über die Mitbestimmung grundsätzlich frei aushandeln können. Die für den Fall des Scheiterns vorgesehene Auffangregelung würde in der Praxis bei Beteiligung deutscher Gesellschaften jedoch darauf hinauslaufen, daß der deutsche hohe Mitbestimmungsstandard beibehalten würde. Schließen sich mitbestimmte Gesellschaften aus mehreren Staaten zusammen, so soll für die neu gegründete Europäische Aktiengesellschaft jenes nationale Mitbestim-

---

[1453] Bundesministerium für Arbeit und Sozialordnung, Mitteilung der BMA-Pressestelle v. 16.04.1998, vgl. Wiedergabe der Pressemitteilung auf den Internet-Seiten des Bundesarbeitsministeriums unter http://www.bma.de/de/asp/aktuell/presse.asp?id=920 (Fundstelle abgerufen am 28.10.01).

[1454] Diese Einschätzung vertritt auch *Helms*, S. 80. Vgl. ferner den Artikel von *Stabenow* in der F.A.Z. v. 04.06.1998, S. 19 (*"Europa AG bleibt weiterhin umstritten"*), wo von innerhalb der Bundesregierung aufgetretenen Differenzen die Rede ist.

[1455] Vgl. den Artikel von *Stabenow* in der F.A.Z. v. 19.05.1998, S. 21 (*"Deutschland blockiert die Europa AG"*).

mungsmodell übernommen werden, das den Beschäftigten den höchsten Grad der Mitwirkung in den Gesellschaftsorganen sichert. Die von der deutschen Wirtschaft geäußerte Kritik, daß dies zu einer Wettbewerbsbenachteiligung der deutschen Unternehmen gegenüber Konkurrenten mit weniger strengen Auflagen führen würde, ist unter diesem Gesichtspunkt grundsätzlich nicht von der Hand zu weisen.

Die Beratungen anläßlich des Anfang Juni 1998 abgehaltenen Ministerrates in Luxemburg scheiterten schließlich auch an dieser Frage. Die Diskussionen waren bestimmt von Differenzen zwischen einer von der Bundesrepublik Deutschland angeführten Gruppe von Ländern mit langer Mitbestimmungstradition und den Regierungen Frankreichs, Italiens und Spaniens, die durch die Europäische Aktiengesellschaft einen Import ausländischer Mitbestimmungsstandards befürchteten.[1456] Trotz dieses Fehlschlags sahen Unterhändler der Delegationen damals dennoch Chancen, noch vor Jahresende zu einer Einigung zu gelangen.[1457]

C. Kompromißvorschlag der österreichischen Präsidentschaft

Österreich, welches zum 01.07.1998 die Ratspräsidentschaft von Großbritannien übernahm, griff die Bemühungen der britischen Ratspräsidentschaft auf und trieb das Vorhaben der Europäischen Aktiengesellschaft weiter voran, indem es einen weiteren Kompromißvorschlag über den Entwurf einer Richtlinie über die Beteiligung der Arbeitnehmer in der Europäischen Aktiengesellschaft vorlegte und am 15.10.1998 der *Gruppe "Sozialfragen"* zuleitete.[1458]

I. Konzeption der Vorschläge

Die österreichische Präsidentschaft beschränkte sich - wie schon der luxemburgische Vorsitz - darauf, ein Konzept für einen Kompromiß über den Entwurf einer Richtlinie über die Beteiligung der Arbeitnehmer in der Europäischen Aktiengesellschaft zu erarbeiten, und sah von der Vorlage weiterer Vorschläge betreffend den Verordnungstext ab. Der von ihr vorgelegte Richtlinienvorschlag - so die österreichische Ratspräsidentschaft in einem dem Vorschlag vorangestellten Vermerk - stelle im Anschluß an die Konsultationen zwischen dem Vorsitz und den Delegationen nach der Tagung des Rates vom 04.06.1998 ausgehend von den Beratungen der Gruppe - zuletzt am 13.10.1998 -

---

[1456] Vgl. den Artikel von *Stabenow* in der F.A.Z. v. 06.06.1998, S. 14 (*"Einigung über Europa AG möglich"*).

[1457] Vgl. den Artikel von *Stabenow* in der F.A.Z. v. 06.06.1998, S. 14 (*"Einigung über Europa AG möglich"*).

[1458] Textvorschlag für eine Richtlinie des Rates zur Ergänzung des Statuts der Europäischen Aktiengesellschaft hinsichtlich der Beteiligung der Arbeitnehmer v. 15.10.1998, Dok. 11997/98 SE 33 SOC 353, nicht amtlich veröffentlicht. Dieser Vorschlag wird im folgenden Abschnitt als *RiLi-Vorschlag Ö* zitiert; die Vorschriften dieses Richtlinienvorschlags werden mit dem Zusatz *RiLi* versehen. Die folgenden Ausführungen beziehen sich auf die deutsche Version des Textes, der im Original in französisch vorgelegen hat.

das Ergebnis der Bemühungen dar, die Grundlagen für einen Kompromiß zu schaffen. Es handelte sich somit um eine überarbeitete Fassung des Kompromißvorschlags der britischen Präsidentschaft. Die Darstellung beschränkt sich daher im folgenden auf die gegenüber diesen vorgeschlagenen Änderungen hinsichtlich der Mitbestimmung der Arbeitnehmer in der Europäischen Aktiengesellschaft.

II. Rechtsgrundlage

Der von der österreichischen Präsidentschaft vorgelegte Kompromißvorschlag enthielt keine Ausführungen zur Rechtsgrundlage, auf welche der Richtlinienvorschlag über die Beteiligung der Arbeitnehmer in der Europäischen Aktiengesellschaft gestützt werden soll. Die österreichische Präsidentschaft schien daher - ohne daß dies ausdrücklich angesprochen wurde - der von der britischen Präsidentschaft eingeschlagenen Linie zu folgen, nach der die Frage der richtigen Rechtsgrundlage vorerst zurückzustellen sei, um sich auf die noch ungeklärten inhaltlichen Fragen konzentrieren zu können.

III. Organisationsverfassung

Da die österreichische Präsidentschaft lediglich einen Richtlinienvorschlag zur Ergänzung des Statuts der Europäischen Aktiengesellschaft hinsichtlich der Beteiligung der Arbeitnehmer vorlegte, kann davon ausgegangen werden, daß sie - zumindest vorerst - die Frage der Organisationsverfassung der Europäischen Aktiengesellschaft ebenfalls nicht aufzuwerfen gedachte, um sich auf die Problematik der Mitbestimmung der Arbeitnehmer zu konzentrieren. Insoweit kann daher auf die obigen Ausführungen zu den britischen Vorschlägen verwiesen werden.[1459]

IV. Mitbestimmung der Arbeitnehmer

Auch hinsichtlich der Regelungen über die Mitbestimmung der Arbeitnehmer folgte die österreichische Präsidentschaft grundsätzlich der im Anschluß an die Verabschiedung der Richtlinie über die europäischen Betriebsräte und den Bericht der Davignon-Kommission entwickelten Konzeption, die bereits in den Kompromißvorschlägen der luxemburgischen und britischen Präsidentschaft enthalten war. Hiernach sollte zum einen den auf eine Vereinbarung über die Beteiligung der Arbeitnehmer abzielenden Verhandlungen zwischen dem zuständigen Organ der beteiligten Gesellschaften und dem besonderen Verhandlungsgremium der Vorrang eingeräumt werden. Zum anderen sollten die Beteiligungsrechte der Arbeitnehmer durch eine im Falle des Scheiterns dieser Verhandlungen greifende Auffangregelung abgesichert werden, damit der Vorrang von Verhandlungen nicht zu einer rechtlichen Unsicherheit oder zu einem Hindernis für die Gründung einer Europäischen Aktiengesellschaft wird.

[1459] Vgl. oben Teil IV § 15 B. III. (S. 323).

1. Anwendungsbereich

Hinsichtlich des Anwendungsbereichs des Richtlinienvorschlags über die Beteiligung der Arbeitnehmer in der Europäischen Aktiengesellschaft ist festzustellen, daß der Entwurf der österreichischen Präsidentschaft gegenüber dem britischen Kompromißvorschlag im wesentlichen unverändert blieb. Lediglich die Begriffsbestimmungen der Begriffe *"Unterrichtung"* und *"Mitbestimmung"* der Arbeitnehmer erfuhren geringfügige Änderungen, wohingegen die Definitionen der *"Beteiligung"* und der *"Anhörung"* der Arbeitnehmer unverändert beibehalten wurden.

Eine Unterrichtung der Arbeitnehmer soll nach den Vorschlägen der österreichischen Präsidentschaft gemäß Art. 2 lit. i RiLi über Angelegenheiten stattfinden, die die Europäische Aktiengesellschaft selbst oder eine ihrer Tochtergesellschaften oder einen ihrer Betriebe in einem anderen Mitgliedstaat betreffen oder die über die Befugnisse der Entscheidungsorgane auf der Ebene des einzelnen Mitgliedstaats hinausgehen. Gegenüber der Formulierung der Bestimmung nach dem britischen Kompromißvorschlag, nach dem erforderlich sein sollte, daß die Angelegenheit die Europäische Aktiengesellschaft selbst oder mindestens zwei ihrer Tochtergesellschaften oder Betriebe in mindestens zwei verschiedenen Mitgliedstaaten betreffen soll, wurde der Anwendungsbereich des Richtlinienvorschlags somit ausgeweitet.[1460]

Auch der Begriff der *"Mitbestimmung"* wurde geringfügig verändert, was aber der Sache nach im Ergebnis keinen Unterschied ausmacht. Unter Mitbestimmung der Arbeitnehmer versteht der Vorschlag der österreichischen Präsidentschaft nach wie vor die Einflußnahme der Arbeitnehmervertreter bei der Wahl oder Bestellung der Mitglieder des Verwaltungs- oder Aufsichtsorgans: Gemäß Art. 2 lit. k RiLi ist Mitbestimmung definiert als die Einflußnahme des Organs zur Vertretung der Arbeitnehmer und/oder der Arbeitnehmervertreter auf die Angelegenheiten einer Gesellschaft durch die Wahrnehmung des Rechts, einen Teil der Mitglieder des Aufsichts- oder des Verwaltungsorgans der Europäischen Aktiengesellschaft zu wählen oder zu bestellen (1. Spiegelstrich) oder die Wahrnehmung des Rechts, die Bestellung eines Teils oder aller Mitglieder des Aufsichts- oder des Verwaltungsorgans der Europäischen Aktiengesellschaft zu empfehlen oder abzulehnen (2. Spiegelstrich[1461]). Der Unterschied gegenüber dem britischen Kompromißvorschlag ist lediglich darin zu sehen, daß dieser zum einen auf die Angelegenheiten der Europäischen Aktiengesellschaft - und nicht einer Gesellschaft - abstellte und zum anderen Mitbestimmung auch bei der Wahrnehmung des Rechts, alle Mitglieder des Verwaltungs- oder des Aufsichtsorgans der Europäischen Aktiengesellschaft zu wählen, vorliegen sollte. Da letzteres selbst nach den in der Bundesrepublik Deutsch-

---

[1460] Eine Begründung der österreichischen Ratspräsidentschaft für diese Änderung findet sich in dem Vorschlag in der Fassung v. 15.10.1998 nicht. Sie ist vermutlich in einem der zahlreichen Vordokumente enthalten, die dem Verfasser aber nicht zugänglich waren.

[1461] Die endgültige Meinung Dänemarks zur Definition der Mitbestimmung wird ausweislich der Erläuterungen der Präsidentschaft vom Ergebnis der Beratungen über die anderen Regelungen über die Mitbestimmung der Arbeitnehmer abhängen, vgl. RiLi-Vorschlag Ö, Anm. 1 (S. 4).

C. Kompromißvorschlag der österreichischen Präsidentschaft

land als dem Mitgliedstaat mit den weitestgehenden Mitbestimmungsrechten geltenden Regelungen nicht vorkommen kann und auch in der Europäischen Aktiengesellschaft nie angedacht war, ist in dieser Änderung lediglich eine korrigierende Nachbesserung zu sehen.

Was das Verhältnis der Richtlinie zu anderen Bestimmungen angeht, nahm die österreichische Präsidentschaft nur geringfügige Modifizierungen des Richtlinientextes vor. Nach wie vor sollen die den Arbeitnehmern nach den Rechtsvorschriften und/oder Gepflogenheiten der Mitgliedstaaten im einzelstaatlichen Rahmen zustehenden Rechte auf Unterrichtung und Anhörung, die für die Arbeitnehmer der Europäischen Aktiengesellschaft und ihre Tochtergesellschaften gelten, gemäß Art. 12 Abs. 3 lit. a RiLi von der Richtlinie unberührt bleiben; hiervon ausgenommen soll jedoch die Mitbestimmung in den Gremien der Europäischen Aktiengesellschaft bleiben. Die Richtlinie soll ebenfalls nicht die nach den einzelstaatlichen Rechtsvorschriften und/oder Gepflogenheiten geltenden Bestimmungen über die Mitbestimmung in den Gesellschaftsorganen berühren, die auf die Tochtergesellschaften der Europäischen Aktiengesellschaft Anwendung finden. Die neu in die Vorschläge aufgenommene Vorschrift des Art. 12 Abs. 4 VO sah zudem vor, daß die Mitgliedstaaten sicherstellen sollen, daß die Vorrechte der Arbeitnehmervertreter in beteiligten Gesellschaften, die nicht mehr als getrennte juristische Personen existieren, auch nach der Eintragung der Europäischen Aktiengesellschaft Fortbestand haben.[1462]

2. Besonderes Verhandlungsgremium

Wie bereits in den Vorschlägen der luxemburgischen und britischen Präsidentschaft wurde in Art. 3 RiLi die Einsetzung eines besonderen Verhandlungsgremiums vorgesehen, welches gemäß Art. 3 Abs. 3 RiLi die Aufgabe haben soll, eine schriftliche Vereinbarung über die Modalitäten der Beteiligung der Arbeitnehmer innerhalb der Europäischen Aktiengesellschaft auszuhandeln. Während demnach die Grundkonzeption der Vorgängervorschläge beibehalten wurde, enthielt der Kompromißvorschlag der österreichischen Präsidentschaft zahlreiche Änderungen im Detail, die insbesondere die notwendigen Mehrheitsverhältnisse für die Wahl oder Bestellung der Arbeitnehmervertreter betrafen.

Nach der überarbeiteten Regelung des Art. 3 Abs. 2 lit. a Ziff. i RiLi soll nunmehr bei der Wahl oder der Bestellung der Mitglieder des besonderen Verhandlungsgremiums zum einen die Vertretung durch gewählte oder bestellte Mitglieder entsprechend der Gesamtzahl der Arbeitnehmer in den beteiligten Gesellschaften und den betroffenen Tochtergesellschaften und Betrieben in der Form sicherzustellen sein, daß für jede Tranche von 10 % der Gesamtzahl der in einem einzigen Mitgliedstaat beschäftigten

---

[1462] Hierbei handelt es sich um einen Vorschlag des Vorsitzes, der dem Anliegen von Dänemark, Irland, Spanien, Großbritannien, den Niederlanden und der Kommission Rechnung tragen soll, vgl. RiLi-Vorschlag Ö, Anm. 23 (S. 22).

Arbeitnehmer oder für einen Bruchteil dieser Tranche Anspruch auf einen Sitz besteht. Entfallen ist somit die Regelung des Art. 3 Abs. 2 lit. a Ziff. i a. F. RiLi, nach der die Vertretung durch ein Mitglied für jeden Mitgliedstaat, in dem Arbeitnehmer zumindest einer beteiligten Gesellschaft oder einer betroffenen Tochtergesellschaft oder eines betroffenen Betriebes beschäftigt sind, sicherzustellen sein sollte. Der Vorschlag der österreichischen Präsidentschaft führt im Ergebnis zu einem gerechteren Abbild der wirklichen Beschäftigungsverhältnisse in den beteiligten Gesellschaften, Tochtergesellschaften und Betrieben, da die Gefahr von Doppelvertretungen, d. h. von Situationen, in denen zwei Mitglieder des besonderen Verhandlungsgremiums dieselbe Gruppe von Arbeitnehmern vertreten, vermieden wird. Gegenüber dem komplizierten Ansatz des britischen Kompromißvorschlags hat er zudem den Vorteil, daß die Vertretung eines Mitgliedstaats durch einen Arbeitnehmervertreter auch dann sichergestellt ist, wenn in diesem Mitgliedstaat nicht mindestens 10 % der Arbeitnehmer beschäftigt sind, ohne daß dies einer besonderen Regelung bedarf. Zum anderen soll nach dem österreichischen Kompromißvorschlag im Falle einer durch Verschmelzung gegründeten Europäischen Aktiengesellschaft gemäß Art. 3 Abs. 2 lit. a Ziff. ii RiLi[1463] die Vertretung jedes Mitgliedstaats durch so viele weitere Mitglieder sichergestellt sein, daß gewährleistet ist, daß jede beteiligte Gesellschaft, die eingetragen ist und Arbeitnehmer in dem betreffenden Mitgliedstaat beschäftigt und die als Folge der geplanten Eintragung der Europäischen Aktiengesellschaft als eigene Rechtspersönlichkeit erlöschen wird, in dem besonderen Verhandlungsgremium durch mindestens ein Mitglied vertreten ist. Um zu vermeiden, daß es hierdurch zu einer Überrepräsentation der durch diese vertretenen Arbeitnehmer kommt, sieht der Vorschlag der österreichischen Präsidentschaft des weiteren vor, daß zum einen die Zahl dieser zusätzlichen Mitglieder 20 % der sich aus der Anwendung von Ziff. i ergebenden Mitgliederzahl nicht überschreiten darf (Unterabsatz 1) und zum anderen die Zusammensetzung des besonderen Verhandlungsgremiums nicht zu einer Doppelvertretung der betroffenen Arbeitnehmer führen darf (Unterabsatz 2). Übersteigt die Zahl dieser erloschenen Gesellschaften die Zahl der gemäß Unterabsatz 1 verfügbaren zusätzlichen Mitglieder, so sollen diese zusätzlichen Mitglieder gemäß Art. 3 Abs. 2 lit. a Ziff. ii Satz 2 RiLi Gesellschaften in verschiedenen Mitgliedstaaten in absteigender Reihenfolge der Zahl der bei ihnen beschäftigten Arbeitnehmer zugeteilt werden.[1464]

Eine weitere Änderung gegenüber dem britischen Kompromißvorschlag betrifft die Beteiligung externer Gewerkschaftsvertreter, die nunmehr lediglich fakultativ ausgestaltet ist, indem den Mitgliedstaaten gemäß Art. 3 Abs. 2 lit. b Satz 3 RiLi die Möglichkeit

---

[1463] Diese Regelung geht auf einen Vorschlag der deutschen Delegation zum Richtlinienvorschlag der britischen Präsidentschaft zurück, vgl. RiLi-Vorschlag GB, Anm. 4 (S. 6)

[1464] Zu dieser Bestimmung haben das Vereinigte Königreich einen sprachlichen Vorbehalt, Irland einen Sach- und Portugal einen Prüfungsvorbehalt eingelegt, vgl. RiLi-Vorschlag Ö, Anm. 4 (S. 6).

eingeräumt werden soll vorzusehen, daß dem besonderen Verhandlungsgremium auch externe Gewerkschaftsvertreter angehören können.[1465] Im übrigen blieben die Vorschriften über die Bestellung der Mitglieder des besonderen Verhandlungsgremiums - abgesehen von einigen Umstellungen betreffend die Reihenfolge der Vorschriften - inhaltlich unverändert.

Hinsichtlich der für einen Beschluß des besonderen Verhandlungsgremiums erforderlichen Mehrheit schlug die österreichische Präsidentschaft umfangreiche Änderungen vor. Zum einen wurde die Regelung des Art. 3 Abs. 4 Satz 1 RiLi dahingehend modifiziert, daß das besondere Verhandlungsgremium vorbehaltlich der Regelung des Art. 3 Abs. 6 RiLi mit der absoluten Mehrheit seiner Mitglieder beschließt, sofern diese Mehrheit auch die absolute Mehrheit der Arbeitnehmer vertritt.[1466] Zum anderen schlug die österreichische Präsidentschaft in den Beratungen eine sehr komplizierte Regelung für den Fall vor, daß durch einen solchen Beschluß Mitbestimmungsrechte der Arbeitnehmer tangiert werden.[1467] Hätten die Verhandlungen eine quantitative Minderung der Mitbestimmungsrechte zur Folge, so soll für einen Beschluß zur Billigung einer solchen Vereinbarung gemäß Art. 3 Abs. 4 Unterabsatz 1 RiLi eine Mehrheit von zwei Drittel der Stimmen der Mitglieder des besonderen Verhandlungsgremiums, die mindestens zwei Drittel der Arbeitnehmer vertreten, mit der Maßgabe erforderlich sein, daß diese Mitglieder Arbeitnehmer in mindestens zwei Mitgliedstaaten vertreten müssen. Nach dem Vorschlag der österreichischen Präsidentschaft soll dies im Falle einer durch Verschmelzung zu gründenden Europäischen Aktiengesellschaft gelten, sofern sich die Mitbestimmung auf - einen noch nicht näher festgelegten Anteil von - mindestens A % (geringerer Anteil) der Gesamtzahl der Arbeitnehmer der beteiligten Gesellschaften oder im Falle einer als Holding- oder als Tochtergesellschaft zu gründenden Europäischen Aktiengesellschaft auf mindestens B % (höherer Anteil) der Gesamtzahl der Arbeitnehmer der beteiligten Gesellschaften erstreckt. Hinsichtlich der prozentualen Anteile konnte noch keine abschließende Festlegung erreicht werden. Einigkeit bestand jedoch insoweit, daß der Schwellenwert für die Verschmelzung niedriger sein sollte als der Schwellenwert für die Holding- oder Tochtergesellschaft; die Rede war von 25 bzw. 50

[1465] Deutschland hat insoweit vorgeschlagen, daß Mitgliedstaaten, deren einzelstaatliches Recht vorsieht, daß nicht den Unternehmen angehörende Gewerkschaftsvertreter stimmberechtigtes Mitglied des Aufsichts- oder des Leitungsorgans sein dürfen, eine vergleichbare Stellung der Gewerkschaften vorsehen können, vgl. RiLi-Vorschlag Ö, Anm. 6 (S. 7).

[1466] Die Delegationen von Dänemark, Luxemburg, Belgien, Italien und Portugal legten einen Prüfungsvorbehalt zu dem zweiten Teil des ersten Satzes ein und ersuchten um seine Streichung. Deutschland, die Niederlande, das Vereinigte Königreich und Finnland wollten hingegen am Text festhalten und würden ferner - was sie auch bereits zum britischen Kompromißvorschlag kundtaten- eine Gewichtung der Stimmen vorziehen. Die Niederlande möchten darüber hinaus eine zusätzliche Stimme für die Mitglieder vorsehen, die mehr als 5 % der Arbeitnehmer vertreten, vgl. RiLi-Vorschlag Ö, Anm. 7 (S. 8).

[1467] Hierzu legten alle Delegationen einen Prüfungsvorbehalt ein, vgl. RiLi-Vorschlag Ö, Anm. 8 (S. 8).

%.[1468] Quantitative Minderung der Mitbestimmungsrechte im Sinne des Vorschlags der Präsidentschaft bedeutet hierbei gemäß Art. 3 Abs. 4 Unterabsatz 2 RiLi, daß der Anteil der Mitglieder der Gremien der Europäischen Aktiengesellschaft, der von den Mitarbeitern und/oder ihren Vertretern gewählt oder bestellt, empfohlen und/oder abgelehnt werden kann, geringer ist als der größte in den beteiligten Gesellschaften geltende Anteil.

Auch die Regelung des Art. 3 Abs. 6 RiLi über die Abwahl der Mitbestimmung wurde vom österreichischen Vorsitz erheblich modifiziert. Eine erste Änderung betrifft die Gründungsvariante der Umwandlung einer nationalen Gesellschaft in eine Europäische Aktiengesellschaft. Die österreichische Präsidentschaft stellte in Art. 3 Abs. 6 Unterabsatz 2 RiLi im Hinblick auf die Bedenken einiger Delegationen hinsichtlich einer Flucht aus der Mitbestimmung klar, daß im Falle einer durch Umwandlung gegründeten Europäischen Aktiengesellschaft Art. 3 Abs. 6 RiLi nicht gelten soll, falls in der umzuwandelnden Gesellschaft die Mitbestimmung besteht.[1469] Eine weitere Änderung betrifft die Mehrheit, die für einen Beschluß zur Abwahl der Mitbestimmung oder zum Abbruch bereits aufgenommener Verhandlungen erforderlich ist. Für diesen Beschluß soll gemäß Art. 3 Abs. 6 Unterabsatz 3 RiLi eine Mehrheit von zwei Drittel der Stimmen der Mitglieder, die mindestens zwei Drittel der Arbeitnehmer vertreten, mit der Maßgabe erforderlich sein, daß diese Mitglieder Arbeitnehmer in mindestens zwei Mitgliedstaaten vertreten müssen. Die Mehrheit der Delegationen scheint damit der von der britischen Präsidentschaft vorgeschlagenen Option gefolgt zu sein.[1470]

Lediglich geringfügig geändert wurde hingegen die Regelung über die Hinzuziehung von Sachverständigen bei den Verhandlungen. Art. 3 Abs. 5 Satz 2 RiLi sieht nunmehr vor, daß die Sachverständigen, wenn das besondere Verhandlungsgremium dies wünscht, den Verhandlungen in beratender Funktion beiwohnen können, "*um gegebenenfalls die Kohärenz und Stimmigkeit auf europäischer Ebene zu fördern*". Nach Satz 3 der Bestimmung soll das besondere Verhandlungsgremium die Vertreter der Gewerkschaftsorganisationen auf Gemeinschaftsebene vom Beginn der Verhandlungen unterrichten. Unverändert beibehalten wurde die Bestimmung über die Kosten, die im Zu-

---

[1468] So Bundesministerin a. D. *Hostasch*, die als Unterhändlerin Österreichs mit den Verhandlungen zur Europäischen Aktiengesellschaft befaßt war, in einem - bislang unveröffentlichten - Vortrag am 27.03.2000 an der Universität Bonn.

[1469] Vgl. auch die von der österreichischen Präsidentschaft vorgeschlagene Regelung des Art. 12 Abs. 4 RiLi, nach der die Mitgliedstaaten durch geeignete Maßnahmen sicherstellen, daß die Vorrechte der Arbeitnehmervertreter in beteiligten Gesellschaften, die nicht mehr als getrennte juristische Personen existieren, auch nach der Eintragung der Europäischen Aktiengesellschaft Fortbestand haben.

[1470] Allerdings haben Irland, Belgien, Italien und Portugal Prüfungsvorbehalte eingelegt. Irland hat ferner die Frage aufgeworfen, wie die Bedingung, daß die zustimmenden Mitglieder Arbeitnehmer in mindestens zwei Mitgliedstaaten vertreten müssen, in den Fällen anzuwenden wäre, in denen die Europäische Aktiengesellschaft durch Umwandlung einer bestehenden Gesellschaft in eine Europäische Aktiengesellschaft gegründet wird, vgl. RiLi-Vorschlag Ö, Anm. 12 (S. 10).

sammenhang mit der Tätigkeit des besonderen Verhandlungsgremiums und generell den Verhandlungen entstehen. Aufgrund der Tatsache, daß Art. 3 Abs. 7 a. F. RiLi, wonach in einem gewissen Umfang eine Möglichkeit zur Beschränkung der Beteiligungsrechte der Arbeitnehmer bestand, ersatzlos gestrichen wurde, findet sich die Kostenregelung nunmehr in Art. 3 Abs. 7 RiLi.

3. Vereinbarung über die Beteiligung der Arbeitnehmer

Die Bestimmung des Art. 4 RiLi über den Inhalt der Vereinbarung über die Beteiligung der Arbeitnehmer zwischen dem zuständigen Organ der beteiligten Gesellschaften und dem besonderen Verhandlungsgremium ist fast unverändert beibehalten worden.

Eine Änderung gegenüber dem britischen Kompromißvorschlag betrifft den Mindestkatalog der Regelungsgegenstände, die in der Vereinbarung festgelegt werden sollen: Gemäß Art. 4 Abs. 2 lit. h RiLi soll der Inhalt der Vereinbarung neben dem Zeitpunkt des Inkrafttretens und der Laufzeit der Vereinbarung sowie dem bei ihrer Neuaushandlung anzuwendenden Verfahren auch die Fälle umfassen, in denen die Vereinbarung neu ausgehandelt werden sollte. Diese Änderung beruht darauf, daß die Kommission anläßlich der Beratungen des britischen Kompromißvorschlags zugesagt hat, einen Text vorzulegen, der die verschiedenen Fälle, die eine Neuaushandlung auslösen können, darlegt.[1471]

Eine weitere Änderung beruht auf der Beibehaltung der Gründungsmöglichkeit der Umwandlung einer bestehenden nationalen Aktiengesellschaft in eine Europäische Aktiengesellschaft und der hieraus resultierenden Gefahr für die Mitbestimmungsrechte der Arbeitnehmer. Im Falle einer durch Umwandlung gegründeten Europäischen Aktiengesellschaft soll gemäß dem neu angefügten Art. 4 Abs. 4 RiLi durch die Vereinbarung über die Beteiligung der Arbeitnehmer in Bezug auf alle Komponenten der Mitbestimmung der Arbeitnehmer zumindest das gleiche Ausmaß gewährleistet werden, das in der Gesellschaft besteht, die in eine Europäische Aktiengesellschaft umgewandelt werden soll. Mit dieser Mitbestimmungsbeibehaltungsklausel wollte die österreichische Präsidentschaft - neben weiteren Änderungsvorschlägen betreffend den Verordnungsvorschlag[1472] - den Bedenken einiger Mitgliedstaaten[1473] hinsichtlich einer Flucht aus der Mitbestimmung begegnen.

[1471] Vgl. RiLi-Vorschlag GB, Anm. 24 (S. 13).

[1472] Vgl. zu diesen im einzelnen RiLi-Vorschlag Ö, Anm. 14 (S. 13 f.). Vgl. auch die neu eingefügte Bestimmung des Art. 10 a RiLi, nach der die Mitgliedstaaten verpflichtet sein sollen, im Einklang mit den gemeinschaftlichen Rechtsvorschriften geeignete Maßnahmen zu treffen, um zu verhindern, daß die Verfahren zur Gründung einer Europäischen Aktiengesellschaft mißbraucht werden, um den Arbeitnehmern Beteiligungsrechte wegzunehmen oder vorzuenthalten.

[1473] Dies waren Spanien, Frankreich, Finnland, die Niederlande und Luxemburg, vgl. RiLi-Vorschlag Ö, Anm. 13 (S. 13). Erstaunlicherweise scheint die deutsche Delegation als Vertreter des Mitgliedstaats mit dem höchsten Mitbestimmungsniveau sich diesen Bedenken nicht angeschlossen zu haben.

Diese Zielsetzung verfolgte die österreichische Präsidentschaft auch mit der Einfügung des Art. 10 a RiLi, wonach die Mitgliedstaaten im Einklang mit den gemeinschaftlichen Rechtsvorschriften geeignete Maßnahmen treffen sollen, um zu verhindern, daß die Verfahren zur Gründung einer Europäischen Aktiengesellschaft mißbraucht werden, um den Arbeitnehmern Beteiligungsrechte wegzunehmen oder vorzuenthalten.

4. Auffangregelung zur Beteiligung der Arbeitnehmer

Wie auch die Vorgängervorschläge der luxemburgischen und britischen Präsidentschaft sieht der österreichische Kompromißvorschlag in Art. 7 Abs. 1 Unterabsatz 1 RiLi vor, daß die Mitgliedstaaten zur Verwirklichung der Ziele der Richtlinie eine Auffangregelung zur Beteiligung der Arbeitnehmer einführen, die den im Anhang der Richtlinie niedergelegten Bestimmungen genügen muß. Im Hinblick auf die neu gefaßte Bestimmung des Art. 7 Abs. 2 ist auch Art. 7 Abs. 1 Unterabsatz 2 RiLi geringfügig geändert worden. Hiernach soll die kraft Gesetzes eingeführte Auffangregelung des Mitgliedstaats, in dem die Europäische Aktiengesellschaft ihren Sitz haben soll, unbeschadet des Art. 7 Abs. 2 RiLi ab dem Zeitpunkt der Eintragung der Europäischen Aktiengesellschaft Anwendung finden, wenn die Parteien dies vereinbaren (Art. 7 Abs. 1 Unterabsatz 2 lit. a RiLi) oder bis zum Ende des in Art. 5 RiLi genannten Zeitraums keine Vereinbarung zustandegekommen ist und das zuständige Organ jeder der beteiligten Gesellschaften der Anwendung der Auffangregelung auf die Europäische Aktiengesellschaft und damit der Fortsetzung des Verfahrens zu ihrer Eintragung zugestimmt hat und das besondere Verhandlungsgremium keinen Beschluß gefaßt hat, keine Verhandlungen aufzunehmen oder bereits begonnene Verhandlungen wieder abzubrechen (Art. 7 Abs. 1 Unterabsatz 2 lit. b RiLi).

Um eine ausreichende Sicherung bestehender nationaler Mitbestimmungsrechte der Arbeitnehmer zu gewährleisten, schlug der österreichische Vorsitz zudem die Einfügung eines neuen Absatzes 2 vor. Die kraft Gesetzes in dem Mitgliedstaat, in dem die Europäische Aktiengesellschaft eingetragen wird, eingeführte Auffangregelung im Sinne von Teil 3 des Anhangs soll gemäß diesem - kompliziert und unübersichtlich erscheinenden - Vorschlag in drei Fällen Anwendung finden.

Wird die Europäische Aktiengesellschaft durch Umwandlung einer bestehenden nationalen Gesellschaft gegründet, so soll die Auffangregelung gemäß Art. 7 Abs. 2 Unterabsatz 2 lit. a RiLi Anwendung finden, wenn in der umzuwandelnden Gesellschaft Mitbestimmungsrechte bestehen.

Für den Fall, daß die Europäische Aktiengesellschaft durch Verschmelzung gegründet wird, soll die Auffangregelung gemäß Art. 7 Abs. 2 Unterabsatz 2 lit. b RiLi anwendbar sein, wenn entweder vor der Eintragung der Europäischen Aktiengesellschaft in einer oder mehreren beteiligten Gesellschaften eine oder mehrere Formen der Mitbestimmung bestanden und sich auf mindestens A % (geringerer Anteil) der Gesamtzahl der Arbeitnehmer aller beteiligten Gesellschaften erstreckten (1. Spiegelstrich) oder vor der Eintragung der Europäischen Aktiengesellschaft in einer oder mehreren beteiligten Gesellschaften eine oder mehrere Formen der Mitbestimmung bestanden und sich auf weniger als A % (geringerer Anteil) der Gesamtzahl der Arbeitnehmer aller beteiligten Gesellschaften erstreckten und das besondere Verhandlungsgremium einen entsprechenden Beschluß faßt (2. Spiegelstrich).

Liegt ein Fall einer als Holding- oder als Tochtergesellschaft gegründeten Europäischen Aktiengesellschaft vor, so soll die Auffangregelung gemäß Art. 7 Abs. 2 Unterabsatz 2 lit. c RiLi anwendbar sein, wenn entweder vor der Eintragung der Europäischen Aktiengesellschaft in einer oder mehreren beteiligten Gesellschaften eine oder mehrere Formen der Mitbestimmung bestanden und sich auf mindestens B % (höherer Anteil) der Gesamtzahl der Arbeitnehmer aller beteiligten Gesellschaften erstreckten (1. Spiegelstrich) oder vor der Eintragung der Europäischen Aktiengesellschaft in einer oder mehreren beteiligten Gesellschaften eine oder mehrere Formen der Mitbestimmung bestanden und sich auf weniger als B % (höherer Anteil) der Gesamtzahl der Arbeitnehmer aller beteiligten Gesellschaften erstreckten und das besondere Verhandlungsgremium einen entsprechenden Beschluß faßt (2. Spiegelstrich).

Besteht mehr als eine Form der Mitbestimmung in verschiedenen beteiligten Gesellschaften, so soll das besondere Verhandlungsgremium gemäß Art. 7 Abs. 2 Unterabsatz 3 RiLi entscheiden, welche von ihnen in der Europäischen Aktiengesellschaft eingeführt wird, und die zuständigen Organe der beteiligten Gesellschaften über die Beschlüsse, die es in Anwendung dieses Absatzes gefaßt hat, unterrichten.

Gegen diesen neuen Absatz 2 legten mehrere Delegationen einen Prüfungsvorbehalt ein:[1474] England, Italien und Frankreich legten einen Sachvorbehalt gegen die Anwendung von Teil 3 des Anhangs der Richtlinie in den Fällen ein, in denen keine Vereinbarung geschlossen wurde. Besonders Italien war gegen eine Mitbestimmung als Teil des Anhangs ohne Zustimmung des zuständigen Organs der beteiligten Gesellschaften. Deutschland, Schweden, Dänemark und Finnland sprachen sich dafür aus, daß das Mitbestimmungsmodell mit der höchsten Zahl von Arbeitnehmervertretern Anwendung finden sollte. Die Niederlande schließlich bevorzugten die Anwendung des Mitbestimmungsmodells, das für die größte Zahl von Arbeitnehmern in den beteiligten Gesellschaften gilt, da sie dies für das objektivste Kriterium hielten.

Was den Inhalt der Auffangregelung selbst angeht, sind im großen und ganzen nur geringfügige Veränderungen gegenüber den Vorschlägen der britischen Präsidentschaft zu verzeichnen. Lediglich Teil 3 des Anhangs über die Auffangregelung für die Mitbestimmung der Arbeitnehmer enthält sachliche Änderungen.

Teil 1 der Auffangregelung über die Zusammensetzung des Organs zur Vertretung der Arbeitnehmer enthält kaum Änderungen. So ist zum Beispiel Teil 1 lit. b der Auffangregelung um einen weiteren Unterabsatz ergänzt worden, wonach die Mitgliedstaaten durch entsprechende Vorschriften dafür sorgen sollen, daß Änderungen innerhalb der

---

[1474] Vgl. im einzelnen RiLi-Vorschlag Ö, Anm. 20 (S. 17).

Europäischen Aktiengesellschaft und ihrer Tochtergesellschaften und Betriebe durch Anpassung der Zahl der Mitglieder des Vertretungsorgans und der Zuteilung der Sitze in diesem Organ Rechnung getragen wird. Des weiteren wurde die Regelung des Teil 1 lit. d der Auffangregelung über die Zusammensetzung des Vertretungsorgans der geänderten Fassung des Art. 3 Abs. 2 lit. a RiLi angepaßt.

Hinsichtlich der in Teil 2 des Anhangs enthaltenen Auffangregelung für die Unterrichtung und Anhörung ist Teil 2 lit. a - entsprechend der ebenfalls veränderten Begriffsbestimmung des Art. 2 lit. i RiLi - dahingehend modifiziert worden, daß die Zuständigkeit des Vertretungsorgans sich auf Angelegenheiten beschränkt, die die Europäische Aktiengesellschaft selbst oder eine ihrer Tochtergesellschaften oder einen ihrer Betriebe in einem anderen Mitgliedstaat betreffen[1475] oder über die Befugnisse der Entscheidungsorgane auf der Ebene des einzelnen Mitgliedstaats hinausgehen. Des weiteren wurde in Teil 2 lit. b Unterabsatz 1 der Auffangregelung die Klarstellung aufgenommen, daß von den dort vorgesehenen regelmäßigen Zusammenkünften das Recht der Arbeitnehmervertreter zu Zusammenkünften im Falle außergewöhnlicher Umstände im Sinne von Teil 2 lit. c der Auffangregelung unberührt bleibt. Ergänzt wurde die Vorschrift um einen Unterabsatz 2, wonach das zuständige Organ der Europäischen Aktiengesellschaft dem Vertretungsorgan die Tagesordnung aller Sitzungen des Verwaltungsorgans oder gegebenenfalls des Leitungs- und des Aufsichtsorgans sowie Kopien aller Unterlagen, die der Hauptversammlung der Aktionäre unterbreitet werden, übermitteln soll. Neu eingefügt wurde die Bestimmung des Teil 2 lit. c der Auffangregelung. Hiernach soll das Vertretungsorgan das Recht haben, ein weiteres Mal mit dem zuständigen Organ der Europäischen Aktiengesellschaft zusammenzutreffen, um eine Einigung herbeizuführen, wenn das zuständige Organ beschließt, nicht im Einklang mit der von dem Vertretungsorgan abgegebenen Stellungnahme zu handeln. Neu ist schließlich auch Teil 2 lit. g der Auffangregelung, der den Mitgliedern des Vertretungsorgans einen Anspruch auf bezahlte Freistellung für Fortbildungmaßnahmen zuspricht, sofern dies zur Erfüllung ihrer Aufgaben erforderlich ist.

Die Auffangregelung des Teil 3 des Anhangs über die Mitbestimmung wurde von der österreichischen Präsidentschaft neu gefaßt. Die Arbeitnehmer der Europäischen Aktiengesellschaft, ihrer Tochtergesellschaften und Betriebe und/oder ihrer Vertretungsorgane sollen nunmehr gemäß Teil 3 lit. a Unterabsatz 1 der Auffangregelung das Recht haben, einen Teil der Mitglieder des Verwaltungs- oder des Aufsichtsorgans der Europäischen Aktiengesellschaft zu wählen oder zu bestellen oder deren Bestellung zu empfehlen oder abzulehnen, wobei die Zahl dieser Mitglieder nach dem höchsten maßgeblichen Anteil in den beteiligten Gesellschaften vor der Eintragung der Europäischen Akti-

---

[1475] Der britische Kompromißvorschlag verlangte insoweit noch, daß Angelegenheiten der Europäischen Aktiengesellschaft selbst oder mindestens zwei ihrer Tochtergesellschaften oder Betriebe in verschiedenen Mitgliedstaaten betroffen sind.

engesellschaft bemessen werden soll.[1476] Bestanden in keiner dieser Gesellschaften vor der Eintragung der Europäischen Aktiengesellschaft Vorschriften über die Mitbestimmung, so ist die Europäische Aktiengesellschaft gemäß Teil 3 lit. a Unterabsatz 2 der Auffangregelung nicht verpflichtet, eine Vereinbarung über die Mitbestimmung der Arbeitnehmer einzuführen.[1477] Gemäß Teil 3 lit. a Unterabsatz 3 der Auffangregelung soll die Verteilung der Sitze im Verwaltungs- oder Aufsichtsorgan auf die Mitgliedstaaten vom Vertretungsorgan entsprechend dem Anteil der in den einzelnen Mitgliedstaaten beschäftigten Arbeitnehmer der Europäischen Aktiengesellschaft festgelegt werden. Hierbei sollen die Mitgliedstaaten nach den österreichischen Vorschlägen festlegen können, wie die auf sie entfallenden Sitze im Verwaltungs- oder Aufsichtsorgan verteilt werden.[1478] Alle von dem Vertretungsorgan oder gegebenenfalls den Arbeitnehmern gewählten, bestellten oder empfohlenen Mitglieder des Verwaltungsorgans oder gegebenenfalls des Aufsichtsorgans der Europäischen Aktiengesellschaft sollen nach Maßgabe des Teil 3 lit. b der Auffangregelung vollberechtigte Mitglieder des jeweiligen Organs mit denselben Rechten (einschließlich des Stimmrechts) und denselben Pflichten wie die Mitglieder, die die Anteilseigner vertreten, sein.

V. Rechtsstellung der Arbeitnehmervertreter

Wie auch seine Vorgänger enthielt der österreichische Kompromißvorschlag in Teil III Bestimmungen, welche die Rechtsstellung der Arbeitnehmervertreter betreffen: es sind dies Art. 8 RiLi (Pflicht zur Verschwiegenheit und Geheimhaltung), Art. 9 RiLi (Arbeitsweise des Vertretungsorgans und Funktionsweise des Verfahrens zur Unterrichtung und Anhörung) und Art. 10 RiLi (Schutz der Arbeitnehmervertreter). Sämtliche Regelungen enthielten gegenüber den Vorschlägen der britischen Präsidentschaft keine Änderungen, so daß insoweit auf die obigen Ausführungen verwiesen werden kann.

VI. Resonanz der Mitgliedstaaten und Sozialpartner

Während der Amtszeit der österreichischen Präsidentschaft im zweiten Halbjahr 1998 ergingen keine offiziellen Stellungnahmen der Mitgliedstaaten oder der Sozialpartner zu den überarbeiteten Kompromißvorschlägen. Da der österreichische Vorschlag eine Fortsetzung des Kompromißvorschlags der Briten darstellt, kann insoweit im wesentlichen auf obige Ausführungen verwiesen werden.

[1476] Italien und Spanien erinnerten an ihre Ablehnung der Auffangregelungen im Anhang, die insbesondere den Teil 3 über die Auffangregelungen für die Mitbestimmung betrifft. Frankreich legte in Erwartung des Gesamtergebnisses einen Vorbehalt zu Teil 3 der Auffangregelung ein, vgl. RiLi-Vorschlag Ö, Anm. 28 (S. 29).

[1477] Die Niederlande legten hierzu einen Prüfungsvorbehalt ein, vgl. RiLi-Vorschlag Ö, Anm. 29 (S. 29).

[1478] Viele Delegationen legten zu diesen neuen Vorschlägen der österreichischen Präsidentschaft Prüfungsvorbehalte ein, vgl. RiLi-Vorschlag Ö, Anm. 30 (S. 30).

VII. Stellungnahme

Der Kompromißvorschlag der österreichischen Präsidentschaft baut auf seinem von der britischen Präsidentschaft vorgelegten Vorgänger auf und stimmt mit diesem auch inhaltlich im wesentlichen überein.

Vorbehaltlich einer abschließenden Stellungnahme[1479] kann festgestellt werden, daß es der österreichischen Präsidentschaft gelungen ist, einige Streitpunkte, welche noch die Verhandlungen der Vorgängerpräsidentschaft belasteten, weitgehend zu beseitigen bzw. zu entschärfen. Dies gilt bspw. für die mit der Gründungsmöglichkeit der Umwandlung einer bestehenden nationalen Gesellschaft in eine Europäische Aktiengesellschaft verbundenen Probleme im Hinblick auf Mitbestimmung der Arbeitnehmer. Durch die von der österreichischen Präsidentschaft vorgeschlagenen Änderungen zur Beibehaltung der Mitbestimmung konnten die zu dieser Gründungsvariante bestehenden Vorbehalte größtenteils entkräftet werden. Demgegenüber sind zahlreiche Fragen nach wie vor als ungeklärt anzusehen.

Insbesondere die Hauptproblematik der Mitbestimmung der Arbeitnehmer in der Europäischen Aktiengesellschaft konnte auch unter österreichischer Präsidentschaft keiner Lösung zugeführt werden. Zwar war man mit den vorgelegten Vorschlägen einer konsensfähigen Lösung schon sehr nahegekommen, da fast alle Mitgliedstaaten sich zu gewissen Zugeständnissen bereit erklärt haben. Anläßlich der Beratungen im Ministerrat am 02.12.1998 *(wo?)* wäre es auch fast gelungen, das Vorhaben der Europäischen Aktiengesellschaft zu verabschieden. Letzten Endes scheiterten die Verhandlungen aber am Veto der spanischen Delegation. Spanien sah sich offenbar nicht in der Lage, dem gefundenen Kompromißvorschlag zustimmen zu können. Über die Gründe für dieses Verhalten ist viel spekuliert worden. Offiziell wurde die ablehnende Haltung Spaniens damit begründet, daß nach den Vorschlägen der Präsidentschaft eine Minderheit der Mehrheit ihr Mitbestimmungssystem aufdrängen könne. Man könne daher aus philosophischen, kulturellen und gewerkschaftlichen Gründen nicht zustimmen, da der Kompromiß zu sehr das deutsche Modell berücksichtige.[1480] Ein weiterer, allerdings nicht offen ausgesprochener Grund ist wohl darin zu sehen, daß Spanien Sitzverlegungen nach Gibraltar, einem britischen Protektorat[1481], befürchtet, wo es keine zusätzlichen

---

[1479] Vgl. unten Teil IV § 15 E. (S. 365 ff.).

[1480] Vgl. *Rang* (Abteilung Mitbestimmung beim DPG-Hauptvorstand) in der Publikation der Deutschen Postgewerkschaft *"Transparent"* 06/99 v. 11.06.1999, Internet: http://www.dpg.org/transparent/1999_06/telekom.html (Fundstelle abgerufen am 28.10.2001).

[1481] Gibraltar hat den Status einer britischen Kolonie mit der Maßgabe, daß Großbritannien für die Außenpolitik, die Verteidigung und die innere Sicherheit zuständig ist, während das Gebiet selbst Autonomie in inneren Angelegenheiten genießt. Vgl. zum geschichtlichen Hintergrund dieses Konflikts, der zu den ältesten Streitigkeiten Europas gehört und seinen Anfang während des Spanischen Erbfolgekrieges in den Jahren 1700 bis 1713 nahm, den Artikel von *Sturm* in der F.A.Z. v. 20.04.2000, S. 4 *("Großbritanniens Fels im Süden Europas")*.

britischen Behörden dulden will.[1482] Des weiteren schien Spanien als zweitgrößtes Agrarland der Union die - insbesondere agrarpolitischen - Besitzstände der Mittelmeeranrainer schützen zu wollen, die durch das im Hinblick auf die bevorstehende Osterweiterung der Gemeinschaft von der Kommission vorgeschlagene Reformpaket *"Agenda 2000"* in Gefahr geraten sind.[1483]

D. Kompromißvorschlag der deutschen Präsidentschaft

Auch die deutsche Präsidentschaft griff während ihrer Amtszeit im ersten Halbjahr 1999 die Bemühungen ihrer Vorgänger um das Vorhaben der Europäischen Aktiengesellschaft auf und erarbeitete einen Vorschlag für eine politische Einigung zum Entwurf einer Richtlinie über die Beteiligung der Arbeitnehmer in der Europäischen Aktiengesellschaft. Dieser lag dem Arbeits- und Sozialministerrat am 25.05.1999 vor.[1484] Es existiert ferner ein geänderter Verordnungsvorschlag über das Statut für Europäische Aktiengesellschaften, der aber - laut Auskunft von Herrn *Kleinsorge* vom Bundesarbeitsministerium[1485] - bei den Beratungen während der deutschen Präsidentschaft und der ihr nachfolgenden Präsidentschaften nicht im Vordergrund stand.[1486]

I. Konzeption der Vorschläge

Bei dem Richtlinienvorschlag - so die deutsche Ratspräsidentschaft in ihren Vorbemerkungen - handelt es sich *"weitgehend um eine konsolidierte Fassung des Vorschlags, den der österreichische Vorsitz auf der Tagung des Rates vom 2. Dezember 1998 vorgelegt hat"*.[1487] Die deutsche Präsidentschaft versuchte, den Kompromiß zu stärken,

---

[1482] Vgl. *Kolvenbach*, NZA 1998, 1323 ff., 1327 und *Wiesner*, GmbHR 1999, R 301 f., R 302; vgl. auch F.A.Z. v. 17.03.2000, S. 15. Laut *van Hulle*, Abteilungsleiter der Europäischen Kommission, wollen Großbritannien und Spanien *"die Probleme über einen Fels im Mittelmeer demnächst lösen"*; bislang unveröffentlichter Vortrag v. 27.03.2000 an der Universität Bonn.

[1483] Vgl. *Hasselbach*, NZG 1999, 291 ff., 291.

[1484] Vorschlag für eine Richtlinie des Rates zur Ergänzung des Statuts der Europäischen Aktiengesellschaft hinsichtlich der Beteiligung der Arbeitnehmer v. 12.05.1999, Dok. 8194/99 SE 5 SOC 175, nicht amtlich veröffentlicht. Dieser Vorschlag wird im folgenden Abschnitt als *RiLi-Vorschlag GER* zitiert; die Vorschriften dieses Richtlinienvorschlags werden mit dem Zusatz *RiLi* versehen. Die folgenden Ausführungen beziehen sich auf die deutsche Version des Textes, der im Original in englisch vorgelegen hat.

[1485] Herr Kleinsorge hat als zuständiger Referent beim Bundesarbeitsministerium für an den Beratungen des Ministerrats zur Europäischen Aktiengesellschaft teilgenommen.

[1486] Amended Proposal for a Regulation on the Statute for a European Company (SE), Dokument SN 2317/99 (SE). im Anschluß an Dokument 12702/98 SE 36 SOC 458, Brussels, 16 April 1999, nicht amtlich veröffentlicht. Dieser Vorschlag wird im folgenden Abschnitt als *VO-Vorschlag GER* zitiert; die Vorschriften dieses Richtlinienvorschlags werden mit dem Zusatz *VO* versehen. Die folgenden Ausführungen beziehen sich auf die englische Originalversion des Textes.

[1487] Sie wies ferner darauf hin, daß alle Bestimmungen, die nicht durch Fettdruck gekennzeichnet sind und zu denen es keine Fußnoten gibt, vorerst als angenommen gelten und nicht mehr erneut erörtert werden, sofern dies nicht als Folge von Änderungen anderer Textstellen notwendig wird.

ohne den Kompromißvorschlag der österreichischen Präsidentschaft inhaltlich im wesentlichen zu verändern. Die folgenden Ausführungen beschränken sich daher auf diese Änderungen gegenüber den Vorgängervorschlägen.

II. Rechtsgrundlage

Der von der deutschen Präsidentschaft vorgelegte Kompromißvorschlag enthielt - wie auch seine Vorgänger - keine Ausführungen zur Rechtsgrundlage, auf welche der Richtlinienvorschlag über die Beteiligung der Arbeitnehmer in der Europäischen Aktiengesellschaft gestützt werden sollte. In einer Anmerkung zum Verordnungsvorschlag hieß es lediglich, daß die Frage der Rechtsgrundlage noch nicht abschließend geklärt sei.[1488]

III. Organisationsverfassung

Auch die deutsche Präsidentschaft ließ den an der Gründung der Europäischen Aktiengesellschaft beteiligten Gesellschaften die Wahl zwischen einer monistisch und einer dualistisch strukturierten Europäischen Aktiengesellschaft. Die Europäische Aktiengesellschaft verfügt somit - wie schon nach den Vorgängervorschlägen - gemäß Art. 37 VO neben der Hauptversammlung entweder über ein Aufsichtsorgan und ein geschäftsführendes Organ (dualistisches System, vgl. im einzelnen Art. 38 ff. VO) oder über ein Verwaltungsorgan (monistisches System, vgl. im einzelnen Art. 43 ff. VO). Die ehemals für die Mitgliedstaaten vorgesehene Möglichkeit, dieses Wahlrecht beschränken zu können, wurde bereits von der britischen Präsidentschaft aus den Vorschlägen gestrichen. Die deutsche Präsidentschaft übernahm diese Änderung.

IV. Mitbestimmung der Arbeitnehmer

Ein Großteil der Regelungen über die Mitbestimmung der Arbeitnehmer wurde in den Vorschlägen der deutschen Präsidentschaft unverändert übernommen. Teilweise enthielt der Kompromißvorschlag aber auch Änderungen, die sehr wesentliche Auswirkungen auf die Problematik der Mitbestimmung der Arbeitnehmer zur Folge hatten.

1. Anwendungsbereich

Hinsichtlich des Anwendungsbereiches des Richtlinienvorschlags enthält der Entwurf in der Fassung, in der er von der deutschen Ratspräsidentschaft vorgelegt wurde, kaum Unterschiede gegenüber dem Kompromißvorschlag der österreichischen Präsidentschaft. Lediglich die Bestimmung des Art. 4 Abs. 4 RiLi über die Beibehaltung der Mitbestimmung im Falle der Gründung einer Europäischen Aktiengesellschaft im Wege der Umwandlung wurde durch die Klarstellung ergänzt, daß dies unbeschadet des Art. 12 Abs. 3 lit. a RiLi gelten soll.

[1488] Vgl. VO-Vorschlag GER, S. 7, Anm. 1.

2. Besonderes Verhandlungsgremium

Die Vorschrift des Art. 3 RiLi über die Einsetzung des besonderen Verhandlungsgremiums wurde gegenüber dem österreichischen Kompromißvorschlag nur geringfügig verändert.

So ist die Formulierung des Art. 3 Abs. 2 lit. a Ziff. i) RiLi über die Zusammensetzung des besonderen Verhandlungsgremiums sprachlich überarbeitet worden. Hiernach soll nunmehr die Vertretung durch gewählte oder bestellte Mitglieder entsprechend der Zahl der in jedem Mitgliedstaat beschäftigten Arbeitnehmer der beteiligten Gesellschaften und der betroffenen Tochtergesellschaften und Betriebe in der Form sicherzustellen sein, daß pro Mitgliedstaat für jeden Anteil der in diesem Mitgliedstaat beschäftigten Arbeitnehmer, der 10 % der Gesamtzahl der in allen Mitgliedstaaten beschäftigten Arbeitnehmer der beteiligten Gesellschaften und der beteiligten Tochtergesellschaften und Betriebe entspricht, oder für einen Bruchteil dieser Tranche Anspruch auf einen Sitz besteht. Hiermit stellte die deutsche Präsidentschaft klar, daß der Anteil von 10 % sich auf die Gesamtzahl der in allen Mitgliedstaaten beschäftigten Arbeitnehmer der beteiligten Gesellschaften und der beteiligten Tochtergesellschaften und Betriebe bezieht. Dies war im Vorschlag der österreichischen Präsidentschaft, in dem es heißt *"für jede Tranche von 10 % der Gesamtzahl der in einem einzigen Mitgliedstaat beschäftigten Arbeitnehmer"*, mißverständlich formuliert. Daß hiermit keine sachliche Änderung gewollt war, läßt sich schon daran ablesen, daß keine der Delegationen einen Vorbehalt einlegte und auch die deutsche Präsidentschaft ihren Vorschlag nicht als Änderung in der Sache kenntlich machte.

Des weiteren präzisierte die deutsche Präsidentschaft den Begriff der Minderung der Mitbestimmungsrechte im Sinne des Art. 3 Abs. 4 Unterabsatz 3 RiLi. Minderung der Mitbestimmungsrechte bedeutet hiernach, daß der Anteil der Mitglieder der Organe der Europäischen Aktiengesellschaft im Sinne des Art. 2 lit. k erster oder zweiter Gedankenstrich RiLi geringer ist als der höchste in den beteiligten Gesellschaften geltende Anteil. Durch diese Bezugnahme der Begriffsbestimmung der Mitbestimmung kommt es jedoch zu keiner Änderung der Sache nach.

Eine weitere Änderung betrifft die Hinzuziehung von Sachverständigen unter der Einbeziehung von Gewerkschaftsvertretern. Art. 3 Abs. 5 Satz 3 RiLi sieht nunmehr vor, daß das besondere Verhandlungsgremium beschließen kann, die Vertreter der Gewerkschaftsorganisationen auf Gemeinschaftsebene vom Beginn der Verhandlungen zu unterrichten. Dies hatte die Kommission anläßlich der Beratungen des österreichischen Kompromißvorschlags auf Einwände einiger Delegationen hin vorgeschlagen.[1489]

Schließlich ist die Bestimmung des Art. 3 Abs. 6 Unterabsatz 1 RiLi dahingehend ergänzt worden, daß keine der Bestimmungen des Anhangs oder des Art. 47 a VO Anwendung finden soll, sofern die Parteien beschlossen haben, keine Verhandlungen auf-

---

[1489] Vgl. RiLi-Vorschlag Ö, Anm. 11 (S. 9).

zunehmen oder bereits aufgenommene Verhandlungen abzubrechen und die Vorschriften für die Unterrichtung und Anhörung zur Anwendung gelangen zu lassen, die in den Mitgliedstaaten gelten, in denen die Europäische Aktiengesellschaft Arbeitnehmer beschäftigt. Dasselbe soll gemäß Art. 3 Abs. 6 Unterabsatz 4 Satz 2 RiLi für den Fall gelten, daß das besondere Verhandlungsgremium die Wiederaufnahme von Verhandlungen mit der Geschäftsleitung beschließt, in diesen Verhandlungen jedoch keine Einigung erzielt wird. Diese Änderungen resultieren daraus, daß die ehemals in Teil 3 des Anhangs zur Richtlinie enthaltene Auffangregelung für die Mitbestimmung im wesentlichen als neu eingefügter Art. 47 a VO in den Verordnungsvorschlag aufgenommen werden soll.

3. Vereinbarung über die Beteiligung der Arbeitnehmer

Die Regelungen betreffend die Vereinbarung über die Beteiligung der Arbeitnehmer sind bis auf eine Ausnahme unverändert übernommen worden: Art. 4 Abs. 4 RiLi ist dahingehend modifiziert worden, daß die Vereinbarung im Sinne des Art. 4 Abs. 2 RiLi nunmehr unbeschadet des Art. 12 Abs. 3 lit. a RiLi im Falle einer durch Umwandlung gegründeten Europäischen Aktiengesellschaft in Bezug auf alle Komponenten der Arbeitnehmerbeteiligung zumindest das gleiche Ausmaß gewährleisten muß, das in der Gesellschaft besteht, die in eine Europäische Aktiengesellschaft umgewandelt werden soll. Hierdurch soll klargestellt werden, daß die Beteiligungsrechte der Arbeitnehmer nach einzelstaatlichen Rechtsvorschriften und/oder Gepflogenheiten, die für die Arbeitnehmer der Europäischen Aktiengesellschaft und ihrer Tochtergesellschaften und Betriebe gelten, mit Ausnahme der Mitbestimmung in den Gremien der Europäischen Aktiengesellschaft, auch im Falle einer Umwandlung von der Richtlinie unberührt und somit bestehen bleiben sollen. Hiermit korrespondiert die Vorschrift des Art. 12 Abs. 4 RiLi, nach der zur Wahrung dieser Rechte die Mitgliedstaaten durch geeignete Maßnahmen sicherstellen können sollen, daß die Strukturen der Arbeitnehmervertretung in den beteiligten Gesellschaften, die als eigenständige juristische Personen erlöschen, nach der Eintragung der Europäischen Aktiengesellschaft fortbestehen.[1490]

4. Auffangregelung zur Beteiligung der Arbeitnehmer

Auch die Auffangregelung zur Beteiligung der Arbeitnehmer wurde in weiten Teilen unverändert übernommen. Änderungen ergeben sich jedoch daraus, daß ein Teil der Vorschriften als Art. 47 a VO in den mit der Richtlinie untrennbar verknüpften[1491] Verordnungsvorschlag überführt werden soll.[1492] Im übrigen wurde die Auffangregelung vollständig übernommen und ist inhaltlich kaum verändert worden.

[1490] Großbritannien, die Niederlande und Irland lehnten insoweit einen eigenen Absatz über den Schutz der Strukturen ab, während die Kommission den Vorschlag als mögliche Lösung betrachtete, vgl. RiLi-Vorschlag GER, S. 20 (Anm. 10).
[1491] Vgl. den 21. Erwägungsgrund zum VO-Vorschlag, VO-Vorschlag GER, S. 7.
[1492] Vgl. VO-Vorschlag GER, S. 10, Anm. 1.

Die deutsche Präsidentschaft strich die sehr komplizierte Vorschrift des Art. 7 Abs. 2 a. F. RiLi aus ihrem Richtlinienvorschlag. Dasselbe gilt für Teil 3 des Anhangs betreffend die Auffangregelung für die Mitbestimmung. Dies sollte jedoch nicht zur Eliminierung dieser Vorschriften führen, sondern beide gestrichenen Vorschriften wurden zusammen in eine - nunmehr noch kompliziertere - neu eingefügte Vorschrift des Verordnungsvorschlags überführt: Art. 47 a VO.

Die Regelung des Art. 47 a Ziff. 1 VO entspricht zum größten Teil der ehemaligen Regelung des Art. 7 Abs. 2 Unterabsatz 2 lit. a RiLi, zum Teil wurden aber auch Modifizierungen vorgenommen, die auf einen Vorschlag der österreichischen Präsidentschaft zurückgehen.[1493] Für den Fall, daß Regelungen eines Mitgliedstaats über die Mitbestimmung der Arbeitnehmer im Verwaltungs- oder Aufsichtsorgan auf eine Gesellschaft anwendbar waren, die in eine Europäische Aktiengesellschaft umgewandelt worden ist, sollen alle Beteiligungsrechte der Arbeitnehmer in der Europäischen Aktiengesellschaft gemäß Art. 47 a Ziff. 1 VO weitergelten, sofern keine Vereinbarung im Sinne von Art. 5 RiLi getroffen wurde und das zuständige Organ der umwandelnden Gesellschaft die Anwendung der Grundsätze über die Beteiligung der Arbeitnehmer im Sinne des Art. 47 a VO akzeptiert und infolgedessen das Eintragungsverfahren fortgesetzt hat.

Liegt eine andere Form der Gründung einer Europäischen Aktiengesellschaft vor, so sollen unter bestimmten Voraussetzungen gemäß Art. 47 a Ziff. 2 VO die Regelungen über die Beteiligung der Arbeitnehmer im Sinne von Art. 47 a Ziff. 3 VO Anwendung finden, sofern das besondere Verhandlungsgremium keinen Beschluß im Sinne von Art. 3 Abs. 6 RiLi gefaßt hat, bis zum Ende des in Art. 5 RiLi genannten Zeitraums keine Vereinbarung über die Beteiligung der Arbeitnehmer zustande gekommen ist und das zuständige Organ jeder der beteiligten Gesellschaften der Anwendung der Grundsätze über die Beteiligung der Arbeitnehmer im Sinne des Art. 47 a VO akzeptiert und infolgedessen das Eintragungsverfahren fortsetzt. Hinsichtlich dieser Voraussetzungen, die in Art. 47 a VO - differenziert nach dem Gründungstatbestand der Fusion einerseits, Art. 47 a Ziff. 2 lit. a VO, und der Holding- bzw. Tochtergesellschaft andererseits, Art. 47 a Ziff. 2 lit. b VO - aufgeführt sind, kann im einzelnen auf die obigen Ausführungen verwiesen werden, da die Bestimmung sich mit den ehemaligen Regelungen des Art. 7 Abs. 2 Unterabsatz 2 lit. b und c) RiLi deckt.

Teil 3 der Auffangregelung schließlich wurde inhaltlich unverändert vollständig in Art. 47 a Ziff. 3 VO überführt.

Wie sich bereits bei den Beratungen des Kompromißvorschlags der österreichischen Präsidentschaft gezeigt hatte, handelt es sich bei dieser Auffangregelung für die Mitbestimmung der Arbeitnehmer um den am meisten umstrittenen Teil der Vorschläge. Dies erkennt man bereits an der Vielzahl der zu diesen Vorschlägen eingelegten Vorbehalte

---

[1493] Vgl. VO-Vorschlag GER, S. 40, Anm. 1.

der Delegationen der Mitgliedstaaten, die diese auch zu der neu eingefügten Vorschrift des Art. 47 a VO aufrecht erhalten haben.[1494]

V. Rechtsstellung der Arbeitnehmervertreter

Der Vorschlag der deutschen Präsidentschaft enthält überhaupt keine Änderungen gegenüber dem österreichischen Kompromißvorschlag hinsichtlich der Regelungen über die Rechtsstellung der Arbeitnehmervertreter. Entsprechend den Vorbemerkungen der Präsidentschaft kann somit davon ausgegangen werden, daß diese Bestimmungen vorerst als grundsätzlich angenommen gelten können.

VI. Resonanz der Mitgliedstaaten und Sozialpartner

Da eine Diskussion und Beratung der neuesten Vorschläge der jeweiligen Ratspräsidentschaft zur Europäischen Aktiengesellschaft in erster Linie innerhalb der zuständigen Gremien anläßlich der Ministerratstreffen stattfand, liegen zum Kompromißvorschlag der deutschen Präsidentschaft nur vereinzelte Stellungnahmen vor.

1. Europäischer Gewerkschaftsbund

Für den Europäischen Gewerkschaftsbund legte der für mitbestimmungsrechtliche Fragen zuständige Politische Sekretär *Buschak* im Anschluß an die Beratungen der deutschen Präsidentschaft vom 25.05.1999 ein Papier vorlegte, in welchem eingehend zu den neuen Vorschlägen Stellung bezogen wurde.[1495] Der Europäische Gewerkschaftsbund äußerte sich in dieser Stellungnahme zu vielen Punkten der Vorschläge positiv, zeigte aber auch die seiner Auffassung nach wie vor bestehende Verbesserungsbedürftigkeit in einigen Punkten.

Positiv hob der Europäische Gewerkschaftsbund bspw. hervor, daß der Begriff der Unterrichtung und Anhörung gegenüber der Richtlinie über die europäischen Betriebsräte gestärkt worden sei. Allerdings sei eine Klarstellung dahingehend wünschenswert, daß die Stellungnahme der Arbeitnehmervertreter auch berücksichtigt werden soll.[1496] Der EGB begrüßte des weiteren die - schon seit längerem von ihm geforderte - stärkere Einbeziehung von Gewerkschaftsvertretern bzw. europäischen Gewerkschaftsverbänden im Rahmen der Verhandlungen. Dies sei ein klarer Fortschritt gegenüber den früheren Vorschlägen und würde den Dialog zwischen den Arbeitnehmervertretern aus verschiedenen Mitgliedstaaten bedeutend erleichtern.[1497] Auch die Tatsache, daß das Vertretungsorgan das Recht haben soll, ein weiteres Mal mit dem zuständigen Organ der Europäi-

---

[1494] Vgl. VO-Vorschlag GER, S. 41 f.
[1495] *Buschak, "Arbeitnehmerbeteiligung in der Europäischen Aktiengesellschaft. Was geschah unter deutscher Präsidentschaft. Eine kurze Bewertung"*, in: Europäischer Gewerkschaftsbund (Hrsg.), Europäische Betriebsräte. Unterrichtung, Anhörung und Mitbestimmung, S. 110 ff.
[1496] Vgl. *Buschak*, S. 110 ff., S. 111.
[1497] Vgl. *Buschak*, S. 110 ff., S. 114.

schen Aktiengesellschaft zusammenzutreffen, falls dieses nicht im Einklang mit einer von den Arbeitnehmervertretern abgegebenen Stellungnahme handelt, wurde begrüßt.[1498] Die vorgesehene Übermittlung der Tagesordnung sowie aller Unterlagen, die der Hauptversammlung zugehen, sei ein bedeutender Schritt in Richtung der ursprünglichen Empfehlungen der Davignon-Gruppe.[1499] Hinsichtlich der vorgeschlagenen Regelungen zur Beibehaltung der Mitbestimmung im Falle der Gründung einer Europäischen Aktiengesellschaft im Wege der Verschmelzung sprach der Europäische Gewerkschaftsbund von einem beträchtlichen Fortschritt.[1500] Wenn diese Vorschläge akzeptiert würden, bräuchte man - so lautet es in dem Papier weiter - nicht länger zu befürchten, die Gründung einer Europäischen Aktiengesellschaft auf dem Wege der Verschmelzung führe zu einer Vernichtung bestehender Rechte auf nationaler Ebene. Auch den Vorschlägen zur Gründungsvariante der Umwandlung stand der Europäische Gewerkschaftsbund nunmehr insgesamt positiv gegenüber. Wenngleich der Europäische Gewerkschaftsbund keinen Hehl daraus machte, daß er auf die Gründungsvariante der Umwandlung einer bestehenden nationalen Gesellschaft lieber verzichtet hätte, könnte die Herangehensweise der Präsidentschaft, nach der die Mitgliedstaaten die Umwandlungen von einer qualifizierten Mehrheit abhängig machen können, seiner Auffassung nach eine Lösung sein.[1501]

Der Europäische Gewerkschaftsbund kritisierte hingegen den Zeitpunkt des Beginns der Verhandlungen, die nach den Vorschlägen erst nach der Offenlegung des Verschmelzungsplans oder des Gründungsplans für eine Holdinggesellschaft oder nach einer Vereinbarung über den Gründungsplan für eine Tochtergesellschaft beginnen sollen. Dies ist nach Auffassung des Europäischen Gewerkschaftsbundes zu spät, da zu diesem Zeitpunkt sozusagen "alles fertig" sei.[1502] Die Regelung, nach der die Auffangregelung nicht angewandt wird, wenn die Verhandlungen zu keinem Ergebnis führen, bezeichnete der EGB als *"vollkommen unverständlich"*, weil sich die Struktur eines Unternehmens sowie die Zusammensetzung der Beschäftigten innerhalb von zwei Jahren vollständig verändern könne. Der Europäische Gewerkschaftsbund forderte daher die Geltung der Auffangregelung für den Fall, daß die Verhandlungen nach zwei Jahren wiedereröffnet werden und es im Laufe dieser Verhandlungen zu keiner Vereinbarung kommen sollte. Des weiteren übte der Europäische Gewerkschaftsbund Kritik an der Regelung des Richtlinienvorschlags über den Tendenzschutz und sprach sich für dessen Streichung aus.[1503] Schließlich forderte der Europäische Gewerkschaftsbund ein Recht der Arbeitnehmervertreter auch auf Nachbesprechungen in Abwesenheit des Managements anläß-

---

[1498] Vgl. *Buschak*, S. 110 ff., S. 117.
[1499] Vgl. *Buschak*, S. 110 ff., S. 117.
[1500] Vgl. *Buschak*, S. 110 ff., S. 119.
[1501] Vgl. *Buschak*, S. 110 ff., S. 119 f.
[1502] Vgl. *Buschak*, S. 110 ff., S. 112.
[1503] Vgl. *Buschak*, S. 110 ff., S. 116.

lich des Zusammentreffens mit dem zuständigen Organ der Europäischen Aktiengesellschaft.[1504]

Zusammenfassend läßt sich festhalten, daß die Position des Europäischen Gewerkschaftsbundes zu den Vorschlägen in der von der deutschen Präsidentschaft vorgelegten Fassung - gerade mit älteren Stellungnahmen verglichen - überwiegend positiv war, wenngleich die Vorschläge naturgemäß nicht in allen Punkten seine Zustimmung fanden.

2. Europäische Industrie

Die europäische Industrie schien dem Vorhaben der Europäischen Aktiengesellschaft mittlerweile angesichts der Dauer der Verhandlungen eher skeptisch gegenüberzustehen. Statt weiterhin auf die Verabschiedung des Statuts der Europäischen Aktiengesellschaft im Ministerrat zu warten, forderte die UNICE die Einführung der Unternehmensform einer Europäischen Privatgesellschaft.[1505] Diese könne ohne den Aufwand einer Klärung der Mitbestimmungsfrage eingeführt werden und insbesondere mittelständischen Unternehmen aus mehreren Ländern erlauben, sich zusammenzuschließen.

VII. Stellungnahme

Die deutsche Präsidentschaft befand sich auf dem richtigen Weg, indem sie den Kompromißvorschlag der österreichischen Präsidentschaft - in der Annahme, daß das Vorhaben für die Europäische Aktiengesellschaft im großen und ganzen für eine Entscheidung reif war und es keinen Raum für weitere Verhandlungen gab - nahezu unverändert übernahm und sich bemühte, die noch bestehenden Streitpunkte zu entschärfen und einer endgültigen Klärung zuzuführen. Hierdurch wurde der politische Druck gegenüber Spanien als dem Mitgliedstaat, welcher trotz einer bevorstehenden Einigung im Dezember 1998 ein Veto gegen den österreichischen Vorschlag eingelegt hatte, erhöht.

Dennoch hielt Spanien - welches nach wie vor von einer Standortgefährdung durch hohe Mitbestimmungsstandards ausging[1506] - bei den anläßlich des Kölner Gipfels Anfang Juni 1999 durchgeführten Beratungen an seiner Blockade fest, so daß das Vorhaben auch unter deutscher Präsidentschaft nicht verabschiedet werden konnte.[1507] Angesichts der Tatsache, daß die große Mehrheit aller Beteiligten den Kompromißvorschlag zur

---

[1504] Vgl. *Buschak*, S. 110 ff., S. 117.

[1505] Vgl. F.A.Z. v. 18.05.1999, S. 19 (*"Europäische Industrie skeptisch"*).

[1506] Vgl. F.A..Z. v. 21.12.1999, S. 28 (*"Binnenmarkt und Steuerbeschlüsse vertagt"*).

[1507] Bundesministerium für Arbeit und Sozialordnung, Mitteilung der BMA-Pressestelle v. 25.05.1999, *"Europäische Aktiengesellschaft scheitert an spanischem Widerspruch"*, vgl. Wiedergabe der Pressemitteilung im Internet auf den Internet-Seiten des Bundesarbeitsministeriums unter http://www.bma.de/de/asp/aktuell/presse.asp?id=1031; vgl. auch Einblick 12/1999 v. 21.06.1999, S. 2., Fundstelle im Internet: http://www.einblick.dgb.de/archiv/9912/bin/9912.pdf (beide Fundstellen abgerufen am: 28.10.2001).

Beteiligung der Arbeitnehmer in der Europäischen Aktiengesellschaft in der von der österreichischen Präsidentschaft vorgelegten Fassung begrüßte und bereit zu sein schien, diesen zu verabschieden, wurde das von Spanien eingelegte Veto als sehr bedauerlich empfunden. In dem vom Bundesministerium für Arbeit und Sozialordnung herausgegebenen Bericht über die Ergebnisse der deutschen EU-Präsidentschaft im 1. Halbjahr 1999 im Bereich des Arbeits- und Sozialrats lautete es hierzu unter Ziff. III. 1 *"Europäische Aktiengesellschaft: Nie so nah am Ziel"*, Spanien sei bis zuletzt nicht bereit gewesen, den Kompromißvorschlag der deutschen Präsidentschaft mitzutragen, dem alle anderen Mitgliedstaaten hätten zustimmen können. Hierzu erklärte Bundesarbeitsminister *Riester*: *"Seit fast 29 Jahren wird über das Thema Europäische Aktiengesellschaft diskutiert. Jetzt waren wir auch dank der engagierten Vorarbeit der luxemburgischen, britischen und österreichischen Präsidentschaften einer politischen Einigung in dieser schwierigen Frage so nahe wie nie zuvor."*[1508] Die Tatsache, daß Spanien sich nicht in der Lage sah, dem vorgelegten Kompromißvorschlag zuzustimmen, bezeichnete *Riester* weiter als sehr bedauerlich, da die abgewogene Struktur der Richtlinie eine realistische Möglichkeit gewesen sei, das Problem der Ausgestaltung der Mitbestimmung der Arbeitnehmer in der Europäischen Aktiengesellschaft endlich angemessen zu lösen.[1509]

E. Stellungnahme

Die von der luxemburgischen, der britischen, der österreichischen und der deutschen Präsidentschaft vorgelegten Vorschläge sind insgesamt - wie im folgenden im einzelnen darzulegen sein wird - positiv zu bewerten. Dennoch bleiben einige Fragen weiterhin ungeklärt. Dies betrifft insbesondere die Frage der Rechtsgrundlage, auf die die Vorschläge gestützt werden soll, sowie die nähere Ausgestaltung der Regelungen über die Mitbestimmung der Arbeitnehmer.

I. Rechtsgrundlage

Angesichts der Schwierigkeiten, in der Frage der Mitbestimmung eine konsensfähige Lösung zu finden, sahen die jeweiligen Präsidentschaften davon ab, die Diskussion noch mit weiteren streitigen Fragen zu belasten. Dies gilt vor allen Dingen für die Frage der Rechtsgrundlage, die sich bereits bei der Vorlage der Kommissionsvorschläge von 1989 bzw. 1991 als überaus streitig erwiesen hatte. Das damalige Vorhaben der Kommission einer Aufspaltung der Vorschläge in einen auf Art. 100 a EWG-Vertrag gestützten Verordnungsvorschlag sowie einen diesen begleitenden Richtlinienvorschlag über die Beteiligung der Arbeitnehmer, der auf der Grundlage von Art. 54 a Abs. 3 lit. g EWG-Vertrag erlassen werden sollte, wurde zu Recht von vielen Beteiligten wegen der hierin

---

[1508] *"Für ein soziales und wirtschaflich starkes Europa. Bericht über die Ergebnisse der deutschen EU-Präsidentschaft im 1. Halbjahr 1999 im Bereich des Arbeits- und Sozialrats"*, S. 15, vgl. Wiedergabe des Berichts im Internet auf den Internet-Seiten des Bundesarbeitsministeriums unter http://www.bma.de/download/broschueren/a223.htm (Fundstelle abgerufen am: 28.10.2001).
[1509] *Riester* a.a.O., S. 16.

zu sehenden Umgehung des Art. 100 a Abs. 2 EWG-Vertrag als nicht mit dem EWG-Vertrag vereinbar angesehen.[1510] Daher entschied sich die luxemburgische Präsidentschaft, die Frage der richtigen Rechtsgrundlage vorerst zurückzustellen, um sich auf die noch ungeklärten inhaltlichen Fragen zu konzentrieren. Die ihr nachfolgenden Präsidentschaften Großbritanniens, Österreichs und Deutschlands sind diesem Vorschlag gefolgt. Man war sich indessen einig, daß die überaus streitige Frage der Rechtsgrundlage erneut gestellt werden müsse, um sie einer einvernehmlichen und rechtlich überzeugenden Lösung zuzuführen.

Wenngleich das Vorgehen der Präsidentschaften, die Frage der Rechtsgrundlage vorerst zurückzustellen, natürlich nicht zu einer Lösung der Problematik beitragen kann, macht es Sinn, wenn die jeweilige Präsidentschaft nicht versucht hat, gleich alle Probleme auf einen Schlag zu beseitigen. Dies hätte die Agenda der Beratungen nur "überfrachtet" und die Verhandlungen vermutlich von vornherein zum Scheitern verurteilt. Dennoch wird man - wie von den Präsidentschaften selbst erkannt - die Frage der richtigen Rechtsgrundlage für das Statut über die Europäische Aktiengesellschaft in aller Deutlichkeit erneut stellen und nach einer eingehenden rechtlichen Überprüfung eindeutig beantworten müssen. Hierauf wird im Rahmen der Vorstellung des Lösungsvorschlags zur Mitbestimmung der Arbeitnehmer in der Europäischen Aktiengesellschaft zurückzukommen sein.[1511]

II. Organisationsverfassung

Da sich bereits im Rahmen der Diskussion der früheren Vorschläge herausstellte, daß eine Harmonisierung in der Frage der Organisationsverfassung nicht möglich ist, schlug die Kommission seit der Vorlage des geänderten Vorschlags einer Strukturrichtlinie ein Optionssystem vor, nach dem sowohl das monistische als auch das dualistische System zur Verfügung gestellt wurde. Dieses Vorgehen ist - wie sich während der Diskussion der früheren Kommissionsvorschläge zur Europäischen Aktiengesellschaft und zur Strukturrichtlinie gezeigt hatte - angesichts der unterschiedlichen Traditionen, die sich in den Mitgliedstaaten herausgebildet haben, der einzig gangbare Weg, um das Vorhaben der Europäischen Aktiengesellschaften nicht von vornherein zum Scheitern zu verurteilen.

Fraglich ist hinsichtlich der Organisationsverfassung allein, ob man es zulassen soll, daß die Mitgliedstaaten die Wahlmöglichkeit der Gründungsgesellschaften beschränken können. Dies war im Anschluß an den geänderten Vorschlag der Strukturrichtlinie bereits in dem überarbeiteten Vorschlag von 1991 vorgesehen und wurde zunächst auch von der britischen Präsidentschaft in ihrem am 23.02.1998 vorgelegten Entwurf beibehalten, vgl. Art. 37 Satz 2 VO. Der Kompromißvorschlag der britischen Präsidentschaft in der darauffolgenden Fassung vom 28.05.1998 enthielt diesen Satz 2 jedoch nicht

---

1510 Vgl. hierzu bereits ausführlich oben Teil III § 10 F. I. (S. 240 ff.).
1511 Vgl. unten Teil V § 16 B. I. (S. 379 ff.).

mehr und auch die österreichische und die deutsche Präsidentschaft nahmen diese Beschränkungsmöglichkeit nicht wieder in ihre Vorschläge auf. Die bereits angesprochene Begründung hierfür, daß dies die zwingende Konsequenz der Verhandlungslösung gewesen sei[1512], kann jedoch nicht überzeugen.

Es ist zwar zutreffend und richtig, daß die Parteien nach Auffassung der Präsidentschaften völlig autonom über die Vereinbarung hinsichtlich der Beteiligung der Arbeitnehmer entscheiden können sollten. Dies bezieht sich aber in erster Linie auf die Ausgestaltung der Mitbestimmungsrechte der Arbeitnehmer, die Frage der Organisationsverfassung der Europäischen Aktiengesellschaft sollte hiervon nicht erfaßt sein. Dies ist auch weder erstrebenswert noch notwendig. Das den Gründungsgesellschaften zustehende Wahlrecht zwischen dem monistischen und dem dualistischen System würde zu einer erheblichen Rechtszersplitterung innerhalb der einzelnen Mitgliedstaaten führen. Um dies zu vermeiden, sollte den Mitgliedstaaten die Möglichkeit eröffnet werden, diese Wahlmöglichkeit für Europäische Aktiengesellschaften mit Sitz in ihrem Hoheitsgebiet einzuschränken, sofern sie dies wünschen. Hierdurch würde den Mitgliedstaaten eine Möglichkeit an die Hand gegeben, für Europäische Aktiengesellschaften mit Sitz in ihrem Hoheitsgebiet eine einheitliche Unternehmensverfassung vorzusehen. Dies entspräche auch den Bedürfnissen derjenigen Unternehmen, für die die Europäische Aktiengesellschaft als grenzüberschreitende Rechtsform in Betracht käme. Derzeit ist eine dualistisch strukturierte Aktiengesellschaft mit Sitz in Großbritannien zum Beispiel ebenso wenig vorstellbar wie eine Aktiengesellschaft mit Sitz in der Bundesrepublik Deutschland, die lediglich über ein Verwaltungsorgan, aber keinen Aufsichtsrat verfügt. Dies belegen auch die Erfahrungen der Praxis in Frankreich, wo bereits seit 1966 ein solches Wahlrecht besteht. Dort hatte sich gezeigt, daß sich dasjenige Modell, welches nicht traditionell in dem jeweiligen Mitgliedstaat existiert, in der Praxis nicht durchzusetzen vermag und nur eine ganz verschwindend geringe Zahl von Unternehmen von ihrem Wahlrecht Gebrauch macht.[1513] Diese Minderheit kann die Zulassung eines unbeschränkbaren Wahlrechts nicht rechtfertigen. Dies würde sich in einigen anderen Mitgliedstaaten sicherlich ähnlich verhalten, so daß ein unbeschränkbares Wahlrecht im Ergebnis keinen Sinn machen und die Umsetzung der Verordnung über die Europäische Aktiengesellschaft nur unnötig verkomplizieren würde. Auf die Einführung einer konkurrierenden monistischen Organisationsverfassung sollte daher in der Bundesrepublik Deutschland verzichtet werden.[1514]

[1512] So Ministerialdirektorin *Fischer* in einem - bislang unveröffentlichten - Vortrag am 27.03.2000 an der Universität Bonn.

[1513] Vgl. dazu bereits oben Teil I § 1 E. II. (S. 65 ff.).

[1514] So auch *Hommelhoff* in einem - bislang unveröffentlichten - Vortrag am 27.03.2000 an der Universität Bonn.

III. Mitbestimmung der Arbeitnehmer

Was die Frage der Mitbestimmung der Arbeitnehmer betrifft, entwickelte die Präsidentschaften seit Vorlage des luxemburgischen Kompromißvorschlags die Regelungen wesentlich weiter.

Positiv hervorzuheben ist hierbei zunächst, daß die jeweilige Ratspräsidentschaft sich zu großen Teilen bemühte, die jeweils geäußerte Kritik zu den Kompromißvorschlägen ihrer Vorgänger zu berücksichtigen, und versuchte, die Vorschläge zu verbessern und auszubauen. In diese Nachbesserungen flossen auch die Erfahrungen mit der Richtlinie über die Europäischen Betriebsräte ein. Dies gilt bspw. für die stärkere Einbeziehung der Gewerkschaftsvertreter europäischer Gewerkschaftsorganisationen im Rahmen der Verhandlungen über die Beteiligung der Arbeitnehmer, die unter anderem vom Wirtschafts- und Sozialausschuß und vom Europäischen Gewerkschaftsbund gefordert worden war. Sie sollen als *"Vertreter geeigneter außenstehender Organisationen"* aufgrund eines entsprechenden Beschlusses vom besonderen Verhandlungsgremium vom Beginn der Verhandlungen unterrichtet werden können. Gleiches gilt für die vorgenommene Präzisierung des Begriffs der Unterrichtung und Anhörung der Arbeitnehmer sowie des Katalogs der diesen zur Verfügung zu stellenden Unterlagen. Auch hier zeigt sich, daß die Kommission der bereits erwähnten Kritik der Sozialpartner zu der Richtlinie über die Europäischen Betriebsräte[1515] Rechnung getragen hat und diese bei ihren neuen Vorschlägen zur Europäischen Aktiengesellschaft - zumindest zum Teil - berücksichtigt hat. Schließlich waren die Präsidentschaften sehr bemüht, der immer wieder geäußerten Sorge hinsichtlich der Gründungsvariante der Umwandlung einer bestehenden nationalen Gesellschaft in eine Europäische Aktiengesellschaft weitestgehend Rechnung zu tragen.

Dies bedeutet jedoch keineswegs, daß die neuesten Vorschläge in ihrer letzten Fassung ohne Wenn und Aber überzeugen können. Vielmehr ist es notwendig, zahlreiche Schwachpunkte zu bereinigen.

Dies gilt insbesondere für die Regelungen über die Mitbestimmung der Arbeitnehmer in der Europäischen Aktiengesellschaft. Der luxemburgischen, britischen, österreichischen und schließlich auch der deutschen Präsidentschaft ist zwar zuzugestehen, daß sie im Anschluß an den Erfolg der Richtlinie über die Europäischen Betriebsräte den richtigen Ansatz gewählt haben, um dem Vorhaben der Europäischen Aktiengesellschaft zu neuem Schwung zu verhelfen. Ihnen wäre es auch fast gelungen, in der Frage der Mitbestimmung der Arbeitnehmer in der Europäischen Aktiengesellschaft eine konsensfähige Lösung herbeizuführen. Dies beruht in erster Linie darauf, daß in den Diskussionen um die Mitbestimmung der Arbeitnehmer sowohl die Mitgliedstaaten, die der unternehmerischen Mitbestimmung traditionell kritisch gegenüberstehen, als auch die Mitgliedstaaten, die eine möglichst weitgehende europaweite Sicherung der Mitbestimmung

---

[1515] Vgl. oben Teil IV § 13 C. (S. 286 ff.).

anstreben, zumindest teilweise zu Zugeständnissen bereit waren. Allein Spanien sah sich letztendlich nicht in der Lage, dem gefundenen Kompromiß zuzustimmen, so daß die Vorschläge schließlich doch wieder scheiterten.

Diese Entwicklung hat jedoch auch eine Kehrseite. Durch die langjährige Suche nach einem Konsens sind die Regelungen über die Mitbestimmung der Arbeitnehmer im Laufe der Jahre immer komplizierter geworden. Wenngleich sich hierin die Kompromißbereitschaft der Mitgliedstaaten widerspiegelt, ist eine solche Regelung weder wünschenswert noch trägt sie zur Verständlichkeit der Vorschläge bei. Analysiert man den aktuellen Richtlinienvorschlag genauer, so stellt man fest, daß diese Kompliziertheit in erster Linie darin ihren Ursprung hat, daß man eine einmal vorgeschlagene Regelung immer weiter modifizierte, um den von den verschiedenen Mitgliedstaaten und sonstigen Beteiligten geäußerten Kritikpunkten Rechnung zu tragen. Dies gilt zum einen für die Mitgliedstaaten, welche sich grundsätzlich gegen die zwingende Einführung von Regelungen über die Mitbestimmung der Arbeitnehmer aussprachen. In ganz besonderem Maße trug aber zum anderen die Sorge der Mitgliedstaaten, die durch die Europäische Aktiengesellschaft die Gefahr einer Flucht aus nationalen Mitbestimmungsregeln begründet sahen, zu einer Verkomplizierung der Regelungen bei.

Dies gilt zum Beispiel für die Vorschriften über die Beschlußfassung des besonderen Verhandlungsgremiums. Das besondere Verhandlungsgremium faßt seine Beschlüsse grundsätzlich gemäß Art. 3 Abs. 4 RiLi mit der absoluten Mehrheit seiner Mitglieder, sofern diese Mehrheit auch die absolute Mehrheit der Arbeitnehmer vertritt. Dieser Grundsatz wird jedoch durchbrochen, sobald eine Minderung der in den Gründungsgesellschaften bestehenden Mitbestimmungsrechte in Frage steht. Ist dies der Fall, so kann eine Minderheit die von der Mehrheit gewünschte quantitative Minderung der Mitbestimmungsrechte verhindern. Dies ergibt sich aus der Regelung des Art. 3 Abs. 4 Unterabsatz 1 RiLi, wonach für den Beschluß, der eine Minderung der Mitbestimmungsrechte nach sich zieht, eine Mehrheit von zwei Drittel der Stimmen der Mitglieder des besonderen Verhandlungsgremiums, die mindestens zwei Drittel der Arbeitnehmer vertreten, mit der Maßgabe erforderlich sein soll, daß diese Mitglieder Arbeitnehmer in mindestens zwei Mitgliedstaaten vertreten. Dies soll allerdings im Falle einer Europäischen Aktiengesellschaft, die durch Verschmelzung gegründet werden soll, nur gelten, sofern sich die Mitbestimmung auf mindestens 25 % der Gesamtzahl der Arbeitnehmer der beteiligten Gesellschaften erstreckt; im Falle einer Europäischen Aktiengesellschaft, die als Holding- oder Tochtergesellschaft gegründet werden soll, erhöht sich dieser Prozentsatz auf 50 %.[1516] Diese doppelt qualifizierte Mehrheit würde verbunden mit den

---

[1516] Diese Prozentzahlen sind in den Vorschlägen in der von der deutschen Präsidentschaft vorgelegten Fassung nicht genannt, entsprechen aber wohl dem derzeitigen Stand der Verhandlungen, wie mit den Verhandlungen befaßte Vertreter der Kommission und des Bundesarbeitsministeriums anläßlich eines Symposiums über Information, Konsultation und Mitbestimmung der Arbeitnehmer in der EU, welches am 27. und 28. März 2000 an der Universität Bonn stattgefunden hat, berichten.

§ 15 Die jüngsten Vorschläge der Ratspräsidentschaften

Schwellenwerten für die genannten Gründungsformen im Ergebnis zum einen dazu führen, daß insbesondere im Falle der Errichtung einer Europäischen Aktiengesellschaft im Wege der Verschmelzung eine kleine Minderheit der Arbeitnehmervertreter der großen Mehrheit ein Mitbestimmungsmodell aufzwingen kann, welches diese gar nicht will, ohne daß hierfür eine Rechtfertigung ersichtlich wäre. Zum anderen gäbe es nach diesen Vorschlägen gar keine Mitbestimmung der Arbeitnehmer, wenn sich Unternehmen aus Mitgliedstaaten verbinden, in denen keine Regelungen über die Mitbestimmung der Arbeitnehmer existieren. *Wiesner* führte hierzu zu Recht aus, daß das Ergebnis der Debatte im Ministerrat *"kurios"* sei.[1517] In einer Zeit, in welcher in allen Mitgliedstaaten Entscheidungen demokratisch nach dem Mehrheitsprinzip getroffen werden, kann ein solches Mißverhältnis keine überzeugende Lösung sein. Hier muß das Bemühen einiger Mitgliedstaaten um die Beibehaltung ihres Mitbestimmungsniveaus - so sehr man es auch aus einzelstaatlicher Sicht verstehen mag - auf europäischer Ebene zurückstehen, will man solche merkwürdigen Ergebnisse vermeiden. Hierauf wird im Rahmen der Darstellung des Lösungsvorschlags im einzelnen zurückzukommen sein.

Kritik ruft ferner die von der britischen Präsidentschaft in den Richtlinienvorschlag eingefügte und von der deutschen Präsidentschaft in den Verordnungsvorschlag überführte Auffangregelung über die Mitbestimmung der Arbeitnehmer hervor. Das stetige Bemühen der Präsidentschaften, in der Frage der Mitbestimmung einen mehrheitsfähigen Konsens herbeizuführen, hatte zur Folge, daß von dem ursprünglichen Konzept einer einheitlichen europäischen Regelung, wie sie noch in den Empfehlungen des Davignon-Berichts zum Ausdruck kam, nicht mehr viel übrig blieb. Die von der britischen Präsidentschaft vorgeschlagenen Regelungen über die Mitbestimmung der Arbeitnehmer, welche von den nachfolgenden Präsidentschaften Österreichs und Deutschlands im Kern übernommen wurden, führen dazu, daß es für den Fall des Scheiterns der Verhandlungen keine einheitliche europäische Auffangregelung mehr geben soll, sondern ein überaus komplizierter "Vorher-Nachher-Vergleich" vorgenommen wird. Hiernach sollen die unterschiedlichen nationalen Systeme der Mitbestimmung, welche auf die Gründungsgesellschaften der Europäischen Aktiengesellschaft Anwendung finden, berücksichtigt und die dort bestehenden Rechte der Arbeitnehmer gewahrt werden. Spielt man die sich hieraus ergebenden vielfältigen Möglichkeiten durch, so stößt man auf gewisse Ungereimtheiten.

Art. 47 a Ziff. 3 VO sieht vor, daß der Anteil der Mitglieder, die die Arbeitnehmer in der Europäischen Aktiengesellschaft wählen oder bestellen bzw. deren Bestellung sie empfehlen oder ablehnen können, sich nach dem in der betreffenden beteiligten Gesellschaft jeweils maßgeblichen Anteil bzw. nach dem höchsten in einer der betreffenden beteiligten Gesellschaften maßgeblichen Anteil richten soll. Im Falle der Errichtung einer Europäischen Aktiengesellschaft im Wege der Verschmelzung oder bei der Errichtung einer Holding- oder Tochtergesellschaft soll die Auffangregelung allerdings

---

[1517] Vgl. *Wiesner*, GmbHR 1999, R 301 f., R 302.

gemäß Art. 47 a Ziff. 2 VO nur bei Erreichen bestimmter Schwellenwerte anwendbar sein, die sich nach dem prozentualen Anteil an Mitbestimmung in den beteiligten Gesellschaften gemessen an der Gesamtzahl der Arbeitnehmer aller beteiligten Gesellschaften richten. Diese liegen nach dem derzeitigen Stand der Verhandlungen bei 25 % (Verschmelzung) bzw. 50 % (Holding- oder Tochtergesellschaft). Als Auffangregelung soll somit in aller Regel das nationale System mit den weitestgehenden Regelungen über die Mitbestimmung beibehalten und auf die Europäische Aktiengesellschaft übertragen werden. Dies führt im Ergebnis stets zu einer paritätisch mitbestimmten Europäischen Aktiengesellschaft, wenn sich ein deutsches mitbestimmtes Unternehmen an der Gründung der Europäischen Aktiengesellschaft beteiligt, es sei denn dieses ist lediglich Juniorpartner mit einer Beteiligung von weniger als 25 % bzw. 50 %.[1518] Darauf, daß hieraus für deutsche Unternehmen eine Benachteiligung im Wettbewerb gegenüber den Gesellschaften anderer Mitgliedstaaten resultiert, wies die deutsche Wirtschaft bereits hin.[1519] Dies ist insofern nicht von der Hand zu weisen, als bei ausländischen Investoren nach wie vor große Vorbehalte gegenüber den sehr weitreichenden Regelungen über die Mitbestimmung in der Bundesrepublik Deutschland bestehen, die als ein Standortnachteil empfunden werden. Wenngleich die Mitbestimmung eine Beteiligung deutscher Unternehmen an internationalen Gesellschaften nicht per se verhindert, wie bspw. die Gründung der *Daimler - Chrysler AG* als Aktiengesellschaft deutschen Rechts unter Beibehaltung der paritätischen Mitbestimmung nach dem MitbestG 1976 oder unlängst die Fusion zwischen der *Mannesmann AG* und *Vodafone Airtouch plc.*[1520] eindrucksvoll zeigten, steht man der unternehmerischen Mitbestimmung in vielen Mitgliedstaaten nach wie vor sehr skeptisch bis ablehnend gegenüber. Dies zeigt sich auch und gerade bei den unzähligen Verhandlungsrunden zur Europäischen Aktiengesellschaft selbst, bei denen die Frage der Mitbestimmung der Arbeitnehmer immer wieder als Hauptstreitpunkt im Vordergrund stand. *Semler* wies daher anläßlich einer Veranstaltung des Europäischen Ministeriums des Landes Nordrhein-Westfalen in Bonn am 15.05.1998 zu

---

[1518] Auch *Helms* hat darauf hingewiesen, daß es nur bei einer stark einseitigen Verteilung der Arbeitnehmer in den Gründungsgesellschaften der Europäischen Aktiengesellschaft theoretisch denkbar ist, daß die Arbeitnehmer bei der Abstimmung über ein niedrigeres Mitbestimmungsniveau überstimmt werden könnten, wenn die deutschen Gesellschaften so wenig Arbeitnehmer in die Kooperation einbringen, daß sie im Verhandlungsgremium nicht genügend Mitglieder stellen, um den Beschluß zu blockieren, vgl. *Helms*, S. 80.

[1519] Vgl. dazu bereits oben Teil IV § 15 B. VI. 4. (S. 340 ff.).

[1520] *Christ Gent*, die Führungsspitze (*Chief Executive*) von Vodafone Airtouch plc., versicherte vor der entscheidenden Aufsichtsratssitzung, daß man weder an Arbeitsplätze noch an der deutschen Mitbestimmung rühren werde, vgl. den Artikel von *Fickinger* in der F.A.Z. v. 05.02.2000 (*"Im Mannesmann-Aufsichtsrat bleibt formell alles beim Alten"*), S. 18, und F.A.Z. v. 12.02.2000 (*"Gent: ein bis zwei Vodafone-Leute in den Mannesmann-Aufsichtsrat"*), S. 20. Dies alles sei auch vertraglich zwischen den Fusionspartnern geregelt worden, so daß die Zahl der deutschen Arbeitnehmervertreter unverändert bleibt. *Köstler*, Mitglied im Mannesmann-Aufsichtsrat, hat allerdings zu Recht darauf hingewiesen, daß die Qualität der Mitbestimmung im Aufsichtsrat eine andere werden könnte, da die Muttergesellschaft im Ausland sitzt, vgl. Einblick 3/2000 v. 14.02.2000, S. 1.

Recht darauf hin, daß die Frage, ob die Mitbestimmung ein Standortvor- oder -nachteil sei, *"nicht im Bundesarbeitsministerium, in Gewerkschaften oder Verbänden dekretiert, sondern auf den europäischen Märkten von den Marktteilnehmern entschieden"* werde.[1521] Die Erfahrungen der Praxis zeigen, daß diese Einschätzung zutrifft und die unternehmerische Mitbestimmung auf viele ausländische Investoren - oft allerdings lediglich mangels genauer Kenntnis ihres Inhalts und ihrer Funktion - abschreckend wirkt. Dies wird auch im 1998 erschienenen Abschlußbericht der Kommission Mitbestimmung[1522] bestätigt, wo es heißt: *"Das in den letzten Jahren niedrige Niveau der ausländischen Direktinvestitionen in Deutschland gibt Anlaß, mögliche Einflüsse dieser Art auch dann ernst zu nehmen, wenn ihr tatsächliches Ausmaß und ihre Bedeutung im Vergleich mit vielen anderen Faktoren, etwa der Steuerpolitik, ungeklärt und vielleicht nicht endgültig zu klären sind."*

Hinzu kommt noch, daß diese Auffangregelung dazu führt, daß - so umschrieb es *Wiesner* zutreffend[1523] - die unterschiedlichen nationalen Standards nicht angeglichen, sondern in alle Richtungen exportfähig werden. Gründet bspw. eine mitbestimmte deutsche Aktiengesellschaft zusammen mit einer britischen Gesellschaft eine Europäische Aktiengesellschaft, so würden die deutschen Regelungen über die Mitbestimmung beibehalten, selbst wenn die neu gegründete Europäische Aktiengesellschaft ihren Sitz in Großbritannien nimmt. Andererseits ist auch denkbar, daß es zur Niederlassung mitbestimmungsfreier Gesellschaften in der Bundesrepublik Deutschland kommt, wenn die an der Gründung beteiligte deutsche Aktiengesellschaft im besonderen Verhandlungsgremium lediglich durch einen Anteil von weniger als einem Drittel vertreten ist und die für die Minderung der Mitbestimmungsrechte erforderliche Mehrheit des Art. 3 Abs. 4 RiLi zustande kommt. Damit sind die letzten Ratspräsidentschaften in ihren Kompromißvorschlägen deutlich von den Empfehlungen der Davignon-Kommission abgerückt, welche sich ausdrücklich dagegen ausgesprochen hatte, nach den Mitbestimmungssystemen der beteiligten Gesellschaften zu differenzieren. Genau dies sieht der Vorschlag der Auffangregelung in der von der deutschen Präsidentschaft vorgelegten Fassung nun aber vor. Die neuen Vorschläge würden somit zu einer nahezu unübersehbaren Regelungsvielfalt führen, da es seit den Vorschlägen der britischen Präsidentschaft keine einheitliche europäische Auffangregelung mehr geben soll. Zum anderen würde hierdurch mittelbar der *status quo* der Regelungen über die Mitbestimmung in dem jeweiligen Mitgliedstaat festgeschrieben; ein Impuls für eine weitere Harmonisierung ginge von derartigen Regelungen nicht aus.

Ein letzter Kritikpunkt betrifft den für die Ermittlung der Beteiligungshöhe der Arbeitnehmer in der Europäischen Aktiengesellschaft geltenden Maßstab. Nach der Auffangregelung soll es nicht darauf ankommen, in welchem Mitgliedstaat die zu gründende

---

[1521] Vgl. *Semler*, Vortrag v. 15.05.1998, S. 4.
[1522] Bericht der Kommission Mitbestimmung, Unterkapitel 9 *"Internationalisierung und Europäisierung"* (S. 105).
[1523] Vgl. *Wiesner*, GmbHR 1999, R 301 f, R 302.

Aktiengesellschaft ihren Sitz nehmen wird, sondern maßgeblich sein soll, ob in den an der Gründung beteiligten Gesellschaften Mitbestimmung existiert. Der Kompromißvorschlag stellt somit lediglich auf die an der Gründung der Europäischen Aktiengesellschaft beteiligten Gesellschaften im Zeitpunkt der Gründung ab, ohne zu berücksichtigen, daß die Zusammensetzung der Europäischen Aktiengesellschaft sich auch nach dem Gründungszeitpunkt durch das Ausscheiden oder Hinzutreten anderer Gesellschaften wesentlich verändern kann.

Diese Ungereimtheiten hängen damit zusammen, daß diese Regelungen über die Auffangregelung für die Mitbestimmung der Arbeitnehmer in der Europäischen Aktiengesellschaft das Ergebnis langer Beratungen sind, die von der Suche nach einem Konsens zwischen den Mitgliedstaaten bestimmt waren. Wenngleich der Verhandlungsspielraum insoweit ausgereizt scheint, wird man angesichts dieser Ungereimtheiten die Frage stellen müssen, ob diese Regelungsvielfalt überhaupt noch mit dem ursprünglichen Vorhaben einer einheitlichen europaweit geltenden Regelung vereinbar ist. Vor diesem Hintergrund drängt sich geradezu die Frage auf, ob eine einheitlich für alle Europäischen Aktiengesellschaften geltende europäische Auffangregelung, wie sie bspw. die Davignon-Gruppe vorgesehen hatte, nicht für eine Lösung der Problematik der Mitbestimmung geeigneter wäre. Hierauf wird im einzelnen im Rahmen der Darstellung des Lösungsvorschlags noch zurückzukommen sein.

Auch im übrigen weisen die Vorschläge einige Punkte auf, die verbesserungsbedürftig sind.

Hinsichtlich des Zeitpunkts der Aufnahme der Verhandlungen bspw. sieht Art. 3 Abs. 1 RiLi vor, daß die Leitungs- oder Verwaltungsorgane der beteiligten Gesellschaften anläßlich der geplanten Gründung einer Europäischen Aktiengesellschaft nach der Offenlegung des Verschmelzungsplans oder des Gründungsplans für eine Holdinggesellschaft oder nach der Vereinbarung eines Plans zur Gründung einer Tochtergesellschaft oder einer Umwandlung in eine Europäische Aktiengesellschaft so rasch wie möglich die erforderlichen Schritte für die Aufnahme von Verhandlungen mit den Arbeitnehmervertretern über die Vereinbarung über die Beteiligung der Arbeitnehmer in der Europäischen Aktiengesellschaft einleiten. Dies erscheint relativ spät, da zu diesem Zeitpunkt die wesentlichen Entscheidungen in aller Regel bereits gefallen sind.

Kritik ruft ferner hervor, daß der Kompromißvorschlag in Teil 2 lit. d der Auffangregelung lediglich ein Recht der Arbeitnehmervertreter auf Vorbesprechungen in Abwesenheit des Managements anläßlich des Zusammentreffens mit dem zuständigen Organ der Europäischen Aktiengesellschaft vorsieht. Dies sollte auch für die mindestens ebenso wichtigen Nachbesprechungen gelten.

Zusammenfassend läßt sich zu den von der luxemburgischen, britischen, österreichischen und deutschen Präsidentschaft vorgelegten Kompromißvorschlägen zur Europäischen Aktiengesellschaft folgendes festhalten: Wenngleich die im Anschluß an die Vorlage des Davignon-Berichts laufenden Verhandlungen unter der luxemburgischen Präsidentschaft zu einer spürbaren Annäherung der Positionen der Mitgliedstaaten in der umstrittenen Frage der Mitbestimmung geführt haben, vermochten auch die auf diesem Kompromißvorschlag aufbauenden Vorschläge der nachfolgenden Ratspräsidentschaften der Arbeitnehmer keinen endgültigen Durchbruch zu erzielen. Als Hauptproblempunkt erwiesen sich hierbei wieder einmal die unterschiedlichen Vorstellungen der Mitgliedstaaten hinsichtlich der Reichweite der Mitbestimmungsrechte der Arbeitnehmer in der Europäischen Aktiengesellschaft. Am Ende der Verhandlungen war es diesmal allerdings allein die spanische Delegation, die dem bereits gefundenen Kompromiß zwischen den anderen Mitgliedstaaten nicht zustimmen konnte bzw. wollte.

Diese Entwicklung zeigt, daß die Ratspräsidentschaften zwar grundsätzlich den richtigen Weg beschritten haben, indem sie zum einen die Institution eines sozialen Dialogs zwischen den Sozialpartnern der zu gründenden Europäischen Aktiengesellschaft und zum anderen für den Fall des Scheiterns oder des Abbruchs der Verhandlungen eine Auffangregelung zur Absicherung der Mitbestimmungsrechte der Arbeitnehmer vorgesehen haben. Auf diese Weise wird die Möglichkeit geschaffen, unternehmensspezifisch ausgestaltete Regelungen einer Beteiligung der Arbeitnehmer zu finden. Daß die Kompromißvorschläge in der von der deutschen Präsidentschaft vorgelegten Fassung dennoch letzten Endes nicht verabschiedet werden konnten, beruht jedoch zu einem Gutteil auf der Verkomplizierung der Regelungen über die Mitbestimmung und den sich hieraus ergebenden Ungereimtheiten. Insoweit sind die Vorschläge keineswegs ausdiskutiert und in vielen Punkte verbesserungsbedürftig. Hierauf wird im Rahmen der Darstellung der eigenen Lösungsvorschläge ausführlich zurückzukommen sein.

Teil V: Lösungsvorschlag

§ 16 Die Zukunft der Mitbestimmung der Arbeitnehmer in der SE

A. Verzicht auf die Europäische Aktiengesellschaft?

Angesichts der nicht enden wollenden Diskussionen um die Mitbestimmung der Arbeitnehmer in der Europäischen Aktiengesellschaft wird man vor der Vorstellung eines eigenen Lösungsvorschlags die Frage aufwerfen müssen, ob die Weiterverfolgung des Vorhabens überhaupt noch Sinn macht oder ob es nicht besser wäre, von der Europäischen Aktiengesellschaft ganz Abstand zu nehmen. Zwischenzeitlich haben sogar beteiligte Gruppen, die dem Vorhaben insgesamt grundsätzlich positiv gegenüberstanden, sich von der Europäischen Aktiengesellschaft zunehmend abgewandt. So forderte bspw. die Dachorganisation der europäischen Arbeitgeberverbände, UNICE, die Einführung der Unternehmensform einer Europäischen Privatgesellschaft[1524], statt weiterhin auf die Verabschiedung des Statuts der Europäischen Aktiengesellschaft im Ministerrat zu warten.[1525] Diese sollte ohne den Aufwand einer Klärung der Mitbestimmungsregelungen insbesondere mittelständischen Unternehmen aus mehreren Ländern erlauben, sich zusammenzuschließen. Andere gingen im Laufe der Diskussion sogar so weit zu behaupten, man brauche die Europäische Aktiengesellschaft überhaupt nicht.[1526] Eines der klassischen Argumente für die Einführung einer solchen Rechtsform ist in der Diskussion stets gewesen, daß hierdurch die Wettbewerbsfähigkeit der europäischen Unternehmen auf dem Weltmarkt verstärkt werde.[1527] Gerade dies scheint aber nach Ansicht einiger Autoren durch ein seit Jahrzehnten erfolgreiches Auftreten auf dem Markt auch großer europäischer Unternehmen widerlegt, die bisher auch ohne besondere europäische Gesellschaftsformen recht erfolgreich in der transnationalen Kooperation waren.[1528] Teilweise wird daher die wirtschaftliche Notwendigkeit europäischer Gesellschaftsformen schlichtweg verneint[1529] oder zumindest relativiert.[1530]

[1524] Vgl. zu dieser Rechtsform bereits oben Teil I § 2 B. VI. (S. 85 ff.).

[1525] Vgl. F.A.Z. v. 18.05.1999, S. 19 ("*Europäische Industrie skeptisch*").

[1526] Vgl. *Rasner*, ZGR 1992, 314 ff., 325 f.

[1527] Vgl. nur die dem Statut vorangestellten Erwägungen der Kommission in den jeweiligen Vorschlägen zur Europäischen Aktiengesellschaft.

[1528] Vgl. *Kolvenbach* EuZW 1996, 229 ff., 229 f.

[1529] Vgl. auch *Zäch*, S. 159, der darauf hinweist, "*daß es auch im US-amerikanischen Recht, dem Recht für einen Binnenmarkt par excellence, bis heute keine bundesrechtliche Aktiengesellschaft gibt*". Das einzelstaatliche Aktienrecht genüge hier vollauf für US- und weltweite Operationen.

[1530] Vgl. *Kolvenbach*, FS Heinsius, S. 379 ff., S. 383 f.

Dennoch ist die eingangs gestellte Frage mit einem klaren Ja zu beantworten: Es besteht nach wie vor ein dringendes Bedürfnis für die Europäische Aktiengesellschaft; die These vom Verzicht auf die Europäische Aktiengesellschaft überzeugt nicht. Selbst wenn - was hier gar nicht bestritten werden soll - diese Unternehmen bislang auch ohne die Europäische Aktiengesellschaft in der Lage waren, ihre grenzüberschreitende Tätigkeit in Europa und auch weltweit[1531] erfolgreich auszugestalten, kann dies nicht dazu führen, der Europäischen Aktiengesellschaft von vornherein die Daseinsberechtigung abzusprechen. Es ist zu einfach, die Frage der Notwendigkeit mit dem Hinweis darauf zu verneinen, daß es auch ohne die Europäische Aktiengesellschaft funktioniert habe. Zu bedenken ist nämlich zum einen, daß diese Unternehmen oft nur infolge eingehender juristischer Beratungen ihrer oft sehr großen Rechtsabteilungen in der Lage sind, grenzüberschreitende Kooperationen einzugehen oder sich führender international ausgerichteter Anwaltssozietäten zu ihrer Abwicklung bedienen müssen, wodurch nicht zuletzt auch hohe Kosten entstehen. Zwar würde dieser Beratungsbedarf auch bei der Gründung einer Europäischen Aktiengesellschaft nicht vollständig entfallen, da eine neue Rechtsform - zumindest in den ersten Jahren ihrer Existenz - erfahrungsgemäß auch viele neue Zweifelsfragen mit sich bringt, die der juristischen Klärung bedürften. Dieser Beratungsbedarf würde jedoch aufgrund der Existenz einer europaweit einheitlich geltenden Rechtsform mittel- bis längerfristig aller Voraussicht nach deutlich zurückgehen. Durch die Europäische Aktiengesellschaft würde eine grenzüberschreitende Kooperation auch derjenigen Unternehmen ermöglicht, die sich bislang von der juristisch komplexen Struktur einer grenzüberschreitenden Unternehmenskooperation und den damit verbundenen Kosten haben abschrecken lassen. Nicht zuletzt aus diesen Gründen wird die Rechtsform einer Europäischen Aktiengesellschaft insbesondere von der Wirtschaft selbst nach wie vor stark nachgefragt und ihre Einführung gefordert. Daß dies nicht nur eine theoretische Forderung ist, zeigt sich auch bei aktuellen Unternehmenszusammenschlüssen innerhalb der Gemeinschaft. In dem im Zusammenhang mit der bevorstehenden Fusion zwischen der *Hoechst AG* und der *Rhône-Poulenc S. A.* für die Aktionäre seinerzeit erstellten Bericht wurde mitgeteilt, daß man eine Umwandlung von der aus der Fusion hervorgehenden Gesellschaft *Aventis* in eine Europäische Aktiengesellschaft anstrebe, sobald diese Rechtsform existiere.[1532] Dies allein belegt bereits die Unrichtigkeit der Behauptung, es bestehe kein Bedürfnis für die Europäische Aktiengesellschaft. Das wird auch von den an den Diskussionen beteiligten Sozialpartnern mittlerweile

---

[1531] Vgl. als Beispiel aus jüngster Zeit nur die zahlreichen Konzentrationsbestrebungen in der Automobilindustrie, wie insbesondere die bislang weltweit größte Fusion zur Daimler Chrysler AG, welche vom Vorstandsvorsitzenden *Jürgen Schrempp* als *"erste Welt AG"* bezeichnet wird. Diese Tendenz ist jedoch nicht nur auf die Automobilbranche beschränkt.

[1532] Vgl. F.A.Z. v. 03.12.1998, S. 25. Diese Entwicklung hat Herr Müller von der Hoechst AG in einer E-Mail an den Verfasser v. 04.02.1999 bestätigt, in der er unter anderem ausführt: *"Es ist in einem zweiten Schritt daran gedacht, Hoechst und Rhone Poulenc auf die Aventis in Straßburg zu verschmelzen, in etwa zwei bis drei Jahren. Die Aventis sollte dann idealerweise eine Europa AG mit grenzüberschreitender Regelung zum Beispiel der Besteuerung und der Mitbestimmung bzw. insgesamt der Corporate Governance sein."*

nicht mehr ernsthaft in Frage gestellt. *Van Hulle* umschrieb dies anläßlich des bereits erwähnten Symposiums an der Universität Bonn im März 2000 treffend dahingehend, daß ein Bedürfnis für die Europäische Aktiengesellschaft existiere, wenngleich auch noch Kritikpunkte bestünden.[1533]

Es ist des weiteren nicht hinnehmbar, daß in einem freien Binnenmarkt, in dem sich natürliche Personen schon seit Jahrzehnten - fast ohne Einschränkungen - gemäß Art. 52 EWG-Vertrag in einem Mitgliedstaat ihrer Wahl niederlassen können, Gesellschaften und juristische Personen sich immer noch transnationaler Vertragswerke auf der Basis ausschließlich der nationalen Rechte der Mitgliedstaaten bedienen müssen, um grenzüberschreitend kooperieren zu können. In einer Zeit, in der es infolge der Wirtschafts- und Währungsunion eine einheitliche Währung gibt und innergemeinschaftliche Grenzkontrollen weitestgehend abgeschafft sind, sollte es auch für Kapitalgesellschaften möglich sein, ohne weiteres die nationalen Grenzen innerhalb des Binnenmarktes überschreiten zu können.[1534] Trotz zahlreicher Bestrebungen der Kommission - zu denken wäre hier unter anderem an das Abkommen über die wechselseitige Anerkennung von Gesellschaften (1968)[1535], den Entwurf eines Abkommens über internationale Verschmelzungen (1972)[1536] sowie die Vorschläge für eine zehnte gesellschaftsrechtliche Richtlinie (1985)[1537] - ist dies jedoch nach wie vor nicht möglich. Die im EWG-Vertrag auch für Gesellschaften[1538], die ihren satzungsmäßigen Sitz, ihre Hauptverwaltung oder ihre Hauptniederlassung innerhalb der Gemeinschaft haben, postulierte Niederlassungsfreiheit im Sinne des Art. 58 Abs. 2 EWG-Vertrag läuft damit in letzter Konsequenz leer.[1539] Allein dies reicht aus, um die Einführung einer europäischen Gesellschaftsform für notwendig zu erachten. Die Europäische Aktiengesellschaft abzulehnen wäre ein Verstoß gegen die Niederlassungsfreiheit als einem von der Gemeinschaft selbst gesetzten Ziel.

[1533] So *van Hulle*, Abteilungsleiter der Europäischen Kommission, in einem - bislang unveröffentlichten - Vortrag am 27.03.2000 an der Universität Bonn.

[1534] Vgl. zu diesem Mißverhältnis auch *Wiesner*, GmbHR 1999, R 301 f., R 302.

[1535] Dieses Abkommen am ist jedoch - wie bereits erwähnt, vgl. oben Teil I § 2 A. II. (S. 76 f.) - nie in Kraft getreten, da es in den Niederlanden nicht ratifiziert wurde, vgl. *Boucourechliev*, S. 53 ff., S. 55.

[1536] Dieser Entwurf wurde zunächst bis zur Aufnahme neuer Verhandlungen vertagt, die dann aber nie stattgefunden haben, da der Auftrag des EWG-Vertrages, für alle Gesellschaften eine der Grundfreiheiten des Vertrages umzusetzen, für lange Zeit aufgegeben wurde, vgl. *Boucourechliev*, S. 53 ff., S. 55.

[1537] Vgl. dazu bereits ausführlich oben Teil II § 7 E. I. (S. 179 ff.).

[1538] Als Gesellschaften in diesem Sinne gelten gemäß Abs. 2 der Norm die Gesellschaften des bürgerlichen und des Handelsrechts einschließlich der Genossenschaften und die sonstigen juristischen Personen des öffentlichen und privaten Rechts mit Ausnahme derjenigen, die keinen Erwerbszweck verfolgen.

[1539] Vgl. *Wiesner*, GmbHR 1999, R 301 f., R 302. So auch ausdrücklich *Boucourechliev*, S. 53 ff., S. 55 f., die allerdings darauf hinweist, daß dies zum Teil durch ein *"Netz von bilateralen Abkommen"* abgefedert wird.

Schließlich ist das Argument, Neues sei nicht erforderlich, da man mit dem Alten ohnehin ganz gut zurechtgekommen sei, als rückständig zu bewerten. Zu beachten ist in diesem Zusammenhang, daß das Projekt der Europäischen Aktiengesellschaft das letzte offene Dossier des von der Kommission 1985 vorgelegten Weißbuches zur Vollendung des Binnenmarktes bis 1992[1540] ist. Die Schaffung eines Statuts für eine Europäische Aktiengesellschaft ist somit für die Vollendung des Binnenmarktes von grundlegender Bedeutung; mit ihr würde man den politischen Gegebenheiten Rechnung tragen und ein deutliches Signal für die Europäische Union setzen.[1541] Dies gilt um so mehr als mit der Einführung des Euro seit dem 01.01.1999 eine weitere Stufe der europäischen Integration erreicht ist. Von der Einführung einer Europäischen Aktiengesellschaft, die der Existenz dieser Wirtschafts- und Wirtschaftsunion Rechnung trägt, ginge somit auch eine nicht zu vernachlässigende Symbolwirkung für den stetig voranschreitenden Integrationsprozeß der Europäischen Union aus.

Eine Gesamtbewertung der Vor- und Nachteile ergibt somit, daß die Vorteile der Einführung einer Europäischen Aktiengesellschaft eindeutig überwiegen. Dies läßt sich auch - nach Schätzungen des EU-Rates für Wettbewerbsfähigkeit - beziffern, wonach die Einführung der Europäischen Aktiengesellschaft der europäischen Wirtschaft Einsparungen von jährlich fast 60 Milliarden DM bringen soll.[1542] Wenngleich nicht ersichtlich ist, auf welcher konkreten Grundlage diese Zahl berechnet worden ist, handelt es sich um eine imposante Größenordnung, die die wirtschaftliche Relevanz des bislang immer wieder gescheiterten Vorhabens aufzeigt.

Zusammenfassend läßt sich somit festhalten, daß man das Vorhaben der Europäischen Aktiengesellschaft nicht aufgeben sollte, da nach wie vor ein Bedürfnis für die Einführung dieser Rechtsform besteht.

Vor allen Dingen aber - und dies wird in der Diskussion über die Vor- und Nachteile der Europäischen Aktiengesellschaft bislang viel zu wenig berücksichtigt - bietet die Europäische Aktiengesellschaft die Möglichkeit der Einbeziehung der Arbeitnehmer aus verschiedenen Mitgliedstaaten, was bislang nur sehr begrenzt möglich war. Bis vor kurzem gab es auf europäischer Ebene überhaupt keine Beteiligungsrechte der Arbeitnehmer, wenngleich grenzüberschreitende Kooperationen zwischen Unternehmen aus verschiedenen Mitgliedstaaten der Gemeinschaft schon längst an der Tagesordnung waren. Erst mit der erfolgreichen Verabschiedung der Richtlinie über die Europäischen Betriebsräte kam es zu einer gesetzlichen Regelung, die sich allerdings auf die betrieblichen Mitbestimmungsrechte der Arbeitnehmer beschränkt. Mit der Europäischen Akti-

---

[1540] Vollendung des Binnenmarktes - Weißbuch der Kommission an den Europäischen Rat, 1985, KOM (85) 310 endg., Rz. 140; vgl. dazu bereits oben Teil III § 9 A. I. (S. 186 ff.).
[1541] So auch *Monti*, WM 1997 ff., 607, 608.
[1542] Hierbei handelt es sich um eine Schätzung des Rates für Wettbewerbsfähigkeit unter dem Vorsitz von Herrn C. A. Ciampi, vgl. *Monti*, WM 1997, 607, sowie den Artikel von *Stabenow* in der F.A.Z. v. 06.06.1998, S. 14 (*"Einigung über Europa AG möglich"*).

engesellschaft gäbe es zum ersten Mal auch unternehmerische Mitbestimmungsrechte auf der Ebene der Gemeinschaft, die sich wie folgt darstellen könnten.

B. Fortentwicklung der Vorschläge der Ratspräsidentschaften

Es würde wenig Sinn machen, von Grund auf neue Vorschläge präsentieren zu wollen. Der derzeitige Stand ist aus den Vorschlägen jahrzehntelanger Verhandlungen erwachsen. Ein realistischer Lösungsvorschlag sollte von diesen Verhandlungen ausgehen, ihre Ansätze aufgreifen und ausbauen. Im folgenden soll daher aufbauend auf den bisherigen Vorschlägen versucht werden, für die Frage der Rechtsgrundlage, der Organisationsverfassung der Europäischen Aktiengesellschaft und schließlich für die Problematik der Mitbestimmung der Arbeitnehmer in der Europäischen Aktiengesellschaft einen Lösungsvorschlag zu skizzieren.

I. Rechtsgrundlage

Die Vorschläge der luxemburgischen, britischen, österreichischen und deutschen Ratspräsidentschaft blendeten die Problematik der Rechtsgrundlage schlichtweg aus und verwiesen darauf, man sollte sich vorerst auf die streitigen inhaltlichen Fragen konzentrieren. Dieses Vorgehen ist aus politischer Sicht einleuchtend und akzeptabel, kann aber nichts an dem Umstand ändern, daß man die rechtliche Frage der Rechtsgrundlage erneut stellen und eindeutig beantworten müssen wird.

Die Kommission hatte in ihren Vorschlägen von 1989 und 1991 vorgeschlagen, das ursprünglich einheitliche Regelungswerk in einen auf Art. 100 a EWG-Vertrag gestützten Verordnungsvorschlag über das Statut für die Europäische Aktiengesellschaft und einen diesen ergänzenden Richtlinienvorschlag über die Mitbestimmung der Arbeitnehmer in der Europäischen Aktiengesellschaft aufzuspalten, welcher auf der Grundlage von Art. 54 Abs. 3 lit. g EWG-Vertrag erlassen werden sollte. Dieser Vorschlag erfuhr jedoch - wie bereits ausführlich dargelegt wurde - vernichtende Kritik, da die Wahl dieser Rechtsgrundlage für den Richtlinienvorschlag angesichts der kontroversen Diskussionen in der Frage der Mitbestimmung lediglich dazu nutzbar gemacht werden sollte, das sonst wegen Art. 100 a Abs. 2 EWG-Vertrag drohende Einstimmigkeitserfordernis zu umgehen.[1543] Hiermit korrespondiert, daß mittlerweile auch die meisten Delegationen die Wahl dieser Rechtsgrundlage für die Richtlinie für unzulässig halten.[1544]

Aufgrund dieser rechtlichen Unsicherheit des Vorgehens der Kommission wäre vielmehr Art. 235 EWG-Vertrag die richtige Rechtsgrundlage gewesen.[1545] Die Wahl dieser Rechtsgrundlage wäre zum einen aus rechtlicher Sicht geboten gewesen, da man sonst

---

[1543] Vgl. oben Teil III § 10 F. I. (S. 240 ff.).
[1544] Vgl. *Hanau*, RdA 1998, 231 ff., 231.
[1545] Vgl. oben Teil III § 10 F. I. (S. 240 ff.).

nach Verabschiedung des Statuts das - insbesondere für die betroffenen Unternehmen - unkalkulierbare Risiko einer Nichtigkeitsklage vor dem Europäischen Gerichtshof gemäß Art. 173 Abs. 1 und 2 EWG-Vertrag eingegangen wäre. Würde der Europäische Gerichtshof zu dem Ergebnis kommen, daß in der Aufspaltung des Statuts eine Umgehung des EWG-Vertrages zu sehen wäre, was - wie dargestellt - keinesfalls abwegig wäre, hätte dies gemäß Art. 174 Abs. 1 EWG-Vertrag nämlich zur Folge, daß das Statut für nichtig erklärt würde. Zum anderen ist dies auch aus politischer Sicht geboten. Es kann nicht angehen, ein Vorhaben wie die Europäische Aktiengesellschaft, von dem eine große Präzedenzwirkung für viele andere gesellschaftsrechtliche Vorhaben der Kommission ausgehen würde[1546] - genannt seien hier nur die übrigen europäischen Gesellschaftsformen oder die bereits erwähnten gesellschaftsrechtlichen Richtlinien mit Bezug zur Mitbestimmungsproblematik - auf eine Rechtsgrundlage zu stützen, deren Anwendbarkeit sehr umstritten ist. Auch die Regelungen über die Mitbestimmung der Arbeitnehmer hätten somit Bestandteil eines auf Art. 235 EWG-Vertrag gestützten einheitlichen Verordnungsvorschlags sein müssen.

An diesem Befund hat sich seit der Vorlage der neueren Vorschläge nichts geändert. Somit ist es nach wie vor geboten, den Verordnungsvorschlag auf die Rechtsgrundlage des Art. 235 EWG-Vertrag zu stützen. Auf der Suche nach der richtigen Rechtsgrundlage wird man somit von der bisherigen Konzeption Abstand nehmen und einen anderen Weg gehen müssen, der auf der Grundlage der derzeit geltenden Verträge am Erfordernis der Einstimmigkeit nicht vorbeiführt.

Fraglich ist jedoch, ob auch die Regelungen über die Mitbestimmung der Arbeitnehmer in der Europäischen Aktiengesellschaft auf der Rechtsgrundlage von Art. 235 EWG-Vertrag erlassen werden können. Etwas anderes könnte sich nämlich aus dem Umstand ergeben, daß mittlerweile der Amsterdamer Vertrag vom 02.10.1997 mit Wirkung zum 01.05.1999 in Kraft getreten ist.[1547] Durch diesen Vertrag ist unter anderem das Sozialprotokoll in den EWG-Vertrag inkorporiert worden - vgl. Art. 136 ff. EWG-Vertrag - mit der Folge, daß nunmehr auch das Vereinigte Königreich vom Anwendungsbereich dieser Vorschriften erfaßt wird. Folglich stellt sich die Frage, ob sich hieraus auch Auswirkungen auf die mögliche Rechtsgrundlage für die Vorschläge über das Statut für die Europäische Aktiengesellschaft ergeben.

In dem die Ziele der Gemeinschaft umfassenden Katalog des Art. 136 EWG-Vertrag ist neben der Förderung der Beschäftigung und der Verbesserung der Lebens- und Arbeits-

---

[1546] *Wiesner* hat dies bildlich wie folgt ausgedrückt: *"Denn die Europa AG ist Präjudiz und Flaschenhals zugleich. Wird sie zu Wasser gelassen, folgt ein ganzer Konvoi. Drei weitere europäische Rechtsformen (...) sowie die 10. und 14. Richtlinie (...) warten auf einen Grundsatzbeschluß, den man auf all diese Vorhaben übertragen könnte."*, vgl. Wiesner, GmbHR 1999, R 301 f., R 302.

[1547] Vertrag von Amsterdam v. 02.10.1997 zur Änderung des Vertrages über die Europäische Union, der Verträge zur Gründung der Europäischen Gemeinschaften sowie einiger zusammenhängender Rechtsakte - Protokolle, AblEG Nr. C 340 v. 10.11.1997, S. 96 ff.; BGBl. 1998 II, S. 387 ff.

bedingungen auch der soziale Dialog genannt. Zur Verwirklichung dieser Ziele unterstützt und ergänzt die Gemeinschaft gemäß Art. 137 Abs. 1, 2. Spiegelstrich EWG-Vertrag die Tätigkeit der Mitgliedstaaten auf dem Gebiet der Unterrichtung und Anhörung der Arbeitnehmer. Absatz 2 Satz 1 der Vorschrift sieht vor, daß der Rat zu diesem Zweck unter Berücksichtigung der in den einzelnen Mitgliedstaaten bestehenden Bedingungen und technischen Regelungen durch Richtlinien Mindestvorschriften erlassen kann, die schrittweise anzuwenden sind. Dies bedeutet, daß ein qualifizierter Mehrheitsbeschluß ausreichend ist, sofern lediglich die Unterrichtung und Anhörung der Arbeitnehmer betroffen ist. Ein einstimmiger Ratsbeschluß, der auf Vorschlag der Kommission und nach Anhörung des Europäischen Parlaments und des Wirtschafts- und Sozialausschusses ergeht, ist hingegen gemäß Art. 137 Abs. 3, 2. Spiegelstrich EWG-Vertrag im Bereich der Vertretung und kollektiven Wahrnehmung der Arbeitnehmer- und Arbeitgeberinteressen, einschließlich der Mitbestimmung, erforderlich. Dies führt im Ergebnis dazu, daß Regelungen über die unternehmerische Mitbestimmung nach wie vor dem Einstimmigkeitserfordernis unterliegen[1548], nunmehr aber auf Art. 137 Abs. 3 EWG-Vertrag als *lex specialis* sowohl gegenüber Art. 54 Abs. 3 lit. g EWG-Vertrag, unter den die Mitbestimmung der Arbeitnehmer bislang subsumiert worden ist, als auch gegenüber der Generalklausel des Art. 235 EWG-Vertrag gestützt werden müssen. Anders als bei den bisherigen Vorschlägen wäre in einer solchen Aufspaltung keine Umgehung der Rechtsgrundlagen des EWG-Vertrages zu sehen.

Zusammenfassend läßt sich somit festhalten, daß das rechtlich richtige Vorgehen in der Frage der Rechtsgrundlage darin besteht, den Verordnungsvorschlag über die Europäische Aktiengesellschaft auf Art. 235 EWG-Vertrag zu stützen und einen diesen begleitenden Richtlinienvorschlag auf der Rechtsgrundlage von Art. 137 EWG-Vertrag zu erlassen.

II. Organisationsverfassung

Hinsichtlich der Organisationsverfassung der Europäischen Aktiengesellschaft ist grundsätzlich an dem Ansatz der bisherigen Vorschläge festzuhalten, nach dem sowohl das monistische als auch das dualistische System zur Verfügung gestellt werden.

Wenngleich dies dem Grundgedanken einer einheitlichen Rechtsform einer Europäischen Aktiengesellschaft zuwiderläuft, wird man diesen Verlust an Einheitlichkeit in Kauf nehmen müssen. Die Entwicklung der ersten Vorschläge zur Europäischen Aktiengesellschaft von 1970 und 1975 bzw. der Vorschläge zur Strukturrichtlinie sowie die Diskussion dieser Vorschläge hat eindrucksvoll gezeigt, daß eine Harmonisierung in diesem Bereich nicht realisierbar ist, da die Traditionen, die sich in den einzelnen Mitgliedstaaten über lange Zeit hinweg herausgebildet haben, zu verschieden sind. Der Kompromißvorschlag der Kommission stellte sich anläßlich der Beratungen der Vorschläge von 1989 bzw. 1991 als der kleinste gemeinsame Nenner heraus und be-

---

[1548] So auch *Helms*, S. 73.

währte sich als eine mögliche Lösung. Folglich wird man, will man einen realistischen Lösungsvorschlag für die Europäische Aktiengesellschaft präsentieren, auch zukünftig an diesem Optionenmodell festhalten müssen.

Darauf, daß hierdurch der Verordnungsvorschlag nicht gerade übersichtlicher wird und infolgedessen die Verständlichkeit und Lesbarkeit nachhaltig leidet, wurde bereits hingewiesen. Sinnvoll wäre es daher, wenn die Kommission - einem Vorschlag von *Hanau* folgend[1549] - Musterentwürfe für Gesetze und Satzungen vorlegen würde, getrennt nach monistischem und dualistischem System, jeweils mit und ohne Mitbestimmung.

Wie bereits ausführlich dargelegt[1550] sollten die Mitgliedstaaten die Option haben, dieses Wahlrecht für Europäische Aktiengesellschaften mit Sitz in ihrem Hoheitsgebiet einzuschränken, sofern sie dies wünschen. Hierdurch würde man es ihnen ermöglichen, für Europäische Aktiengesellschaften mit Sitz in ihrem Hoheitsgebiet eine einheitliche Organisationsverfassung vorzusehen.

Als Ergebnis für die Frage der Organisationsverfassung läßt sich somit festhalten, daß der Verordnungsvorschlag über das Statut der Europäischen Aktiengesellschaft den Gründungsgesellschaften sowohl das monistische als auch das dualistische System zur Wahl stellen sollte. Dieses Wahlrecht sollte aber unter dem Vorbehalt der Beschränkung durch die Mitgliedstaaten für Europäische Aktiengesellschaften mit Sitz in ihrem Hoheitsgebiet stehen.

III. Mitbestimmung der Arbeitnehmer

Aufgabe kann es im folgenden nicht sein, einen vollständigen Richtlinienvorschlag für die Regelungen über die Mitbestimmung der Europäischen Aktiengesellschaft in allen Einzelheiten zu präsentieren. Vielmehr soll versucht werden, auf der Grundlage der aktuellen Kompromißvorschläge einen Lösungsvorschlag zu skizzieren und gleichzeitig bestehende Schwachstellen sowie Verbesserungsmöglichkeiten der aktuellen Vorschläge aufzuzeigen. Auf diese Weise soll versucht werden, einen realistischen Lösungsvorschlag für die Problematik der Mitbestimmung der Arbeitnehmer in der Europäischen Aktiengesellschaft zu präsentieren. Die Regelungen einer auf der Rechtsgrundlage von Art. 137 EWG-Vertrag zu erlassenen Richtlinie über die Mitbestimmung der Arbeitnehmer in der Europäischen Aktiengesellschaft könnten sich vor diesem Hintergrund in etwa wie folgt darstellen.

1. Konzeption des Lösungsvorschlags

Die bisherigen Vorschläge der Kommission zur Problematik der Mitbestimmung der Arbeitnehmer haben sich sämtlich als unzureichend und infolgedessen als nicht konsensfähig erwiesen. Wenngleich dies bislang auch für die neuesten Vorschläge der lu-

---

[1549] Vgl. *Hanau*, RdA 1998, 231 ff., 233.
[1550] Vgl. oben Teil IV § 15 E. II. (S. 366 f.).

xemburgischen, britischen, österreichischen und deutschen Ratspräsidentschaften gilt, ist festzustellen, daß diese von den Beteiligten wesentlich positiver aufgenommen wurden als ihre Vorgänger von 1970/1975 und 1989/1991. Dies hängt insbesondere damit zusammen, daß die Kommission - unter dem Eindruck der erfolgreich verabschiedeten Richtlinie über die Europäischen Betriebsräte - seit der Vorlage des Abschlußberichts der Davignon-Gruppe einen neuen, flexiblen Ansatz wählte, der ungeachtet einiger Kritikpunkte im einzelnen von allen Beteiligten grundsätzlich begrüßt wurde und wird. Dieser Ansatz besteht darin, den auf eine Vereinbarung über die Beteiligung der Arbeitnehmer abzielenden Verhandlungen den Vorrang einzuräumen, die Beteiligungsrechte der Arbeitnehmer aber durch eine im Falle des Scheiterns dieser Verhandlungen greifende Auffangregelung abzusichern. Er hat den Vorteil einer hohen Flexibilität, die es den beteiligten Gesellschaften ermöglicht, für die zu gründende Europäische Aktiengesellschaft maßgeschneiderte Lösungen zu entwickeln. Dies ist bei einer grenzüberschreitenden Kooperation insbesondere deshalb sehr wichtig, weil gerade in der Frage der Mitbestimmung sehr verschiedene Regelungen bzw. Traditionen der Mitgliedstaaten aufeinandertreffen, die es miteinander in Einklang zu bringen gilt. Der Vorrang von Verhandlungen überträgt hier den Parteien große Verantwortung, bietet ihnen aber zugleich eine Chance, die für sie passenden Regelungen zu gestalten. Im Ergebnis würde dies - wie auch bei den Europäischen Betriebsräten - zu einer Partikularisierung der Mitbestimmungsregelungen führen. Im Hinblick darauf, daß es nicht nur einen Typ der Europäischen Aktiengesellschaft geben wird, sondern diese vielmehr einer Vielzahl unterschiedlich strukturierter Unternehmen ab einer bestimmten Größenordnung zur Verfügung stehen soll, würde mit dieser Verhandlungslösung den Gründungsgesellschaften der notwendige Spielraum zu einer angemessenen Regelung der Mitbestimmungsrechte der Arbeitnehmer eingeräumt. Die gesetzliche Auffangregelung schließlich ist geboten, um zu gewährleisten, daß eine Beteiligung der Arbeitnehmer auch stattfindet, wenn die Verhandlungen scheitern bzw. abgebrochen werden.

Nicht zuletzt im Hinblick auf die grundsätzlich positive Aufnahme dieser neuen Vorschläge läßt sich somit als erstes Zwischenergebnis festhalten, daß an diesem Ansatz bezüglich der Mitbestimmung grundsätzlich festgehalten werden sollte. Insoweit ist *Buschak* zuzustimmen, wenn er die Vorschläge zur Europäischen Aktiengesellschaft als entscheidungsreif bezeichnet.[1551] Die Alternative hierzu bestünde darin, sozusagen bei Null anzufangen und ein gänzlich neues Lösungsmodell zur Mitbestimmung der Arbeitnehmer in der Europäischen Aktiengesellschaft vorzulegen. Dies erscheint angesichts der Entwicklung der Vorschläge zur Europäischen Aktiengesellschaft aber wenig sinnvoll, da nach nunmehr fast vierzig Jahren Diskussion um die Europäische Aktiengesellschaft alle alternativen Gestaltungsformen hinsichtlich der Mitbestimmung der Arbeitnehmer ausdiskutiert sind. Auf der Suche nach einem sinnvollen und realistischen Lö-

---

[1551] *Buschak*, S. 110 ff., S. 111.

sungsvorschlag für die Problematik der Mitbestimmung der Arbeitnehmer in der Europäischen Aktiengesellschaft ist somit von dem Stand der Beratungen der neuesten Vorschläge auszugehen, die weiter verbessert und ausgebaut werden sollten.

Aus diesem Grunde sollte auf die Möglichkeit der Gründung einer Europäischen Aktiengesellschaft im Wege der Umwandlung einer bestehenden nationalen Gesellschaft verzichtet werden. Die bisherigen Diskussionen haben sehr deutlich gezeigt, welche Probleme eine solche Gründungsmöglichkeit im Hinblick auf die Mitbestimmungsrechte der Arbeitnehmer und deren Erhaltung nach der Umwandlung mit sich brächten. Die Präsidentschaften haben hierbei weitestgehend versucht, den von den Mitgliedstaaten und den Beteiligten geäußerten Bedenken Rechnung zu tragen. Dies hat im Ergebnis jedoch dazu geführt, daß die Regelungen überaus kompliziert wurden. Dies ist allein um der Sicherung der Mitbestimmung der Arbeitnehmer willen nicht zu rechtfertigen, da man dieses Ergebnis überzeugender auch auf anderem Wege erreichen könnte: Statt zu versuchen, die Gründungsmöglichkeit der Umwandlung einer nationalen Aktiengesellschaft um jeden Preis beizubehalten und die Rechte der Arbeitnehmer über aufwendige Mitbestimmungsbeibehaltungsklauseln zu sichern, sollte man die Gründungsmöglichkeit der Umwandlung komplett streichen und sich auf die übrigen drei Gründungsformen beschränken. Hierdurch würde man ebenso den insbesondere von deutscher Seite geäußerten Besorgnissen über eine Erosion der Mitbestimmung durch Abwanderung von Unternehmen in das europäische Gesellschaftsrecht gerecht. Im übrigen besteht kein zwingendes Bedürfnis für die Existenz dieser Gründungsmöglichkeit, da das Hauptinteresse der Wirtschaft ohnehin den drei übrigen Gründungsformen - d. h. der Verschmelzung und der Errichtung einer Holding- oder einer Tochtergesellschaft - gilt. Die Wirtschaft könnte ohne weiteres auch ohne die Gründungsmöglichkeit der Umwandlung einer bestehenden Gesellschaft die gewünschte adäquate Unternehmensstruktur für ihre Tätigkeit auf europäischer Ebene schaffen. Die Davignon-Sachverständigengruppe hatte daher auch bereits 1997 vorgeschlagen, die Möglichkeit der Errichtung einer Europäischen Aktiengesellschaft im Wege der Umwandlung einer bestehenden nationalen Gesellschaft auszuklammern, und verlangt, daß ein substantielles grenzüberschreitendes Element unverzichtbar für die Gründung einer Europäischen Aktiengesellschaft sein sollte.[1552] Dennoch nahm die britische Präsidentschaft diese Gründungsmöglichkeit wieder in den Verordnungsvorschlag auf, was von den ihr nachfolgenden Präsidentschaften übernommen wurde, wenngleich sie die Frage als noch nicht abschließend geklärt ansahen. Dies sollte korrigiert werden.

2. Anwendungsbereich

Hinsichtlich des Anwendungsbereichs der Regelungen über die Mitbestimmung der Arbeitnehmer können die bisherigen Vorschläge in der von der deutschen Präsidentschaft vorgelegten Fassung überzeugen und sollten im wesentlichen beibehalten werden.

[1552] Vgl. dazu bereits oben Teil IV § 14 B. III. 1. (S. 299 f.).

B. Fortentwicklung der Vorschläge der Ratspräsidentschaften

Nach den aktuellen Vorschlägen in der von der deutschen Präsidentschaft vorgelegten Fassung soll eine Unterrichtung der Arbeitnehmervertreter über Angelegenheiten stattfinden, die die Europäische Aktiengesellschaft selbst oder eine ihrer Tochtergesellschaften oder einen ihrer Betriebe in einem anderen Mitgliedstaat betreffen oder die über die Befugnisse der Entscheidungsorgane auf der Ebene des einzelnen Mitgliedstaats hinausgehen. Dabei sollen Zeitpunkt, Form und Inhalt der Unterrichtung den Arbeitnehmervertretern eine eingehende Prüfung der möglichen Auswirkungen und gegebenenfalls die Vorbereitung von Anhörungen mit dem zuständigen Organ der Europäischen Aktiengesellschaft ermöglichen. Diese bereits von der österreichischen Präsidentschaft vorgeschlagene Formulierung ist gegenüber dem Vorschlag der britischen Präsidentschaft, wonach die Arbeitnehmer bzw. deren Vertreter nur für Fragen zuständig sein sollten, die die Europäische Aktiengesellschaft selbst oder zumindest zwei ihrer Tochtergesellschaften oder Betriebe in mindestens zwei verschiedenen Mitgliedstaaten betreffen, weniger restriktiv. Diese Ausweitung des Anwendungsbereichs ist zu begrüßen und sollte aufrecht erhalten werden. Es ist nicht einzusehen, wieso die Zuständigkeit der Arbeitnehmervertretung in diesem Fall nicht gegeben sein soll. Dies würde im Ergebnis nämlich dazu führen, daß bspw. eine Frage, die die französische Tochtergesellschaft einer Europäischen Aktiengesellschaft mit Sitz in Deutschland betrifft, erst dann der Mitbestimmung unterläge, wenn sie zugleich mindestens eine weitere Tochtergesellschaft in einem anderen Mitgliedstaat als Frankreich beträfe. Dies kann nicht überzeugen, da hierdurch die Mitbestimmungsrechte der Arbeitnehmer in der Europäischen Aktiengesellschaft zu sehr eingeschränkt würden. Die Grundidee der Europäischen Aktiengesellschaft besteht darin, Unternehmen eine grenzüberschreitende Zusammenarbeit innerhalb der Europäischen Union zu ermöglichen. Eine solche liegt aber auch schon dann vor, wenn eine Europäische Aktiengesellschaft lediglich eine Tochtergesellschaft oder einen Betrieb in einem anderen Mitgliedstaat als dem Sitzstaat unterhält. Dies ist geradezu der klassische Fall einer grenzüberschreitenden Kooperation. Wieso dies nicht von der Zuständigkeit der Arbeitnehmervertretung der Europäischen Aktiengesellschaft erfaßt sein soll, leuchtet nicht ein. Erforderlich und ausreichend muß insoweit der transnationale Charakter der in Frage stehenden Angelegenheit sein. Eine Angelegenheit ist aber auch dann schon transnationaler Natur, wenn sie lediglich eine Tochtergesellschaft oder einen Betrieb in einem anderen Mitgliedstaat betrifft und damit ein grenzüberschreitender Tatbestand vorliegt.

Unter Anhörung der Arbeitnehmer versteht der Richtlinienvorschlag in der von der deutschen Präsidentschaft vorgelegten Fassung die Einrichtung eines Dialogs und eines Meinungsaustausches zwischen dem Organ zur Vertretung der Arbeitnehmer und/oder den Arbeitnehmervertretern und dem zuständigen Organ der Europäischen Aktiengesellschaft, wobei Zeitpunkt, Form und Inhalt der Anhörung den Arbeitnehmervertretern auf der Grundlage der erfolgten Unterrichtung eine Stellungnahme zu den geplanten Maßnahmen des zuständigen Organs ermöglichen müssen, die im Rahmen des Entscheidungsprozesses innerhalb der Europäischen Aktiengesellschaft berücksichtigt werden kann. Dies sollte lediglich dahingehend ergänzt werden, daß diese Berücksichtigung auch tatsächlich erfolgen soll. Die Mitbestimmung der Arbeitnehmer wurde definiert als die Einflußnahme des Organs zur Vertretung der Arbeitnehmer und/oder der Arbeitnehmervertreter auf die Angelegenheiten einer Gesellschaft durch die Wahrnehmung des Rechts, einen Teil der Mitglieder des Aufsichts- oder des Verwaltungsorgans der Europäischen Aktiengesellschaft zu wählen oder zu bestellen oder die Wahrnehmung des Rechts, die Bestellung eines Teils oder aller Mitglieder des Aufsichts- oder des Verwaltungsorgans der Europäischen Aktiengesellschaft zu empfehlen oder abzulehnen. Diese Begriffsbestimmungen sollen auch im folgenden zugrunde gelegt werden.

Was das Verhältnis der Regelungen über die Mitbestimmung der Arbeitnehmer in der Europäischen Aktiengesellschaft gegenüber den nationalen Mitbestimmungsregeln betrifft, sollten die den Arbeitnehmern der Europäischen Aktiengesellschaft, ihrer Tochtergesellschaften und Betriebe nach den nationalen Rechtsvorschriften und Gepflogenheiten zustehenden Beteiligungsrechte von den Bestimmungen der Richtlinie nicht berührt werden. Hiervon sollten jedoch die Regelungen, die die Mitbestimmung in den Leitungsorganen der Europäischen Aktiengesellschaft betreffen, ausgenommen werden, sofern sie nicht zur Umsetzung der Richtlinie dienen. Dies sollte auch für die Regelungen über die Mitbestimmung in den Gesellschaftsorganen, die auf die Tochtergesellschaften der Europäischen Aktiengesellschaft Anwendung finden, gelten. Die Europäische Aktiengesellschaft sollte gegenüber den nationalen Mitbestimmungsregelungen immun sein. Dies schließt jedoch nicht aus, daß neben dem Vertretungsorgan der Europäischen Aktiengesellschaft eine nationale betriebliche Interessenvertretung der Arbeitnehmer besteht, deren Aufgabe die Berücksichtigung der jeweiligen nationalen Arbeitnehmerinteressen ist. Das europäische und das nationale System der Beteiligung der Arbeitnehmer stünden insoweit selbständig nebeneinander. Auch die Regelungen über den Europäischen Betriebsrat sollten auf die Europäische Aktiengesellschaft keine Anwendung finden, da die Vorschläge zur Europäischen Aktiengesellschaft ausreichende Unterrichtungs- und Anhörungsrechte der Arbeitnehmer der Europäischen Aktiengesellschaft vorsehen. Anders sollte dies nur dann sein, wenn die Regelungen über die Mitbestimmung der Arbeitnehmer nicht zur Anwendung gelangen, weil die Parteien beschlossen haben, keine Verhandlungen aufzunehmen oder bereits begonnene Verhandlungen abzubrechen.

3. Besonderes Verhandlungsgremium

Um zu einer Vereinbarung über die Beteiligung der Arbeitnehmer zu gelangen, sollte ein besonderes Verhandlungsgremium eingesetzt werden. Die in den Präsidentschaftsvorschlägen hierzu entwickelten Vorschriften können überzeugen und sollten daher bis auf einige kleinere Modifizierungen beibehalten werden.

Die Aufnahme der Verhandlungen zwischen den Sozialpartnern sollte möglichst früh geschehen, um eine rechtzeitige Einbindung und Berücksichtigung der Interessen der Arbeitnehmer der an der Gründung der Europäischen Aktiengesellschaften beteiligten Gesellschaften zu ermöglichen. Nach den Vorschlägen in der von der deutschen Präsidentschaft vorgelegten Fassung soll dies nach der Offenlegung des Verschmelzungsplans oder des Gründungsplans für eine Holdinggesellschaft oder nach einer Vereinbarung über den Gründungsplan für eine Tochtergesellschaft erfolgen. Dies erscheint unter Berücksichtigung des Umstands, daß zu diesem Zeitpunkt die wesentlichen Entscheidungen innerhalb der Unternehmensleitung in aller Regel bereits gefallen sind, relativ spät. Man sollte den Zeitpunkt des Beginns der Verhandlungen mit den Arbeitnehmern daher vorverlagern und zumindest die Unterrichtung der Arbeitnehmervertreter der an der Gründung der Europäischen Aktiengesellschaften beteiligten Gesellschaften schon dann vorsehen, wenn die Pläne für ihre Errichtung von den zuständigen Organen beraten werden. Der Einwand, daß einer Einbeziehung der Arbeitnehmervertreter schon in dieser frühen Phase der Planung das Interesse der Unternehmensleitung an der Geheimhaltung ihrer Kooperationspläne entgegenstehe, kann nicht überzeugen, da die Vertreter der Arbeitnehmer ebenso zur Geheimhaltung und Verschwiegenheit verpflichtet sind wie die Vertreter der Anteilseigner. Um die Beachtung dieser Verpflichtung auch in der Praxis zu gewährleisten, empfiehlt es sich jedoch, diese Verpflichtung im Zusammenhang mit den Verhandlungen nochmals ausdrücklich zu normieren und für den Fall ihrer Mißachtung nachhaltige Sanktionen vorzusehen.

Bei der Konstituierung des besonderen Verhandlungsgremiums sollte auf der Seite der Arbeitnehmervertreter auf eine möglichst ausgewogene Zusammensetzung geachtet werden, die sowohl die geographische Herkunft der Vertreter als auch die Zahl der von diesen vertretenen Arbeitnehmern in den einzelnen Mitgliedstaaten berücksichtigt, ohne daß dies zu einer Doppelvertretung der Arbeitnehmer führt. Die von der österreichischen Präsidentschaft vorgeschlagene[1553] - und von der deutschen Präsidentschaft leicht abgewandelte[1554] - Kombination des Grundsatzes der Repräsentation mit dem Grundsatz der Proportionalität wird diesen Anforderungen gerecht. Hiernach soll bei der Wahl oder der Bestellung der Mitglieder des besonderen Verhandlungsgremiums die Vertretung durch gewählte oder bestellte Mitglieder entsprechend der Zahl der in jedem Mitgliedstaat beschäftigten Arbeitnehmer der beteiligten Gesellschaften und der betroffenen Tochtergesellschaften und Betriebe in der Form sicherzustellen sein, daß pro Mitgliedstaat für jeden Anteil der in diesem Mitgliedstaat beschäftigten Arbeitnehmer, der 10 % der Gesamtzahl der in allen Mitgliedstaaten beschäftigten Arbeitnehmer der beteiligten Gesellschaften und der betroffenen Tochtergesellschaften und Betriebe entspricht, oder für einen Bruchteil dieser Tranche Anspruch auf einen Sitz besteht. Durch diese Regelung wird zum einen eine angemessene Gewichtung der Stimmen entsprechend dem Anteil der in den jeweiligen Gesellschaften beschäftigten Arbeitnehmer gewährleistet. Zum anderen wird sichergestellt, daß jeder Mitgliedstaat, aus dem eine Gesellschaft an der Gründung der Europäischen Aktiengesellschaft beteiligt ist, unabhängig von dem prozentualen Gesamtanteil der bei dieser Gesellschaft beschäftigten Arbeitnehmer durch

---

[1553] Vgl. dazu bereits oben Teil IV § 15 B. IV. 2. (S. 347ff.).
[1554] Vgl. dazu bereits oben Teil IV § 15 D. IV. 2. (S. 359 ff.).

mindestens eine Stimme im besonderen Verhandlungsgremium vertreten ist. Diese Grundsätze überzeugen und sollten beibehalten werden.

Dies gilt auch für die seinerzeit von der deutschen Delegation vorgeschlagene Sonderregelung für den Fall der Gründung einer Europäischen Aktiengesellschaft im Wege der Verschmelzung. Erlischt infolge der Verschmelzung eine beteiligte Gesellschaft, die eingetragen ist und Arbeitnehmer in dem betreffenden Mitgliedstaat beschäftigt, als Folge der Eintragung der Europäischen Aktiengesellschaft, so soll hiernach die Vertretung jedes Mitgliedstaats durch so viele weitere Mitglieder sichergestellt werden, wie erforderlich sind, um zu gewährleisten, daß diese Gesellschaft in dem besonderen Verhandlungsgremium durch mindestens ein Mitglied vertreten wird. Zu dem geographischen Kriterium (ein Vertreter pro Mitgliedstaat) tritt somit noch ein weiteres, welches sich an den beteiligten Gesellschaften orientiert (ein Vertreter pro Unternehmen). Die Anzahl dieser zusätzlichen Mitglieder sollte allerdings - wie in den neuesten Vorschlägen vorgesehen - in zweifacher Hinsicht beschränkt werden, um zu vermeiden, daß es zu einer Überrepräsentation der Arbeitnehmer kommt. Zum einen sollte sie 20 % der Mitglieder des besonderen Verhandlungsgremiums nicht überschreiten und zum anderen sollte es hierdurch nicht zu Doppelvertretungen von Arbeitnehmern kommen dürfen. Auch für den Fall, daß dieser Anteil von 20 % überschritten wird, wurde in den Vorschlägen dadurch Sorge getragen, daß dann die verfügbaren zusätzlichen Plätze in absteigender Folge nach der Anzahl der Beschäftigten vergeben werden sollen, wobei man mit derjenigen erlöschenden Gesellschaft beginnt, die die höchste Zahl von Beschäftigten hat. Diese Regelung scheint zwar auf den ersten Blick überaus kompliziert, führt aber im Ergebnis zu einer angemessenen Vertretung der Interessen auch der Arbeitnehmer einer infolge der Gründung einer Europäischen Aktiengesellschaft erlöschenden Gesellschaft. Auch sie sollte daher beibehalten werden.

Die Ernennung der Mitglieder des besonderen Verhandlungsgremiums sollte sich nach den jeweiligen nationalen Rechtsvorschriften und Gepflogenheiten richten. Hierbei sollte auch die Möglichkeit zur Ernennung von Personen, die nicht Arbeitnehmer der beteiligten Gesellschaften, Tochtergesellschaften oder Betriebe sind, vorgesehen werden, damit auch externe Arbeitnehmervertreter entsandt werden können. Dies würde insbesondere die Einbeziehung der europäischen Gewerkschaftsverbände in die Verhandlungen ermöglichen. Gegenüber den bisherigen Vorschlägen sollte darüber hinaus bei der Konstituierung des besonderen Verhandlungsgremiums auch die Einbeziehung bereits im Umfeld der Europäischen Aktiengesellschaft bestehender Europäischer Betriebsräte vorgesehen werden. Dies hätte den Vorteil, daß man zum einen auf Personen zurückgreifen könnte, die bereits mit grenzüberschreitenden Mitbestimmungsfragen befaßt sind und über entsprechenden Sachverstand verfügen. Zum anderen könnte man durch eine Präsenz einiger Arbeitnehmervertreter sowohl in einem Europäischen Betriebsrat als auch im besonderen Verhandlungsgremium der Europäischen Aktiengesellschaft eine bessere Abstimmung zwischen diesen verschiedenen Ebenen der Mitbestimmung bereits im Verhandlungsstadium erreichen und hierbei insbesondere die Erfahrungen der Europäischen Betriebsräte der jeweiligen Unternehmen berücksichtigen.

Es sollte daher in den Vorschlägen ergänzt werden, daß bei der Ernennung der Mitglieder des besonderen Verhandlungsgremiums insbesondere Mitglieder bereits bestehender Europäischer Betriebsräte berücksichtigt werden sollen. Um eine Machtkonzentration bei diesen Mitgliedern zu vermeiden, sollte die Höchstzahl dieser Mandate auf insgesamt fünf beschränkt werden.

Das derart gebildete besondere Verhandlungsgremium sollte das Mandat haben, aufgrund von Verhandlungen mit den Vertretern der zuständigen Organe der beteiligten Gesellschaften eine Vereinbarung über die Beteiligung der Arbeitnehmer in der Europäischen Aktiengesellschaft herbeizuführen. Die hierzu zur Verfügung stehende Verhandlungsdauer sollte im Interesse der zügigen Durchführung der Verhandlungen grundsätzlich beschränkt werden. Der derzeitige Lösungsvorschlag, eine grundsätzliche Verhandlungsdauer von einem halben Jahr vorzusehen, die aufgrund eines einvernehmlich gefaßten Beschlusses der Parteien einmalig auf längstens ein Jahr verlängert werden können soll, scheint angemessen. Hierdurch würde den sich eventuell im Laufe von grenzüberschreitenden Verhandlungen ergebenden Schwierigkeiten ausreichend Rechnung getragen, so daß es ohne weiteres möglich sein sollte, innerhalb dieser - gegebenenfalls verlängerten - Frist zu einem Abschluß der Verhandlungen zu gelangen.

Für die Beschlußfassung des besonderen Verhandlungsgremiums sollte grundsätzlich eine absolute Mehrheit der Stimmen seiner Mitglieder erforderlich sein, sofern diese auch die absolute Mehrheit der Arbeitnehmer der an der Gründung beteiligten Gesellschaften, Tochtergesellschaften oder Betriebe vertreten. Um den Bedenken derjenigen Mitgliedstaaten mit einem traditionell hohen Niveau an Mitbestimmung Sorge zu tragen, sollte man jedoch unter bestimmten Voraussetzungen sowohl für die Minderung als auch für die Abwahl der Mitbestimmung einen qualifizierten Mehrheitsbeschluß verlangen.

Eine Minderung der Mitbestimmung sollte der Mehrheit von mindestens zwei Drittel der Stimmen der Mitglieder des besonderen Verhandlungsgremiums bedürfen, die mindestens zwei Drittel der Arbeitnehmer der an der Gründung beteiligten Gesellschaften, Tochtergesellschaften oder Betriebe vertreten, mit der Maßgabe, daß diese Mitglieder Arbeitnehmer in mindestens zwei Mitgliedstaaten vertreten müssen, dies allerdings nur unter der Voraussetzung, daß sich die Mitbestimmung auf mindestens 50 % der Gesamtzahl der Arbeitnehmer der beteiligten Gesellschaften, Tochtergesellschaften oder Betriebe erstreckt. Minderung der Mitbestimmung bedeutet hierbei, daß der Anteil der Mitglieder der Organe der Europäischen Aktiengesellschaft geringer ist als der höchste in den beteiligten Gesellschaften geltende Anteil. Auf die Einführung einer weiteren Differenzierung danach, ob die Europäische Aktiengesellschaft im Wege der Verschmelzung oder durch Errichtung einer Holding- bzw. Tochtergesellschaft gegründet wird, sollte hingegen - anders als in den letzten Vorschlägen - verzichtet werden. Hierdurch würde die Regelung zum einen nur unnötig verkompliziert und zum anderen ist nicht einzusehen, wieso bereits eine Mitbestimmungsquote von einem Viertel in den beteiligten Gesellschaften dazu führen soll, daß es zur Minderung oder zur Abwahl der

Minderung eines qualifizierten Mehrheitsbeschlusses bedarf. Sollte es infolge dieser Regelungen tatsächlich zu einem bedeutenden Verlust an Mitbestimmungsrechten der Arbeitnehmer in einer Europäischen Aktiengesellschaft kommen, deren Gründungsgesellschaften zum Teil der Mitbestimmung unterlagen, so wäre dies auf europäischer Ebene als systemimmanent hinzunehmen. Es liegt an den Arbeitnehmervertretern der Gesellschaften aus den Mitgliedstaaten, in denen traditionell Regelungen über die Mitbestimmung der Arbeitnehmer existieren, ihre Verhandlungspartner im Rahmen der Verhandlungen hinsichtlich einer Vereinbarung über die Beteiligung der Arbeitnehmer davon zu überzeugen, daß die Beibehaltung der Mitbestimmung die bessere Wahl ist. Eine Vereinbarungslösung bietet insoweit Chancen für die Mitgliedstaaten mit einem hohen Niveau an Mitbestimmung, Verständnis für ihr Mitbestimmungsmodell zu schaffen und die bestehenden Vorbehalte auf Seiten der Verhandlungspartner zu beseitigen. Es bestünde - wie es zutreffend im Bericht der Kommission Mitbestimmung heißt - die Möglichkeit, mehr als bisher in internationalen Unternehmen mit deutschem Einfluß Grundprinzipien der deutschen Mitbestimmung zu verankern und Mitbestimmung zur Grundlage einer grenzüberschreitenden Unternehmenskultur und -identität zu machen.[1555] Eine Beteiligung deutscher mitbestimmter Unternehmen an grenzüberschreitenden Unternehmenskooperationen ist auch keineswegs unmöglich, da die Mitbestimmung nur einer von vielen ausschlaggebenden Faktoren ist. Fusionen wie unlängst die zwischen der *Mannesmann AG* und *Vodafone Airtouch*[1556] zeigen, daß Mitbestimmung auch in einem Mitgliedstaat vermittelbar ist, der ihr seit jeher eher abgeneigt gegenüberstand.

Es sollte ferner unter bestimmten Voraussetzungen auch negative Vertragsfreiheit dahingehend bestehen, sich gegen die Einführung von Regelungen über die Mitbestimmung der Arbeitnehmer in der Europäischen Aktiengesellschaft aussprechen und es bei den nationalen Regelungen belassen zu können. Das besondere Verhandlungsgremium sollte daher beschließen können, keine Verhandlungen aufzunehmen oder bereits aufgenommene Verhandlungen wieder abzubrechen und die Vorschriften für die Unterrichtung und Anhörung der Arbeitnehmer zur Anwendung gelangen zu lassen, die in den Mitgliedstaaten gelten, in denen die Europäische Aktiengesellschaft Arbeitnehmer beschäftigt. Dies sollte jedoch nur dann möglich sein, wenn dieser Beschluß die Mehrheit von mindestens zwei Drittel der Stimmen der Mitglieder des besonderen Verhandlungsgremiums findet, die mindestens zwei Drittel der Arbeitnehmer der an der Gründung beteiligten Gesellschaften, Tochtergesellschaften oder Betriebe vertreten, mit der Maßgabe, daß diese Mitglieder Arbeitnehmer in mindestens zwei Mitgliedstaaten vertreten müssen. Durch das Erfordernis einer solchen "doppelt qualifizierten" Mehrheit würde man zum einen ein deutliches Zeichen setzen und zeigen, daß man die Einführung der Mitbestimmung auf europäischer Ebene fördert und ihre Abwahl nicht ohne weiteres

---

[1555] Bericht der Kommission Mitbestimmung, Unterkapitel 9 *"Internationalisierung und Europäisierung"* (S. 111).

[1556] Vgl. dazu bereits oben Teil IV § 15 E. III. (S. 371).

zuläßt. Zum anderen würde man aber auch dem Interesse vieler Mitgliedstaaten Rechnung tragen, die sich gegen die zwingende Einführung von Mitbestimmung zur Wehr setzen. Die Einführung von Mitbestimmung macht keinen Sinn, wenn sie sowohl von den Vertretern der Unternehmensleitung als auch von denen der Belegschaft überwiegend nicht gewünscht wird und sich letzteres in einer qualifizierten 2/3-Mehrheit niederschlägt. Allerdings sollte dies aufgrund eines entsprechenden Beschlusses mit derselben Mehrheit jederzeit auch wieder revidiert werden können.

4. Vereinbarung über die Beteiligung der Arbeitnehmer

Auch hinsichtlich der Vereinbarung über die Beteiligung der Arbeitnehmer sollte die bisherige Konzeption der von den Ratspräsidentschaften vorgelegten Vorschläge grundsätzlich beibehalten werden. Die Parteien sollten somit weitestgehende Verhandlungsfreiheit haben, um auf diese Weise zu einer Vereinbarung über die Beteiligung der Arbeitnehmer zu gelangen, mit der sie der unterschiedlichen Ausgestaltung der nationalen Systeme der Arbeitsbeziehungen und der Arbeitnehmermitbestimmung Rechnung tragen und die sie den jeweiligen spezifischen Bedingungen der an der Gründung beteiligten Unternehmen anpassen können. Für den Fall, daß dies - auch nach einer einvernehmlichen Verlängerung der Verhandlungsdauer - nicht gelingen und es zu keiner Vereinbarung über die Beteiligung der Arbeitnehmer kommen sollte, sollte die Auffangregelung unmittelbar Anwendung finden.

Wenngleich die Parteien somit autonom über den Inhalt der Vereinbarung über die Beteiligung der Arbeitnehmer entscheiden können, sollte für die inhaltliche Ausgestaltung zumindest ein Mindestgehalt an Rahmenregelungen verlangt werden. Die Parteien sollten daher wenigstens Regelungen treffen müssen über folgende Punkte: Anwendungsbereich der Vereinbarung, Zusammensetzung und Wahl der Arbeitnehmervertretung, Beschlußfassung, Aufgaben und Befugnisse der Arbeitnehmervertretung einschließlich der Modalitäten ihrer Ausübung, Rechtsstellung der Arbeitnehmervertreter, finanzielle Ausstattung der Arbeitnehmervertretung, Geltungsdauer der Vereinbarung und Verfahren zur Änderung bzw. Neuaushandlung der Vereinbarung. Diese Punkte waren im wesentlichen auch in den bisherigen Vorschlägen berücksichtigt.

In einem Punkt sind allerdings gegenüber den aktuellen Vorschlägen in der von der deutschen Präsidentschaft vorgelegten Fassung inhaltliche Änderungen geboten. Die Kombination einer Regelung über die Mitbestimmung der Arbeitnehmer kraft Vereinbarung verbunden mit einer Auffangregelung beinhaltet die Gefahr, daß eine Seite von vornherein keine andere Lösung anstrebt als diejenige, welche die Auffangregelung vorsieht. Dieser Gefahr könnte man entgegentreten, indem man den "Verhandlungsdruck" der Parteien auf zweifache Weise verstärkt. Dies könnte man zum einen dadurch erreichen, daß man die Verhandlungsbereitschaft der Parteien durch eine qualitative Anhebung des Niveaus der - noch darzustellenden - Auffangregelung erhöht. Zum anderen könnte man ein Mediations- bzw. Schlichtungsverfahren für den Fall vorsehen, daß die Verhandlungen zwischen der Unternehmensleitung und den Arbeitnehmervertretern zu scheitern drohen.

Der erste Gedanke zielt auf das qualitative Verhältnis zwischen dem vorgegebenen Mindestinhalt einer Vereinbarung über die Mitbestimmung der Arbeitnehmer und der kraft Gesetzes anwendbaren Auffangregelung für den Fall des Scheiterns dieser Verhandlungen ab. Die bisherigen Vorschläge würden in der Tat die Gefahr in sich tragen, daß insbesondere die Vertreter der Unternehmensleitung die Verhandlungen hinsichtlich einer Vereinbarung über die Beteiligung der Arbeitnehmer nur sehr verhalten betreiben, wohlwissend daß im Falle des Scheiterns der Verhandlungen eine aus ihrer Sicht günstigere Auffangregelung mit weniger weitreichenden Mitbestimmungsrechten Anwendung findet. Das Hauptproblem der von der Richtlinie über die Europäischen Betriebsräte übernommenen Konzeption ist somit darin zu sehen, daß die Existenz einer Auffangregelung auf niedrigerem Niveau die Parteien zu sehr in Sicherheit wiegen könnte, als daß sie es anstreben würden, auf dem Verhandlungsweg zu einer unternehmensspezifisch ausgestalteten Lösung zu gelangen. Diesem Problem könnte man dadurch wirksam begegnen, daß man das "qualitative Gefälle" zwischen den beiden Regelungen zugunsten der Auffangregelung verändert. Durch eine Anhebung des Niveaus der Auffangregelung könnte man einen deutlich größeren Anreiz zum Abschluß einer Vereinbarung über die Mitbestimmung der Arbeitnehmer schaffen als dies nach den bisherigen Kompromißvorschlägen der Ratspräsidentschaften der Fall wäre. Dies hätte den Vorteil einer hiervon ausgehenden größeren Verhandlungsbereitschaft auf Seiten beider Parteien. Zudem dürfte von einer solchen Aufwertung der Auffangregelung ein für die Mitbestimmung positiver Impuls auch für die Verhandlungen über die Beteiligung der Arbeitnehmer ausgehen, der im Ergebnis dazu führen würde, daß die in der Vereinbarung vorgesehene Beteiligungshöhe der Arbeitnehmer in der Europäischen Aktiengesellschaft insgesamt betrachtet höher anzusiedeln sein würde als dies der Fall wäre, wenn die Auffangregelung auf einem niedrigeren Mitbestimmungsniveau angesiedelt wäre.

Was den zweiten Gedanken, die Einführung eines Schlichtungsverfahrens, betrifft, so hätte auch dies den Vorteil einer größeren Flexibilität im Rahmen der Verhandlungen über die Vereinbarung der Mitbestimmung der Arbeitnehmer. Hierdurch würden nicht nur sachgerechtere Lösungen, die genau auf das jeweilige Unternehmen abgestimmt sind, ermöglicht. Die Existenz eines Schlichtungsverfahrens würde die Verhandlungspartner auch von vornherein zu einer erhöhten Verhandlungsbereitschaft motivieren, weil sie sich nach Übermittlung einer Empfehlung der Schlichtungsstelle einem erhöhten Verhandlungsdruck ausgesetzt sähen. Die bisherigen Vorschläge der Präsidentschaften beschränkten sich demgegenüber auf die Feststellung, daß die Parteien *"mit dem Willen zur Verständigung verhandeln"* (Art. 14 Abs. 1 RiLi) müssen. Darüber hinaus waren keine weiteren Vorschriften vorgesehen, um die Gefahr des Scheiterns der Verhandlungen weiter zu minimieren. Dies ist unzureichend. Die Aufnahme eines Schlichtungsverfahrens in die Vorschläge wurde vom Wirtschafts- und Sozialausschuß in seiner Stellungnahme zum luxemburgischen Kompromißvorschlag auch schon einmal angeregt.[1557] In dieser Stellungnahme hatte der Wirtschafts- und Sozialausschuß vorgeschlagen, für den Fall eines drohenden Scheiterns der Verhandlungen ein Mediationsverfahren zwischenzuschalten. Leider ist dieser Ansatz nicht weiter verfolgt worden, obwohl er sich für die Vereinbarungslösung hervorragend eignet. Man sollte ihn daher wieder aufgreifen und wie folgt ausbauen.

Für den Fall, daß es während der Verhandlungen hinsichtlich der Vereinbarung über die Beteiligung der Arbeitnehmer zu Meinungsverschiedenheiten zwischen den Verhandlungspartnern kommen sollte, die dazu führen, daß ein Scheitern der Verhandlungen droht, sollte daher ein Schlichtungsverfahren vorgesehen werden, nach dem ein Schlichtungsorgan mit der Beilegung der Meinungsverschiedenheit betraut wird. Von einem drohenden Scheitern der Verhandlungen sollte auszugehen sein, wenn es nach 6 bzw. - für den Fall einer einvernehmlichen Verlängerung der Verhandlungen - nach 12 Monaten noch zu keiner Einigung gekommen ist. Das dann durchzuführende Schlichtungsverfahren könnte im einzelnen wie folgt ablaufen:

Zur Einsetzung des Schlichtungsorgans sollte es eines ausdrücklichen Beschlusses der Verhandlungsparteien bedürfen. Durch diesen Einsetzungsbeschluß sollte zugleich das Mandat des Schlichtungsorgans möglichst genau konkretisiert werden, damit es diesbezüglich nicht zu späteren Streitigkeiten kommen kann.

Hinsichtlich der Zusammensetzung des Schlichtungsorgans sollte dafür Sorge getragen werden, daß die Vertreter der an der Gründung der Europäischen Aktiengesellschaft beteiligten Gesellschaften, Tochtergesellschaften und Betriebe und die Vertreter der Arbeitnehmer zu gleichen Teilen vertreten sind. Die Festlegung der genauen Zahl der von den Parteien zu benennenden Mitglieder des Schlichtungsorgans sollte hierbei den Verhandlungspartnern überlassen werden. Zudem sollten die Parteien einen unparteiischen Vorsitzenden, auf dessen Person sich beide Seiten einigen müssen, bestimmen. Hierdurch würde die Chance auf einen positiven Ausgang des Schlichtungsverfahrens maßgeblich erhöht. In der Praxis könnte die Funktion des Vorsitzenden bspw. von Professoren, Richtern, Politikern, Rechtsanwälten oder Verbandsangehörigen mit entsprechender Sachkunde in Fragen der grenzüberschreitenden Mitbestimmung der Arbeitnehmer wahrgenommen werden. Sollte es hinsichtlich der Person des Vorsitzenden zu keiner Einigung kommen, so sollte der Vorsitzende aufgrund eines gerichtlichen Verfahrens vor dem Europäischen Gerichtshof bestellt werden können.

Für die Herbeiführung eines Beschlusses des Schlichtungsorgans sollte die einfache Mehrheit der Stimmen seiner Mitglieder erforderlich sein. Bei der Beschlußfassung sollte sich der Vorsitzende des Schlichtungsorgans zunächst der Stimme zu enthalten haben. Nur wenn keine Stimmenmehrheit zustande kommt, sollte er nach weiterer Be-

---

[1557] Stellungnahme des Wirtschafts- und Sozialausschusses zum Thema *"Statut der Europäischen Aktiengesellschaft"* v. 11.12.1997, AblEG Nr. C 129 v. 27.04.1998, S. 1 ff.; vgl. dazu bereits oben Teil IV § 15 A. V. 2. (S. 317 ff.).

ratung an der Abstimmung teilnehmen. Hierdurch könnte die Gefahr einer Blockade der Verhandlungen im Schlichtungsorgan wirksam vermieden werden. Das Ergebnis der Verhandlungen des Schlichtungsorgans sollte schriftlich festzuhalten und den Parteien zu übermitteln sein. Diesen obliegt es dann zu entscheiden, ob sie das Verhandlungsergebnis übernehmen.

Erst wenn die Parteien auch nach Durchführung dieses Schlichtungsverfahrens nicht zu einer Einigung gelangen, sollten die Verhandlungen als gescheitert angesehen werden mit der Folge, daß die Auffangregelung zur Anwendung gelangt.

5. Auffangregelung zur Beteiligung der Arbeitnehmer

Auch an der für den Fall des Scheiterns oder des Abbruchs der Verhandlungen vorgesehenen Auffangregelung zur Beteiligung der Arbeitnehmer sollte im Grundsatz festgehalten werden. Das flexible Konzept des Vorrangs von Verhandlungen verbunden mit einer gesetzlichen Auffangregelung bewährte sich schon im Rahmen der Richtlinie über die Europäischen Betriebsräte und läßt sich auch für die Problematik der Mitbestimmung der Arbeitnehmer in der Europäischen Aktiengesellschaft als Lösung heranziehen. Im Detail sind jedoch einige Verbesserungen geboten.

Gegenüber den Verhandlungen hinsichtlich einer Vereinbarung über die Beteiligung der Arbeitnehmer sollte die Auffangregelung lediglich sekundärer Natur sein. Sie sollte somit - wie bereits in den neuesten Vorschlägen vorgesehen - nur dann zur Anwendung gelangen, wenn die Verhandlungen der Parteien scheitern und das besondere Verhandlungsgremium keinen Beschluß gefaßt hat, keine Verhandlungen aufzunehmen bzw. bereits begonnene Verhandlungen wieder abzubrechen, sowie wenn die Parteien die Anwendung der Auffangregelung einvernehmlich beschließen.

Was die Reichweite der in der Auffangregelung geregelten Mitbestimmungsrechte der Arbeitnehmer betrifft, bedarf die Auffangregelung, wie sie in den Vorschlägen der Präsidentschaften präsentiert wurde, jedoch einer inhaltlichen Überarbeitung. Dies betrifft zum einen die Frage, ob es eine einheitliche Auffangregelung geben sollte, und zum anderen die Frage, auf welchem Niveau sich die Regelungen über die Mitbestimmung der Arbeitnehmer bewegen sollten.

Hinsichtlich der ersten Frage sollte man sich eindeutig für eine für alle Europäischen Aktiengesellschaften einheitlich geltende Auffangregelung entscheiden. Dies ergibt sich aus folgendem:

Die Hauptproblematik der bisherigen Vorschläge der Ratspräsidentschaften beruht darauf, daß für den Fall des Scheiterns der Verhandlungen über die Beteiligung der Arbeitnehmer keine einheitliche Auffangregelung Platz greifen soll, sondern nach dem *"Prinzip des Schutzes erworbener Rechte"*[1558] die in den beteiligten Gesellschaften bestehen-

---

[1558] So hat *Fischer* die Konzeption der neuesten Vorschläge in einem - bislang unveröffentlichten - Vortrag am 27.03.2000 an der Universität Bonn bezeichnet.

den unterschiedlichen nationalen Mitbestimmungssysteme berücksichtigt und die nach diesen bestehenden Rechte der Arbeitnehmer gewahrt werden sollen. Diese Regelung würde - wie bereits ausführlich dargelegt[1559] - zum einen zu einer Vielfalt an unterschiedlichen Mitbestimmungsregelungen führen, da im Endeffekt das jeweilige nationale Mitbestimmungsmodell mit dem höchsten Grad an Mitbestimmung auf europäischer Ebene übernommen würde. Zwar hatte sich die österreichische Präsidentschaft bemüht, die Vorschläge durch die Einführung eines weiteren Schwellenwertes in Abhängigkeit von der jeweiligen Gründungsform zu entschärfen. Im Ergebnis ändert dies jedoch nichts daran, daß es im Regelfall zur Anwendung des weitestgehenden Mitbestimmungsmodells der beteiligten Gesellschaften kommen und dieses nationale Mitbestimmungsmodell auf die Europäische Aktiengesellschaft übertragen würde. Zum anderen gäbe es nach diesen Vorschlägen gar keine Mitbestimmung der Arbeitnehmer, wenn sich Unternehmen aus Mitgliedstaaten verbinden, in denen keine Regelungen über die Mitbestimmung der Arbeitnehmer existieren. Beides ist nicht wünschenswert und liefe dem Verständnis einer einheitlichen europäischen Rechtsform zuwider. Die Regelungen über die Mitbestimmung der Arbeitnehmer in der Europäischen Aktiengesellschaft können nicht lediglich die Verlängerung der bestehenden nationalen Mitbestimmungsmodelle sein. Dies würde auf lange Zeit lediglich zu einer Festschreibung der bestehenden Unterschiede zwischen den einzelnen Mitgliedstaaten führen: Ein Wettbewerb zwischen den verschiedenen Systemen fände nicht statt; ein integrativer Effekt ginge von dem Statut über die Europäische Aktiengesellschaft nicht aus. Diese Probleme könnten durch die Wiederaufnahme einer einheitlichen europäischen Auffangregelung, die für alle Europäische Aktiengesellschaften Gültigkeit haben sollte, die sich nicht für eine Verhandlungslösung entschieden haben, vermieden werden. Hierdurch könnte man zudem die immer komplizierter gewordenen Vorschriften über die Mitbestimmung der Arbeitnehmer entflechten und mit der Vorgabe eines einheitlichen europäischen Standards den als Delaware-Effekt beschriebenen Wettbewerb um den Mitgliedstaat mit der geringsten gesetzlichen Regelungsdichte vermeiden. Aus diesem Grunde enthielt auch bereits der Davignon-Bericht, dessen Empfehlungen bei allen Beteiligten grundsätzlich auf Zustimmung gestoßen waren, eine einheitliche Auffangregelung. Diese richtigen Bemühungen sollte man auf der Suche nach einem realistischen Lösungsweg für die Mitbestimmungsproblematik wieder aufgreifen. Das optionale Statut der Europäischen Aktiengesellschaft bietet hier die Chance, ein eigenes europäisches System der Arbeitnehmerbeteiligung vorzusehen, die man nicht ungenutzt lassen sollte. Unter Zugrundelegung der vorstehenden Überlegungen könnte eine europäische Auffangregelung - um sich der zweiten eingangs gestellten Frage zuzuwenden - wie folgt aussehen:

Die Zuständigkeit der Arbeitnehmervertretung der Europäischen Aktiengesellschaft im Sinne der Auffangregelung sollte sich nach denselben Grundsätzen richten wie dies im Rahmen einer Vereinbarung über die Beteiligung der Arbeitnehmer vorgesehen ist. Sie sollte sich daher auf Angelegenheiten erstrecken, die die Europäische Aktiengesellschaft

---

[1559] Vgl. oben Teil IV § 15 E. III. (S. 368 ff.).

selbst oder eine ihrer Tochtergesellschaften oder einen ihrer Betriebe in einem anderen Mitgliedstaat betreffen oder die über die Befugnisse der Entscheidungsorgane auf der Ebene des einzelnen Mitgliedstaats hinausgehen.

Was die Ausgestaltung der Rechte der Arbeitnehmervertreter angeht, sollte diesen sowohl ein Recht auf Unterrichtung und Anhörung als auch ein Recht auf Mitbestimmung zugestanden werden. Dieses abgestufte System von Beteiligungsrechten könnte sich im einzelnen wie folgt darstellen.

Als Auffangregelung für die Unterrichtung und Anhörung der Arbeitnehmer sollte ein Vertretungsorgan geschaffen werden, das sich aus Vertretern der Arbeitnehmer der Europäischen Aktiengesellschaften und ihrer Tochtergesellschaften und Betriebe zusammensetzt. Die Zusammensetzung dieses Vertretungsorgans sowie die Wahl seiner Mitglieder könnte sich nach denselben Vorschriften richten, die für das besondere Verhandlungsgremium gelten, da dies zu einer angemessenen Vertretung aller bei der Europäischen Aktiengesellschaft, ihrer Tochtergesellschaften und Betriebe beschäftigten Arbeitnehmer führt. Darüber hinaus sollte, was in den bisherigen Vorschlägen bislang nicht geschehen ist, vorgesehen werden, daß sich nach der Gründung der Europäischen Aktiengesellschaft ergebende Veränderungen der Struktur der Europäischen Aktiengesellschaft unter Einbeziehung ihrer Tochtergesellschaften und Betriebe durch eine entsprechende Anpassung der Zahl der Mitglieder bzw. der Verteilung der Sitze des Vertretungsorgans berücksichtigt werden.

Eine Unterrichtung der Arbeitnehmer sollte in den Vorschlägen vorgesehen werden, sofern es um gewöhnliche Angelegenheiten der Europäischen Aktiengesellschaft, ihrer Tochtergesellschaften und Betriebe geht, von denen die Arbeitnehmervertreter bzw. die von ihnen vertretenen Arbeitnehmer Kenntnis haben sollten, die ihre Interessen als Beschäftigte der Europäischen Aktiengesellschaft aber nicht unmittelbar berühren. Zu denken wäre hier zum Beispiel an die allgemeine wirtschaftliche und finanzielle Entwicklung einschließlich der Produktions- und Absatzlage, die beabsichtigte Geschäftspolitik, das zukünftige Produktions- und Investitionsprogramm des Unternehmens oder an die Einführung neuer Fertigungsmethoden. Unterrichtung der Arbeitnehmer bedeutet in diesem Zusammenhang, daß die Unternehmensleitung der Europäischen Aktiengesellschaft dem Vertretungsorgan der Arbeitnehmer entsprechende Informationen so rechtzeitig zukommen lassen muß, daß die Arbeitnehmervertretung Gelegenheit hat, zu den ihr mitgeteilten Informationen Stellung zu nehmen, und das zuständige Organ der Europäischen Aktiengesellschaft die Position der Arbeitnehmervertreter vor einer Entscheidung berücksichtigen kann und - dies ist in den bisherigen Vorschlägen nicht vorgesehen - vor allen Dingen auch soll. Die Unterrichtung der Arbeitnehmer sollte schriftlich in vierteljährlichen Abständen erfolgen, so daß die regelmäßige Vorlage bzw. der regelmäßige Versand entsprechender Unterlagen an die Arbeitnehmervertretung grundsätzlich ausreichen würde. Wenigstens einmal im Jahr sollte jedoch auch eine persönliche Zusammenkunft zwischen dem zuständigen Organ der Europäischen Aktiengesellschaft und der Arbeitnehmervertretung stattfinden, in welcher die Unternehmensleitung einen ausführlichen Bericht über die Lage und die Entwicklung des Unternehmens einschließlich der Tochtergesellschaften und Betriebe in den Mitgliedstaaten gibt. Anläßlich dieser Zusammenkünfte sollte die Arbeitnehmervertretung das Recht haben, sowohl vor als auch nach der Sitzung mit dem zuständigen Organ der Europäischen Aktiengesellschaft in Abwesenheit der Unternehmensleitung tagen zu dürfen. Letzteres ist deshalb erforderlich, weil sich den Arbeitnehmervertretern nur anläßlich dieser Sitzungen Gelegenheit bietet, den persönlichen Kontakt untereinander zu pflegen. Ihnen sollte es daher nicht nur ermöglicht werden, sich auf die bevorstehende Sitzung vorzubereiten, sondern zugleich ihren Verlauf im Anschluß an die Sitzung in Abwesenheit der Arbeitgeberseite zu analysieren, eine entsprechende Information der Arbeitnehmer vorzubereiten und gegebenenfalls das weitere Vorgehen abzusprechen bzw. die nächste Sitzung vorbereiten zu können. Die neuesten Vorschläge der Ratspräsidentschaften, in denen solche Nachbesprechungen nicht vorgesehen sind, bedürfen insoweit der Nachbesserung. Ergänzt werden sollten diese Rechte der Arbeitnehmervertreter auf Information durch weitere Möglichkeiten der Informationsbeschaffung. Die Arbeitnehmervertretung sollte des weiteren das Recht haben, Rückfragen bezüglich der ihr übermittelten Informationen an das zuständige Organ der Europäischen Aktiengesellschaft zu richten oder zu diesen eine Stellungnahme abzugeben. Des weiteren sollten der Arbeitnehmervertretung die Tagesordnungen für die Sitzungen des Verwaltungsorgans bzw. des Leitungs- und des Aufsichtsorgans übermittelt werden. Ferner sollten ihnen Kopien sämtlicher der Hauptversammlung der Aktionäre vorgelegten Unterlagen überlassen werden.

Sofern es hingegen um Fragen geht, die nicht nur die Angelegenheiten der Europäischen Aktiengesellschaft, ihrer Tochtergesellschaften und Betriebe betreffen, sondern die darüber hinaus erhebliche unmittelbare Auswirkungen auf die Interessen der Arbeitnehmer haben können - bspw. bei einer Verkleinerung oder Stillegung von Unternehmen, Betrieben oder wichtigen Unternehmens- oder Betriebsteilen, bei Fusionen, der Gründung von Tochter- oder Holdinggesellschaften, der Verlegung von Unternehmen, Betrieben oder Betriebsteilen sowie bei Massenentlassungen -, sollte die vierteljährliche Unterrichtung der Arbeitnehmervertreter nicht ausreichen. Das zuständige Organ der Europäischen Aktiengesellschaft sollte in diesen Fällen verpflichtet sein, die Arbeitnehmervertreter unverzüglich von diesen außergewöhnlichen Angelegenheiten zu unterrichten. Neben diesem Recht auf Unterrichtung sollte ein Anhörungsverfahren vorgesehen werden, durch welches die in Frage stehenden Interessen der Arbeitnehmer in diesen Angelegenheiten effektiv berücksichtigt werden können. Dies könnte man dadurch erreichen, daß man zum einen vorsieht, daß das zuständige Organ der Europäischen Aktiengesellschaft die in einer Stellungnahme der Arbeitnehmervertretung genannten Einwände mit einer qualifizierten Mehrheit zurückweisen muß und zum anderen, für den Fall, daß die Arbeitnehmervertretung auch hiernach an ihrer Stellungnahme festhalten sollte, die Einsetzung eines besonderen Ausschusses vorsieht, der eine Einigung herbeiführen soll.

Zwar hatte bereits die österreichische Präsidentschaft erste zaghafte Versuche in dieser Richtung unternommen und die Problematik einer einseitigen Blockade im Rahmen der

Verhandlungen in ihren Vorschlägen zu entschärfen versucht: Nach Teil 2 lit. c der Auffangregelung sollte das Vertretungsorgan das Recht haben, ein weiteres Mal mit dem zuständigen Organ der Europäischen Aktiengesellschaft zusammenzutreffen, um eine Einigung herbeizuführen, wenn das zuständige Organ beschließt, nicht im Einklang mit der von dem Vertretungsorgan abgegebenen Stellungnahme zu handeln. Dennoch bleibt es nach diesen Vorschlägen dabei, daß die Entscheidung letztendlich allein in der Hand der Unternehmensleitung liegen sollte, ohne daß diese an besondere Erfordernisse gebunden sein sollte. Durch diese Bestimmung würden somit die Verhandlungen im Ergebnis lediglich verlängert, indem den Arbeitnehmervertretern noch einmal die Gelegenheit gegeben würde, ihren Standpunkt gegenüber der Unternehmensleitung darzulegen. Wenngleich dies gegenüber den früheren Vorschlägen sicherlich einen Fortschritt darstellt, muß man bezweifeln, daß hierdurch das eingangs dargestellte Problem wesentlich entschärft wird.

Anders als nach den bisherigen Vorschlägen sollte daher ein Abweichen von der von den Arbeitnehmervertretern abgegebenen Stellungnahme nur bei Vorliegen eines Beschlusses des zuständigen Organs der Europäischen Aktiengesellschaft möglich sein, welcher einer qualifizierten Mehrheit von mindestens zwei Drittel bedarf. Hierdurch würde zum einen gewährleistet, daß die Unternehmensleitung sich nochmals mit der von den Arbeitnehmervertretern dargelegten Auffassung beschäftigt und ihre Position gegebenenfalls überdenkt. Zum anderen wäre durch die Einführung eines solchen qualifizierten Mehrheitserfordernisses sichergestellt, daß das zuständige Organ auch mit einer deutlichen Mehrheit hinter dem in Frage stehenden Beschluß steht. Günstigenfalls führt bereits dieses Verfahren zu einem Ausgleich der widerstreitenden Interessen, da das zuständige Organ der Europäischen Aktiengesellschaft auf die Stellungnahme der Arbeitnehmervertretung hin seine Ansicht revidiert. Ist dies nicht der Fall, so sollte die Einsetzung eines von beiden Parteien paritätisch zu besetzenden besonderen Ausschusses vorgesehen werden, der die Aufgabe hat, eine Einigung herbeizuführen, und aus nicht mehr als vier Mitgliedern bestehen sollte. In diesem Ausschuß hätten beide Seiten noch einmal Gelegenheit, in einer intimen Gesprächsatmosphäre ihre unterschiedlichen Auffassungen im direkten persönlichen Kontakt darzulegen und auszutauschen, um eine gütliche Einigung zu suchen. Sollte es hiernach allerdings zu keiner Einigung kommen, so sollte das zuständige Organ der Europäischen Aktiengesellschaft allein entscheiden können, ob es der abweichenden Stellungnahme der Arbeitnehmervertretung folgt oder an ihrer ursprünglichen Absicht festhält, da es lediglich um eine Anhörung der Arbeitnehmer geht; ein Mitentscheidungsrecht des Arbeitnehmervertretungsorgans ist insoweit gerade nicht vorgesehen. Abschließend sei nochmals darauf hingewiesen, daß dieses relativ aufwendige Verfahren nur gerechtfertigt ist, wenn es um Angelegenheiten geht, die erhebliche unmittelbare Auswirkungen auf die Interessen der Arbeitnehmer haben können.

Geht es hingegen um die unternehmerischen Mitbestimmungsrechte der Arbeitnehmer bzw. deren Vertreter, so sollte eine unmittelbare Vertretung der Arbeitnehmer im Verwaltungs- bzw. Aufsichtsorgan der Europäischen Aktiengesellschaft vorgesehen werden.

Hinsichtlich der Beteiligungshöhe der Arbeitnehmervertreter sahen die bisherigen Vorschläge für die Auffangregelung über die Mitbestimmung die Beibehaltung des Mitbestimmungsmodells desjenigen Mitgliedstaats mit den weitestgehenden Regelungen über die Mitbestimmung vor. Auf die hierdurch entstehenden Probleme wurde bereits hingewiesen. Viel näher liegt es indes, in einer Frage, in welcher man angesichts der unterschiedlichen Traditionen der Mitgliedstaaten zu Kompromissen bereit sein muß, diese Kompromißbereitschaft auch für die Auffangregelung auf europäischer Ebene zu fordern, indem man ein europäisches Mitbestimmungskonzept mit einer mittleren Beteiligungshöhe der Arbeitnehmer vorsieht. Dies hatte auch bereits die Davignon-Gruppe empfohlen. Sie hatte vorgeschlagen, daß die Arbeitnehmervertretung ein Fünftel der Sitze im Verwaltungs- bzw. Aufsichtsrat innehaben soll, mindestens aber zwei Mitglieder stellen müsse.[1560]

Im Hinblick auf die bereits dargelegten Vorteile einer - im Vergleich zu den Mindestrechten der Vereinbarung über die Beteiligung der Arbeitnehmer - auf einem etwas höheren Niveau angesiedelten Auffangregelung sollte diese Quote unter Beibehaltung der Mindestzahl auf ein Viertel hinaufgesetzt werden. Die Zahl der Mitglieder sollte in der Satzung der Europäischen Aktiengesellschaft festgelegt werden. Unabhängig hiervon sollten die Mitgliedstaaten ermächtigt werden, eine Mindest- und/oder Höchstzahl festlegen zu können, um die Arbeitsfähigkeit des Verwaltungs- oder Aufsichtsorgans sicherstellen zu können. Bei der Wahl bzw. Bestellung dieser Arbeitnehmervertreter sollte man sich die Existenz des bereits bestehenden besonderen Verhandlungsgremiums zunutze machen und diese mit der Entsendung von Mitgliedern in das Verwaltungs- oder Aufsichtsorgan der Europäischen Aktiengesellschaft beauftragen. Dies hätte - worauf bereits *Hanau* hingewiesen hat[1561] - gegenüber dem deutschen System den großen Vorteil, daß zum einen die überaus komplizierten Wahlvorschriften des MitbestG 1976 bzw. seiner Wahlordnungen nicht benötigt würden und zum anderen eine proportionale Vertretung der Arbeitnehmer der Europäischen Aktiengesellschaft entsprechend ihren Anteilen in den einzelnen Mitgliedstaaten gewährleistet würde.

Was die Aufgaben und Befugnisse dieser Arbeitnehmervertreter angeht, so sollten diese vollwertige Mitglieder des zuständigen Organs der Europäischen Aktiengesellschaft sein und die gleichen Rechte und Pflichten wie die übrigen Mitglieder haben. Eine bloß beratende Stimme würde dem Begriff der Mitbestimmung der Arbeitnehmer nicht gerecht. Durch eine Präsenz in den Unternehmensorganen mit Stimmberechtigung würde eine effektive Beteiligung der Arbeitnehmer an der Kontrolle der Entscheidungen der Unternehmensleitung erreicht. Die Arbeitnehmervertreter würden in vollem Umfang in die der Unternehmensleitung gegenüber bestehende Kontrolle einbezogen. Um diese zu

---

[1560] Vgl. dazu bereits oben Teil IV § 14 B. III. 4. (S. 304 ff.).
[1561] Vgl. *Hanau*, RdA 1998, 231 ff., 232.

ermöglichen, sollten die geschäftsführenden Mitglieder des Verwaltungsorgans bzw. das Leitungsorgan verpflichtet sein, die anderen Mitglieder des Verwaltungsorgans bzw. das Aufsichtsorgan in mindestens vierteljährlichen Abständen umfassend über alle Angelegenheiten zu informieren, die die Führung und den Gang der Geschäfte sowie die Lage und die weitere Entwicklung der Europäischen Aktiengesellschaft selbst, ihrer Tochtergesellschaften und Betriebe betreffen. Darüber hinaus sollten sie verpflichtet sein, in außergewöhnlichen Angelegenheiten eine entsprechende Unterrichtung unverzüglich vorzunehmen, um die kontrollierenden Mitglieder des Verwaltungsorgans bzw. das Aufsichtsorgan jederzeit in die Lage zu versetzen, die Geschäftsführung der Europäischen Aktiengesellschaft zu überwachen. Bei einer dualistisch strukturierten Europäischen Aktiengesellschaft sollte das Aufsichtsorgan zudem berechtigt sein, weitere Auskünfte zu verlangen und in alle Dokumente des Leitungsorgans Einsicht zu nehmen und die erforderlichen Überprüfungen vorzunehmen, soweit es zur Erfüllung seiner Aufgaben erforderlich ist. Schließlich sollte bei bestimmten Geschäften, die insbesondere für die Arbeitnehmer erhebliche unmittelbare Auswirkungen haben können, ein Beschluß nur von dem gesamten Verwaltungsorgan bzw. nur mit Zustimmung des Aufsichtsorgans getroffen werden können. Im einzelnen sollte dies der Fall sein bei Beschlüssen, die die Erweiterung, Verkleinerung, Verlegung oder Stillegung von Unternehmen, Betrieben oder wichtigen Unternehmens- oder Betriebsteilen, Fusionen, die Gründung von Tochter- oder Holdinggesellschaften, wichtige Beschränkungen, Erweiterungen oder Änderungen der Geschäftstätigkeit sowie Massenentlassungen betreffen. Durch diese Beteiligungs- bzw. Zustimmungspflicht könnte man eine wirksame Kontrolle der Unternehmensleitung erreichen und die Arbeitnehmervertreter gleichzeitig an den Entscheidungen über die für die Europäische Aktiengesellschaft und ihre weitere Entwicklung wesentlichen Fragen teilhaben lassen. Die Parteien sollten darüber hinaus die Möglichkeit haben, diese Regelung unternehmensspezifisch auszugestalten, und ermächtigt werden, diesen Katalog zustimmungspflichtiger Geschäfte zu konkretisieren bzw. zu erweitern. Für den Fall, daß die Zustimmung verweigert wird, sollte allerdings die Möglichkeit bestehen, die Zustimmung durch einen qualifizierten Mehrheitsbeschluß der Hauptversammlung, der mindestens drei Viertel der abgegebenen Stimmen umfassen muß, zu ersetzen.

IV. Rechtsstellung der Arbeitnehmervertreter

Was die Rechtsstellung der Arbeitnehmervertreter betrifft, so sollten die Arbeitnehmervertreter grundsätzlich die gleichen Rechte und Pflichten haben wie die geschäftsführenden Mitglieder des Verwaltungsorgans bzw. die anderen Mitglieder des Aufsichtsorgans. Ebenso wie bei diesen sollte ihre Amtszeit im einzelnen in der Satzung festgelegt werden, wobei der Zeitraum von fünf Jahren nicht überschritten werden darf; eine einmalige Wiederwahl sollte jedoch möglich sein. Des weiteren sollten die Arbeitnehmervertreter ihr Amt im Interesse der Europäischen Aktiengesellschaft unter Berücksichtigung der Interessen der Aktionäre und der Arbeitnehmer ausüben müssen. Hierbei sollten sie verpflichtet sein, das notwendige Stillschweigen über vertrauliche Informationen, welche die Europäische Aktiengesellschaft betreffen, zu bewahren. Ferner sollten Regelungen vorgesehen werden, die die Informationspflicht des zuständigen Organs der Europäischen Aktiengesellschaft einschränken für den Fall, daß das Bekanntwerden der in Frage stehenden Information den Geschäftsbetrieb der Europäischen Aktiengesellschaft objektiv erheblich beeinträchtigen oder schaden würde. Schließlich sollte den Mitgliedstaaten gestattet werden, eine Sonderregelung für sog. Tendenzunternehmen zu schaffen. Hinsichtlich der Einzelheiten kann auf die neuesten Vorschläge der Präsidentschaften verwiesen werden; die dortigen Regelungen überzeugen und scheinen auch nicht streitig gewesen zu sein. Beibehalten werden sollte auch die Bestimmung, nach der das zuständige Organ der Europäischen Aktiengesellschaft und das Vertretungsorgan mit dem Willen zur Verständigung unter Beachtung ihrer jeweiligen Rechte und Pflichte zusammenarbeiten sollen. Dies sollte in gleicher Weise für die Zusammenarbeit der Mitglieder innerhalb des Verwaltungsorgans bzw. für die Zusammenarbeit zwischen dem Leitungs- und dem Verwaltungsorgan gelten. Eine solche Generalklausel hat zwar einen etwas vagen Regelungsgehalt, sie kann aber bei der Klärung streitiger Einzelfragen ergänzend herangezogen werden.

Die Vorschläge sollten des weiteren Regelungen beinhalten, die einen umfassenden Schutz der Arbeitnehmervertreter gewährleisten. Auch insoweit kann an die neuesten Vorschläge angeknüpft werden, in denen bestimmt ist, daß die Arbeitnehmervertreter bei der Wahrnehmung ihrer Aufgaben den gleichen Schutz und gleichartige Sicherheiten genießen sollen wie die Arbeitnehmervertreter nach den innerstaatlichen Rechtsvorschriften und Gepflogenheiten des Mitgliedstaats, in dem sie beschäftigt sind. Dies sollte insbesondere für den Kündigungsschutz, die Entgeltfortzahlung, den Freizeitausgleich und - soweit für die Ausübung ihres Amtes erforderlich - die Erstattung von Schulungskosten gelten, so daß ihnen durch die Ausübung ihrer Tätigkeit als Vertreter der Arbeitnehmer keine materiellen Nachteile erwachsen. Darüber hinaus sollte eine generelle Verpflichtung des Arbeitgebers vorgesehen werden, nach der er die Unabhängigkeit der Arbeitnehmervertreter zu garantieren und jede Maßnahme zu unterlassen hat, die zu einer Diskriminierung der Arbeitnehmervertreter führen würde.

C. Zusammenfassung

Zusammenfassend ist zu den vorgeschlagenen Regelungen über die Mitbestimmung der Arbeitnehmer festzuhalten, daß ein solcher Kompromißvorschlag zwar hinter dem Recht der unternehmerischen Mitbestimmung, wie es sich in der Bundesrepublik Deutschland etabliert hat, zurückbliebe; auf europäischer Ebene würde er aber zumindest einen "ersten Einstieg" in die Mitbestimmung bedeuten und insofern einen wesentlichen Fortschritt darstellen. Vor allen Dingen aber - und dies spricht am meisten für die hier präsentierte Lösung - stellt ein solches Mitbestimmungsmodell von mittlerer Beteiligungshöhe einen überzeugenden Kompromiß dar, der es die unterschiedlichen Interessen der verschiedenen Mitgliedstaaten in Ausgleich zu bringen versucht. Er berücksichtigt sowohl die Interessen der Mitgliedstaaten mit einer langen Mitbestimmungstradition, die einen Teil dieser Tradition insoweit würden aufgeben müssen, als auch die Inte-

§ 16 Die Zukunft der Mitbestimmung der Arbeitnehmer in der SE

ressen der Mitgliedstaaten ohne Mitbestimmungsregeln, die diese - ebenfalls zum Teil - würden akzeptieren müssen. Beide Gruppen würden sich somit ein Stück weit aufeinanderzubewegen. In einer Frage, in der schon die Davignon-Gruppe beeindruckt war von der Tatsache, daß sich die nationalen Systeme der Information, Anhörung und Mitwirkung der Arbeitnehmer derart stark voneinander unterscheiden[1562], ist eine andere Lösung auch nicht denkbar; ein realistischer Lösungsvorschlag muß in einem Kompromiß bestehen. In einem Europa mit bereits jetzt 15 Mitgliedstaaten würde hierdurch zudem ein deutliches Zeichen für die Zukunft gesetzt, da man nach der kurz- bis mittelfristig bevorstehenden Erweiterung der Gemeinschaft immer mehr auf nationale Besitzstände verzichten und zu Kompromissen bereit sein müssen wird.

Ungeachtet dessen ist allerdings darauf hinzuweisen, daß ein solcher Kompromißvorschlag in der Frage der Mitbestimmung der Europäischen Aktiengesellschaft derzeit politisch nicht durchsetzbar zu sein scheint. Dies beruht vor allen Dingen darauf, daß man - wie ausführlich dargelegt - in vielen langen Verhandlungsrunden einen Kompromiß gefunden hat, dem bis auf Spanien 14 Mitgliedstaaten zustimmen konnten. Angesichts dieser Situation hofft man nach wie vor auf ein Einlenken Spaniens und will daher derzeit von weiteren Diskussionen absehen, um nicht das endgültige Scheitern des Vorhabens zu riskieren. Dies sprach *Neyer* anläßlich eines im März 2000 an der Universität Bonn abgehaltenen Symposiums ganz offen an, indem er die anwesenden Vertreter der Wissenschaft, *Lutter* und *Hommelhoff*, aufforderte, die Diskussionen im Moment nicht voranzutreiben, und *"vor zu viel Ehrgeiz"* warnte, um die Hoffnung auf Verabschiedung des Statuts nicht zunichte zu machen, zumal die Europäische Aktiengesellschaft auch als *"Eisbrecher"* für andere Vorhaben fungiere.[1563]

Die Tatsache, daß der dargelegte Lösungsvorschlag derzeit politisch nicht durchsetzbar ist, vermag aber nichts an dem Umstand zu ändern, daß die vorstehenden Vorschläge einer europäischen Lösung der Mitbestimmungsfrage in rechtlicher Hinsicht insgesamt überzeugender sind als die der Ratspräsidentschaft vorliegenden Vorschläge. Ihre Verwirklichung sollte daher zumindest mittel- bis langfristig verfolgt werden.

[1562] Vgl. Davignon-Bericht, S. 12 (Rn. 94 lit. c).

[1563] So äußerte sich *Neyer* - Ministerialrat des Bundesministeriums der Justiz - in der sich den Vorträgen von *van Hulle* und *Hommelhoff* zur Europäischen Aktiengesellschaft anschließenden Diskussion.

Ausblick

Seitdem auch die erneuten ausführlichen Beratungen unter deutscher Präsidentschaft zu keinem positiven Ergebnis geführt haben, ist es um das Vorhaben der Europäischen Aktiengesellschaft still geworden. Weder unter finnischer Präsidentschaft im zweiten Halbjahr 1999 noch unter der Portugals im ersten Halbjahr 2000 sind weitere Fortschritte zu verzeichnen. In dem von der portugiesischen Präsidentschaft zu Beginn ihrer Amtszeit Anfang Januar vorgelegten sozialpolitischen Arbeitsprogramm wurde das Vorhaben der Europäischen Aktiengesellschaft nicht erwähnt.[1564] Zwischenzeitlich stand die Europäische Aktiengesellschaft - so berichtete *Hanau* von einer Konferenz zum Europäischen Arbeitsrecht, die am 19.01.2000 in Portugal stattgefunden hat - nicht einmal mehr auf der Agenda der Beratungen im Ministerrat. Auch Bundesarbeitsminister *Riester* teilte mit, daß die Verabschiedung der Richtlinie über die Mitbestimmung der Arbeitnehmer in der Europäischen Aktiengesellschaft nach wie vor an Spanien scheitere.[1565] Dennoch scheinen die Beratungen hinter den Kulissen weiterzugehen. *Van Hulle* wies anläßlich eines Symposiums an der Universität Bonn Ende März 2000 darauf hin, daß die Kommission nach wie vor um den Abschluß der Verhandlungen zur Europäischen Aktiengesellschaft bemüht sei. Auf die Chancen der Verwirklichung des Vorhabens der Europäischen Aktiengesellschaft angesprochen, erwiderte er jedoch lediglich: *"In politics, the only thing that is certain, is that nothing is certain!"*

Gegenüber dem Stand des Verfahrens unter der deutschen Präsidentschaft scheint es somit keine Veränderung zu geben. Die Verabschiedung des Vorhabens der Europäischen Aktiengesellschaft wird immer noch durch das Veto Spaniens blockiert, was insbesondere mit der sog. Gibraltar-Frage zusammenhängt, die auch der Verabschiedung zahlreicher anderer sehr bedeutsamer Richtlinien im Wege steht.[1566] In letzter Zeit konnte man jedoch Zeitungsberichten entnehmen, daß Großbritannien und Spanien diese Frage einer Lösung zugeführt haben sollen.[1567] Inwieweit dies auch Auswirkungen auf die geplante Verabschiedung der Vorschläge zur Europäischen Aktiengesellschaft haben wird, ist derzeit allerdings nicht absehbar. Zumindest scheint sie aber nicht ausgeschlossen, da sich die ausgehandelte Vereinbarung insbesondere mit europapolitischen Fragen befaßt, so daß vermutet wird, daß die Vereinbarung voraussichtlich den

---

[1564] Vgl. EURO-INFO des BDI, Nr. 1 v. 14.02.2000, S. 3.
[1565] Vgl. den Artikel von *Schwenn* in der F.A.Z. v. 03.02.2000, S. 27 (*"Riester will bessere Arbeitsnormen"*).
[1566] Vgl. F.A.Z. v. 17.03.2000, S. 15 (*"EU-Folgerecht mit politischen Nachwehen"*).
[1567] Vgl. bspw. den Artikel von *Stabenov* in der F.A.Z. v. 20.04.2000, S. 4 (*"Übereinkunft zwischen London und Madrid"*), in dem berichtet wird, daß Spanien nach wie vor die Souveränität über Gibraltar beanspruche und Großbritannien sich verpflichtet habe, den Status nur bei einer Unterstützung durch die Mehrheit der Bürger Gibraltars zu ändern. Die Vereinbarung regelt insbesondere, daß Personalausweise und Reisepässe von Großbritannien ausgestellt werden müssen, auch wenn sie den Hinweis auf Gibraltar enthalten. Kontakte mit den Behörden sollen künftig über "Briefkastenadressen" in London laufen.

Weg für die Annahme einer Reihe von EU-Regelungen ebnen wird. Nach Angaben von *Hommelhoff* soll das Statut anläßlich des für Ende Juni 2000 vorgesehenen Gipfeltreffens in Lissabon verabschiedet werden.[1568] Eine offizielle Bestätigung findet sich hierfür bislang jedoch nicht. Es scheint somit immer noch fraglich, ob das Vorhaben der Europäischen Aktiengesellschaft überhaupt jemals verabschiedet werden wird. Unabhängig davon, wie die weiteren Verhandlungen im Ministerrat verlaufen werden, steht eines jedoch fest: Einen dritten Tod könnte auch die Europäische Aktiengesellschaft nicht verkraften; entweder sie kommt diesmal oder sie wird für immer gestorben sein.

Köln, im Juni 2000

[1568] Dies teilte *Hanau* Anfang Mai mit.

Anhang: Die Beschlüsse von Nizza

Die Europäische Aktiengesellschaft ist nicht gestorben, sie wird kommen! Im folgenden wird daher die jüngste Entwicklung zur Europäischen Aktiengesellschaft seit der Abgabe dieser Arbeit im Juni 2000 nachgezeichnet.

A. Der Gipfel von Nizza

Es sollte - um es vorwegzunehmen - dem Gipfel von Nizza, der unter französischer Ratspräsidentschaft vom 07.12.2000 bis zum 09.12.2000 stattfand, vorbehalten bleiben, nach über 40 Jahren[1569] Diskussion einen politischen Beschluß über die Verabschiedung der Vorschläge zur Europäischen Aktiengesellschaft herbeizuführen.

I. Die Entwicklung im Vorfeld des Gipfels

Auch nach dem vorläufigen Scheitern der Beratungen unter der deutschen Präsidentschaft im Juni 1999, wofür insbesondere Spanien (unter anderem wegen der Gibraltar-Frage) verantwortlich zeichnete, gingen die Beratungen - wie bereits erwähnt[1570] - hinter den Kulissen weiter. Gleichwohl drang hiervon kaum etwas an die Öffentlichkeit. Ebenso wenig wurde aber das Scheitern des Vorhabens verkündet, so daß man zumindest erahnen konnte, daß das Projekt jedenfalls noch nicht "auf Eis gelegt" worden war. Diese Zurückhaltung gegenüber der Öffentlichkeit sollte sich erst wieder unter der französischen Präsidentschaft im zweiten Halbjahr 2000 ändern:

Im Vorfeld des für Anfang Dezember vorgesehenen Gipfels von Nizza tauchte die Europäische Aktiengesellschaft erneut in Papieren der Präsidentschaft auf. Für die Öffentlichkeit erstmals ersichtlich wurde dies dann mit der Vorlage einer Pressemitteilung anläßlich des Ratstreffens "Beschäftigung und Sozialpolitik", welches am 27.11.2000 und 28.11.2000 in Brüssel stattfand.[1571] Bei dieser Sitzung wurden unter französischer Präsidentschaft Vorlagen für den Dezember-Gipfel in Nizza verabschiedet. Verhandlungsgegenstand der Ratssitzung der Arbeits- und Sozialminister waren unter anderem die sog. Sozialagenda, der Ausbau des sozialen Schutzes in der Gemeinschaft, das sog. Maßnahmenpaket Beschäftigung, aber auch die Europäische Aktiengesellschaft. Unter der Überschrift "Arbeitnehmerrechte" bekräftigte der französische Vorsitz einmal mehr seine Absicht, die Arbeit für eine verstärkte Miteinbeziehung von Arbeitnehmern voranzutreiben. Man werde - so lautete es in der Pressemitteilung weiter - die Gespräche

---

[1569] Die - ansonsten sehr treffende - Anmerkung von *Schwarz*, "der 'dreißigjährige Krieg' um die Europäische Aktiengesellschaft ist beigelegt" ist daher etwas ungenau, vgl. *Schwarz*, ZIP 2001, 1847 ff., 1847.

[1570] Vgl. dazu bereits oben Ausblick (S. 403).

[1571] Ratstreffen *"Beschäftigung und Sozialpolitik"*: Einigung über die Sozialpolitische Agenda der EU (Brüssel, 27. und 28. November 2000), in Papierform unveröffentlicht, Fundstelle im Internet auf den Internet-Seiten der französischen Ratspräsidentschaft: http://www.presidence-europe.fr (Fundstelle abgerufen am 10.06.2002).

zur Richtlinie über die Beteiligung der Arbeitnehmer in der Europäischen Gesellschaft[1572] wiederaufnehmen und versuchen, zu einer politischen Einigung zu gelangen. Einer anderen Pressemitteilung zu diesem Ratstreffen läßt sich entnehmen, daß man einen Ansatz gefunden habe, der zur Lösung des Problems der spanischen Delegation ins Auge gefaßt werden könne.[1573] Wie diese Lösung aussehen könnte, wurde indes nicht erwähnt. Einen Hinweis findet man nur in einer weiteren Pressemitteilung, welche allerdings nur auf französisch veröffentlicht wurde.[1574] Dort lautete es, eine für alle Mitgliedstaaten akzeptable Lösung könne darin bestehen, die Anwendung der Auffangregelung über die Beteiligung der Arbeitnehmer zur Disposition der Mitgliedstaaten zu stellen.

Das Vorhaben der Europäischen Aktiengesellschaft wurde daher unter dem Titel *"Proposal for a Council Directive on employee involvment within the European Company"* auf die überarbeitete vorläufige Agenda für den Gipfel in Nizza gesetzt.[1575]

Diese positive Entwicklung fand sich wenig später auch in einer Pressemitteilung des Bundesministeriums für Arbeit und Sozialordnung bestätigt.[1576] Der Parlamentarische Staatssekretär *Gerd Andres*, der an den Beratungen im Arbeits- und Ministerrat teilgenommen hat, berichtete dort, daß bei den Beratungen über die Mitbestimmung in der

---

[1572] Die Verwendung des Begriffes *"Europäische Gesellschaft"* statt *"Europäische Aktiengesellschaft"* ist wohl auf einen Übersetzungsfehler zurückzuführen. In der französischen Originalversion lautet es *"société européenne"*, was bei wörtlicher Übersetzung der vorerwähnten deutschen Bezeichnung entspricht; gleichwohl wurde der französische Begriff seit dem Aufkommen der Idee einer Europäischen Aktiengesellschaft als *"Europäische Aktiengesellschaft"* übersetzt. Dem englischen Übersetzer ist wohl dasselbe Mißgeschick unterlaufen; dort lautet es *"european society"* statt - was entsprechend dem Sprachgebrauch der bisherigen Vorschläge richtig gewesen wäre - *"european company"*. Verwirrend ist schließlich auch, daß letzten Endes der Begriff *"Europäische Gesellschaft"* Eingang in die amtlichen Überschriften der Rechtstexte gefunden hat, in den Erwägungsgründen und den Vorschriften selbst aber auch wieder von der *"Europäischen Aktiengesellschaft"* die Rede ist.

[1573] Ergebnisse des Ratstreffens *"Beschäftigung und Sozialpolitik"*: Einigung über die Sozialpolitische Agenda der EU (Brüssel, 27. und 28. November 2000), in Papierform unveröffentlicht, Fundstelle im Internet auf den Internet-Seiten der französischen Ratspräsidentschaft: http://www.presidence-europe.fr (Fundstelle abgerufen am 10.06.2002).

[1574] Communication à la Presse, 2313ème session du Conseil Emploi et Politique Sociale, Bruxelles, les 27 et 28 novembre 2000, Dok., 13862/00 (Presse 454), Fundstelle im Internet auf den Internet-Seiten der französischen Ratspräsidentschaft: http://www.presidence-europe.fr (Fundstelle abgerufen am 10.06.2002).

[1575] Revised Provisional Agenda for the 2313th meeting of the Council of the European Union (Employment and Social Policy), Brussels, 27 and 28 November 2000, Fundstelle im Internet: http://register.consilium.eu.int/html/en/00/st13/13614-r1en0.html (Fundstelle abgerufen am 10.06.2002).

[1576] Bundesministerium für Arbeit und Sozialordnung, Mitteilung der BMA-Pressestelle v. 25.05.1999, *"Andres: Wirtschaftspolitik, Beschäftigungspolitik und Sozialpolitik gehören zusammen"*, vgl. Wiedergabe der Pressemitteilung auf den Internet-Seiten des Bundesarbeitsministeriums unter http://www.bma.de/de/asp/aktuell/presse.asp?id=1287 (Fundstelle abgerufen am 10.06.2002).

A. Der Gipfel von Nizza

Europäischen Aktiengesellschaft so große Fortschritte erzielt werden konnten, daß die französische Präsidentschaft hoffte, zu diesem Vorhaben auf dem Gipfel in Nizza einen politischen Durchbruch zu erzielen.

Es sollte also wieder eine Entscheidung im Rahmen eines europäischen Gipfels über das Schicksal der Europäischen Aktiengesellschaft bestimmen. Ob es diesmal ein positiver Beschluß sein würde, war allerdings nach wie vor ungewiß. Zum einen stand zwar bereits vor dem Gipfel fest, daß gegenüber dem Stand des Projekts unter deutscher Präsidentschaft keine wesentlichen inhaltlichen Veränderungen zu verzeichnen waren, so daß jedenfalls der Druck auf die spanische Delegation größer geworden war. Zum anderen war die Agenda des Gipfels allein in sozialen Angelegenheiten - wieder einmal - mehr als überfrachtet: Europäische Sozialagenda, Europäische Beschäftigungsstrategie; Europäische Strategie gegen soziale Ausgrenzung und jegliche Form der Diskriminierung, Modernisierung des Sozialschutzes und schließlich die Beteiligung der Arbeitnehmer. Es war somit fraglich, ob neben all diesen Programmpunkten auch für die Europäische Aktiengesellschaft ausreichend Zeit verbleiben würde. Vermutlich lag in dieser Themenfülle aber auch gerade die Chance ihrer Verabschiedung.

II. Die Ergebnisse des Gipfels

Es war ein Gipfel, zu dem sich die Staats- und Regierungschefs unter französischer Ratspräsidentschaft viel vorgenommen hatten. Man wollte insbesondere die im Hinblick auf die zukünftige Erweiterung der Union[1577] notwendigen institutionellen Reformen verabschieden und somit die Einrichtungen der Gemeinschaft zukunftsfähig machen. Gegenstand der Verhandlungen war damit ein Thema, was schon seit jeher geeignet war, Blockaden der großen wie auch der kleinen Mitgliedstaaten hervorzurufen. Dennoch gelang es den Verhandlungspartnern, in zwei langen Verhandlungsrunden am 07.12.2000 und 08.12.2000 diese Frage einer Lösung zuzuführen. Festgehalten wurden die Ergebnisse des Gipfels in den Schlußfolgerungen des Vorsitzes[1578]; die Überarbeitung der Verträge erfolgte sodann durch den Vertrag von Nizza.[1579] Angesichts der

---

[1577] Vgl. vertiefend hierzu die Informationen auf den Internet-Seiten der Europäischen Union, http://www.europa.eu.int/comm/enlargement/index.htm (Fundstelle abgerufen am 29.05.2002).

[1578] Schlußfolgerungen des Vorsitzes, Europäischer Rat (Nizza), 7., 8. und 9. Dezember 2000, abrufbar auf den Internet-Seiten der französischen Ratspräsidentschaft unter http://www.presidence-europe.fr/pfue/dossiers/01836/01836-de.pdf (Fundstelle abgerufen am 29.05.2002).

[1579] Vertrag von Nizza zur Änderung des Vertrages über die Europäische Union, der Verträge zur Gründung der Europäischen Gemeinschaften sowie einiger damit zusammenhängender Rechtsakte v. 26.02.2001, AblEG Nr. C 80 v. 10.03.2001, S. 1 ff. Der Vertrag selbst sowie weitere Informationen sind auf den Internet-Seiten der Europäischen Union hinterlegt, http://www.europa.eu.int/comm/nice_treaty/index_de.htm (Fundstelle abgerufen am 29.05.2002). Ein sehr guter Überblick über die wesentlichen Änderungen - herausgegeben von der Kommission - findet sich hier: http://www.europa.eu.int/comm/nice_treaty/summary_de.pdf (Fundstelle abgerufen am 29.05.2002). Ein Überblick über den Stand der Ratifikation in den Mitgliedstaaten

selbstgesteckten Ziele fielen die Ergebnisse des Gipfels, die hier nur der Vollständigkeit halber kurz dargestellt werden[1580], allerdings eher mager aus.

1. Institutionelle Reformen

Hauptanliegen des Gipfels von Nizza waren institutionelle Reformen. Man wollte die Union und ihre Institutionen insbesondere im Hinblick auf die in den nächsten Jahren bevorstehende Osterweiterung auch in organisatorischer Hinsicht zukunftsfähig ausgestalten. So hat sich in der Vergangenheit bspw. die Größe der Kommission zunehmend als problematisch, ja oft sogar als kontraproduktiv und entscheidungshemmend oder -verhindernd erwiesen. Die derzeitige Größe von 20 Mitgliedern beruht darauf, daß bei jeder Erweiterung die Zusammensetzung der Kommission durch eine Beitrittsakte verändert wurde. So stieg die Zahl der Kommissionsmitglieder nach dem Beitritt Dänemarks, Irlands und des Vereinigten Königreichs 1973 von 9 auf 13, und nach dem Beitritt Griechenlands bzw. Portugals und Spaniens auf 17 Mitglieder. Seit dem Beitritt Österreichs, Finnlands und Schwedens im Jahre 1995 gehören der Kommission 20 Mitglieder an. Im Vertrag von Amsterdam wurden diese Bestimmungen nicht geändert. Doch auch die Verhandlungen von Nizza vermochten in dieser Frage keine Einigung herbeizuführen. Zwar wurden zwei Lösungsmodelle (1 Kommissionsmitglied je Mitgliedstaat; Begrenzung auf weniger Kommissionsmitglieder als Mitgliedstaaten mit einem System gleichberechtigter Rotation) ausgiebig diskutiert, die Entscheidung wurde jedoch vertagt. Die Regierungskonferenz hat beschlossen, die Begrenzung der Zahl der Mitglieder der Kommission zu verschieben, bis die Union 27 Mitgliedstaaten umfaßt. Dies heißt konkret, daß ab 2005 jeder Mitgliedstaat ein Kommissionsmitglied stellt. Mit der Amtsübernahme der ersten Kommission nach dem Beitritt des 27. Mitgliedstaats soll die Zahl der Mitglieder der Kommission unter der Zahl der Mitgliedstaaten liegen. Die Mitglieder der Kommission werden sodann auf der Grundlage einer paritätischen Rotation ausgewählt. Doch ob es hierzu kommen wird ist fraglich. Da die genaue Anzahl der Mitglieder und die Reihenfolge der Rotation vom Rat einstimmig nach Unterzeichnung der Beitrittsakte des 27. Mitgliedstaats festgelegt werden sollen, ist davon auszugehen, daß die Diskussion zu einem späteren Zeitpunkt wieder aufkommen wird. Das beschlossene Ergebnis war somit jedoch lediglich ein Kompromiß, mit dem insbesondere die Hauptproblematik einer im Hinblick auf die bevorstehende Osterweiterung unbedingt notwendigen umfassenden institutionellen Reform keiner Lösung zugeführt werden konnte. Auch nach den für 2005 avisierten Reformierungen wird bspw. die Kommission eine Größe aufweisen, die sich mit einem effizienten Arbeiten nur sehr schwer wird vereinbaren lassen.

---

findet sich unter http://www.europa.eu.int/comm/nice_treaty/ratiftable_de.pdf (Fundstelle abgerufen am 29.05.2002).

[1580] Vgl. dazu bspw. *Borchmann*, EuZW 2001, 170 ff., *Hatje*, EuR 2001, 143 ff., *Epiney*, DVBl. 2001, 941 ff., und *Pache*, NJW 2001, 1377 ff.

A. Der Gipfel von Nizza

Auch die künftige Zusammensetzung des Europäischen Parlaments wurde im Rahmen des Gipfels von Nizza neu festgesetzt. Zur Zeit hat das Parlament 626 Abgeordnete, vgl. Art. 190 Abs. 2 EGV. Bei Beibehaltung der Formel für die Sitzverteilung würde die derzeitige Höchstgrenze von 700 Parlamentariern bei den künftigen Erweiterungen weit überschritten und es bestünde die Gefahr, daß seine Effizienz beeinträchtigt wird. Auch insoweit wurde ein Kompromiß erzielt. Die Regierungskonferenz hat ein Ergebnis des Amsterdamer Vertrags, die Beschränkung der europäischen Abgeordneten auf höchstens 700, abgeändert, was aber im Ergebnis nicht zu einer Verringerung der Mitgliederzahl führen wird. Jetzt darf die Zahl der Mitglieder des Europäischen Parlaments 732 Mitglieder nicht überschreiten. Die Regierungskonferenz hat auch die Zahl der Abgeordneten festgelegt, die in den derzeitigen und künftigen Mitgliedstaaten gewählt werden. Für die künftigen Mitgliedstaaten sollen diese Zahlen noch in den Beitrittsverhandlungen erörtert werden. Als Übergangsmaßnahme wird für die Legislaturperiode 2004 - 2009 nach Verteilung der Sitze an die derzeitigen Mitgliedstaaten und die Staaten, mit denen am 01.01.2004 ein Beitrittsvertrag unterzeichnet sein wird, die Zahl der Abgeordneten gegebenenfalls proportional erhöht, bis die Höchstgrenze von 732 Mitgliedern erreicht ist. Die Staaten, die der Union während dieser Legislaturperiode beitreten, werden auch ihre Abgeordneten wählen können. In diesem Fall kann die Höchstgrenze von 732 vorübergehend überschritten werden.

Ferner wurde mit dem Vertrag von Nizza das bestehende System der Mehrheitsabstimmungen im EU-Ministerrat einer grundlegenden Überarbeitung unterzogen, indem man sich - zumindest teils - vom Einstimmigkeitsprinzip verabschiedete. Auch diese Änderungen sollen jedoch erst ab 2005 gelten. Die Zahl der jedem Mitgliedstaat zugeteilten Stimmen wurde geändert. Die Konferenz hat überdies den gemeinsamen Standpunkt der Union für die Beitrittsverhandlungen festgelegt, in denen die Zahl der Stimmen der Beitrittsländer festgelegt wird. Wann die qualifizierte Mehrheit erreicht ist, wird in den Beitrittsverträgen nach den Grundsätzen bestimmt, die die Konferenz in einer diesbezüglichen Erklärung festgelegt hat. Danach gilt die qualifizierte Mehrheit als erreicht, wenn[1581]

- "der Beschluss mindestens eine Zahl der Stimmen auf sich vereinigt, die dem gegenwärtigen Mindestwert (71,26 % der Stimmen) bei fünfzehn Mitgliedstaaten nahe kommt. Dieser Mindestwert wird im Zuge der Beitritte bis auf höchstens 73,4 % angepaßt. Wenn die zwölf beitrittswilligen Länder, mit denen die Union bereits Beitrittsverhandlungen führt, der Union beigetreten sind, wird der Schwellenwert für die qualifizierte Mehrheit auf 255 von 345 Stimmen festgesetzt.
- die Mehrheit der Mitgliedstaaten dem Beschluss zustimmt."

[1581] So die Zusammenfassung auf den Internet-Seiten der Europäischen Union http://www.europa.eu.int/comm/archives/igc2000/geninfo/fact-sheets/fact-sheet8/index_de.htm (Fundstelle abgerufen am 29.05.2002).

Um zu vermeiden, daß die kleinen die großen Mitgliedstaaten überstimmen, soll jeder Mitgliedstaat überdies beantragen können, daß überprüft wird, ob die qualifizierte Mehrheit mindestens 62 % der Gesamtbevölkerung der Union entspricht. Sollte dies nicht der Fall sein, gilt der Beschluß als nicht gefaßt.

Ein Ratsbeschluß bedarf somit zukünftig nach vielen Bestimmungen lediglich der Zustimmung einer qualifizierten Mehrheit von 255 der insgesamt 345 Stimmen, die Sperrminorität liegt dann nur noch bei 91 Stimmen. Dies gilt allerdings nicht für eine ganze Reihe anderer, wichtiger Entscheidungen.[1582] Bei dem Erfordernis der Einstimmigkeit blieb es insbesondere in der Struktur- und Steuerpolitik sowie bei Fragen des Asyl- und Einwanderungsrechts.[1583] Damit wurde ein weiteres Ziel nur teilweise erreicht. Bereits 1966 hatten sich die Mitgliedstaaten im Rahmen des sog. *"Luxemburger Kompromisses"* vorbehalten, Einstimmigkeit bei besonders wichtigen Vorhaben verlangen zu können. Ziel des Gipfels war es unter anderem, die Zahl dieser Fälle um 70 zu reduzieren. Im Ergebnis sind nur 40 solcher Fälle abgeschafft worden. Bezeichnend ist vor allen Dingen, daß in dieser Frage gerade die großen Mitgliedstaaten nicht davor zurückschreckten, ohne den Willen zu einer Einigung ihre nationalen Besitzstandsinteressen durchzusetzen. Hervorzuheben sind hier insbesondere die Bundesrepublik Deutschland in der Asylpolitik sowie Frankreich bei der Verfechtung der Interessen seiner nationalen Filmindustrie. Insgesamt handelt es sich um ein kompliziertes Mehrheitssystem, das Abstimmungen im EU-Ministerrat nach Einschätzung von Experten zukünftig schwerer machen wird.

Des weiteren hat die Regierungskonferenz das Mitentscheidungsverfahren ausgeweitet und für sieben Vertragsbestimmungen vorgesehen, die in die Abstimmung mit qualifizierter Mehrheit übergeführt werden sollen. Dabei handelt es sich um folgende Bestimmungen: Artikel 13 EGV (Maßnahmen zur Bekämpfung von Diskriminierungen), Artikel 65 EGV (justizielle Zusammenarbeit in Zivilsachen), Artikel 157 EGV (spezifische Maßnahmen zur Unterstützung der Industrie), Artikel 159 EGV (Aktionen zur Förderung des wirtschaftlichen und sozialen Zusammenhalts außerhalb der Strukturfonds), Artikel 191 EGV (Statut der europäischen politischen Parteien) sowie die Artikel 62 und 63 EGV (Visa, Asyl und Einwanderung). Da für die beiden letztgenannten Vertragsbestimmungen der Übergang zur qualifizierten Mehrheit nur teilweise erfolgt und

---

[1582] Eine Auflistung der Bestimmungen, für die künftig die qualifizierte Mehrheit vorgesehen ist, und derjenigen, für die ein *"Übergang zur qualifizierten Mehrheit zu einem späteren Zeitpunkt"* vorgesehen ist, findet sich auf den Internet-Seiten der Europäischen Union unter http://www.europa.eu.int/comm/nice_treaty/procedures_de.pdf (Fundstelle abgerufen am 29.05.2002).

[1583] Während ersteres Spanien zu einer Bedingung für die Zustimmung zum Vertragswerk erhoben hatte, setzte sich Großbritannien bei der Beibehaltung des Erfordernisses der Einstimmigkeit in Fragen der Steuerpolitik durch. Die Bundesrepublik Deutschland schließlich zeichnet im Ergebnis dafür verantwortlich, daß Mehrheitsentscheidungen in Fragen des Asyl- und Einwanderungsrechts auch zukünftig nicht in Betracht kommen.

zeitlich gestaffelt ist, soll bei der Ausweitung des Mitentscheidungsverfahrens ebenso verfahren werden.

Schließlich hat die Regierungskonferenz die Befugnisse des Kommissionspräsidenten gestärkt. Der Vertrag von Nizza sieht vor, daß der Präsident über die interne Organisation der Kommission entscheidet, um sicherzustellen, dass ihr Handeln kohärent und effizient ist und auf der Grundlage der Kollegialität beruht. Der Präsident soll die Zuständigkeitsbereiche der Kommission unter ihren Mitgliedern strukturieren und verteilen sowie die Vizepräsidenten nach Billigung durch das Kollegium ernennen. Ferner sieht der Vertrag ausdrücklich vor, dass ein Mitglied der Kommission zurücktreten muß, wenn der Präsident es nach Billigung durch das Kollegium dazu auffordert. Künftig wird der Präsident der Kommission vom Europäischen Rat mit qualifizierter Mehrheit ernannt, so daß es nicht mehr des Konsenses der Mitgliedstaaten bedarf. Der Präsident und die Mitglieder der Kommission sollen nach Billigung des Europäischen Parlaments vom Rat mit qualifizierter Mehrheit ernannt werden.

Neu ist schließlich auch die Einführung einer gemeinsamen Europäischen Sicherheits- und Verteidigungspolitik. Der Europäische Rat billigte den Bericht des Vorsitzes zur europäischen Sicherheits- und Verteidigungspolitik. Vorgesehen sind in diesem Bericht vor allem die Entwicklung des militärischen Potenzials der EU, die Schaffung ständiger politischer und militärischer Strukturen und die Übernahme der Krisenmanagementsaufgaben der Westeuropäischen Union (WEU) durch die EU. Die Bestimmungen über die Beziehungen zwischen den vorgenannten Unionen wurden daher gestrichen. Außerdem kann das Politische und Sicherheitspolitische Komitee ("PSK", neue Bezeichnung des im Vertrag genannten Politischen Komitees) vom Rat ermächtigt werden, für den Zweck und für die Dauer einer Krisenbewältigungsoperation sachdienliche Beschlüsse hinsichtlich der politischen Kontrolle und strategischen Leitung der Operation zu fassen.

Weitere institutionelle Neuerungen betreffen das Rechtsprechungssystem der Europäischen Union, den Rechnungshof, die Europäische Zentralbank und die Europäische Investitionsbank sowie den Wirtschafts- und Sozialausschuß und den Ausschuß der Regionen.[1584]

2. Europäische Grundrechtscharta

Zweifelsohne einen Erfolg stellt hingegen die ebenfalls im Rahmen des Gipfels von Nizza erfolgte Verabschiedung einer "Charta der Grundrechte der Europäischen Union" dar.[1585] In dieser Charta - so lautet es in den Schlußfolgerungen des Vorsitzes - werden

---

[1584] Vgl. zu diesen Änderungen, auf die hier nicht näher eingegangen werden kann, den bereits erwähnten informativen Überblick auf den Internet-Seiten der Europäischen Union http://www.europa.eu.int/comm/nice_treaty/summary_de.pdf (Fundstelle abgerufen am 29.05.2002).

[1585] Charta der Grundrechte der Europäischen Union v. 07.12.2000, AblEG Nr. C 364 v. 18.12.2000, S. 1 ff. Die Charta selbst sowie weitere Informationen sind auf den Internet-Seiten des Rates der

die bürgerlichen, politischen, wirtschaftlichen, sozialen und gesellschaftlichen Rechte, die bisher in verschiedenen internationalen, europäischen oder nationalen Texten niedergelegt waren, in einem Text zusammengefaßt. Im Anschluß an den politischen Beschluß anläßlich des Gipfels in Köln war ein entsprechender Entwurf von einer Kommission unter dem Vorsitz des ehemaligen Bundespräsidenten *Roman Herzog* ausgearbeitet worden, den man - abgesehen von einigen wenigen Änderungen - im Verlauf des Gipfels verabschiedete. Zukünftig soll geprüft werden, ob und gegebenenfalls auf welche Weise die Charta in die Verträge aufgenommen werden sollte.

3. Stellungnahme

Zusammenfassend läßt sich festhalten, daß der Gipfel von Nizza in einigen Fragen zwar wichtige Änderungen hervorbrachte. Im Ergebnis - dies gilt insbesondere für die institutionellen Reformen - vertagte man sich indes auf einen schon jetzt anberaumten späteren Gipfel. Dies führte dazu, daß die sog. Post-Nizza-Debatte begann, noch ehe die offizielle Schlußveranstaltung des Gipfels von Nizza beendet war - ein bezeichnendes Ergebnis. Bereits kurz nach dem Gipfel kam es - was sich auch schon im Verlauf des Gipfels angedeutet hatte - zu scharfer Kritik bezüglich der Verhandlungsführung der französischen Präsidentschaft. Des weiteren wurde die Zukunftsfähigkeit der gefundenen Kompromißregelungen im Hinblick auf die Erweiterung der Union in Frage gestellt ("Post-Nizza-Prozeß"[1586]). All dies kann und soll hier nicht nachgezeichnet werden, sondern findet nur der Vollständigkeit halber Erwähnung. Das Augenmerk soll nun vielmehr auf einen unbestrittenen Erfolg des Gipfels gelenkt werden, welcher angesichts der Gewichtigkeit der vorgenannten Themen etwas in den Hintergrund geraten zu sein schien bzw. nicht seiner Bedeutung entsprechend gewürdigt wurde.

B. Die Beschlüsse zur Europäischen Aktiengesellschaft

In der Nacht[1587] vom 07.12.2000 auf den 08.12.2000 wurde unter anderem auch die Europäische Aktiengesellschaft (als Tagungsordnungspunkt 3 der Agenda der Ratssitzung der Arbeits- und Sozialminister[1588]) nach über 40 Jahren Diskussion sowohl auf europäischer als auch auf nationaler Ebene politisch verabschiedet![1589] In seinen Schlußfol-

---

Europäischen Union hinterlegt, http://ue.eu.int/df/default.asp?lang=de (Fundstelle abgerufen am 29.05.2002). Vgl. umfassend zu dieser Grundrechtscharta bspw. *Tetzlaff*, FoR 2001, 25 ff.

[1586] Vgl. hierzu bspw. *Hatje*, EuR 2001, 143 ff.

[1587] Vgl. dazu, daß es im Rahmen von europäischen Gipfeln zunehmend immer erst nach langen Verhandlungsrunden bis in die Nacht hinein zu (meist Kompromiß-) Lösungen kommt, *Wiedmann*, EuR 2001, 185 ff.

[1588] Provisional Agenda for the 2323th meeting of the Council of the European Union (Employment and Social Policy), Brussels, 20 December 2000, nicht amtlich veröffentlicht, Fundstelle im Internet: http://register.consilium.eu.int/html/en/00/st14/14680en0.html (Fundstelle abgerufen am 29.05.2002).

[1589] Vgl. bspw. *Kleinsorge / Neye*, "Europäische Aktiengesellschaft - Durchbruch erreicht", Bundesarbeitsblatt 4/2001.

B. Die Beschlüsse zur Europäischen Aktiengesellschaft

gerungen begrüßte der Europäische Rat die in Nizza erreichte Einigung über die sozialen Aspekte der Europäischen Aktiengesellschaft.[1590] Er ersuchte den Europäischen Rat, noch vor Ende des Jahres die Texte, die die Schaffung des Statuts der Europäischen Aktiengesellschaft ermöglichen, zum Abschluß zu bringen. Des weiteren nahm er die bedeutenden Fortschritte zur Kenntnis, die bei den Beratungen über den Richtlinienentwurf über die Unterrichtung und Anhörung der Arbeitnehmer erzielt wurden, und fordert den Rat auf, diese Richtlinie weiter zu prüfen.[1591]

Gemäß dem Auftrag des Europäischen Rates von Nizza hat der Ausschuß der Ständigen Vertreter - im Anschluß an seine Sitzung vom 15.12.2000 - die überarbeiteten Vorschläge der deutschen Präsidentschaft weiter geprüft und einen Bericht für die Tagung des Rates (Beschäftigung und Sozialpolitik) am 20.12.2000 vorgelegt.[1592] Inhalt dieses Berichts war zum einen ein Verordnungsvorschlag über das Statut der Europäischen Aktiengesellschaft[1593] und zum anderen ein Richtlinienvorschlag über die Beteiligung der Arbeitnehmer in der Europäischen Aktiengesellschaft[1594]. Im folgenden werden nur die Änderungen gegenüber den Vorschlägen der deutschen Präsidentschaft dargestellt; bezüglich der anderen Regelungen sei auf die obige ausführliche Darstellung der Vorschläge der luxemburgischen[1595], britischen[1596], österreichischen[1597] und der deutschen[1598] Ratspräsidentschaft verwiesen. Sowohl der Verordnungsvorschlag[1599] als auch

---

[1590] Vgl. Ziff. 22 der Schlußfolgerungen des Vorsitzes (S. 5).

[1591] Vgl. Ziff. 23 der Schlußfolgerungen des Vorsitzes (S. 5).

[1592] Bericht des Ausschusses der Ständigen Vertreter (1. Teil) für die Tagung des Rates (Beschäftigung und Sozialpolitik) am 20. Dezember 2000, Dok. 14733/00 SE 11 SOC 504, nicht amtlich veröffentlicht, Fundstelle im Internet: http://register.consilium.eu.int/pdf/de/00/st14/14733d0.pdf (Fundstelle abgerufen am 29.05.2002).

[1593] Geänderter Vorschlag für eine Verordnung über das Statut der Europäischen Aktiengesellschaft (SE) v. 18.12.2000, Dok. 14717/00 SE 8 SOC 500, nicht amtlich veröffentlicht, Fundstelle im Internet: http://register.consilium.eu.int/pdf/de/00/st14/14717d0.pdf (Fundstelle abgerufen am 29.05.2002). Dieser Vorschlag wird im folgenden als VO-Vorschlag FR zitiert; die Vorschriften dieses Vorschlags werden mit dem Zusatz VO versehen. Die folgenden Ausführungen beziehen sich auf die deutsche Version des Textes, der im Original in französisch vorgelegen hat.

[1594] Vorschlag einer Richtlinie des Rates über die Beteiligung der Arbeitnehmer in der Europäischen Aktiengesellschaft v. 18.12.2000, Dok. 14719/00 SE 9 SOC 501, nicht amtlich veröffentlicht, Fundstelle im Internet: http://register.consilium.eu.int/pdf/de/00/st14/14719d0.pdf (Fundstelle abgerufen am 29.05.2002). Die folgenden Ausführungen beziehen sich auf die deutsche Version des Textes, der im Original in französisch vorgelegen hat.

[1595] Vgl. dazu bereits oben Teil IV § 15 A. (S. 313 ff.).

[1596] Vgl. dazu bereits oben Teil IV § 15 B. (S. 320 ff.).

[1597] Vgl. dazu bereits oben Teil IV § 15 C. (S. 344 ff.).

[1598] Vgl. dazu bereits oben Teil IV § 15 D. (S. 357 ff.).

[1599] Vorschlag einer Verordnung des Rates über das Statut der Europäischen Gesellschaft (SE) v. 01.02.2001, Dok. 14886/00 SE 12 SOC 506, nicht amtlich veröffentlicht, Fundstelle im Internet: http://register.consilium.eu.int/pdf/de/00/st14/14886d0.pdf (Fundstelle abgerufen am 29.05.2002).

der Richtlinienvorschlag[1600] wurden in der Folgezeit geringfügig überarbeitet. Teilweise wurde lediglich eine passendere Übersetzung gewählt; die meisten Änderungen ergeben sich aus einer redaktionellen[1601] und orthographischen[1602] Überarbeitung, nicht zuletzt um die Texte in die für Verordnungs- und Richtlinienvorschläge übliche Form zu bringen. Mittlerweile hat der Rat mit Datum vom 08.10.2001 die endgültigen Vorschläge verabschiedet[1603], so daß nunmehr auch die amtlich veröffentlichten Fassungen sowohl der Verordnung[1604] als auch der Richtlinie[1605] vorliegen; diese werden der folgenden Darstellung zugrundegelegt, wobei sich die Ausführungen auf die deutsche Fassung der Vorschläge beziehen.

I. Konzeption der Vorschläge

Bei beiden Vorschlägen handelt es sich um die Fortschreibung der Vorschläge früherer Ratspräsidentschaften, deren Konzeption und Inhalt daher im wesentlichen beibehalten wurde.[1606]

Dies gilt insbesondere für die Verordnung, die im Vergleich zu den früheren Vorschläge wesentlich geschrumpft ist und nunmehr nur noch 70 Artikel umfaßt, die 18 Seiten des Amtsblattes einnehmen.[1607] *Schwarz* spricht insoweit völlig zu Recht von einem *"schlanke[n] Regelungswerk (...), das - ganz nach Art des rechtspolitischen Kompro-*

[1600] Vorschlag einer Richtlinie des Rates zur Ergänzung des Statuts der Europäischen Gesellschaft hinsichtlich der Beteiligung der Arbeitnehmer v. 01.02.2001, Dok. 14732/00 SE 10 SOC 503, nicht amtlich veröffentlicht, Fundstelle im Internet: http://register.consilium.eu.int/pdf/de/00/st14/14732d0.pdf (Fundstelle abgerufen am 29.05.2002).

[1601] So wurden bspw. sämtliche Artikel mit einem Buchstabenzusatz durch eine durchlaufende Nummerierung der Vorschrift ersetzt, so daß sich im Ergebnis teilweise die Nummerierung einzelner Vorschriften - dies allerdings ohne inhaltliche Änderungen - verändert hat.

[1602] Die Vorschläge in der deutschen Fassung wurden bspw. der "neuen" Rechtschreibung angepaßt.

[1603] Vgl. Pressemitteilung des Bundesministeriums für Arbeit und Sozialordnung vom 08.10.2001 "Startschuss für die Europäische Gesellschaft"; vgl. auch Pressemitteilung der Vertretung der Europäischen Kommission vom 09.10.2001, Fundstelle im Internet: http://www.eu-kommission.de/html/presse/pressemeldung.asp?meldung=2579 (Fundstelle abgerufen am 29.05.2002).

[1604] Verordnung (EG) Nr. 2157/2001 des Rates vom 8. Oktober 2001 über das Statut der Europäischen Gesellschaft (SE), AblEG Nr. L 294 v. 10.11.2001, S. 1 ff. Die Vorschriften dieses Vorschlags werden im folgenden mit dem Zusatz VO versehen.

[1605] Richtlinie 2001/86/EG des Rates vom 8. Oktober 2001 zur Ergänzung des Statuts der Europäischen Gesellschaft hinsichtlich der Beteiligung der Arbeitnehmer, AblEG Nr. L 294 v. 10.11.2001, S. 22 ff. Die Vorschriften dieses Vorschlags werden im folgenden mit dem Zusatz RiLi versehen.

[1606] Ein guter Überlick über den gesamten Regelungsgegenstand von Verordnung und Richtlinie findet sich bspw. bei *Jahn / Herfs-Röttgen*, DB 2001, 631 ff., sowie bei *Pluskat*, EuZW 2001, 524 ff., und *Schwarz*, ZIP 2001, 1847 ff.

[1607] Eine sehr interessante Synopse zur Verordnung des Rates über das Statut der Europäischen Gesellschaft (SE), Die Verordnung (SE-VO) und der Verordnungsvorschlag (SE-VO 1991) im Vergleich findet sich in ZIP 2001, 1889 ff.

B. Die Beschlüsse zur Europäischen Aktiengesellschaft

misses in Europa - streitige Fragen ausklammert und mit Verweisungen auf das nationale Aktienrecht arbeitet."[1608] Wichtige Rechtsbereiche wie das Wettbewerbsrecht, der gewerbliche Rechtschutz, das Insolvenzrecht sowie das Bilanz- und Steuerrecht werden von der Verordnung nicht erfaßt. Inwieweit sich hieraus Komplikationen bei der späteren Anwendung der Bestimmungen der Vorschläge in der Praxis ergeben werden, bleibt abzuwarten. Es ist jedenfalls schon jetzt einhelliger Konsens, daß die Vorschläge unbedingt einer steuerrechtlichen Flankierung bedürfen, um nicht Gefahr zu laufen, als "Papiertiger" zu enden, der von der Wirtschaft nicht angenommen wird.[1609] Auch auf europäischer Ebene gilt: das Gesellschaftsrecht folgt dem Steuerrecht und nicht umgekehrt.

Des weiteren ist auch die Verknüpfung der beiden Vorschläge beibehalten worden. Wenngleich die Regelungen über die Beteiligung der Arbeitnehmer in einem eigenen Vorschlag enthalten sind, besteht zwischen dieser Richtlinie und dem Statut der Europäischen Aktiengesellschaft eine enge Verknüpfung. Bereits ausweislich ihres Namens kommt der Richtlinie über die Beteiligung der Arbeitnehmer ergänzende Funktion zu. Die Verbindung zwischen beiden Vorschlägen geht aber noch weiter, wenn man die dem Verordnungsvorschlag vorangestellten Erwägungsgründe[1610] hinzuzieht. Dort ist unter anderen vorgesehen, daß die Bestimmungen der Richtlinie eine untrennbare Ergänzung der Verordnung darstellen und zum gleichen Zeitpunkt anwendbar sein müssen.[1611] Des weiteren müsse das Inkrafttreten der Verordnung zeitlich aufgeschoben erfolgen, um alle Mitgliedstaaten in die Lage zu versetzen, die Richtlinie in innerstaatliches Recht umzusetzen, damit die Verordnung und die Richtlinie gleichzeitig zur Anwendung gebracht werden können.[1612] Zu berücksichtigen ist in diesem Zusammenhang auch Art. 12 Abs. 2 VO: Hiernach kann eine Europäische Aktiengesellschaft erst dann eingetragen werden, wenn eine Vereinbarung über die Beteiligung der Arbeitnehmer

---

[1608] Vgl. *Schwarz*, ZIP 2001, 1847 ff., 1847.

[1609] *Hommelhoff* hat daher das Steuerrecht zu Recht als die *"offene Flanke"* der Europäischen Aktiengesellschaft umschrieben, vgl. *Hommelhoff*, AG 2001, 279 ff., 285. Vgl. auch *Jahn / Herfs-Röttgen*, DB 2001, 631 ff., 636 f., und *Wiesner*, ZIP 2001, 397 f. sowie ausführlich zur steuerlichen Problematik der Europäischen Aktiengesellschaft *Schulz / Geismar*, DStR 2001, 1078 ff., 1082 ff., und *Klapdor*, EuZW 2001, 677 ff.

[1610] Diese waren in den Vorschlägen, welche unter deutscher Präsidentschaft unterbreitet worden waren, nur in Ansätzen vorhanden.

[1611] Vgl. den 19. Erwägungsgrund VO, AblEG Nr. L 294 v. 10.11.2001, S. 2.

[1612] Vgl. den 22. Erwägungsgrund VO, AblEG Nr. L 294 v. 10.11.2001, S. 3. Problematisch könnte dies dann werden, wenn - wie bei der Umsetzung von Richtlinien in vielen Mitgliedstaaten immer noch üblich - die entsprechenden Umsetzungsfristen nicht eingehalten werden. Zwar können Richtlinien aufgrund des Grundsatzes der europarechtskonformen Auslegung des nationalen Rechts auch vor ihrem Inkrafttreten Wirkung entfalten, auch wenn sie nicht rechtzeitig umgesetzt worden sind. Dies ist jedoch nach der ständigen Rechtsprechung des Europäischen Gerichtshofes an bestimmte Voraussetzungen geknüpft, die - ohne dies hier vertiefen zu können - nicht bei allen Bestimmungen der Richtlinie gegeben scheinen. Da EU-Richtlinien zudem keine unmittelbare Wirkung zwischen Privaten zukommt - dies gilt selbst nach Fristablauf *(vgl. EuGH NJW 1992, 165; EuGH EuZW 1994, 498)* - könnten sich die davon betroffenen Beschäftigten jedoch nur an die zuständigen Behörden wenden, um ihre Rechte durchzusetzen

gemäß Art. 4 RiLi geschlossen worden ist, ein Beschluß nach Art. 3 Abs. 6 RiLi gefaßt worden ist oder die Verhandlungsfrist nach Art. 5 RiLi abgelaufen ist, ohne daß eine Vereinbarung zustande gekommen ist. Im Falle einer durch Verschmelzung gegründeten Europäischen Aktiengesellschaft kann diese erst dann registriert werden, wenn eine Vereinbarung im Sinne von Art. 4 RiLi über die Modalitäten der Beteiligung der Arbeitnehmer - einschließlich der Mitbestimmung - geschlossen wurde oder wenn für keine der teilnehmenden Gesellschaften vor der Registrierung der Europäischen Aktiengesellschaft Mitbestimmungsvorschriften galten, vgl. Art. 12 Abs. 3 VO.

II. Rechtsgrundlage

Die Vorschläge zur Europäischen Aktiengesellschaft sollen nunmehr auf Art. 308 EGV gestützt werden. Nach dieser Bestimmung erläßt der Rat - nach Anhörung des Wirtschafts- und Sozialausschusses und des Europäischen Parlaments - einstimmig die geeigneten Vorschriften für den Fall, daß ein Tätigwerden der Gemeinschaft erforderlich erscheint, um im Rahmen des Gemeinsamen Marktes eines ihrer Ziele zu verwirklichen, und im Vertrag die hierfür vorgesehen Befugnisse nicht vorgesehen sind. Ein Mehrheitsbeschluß kommt somit nicht in Betracht.

Dem bereits erwähnten Bericht des Ausschusses der Ständigen Vertreter ist zu entnehmen, daß die Delegationen der Heranziehung des Art. 308 EGV als Rechtsgrundlage für beide Rechtsakte zustimmten. Da nach dieser Bestimmung die Anhörung des Europäischen Parlaments vorgesehen ist, empfahl der Ausschuß der ständigen Vertreter, diese vor Verabschiedung der Vorschläge durchzuführen. Zwar sei dies bereits anläßlich der geänderten Kommissionsvorschläge von 1991 geschehen; in Anbetracht der zwischenzeitlich an den Texten vorgenommenen substanziellen Änderungen, zu denen auch eine Änderung der Rechtsgrundlage gehört, müsse es nun indes erneut gehört werden.

Der Rat hat somit dem Europäischen Parlament die Vorschläge lediglich zur Konsultation, nicht aber zur Mitentscheidung übermittelt. Das Europäische Parlemanent reagiert hierauf mit einer Kompromißentscheidung und teilte mit, daß man trotz Bedenken hinsichtlich der gewählten Rechtsgrundlage den Vorschlägen zustimme, sich aber vorbehalte, den Europäischen Gerichtshof anzurufen.[1613] Ob es hierzu tatsächlich kommen wird, bleibt zwar abzuwarten, ist aber wegen der sich im Falle einer Nichtigkeit der Verordnung bzw. der Richtlinie hieraus ergebenden Probleme für im Zeitpunkt der Entscheidung bereits existierende Europäische Aktiengesellschaften eher unwahrscheinlich. Vermutlich wollte das Europäische Parlament auf diesem Wege nur einen Warnschuß abgeben, um einem weiteren extensivem Gebrauch dieser Rechtsgrundlage für andere Vorhaben vorzubeugen.

1613 Vgl. Pressebericht v. 04.09.2001 sowie Bericht über den Entwurf einer Verordnung des Rates über das Statut der Europäischen Gesellschaft (SE), Ausschuß für Recht und Binnenmarkt, Berichterstatter: *Hans-Peter Mayer*, Sitzungsdokument A5-0243/2001 v. 26.06.2001, S. 17.

Während also die Vorgängerpräsidentschaften noch zu Recht darauf hingewiesen hatten, daß unterschiedliche Ansichten darüber bestanden, ob Art. 100 a EWG-Vertrag oder Art. 235 EWG-Vertrag die richtige Rechtsgrundlage sei, lautet es in den Erwägungsgründen zum Verordnungsvorschlag in der überarbeiteten Fassung nunmehr lapidar: "Der Vertrag enthält Befugnisse für die Annahme dieser Verordnung nur in Artikel 308."[1614]

III. Organisationsverfassung

Keine Veränderungen enthalten die jüngsten Vorschläge und die letztlich verabschiedete Verordnung hinsichtlich der Organisationsverfassung der Europäischen Aktiengesellschaft: Auch die endgültige Fassung der Verordnung läßt den an der Gründung der Europäischen Aktiengesellschaft beteiligten Gesellschaften die Wahl zwischen einer monistisch und einer dualistisch strukturierten Europäischen Aktiengesellschaft. Die Europäische Aktiengesellschaft wird somit - wie schon nach den Vorgängervorschlägen - gemäß Art. 38 VO neben der Hauptversammlung entweder über ein Aufsichtsorgan und ein geschäftsführendes Organ (dualistisches System, vgl. im einzelnen Art. 39 ff. VO) oder über ein Verwaltungsorgan (monistisches System, vgl. im einzelnen Art. 43 ff. VO) verfügen. Die ehemals für die Mitgliedstaaten vorgesehene Möglichkeit, dieses Wahlrecht beschränken zu können, hatte - wie bereits erwähnt[1615] - die britische Präsidentschaft aus den Vorschlägen gestrichen. Dies hat man beibehalten, so daß zukünftig auch Europäische Aktiengesellschaften mit einer monistischen Organisationsverfassung in Deutschland Einzug erhalten werden, wobei abzuwarten bleibt, ob und wenn ja in welchem Umfang dies auch tatsächlich geschehen wird. Anzumerken ist in diesem Zusammenhang auch, daß die Mitgliedstaaten nach dem Wortlaut der Ermächtigungsnorm des Art. 39 Abs. 5 VO lediglich ermächtigt, nicht aber verpflichtet sind, Vorschriften sowohl für das monistische als auch für das dualistische System zu erlassen.[1616] Gleichwohl sollten die nationalen Gesetzgeber dies tun, um die hinter dem Verordnungsvorschlag stehende Wahlfreiheit zwischen beiden Systeme auch tatsächlich zu

---

[1614] Vgl. den 28. Erwägungsgrund VO, AblEG Nr. L 294 v. 10.11.2001, S. 3; eine gleichlautende Bestimmung findet sich im 17. Erwägungsgrund RiLi, AblEG Nr. L 294 v. 10.11.2001, S. 23. Im Richtlinienvorschlag, wie er in Nizza vorgelegen hat (Dok. 14719/00 SE 9 SOC 501, S. 5), fand sich hierfür auch eine - nunmehr gestrichene - Begründung: *"Der Vertrag enthält nicht die erforderlichen Befugnisse für die Annahme der vorgeschlagenen Richtlinie durch die Gemeinschaft; jedoch wird ein Tätigwerden der Gemeinschaft für erforderlich gehalten, damit im Rahmen des Binnenmarktes eines der Ziele der Gemeinschaft - die Förderung sozialer Ziele der Gemeinschaft - erreicht werden kann, indem eine angemessene Beteiligung der Arbeitnehmer in der SE gewährleistet wird."*

[1615] Vgl. dazu bereits oben Teil IV § 15 B. III. (S. 323 ff.).

[1616] Dies hat auch das Europäische Parlament in seiner bereits erwähnten Stellungnahme kritisiert, vgl. Bericht über den Entwurf einer Verordnung des Rates über das Statut der Europäischen Gesellschaft (SE), Ausschuß für Recht und Binnenmarkt, Berichterstatter: *Hans-Peter Mayer*, Sitzungsdokument A5-0243/2001 v. 26.06.2001, S. 13. Vgl. zu dieser Problematik auch *Schwarz*, ZIP 2001, 1847 ff., 1854.

gewährleisten.[1617] *Hommelhoff* hat insoweit zu Recht darauf hingewiesen, daß diese Wahlfreiheit zugleich eine Chance zur Erprobung des jeweils anderen Systems darstellt.[1618]

IV. Mitbestimmung der Arbeitnehmer

Wie auch schon bei den Vorschlägen der Präsidentschaften sind die Regelungen über die Mitbestimmung der Arbeitnehmer in der Europäischen Aktiengesellschaft in einer eigenen Richtlinie[1619] enthalten, die allerdings - wie eingangs erwähnt - mit dem Verordnungsvorschlag sozusagen akzessorisch verbunden ist. Ausweislich der Erwägungsgründe zum Richtlinienvorschlag ist die Sicherung erworbener Rechte der Arbeitnehmer über ihre Beteiligung an Unternehmensentscheidungen fundamentaler Grundsatz und erklärtes Ziel der Richtlinie.[1620]

1. Anwendungsbereich

Hinsichtlich des Anwendungsbereiches der Richtlinie über die Mitbestimmung der Arbeitnehmer bestehen keine Unterschiede gegenüber den Vorschlägen der Präsidentschaften. Gemäß Art. 1 Abs. 1 RiLi regelt die Richtlinie die Beteiligung der Arbeitnehmer in der Europäischen Aktiengesellschaft im Sinne der Verordnung. Zu diesem Zweck soll nach Maßgabe von Art. 1 Abs. 2 RiLi in jeder Europäischen Aktiengesellschaft gemäß dem Verhandlungsverfahren nach den Bestimmungen der Art. 3 bis 6 RiLi oder unter den in Art. 7 RiLi genannten Umständen gemäß dem Anhang zur Richtlinie eine Vereinbarung über die Beteiligung der Arbeitnehmer getroffen werden. Auch die Begriffsbestimmungen der "Beteiligung der Arbeitnehmer", der "Unterrichtung", der "Anhörung" und der "Mitbestimmung" wurden ohne inhaltliche Änderungen beibehalten. Im übrigen kann auf obige Ausführungen zu den Vorschlägen der Präsidentschaften verwiesen werden.

Auch das Verhältnis zu anderen Regelungen ist gegenüber den Vorgängervorschlägen im wesentlich unverändert geblieben; es wurde lediglich eine im Hinblick auf die mitt-

---

[1617] Hierfür spricht schon die Tatsache, daß die frühere Regelung, nach der diese Wahlmöglichkeit beschränkt werden konnte, seit Vorlage der überarbeiteten Vorschläge der britischen Präsidentschaft im Mai 1998 nicht mehr in den Vorschlägen enthalten war und daher auch keinen Eingang in die letztlich verabschiedeten Vorschläge gefunden hat, vgl. auch *Hommelhoff*, AG 2001, 279 ff., 282.

[1618] Vgl. *Hommelhoff*, AG 2001, 279 ff., 283.

[1619] Richtlinie 2001/86/EG des Rates vom 8. Oktober 2001 zur Ergänzung des Statuts der Europäischen Gesellschaft hinsichtlich der Beteiligung der Arbeitnehmer, AblEG Nr. L 294 v. 10.11.2001, S. 22 ff. Ein guter Überblick zu den Regelungen über die Mitbestimmung der Arbeitnehmer in der Europäischen Aktiengesellschaft findet sich bei *Herfs-Röttgen*, NZA 2001, 424 ff., und *Pluskat*, DStR 2001, 1483 ff.

[1620] Vgl. den 18. Erwägungsgrund RiLi, AblEG Nr. L 294 v. 10.11.2001, S. 23.

lerweile erlassene Richtlinie 97/74/EG[1621] des Rates zur Ausdehnung des Anwendungsbereiches der Richtlinie über die Europäischen Betriebsräte[1622] gebotene Aktualisierung vorgenommen. Art. 13 Abs. 1 Satz 1 RiLi bestimmt nunmehr, daß Europäische Aktiengesellschaften und ihre Tochtergesellschaften (und Niederlassungen[1623]), die gemeinschaftsweit operierende Unternehmen oder herrschende Unternehmen in einer gemeinschaftsweit operierenden Unternehmensgruppe im Sinne der Richtlinie über die Europäischen Betriebsräte bzw. der den Anwendungsbereich der Richtlinie auf das Vereinigte Königreich ausdehnenden Richtlinie sind, nicht diesen Richtlinien und den Bestimmungen der jeweiligen Umsetzungsgesetze unterliegen. Dies soll allerdings gemäß Art. 13 Abs. 1 Satz 2 RiLi dann nicht gelten, wenn das besondere Verhandlungsgremium beschließt, keine Verhandlungen aufzunehmen oder bereits aufgenommene Verhandlungen abzubrechen. Im übrigen hält der Vorschlag jedoch an dem Grundsatz fest, daß die Richtlinie über die Beteiligung der Arbeitnehmer in der Europäischen Aktiengesellschaft andere bestehende Beteiligungsrechte der Arbeitnehmer unberührt läßt.[1624] Hiervon ausgenommen sind jedoch gemäß Art. 13 Abs. 3 lit. a RiLi die den Arbeitnehmern nach einzelstaatlichen Rechtsvorschriften und/oder Gepflogenheiten zustehenden Beteiligungsrechte, die für die Arbeitnehmer der Europäischen Aktiengesellschaft und ihrer Tochtergesellschaften und Betriebe gelten, sofern sie die Mitbestimmung in den Gremien der Europäischen Aktiengesellschaft betreffen. Art. 4 Abs. 4 RiLi sieht insoweit allerdings vor, daß in der Vereinbarung über die Beteiligung der Arbeitnehmer unbeschadet dieser Regelung im Falle einer durch Umwandlung gegründeten Europäischen Aktiengesellschaft in Bezug auf alle Komponenten der Arbeitnehmerbeteiligung zumindest das gleiche Ausmaß gewährleistet werden muß, das in der Gesellschaft besteht, die in eine Europäische Aktiengesellschaft umgewandelt werden soll.

2. Besonderes Verhandlungsgremium

Art. 3 RiLi enthält eine ausführliche Regelung über die Einsetzung des besonderen Verhandlungsgremiums, die im wesentlichen der Richtlinie über die Europäischen Betriebsräte nachgebildet ist. Wenn die Leitungs- oder die Verwaltungsorgane der beteiligten Gesellschaften die Gründung einer Europäischen Aktiengesellschaft planen, haben sie

---

[1621] Richtlinie 97/74/EG des Rates v. 15.12.1997 zur Ausdehnung der Richtlinie 94/45/EG über die Einsetzung eines Europäischen Betriebsrats oder die Schaffung eines Verfahrens zur Unterrichtung und Anhörung der Arbeitnehmer in gemeinschaftsweit operierenden Unternehmen und Unternehmensgruppen auf das Vereinigte Königreich, AblEG Nr. L 10 v. 16.01.1998, S. 22 ff.

[1622] Richtlinie 94/45/EG des Rates v. 22.09.1994 über die Einsetzung eines Europäischen Betriebsrats oder die Schaffung eines Verfahrens zur Unterrichtung und Anhörung der Arbeitnehmer in gemeinschaftsweit operierenden Unternehmen und Unternehmensgruppen, AblEG Nr. L 254 v. 30.09.1994, S. 64 ff.

[1623] Diese Ergänzung ergibt sich aus den Erwägungsgründen, vgl. den 14. Erwägungsgrund RiLi, AblEG Nr. L 294 v. 10.11.2001, S. 23.

[1624] Vgl. den 15. Erwägungsgrund RiLi, AblEG Nr. L 294 v. 10.11.2001, S. 23.

gemäß Art. 3 Abs. 1 RiLi nach der Offenlegung des Verschmelzungsplans oder des Gründungsplans für eine Holdinggesellschaft oder nach der Vereinbarung eines Plans zur Gründung einer Tochtergesellschaft oder zur Umwandlung in eine Europäische Aktiengesellschaft so rasch wie möglich die erforderlichen Schritte für die Aufnahme von Verhandlungen mit den Arbeitnehmervertretern der Gesellschaften über die Vereinbarung über die Beteiligung der Arbeitnehmer in der Europäischen Aktiengesellschaft einzuleiten. Zu diesem Zweck soll nach Maßgabe der Vorschriften des Art. 3 Abs. 2 - 7 ein besonderes Verhandlungsgremium als Vertretung der Arbeitnehmer der beteiligten Gesellschaften sowie der betroffenen Tochtergesellschaften oder betroffenen Betriebe eingesetzt werden. Insoweit wird mangels Änderungen grundsätzlich auf die obigen Ausführungen zu den Vorschlägen der Präsidentschaften verwiesen.[1625] Inhaltlich ist die Bestimmung des Art. 3 RiLi über das besondere Verhandlungsgremium - abgesehen von einigen kleineren, der Klarstellung dienenden Änderungen[1626] - unverändert beibehalten worden. Eine interessante, allerdings ohne Auswirkungen bleibende formelle Änderung gegenüber dem Vorschlag der deutschen Ratspräsidentschaft besteht jedoch in der Rückgängigmachung einer Änderung. Unter deutscher Ratspräsidentschaft war die ehemals in Teil 3 des Anhangs zur Richtlinie enthaltene Auffangregelung für die Mitbestimmung im wesentlichen als neu eingefügter Art. 47 a VO in den Verordnungsvorschlag aufgenommen worden mit der Folge, daß in Art. 3 RiLi auf diese Bestimmungen Bezug genommen wurde. Diese Verweisung ist nun infolge der Rückführung der Auffangregelung für die Mitbestimmung der Arbeitnehmer in den Anhang der Richtlinie nicht mehr nötig, was zur Übersichtlichkeit des - ohnehin schon infolge seiner Komplexität kaum verständlichen[1627] - Richtlinienvorschlags beiträgt.

3. Vereinbarung über die Beteiligung der Arbeitnehmer

Wie auch die Vorschläge der Vorgängerpräsidentschaften enthält der Richtlinienvorschlag in den Bestimmungen der Art. 4 bis 6 RiLi eine ausführliche Regelung über den Inhalt der Vereinbarung, die Dauer der Verhandlungen sowie über das für das Verhandlungsverfahren maßgebliche Recht. Auch hier tritt der Einfluß der Richtlinie über die Europäischen Betriebsräte offensichtlich zutage. Von zwei unbedeutenden Ände-

---

[1625] Vgl. oben Teil IV § 15 B. (S. 320 ff.; RiLi-Vorschlag GB), Teil IV § 15 C. (S. 344 ff.; RiLi-Vorschlag Ö) und Teil IV § 15 D. (S. 357 ff.; RiLi-Vorschlag GER).

[1626] So wurde bspw. Art. 3 Abs. 3 RiLi dahingehend ergänzt, daß es Aufgabe des besonderen Verhandlungsgremiums und des <u>jeweils</u> zuständigen Organs der beteiligten Gesellschaften sei, in einer schriftlichen Vereinbarung die Beteiligung der Arbeitnehmer in der Europäischen Aktiengesellschaft festzulegen.

[1627] So auch *Wiesner*, ZIP 2001, 397 f.: *"Gleichzeitig wuchs die im Jahre 1989 von der Verordnung abgespaltene Richtlinie zu einem inhaltlichen Monstrum heran. Jede Ratspräsidentschaft generierte weitere Zellteilungen, um den konträren Wünschen der Mitgliedstaaten Rechnung zu tragen. (...)"*

rungen abgesehen[1628] sind weitere Modifikationen gegenüber den vorangegangenen Vorschlägen nicht zu verzeichnen. Im übrigen wird daher wiederum auf die obigen Ausführungen verwiesen.[1629]

4. Auffangregelung zur Beteiligung der Arbeitnehmer

Ziel des Richtlinienvorschlags ist es, in allen Fällen der Gründung einer Europäischen Aktiengesellschaft Unterrichtungs- und Anhörungsverfahren auf grenzüberschreitender Ebene zu gewährleisten.[1630] Sofern und soweit es in einer oder in mehreren der an der Gründung einer Europäischen Aktiengesellschaft beteiligten Gesellschaften Mitbestimmungsrechte gibt, sollten sie ausweislich der Erwägungsgründe durch Übertragung an die Europäische Aktiengesellschaft nach deren Gründung erhalten bleiben, es sei denn, daß die Parteien etwas anderes beschließen.[1631] Zur Absicherung der Beteiligungsrechte der Arbeitnehmer in der Europäischen Aktiengesellschaft sieht Art. 7 RiLi für den Fall des Scheiterns der Verhandlungen über die Vereinbarung der Mitbestimmung daher eine (in einem Anhang zur Richtlinie enthaltene) Auffangregelung vor, damit der Vorrang von Verhandlungen nicht zu einer rechtlichen Unsicherheit oder zu einem Hindernis für die Gründung einer Europäischen Aktiengesellschaft wird. Diese kraft Gesetzes eingeführte Auffangregelung soll - insoweit bestehen keine Änderungen gegenüber den Vorgängervorschlägen - allerdings nur dann Anwendung finden, wenn die Parteien dies entweder vereinbaren oder bis zum Ende der Verhandlungsfrist des Art. 5 RiLi keine Vereinbarung zustande gekommen ist und das zuständige Organ jeder der beteiligten Gesellschaften der Anwendung der Auffangregelung auf die Europäische Aktiengesellschaft und damit der Fortsetzung des Verfahrens zur Eintragung der Europäischen Aktiengesellschaft zugestimmt hat und das besondere Verhandlungsgremium nicht gemäß Art. 3 Abs. 6 RiLi beschlossen hat, Verhandlungen nicht aufzunehmen oder abzubrechen. Während dieser Grundsatz unverändert geblieben ist, weist die in Bezug genommene Auffangregelung Änderungen auf. Dies gilt zwar nicht für die in Teil 2 des Anhangs enthaltene "Auffangregelung für die Unterrichtung und Anhörung", wohl aber für die in Teil 3 enthaltene "Auffangregelung für die Mitbestimmung". Zunächst ist - wie bereits erwähnt - in formeller Hinsicht festzustellen, daß Art. 47 a VO in Gestalt der Fassung des Vorschlags der deutschen Ratspräsidentschaft wieder in Teil 3 der Auf-

---

[1628] Zum einen wird in Art. 4 Abs. 1 RiLi wiederum klargestellt, daß das jeweils zuständige Organ der beteiligten Gesellschaften und das besondere Verhandlungsgremium mit dem Willen zur Verständigung verhandeln, um zu einer Vereinbarung über die Beteiligung der Arbeitnehmer innerhalb der Europäischen Aktiengesellschaft zu gelangen. Zum anderen ist Art. 5 Abs. 2 RiLi dahingehend ergänzt worden, daß die Parteien einvernehmlich beschließen können, die Verhandlungen über den in Art. 5 Abs. 1 RiLi genannten Zeitraum hinaus bis zu insgesamt einem Jahr ab der Einsetzung des besonderen Verhandlungsgremiums fortzusetzen.

[1629] Vgl. oben Teil IV § 15 B. (S. 320 ff.; RiLi-Vorschlag GB), Teil IV § 15 C. (S. 344 ff.; RiLi-Vorschlag Ö) und Teil IV § 15 D. (S. 357 ff.; RiLi-Vorschlag GER).

[1630] Vgl. den 6. Erwägungsgrund RiLi, AblEG Nr. L 294 v. 10.11.2001, S. 22.

[1631] Vgl. den 7. Erwägungsgrund RiLi, AblEG Nr. L 294 v. 10.11.2001, S. 22.

fangregelung reintegriert wurde. Diese Bestimmung ist jedoch in einigen Punkten auch materiell-rechtlich modifiziert worden. Dem lag die Überzeugung zugrunde, daß die Abstimmungsregeln in dem besonderen Verhandlungsgremium in einem angemessenen Verhältnis zur Gefahr der Beseitigung oder der Einschränkung der vorhandenen Mitbestimmungspraxis stehen sollten; dies sollte insbesondere dann gelten, wenn Vereinbarungen getroffen werden, die ein geringeres Maß an Mitbestimmung vorsehen, als es in einem oder mehreren der sich beteiligenden Gesellschaften gegeben ist.[1632]

Um diesem Grundsätzen Rechnung zu tragen, soll gemäß Art. 7 Abs. 2 RiLi die Auffangregelung, die in den Rechtsvorschriften des Mitgliedstaats festgelegt ist, in dem die SE ihren Sitz haben soll[1633], nur in drei Fällen Anwendung finden:

Im Falle einer Gründung der Europäischen Aktiengesellschaft im Wege der Umwandlung soll die Auffangregelung gemäß Art. 7 Abs. 2 lit. a RiLi Anwendung finden, wenn die Bestimmungen eines Mitgliedstaats über die Mitbestimmung der Arbeitnehmer im Verwaltungs- oder Aufsichtsorgan auf eine Gesellschaft anwendbar waren, die in eine Europäische Aktiengesellschaft umgewandelt worden ist.[1634] Komplizierter wird es im Falle der Gründung einer Europäischen Aktiengesellschaft im Wege einer Verschmelzung oder durch Errichtung einer Holding- oder einer Tochtergesellschaft, da die Anwendung der Auffangregelung zusätzlich noch vom Erreichen bestimmter (je nach Gründungsform unterschiedlicher) prozentualer Belegschaftsanteile[1635] abhängig gemacht wird.[1636]

[1632] Vgl. den 10. Erwägungsgrund RiLi, AblEG Nr. L 294 v. 10.11.2001, S. 22 f..

[1633] Insoweit wurde eine Vereinfachung vorgenommen, hieß es in dem Dokument, welches den Beratungen in Nizza zugrunde lag, noch umständlich: *"Ferner findet die kraft Gesetzes in den Mitgliedstaat, in dem die Europäische Aktiengesellschaft eingetragen wird, eingeführte Auffangregelung, wenn (...)."*

[1634] Die Regelung des Art. 47 a Ziff. 1 VO enthielt die weitere Einschränkung *"(...), sofern keine Vereinbarung im Sinne von Art. 5 RiLi getroffen wurde und das zuständige Organ der umwandelnden Gesellschaft die Anwendung der Grundsätze über die Beteiligung der Arbeitnehmer im Sinne des Art. 47 a VO akzeptiert und infolgedessen das Eintragungsverfahren fortgesetzt hat."* Diese Formulierung geht auf einen Vorschlag der österreichischen Ratspräsidentschaft zurück - vgl. dazu bereits oben Teil IV § 15 D. IV. 4. (S. 360 ff.) -, der sich somit als nicht mehrheitsfähig erwiesen hatte.

[1635] Während diese Prozentzahlen in den Vorschlägen in der von der deutschen Präsidentschaft vorgelegten Fassung noch nicht ausdrücklich genannt worden waren (obwohl sie intern schon benannt wurden - vgl. dazu bereits oben Teil IV § 15 E. III (S. 368 ff.) - , stehen sie nun abschließend fest.

[1636] Auch insoweit enthielt der Vorschlag der deutschen Präsidentschaft eine weitere Einschränkung: *"(...), sofern das besondere Verhandlungsgremium keinen Beschluß im Sinne von Art. 3 Abs. 6 RiLi gefaßt hat, bis zum Ende des in Art. 5 RiLi genannten Zeitraums keine Vereinbarung über die Beteiligung der Arbeitnehmer zustande gekommen ist und das zuständige Organ jeder der beteiligten Gesellschaften die Anwendung der Grundsätze über die Beteiligung der Arbeitnehmer im Sinne des Art. 47 a VO akzeptiert und infolgedessen das Eintragungsverfahren fortsetzt."*

Für den Fall einer durch Verschmelzung gegründeten Europäischen Aktiengesellschaft soll die Auffangregelung gemäß Art. 7 Abs. 2 lit. b RiLi Anwendung finden, sofern vor der Eintragung der Europäischen Aktiengesellschaft in einer oder mehrerer der beteiligten Gesellschaften eine oder mehrere Formen der Mitbestimmung bestanden und sich auf mindestens 25 % der Gesamtzahl der Arbeitnehmer aller beteiligten Gesellschaften erstreckten (1. Spiegelstrich) oder vor der Eintragung der Europäischen Aktiengesellschaft in einer oder mehreren der beteiligten Gesellschaften eine oder mehrere Formen der Mitbestimmung bestanden und sich auf weniger als 25 % der Gesamtzahl der Arbeitnehmer aller beteiligten Gesellschaften erstreckten und das besondere Verhandlungsgremium einen entsprechenden Beschluß faßt (2. Spiegelstrich).

Wird die Europäische Aktiengesellschaft durch Errichtung einer Holding- oder Tochtergesellschaft gegründet, so gelangt die Auffangregelung nach Maßgabe des Art. 7 Abs. 2 lit. c RiLi zur Anwendung, wenn vor der Eintragung der Europäischen Aktiengesellschaft in einer oder mehreren der beteiligten Gesellschaften eine oder mehrere Formen der Mitbestimmung bestanden und sich auf mindestens 50 % der Gesamtzahl der Arbeitnehmer aller beteiligten Gesellschaften erstreckten (1. Spiegelstrich) oder vor der Eintragung der Europäischen Aktiengesellschaft in einer oder mehreren der beteiligten Gesellschaften eine oder mehrere Formen der Mitbestimmung bestanden und sich auf weniger als 50 % der Gesamtzahl der Arbeitnehmer aller beteiligten Gesellschaften erstreckten und das besondere Verhandlungsgremium einen entsprechenden Beschluß faßt (2. Spiegelstrich). Der im Verhältnis zur Gründungsform der Verschmelzung höhere Prozentsatz resultiert aus der Erwägung, daß die Gefahr der Beseitigung oder der Einschränkung der bestehenden Mitbestimmungsrechte im Falle der Gründung einer Europäischen Aktiengesellschaft im Wege der Umwandlung oder der Verschmelzung größer sei, als wenn die Gründung im Wege der Errichtung einer Holding- oder Tochtergesellschaft erfolgt.[1637]

In den vorstehenden Regelungen spiegelt sich das sog. Vorher-Nachher-Prinzip wider, nach dem die vor der Gründung bestehenden Rechte der Arbeitnehmer Ausgangspunkt auch für die Gestaltung ihrer Beteiligungsrechte in der Europäischen Aktiengesellschaft sein sollten[1638]. Diese Betrachtungsweise - so lautet es in den Erwägungsgründen zum Richtlinienvorschlag - sollte folgerichtig nicht nur für die Neuregelung einer Europäischen Aktiengesellschaft, sondern auch für strukturelle Veränderungen einer bereits gegründeten Europäischen Aktiengesellschaft und für die von den strukturellen Veränderungen betroffenen Gesellschaften gelten.[1639]

[1637] Vgl. den 10. Erwägungsgrund RiLi, AblEG Nr. L 294 v. 10.11.2001, S. 23. Auf die Fragwürdigkeit dieser Differenzierung - insbesondere aus Sicht deutscher Unternehmen, welche sich an der Gründung einer Europäischen Aktiengesellschaft beteiligen wollen - wurde bereits oben hingewiesen, vgl. Teil IV § 15 E. III. (S. 368 ff.).

[1638] In dem in Nizza vorliegenden Richtlinienvorschlag hieß es insoweit noch zwingend *"sind"*, vgl. den 17. Erwägungsgrund zum Richtlinienvorschlag, Dok. 14719/00 SE 9 SOC 501, S. 5.

[1639] Vgl. den 18. Erwägungsgrund RiLi, AblEG Nr. L 294 v. 10.11.2001, S. 23.

Gänzlich neu ist die Regelung des Art. 7 Abs. 3 RiLi, wonach die Mitgliedstaaten bestimmen können, daß die Auffangregelung im Falle der Gründung einer Europäischen Aktiengesellschaft im Wege der Verschmelzung keine Anwendung findet *(sog. opting out)*. In den Erwägungsgründen lautet es hierzu: "Angesichts der unterschiedlichen Gegebenheiten bei den nationalen Systemen der Mitbestimmung sollte den Mitgliedstaaten die Anwendung der Auffangregelungen für die Mitbestimmung im Falle einer Fusion freigestellt werden. In diesem Fall ist die Beibehaltung der bestehenden Mitbestimmungssystem und -praktiken, die gegebenenfalls auf der Ebene der teilnehmenden Gesellschaften bestehen, durch eine Anpassung der Vorschriften für die Registrierung zu gewährleisten."[1640] Diese sehr weitgehende Möglichkeit, Regelungen über die Mitbestimmung der Arbeitnehmer ausschließen zu können, geht auf eine Forderung Spaniens zurück, welches seine Zustimmung zu dem Statut unter einen dementsprechenden Vorbehalt stellte. Eine Einschränkung ergibt sich jedoch aus der in diesem Zusammenhang ebenfalls zu beachtenden Regelung des Art. 12 Abs. 3 VO, wonach eine Europäische Aktiengesellschaft in einem Mitgliedstaat, der von der in Art. 7 Abs. 3 RiLi vorgesehenen Möglichkeit Gebrauch gemacht hat, nur dann registriert werden kann, wenn eine Vereinbarung im Sinne von Art. 4 RiLi über die Modalitäten der Beteiligung der Arbeitnehmer - einschließlich der Mitbestimmung - geschlossen wurde oder für keine der teilnehmenden Gesellschaften vor der Registrierung der Europäischen Aktiengesellschaft vor der Registrierung Mitbestimmungsvorschriften galten. Im Ergebnis bedeutet dies, daß eine Europäische Aktiengesellschaft nur dann "mitbestimmungsfrei" sein kann, wenn vor ihrer Gründung in keiner der beteiligten Gesellschaften Mitbestimmungsrechte bestanden. Ob neben Spanien auch noch andere Mitgliedstaaten von dieser Möglichkeit des *opting out* Gebrauch machen werden, ist derzeit nicht absehbar, wohl aber unwahrscheinlich.

Im übrigen kann mangels Änderungen auf die obigen Ausführungen zu den Vorgängervorschlägen der britischen, österreichischen und deutschen Ratspräsidentschaft verwiesen werden.[1641]

V. Rechtsstellung der Arbeitnehmervertreter

Hinsichtlich der Rechtsstellung der Arbeitnehmervertreter liegt der Richtlinie folgender Grundsatz zugrunde: Die Vertreter der Arbeitnehmer, die im Rahmen der Richtlinie handeln, sollen bei der Wahrnehmung ihrer Aufgaben einen ähnlichen Schutz und ähnliche Garantien - aber auch ähnliche Pflichten - genießen, wie sie die Vertreter der Ar-

---

1640 Vgl. den 9. Erwägungsgrund RiLi, AblEG Nr. L 294 v. 10.11.2001, S. 22. In der in Nizza vorliegenden Fassung hieß es insoweit lediglich, daß dies *"zweckmäßig"* sei; außerdem wurde nur auf die nationalen *"Systeme der Mitbestimmung"*, nicht aber die *"Praktiken der Mitbestimmung"* abgestellt, vgl. den Erwägungsgrund Nr. 8 a zum Richtlinienvorschlag, Dok. 14719/00 SE 9 SOC 501, S. 5.

1641 Vgl. oben Teil IV § 15 B. (S. 320 ff.; RiLi-Vorschlag GB), Teil IV § 15 C. (S. 344 ff.; RiLi-Vorschlag Ö) und Teil IV § 15 D. (S. 357 ff.; RiLi-Vorschlag GER).

beitnehmer nach den Rechtsvorschriften und Gepflogenheiten des Landes ihrer Beschäftigung haben.[1642] Ebenso wie seine Vorgängervorschläge enthält die Richtlinie in Anlehnung an die Richtlinie über die Europäischen Betriebsräte im dritten Teil daher unter der Überschrift "Sonstige Bestimmungen" einige Regelungen betreffend die Rechtsstellung der Arbeitnehmervertreter: Verschwiegenheit und Geheimhaltung (Art. 8); Arbeitsweise des Vertretungsorgans und Funktionsweise des Verfahrens zur Unterrichtung und Anhörung der Arbeitnehmer (Art. 9); Schutz der Arbeitnehmervertreter (Art. 10). Da gegenüber den Vorgängervorschlägen keine inhaltlichen Änderungen zu verzeichnen sind[1643], wird insoweit auf die obigen Ausführungen verwiesen.[1644]

[1642] Vgl. den 12. Erwägungsgrund RiLi, AblEG Nr. L 294 v. 10.11.2001, S. 23.

[1643] Lediglich in Art. 8 Abs. 4 RiLi wurde der leicht mißverständliche Passus *"Bei der Anwendung der vorstehenden Bestimmungen (...)."* durch die eindeutigere Wendung *"Bei der Anwendung der Absätze 1, 2 und 3 (...)."* ersetzt.

[1644] Vgl. oben Teil IV § 15 B. (S. 320 ff.; RiLi-Vorschlag GB), Teil IV § 15 C. (S. 344 ff.; RiLi-Vorschlag Ö) und Teil IV § 15 D. (S. 357 ff.; RiLi-Vorschlag GER).

Nachwort

Insgesamt läßt sich festhalten, daß der letzten Endes gefundene Kompromiß zur Problematik der Mitbestimmung der Arbeitnehmer eine ausgesprochen komplizierte Regelung darstellt, die sich ohne Kenntnis der Entstehungsgeschichte der Europäischen Aktiengesellschaft nicht verstehen läßt. Sicherlich hat sich *Sanders*, als er in den 60er Jahren die ersten Vorschläge zur Europäischen Aktiengesellschaft präsentierte, nicht vorgestellt, daß die Regelungen über die Mitbestimmung der Arbeitnehmer derart lange umstritten sein würden. Sicherlich hätte man sich auch eine unkompliziertere Ausgestaltung des Statuts und insbesondere der Mitbestimmungsrichtlinie gewünscht. Dies ist jedoch der Preis für eine europäische Lösung, die die Interessen aller ihrer Mitgliedstaaten möglichst weitgehend zu berücksichtigen hat.

Entscheidend ist jedoch, daß es die Europäische Aktiengesellschaft und die aus dem Statut resultierenden Gestaltungsformen zukünftig überhaupt geben wird. Und hierzu hat der letztlich gefundene Kompromiß, ohne den das Projekt endgültig zum Scheitern verurteilt worden wäre, einen wichtigen Beitrag geleistet. Nunmehr bleibt abzuwarten, ob die Europäische Aktiengesellschaft in der Wirtschaftspraxis angenommen werden wird. Insoweit werden insbesondere die wirtschaftsberatenden Anwaltssozietäten sowie die Arbeits- und Gesellschaftsrechtler der großen Gewerkschaften gefordert sein, um die Einführung der Europäischen Aktiengesellschaft in den Unternehmen zu begleiten. Der sich aus der neuen Rechtsform ergebende Beratungsbedarf wird jedenfalls aufgrund zahlreicher neuer Fragen[1645] ausreichend vorhanden sein. Die Praxis wird auch eine Antwort liefern auf die Frage, ob es zukünftig bei diesen komplizierten Regelungen über die Mitbestimmung der Arbeitnehmer in der Europäischen Aktiengesellschaft bleiben wird oder ob nicht vielleicht doch eine weitere Harmonisierung denkbar ist. Es wird sich insbesondere zeigen, ob es sich bei dem in der Frage der Mitbestimmung der Arbeitnehmer erreichten Kompromiß um das Maß der Dinge handelt oder die Europäische Aktiengesellschaft nur einen ersten Einstieg in die Mitbestimmung auf europäischer Ebene darstellt. Die "unendliche Geschichte" der Europäischen Aktiengesellschaft ist somit aller Voraussicht nach noch lange nicht beendet ...

Köln, im Juni 2002

[1645] Vgl. bspw. die sehr interessanten Ausführungen von *Kersting* zum Thema *"Societas Europaea: Gründung und Vorgesellschaft"*, DB 2001, 2079 ff., oder von *Nagel* zum Thema *"Verschlechternde Regelungen und Vereinbarungen zur Mitbestimmung in der Europäischen Aktiengesellschaft"*, AuR 2001, 406 ff.

Literaturverzeichnis

Abeltshauser, Thomas E., Strukturalternativen für eine europäische Unternehmensverfassung. Eine rechtsvergleichende Untersuchung zum 5. gesellschaftsrechtlichen EG-Richtlinienvorschlag, Gießen 1990.

Ders., Der neue Statusvorschlag für eine Europäische Aktiengesellschaft - Formelle und materiell-rechtliche Probleme, AG 1990, 289 ff.

Altenstaedt, Bernd, Mitbestimmung der Arbeitnehmer im Board britischer Kapitalgesellschaften, Dissertation Universität Frankfurt am Main, Frankfurt am Main 1987.

Bärmann, Johannes, Supranationale Aktiengesellschaften, NJW 1957, 613 ff.

Ders., Supranationale Aktiengesellschaften, AcP 156 (1957), 156 ff.

Ders., Einheitliche Gesellschaftsform für die Europäische Wirtschaftsgemeinschaft, AcP 160 (1961), 97 ff.

Ders., Europäische Integration im Gesellschaftsrecht, FIW Schriftenreihe Heft 54, Köln, 1970.

Bayer, Wilhelm F., Die Europäische Aktiengesellschaft und die Entwicklung des europäischen Gesellschaftsrechts, RabelsZ 35 (1971), 201 ff.

Behrens, Peter, Das Gesellschaftsrecht im Europäischen Binnenmarkt, EuZW 1990, 13 ff.

Ders., Editorial. Krisensymptome in der Gesellschaftsrechtsangleichung, EuZW 1996, 193.

Beringe, Harald von, Das Wirtschaftsrecht im "Gemeinsamen Markt", DB 1959, 1335 ff.

Bertelsmann-Stiftung, Hans-Böckler-Stiftung (Hrsg.), Mitbestimmung und neue Unternehmenskulturen - Bilanz und neue Perspektiven, Bericht der Kommission Mitbestimmung, 1998.

Birk, Rolf, Die Reform des kollektiven Arbeitsrechts in Schweden, ArbuR 1979, 65 ff.

Bismarck, Philipp von (Hrsg.), Die Mitbestimmung in Europa, Internationales Mitbestimmungs-Symposium des Wirtschaftsrates der CDU e.V. und der Konrad-Adenauer-Stiftung e.V. vom 26. bis 28. März 1981 in Cadenabbia, 1981

Blanc-Jouvan, Xavier, La participation des travailleurs à la gestion des entreprises en droit français, in: Gamillscheg, Franz / Blanc-Jouvan, Xavier / Davies, Paul / Hanau, Peter / Runggaldier, Ulrich / Summers, Clyde W., Mitbestimmung der Arbeitnehmer in Frankreich, Großbritannien, Schweden, Italien, den USA und der Bundesrepublik Deutschland, S. 61 ff.

Blank, Michael, Perspektiven der Mitbestimmung in der EG, ArbuR 1993, 229 ff.

Blank, Michael / Geissler, Sabine / Jaeger, Rolf, Euro-Betriebsräte. Grundlagen-Praxisbeispiele-Mustervereinbarungen, Köln 1996.

Blanpain, Roger, Representation of Employees at the Level of the Entreprise and the EEC, RdA 1992, 127 ff.

Bohl, Elke, Deutschland blockiert die Europa-AG, Frankfurter Allgemeine Zeitung v. 18.04.1998, S. 16.

Dies., In der Debatte um die Europa-AG zeichnen sich Fortschritte ab, Frankfurter Allgemeine Zeitung v. 06.05.1998, S. 20.

Borchmann, Michael, Der Vertrag von Nizza, EuZW 2001, 170 ff.

Boucourechliev, Jeanne, Europarechtliche Vorgaben: Das europäische Gesellschaftsrecht und die *société fermée,* in: Boucourechliev, Jeanne / Hommelhoff, Peter (Hrsg.), Vorschläge für eine Europäische Privatgesellschaft. Strukturelemente einer kapitalmarktfernen europäischen Gesellschaftsform, S. 53 ff.

Boucourechliev, Jeanne / Hommelhoff, Peter (Hrsg.), Vorschläge für eine Europäische Privatgesellschaft. Strukturelemente einer kapitalmarktfernen europäischen Gesellschaftsform, Köln 1999.

Breit, Ernst, Durchbruch dank Davignon, Die Mitbestimmung 1998, Heft 10, S. 48 ff.

Braunberger, Gerald, Frankreichs Patrons wehren sich gegen Gehaltsangaben, Frankfurter Allgemeine Zeitung v. 23.07.1999, S. 18.

Buchner, Herbert, Das Gesetz zur Änderung des Betriebsverfassungsgesetzes, über Sprecherausschüsse für leitende Angestellte und zur Sicherung der Montan-Mitbestimmung, NZA Beilage 1/1989, S. 2 ff.

Buschak, Willy, Arbeitnehmerbeteiligung in der Europäischen Aktiengesellschaft. Was geschah unter deutscher Präsidentschaft. Eine kurze Bewertung, in: Europäischer Gewerkschaftsbund (Hrsg.), Europäische Betriebsräte. Unterrichtung, Anhörung und Mitbestimmung, Brüssel 1999.

Caemmerer, Ernst von, Entwurf einer europäischen Gesellschaftsform; Referat vor der Wissenschaftlichen Gesellschaft für Europarecht in Bad Ems am 6. Mai 1967, unter Beibehaltung der Vortragsform abgedruckt in: Europäische Handelsgesellschaft und Angleichung des nationalen Gesellschaftsrechts, S. 54-80, Frankfurt am Main / Berlin, 1968.

Ders., Europäische Aktiengesellschaft in: Das Unternehmen in der Rechtsordnung, Festgabe für H. Kronstein zum 70. Geburtstag, Karlsruhe 1967, S. 171 ff.

Clement, Rolf / Fortdran, Jutta / Müller, Uwe / Wanske, Bernhard, Probleme der Europäischen Aktiengesellschaft - Ergebnisse eines Seminars an der Universität Hamburg, AG 1972, 343 ff.

Conclon, Thomas, Industrial Democracy and EEC Company Law: A Review of the Drath Fith Directive, International Comparative Law Quarterly 1975, 348 ff.

Congrès international pour la création d'une société commerciale de type européen (CISTE), Ordre des avocats à la Cour de Paris, 1960, Revue du marché commun 1960, Beilage Nr. 27

Däubler, Wolfgang, The Employee Participation Directive - A realistic Utopia?, Common Market Law Review 1977, 457 ff.

Ders., Grenzüberschreitende Fusionen und Arbeitsrecht, DB 1988, 1850 ff.

Ders., Mitbestimmung - ein Thema für Europa?, KJ 1990, 14 ff.

Ders., Arbeitsrecht und Auslandsbeziehungen, ArbuR 1990, 1 ff.

Ders., Europäische Tarifverträge nach Maastricht, EuZW 1992, 329 ff.

Däubler, Wolfgang / Kittner, Michael / Lörcher, Klaus, Internationale Arbeits- und Sozialordnung, 2. Auflage, Köln 1994.

Davies, Paul, Codetermination by Workers of Decisions at Plant and Enterprise Level in the U.K., in: Gamillscheg, Franz / Blanc-Jouvan, Xavier / Davies, Paul / Hanau, Peter / Runggaldier, Ulrich / Summers, Clyde W., Mitbestimmung der Arbeitnehmer in Frankreich, Großbritannien, Schweden, Italien, den USA und der Bundesrepublik Deutschland

Deinert, Olaf, Vorschlag für eine europäische Mitbestimmungsrichtlinie und Umsetzungsbedarf im Betriebsverfassungsgesetz, NZA 1999, 800 ff.

Deutscher Bundesrat, Beschluß des Bundesrates vom 12.03.1976 zum Geänderten Vorschlag des Rates über das Statut für Europäische Aktiengesellschaften, abgedruckt in BR-Drucks. 372/75 im Anschluß an den geänderten Verordnungsvorschlag.

Ders., Beschluß des Bundesrates v. 05.06.1987 zum Geänderten Vorschlag einer fünften Richtlinie des Rates nach Artikel 54 Absatz 3 Buchstabe g des Vertrages über die Sruktur der Aktiengesellschaft sowie die Befugnisse und Verpflichtungen ihrer Organe, BR-Drucks. 220/87.

Ders., Beschluß des Bundesrates v. 25.11.1988 zum Memorandum der Kommission der Europäischen Gemeinschaften: Binnenmarkt und industrielle Zusammenarbeit - Statut für die Europäische Aktiengesellschaft, KOM (88) 320 endg., abgedruckt in BR-Drucks. 392/88.

Ders., Beschluß des Bundesrates v. 16.02.1990 zum Vorschlag einer Verordnung (EWG) des Rates über das Statut der Europäischen Aktiengesellschaft und zum Vorschlag für eine Richtlinie des Rates zur Ergänzung des Statuts der Europäischen Aktiengesellschaft hinsichtlich der Stellung der Arbeitnehmer, KOM (89) 268 endg.; Ratsdok. 8404/89, abgedruckt in BR-Drucks. 488/89 im Anschluß an den geänderten Verordnungsvorschlag.

Ders., Beschluß des Bundesrates v. 07.11.1997 zum Abschlußbericht der Sachverständigengruppe "European Systems of Workers Involvment" (Davignon-Bericht), BR-Drucks. 572/97.

Ders., Beschluß des Bundesrates v. 29.05.1998 zum Abschlußbericht der Sachverständigengruppe "European Systems of Workers Involvment" (Davignon-Bericht), BR-Drucks. 464/98.

Deutscher Gewerkschaftsbund (DGB), EAG - Europäische Aktiengesellschaft, Stellungnahme des Deutschen Gewerkschaftsbundes zum Entwurf einer Europäischen Aktiengesellschaft, Düsseldorf 1972.

Ders., Stellungnahme des Deutschen Gewerkschaftsbundes v. 11.04.1988 zum Vorschlag der Kommission der Europäischen Gemeinschaft für eine 10. Richtlinie des Rates aufgrund von Art. 54 Abs. 3 Buchst. g) des Vertrages über die grenzüberschreitende Verschmelzung von Aktiengesellschaften (Dok.-Nr. KOM (84) 727 endg. v. 08.01.1985).

Ders., Stellungnahme des Deutschen Gewerkschaftsbundes zum Vorschlag v. 25.08.1989 für eine Verordnung (EWG) über das Statut einer Europäischen Aktiengesellschaft und für eine Richtlinie des Rates zur Ergänzung des SE-Statuts hinsichtlich der Stellung der Arbeitnehmer.

Ders., Stellungnahme des Deutschen Gewerkschaftsbundes von Oktober 1991 zum Geänderten Vorschlag über eine Verordnung (EWG) des Rates über das Statut der Europäischen Aktiengesellschaft und für eine Richtlinie zur Ergänzung des SE-Statuts hinsichtlich der Stellung der Arbeitnehmer.

Ders., Zur Mitbestimmung in der Europäischen Aktiengesellschaft, Beschluß des 16. Ordentlichen Bundeskongresses des DGB v. 8. bis 12. Juni 1998 in Düsseldorf, Initiativantrag 1.

Deutsch-Niederländische Handelskammer (Hrsg.), Das Handels- und Gesellschaftsrecht der Niederlande. Deutsche Übersetzung der gesetzlichen Bestimmungen, 4. Auflage, Düsseldorf 1980.

Dietz, Rolf / Richardi, Reinhard, Betriebsverfassungsgesetz, Band 2: §§ 74 - Schluß mit Betriebsverfassungsgesetz 1952, 6. Auflage, München 1982.

Donath, Roland, Das Gesellschaftsrecht in Europa, JA 1993, 289 ff.

Dreher, Meinhard, Sockellösung statt Optionsmodell für die Mitbestimmung in der Europäischen Aktiengesellschaft, EuZW 1990, 476 ff.

Drobnig, U., Das EWG-Übereinkommen über die Anerkennung von Gesellschaften und juristischen Personen, AG 1973, 90 ff.

Duden, Konrad, Internationale Aktiengesellschaften, RabelsZ 27 (1962), 89 ff.

Ebenroth, Carsten Thomas / Wilken, Oliver, Entwicklungstendenzen im deutschen Internationalen Gesellschaftsrecht - Teil 1, JZ 1991, 1014 ff.

Epiney, Astrid, Der Vertrag von Nizza, DVBl. 2001, 941 ff.

Eser, Gisbert, Europarechtliche Aspekte der Arbeitsbeziehungen in Multinationalen Unternehmen, ZVglRWiss 91 (1992), S. 258 ff.

Europäischer Bund der Freien Gewerkschaften in der Gemeinschaft (EBFG), Forderungen des Bundes Freier Gewerkschaften in der Gemeinschaft (EBFG) zur Mitwirkung der Arbeitnehmer in der Europäischen Aktiengesellschaft, in: Das Mitbestimmungsgespräch 1970, 94 ff.

Europäischer Gewerkschaftsbund, Entschließung zum Memorandum "Statut der Europäischen Aktiengesellschaft", angenommen v. EGB-Exekutivausschuß auf seiner Sitzung am 06./07.10.1988 in Madrid.

Ders., Entschließung des EGB v. 23.10.1989 zum Vorschlag für eine Verordnung des Rates über das Statut der Europäischen Gesellschaft und für eine Richtlinie des Rates hinsichtlich der Stellung der Arbeitnehmer in der SE (Dok. Kom/89/268 endg. - v. 25.08.1989.

Ders., Arbeitnehmerbeteiligung in der Europäischen Aktiengesellschaft (SE), Stellungnahme des EGB, v. Exekutivausschuß am 04./05.12.1997 angenommen.

Ders., EBR-Richtlinie, Arbeitspapier Nr. 40, Überprüfung der Richtlinie, März 1998, in: EGB, Europäische Betriebsräte. Unterrichtung, Anhörung und Mitbestimmung, S.11 ff.

Ders., Arbeitnehmerbeteiligung in der Europäischen Aktiengesellschaft. Was geschah unter deutscher Präsidentschaft. Eine kurze Bewertung, in: EGB, Europäische Betriebsräte. Unterrichtung, Anhörung und Mitbestimmung, S. 110 ff.

Europäischer Gewerkschaftsbund (Hrsg.), Europäische Betriebsräte. Unterrichtung, Anhörung und Mitbestimmung, Brüssel 1999.

Ficker, Hans-Claudius, Die europäische Entwicklung zu einem Aufsichtsratssystem für Großgesellschaften, in: Lutter, Marcus / Kohlhosser, Helmut / Trusen, Winfried (Hrsg.), Recht und Wirtschaft in Geschichte und Gegenwart, Festschrift für Johannes Bärmann zum 70. Geburtstag, München 1975, S. 299 ff.

Fickinger, Nico, Im Mannesmann-Aufsichtsrat bleibt formell alles beim Alten, Frankfurter Allgemeine Zeitung v. 05.02.2000, S. 18.

Figge, Jutta, Mitbestimmung auf der Unternehmensebene in Vorschlägen der Europäischen Gemeinschaften, Dissertation Universität Bonn, Baden-Baden 1991.

Finken, Manfred / Weitbrecht, Andreas, Zum gegenwärtigen Entwicklungsstand des Europäischen Gesellschaftsrechts, ZIP 1990, 959 ff.

Fitting, Karl / Wlotzke, Otfried / Wißmann, Hellmut, Mitbestimmungsgesetz, Kommentar zum Mitbestimmungsgesetz 1976, 2. Auflage, München 1978.

Fitting, Karl / Kaiser, Heinrich / Heither, Friedrich / Engels, Gerd, Betriebsverfassungsgesetz, Kommentar zum Betriebsverfassungsgesetz, 20. Auflage, München 2000.

Foyer, Jean, La proposition française de création d'une société de type européen, Revue du marché commun 1965, 268 ff.

Friedrich, Otto A., Der Mitbestimmungsvorschlag aus Sicht der deutschen Arbeitgeber, in: von der Groeben / Vetter / Friedrich, Europäische Aktiengesellschaft. Beitrag zur sozialen Integration?, Bonn 1972.

Gamillscheg, Franz / Blanc-Jouvan, Xavier / Davies, Paul / Hanau, Peter / Runggaldier, Ulrich / Summers, Clyde W., Mitbestimmung der Arbeitnehmer in Frankreich, Großbritannien, Schweden, Italien, den USA und der Bundesrepublik Deutschland, Frankfurt am Main 1978.

Ganske, Joachim, Internationale Fusion von Gesellschaften in der Europäischen Gemeinschaft - ein neuer Ansatz -, DB 1985, 581 ff.

Ders., Die Europäische Wirtschaftliche Interessenvereinigung: eine neue "supranationale" Unternehmensform als Kooperationsinstrument in der Europäischen Gemeinschaft, Köln 1988.

Gaul, Björn, Die Einrichtung Europäischer Betriebsräte, NJW 1995, 228 ff.

Ders., Das neue Gesetz über die Europäischen Betriebsräte, NJW 1996, 3378 ff.

Gesellschaft für Rechtsvergleichung (Hrsg.), Französisches Gesellschaftsrecht - Das Gesetz v. 24. Juli 1966 über die Handelsgesellschaften mit den wichtigsten Durchführungsbestimmungen für die Kapitalgesellschaften, eingeleitet und übersetzt von Viky Gravenstein, 3. Auflage, Frankfurt am Main 1988.

Geßler, Ernst, Grundfragen der europäischen Handelsgesellschaft, BB 1967, 381 ff.

Gester, Heinz / Koubek, Norbert / Wiedemeyer, Gerd R. (Hrsg.), Unternehmensverfassung und Mitbestimmung in Europa, Wiesbaden 1991.

Gitter, Wolfgang / Heinze, Meinhard, Der Betriebsrat der S.E., in: Lutter, Europäische Aktiengesellschaft, S. 405 ff.

Dies., Das Tarifrecht der S.E., in: Lutter, Europäische Aktiengesellschaft, S. 427 ff.

Gemeinsamer Arbeitsausschuß der Spitzenorganisationen, Stellungnahme des Gemeinsamen Arbeitsausschusses des Bundesverbandes der deutschen Industrie, des Bundesverbandes deutscher Banken, der Bundesvereinigung der deutschen Arbeitgeberverbände, des Deutschen Industrie- und Handelstages und des Gesamtverbandes der Versicherungswirtschaft für Fragen des Unternehmensrechts v. 30.09.1988 zum Memorandum der Kommission der Europäischen Gemeinschaften zum Statut für die Europäische Aktiengesellschaft - Dokument KOM (88) 320 endg. v. 15. Juli 1988.

Ders., Stellungnahme des Gemeinsamen Arbeitsausschusses des Bundesverbandes der deutschen Industrie, des Bundesverbandes deutscher Banken, der Bundesvereinigung der deutschen Arbeitgeberverbände, des Deutschen Industrie- und Handelstages und des Gesamtverbandes der Versicherungswirtschaft für Fragen des Unternehmensrechts v. 27.10.1989 zum geänderten Verordnungs- und Richtlinienvorschlag für Europäische Aktiengesellschaften (SE) v. 27.10.1989.

Gleichmann, Karl, Überblick über neue Kooperationsformen und über Entwicklungen im Gesellschaftsrecht der Europäischen Wirtschaftsgemeinschaft, AG 1988, 159 ff.

Ders., Europäisches Unternehmensrecht, in: von der Groeben / Thiesing / Ehlermann, Kommentar zum EWG-Vertrag, 4. Auflage 1991, Bd. 4, S. 6325 ff.

Goerdeler, Reinhard, Überlegungen zum künftigen Gesellschaftsrecht in der EG, in: Festschrift für Ernst Steindorff zum 70. Geburtstag, Berlin 1990, S. 1211-1227.

Gravenstein, Viky, Einleitung zu: Gesellschaft für Rechtsvergleichung (Hrsg.), Französisches Gesellschaftsrecht - Das Gesetz v. 24. Juli 1966 über die Handelsgesellschaften mit den wichtigsten Durchführungsbestimmungen für die Kapitalgesellschaften eingeleitet und übersetzt von Viky Gravenstein, 3. Auflage, Frankfurt am Main 1988.

Groeben, Hans von der, Auf dem Wege zur Europäischen Aktiengesellschaft: Zur Notwendigkeit und Möglichkeit der Schaffung einer europäischen Unternehmensform, AG 1967, 95 ff.

Groeben, Hans von der / Vetter, Heinz Oskar / Friedrich, Otto A., Europäische Aktiengesellschaft. Ein Beitrag zur sozialen Integration?, Bonn 1972.

Groeben, Hans von der / Thiesing, Jochen/ Ehlermann, Claus-Dieter, Kommentar zum EU-/EG-Vertrag, 5. Auflage 1999.

Großfeld, Bernhard, Europäisches Gesellschaftsrecht, WM 1992, 2121 ff.

Ders., Internationales und Europäisches Unternehmensrecht: das Organisationsrecht transnationaler Unternehmen, 2. Auflage, Heidelberg 1995.

Grote, Ralf, Das neue Statut der Europäischen Aktiengesellschaft zwischen europäischem und nationalem Recht, Dissertation Universität Göttingen, Göttingen 1990.

Habersack, Mathias, Europäisches Gesellschaftsrecht. Einführung für Studium und Praxis, München 1999.

Hanau, Peter, Gesetzliche und kollektivvertragliche Mitbestimmung in der Privatwirtschaft nach schwedischem Recht, in: Gamillscheg, Franz / Blanc-Jouvan, Xavier / Davies, Paul / Hanau, Peter / Runggaldier, Ulrich / Summers, Clyde W., Mitbestimmung der Arbeitnehmer in Frankreich, Großbritannien, Schweden, Italien, den USA und der Bundesrepublik Deutschland, S. 89 ff.

Ders., Schwedisches Gesetz über die Mitbestimmung im Arbeitsleben vom 10. Juni 1976 (SFS 1976 Nr. 580), Übersetzung aus dem Schwedischen, RdA 1978, 181 ff.

Ders., Die arbeitsrechtliche Bedeutung des Mitbestimmungsurteils des Bundesverfassungsgerichts, ZGR 1979, 525 ff.

Ders., Zum Entwurf einer EG-Richtlinie über die Unterrichtung und Anhörung der Arbeitnehmer, RdA 1984, 160 ff.

Ders., Nationale Regelungen für internationale (europäische) Betriebsräte, in: Baur, Jürgen F. u. a. (Hrsg.) Festschrift für Ralf Vieregge zum 70. Geburtstag am 6. November 1995, Berlin 1995, S. 319 ff.

Ders., Sweden, S. 1 ff., in: Kolvenbach / Hanau, Handbook on European Employee Co-Management, Volume 2, .

Ders., Neuer Anlauf zur mitbestimmten SE, RdA 1998, 231 ff.

Hanau, Peter / Adomeit, Klaus, Arbeitsrecht, 11. Auflage, Neuwied 1994.

Hanau, Peter / Ulmer, Peter, Mitbestimmungsgesetz, Kommentar zum Mitbestimmungsgesetz 1976, München 1981.

Hasselbach, Kai, Aktuelle Entwicklungen im Europäischen Gesellschaftsrecht, NZG 1999, 291 ff.

Hatje, Armin, Die institutionelle Reform der Europäischen Union - der Vertrag von Nizza auf dem Prüfstand, EuR 2001, 143 ff.

Hauschka, Christoph E., Entwicklungslinien und Integrationsfragen der gesellschaftsrechtlichen Akttypen des Europäischen Gemeinschaftsrechts, AG 1990, 85 ff.

Ders., Kontinuität und Wandel im Statut für die Europäische Aktiengesellschaft (SE) 1989, EuZW 1992, 181 ff.

Ders., Die Europäische Aktiengesellschaft (SE) im Entwurf der Kommission von 1991: Vor der Vollendung?, EuZW 1992, 147 ff.

Ders., Die Europäische Aktiengesellschaft zwischen Einheitlichkeitsanspruch und Nationalisierung des Statuts, Vortrag vor dem Europainstitut der Universität des Saarlandes Saarbrücken am 27. Mai 1992.

Hauß, Thomas, Grenzüberschreitende Betriebsverfassung in Europa. Der Europäische Betriebsrat, Dissertation Universität Köln, Frankfurt am Main 1996.

Heinze, Meinhard, Probleme der Mitbestimmung und Betriebsverfassung bei einer grenzüberschreitenden Umstrukturierung von Unternehmen im Binnenmarkt, ZGR 1994, 47 ff.

Ders., Der Europäische Betriebsrat. Die Richtlinie und ihre Alternativen, AG 1995, 385 ff.

Ders., Ein neuer Lösungsweg für die Europäische Aktiengesellschaft, AG 1997, 289 ff.

Helms, Dietmar, Die Europäische Privatgesellschaft, Dissertation Universität Heidelberg, Köln 1998.

Hemmelrath, Alexander, in: Schwappach, Jürgen (Hrsg.), EU-Rechtshandbuch für die Wirtschaft, 2. Auflage, München 1996, S. 361 ff.

Herfs-Röttgen, Arbeitnehmerbeteiligung in der Europäischen Aktiengesellschaft, NZA 2001, 424 ff.

Hoffmann, Dietrich / Lehmann, Jürgen / Weinmann, Heinz, Mitbestimmungsgesetz, Kommentar zum Mitbestimmungsgesetz 1976, München 1978.

Hofmann, Harald, Mitbestimmung der Arbeitnehmer in Gesellschaftsorganen und grenzüberschreitende Unternehmenszusammenschlüssen in der Europäischen Gemeinschaft, Dissertation Universität Bonn, Bonn 1976.

Ders., Mitbestimmung der Arbeitnehmer in Gesellschaftsorganen in der Europäischen Gemeinschaft, RIW 1977, 630 ff.

Hommelhoff, Peter, Gesellschaftsrechtliche Fragen im Entwurf eines SE-Statuts, AG 1990, 422 ff.

Ders., Die "Société fermée européenne" - eine supranationale Rechtsform für kleine und mittlere Unternehmen im Europäischen Binnenmarkt -, WM 1997, 2101 ff.

Ders., Einige Bemerkungen zur Organisationsverfassung der Europäischen Aktiengesellschaft, AG 2001, 279 ff.

Hommelhoff, Peter / Helms, Dieter, in: Boucourechliev, Jeanne / Hommelhoff, Peter (Hrsg.), Vorschläge für eine Europäische Privatgesellschaft. Strukturelemente einer kapitalmarktfernen europäischen Gesellschaftsform, S. 143 ff.

Honée, H. J. M. N., Erfahrungen mit der Kooptation von Aufsichtsratsmitgliedern in den Niederlanden, ZGR (1982), 87 ff.

Hopt, Klaus, Grundprobleme der Mitbestimmung in Europa - Eine rechtsvergleichende Bestandsaufnahme und Einschätzung der Vorschläge zur Rechtsangleichung der Arbeitnehmermitbestimmung in den Europäischen Gemeinschaften, ZfA 1982, 207 ff. und in: Bismarck, Philipp von (Hrsg.), Mitbestimmung in Europa, S. 9 ff.

Ders, Europäisches Gesellschaftsrecht - Krise und neue Anläufe, ZIP 1998, 96 ff.

Hornung-Draus, Renate, Gestaltungsspielräume nutzen, Der Arbeitgeber 1994, 759 ff.

Houin, Roger, Les sociétés de type européen, Travaux du Comité français de droti international privé 1962-1964 (séance du 7. déc. 1962) (1965), S. 19 ff.

Ders., Einleitung zu: Französisches Gesellschaftsrecht - Das Gesetz vom 24. Juli 1966 über die Handelsgesellschaften mit den wichtigsten Durchführungsbestimmungen für die Kapitalgesellschaften, 2. Auflage, Frankfurt am Main 1968

Hoyningen-Huene, Gerrick von, Betriebsverfassungsrecht, 4. Auflage, München 1998.

Hueck, Götz, Gesellschaftsrecht, 19. Auflage, München 1991.

Isler, Peter Thomas, Mitbestimmung und Unternehmensrecht: unter besonderer Berücksichtigung der niederländischen Regelungen, Dissertation Universität Zürich, Zürich 1980.

Jahn, Andreas / Herfs-Röttgen, Ebba, Die Europäische Aktiengesellschaft - Societas Eruopaea, DB 2001, 631 ff.

Jürgens, Peter, Die Europäische Aktiengesellschaft nimmt Strukturen an, BB 1990, 1145 ff.

Kallmeyer, Harald, Die Europäische Aktiengesellschaft - Praktischer Nutzen und Mängel des Statuts, AG 1990, 103 ff.

Kersting, Christian, Societas Europaea: Gründung und Vorgesellschaft, DB 2001, 2079 ff.

Kilian, Wolfgang, Europäisches Wirtschaftsrecht. EG-Wirtschaftsrecht und Bezüge zum deutschen Recht, C.H. Beck, München 1996.

Kittner, Michael / Fuchs, Harald / Zachert, Ulrich / Köstler, Roland, Arbeitnehmervertreter im Aufsichtsrat, Band, Aufsichtsratspraxis, Hans-Böckler-Stiftung (Hrsg.), 4. Auflage, Köln 1991.

Klapdor, Ralf, Überlegungen zur Besteuerung der europäischen Aktiengesellschaft, EuZW 2001, 677 f..

Klebe, Thomas / Kunz, Olaf, Europäische Betriebsräte: Eine praktische und rechtliche Zwischenbilanz, in: Klebe, Thomas / Wedde, Peter / Wolmerath, Martin (Hrsg.), Recht und soziale Arbeitswelt. Festschrift für Wolfgang Däubler zum 60. Geburtstag, S. 823 ff.

Klebe, Thomas / Wedde, Peter / Wolmerath, Martin (Hrsg.), Recht und soziale Arbeitswelt. Festschrift für Wolfgang Däubler zum 60. Geburtstag, Frankfurt am Main 1999.

Klein, Hans-Werner, Mitbestimmungspläne in Großbritannien. Ein Kurzbericht zum Bullock-Report, RIW/AWD 1977, 415 ff.

Ders., Mitbestimmung und Schutz von Unternehmensgeheimnissen in England, RIW/AWD 1979, 608 ff.

Kleinsorge, Georg / Neye, Hans-Werner, Europäische Aktiengesellschaft - Durchbruch erreicht, Bundesarbeitsblatt 4/2001, S. 5 ff.

Klinkhammer, Heiner / Welslau, Dietmar, Mitbestimmung in Deutschland und Europa - Eine Einführung für Praktiker -, 1996.

Knobbe-Keuk, Brigitte, Die steuerliche Behandlung der Europäischen Aktiengesellschaft, AG 1990, 435 ff.

Kohlhepp, Kay H., Die Europäische Aktiengesellschaft, RIW 1989, 89 ff.

Kolvenbach, Walter, Die Fünfte EG-Richtlinie über die Struktur der Aktiengesellschaft (Strukturrichtlinie), DB 1983, 2235 ff.

Ders., Die Europäische Gemeinschaft und die deutsche Mitbestimmung, DB 1986, 1973 ff. und 2023 ff.

Ders., Statut für die Europäische Aktiengesellschaft, DB 1988, 1837 ff.

Ders., Statut für die Europäische Aktiengesellschaft (1989), DB 1989, 1957 ff.

Ders., Die Europäische Aktiengesellschaft - eine wohlgemeinte Utopie, in: Festschrift für Theodor Heinsius zum 65. Geburtstag, Berlin - New York 1991, S. 379 ff.

Ders., Europäische Betriebsräte - Neue Initiativen, DB 1991, 805 ff.

Ders., Neue Initiative zur Weiterentwicklung des Europäischen Gesellschaftsrechts?, EuZW 1996, 229 ff.

Ders., Europäische Betriebsräte - Großbritannien, NZA 1998, 582 ff.

Ders., Scheitert die Europa AG an der Mitbestimmung?, NZA 1998, 1323 ff.

Ders., The Netherlands, S. 1. ff., in: Kolvenbach / Hanau, Handbook on European Employee Co-Management, Volume 2, Deventer/Boston.

Ders., Part IV: General Section, in: Kolvenbach / Hanau, Handbook on European Employee Co-Management, Deventer/Boston.

Kolvenbach, Walter / Hanau, Peter (Hrsg.), Handbook on European Employee Co-Management, Deventer/Boston, Suppl. 2 (September 1989) und Suppl. 3 (November 1990).

Krieger, Albrecht, Muß die Mitbestimmung der Arbeitnehmer das europäische Gesellschaftsrecht blockieren?, in: Löwisch, Manfred (Hrsg.), Festschrift für Fritz Rittner zum 70. Geburtstag, München 1991, S. 313 ff.

Krimphove, Dieter, Europäisches Arbeitsrecht, München 1996.

Lieb, Manfred, Arbeitsrecht, 7. Auflage, Heidelberg 2000.

Lill, Ingo, Die niederländischen Gesetze über die Gesellschaft mit beschränkter Haftung und über die Struktur der Kapitalgesellschaften, RabelsZ 163 (1972), 163 ff.

Lietzmann, Heinrich, Stand der Diskussion über die europäische Aktiengesellschaft, AG 1961, 57 ff.

Leupold, Andreas, Die Europäische Aktiengesellschaft unter besonderer Berücksichtigung des deutschen Rechts: Chancen und Probleme auf dem Weg zu einer supranationalen Gesellschaftsform, Dissertation Universität Konstanz, 1993.

Lörcher, Klaus, EG-Arbeitsrecht, ArbuR 1993, 207 ff.

Lutter, Marcus (Hrsg.), Die Europäische Aktiengesellschaft, 2. unveränderte Auflage, Köln

Ders., Die Entwicklung des Gesellschaftsrechts in Europa, Europarecht 1975, 44 ff.

Ders., Europäisches Gesellschaftsrecht: Texte und Materialien zur Rechtsangleichung nebst Einführung und Bibliographie, ZGR-Sonderheft 1. und 2. Auflage, Berlin 1979 und 1984, 3. Auflage und 4. Auflage erschienen unter dem geänderten Titel Europäisches Unternehmensrecht - Grundlagen, Stand und Entwicklung nebst Texten und Materialien zur Rechtsangleichung, Berlin 1991 und 1996.

Ders., Europa und das Unternehmensrecht, in: Ress, Georg / Will, Michael R.(Hrsg.), Vorträge, Reden und Berichte aus dem Europa-Institut / Nr. 118.

Ders., Genügen die vorgeschlagenen Regeln für eine "Europäische Aktiengesellschaft"?, AG 1990, 413 ff.

Luttermann, Claus, Die Europäische Genossenschaft. Zum Verordnungsvorschlag der EG-Kommission vom 06.03.1992 in der geänderten Fassung vom 06.07.1993, ZVGlRWiss 93 (1994), 1 ff.

Marty, Les sociétés internationales, RabelsZ 27 (1962), 73 ff.

Maydell, Bernd von, Die vorgeschlagenen Regeln zur Mitbestimmung für eine Europäische Aktiengesellschaft, AG 1990, 442 ff.

Maeijer, Joseph M. M., Die Arbeitnehmermitbestimmung nach der Neuregelung für die Aufsichtsräte in "großen" niederländischen Kapitalgesellschaften, ZGR 1974, 104 ff.

Ders., Der Betriebsrat in der niederländischen Unternehmung und andere Mittel zum Zwecke der Mitbestimmung der Arbeitnehmer, ZfA 1979, 69 ff.

Maul, Silja, Die faktisch abhängige SE (Societas Europaea) im Schnittpunkt zwischen deutschem und europäischem Recht, Dissertation Universität Heidelberg, 1998.

Merkt, Hanno, Europäische Aktiengesellschaft: Gesetzgebung als Selbstzweck? - Kritische Bemerkungen zu dem Entwurf von 1991, BB 1992, 652 ff.

Mestre, Jacques, Droit commercial, 22ᵉ édition, Paris 1995.

Mertens, Hans-Joachim, Der Aufsichtsrat in der S.E., in: Lutter, Europäische Aktiengesellschaft, S. 115 ff.

Mertens, Hans-Joachim / de Martini, Angelo, Die europäische Handelsgesellschaft im Verhältnis zum deutschen und italienischen Recht, Karlsruhe 1970.

Monti, Mario, Statut der Europäischen Aktiengesellschaft, WM 1997, 607 ff.

Nagel, Bernhard, Unternehmensmitbestimmung. Eine problemorientierte Einführung, in: Arbeitsgruppe Arbeitsrecht (Hrsg.), Köln 1980.

Ders., Erosion der Mitbestimmung und EG-Kommissionsentwürfe zur Europa-AG, ArbuR 1990, 205 ff.

Ders., Wirtschaftsrecht der Europäischen Union: eine Einführung, 2. Auflage, Baden-Baden 1999.

Ders., Verschlechternde Regelungen und Vereinbarungen zur Mitbestimmung in der Europäischen Aktiengesellschaft, AuR 2001, 406 ff.

Neye, Hans-Werner, Die Europäische wirtschaftliche Interessenvereinigung - eine Zwischenbilanz, DB 1997, 861 ff.

Niedenhoff, Horst-Udo, Mitbestimmung in den EU-Staaten, 2. Auflage, Köln 1995.

Ders., Mitbestimmung in der Bundesrepublik Deutschland, 11. Auflage, Köln 1997.

Niessen, Herrmann, Zum Vorschlag einer "europäischen" Regelung der Mitbestimmung für "nationale" Aktiengesellschaften, ZGR 1973, 218 ff.

Nowak, Alfons, Die EWG-Richtlinie über die Unterrichtung und Anhörung der Arbeitnehmer (sog. Vredeling-Vorschlag), Dissertation Universität Heidelberg, 1985.

Oppermann, Thomas, Europarecht, 2. Auflage, München 1999.

Pache, Eckhard, Der Vertrag von Nizza, NJW 2001, 1377 ff.

Pichot, Evelyne, Arbeitnehmervertreter und ihre Befugnisse im Unternehmen. Studie im Auftrag der Europäischen Kommission, Januar 1995.

Pipkorn, Jörn, Zur Entwicklung des europäischen Gesellschafts- und Unternehmensrechts, ZHR 136 (1972), 499 ff. (Teil I) und 137 (1973) 35 ff. (Teil II).

Ders., Die Diskussion über die wirtschaftliche Mitbestimmung der Arbeitnehmer in der EG. Zur Regelung im vorgeschlagenen Statut für Europäische Aktiengesellschaften, Europa-Archiv 1975, 376 ff.

Ders., Das Statut der Europäischen Aktiengesellschaft nach dem geänderten Vorschlag der Kommission, AG 1975, 318 ff.

Ders., Die Mitwirkungsrechte der Arbeitnehmer aufgrund der Kommissionsvorschläge der Strukturrichtlinie und der Richtlinie über die Unterrichtung und Anhörung der Arbeitnehmer, ZGR 1985, 567 ff.

Ders., Arbeitnehmerbeteiligung in Unternehmen auf Europäischer Grundlage, RdA 1992, 120 ff.

Pluskat, Sorika, Die neuen Vorschläge für die Europäische Aktiengesellschaft, EuZW 2001, 524 ff.

Dies., Die Arbeitnehmerbeteiligung in der geplanten Europäischen AG, DStR 2001, 1483 ff.

Raiser, Thomas, Mitbestimmungsgesetz, Kommentar zum Mitbestimmungsgesetz 1976, 3. Auflage, Berlin 1998.

Ders., Führungsstruktur und Mitbestimmung in der Europäischen Aktiengesellschaft nach dem Verordnungsvorschlag der Kommission vom 25. August 1989, in: Festschrift für Ernst Steindorff zum 70. Geburtstag, Berlin 1990, S. 201 ff.

Ders., Europäische Aktiengesellschaft und nationale Aktiengesetze, in: Bierich, Marcus / Hommelhoff, Peter / Kropff, Bruno (Hrsg.), Festschrift für Johannes Semler zum 70. Geburtstag am 28. April 1993, Berlin 1993, S. 277 ff.

Rang, Reiner, Unternehmensfusionen in Europa. Wo bleibt die Mitbestimmung?, Transparent (Publikation der Deutschen Postgewerkschaft) vom 06/1999, Fundstelle im Internet (abgerufen am: 10.06.2002): http://www.dpg.org/transparent/ 1999_06/telekom.html.

Rasner, Henning, Die Europäische Aktiengesellschaft (SE) - ist sie wünschenswert, ZGR 1992, 314 ff.

Rechenberg, Freiherr Wolf-Georg von, Die EWIV - Ihr Sein und Werden, ZGR 1992, 299 ff.

Retournard, Jean François, Co-Determination in Management - French Situation, in: Bismarck, Philipp von (Hrsg.), Mitbestimmung in Europa, S.33 ff.

Riester, Walter, Neue Wege im Arbeitsrecht und in der Arbeitsrechtspolitik, ArbuR 1999, 1 ff.

Roberts, Ben, British Reactions to EEC Directives Concerning Participation, Information and Consultation, in: Bismarck, Philipp von (Hrsg.), Mitbestimmung in Europa, S. 26 ff.

Ruoff, Axel, Das Europäische Betriebsräte-Gesetz (EBRG), BB 1997, 2478 ff.

Sanders, Pieter, Auf dem Wege zu einer europäischen Aktiengesellschaft?, AWD 1960, 1 ff.

Ders., Die Europäische Aktiengesellschaft - Probleme des Zugangs und der Mitbestimmung, AG 1967, 344 ff.

Ders., Reform des Gesellschaftsrechts in den Niederlanden, AG 1971, 389 ff.

Ders., Zum Recht der Kapitalgesellschaften in den Niederlanden, AG 1977, 173 ff.

Schaub, Günter, Arbeitsrechts-Handbuch, 9. Auflage, München 2000.

Schiek, Dagmar, Europäisches Arbeitsrecht, Baden-Baden 1997.

Schlotfeld, Walter, Gesellschaftsrechtliche Fusion und Mitbestimmung in der EWG, RdA 1967, 415 ff.

Schulz, Andreas / Geismar, Bernhard, Die Europäische Aktiengesellschaft - Eine kritische Bestandsaufnahme, DStR 2001, 1078 ff.

Scriba, Michael O. E., Die Europäische Wirtschaftliche Interessenvereinigung, Dissertation Universität Münster, Heidelberg 1988.

Schwarz, Günter Christian, Zum Statut der Europäischen Aktiengesellschaft, Die wichtigsten Neuerungen und Änderungen der Verordnung, ZIP 2001, 1847 ff.

Schweizer, Michael / Hummer, Waldemar, Europarecht. Das Recht der Europäischen Union - Das Recht der Europäischen Gemeinschaften (EGKS, EG, EAG) - mit Schwerpunkt EG, 5. Auflage, 1996.

Schwenn, Kerstin, Riester will bessere Arbeitsrechtsnormen, Frankfurter Allgemeine Zeitung v. 03.02.2000, S. 27.

Schwimmer, Walter, Einheit - auch in den Menschenrechten. Kein Europa nach zweierlei Maß und Geschwindigkeit, Frankfurter Allgemeine Zeitung v. 14.03.2000, S. 12.

Semler, Johannes, Die Europäische Aktiengesellschaft - Gefährdung deutscher Mitbestimmung, Vortrag anläßlich einer Veranstaltung des Europäischen Ministeriums des Landes Nordrhein-Westfalen in Bonn am 15.05.1998.

Simon, Françoise / Wieczorek, Reinhard, Die Stellung des Arbeitnehmers in der Unternehmensreform in Frankreich, RIW 1975, 409 ff.

Skaupy, Walther, Europäisches Gesellschaftsrecht - Eine Betrachtung über die Harmonisierungsbestrebungen in der EWG, AG 1966, 13 ff.

Sonnenberger, Hans-Jürgen, Der Vorentwurf eines Abkommens über die internationale Fusion, AG 1969, 381 ff.

Ders, Die Organisation der Aktiengesellschaften im Gemeinsamen Markt. Kommissionsvorschlag einer fünften Richtlinie zur Angleichung des Gesellschaftsrechts, AG 1974, 1 ff. und 33 ff.

Ders., Französisches Handels- und Wirtschaftsrecht, 2. Auflage, Heidelberg 1991.

Stabenow, Michael, Die Europa AG entzweit die EU-Partner, Frankfurter Allgemeine Zeitung v. 08.10.1997, S. 20.

Ders., In der Debatte um die Europa-AG zeichnen sich Fortschritte ab, Frankfurter Allgemeine Zeitung v. 06.05.1998, S. 20.

Ders., Deutschland blockiert die Europa AG, Frankfurter Allgemeine Zeitung v. 19.05.1998, S. 16.

Ders., Europa AG bleibt weiterhin umstritten, Frankfurter Allgemeine Zeitung v. 04.06.1998, S. 19.

Ders., Übereinkunft zwischen London und Madrid, Frankfurter Allgemeine Zeitung v. 20.04.2000, S. 4.

Staehelin, Rudolf M., Mitbestimmung in Europa, Die Beteiligung der Arbeitnehmer an Entscheidungen in Betrieb und Unternehmen in Deutschland, Frankreich und Großbritannien, Harmonisierungsbestrebungen im europäischen Rahmen, Perspektiven für die Schweiz - Eine rechts- und praxisvergleichende Studie, Dissertation Universität Basel, 1979.

Stein, P. A., Die neuere Gesetzgebung zu den Handelsgesellschaften in den Niederlanden, ZHR 138 (1974), 101 ff.

Steinberg, Friedhelm, Der Europäische Tarifvertrag - unter besonderer Berücksichtigung des Vorschlages der EWG-Kommission für die Satzung einer Europa-AG, RdA 1971, 18 ff.

Streeck, Wolfgang, Mitbestimmung als Selbstorganisation: Bewährung und Herausforderung, Rede anläßlich der Übergabe des Berichts der Kommission Mitbestimmung an den Bundespräsidenten, Bonn - Bad Godesberg, 19. Mai 1998 (in einer leicht revidierten Fassung).

Sturm, Peter, Großbritanniens Fels im Süden Europas, Frankfurter Allgemeine Zeitung v. 20.04.2000, S. 4.

Temple Lang, J., The Fifth EEC Directive on the Harmonization of Company Law, Common Market Law Review 1975, 155 ff.

Tetzlaff, Thilo, Fleißige Sammlung oder große Chance - die Europäische Grundrechtscharta, FoR 2001, 25 ff.

Thibièrge, C., Le statut des sociétés étrangères, in: Congrès ds notaires de France, tenu à Tours, Paris, 1959.

Timmermanns, Christiaan W. A., Die europäische Rechtsangleichung im Gesellschaftsrecht - eine integrations- und rechtspolitische Analyse, RabelsZ 48 (1984), S. 1 ff.

Trojan-Limmer, Ursula, Die geänderten Vorschläge für ein Statut der Europäischen Aktiengesellschaft (SE) - Gesellschaftsrechtliche Probleme, RIW 1991, 1010 ff.

Union of Industrial and Employer's Confederations of Europe (UNICE), Stellungnahme zur Vertretung der Arbeitnehmerinteressen in der Europäischen Aktiengesellschaft vom 12.03.1971 (Dok. 22.6.1 A.4).

Dies., Resolutionsentwurf der UNICE zum Vorschlag des Europäischen Parlaments betreffend die Zusammensetzung des Aufsichtsrats einer europäischen Aktiengesellschaft (SE) vom 8.11.1974 (Dok. 22.6.1 A.4).

Dies., Employee participation and the structure of the organs of public limited companies in the amended proposal for a 5th Directive on "Company Law". Resume of the UNICE Position, 28 February 1984.

Dies., Proposal for a 10th Directive on cross-border mergers of public limited companies. UNICE Position, 18 July 1985.

Dies, European Company Statute - European Commission's Memorandum of 15 July 1988 - Position, 7 November 1988. (Dok. 22.6/13/1).

Dies., European Company Statute - Position, 20 November 1989 (Dok. 22.6/13/1).

Dies., Amended Proposal for a regulation and directive on the Statute for a European Company (Document COM (91) final SYN 218 and SYN 219) - UNICE Position.

Vasseur, Michel, Quelques arguments pour une société de type européen bzw. Argumente für eine europäische Handelsgesellschaft, Revue des Sociétés 1965, 18 ff.; deutsche Übersetzung in: ZHR 127 (1964), 177 ff.

Vetter, Heinz Oskar, Der Mitbestimmungsvorschlag aus Sicht der Gewerkschaften, in: von der Groeben / Vetter / Friedrich, Europäische Aktiengesellschaft. Beitrag zur sozialen Integration?, S. 17 ff. Bonn 1972.

Wälde, Thomas, Die "Europäische Aktiengesellschaft" und multinationale Unternehmen, AWD/RIW 1974, 82 ff.

Wagner, Klaus-Michael, Die wirtschaftliche Arbeitnehmermitbestimmung in einer Europäischen Aktiengesellschaft, Dissertation Freiburg (Breisgau), Frankfurt am Main 1977.

Wahlers, Henning, Art. 100 a - Unzulässige Rechtsgrundlage für den geänderten Vorschlag über das Statut der Europäischen Aktiengesellschaft?, AG 1990, 448 ff.

Walther, Gottfried, Das Statut der Europäischen Aktiengesellschaften aus der Sicht der Wirtschaft, AG 1972, 99 ff.

Ders., Der Wirtschafts- und Sozialausschuß zum Statut für Europäische Aktiengesellschaft, AG 1973, 84 ff.

Walther, Gottfried / Wiesner, Peter M., Zum geänderten Vorschlag eines Statuts für Europäische Aktiengesellschaften, GmbH-Rdsch 1975, 247 ff. (Teil I) und 265 ff. (Teil II).

Welch, Jane, The Fith Directive - A False Dawn?, European Law Review 8 (1983), 83 ff.

Wenz, Martin, Die Societas Europaea - Analyse der geplanten Rechtsform und die Nutzungsmöglichkeiten für eine europäische Konzernunternehmung, Dissertation Universität Mannheim, 1993.

Werder, Axel von Formen der Führungsorganisation einer Europäischen Aktiengesellschaft, RIW 1997, 304 ff.

Wester, Kurt / Schlüpers-Oehmen, Reinhold, Betriebsverfassungs-, Personalvertretungs- und Mitbestimmungsrecht, in: Schramm, Theodor (Hrsg.), Studienreihe Wahlfach, Band 7, Köln - Berlin - Bonn - München 1980.

Westermann, Harm Peter, Tendenzen der gegenwärtigen Mitbestimmungsdiskussion in der Europäischen Gemeinschaft, RabelsZ (1984), 123 ff.

Wiedemann, Herbert, Gesellschaftsrecht. Ein Lehrbuch des Unternehmens- und Verbandsrechts. Band 1. Grundlagen, München 1980.

Wiedemeyer, Gerd R., Unternehmensverfassung und Mitbestimmung in der Bundesrepublik Deutschland, in: Gester, Heinz / Koubek, Norbert / Wiedemeyer, Gerd R. (Hrsg.), Unternehmensverfassung und Mitbestimmung in Europa, Wiesbaden 1991.

Wiedmann, Thomas, Der Vertrag von Nizza - Genesis einer Reform, EuR 2001, 185 ff.

Wiesner, Peter M., Neuer Anlauf zur Europäischen Aktiengesellschaft, AG-Report 1988, R 287 ff.

Ders., Europäische Aktiengesellschaft im Meinungsstreit, AG-Report 1989, R 2 ff.

Ders., Europa-AG: Neue Vorschläge enttäuschen Sozialpartner, AG-Report 1990, R 3 f.

Ders., Europa-AG: WSA kritisiert neue Vorschläge, AG-Report 1990, R 306 ff.

Ders., Europa-AG: Europäisches Parlament für Letztentscheidung der Aktionäre, AG-Report 1991, R 54 f.

Ders., Kommission legt neue Vorschläge zur Europa-AG vor, AG-Report 1991, R 275 ff.

Ders., Stand des Europäischen Unternehmensrechts, EuZW 1995, 821 ff.

Ders., Europäisches Gesellschaftsrecht, in: Münchener Handbuch zum Gesellschaftsrecht, Bd. 3, München 1996, S. 1315 ff.

Ders., Europäisches Unternehmensrecht im Umbruch, AG 1996, 390 ff.

Ders., Die Europa AG und der Sündenbock, GmbHR 1999, R 301 f.

Ders., Der Nizza-Kompromiß zur Europa-AG - Triumph oder Fehlschlag?, ZIP 2001, 397 f.

Wißmann, Helmut, Neues Gesetz zur Sicherung der Montan-Mitbestimmung, DB 1989, 426 ff.

Ders., Die Mitbestimmung der Arbeitnehmer in der Europäischen Aktiengesellschaft (SE), RdA 1992, 320 ff.

Ders., Arbeitsrecht und Europarecht, RdA 1999, 152 ff.

Wlotzke, Otfried / Wißmann, Hellmut, Die Gesetzesinitiative der Bundesregierung zur Montan-Mitbestimmung - Entwicklungsgeschichte, Zusammenhänge und Inhalt, DB 1981, 623 ff.

Wolff, Jürgen, Europäische Aktiengesellschaft. Grundzüge des Vorschlags der Europäischen Gemeinschaften, AG 1970, 247 ff.

Würdinger, Hans, Bericht über das geänderte Statut für Europäische Aktiengesellschaften, DB 1975, 1301 ff.

Ders., Das Konzernrecht des Statuts für Europäische Aktiengesellschaften, DB 1975, 1733 ff.

Wunsch-Semmler, Bettina, Entwicklungslinien einer europäischen Arbeitnehmermitwirkung. Eine Untersuchung vor dem Hintergrund rechtlicher und politischer Machbarkeit und Notwendigkeit, Dissertation Universität Frankfurt am Main, Baden-Baden 1995.

Zäch, Roger, Grundzüge des europäischen Wirtschaftsrechts, Zürich 1996.

Zöllner, Wolfgang, Aktienrecht und Europäische Gemeinschaft, in: ders. (Hrsg.), Kölner Kommentar zum Aktiengesetz, Einleitungsband, Rn. 170 ff., 1. Auflage, Köln-Berlin-Bonn-München 1984.

Anhang: Verzeichnis der EU-Publikationen

I. Europäische Aktiengesellschaft

1. Vorarbeiten

Sanders, Pieter	Vorentwurf eines Statuts für eine Europäische Aktiengesellschaft, Textausgabe veröffentlicht als Drucksache der Kommission, Dok. Kom. 16.205/IV/66, 1966 und in: Kollektion Studien, Reihe Wettbewerb, 1967, Nr. 6.
	Kommentar zum Vorentwurf, Dok. Kom. 1100/IV/67, 1966 und in: Kollektion Studien, Reihe Wettbewerb, 1967, Nr. 6.
Kommission	Denkschrift der Kommission der Europäischen Wirtschaftsgemeinschaft über die Schaffung einer europäischen Handelsgesellschaft.
	Fundstelle: Sonderbeilage zum EG-Bulletin 9/10 1966.

2. Vorschlag von 1970

Kommission	Vorschlag einer EWG-VO des Rates über das Statut für europäische Aktiengesellschaften vom 30.06.1970.
	Fundstelle: AblEG Nr. C 124 v. 10.10.1970, S.1 ff.; KOM (70) 150 endg.
WSA	Stellungnahme des Wirtschafts- und Sozialausschusses zu dem Vorschlag für eine Verordnung des Rates betreffend die Europäische Aktiengesellschaft v. 25./26.10.1972.
	Fundstelle: AblEG Nr. C 131 v. 13.12.1972, S. 32 ff.
Europäisches Parlament	Bericht des Rechtsausschusses über den Vorschlag der Kommission der Europäischen Gemeinschaften an den Rat für eine Verordnung betreffend das Statut einer Europäischen Aktiengesellschaft (Pintus-Bericht), Dok. 178/72.
	Ergänzungsbericht des Rechtsausschusses über den Vorschlag der Kommission der Europäischen Gemeinschaften an den Rat für eine Verordnung betreffend das Statut einer Europäischen Aktiengesellschaft (Brugger-Bericht), Dok. 67/74.
	Entschließung mit der Stellungnahme des Europäischen Parlaments vom 11.07.1974 zu dem Vorschlag der Kommission der Europäischen Gemeinschaft an den Rat für ei-

Anhang: Verzeichnis der EU-Publikationen

ne Verordnung betreffend das Statut für Europäische Aktiengesellschaften

Fundstelle: AblEG Nr. C 93 v. 07.08.1974, S. 22 ff.

3. Vorschlag von 1975
Kommission

Geänderter Vorschlag einer Verordnung des Rates über das Statut für Europäische Aktiengesellschaften.

Fundstellen: KOM (75) 150 endg.; BT-Drucks. 7/3713 v. 02.06.1975, BR-Drucks. 372/75; Beilage 4/75 zum Bulletin der EG.

4. Vorschlag von 1989
Kommission

Binnenmarkt und industrielle Zusammenarbeit. Statut für die Europäische Aktiengesellschaft. Memorandum der Kommission an das Europäische Parlament, den Rat und die Sozialpartner.

Fundstelle: KOM (88) 320 endg.; Beilage 3/88 zum EG-Bulletin; BR-Drucks. 392/88 (Zusammenfassung).

Kommission

Vorschlag einer Verordnung (EWG) des Rates über das Statut der Europäische Aktiengesellschaft v. 25.08.1989.

Fundstellen: AblEG Nr. C 263 v. 16.10.1989, S. 41 ff.; KOM (89) 268 endg.; BT-Drucks. 11/5427; BR-Drucks. 488/89; AG 1990, 111 ff.; ZIP 1989, 1619 ff.

Kommission

Vorschlag für eine Richtlinie des Rates zur Ergänzung des SE-Statuts hinsichtlich der Stellung der Arbeitnehmer vom 25.08.1989.

Fundstellen: AblEG Nr. C 263 v. 16.10.1989, S. 69 ff.; KOM (89) 268 endg. SYN 219; BT-Drucks. 11/5427, S. 2 ff.; BR-Drucks. 488/89 (mit Begründung); AG 1990, 128 ff.; ZIP 1989, 1433 ff. (mit Begründung).

WSA

Stellungnahme zu dem Vorschlag für eine Verordnung (EWG) des Rates über das Statut der Europäischen Aktiengesellschaft und dem Vorschlag für eine Richtlinie des Rates zur Ergänzung des SE-Statuts hinsichtlich der Stellung der Arbeitnehmer vom 28.03.1990.

Fundstelle: AblEG Nr. C 124 v. 21.05.1990, S. 34 ff.

Europäisches Parlament

Legislative Entschließung (Verfahren der Mitentscheidung: Erste Lesung) mit der Stellungnahme des Europäischen Parlaments zu dem Vorschlag der Kommission an den Rat für eine Richtlinie zur Ergänzung des SE-Statuts hinsichtlich der Stellung der Arbeitnehmer v. 24.01.1991.

Fundstelle: AblEG Nr. C 48 v. 25.02.1991, S. 100 ff. (Geänderter Richtlinienvorschlag) bzw. S. 113 (Legislative Entschließung).

5. Vorschlag von 1991

Kommission

Verordnung: Geänderter Vorschlag für eine Verordnung (EWG) des Rates über das Statut der Europäischen Aktiengesellschaften v. 16.05.1991.

Fundstellen: AblEG Nr. C 176 v. 08.07.1991, S. 1 ff., KOM (91) 174 endg. - SYN 218; BT-Drucks. 12/1004, S.1 ff. (mit Begründung).

Geänderter Vorschlag für eine Richtlinie des Rates zur Ergänzung des SE-Statuts hinsichtlich der Stellung der Arbeitnehmer v. 06.05.1991.

Fundstellen: AblEG Nr. C 138 vom 29.05.1991, S. 8 ff.; KOM (91) 174 endg. - SYN 218; BT-Drucks. 12/1004, S.74 ff. (mit Begründung).

6. Davignon-Bericht

Kommission (Hrsg.)

Sachverständigengruppe "European Systems of Worker Involvment" (with regard to the European Company Statute and the other pending proposals). Abschlußbericht. Luxemburg 1997.

Europäisches Parlament

Bericht des Ausschusses für Beschäftigung und soziale Angelegenheiten zum Abschlußbericht der Sachverständigengruppe "Europäische Systeme der Beteiligung der Arbeitnehmer" (Davignon-Bericht) (C4-0455/97).

Fundstelle: PE 224.250/endg.

7. Neuere Vorschläge

Ratspräsidentschaft (Lux.)

Kompromißtext zu dem Vorschlag für eine Richtlinie über die Rolle der Arbeitnehmer in der Europäischen Aktiengesellschaft. Dok. PE 224.669 mit Ratsvorschlag 10020/97 vom 18.07.1997

Fundstelle: nicht amtlich veröffentlicht

WSA	Stellungnahme des Wirtschafts- und Sozialausschusses zum Thema "Statut der Europäischen Aktiengesellschaft" v. 11.12.1997. Fundstelle: AblEG Nr. C 129 v. 27.04.1998, S. 1 ff.
Europäisches Parlament	Bericht des Ausschusses für Beschäftigung und soziale Angelegenheiten vom 06.11.1997 zum Abschlußbericht der Sachverständigengruppe "Europäische Systeme der Beteiligung der Arbeitnehmer" (Davignon-Bericht) (C4-0455/97). Fundstelle: PE 224.250 endg., nicht amtlich veröffentlicht
Ratspräsidentschaft (GB)	Arbeitsunterlage des Generalsekretariat des Rats für die Ad-hoc-Gruppe "Europäische Aktiengesellschaft": Geänderter Vorschlag für eine Verordnung über das Statut der Europäischen Aktiengesellschaft (SE) v. 23.02.1998, Dok. 6018/98 SE 3 sowie Geänderter Vorschlag für eine Verordnung über das Statut der Europäischen Aktiengesellschaft (SE) v. 28.05.1998, Dok. 8772/98 SE 27 SOC 25. Fundstelle: nicht amtlich veröffentlicht. Textvorschlag für eine Richtlinie des Rates zur Ergänzung des Statuts der Europäischen Aktiengesellschaft hinsichtlich der Beteiligung der Arbeitnehmer, konsolidierte Fassung der Dokumente des Rates 7391/98 v. 01.04.1998 und 7816/98 v. 23.04.1998 im Anschluß an 6128/98 SOC 45 SE 5 REV 3. Fundstelle: nicht amtlich veröffentlicht.
Ratspräsidentschaft (Ö)	Textvorschlag für eine Richtlinie des Rates zur Ergänzung des Statuts der Europäischen Aktiengesellschaft hinsichtlich der Beteiligung der Arbeitnehmer v. 15.10.1998, Dok. 119997/98 SE 33 SOC 353. Fundstelle: nicht amtlich veröffentlicht.
Ratspräsidentschaft (Dt.)	Amended Proposal for a Regulation on the Statute for a European Company (SE), Dokument SN 2317/99 (SE). im Anschluß an Dokument 12702/98 SE 36 SOC 458, Brussels, 16 April 1999. Fundstelle: nicht amtlich veröffentlicht. Vorschlag für eine Richtlinie des Rates zur Ergänzung des Statuts der Europäischen Aktiengesellschaft hinsichtlich der Beteiligung der Arbeitnehmer v. 12.05.1999, Dok. 8194/99 SE 5 SOC 175. Fundstelle: nicht amtlich veröffentlicht.

Ratspräsidentschaft (F) — Geänderter Vorschlag für eine Verordnung über das Statut der Europäischen Aktiengesellschaft (SE) v. 18.12.2000, Dok. 14733/00 SE 8 SOC 500.

Fundstelle: nicht amtlich veröffentlicht.

Vorschlag einer Richtlinie des Rates über die Beteiligung der Arbeitnehmer in der Europäischen Aktiengesellschaft v. 18.12.2000, Dok. 14719/00 SE 9 SOC 501.

Fundstelle: nicht amtlich veröffentlicht.

Geänderter Vorschlag für eine Verordnung über das Statut der Europäischen Aktiengesellschaft (SE) v. 01.02.2001, Dok. 14886/00 SE 12 SOC 506.

Fundstelle: nicht amtlich veröffentlicht.

Vorschlag einer Richtlinie des Rates zur Ergänzung des Statuts der Europäischen Gesellschaft hinsichtlich der Beteiligung der Arbeitnehmer v. 01.02.2001, Dok. 14732/00 SE 10 SOC 503.

Fundstelle: nicht amtlich veröffentlicht.

8. Verabschiedete Rechtstexte

Rat — Verordnung (EG(Nr. 2157/2001 des Rates vom 8. Oktober 2001 über das Statut der Europäischen Gesellschaft (SE).

Fundstelle: AblEG Nr. L 294 v. 10.11.2001, S. 1 ff.

Rat — Richtlinie 2001/86/EG des Rates vom 8. Oktober 2001 zur Ergänzung des Statuts der Europäischen Gesellschaft hinsichtlich der Beteiligung der Arbeitnehmer.

Fundstelle: AblEG Nr. L 294 v. 10.11.2001, S. 22 ff.

II. Gesellschaftsrechtliche Richtlinien mit Mitbestimmungsbezug

1. Fünfte gesellschaftsrechtliche Richtlinie

Kommission — Vorschlag einer Fünften Richtlinie zur Koordinierung der Schutzbestimmungen, die in den Mitgliedstaaten den Gesellschaften im Sinne des Artikels 58 Absatz 2 des Vertrages im Interesse der Gesellschafter sowie Dritter hinsichtlich der Struktur der Aktiengesellschaft sowie der Befugnisse und Verpflichtungen ihrer Organe vorgeschrieben sind vom 09.10.1972.

Fundstellen: AblEG Nr. C 131 v. 13.12.1972, S. 49 ff., BT-Drucks. 7/363.

WSA	Stellungnahme des Wirtschafts- und Sozialausschusses zu dem "Vorschlag einer Fünften Richtlinie zur Koordinierung der Schutzbestimmungen, die in den Mitgliedstaaten den Gesellschaften im Sinne des Artikels 58 Absatz 2 des Vertrages im Interesse der Gesellschafter sowie Dritter hinsichtlich der Struktur der Aktiengesellschaft sowie der Befugnisse und Verpflichtungen ihrer Organe vorgeschrieben sind" vom 29. und 30.05.1974.
	Fundstelle: AblEG Nr. C 109 vom 19.09.1974, S. 2 ff.
Europäisches Parlament	Entschließung mit der Stellungnahme des Europäischen Parlaments zum Vorschlag der Kommission der Europäischen Gemeinschaften an den Rat für eine fünfte Richtlinie zur Koordinierung der Schutzbestimmungen, die in den Mitgliedstaaten den Gesellschaften im Sinne des Artikels 58 Absatz 2 des Vertrages im Interesse der Gesellschafter sowie Dritter hinsichtlich der Struktur der Aktiengesellschaft sowie der Befugnisse und Verpflichtungen ihrer Organe vorgeschrieben sind.
	Fundstelle: AblEG C Nr. 149 vom 14.06.1982, S. 44 ff.
Kommission	Geänderter Vorschlag einer fünften Richtlinie nach Artikel 54 Absatz 3 Buchstabe g des EWG-Vertrages über die Struktur der Aktiengesellschaft sowie die Befugnisse und Verpflichtungen ihrer Organe
	Fundstellen: AblEG Nr. C 240 v. 09.09.1983, S. 2 ff.; Beilage 6/83 zum EG-Bulletin; BT-Drucks. 10/467.
Kommission	Zweite Änderung zum Vorschlag für eine fünfte Richtlinie des Rates nach Artikel 54 Absatz 3 Buchstabe g des EWG-Vertrages über die Struktur der Aktiengesellschaft sowie die Befugnisse und Verpflichtungen ihrer Organe.
	Fundstelle: AblEG Nr. C 7 v. 11.01.1991, S. 4 ff.; KOM (90) 629 endg.

2. Zehnte gesellschaftsrechtliche Richtlinie

Kommission	Vorschlag einer 10. Richtlinie des Rates nach Artikel 54 Abs. 3 lit. g des Vertrages über die grenzüberschreitende Verschmelzung von Aktiengesellschaften vom 08.01.1985.
	Fundstellen: AblEG Nr. C 23 vom 25.01.1985, S. 11 ff., KOM (84) 727 endg.; Beilage 3/85 zum EG-Bulletin; BT-Drucks. 10/2856; BR-Drucks. 56/85.

3. Vierzehnte gesellschaftsrechtliche Richtlinie

Rat Richtlinie vom 23.07.1990 über das gemeinsame Steuersystem für Fusionen, Spaltungen, die Einbringung von Unternehmensteilen und den Austausch von Anteilen, die Gesellschaften verschiedener Mitgliedstaaten betreffen (90/434/EWG).
Fundstelle: AblEG Nr. L 225 v. 20.08.1990, S. 1 ff.

III. Europäische Betriebsräte

Rat Vorschlag der Kommission für eine Richtlinie des Rates über die Unterrichtung und Anhörung der Arbeitnehmer von Unternehmen mit komplexer, insbesondere transnationaler Struktur vom 23.10.1980.
Fundstelle: AblEG Nr. C 297 v. 15.11.1980, S. 3 ff.

Rat Geänderter Vorschlag der Kommission für eine Richtlinie des Rates über die Unterrichtung und Anhörung der Arbeitnehmer von Unternehmen mit komplexer, insbesondere, transnationaler Struktur.
Fundstelle: AblEG Nr. C 217 v. 12.08.1983, S. 3 ff.; KOM (83), 292 endg.

Rat Vorschlag für eine Richtlinie des Rates über die Einsetzung Europäischer Betriebsräte zur Information und Konsultation der Arbeitnehmer in gemeinschaftsweit operierenden Unternehmen und Unternehmensgruppen vom 05.12.1990.
Fundstelle: AblEG Nr. C 39 v. 15.02.1991, S. 10 ff.; KOM (90) 581 endg.

Rat Geänderter Vorschlag der Kommission für eine Richtlinie des Rates über die Einsetzung Europäischer Betriebsräte zur Information und Konsultation der Arbeitnehmer in gemeinschaftsweit operierenden Unternehmen und Unternehmensgruppen vom 03.12.1991.
Fundstelle: AblEG Nr. C 336 v. 31.12.1991, S. 11 ff.

Rat Vorschlag für eine Richtlinie des Rates über die Einrichtung eines Europäischen Ausschusses oder die Schaffung eines Verfahrens zur Unterrichtung und Anhörung der Arbeitnehmer in gemeinschaftsweit operierenden Unternehmen und Unternehmensgruppen.

	Fundstelle: AblEG Nr. C 135 v. 18.05.1994, S. 8 ff.; KOM (94) 134 endg.
Rat	Richtlinie 94/45/EG des Rates vom 22. September 1994 über die Einsetzung eines Europäischen Betriebsrates oder die Schaffung eines Verfahrens zur Unterrichtung und Anhörung der Arbeitnehmer in gemeinschaftsweit operierenden Unternehmen und Unternehmensgruppen.
	Fundstelle: AblEG Nr. L v. 30.09.1994, S. 64 ff.
Rat	Richtlinie 97/74/EG des Rates vom 15 Dezember 1997 zur Ausdehnung der Richtlinie 94/45/EG über die Einsetzung eines Europäischen Betriebsrates oder die Schaffung eines Verfahrens zur Unterrichtung und Anhörung der Arbeitnehmer in gemeinschaftsweit operierenden Unternehmen und Unternehmensgruppen auf das Vereinigte Königreich.
	Fundstelle: AblEG Nr. L v. 16.01.1998, S. 22 ff.
Kommission	Bericht der Kommission an das Europäische Parlament und den Rat über den Stand der Anwendung der Richtlinie 94/45/EG des Rates v. 04.04.2000.
	Fundstelle: KOM (2000) 188 endg.

IV. Europäische Wirtschaftliche Interessenvereinigung

Rat	Verordnung Nr. 2137/85/EWG des Rates vom 25.07.1985 über die Schaffung einer Europäischen wirtschaftlichen Interessenvereinigung (EWIV).
	Fundstelle: AblEG Nr. L 199 vom 31.07.1985, S. 1 ff.; Beilage 3/87 zum EG-Bulletin.

V. Europäische Genossenschaft

Kommission	Vorschlag für eine Verordnung (EWG) des Rates über das Statut der Europäischen Genossenschaft vom 06.03.1992.
	Fundstelle: AblEG Nr. C 99 v. 21.04.1992, S. 17 ff., KOM (91) 272 endg.; BR-Drucks. 223/92 mit Begründung.
Kommission	Vorschlag für eine Richtlinie des Rates zur Ergänzung des Statuts der Europäischen Genossenschaft hinsichtlich der Rolle der Arbeitnehmer vom 06.03.1992.
	Fundstelle: AblEG Nr. C 99 v. 21.04.1992, S. 37 ff.; KOM (91) 273 endg.

Kommission	Geänderter Vorschlag für eine Verordnung (EWG) des Rates über das Statut der Europäischen Genossenschaft vom 06.03.1993. Fundstelle: AblEG 1993 Nr. C 236 v. 31.08.1993, S. 17 ff.; KOM (93) 252 endg.
Kommission	Geänderter Vorschlag für eine Richtlinie des Rates zur Ergänzung des Statuts der Europäischen Genossenschaft hinsichtlich der Rolle der Arbeitnehmer vom 06.03.1993. Fundstelle: AblEG 1993 Nr. C 236 v. 31.08.1993, S. 17 ff.; KOM (93) 252 endg.

VI. Europäische Gegenseitigkeitsgesellschaft

Kommission	Vorschlag des Rates über das Statut für eine Europäische Gegenseitigkeitsgesellschaft vom 06.07.1992 Fundstelle: AblEG 1993 Nr. C 236 v. 31.08.1993, S. 40 ff.; KOM (91) 273 endg.
Kommission	Vorschlag für eine Richtlinie des Rates zur Ergänzung des Statuts der Europäischen Gegenseitigkeitsgesellschaft hinsichtlich der Rolle der Arbeitnehmer vom 06.03.1992. Fundstelle: AblEG 1993 Nr. C 99 v. 21.04.1992, S. 57 ff.; KOM (91) 273 endg.
Kommision	Geänderter Vorschlag des Rates über das Statut für eine Europäische Genossenschaft vom 06.07.1993. Fundstelle: AblEG 1993 Nr. C 236 v. 31.08.1993, S. 56 ff.; KOM (93) 252 endg.
Kommission	Geänderter Vorschlag für eine Richtlinie des Rates zur Ergänzung des Statuts der Europäischen Gegenseitigkeitsgesellschaft hinsichtlich der Rolle der Arbeitnehmer vom 06.03.1993. Fundstelle: AblEG 1993 Nr. C 236 v. 31.08.1993, S. 56 ff.; KOM (93) 252 endg.

VII. Europäischer Verein

Kommission	Vorschlag des Rates über das Statut für einen Europäischen Verein vom 06.03.1992 Fundstelle: AblEG 1993 Nr. C 99 v. 21.04.1992, S. 1 ff.; KOM (91) 273 endg.

Kommission	Vorschlag des Rates für eine Richtlinie des Rates zur Ergänzung des Statuts des Europäischen Vereins hinsichtlich der Rolle der Arbeitnehmer vom 06.03.1993. Fundstelle: AblEG 1993 Nr. C 99 v. 21.04.1992, S. 14 ff.; KOM (91) 273 endg.
Kommission	Geänderter Vorschlag über das Statut für einen Europäischen Verein vom 06.07.1993. Fundstelle: AblEG Nr. C 236 v. 31.08.1993, S. 1 ff.; KOM (93) 252 endg.
Kommission	Geänderter Vorschlag des Rates für eine Richtlinie des Rates zur Ergänzung des Statuts des Europäischen Vereins hinsichtlich der Rolle der Arbeitnehmer vom 06.03.1992. Fundstelle: AblEG Nr. C 236 v. 31.08.1993, S. 14 ff.; KOM (93) 252 endg.

VIII. Sonstige Dokumente

Rat	Richtlinie 92/56/EWG zur Änderung der Richtlinie 75/129/EWG des Rates vom 17. Februar 1975 zur Angleichung der Rechtsvorschriften der Mitgliedstaaten über Massenentlassungen Fundstelle: AblEG Nr. L 48 v. 22.02.1975, S. 29 f.
Kommission	Grünbuch "Mitbestimmung der Arbeitnehmer und Struktur der Gesellschaften in der Europäischen Gemeinschaft", November 1975. Fundstelle: Beilage 8/75 zum EG-Bulletin; KOM (75) 570 endg.
Rat	Richtlinie 77/187/EWG des Rates vom 14. Februar 1977 zur Angleichung der Rechtsvorschriften der Mitgliedstaaten über die Wahrung von Ansprüchen der Arbeitnehmer beim Übergang von Unternehmen, Betrieben oder Betriebsteilen Fundstelle: AblEG Nr. L 61 v. 05.03.1977, S. 26 ff.
WSA	Stellungnahme des Wirtschafts- und Sozialausschusses zu "Mitbestimmung der Arbeitnehmer und Struktur der Gesellschaften in der Europäischen Gemeinschaft", erarbeitet vom Unterausschuß "Grünbuch". Fundstelle: AblEG Nr. C 94 v. 10.04.1979, S. 2 ff.

Kommission	Vollendung des Binnenmarktes - Weißbuch der Kommission an den Europäischen Rat, 1985, KOM (85) 310 endg. Fundstellen: veröffentlicht in der Reihe "Dokumente" der Kommission der Europäischen Gemeinschaft. Kurze Darstellung im Bulletin der EG, Heft 6/1985, S. 19 ff.
Kommission	Präsentation des Arbeitsprogramms der Kommission für 1998. Einführungsrede von Präsident Jacques Delors vor dem Europäischen Parlament. Straßburg, 20.01.1988. Fundstelle: Beilage 3/88 zum EG-Bulletin.
Kommission	Mitteilung der Kommission. Eine Unternehmenspolitik für die Gemeinschaft v. 10.05.1988. Fundstelle: KOM (88) 241/2 endg.
Kommission	"Binnenmarkt und industrielle Zusammenarbeit. Statut für die Europäische Aktiengesellschaft. Memorandum der Kommission vom 8. Juni 1988". Fundstelle: Beilage 3/88 zum EG-Bulletin.
Kommission	Mitteilung der Kommission zur Information und Konsultation der Arbeitnehmer vom 14.11.1995. Fundstelle: KOM (95) 547 endg.
Mitgliedstaaten	Gemeinschaftscharta der sozialen Grundrechte der Arbeitnehmer vom 09.12.1989 Fundstelle: KOM (89) 248 endg.
Mitgliedstaaten	Protokoll über die Sozialpolitik. Fundstelle: AblEG Nr. C 191 v. 29.07.1992, S. 90 ff.
Mitgliedstaaten	Abkommen zwischen den Mitgliedstaaten der Europäischen Gemeinschaft mit Ausnahme des Vereinigten Königreichs Großbritannien und Nordirland über die Sozialpolitik. Fundstelle: AblEG Nr. C 191 v. 29.07.1992, S. 91.
Kommission	"Vorschlag für eine Richtlinie des Rates zur Festlegung eines allgemeinen Rahmens für die Information und Anhörung der Arbeitnehmer in der Europäischen Gemeinschaft" vom 17.11.1998 Fundstelle: AblEG Nr. C 2 v. 05.01.1999, S. 3 ff.; KOM (98) 612 endg.; BR-Drucks. 1002/98.

Institut für Arbeitsrecht und Arbeitsbeziehungen in der
Europäischen Gemeinschaft, Trier
herausgegeben von Prof. Dr. Rolf Birk und Prof. Dr. rer. pol. Dieter Sadowski

Studien zum ausländischen, vergleichenden und internationalen Arbeitsrecht

Monika Schlachter — Band 13
Außergerichtliche Konfliktlösung im Arbeitsverhältnis
Verwirklichung von Chancengleichheit auf dem Verhandlungswege in Australien und Deutschland
2002, 174 S., brosch., 25,– €, 43,80 sFr,
ISBN 3-7890-7871-9

Oda Hinrichs — Band 11
Kündigungsschutz und Arbeitnehmerbeteiligung bei Massenentlassungen
Europarechtliche Aspekte und Impulse
2001, 225 S., brosch., 38,– €, 66,– sFr,
ISBN 3-7890-7515-9

Hayrullah Özcan — Band 10
Erkrankung von Arbeitnehmern im Europäischen Ausland
Aktuelle Rechtsfragen unter besonderer Berücksichtigung der Türkei
2000, 270 S., brosch., 49,– €, 84,– sFr,
ISBN 3-7890-6878-0

Sven-Frederik Balders — Band 9
Die Neubesetzung der Stellen streikender Arbeitnehmer in den Vereinigten Staaten von Amerika und der Bundesrepublik Deutschland
1999, 259 S., brosch., 45,– €, 78,– sFr,
ISBN 3-7890-6293-6

Christopher Kasten — Band 8
Spanisches Arbeitsrecht im Umbruch
Von der Franco-Diktatur zur Demokratie
1999, 255 S., brosch., 45,– €, 78,– sFr,
ISBN 3-7890-6242-1

Christoph Teichmann — Band 7
Die Gesellschaftsgruppe im französischen Arbeitsrecht
Rechtsvergleichende Untersuchung mit Hinweisen auf die Behandlung des Konzerns im deutschen Arbeitsrecht
1999, 403 S., brosch., 56,– €, 96,– sFr,
ISBN 3-7890-5993-5

Michael Gotthardt — Band 6
Kündigungsschutz im Arbeitsverhältnis im Königreich Schweden und in der BRD
1999, 438 S., brosch., 56,– €, 96,– sFr,
ISBN 3-7890-5981-1

Erhard Hernichel — Band 5
Die leitenden Angestellten (dirigenti) im italienischen Arbeitsrecht
1999, 179 S., brosch., 34,– €, 59,– sFr,
ISBN 3-7890-5810-6

Sebastian Krebber — Band 4
Internationales Privatrecht des Kündigungsschutzes bei Arbeitsverhältnissen
1997, 376 S., brosch., 45,– €, 78,– sFr,
ISBN 3-7890-4916-6

Benedikt Bödding — Band 3
Die europarechtlichen Instrumentarien der Sozialpartner
1996, 181 S., brosch., 34,– €, 59,– sFr,
ISBN 3-7890-4392-3

NOMOS Verlagsgesellschaft
76520 Baden-Baden

Institut für Arbeitsrecht und Arbeitsbeziehungen in der
Europäischen Gemeinschaft, Trier
herausgegeben von Prof. Dr. Rolf Birk und Prof. Dr. rer. pol. Dieter Sadowski

Studien zum ausländischen, vergleichenden und internationalen Arbeitsrecht

Sabine van Scherpenberg **Band 2**
**Kollektive Bestimmung der
Arbeitsbedingungen in Deutschland
und England**
*1995, 137 S., brosch., 28,– €, 48,90 sFr,
ISBN 3-7890-3893-8*

Bernd Waas **Band 1**
**Konzernarbeitsrecht
in Großbritannien**
*1993, XXXIV, 278 S., brosch., 44,– €,
76,– sFr, ISBN 3-7890-3011-2*

 **NOMOS Verlagsgesellschaft
76520 Baden-Baden**